決定版 番付集成

青木美智男 編

柏書房

はじめに

日本近世史研究者の林英夫さんと芳賀登さんが編集された『番付集成』上下が柏書房から刊行されたのは、一九七三年（昭和四八）である。いまから三六年前になる。相撲番付や芝居番付の形式を真似て作られた「見立番付」を集大成した日本で最初の労作で、多くの人々に活用されたが、いまはもう手に入らない。

長者番付や温泉番付など、社会のさまざまな現象をランクづけして楽しもうと作成された「見立番付」の始まりは江戸時代の後期である。木版で板行されたその数は無数である。ランクづけするのが好きな日本人の心にヒットした刊行物だったからであろう。

そして六年前、林さんと私が、『番付集成』上下をベースに、江戸時代後期から明治中期に板行されたさまざまな「見立番付」を読み解いた『番付で読む江戸時代』（柏書房、二〇〇三年）を刊行し、「見立番付」が歴史研究の史料として十分に活用できることを明らかにするとともに、「見立番付」を通して江戸時代に生きた人々の世界を浮かび上がらせた。じつはこれも初めての試みで、ものすごく苦労したことを覚えている。

今回、『決定版 番付集成』を刊行するにあたり、『番付集成』上下の刊行後に新たに発見された番付や、三〇数年前は見落とされてしまった番付なども収録しようということになった。その点で『番付で読む江戸時代』の編集のさい、全国の図書館や博物館や資料館などに所蔵されている「見立番付」に関する調査が大いに役に立った。また執筆をお願いした研究者の方々にテーマの中心となる番付を翻刻（活字化）していただいていたことが、本書の骨格となった。

本書では膨大な数が板行された江戸時代の「見立番付」を、全国版、江戸版、大坂版、地域版とに分けて、全部で一五〇点を収録した。さらに、くずし字が読めない方々のために、収録したすべての「見立番付」について、翻刻したものを見開きで対称できるように編集してある。

本書の編集にあたって、六年前に執筆をお願いした研究者の方々に、あの時のご苦労を再びお願いする勇気はなかった。しかし『番付集成』上下と『番付で読む江戸時代』の双方の刊行をリードしてこられた林英夫さんにすがるしかないと思っても、林さんはもうおられない。林さんは生前、新しい『番付集成』を編集したいと何度も何度も私たちに言っておられた。

林さんの思いと読者の方々からの要望を実現できたのは、柏書房の編集者小代渉さんのご苦労によるものである。心から感謝する次第である。

多くの方々が本書を活用されることを期待する。

二〇〇九年一〇月

青木美智男

『決定版 番付集成』目次

資料編 江戸版 181

資料編 大坂版 231

資料編　地域版　281

凡例

一、本書は、全国各地に残る「見立番付」の中から、その記載内容に応じて全国版、江戸版、大坂版、地域版とに分けて一五〇点を集成したものである。

二、本書に収録した「見立番付」には、すべてその見開き頁に翻刻（活字化）したものを掲載した。

三、翻刻にあたっては原則常用漢字を使用したが、人名や商家名などの固有名詞については旧漢字や異体字をそのまま使用した場合もある。

四、「見立番付」には彫り間違いも多数見られるが、原則そのまま翻刻した。

五、判読不能の文字や汚損・破損などの箇所は、□で表示した。

六、本書の編集にあたっては、専修大学史資料課の瀬戸口龍一氏、中央大学大学院の山本英貴氏・北村厚介氏、首都大学東京大学院の堀智博氏、千葉市立郷土博物館の大関真由美氏にご協力いただいた。また資料の閲覧・複写および掲載許可をいただいたすべての機関・関係者の方々へ謝意を表したい。

解説

時代を映す見立番付

青木美智男

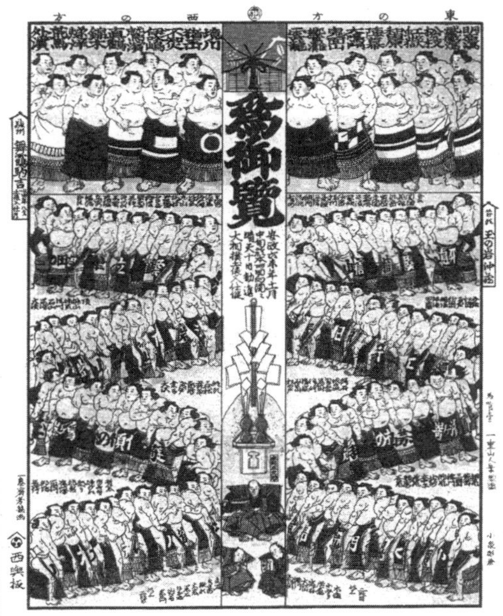

図１　錦絵士俵入り相撲番付（安政６年12月に回向院での興業の時に板行された。横山健堂『日本相撲史』より）

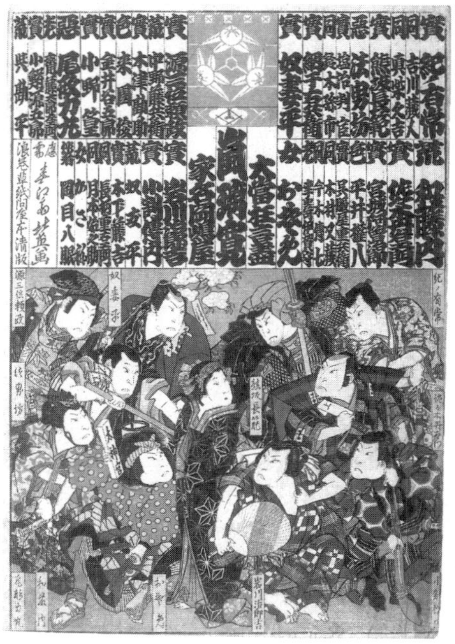

図２　嵐璃寛大当たり狂言尽

情報としての見立番付

私たちはいまでも、日常の世界の情報や知識を得るさい、チラシ、新聞や雑誌、そして書籍など出版物に大きく依存している。また最近では、インターネットによる場合が一段と多くなった。しかしラジオやテレビが普及して、事件や戦争などの現場を、食卓を囲みながら臨場感豊かに見ることが出来ても、やはり落ち着いてその前日の情報をじっくり得るには、新聞や雑誌など活字印刷が持つ役割が、はかり知れなく大きい。

日本の歴史のなかで、情報伝達の媒体としての印刷物が人々に大きな影響を与え出すようになるのは、江戸時代からである。とくに江戸時代初期、一時行なわれた活字印刷に代わって、簡便さと紙面構成の自在さによって木版印刷が普及してから、一気にその重要性を増大させた。それは、木の板に彫り、それを紙面に墨で摺りつけるので摺物といわれる。それには一枚摺りのものと、それを複数合綴した本があるが、いつしか本に対して一枚摺りのものを摺物というようになった。

国内における本の刊行は、江戸時代に入ってからであり、京都・大坂・江戸には数多くの本屋が生まれ、その出版数は飛躍的に増大した。本は、学術・宗教・文芸などの多くの情報量を伝達する媒体として大きな影響力をもった。それに対して一枚摺り＝摺物は、引き札類（広告）や落書、緊急情報の伝達手段（読売・瓦版）そして相撲・芝居番付などに活用されるようになった。また書簡などに同封して句会の様子を伝える「俳諧一枚摺」などが各地で盛んに印刷されて大衆化していったように、文芸のさまざまな分野でも摺物が活用されていった（桜井武次郎「俳諧一枚摺の大衆化」『江戸文学』二五、ぺりかん社、二〇〇二年）。

そんな摺物の一つとして注目を浴びるようになったのが、相撲の番付（図1）と芝居番付（図2）、そして祭礼の行列に関する番付（図3）である。このなかで独特な文字で書かれている相撲の番付は、現在でも大相撲が開催されるたびに、寿司屋さんなどの店内を賑わすのでよく知られているが、芝居の番付や祭礼の行列番付は、いまはほとんど見ることはできない。しかし情報手段が限られていた江戸時代の社会では、これらも多くの人々に歓迎されていたのである。

とくに演目よりも、それを誰が演じるかが関心事の芝居の観客にとっては、出演者の名前が大きく紹介される芝居小屋が発行する番付が、欠くことの出来ない情報であったが、それには、芝居小屋が毎年一一月に役者を入れ替えるさいに発行される顔見世番付、演目（外題）が変わるごとに発行される「辻番付」、さらに配役を記した「役者番付」などがある。

そのさい芝居小屋は、絵によって内容がわかる「絵本番付」を発行するなど、さまざまな工夫を凝らして番付作成に腐心した。それだけのことがあって、役者の人気にあやかり、偽の芝居番付を作り、ひと儲けしようとする板木屋が現れるほどの需要があったのである（『東京市史稿』市街編第六十三、天明二年「偽番付売捌処罰」）。

また祭礼は、その行列の順番に大きな関心が集まっていた。そこで図3の正徳四年（一七一四）九月の「根津大権現　初御祭礼番附」に見られるように、練り歩く町の順列と練り物の紹介される番付が配られるようになっていった。しかし、しばしば練り物が番付通り

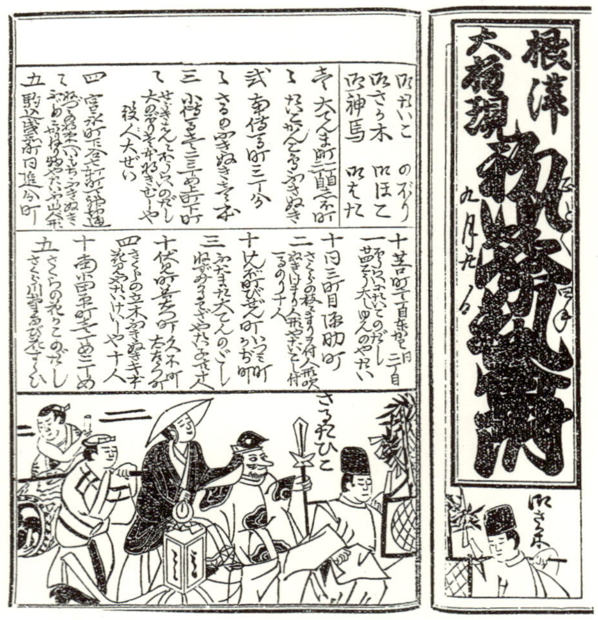

図３　根津大権現　初御祭礼番附（「著作堂一夕話」より）

には出ず、年々派手になっていったらしい。その違いがまた祭り好きの江戸っ子に歓迎された。そのため、徹底した風俗取り締りを断行した寛政の改革時には、山王祭礼に対し、「いよいよもって番付帳と格別の相違これなき様致すべし」（寛政二年「樽与左衛門山王祭礼出候町々月行事名主え被申渡」『東京市史稿』市街編第六十三）と、番付の通りに実施せよという触れが出されるほど江戸の祭りにとって、番付は重要な役割を果たしていたのである。

しかし現在、私たちのまわりで見かけるのは、どちらかといえばと、相撲番付の表現形式に倣った「長者番付」を始め、さまざまな事柄に関する「遊び心」で作成された番付である。そしてそれらは、多くの人々に関心を持たれ歓迎されている。こうした相撲や芝居の番付に見立てて作成された番付のことを「見立番付」という。それゆえ江戸時代に板行された「見立番付」の表題には、「見立角力」のように、相撲番付に見立てたものと分かる表題がつけられている場合が多い。

それゆえ同じ摺物とはえ、読売や瓦版などと「見立番付」との違いは明白である。読売や瓦版の生命は、最新のニュース性にある。ある出来事に関する情報提供が生命である。いまでいう新聞や写真週刊誌である。それを文字中心で伝える読売か、臨場感ゆたかな絵で伝える瓦版かの違いはあれ、ニュース性とその鮮度こそが人々に歓迎された所以である。

それに対して見立番付は、一枚の摺物には違いないが情報伝達の目的も表現方法も違う。一枚の紙面に描かれるのは、ある事柄に関する情報である。時にはニュース性を持つものもあるが、取り上げられた事柄については、暮らしのさまざまな分野におけるニーズに応えて作成され、その内容は広い範囲にわたる。

しかもそれらが、東西の大関・関脇・小結、前頭、上段、二段目、三段目と下がるにつれて文字が小さくなるように配列されているのが特色で、間違いなく一つの価値判断を伴う情報伝達の方法である。しかしそこには緊急性はない。どちらかといえば、「遊び心」を背景にしているものが多数を占める。その「遊び心」と一定の価値観に基づいて提供される情報、そのないまぜ的な効果こそが、「見立番付」の面白さの根源である。

しかし時には、「遊び心」を排除して正確さを優先した情報提供の番付もあった。医者や手習所の師匠などの番付がそれである。この場合は「遊び心」はさておいて、序列の正確さが優先される。読者がどの医者に診察を受けるか、手習いの師匠を誰にするかを判断する材料の一つとして、番付上のランキングを気にするからである。名医かまあまあの医者かどうかを判断する目安としたからである。たとえば大坂で板行された「浪花医師見立角力」といわれる医者の番付は、板元・板行の年号・診察科目・開業地が明確で、天保四年板には「御医師其数凡一万□千余人、其中より撰出候英傑流行の御方」と書かれ、しかも番付には、「取次」として「三臓園」「鏡智散」「五龍園」などと薬屋で販売されていることが明記されていることが多い。かなりの需要があったのだろうか。弘化年間（一八四四―四八）になると番付の大きさが現在の新聞紙一頁サイズになり、紹介される医師の数は一〇〇人台から三〇〇人ぐらいに増大する。当然人の命にかかわるから幕府の監視があったことだろう。明治元年（一八六八）には、怪しげな番付が板行されたため新政府の手で出版が禁止され、復刊するのに一三年もかかったといわれる（古西義麿著『大阪医師番付集成』思文閣、一九八五年）。おそらく大坂では医師番付が医師探しの情報手段として町人たちの間でかなり重宝されていて、復刊を望む声があったからであろう。しかし正確を期さねばならない。そこでかなりの年数がかかってしまったのだと思われる。

その点で、天保一五年（一八四四）に江戸で板行された「論優劣」（「優劣ヲ論ゼズ」と送り仮名がある）という題の、私塾や手習所の師匠の番

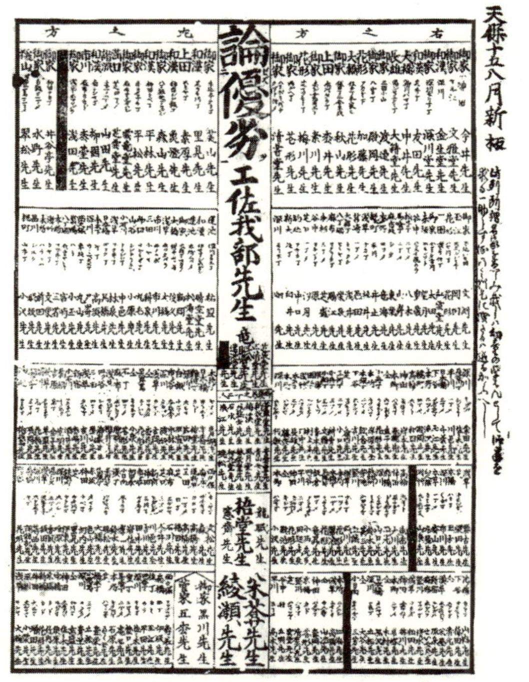

図4　論優劣　国立歴史民俗博物館蔵

付も同じである（図4）。上段には書の流派と江戸の町名、その下に私塾の師匠の名が並列されており、二段目からは、江戸の町名と小字名の下に手習師匠の名が並列されている。全部で二四六名の名が紹介されている。そして番付の横には、「所謂、名家をえらみ（び）載せしは、幼童の学ばんとして師道を求める一助とするのみ」とあるので、間違いなく師匠選びの参考に供するために作成された番付であろう。三名が黒線で消されているのは、板行から売り出す直前に死没したか、なんらかの理由で廃業したために、抹消されたことを物語る。読者に正確な情報を提供しようとする板元の配慮であろう（高橋敏『江戸の教育力』ちくま新書、二〇〇七年）。

もっと深刻な番付もある。飢饉時に大坂や名古屋などで発行された善業施しの救済者番付は、そこに載るか否かが、商家としての存在を左右した。たとえば大坂で発行された「天保八年酉年浪花施行末代鑑」（番付112、113、114。以下、番付番号は、本書収録番付の通し番号）は、その題名の通り施行の大小を「末代」まで伝えようとしたものだが、載らなければ、貧しい町民たちの苦しみをそっちのけに金儲けに専念した悪徳商人として末代まで語り継がれることになる。載らなかった商人には、次にはちゃんと施しをするんだよという脅しの意味もこめられているから、その影響力ははかりしれない。

また、幕末に出羽の院内銀山（現在の秋田県湯沢市）で鉱夫（金名子という）たちの集会所に張り出されていたと思われる「天保四癸巳歳ゟ安政五戊午歳迄二拾六歳出銀出精競」（番付126）は、手書きの番付である。まぎれもなく院内銀山で働く金名子たちの産銀量のランク付けであり、さらなる出銀を促すために作成されたことは間違いない。院内銀山は天保前期（一八三〇年代前半）に出産量がピークに達し、幕末にかけて減退しだす。繁栄から衰退期に入った時期に書かれた番付で、採鉱・精錬の担い手である金名子たちの出銀高がランク付けされている。彼らの労働こそが鉱山の盛衰を左右し、ひいては秋田藩財政に大きな影響を与えたから、番付は彼らがいつも集まる場所に張られ、再び出銀量の増大を促す意図で作成されたことは間違いない。

だから「見立番付」は、まったく「遊び心」満載だけの摺物ではない。それゆえ史料として活用できる番付もかなりあること知っておく必要があるだろう。

見立番付の成り立ち

「見立番付」の表題には、「相撲」「角力」など相撲番付に倣ったことを示す表題がつけられていることが多い点はすでに紹介したが、それは番付といえば、即座に「相撲番付」を連想させるほど、場所ごとに板行される「相撲番付」の印象が非常に強かったからである。しかし「見立番付」はあくまでも「見立」に力点を置くことは間違いないので、その点を際立たせ、「相撲番付」と違うことを強調するために、「[illegible]」いう二つの漢字を合体させて独自の国字まで創作させるに至る。

そして紙面は、東西を分ける中央の「柱」に、きまって「為教訓」「為御覧」などと、相撲番付の「蒙御免」に代わる表現が大きく描かれ、その下に、行司、頭取、世話人、差添、勧進元（本）などが鎮座して、そこには価値判断をするにふさわしい人物の名や、誰しもがそうであろうと認める事物名が認められていて、その内容の正確性と信用性を高めようとする工夫がなされているのが普通である。

もっとも、「見立番付」の歴史的な価値を初めて紹介した林英夫・芳賀登編『番付集成』上下（柏書房、一九七三年）の「解説」（林英夫担当）によれば、相撲番付には、現在のような縦長のものだけでなく、横長で延々と力士の名前が連ねられているものがあったというし、錦

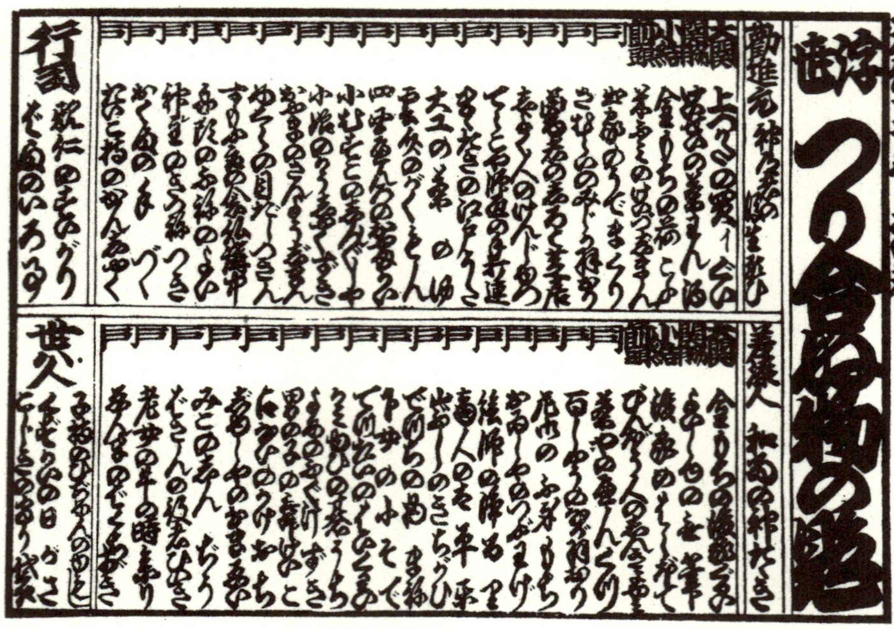

図５　浮世つり合ぬ物の見立　個人蔵

絵の相撲番付も作られたことがある。

そうした形式の相撲番付の影響か、左へ役者名を連ねることの多い芝居番付に倣ったのか、「見立番付」には図5のように、一番右端に表題があり、上下二段で左へ連なって書かれていく番付も誕生している。この様式は、ことの良し悪しなど価値基準がはっきりと二つに区分される場合や、「有る物」「無い物」のように事柄が明確に二つに分かれる場合などに、相撲番付の大関・関脇・小結のほかは、前頭が横一線という方式がしばしば採用された。

ただどちらかといえば、相撲番付方式の「見立」に始まり、しだいに芝居番付・祭礼番付などの形式も利用されるようになり、さらに三つを合体させた新形式の番付が工夫されるようになっていったといってよい。なかにはこれが「見立番付」か、と疑いたくなるものまで生まれるが、それは間違いなく「遊び心」によるサービス精神のなせる技であった。

しかし近代に入ると、こうした合体形式の番付が淘汰され、そのほとんどが相撲番付形式の「見立番付」へと回帰する。なぜなら、「遊び心」よりは情報媒体としての比重がすごく大きくなり、相撲番付の見立の方が価値基準をもっとも鮮明に明示できるからである。

形式上からみて、相撲番付などと「見立番付」との一番大きな違いは何か。それは相撲番付などが、情報源や板元が明確なのに対して、「見立番付」は、その点があいまいなものが多いという点である。そのため「見立番付」には相撲番付にはない記述がある。それは番付の左右どちらかの欄外の部分に、多くの場合は

初編ニいたす所、筆者刻者の誤少からず、後ニ改正すといへども、後悔先ニたたず、
又二編を出しあやまりを正すといへども当誤なきことあたはず、智者の訂正をまつのみ。

と、天保一一年（一八四〇）に板行された「文字書違見立」のように、内容に自信がない場合の言い訳や、

是ニもれたる名人の諸芸多く有共、一紙ニは書つくしかたく、夫故後編ニ残らす記ス。
（天保一一年「浪花諸芸玉つくし」）

と、書ききれない場合での弁明や、一番問題なるであろう漏れと順列については、「右落名次第不面目御用捨」（寛政末年「俳人番付」）、「次第不同御免」（天保一一年、「雪月花浪花坂町芸子見立」）「席の次第不同ハ御用捨」（「浪花諸芸玉つくし」）と、多くの場合逃げを打っておくのが常道である。ただ、それも読む側の「遊び心」によって許容され、あまり大きな話題になることはなかった。しかしそれよりも情報手段が限られていた江戸後期、さまざまな噂や風聞が流れていて、それをどう判断するか迷うさい、一枚摺りで簡潔明瞭な価値基準が示される「見立番付」は、読者に一つの示唆を与えてくれる簡便な情報手段として、人々に歓迎されたのだった。

「見立番付」誕生の背景

しかし、こうした「見立番付」は、江戸時代の初めから存在していたわけではない。林英夫さんは、『番付集成』上下を編集した時に収集した膨大な数の「見立番付」の分析を通して、早くても寛政期、つまり一八世紀末ごろから作成され始め、盛んに作られ出すのは文化・文政期以後であり、とくに多いのは近代、それも明治一〇年代ではないかと見ている。

今回、林さんの収集した見立番付に依存しつつ各地での調査をすすめ、いくつかの新しい番付を発掘したが、それでもそのほとんどは文化・文政期以降のもので、林さんの学説を覆すような「見立番付」はついに見つからなかった。

ただ一つ気になるのは、大田南畝の『半日閑話』巻一三（『大田南畝全集』第一一巻、岩波書店、一九八八年）の安永五年（一七七六）の項に、

●江戸自慢

十八日より江戸自慢と云ふ一枚摺出る。江戸名物を役者番付にしてうるもの也。来春にいたりて大ひに行はる。後編江戸自慢も出る。

という記事があることである。これは間違いなく芝居番付に見立てた「江戸自慢」と題する番付が作られたことを物語る。しかも翌年早々、この番付に影響されて刊行された『江戸じまん評判記』（中野三敏編『江戸名物評判記集成』岩波書店、一九八七年）の末尾にも、

一、江戸じまん　　一枚摺
　此役わり番付にくわしくしるす、御求御覧可被致、
　　　　　　　　　　五拾軒　　版

と、販売促進の記事があるので間違いなかろう。これがどんなものか分からないが、もしこれが嚆矢だとすれば寛政期を十年ほど遡ることになるだろう。板元の「五拾軒」とは、当時江戸を代表する地本屋蔦屋重三郎（蔦重）のことである（鈴木俊幸『蔦屋重三郎』若草書房、一九九八年）。黄表紙や洒落本で評判をとり、写楽や歌麿を売り出した蔦重ならではの新機軸だったのだろうか。

こうした社会的背景には、すでに大坂で明和五年（一七六八）ころ、相撲番付に見立てた『浪花江南章台才女胆相撲』（『洒落本大成』五巻、中央公論社、一九七九年）と題する洒落本が刊行されたり、役者評判記のパロディーとして流行しだした「名物評判記」において、江戸の文人たちの間で評判になった社会全般の現象（人物・器物・文芸・芸能・風俗・飲食物など）を役者に見立てて、「大極上上吉」、「上上吉」、「上上」などと品定めする風潮が高まっていたことが挙げられよう（中野三敏『江戸名物評判記集成』解説、岩波書店、一九八七年）。

つまりこうした風潮のなかで、目先の利く地本屋が、一枚摺にすればもっと受けると判断して「見立番付」を板行して評判になり、それが新しい情報手段として注目されるようになったのではなかろうか。「見立番付」は、文人たちのパロディの精神をベースに創造された情報媒体であり、そこで「遊び心」が大きな要素になるのは当然であろう。

そして早くも天明八年（一七八八）には、大坂で「大坂市中家名書顕し角力番付になぞらゑ候一枚摺」が販売差止めとなり、寛政元年（一七八九）九月には井筒屋伝兵衛が「儒者之名前集番付一枚摺にいたし候もの」として、書籍商仲間から板木没収にあっている。（『大坂本屋仲間記録』大阪府立中之島図書館、一九七六年）不審な摺物と見られたのであろう。堂々と出版すればすぐ板木没収となる。しかし結構売れる。たった一枚の摺物で処罰されてはたまらない。そこでこっそりアングラ出版しようではないか、と考えるのもまた自然である。

弾圧されればされるほど、どんなものか見てみたいと思うのが人情である。そんな「儒者番付」が房総地方にまで流れ出していたようである。それは千葉県香取郡干潟町の平山高書家の文書に含まれている。よく見れば儒学者の「見立番付」で、写し途中で止めてしまったものらしい。同様のものがもう一枚あるが、やや表現が違う。そして欄外に、一つには「寛政二庚戌仲夏」とあり、もう一つには「寛政二庚戌仲夏写之」とある。もしかすると、これは大坂で板木没収になった「儒者之名前集番付」を写しとった「見立番付」かも知れない。その点でなぜ一番下の部分が空白なのか興味が持たれるところである。

ではなぜ、一八世紀末になると、一つの価値判断を基準にした「見立番付」という名の情報媒体が盛んに作られ出し、それを売り出そうとしたのだろうか。それはいうまでもなく、さまざまな情報の氾濫にあろう。そのため取捨選択の力量に限界が生まれ、判断に迷っている時、そんな読者の気分を見抜いて、一定の価値基準に基づいたランク付けの情報提供の方法が、新鮮味を持っていて大いに歓迎されたのではなかろうか。

しかもその底流には、明和・安永期に上層町人たちの間で流行した粋や洒落などという精神が、寛政の改革の風俗取り締りで挫折しても、「穿ち」や「穴さがし」などという彼らの「遊び心」の精神が継承されていて、そんな気分に裏打ちされて世に出されたから、さらに人気を呼んだのは間違いなかろう。

「見立番付」は社会全般の現象が対象

では、どんな事柄を「見立番付」化したのだろうか。それは本書に収録した「見立番付」を読んでいただければ一目瞭然であるが、そこからじつに多様な事柄の「見立番付」が、世に出されていることが分かるであろう。しかもそれらは、なんとなくばらばらに板行されているのではない。時代性や地域の文化性が見事に反映されていることは明白である。

たとえば、政治や社会の動きの中で、人々の生活に深くかかわる問題は「見立番付」の格好のテーマとなった。天保の飢饉、天保の改革、横浜開港、幕末の内乱と世情、物価高騰などは、それに応じてさまざまな観点から番付が板行されていることが分かる。

また日常の暮らしにかかわる関心事には、有徳人のランキング（長者番付）から、職人技の順位、名産品への憧れ、都市への関心、旅の流行に合わせた名所旧跡、温泉、参詣寺社が番付化される。そして身の回りの鉢物と植木、文化では流行の俳諧や蘭学、時代物の芝居から関心を深めるための仇討物なども取り上げられている。つまり時代の流行にきわめて敏感に反応し、その気分を先取りして「見立番付」が作成されているということである。

そして見逃してならないのは、非常に地域性が豊かであるという点である。大坂と江戸は当然のことながら、江戸地廻り、名古屋と尾張、金沢と加賀の多さには、都市文化の豊かさと地域の独自性を感じることができるだろう。

この点は、本書の地域版を見ていただければよく分かるだろう。ただやはり中心は「将軍のお膝元」江戸であり、「天下の台所」大坂である。その板行数は驚くほど多い。そして「江戸地廻り」の関東であり、御三家筆頭の尾張藩と名古屋、百万石の加賀と金沢で、地域版の大半が板行されている。全国各地でその地域の特色ある番付がたくさん板行されていることは、県史を始めとする地方自治体史の通史編などにしばしば掲載されていることから証明できるだろう。しかもその多くは地域の本屋を板元とする摺物であることが圧倒的に多く、わずかに江戸板がある程度である。

ただ三都のなかでは京都での板行が少ない。また近世の九州で板行された「見立番付」にお目にかからないのが意外である。京都は、その文化風土が「遊び心」満載で、物事をランク付けをするような摺物を板行することを許さなかったからかもしれないが、九州の場合が私の調査不足で見当たらないのかどうか分からない。二〇〇三年に林英夫さんと編集した『番付で読む江戸時代』（柏書房）でも、「九州では作成された形跡はない」と挑発的に書いておいたが、その後も否定された論考にお目にかからない。もし情報があれば教えていただきたいと思う。

しかし少ないといって軽視してはならない。いや逆に少ないからこそ、その一枚一枚が貴重である。しかもそこでは、時代と地域性を反映した興味深い「見立番付」が作成されていたからである。たとえば東北では、南部藩の百姓一揆研究で著名な武田功さんが紹介した「見立番付」が注目されよう（武田功「嘉永六年・盛岡藩三閉伊一揆史料『白赤襷小丸の幡風』に関する一考察」『岩手の民衆史』四号、二〇〇一年）。まだ木板化されていないが、内容はまぎれもなく、幕末の気仙沼地方の政治的な出来事を番付化したものである（番付127）。そして東の大関に「相州・異国船難題」（実際は武州）とあり、ペリー来航に時代の転換を見る目と、西の大関に「南部　一揆御国入願」と三閉伊一揆が仙台藩領へ逃散・越訴した事件をあげている点であろう。この他、「前頭　海中　定（蒸）気船勇焼」（上段）、「前頭　南部　別口一揆起ル」（西三段目）など政治性の高い事柄が取り上げられているが、これほど政治的関心をもって作成された見立番付もめずらしい。もっともこんな番付を板行して売り出したら、即座にお縄になってしまったであろう。

少ない政治批判の「見立番付」

そうした関心からよく見ると、どうも幕府や諸藩の政治を揶揄したり皮肉るような「見立番付」は少ない。当然、落書や俗謡（ちょぼくれ節など）に見られる激しい内容の番付はほとんどない。「見立番付」が、形式からして、そうした内容を表現しづらいからもしれないが、あえて紹介すれば、嘉永四年（一八五一）七月に刊行された「大蜘蛛百鬼夜行絵之番付」などが挙げられよう。内容は、

昔々在た土佐絵の巻物に碁、今は野暮百気夜興、化物評判記さへ箱根の先ニなき。中ニ百鬼の絵五十計有之、正面ニハ奢と書し玉の人物、鼠色の着物着しふんまたがり、大勢の百鬼ニ手をとられ、是をとらへ又は喰付、或ハ八方より鑓ニて突懸ん候図也、上下ニは右の外題書有之、左之通り也、
実とみへる　虚の化物　忠と見せる　不忠の化物　善と見える　悪の化もの
倹約と見へる　驕奢の化物　金持と見へる　乏人の化物　貧客と見せる　金持の化物
（以下略）

（『藤岡屋日記』第四巻、三一書房、一九九八年）

これは、「盆前に配り候処、今日手入ニて残らず御取上ゲ也」といわれているように幕府から発禁処分を受けたものだが、番付の内容よりは、「袋ニ上ニ蜘蛛が巣を懸ケし処を書、正面ニ碁板ニ大将の刀掛、紫のふくさをかけ在り、燭台を立、碁もならべ有之」といわれる絵が処分の対象となったものと思われる。なにせ天保の改革を皮肉ったかの有名な歌川国芳の「源頼光公館土蜘蛛作妖怪図」ほどの迫力はなくとも、それに類似するものだったからであろう。だから板元の太田屋佐吉は

こりもせず又蜘蛛の巣に引かゝり　取揚られるめには太田屋　（同右）

なんて皮肉られたのである。

その点で同年晩秋に出た「当時の有様を、関取千両幟、浄瑠璃狂言も文句に見立」の

一、酒は杉ばへ　地廻り古酒沢山
一、思ひ外きつひはづミ　両国の曲馬
一、江戸九州残らずに　豊作
一、一寸悦びに参りました　諸株極り
一、わしらハ在所ものゆへ　佐倉の百姓芝居見物
一、かんじんの商ひ少ない　よし原
一、遅ひと能場がござりませぬ　一丁目芝居
一、町中のひひきに　八代目全快
（以下略）　（同右）

などなど、この番付は、株仲間再興令や、歌舞伎に新しいヒーローが生まれた「東山桜荘子」の上演など、その年の政治や世相を皮肉ったものだが、せいぜいこの程度だったのである。

なぜなのだろうか。後に詳述するが、いかに素人筋の出版であれ、その多くの場合、本屋仲間株を持つ本屋に持ち込んで出版を依頼する。そして検閲を受け、その上で広めてもらうのが普通だったからである。彫師も摺師も本屋仲間と手を結んでいたから、密かに板行するような冒険を犯すことをためらったに違いない。もし持ち込まれた一枚摺を世に流して幕府の忌避に触れたとしても、素人さんから請負っただけだと言い逃れをするのが常套手段だった。

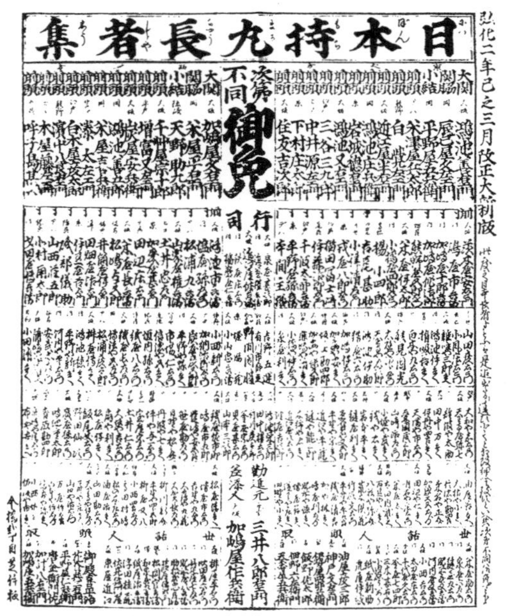

図６　日本持丸長者集　個人蔵

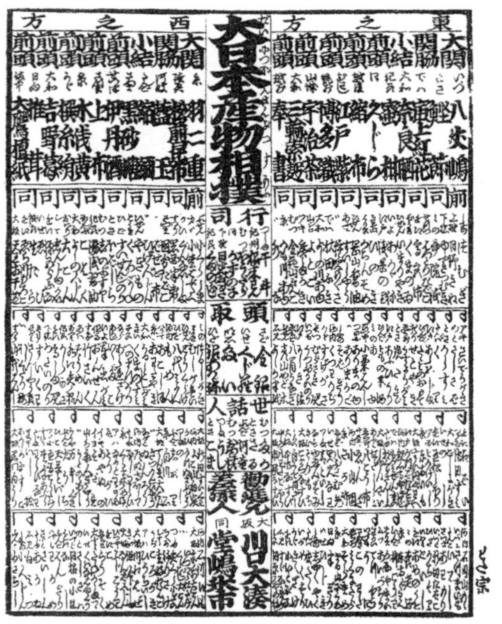

図７　大日本産物相撲　個人蔵

「見立番付」の大半は大坂板

さまざまな「見立番付」を見ていくと、大坂と江戸で板行されたものが圧倒的に多いのに気付く。双方とも全国から物も金も人も、そして情報が集中するからであろう。「天下の台所」大坂への経済情報、「諸国の掃き溜め」といわれる江戸の人口の大半を占める流入者と江戸詰の武士たちは、全国各地からの情報に敏感だった。そして大坂や江戸という巨大都市での暮らしそのものでも、情報を得ることが不可欠だったからであろうが、その「見立番付」の板行で圧倒的に多いのが、大坂である。長者番付を始め、先に紹介したあらゆる番付の大半は大坂板であるといっても過言ではない。

なかでも「持○」、つまり長者番付である。大坂の書肆は、全国板も出しつつ、三都板、浪花板をしばしば板行した。そして二板、改正、改正大新板と何度も再板した。情報も集中し、需要が多かったからであり、もっとも敏感な関心事だったからであろう。

大坂は紛れもなく「天下の台所」である。そして金融（両替商）は経済の要である。全国の経済を動かすのは問屋仲間である。そこで両替摺物・両替番付長者番付も必要性が高く、天保九年板の「浪花両替手柄競」（番付103）などは、「改正新版」と記されているところからみて、たびたび板行されていることが分かる。とくに両替摺物はきわめて活用性が高く、長者番付もまた、壁に張られ、商取り引きなどで、いつも利用していたのではなかろうか。

その点で江戸板は、最初が文化一二年板の「江戸じまん」（番付78）ぐらいで、江戸で全国的な長者番付が次々と板行されるのは、天保七年（一八三六）の「日本長者分限帳」（番付2）、弘化二年（一八四五）の「日本持丸長者集（図6）」のほかは、それ以後のことである。それは天保の改革以降、大坂の経済的地位の衰退がはっきりとし、経済の中心が江戸に移りだしたことを如実に物語ってくれるだろう。

大坂板「見立番付」の特色の一つは、実用性にある。それは商売や生活のマニュアルである「重宝記」などを数多く板行してきた大坂出版界の伝統を引き継ぐもので、簡便かつ安価で商売や暮らしに役立つことに主眼がおかれていたからであろう。

また、大坂ならではの「見立番付」として紹介しなければならないのは、「天下の台所」にふさわしい全国物産に関する番付であろう。これはいうまでもなく、かの木村蒹葭堂の『日本海山名産図会』の出版にみられるように、全国の産地に足を運び生産過程をつぶさに調査してきた実績が、こうした見立番付を生み出す根源であったことは間違いあるまい。その点で、天保八年（一八三七）板といわれる「大日本産物相撲」（図7）や同一一年（一八四〇）板は、大坂へ入津する産地・産物名の番付で、衰退を始めていたとはいえ、大坂入津産物のすごさを感じさせてくれるだろう。

あわせて、同年「天保改江戸積銘酒大寄大新板」（番付48）、「銘酒づくししんぱん」など灘・伊丹・池田の、いわゆる下り酒の番付は、大坂の本屋の独壇場であり、さらに天保五年（一八三四）の「諸国豊稔附」（番付22）や、弘化二年板の「諸蔵内実付」、「商家日用　米枡目早割」、「金銭相場割」など、蔵宿を持つ強みがそのまま米価の番付になるのも大坂ならではの話である。

その点で江戸の本屋が産物の見立番付を作成すると、当然のことながらかなり内容に違いが生まれることは自然である。作成年代は不明だが、江戸八丁堀地蔵橋の三河屋忠平板「くに〳〵名物つくし」（番付46）を見てみよう。ここに取り上げられているのは、まぎれもなく江戸へもたらされている産物ばかりである。だから大坂板にはない「大関　上野　上州織物」、「前頭　上総　干魚」、「前頭　下総　結城縞」など、関東の産物が上段に並び、武州、野州、信州、尾州などの産物が顔を出すのである。

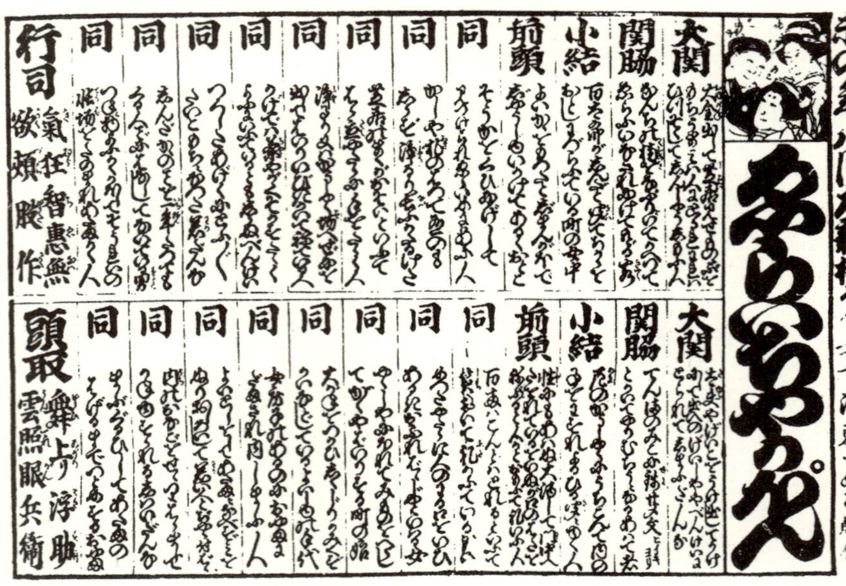

図８　ゑらいちやかぽん　大坂府立中之島図書館蔵

諸国とか「くに〳〵」と言っても、取り上げられる産物はこんなに違う。地域性丸出しである。このことは産物などの「見立番付」が実際の商業活動に供していたことを物語る。つまり、大坂の産物番付は、江戸では役に立たず、江戸の物は大坂で同じ運命にあったということである。それゆえ、真の全国版といえば、京都五条大橋東詰町の正本屋堅治板の「諸国産物見立相撲」（番付45）ぐらいかも知れない。

そして大坂板の「見立番付」のもう一つの特色は、まさに「遊び心」がふんだんに取り入れられていることである。それは奇抜さと珍妙さが取り得である。たとえば、「有るようで無いもの・無いようで有るもの」、「あほうとかしこ」（番付75）、「金持ちと貧乏人」、「強いもの・怖いもの」など、ふだんなんとなく関心をもっている事柄を真正面から取り上げて、しかも読者に判じ物風で謎解きのような好奇心を持たせ、実用性とはまったく違った別次元の世界に引き込む面白さである。

上方には、そんな伝統があった。江戸時代初期の仮名草子以来の伝統である。たとえば、寛永九年（一六三二）、京都の恩阿斎方から最初に出版された「尤之草紙」がそれであろう。この内容ついて簡単に説明しておけば、そこには早くも、「ながき物のしなじな」・「みじかき物のしなじな」、「たかきもの、しなじな」・「ひくき物の品々」、「うれしきもの」・「かなしきもの」などなど、まさに遊び心でのさまざま物知りの手法が具体的に示されている。この「尤之草紙」上下二巻は、その後版を重ね広く読まれるようになった。一八世紀に入ると、出版の中心は京都から大坂へと中心が移っていった。そして出版の内容も、重宝記などのマニュアル的な実用書や西鶴物に代表される浮世草子などが多数を占めるようになった。このような風潮のなかで、実用的な出版物の一つとして、仮名草子の伝統を受け継ぎ、教訓的な言葉や知識を詰め込んだ一枚の摺物が歓迎されるようになっていったのである。

そのさい、東西に分かれる縦長の相撲番付より、上下で比較する横長の芝居番付の方が判断しやすいこともあってか、いずれも芝居番付に相撲番付のランク付け（大関・関脇・小結・前頭）を取り入れた見立番付が板行されるようになった。たとえば、文化一三年（一八一六）に出た「芝翫竣寛はやりもの見立勝負付」や文政六年（一八二三）八月には、京都は洛東まぬけ戯作の「えらいちやかぽん」（図８）、「すい言葉廓流行」、同八年「つり天狗」などが「遊び心」をベースにした典型的な上方の「見立番付」であろう。

しかし、こうした「見立番付」が版を重ねたりすると、読者はもっともっと可笑しいものを求めるようになる。そこでさらに奇抜で面白い番付が追究され、次々と新作が誕生する。そして、同じ意味の言葉を重複して使っているのを並べ立てた「重言」や「文字書き違い」などとの言葉遊びから、大きい小さいだけでなく、「七分三分」（番付64）などと、あ、そうだったね、一瞬感心させられるような趣向の「見立番付」が次々と板行されるようになっていった。こうした「遊び心」から生まれた「見立番付」の大半は、大坂板であった。

また大坂では、「浪華人物録」のような郷友録が刊行されていて、文化年間の改訂版では、「今度録するところ三百余人、儒家・国学家より俳諧狂歌にいたりて、すべて十五門」（『摂陽奇観』巻之四十五　浪速叢書刊行会、一九二八年）とあるように、番付を作成するための素材なども整いつつあった。

そして、こうした雰囲気の中から、「遊び心」と実用性をないまぜにした「見立番付」が誕生するに至ったのである。たとえば、文政一〇年（一八二七）板の「浪花打鞠駈くらべ」、天保一一年（一八四〇）「浪華近辺名木名花見立」（番付110）、同年「浪花名家名望三幅対集」、同年「浪花素人浄瑠璃評判記」、同一二年「なには希有見立」（番付124）、同「浪花歌舞伎役者天狗」（番付111）、さら

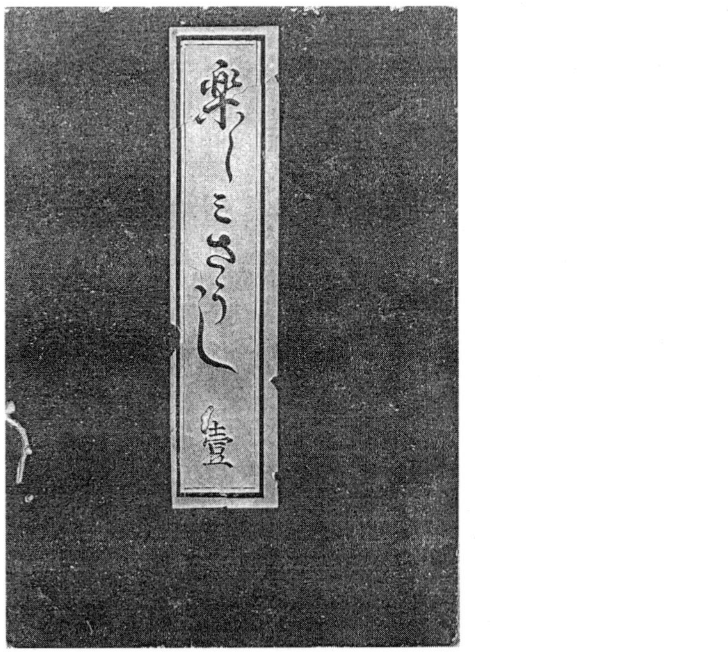

図９『楽しみさうし』壱の表紙

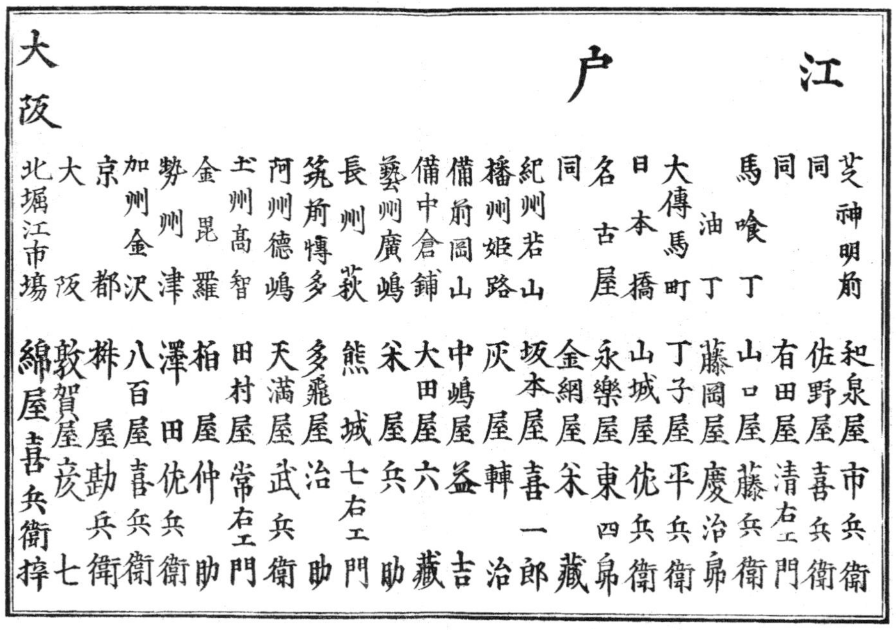
江戸

芝神明前　和泉屋市兵衛
同　佐野屋喜兵衛
同　有田屋清右エ門
馬喰丁　山口屋藤兵衛
油丁　藤岡屋慶治郎
大傳馬町　丁子屋平兵衛
日本橋　山城屋佐兵衛
名古屋　永樂屋東四郎
同　金網屋米藏
紀州若山　坂本屋喜一郎
播州姫路　灰屋輔治
備前岡山　中嶋屋益吉
備中倉鋪　太田屋六藏
藝州廣嶋　米屋兵助
長州萩　熊城七右エ門
筑前博多　多飛屋治助
阿州徳嶋　天満屋武兵衛
土州高智　田村屋常右エ門
金毘羅　栢屋仲助
勢州津　澤田佐兵衛
加州金沢　八百屋喜兵衛
京都　枡屋勘兵衛

大阪

大阪　敦賀屋彦七
北堀江市場　綿屋喜兵衛梓

図10『楽しみさうし』の奥付

に「浪花市中どえらい家名大寄」、「神社祭礼仏閣法会　浪華参詣大数望」（番付118）などをみれば、遊び心で選んだテーマに実用性を加味した内容になっていることが分かるだろう。

本邦最初の「見立番付」集成『楽しみそうし』の登場

大坂の本屋は、これで終わりとしなかった。こうした両者折衷の方式で、「遊び心」のテーマをさらに広げていっただけでなく、三都・全国板を生んでいった。こうして、天保一一年板「庖丁里山海見立角力」（番付50）、同年板「常盤樹花王見競角力」（番付26）、「諸商売人出世競相撲」、「高名功名手柄鏡」（番付18）など、学術・宗教などのほか、さまざまな分野の見立て番付が世に出たのである。

そして嘉永四年（一八五一）九月、こうした「遊び心」をテーマにした番付の総集編が刊行されるに至る。その名を『楽しみさうし』（全五編）という（図9）。出版は、奥付に「大阪　北堀江市場　綿屋喜兵衛梓」とあり（図10）、大坂の本屋綿屋（金随堂）喜兵衛店が編集した。

それを、江戸（芝神明　和泉屋市兵衛、同　佐野屋喜兵衛、同　有田屋清右エ門、馬喰丁　山口屋藤兵衛、油丁　藤岡屋慶治郎、大伝馬町　丁子屋平兵衛、日本橋　山城屋佐兵衛）、名古屋（永楽屋東四郎、金網屋米蔵）、若（和歌）山（坂本屋喜一郎）、姫路（灰屋輔治）、岡山（中嶋屋益吉）、倉鋪（太田屋六蔵）、広嶋（米屋兵助）、萩（熊城七右エ門）、博多（多飛屋治助）、徳嶋（天満屋武兵衛）、高智（田村屋常右衛門）、金毘羅（栢屋仲助）、津（沢田佐兵衛）、金沢（八百屋喜兵衛）、京都（枡屋勘兵衛）、大阪（敦賀屋彦七）と、本屋二三軒との相板で刊行した。株仲間解散前であれば、三都本屋仲間の相板だけで済したのだろうが、東海から西国の主要都市の本屋を網羅しての刊行は、嘉永四年三月の再興後、地方本屋の実力が高まり、彼らを相板に加える方が販路を広げやすいと判断してのことだろう。

『楽しみさうし』の内容は、次のようなものである。

壱　和漢年代早引一寸目覚

弐　江戸名所参詣遊山　命のせんだく初編～四編、江戸名所月並参詣　命のせんだく続編壱～弐、新謎わらひふくろ　嘉永四亥正月しんぱん、新板六七三四八八大宝恵、諸道具寄合ばなし、三ケ津大相撲故実由来書、諸商売穴尽狂歌問答、うそまこと見立角力、忠臣蔵名寄文句ぬれぶみ、鎌倉英雄鑑、国高改　足利勇士鑑、有ていらぬ物見立相撲、ほうぐわいろんなし当世ずぼらな人の角力、当世ちゆうてんの角力、豊臣武鑑知行付之部

参　大日本持丸長者鑑　嘉永四年春改正、大日本国々繁花見立相撲、大日本神社仏閣参詣所角力、大日本名所旧跡見立相撲、諸国温泉功能鑑、大日本名山高山見立相撲、大日本国々名高大川角力、大日本産物相撲、大日本神事見立数望、太功記勇士見立相撲、源平武者競、浪花市中どゑらい家名大寄、文字書ちがひ見立、文字書違見立二編、庖丁里海山見立角力、浪花料理屋家号付録、常盤樹花王見競角力、歌舞伎狂言外題見立角力、重言見立大相撲、大日本国橋見立相撲、古今名画競　嘉永四年正月新版、日本当時書家競　嘉永四年正月新版、最上新力競　嘉永四年正月新版、諸国遊所見立角力并ニ直段付

四　いろはうたつづきもんく　酒論餅ろん後編、しんはん生類せり合問答見立　初編、同二編、同三編、浮世たくさんな人すくない人の見立角力、ながみじかちんばの番付、芝居好旅ずきへんくつ論、日本国中見渡勘定七分三分の見立、いろはうたつづきもんく　酒ろん餅ろん前編、さんけい見物遊山　命のせんだく前編・後編、あたり狂言穴さがし　妹背山四だん目、同本朝

二十四孝、同、浄瑠璃文句穴さがし四編、二代鑑立引のだん　同五編、義経千本桜すしや、あたり狂言穴さがし　義経千本桜序三、同絵本太功記二日目　菅原伝授寺子屋、浄瑠璃文句穴さがし八編　恋女房・沓掛村・お染久松・油屋、忠臣蔵穴さがし二編三段目、同三編四段目、同五編六段目、同六編六段目つづき、同七篇六段目奥、同八編七段目、同九編九段目、同十編十一段目

五　あほうとかしこの番附　わた惣はん、つよひ物こわひ物見立相撲、当世あハて者の角力、のみ升よひ升　酒問答升づくし、御慰金玉見立相撲、有ルやうでも無イ物無イやうでも有ル物見立相撲、当世人情へんねし穴尽、世間通言鳥づくし見立、新板歌舞伎狂言穴さがし、うけにく事の見立、なんでもかでも喰競見立相撲、浮世風流貝づくし　天保十一子の十二月改大新版・綿宗板、しんはん一口はなし、同、同、同北ほりへ市場・わた喜板、同、同、同、同北ほり江市場・わた喜板・今井黍丸作、同、あなづくしいやみのすもふ、日柄山傾城寺名所旧蹟図、びんぼう人のばん附、諸国繁昌御治世万歳・綿宗板、どう楽者ぶしやう者の見立、かねもちになる伝授

どうだろうか。「見立番付」のほとんどを網羅した、まさに番付集成の嚆矢である。そして当時板行された「遊び心」番付と実用性を兼ねた番付の集成であることも間違いなかろう。大坂発の「見立番付」の世界は、ここまで到達していたのである。

幕末維新期に隆盛の江戸の「見立番付」

嘉永五年（一八五二）、江戸でも『吾妻みやげ』全五編と題する番付集成が刊行された。これはすべてではないが、まぎれもなく、そのほとんどが前年大坂は北堀江町市場の綿屋喜兵衛編集の部分的な剽窃である。独自性はほとんどなく、『浪花みやげ』ならともかく、『吾妻みやげ』という名にはふさわしくない内容である。

江戸には、こんな伝統はなかったのだろう。「遊び心」風の番付の板行で立ち遅れたことは間違いない。しかし化政期以降、江戸でも江戸っ子たちの求めに応じて江戸らしい番付が板行されていた。なかでも注目してよいのが、料理茶屋に関する度重なる「見立番付」の板行であろう。

とくに、文化一二年（一八一五）の「江戸の華名物商人ひやうばん」（番付97）なる番付は、江戸市中の最初の本格的な料理茶屋・菓子・鰻・鮨屋を網羅したもので、当時の江戸の食文化の繁栄を示したものであるが、この板行には深い意図があるように思われる。それは、文化三年の江戸の大火で町人町の中心部が焼失したが、その後、幕府の保護もあって急速に食物関係の商店が一挙に七〇〇〇軒余にも増え、大田南畝をして、「五歩に一楼、十歩に一閣、みな飲食の店ならずといふ事なし」（「一話一言」『大田南畝全集』第一二巻　岩波書店、一九八六年）といわれるほどになり、しかもそれが、「蕎麦屋・居酒屋なんどを始め、名代の鮨屋・てんぷら屋など数へる時は、一町内に半分は喰物屋なり」（「皇都午睡」『新群書類聚』第一　国書刊行会、一九〇六年）という新たな都市景観をつくりだしていたことが、こうした「見立番付」を板行させたのだろう。

つまり飲食店が「江戸の華」となったのである。そしてその後、江戸では、「献立競」という料理茶屋の番付、文久元年（一八六一）の「会席献立料理通」（番付98）、さらに「江戸自慢蒲焼茶漬番付」、嘉永五（一八五二）年の「江戸前大蒲焼」（番付99）や「寿しや見立」な

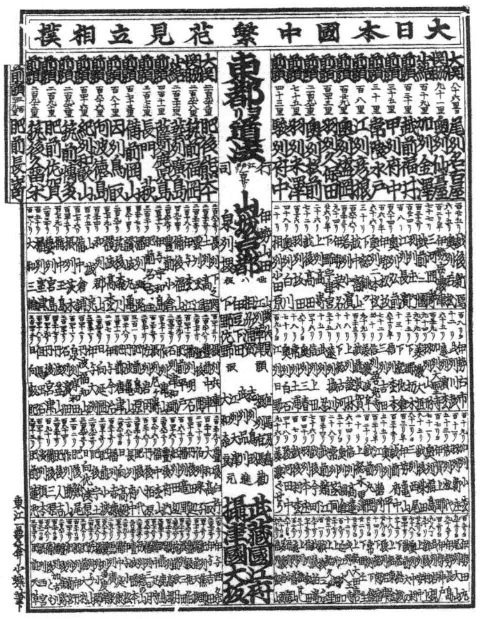

図 11　大日本国中繁花見立相撲　個人蔵

図 12　越後土産　西尾市岩瀬文庫蔵

どが続々と板行されていったのである。意外や江戸は食い倒れの町に変身したことが分かるだろう。

この他江戸ならではの「見立番付」といえば、なんといっても、「大商八百万両諸商人」（番付80）であろう。江戸市中の諸商人の一年の稼ぎ高のランク付けである。総計八〇〇万両になるのだろうか。東「大関　四百三十二万両　下り米問屋」に始まる東西は一〇二の商売名と張り出し五つの商売数は、幕末の江戸商業の多様性だけでなく、行司の「ぼてい商人一同」＝棒手振り一同が八一万六〇〇〇両も稼ぎ、「大道商人一統」に至っては、なんと一六三万五二〇〇両稼ぐなど、江戸商業のすごさを見せつけてくれるだろう。それは天保の改革後、経済の中心も江戸へ移った証左ともなろう

そして「東都ヨリ道法」という江戸中心主義の都市番付の作成がある。これは天保一一年（一八四〇）に大坂で板行された「大日本国々繁花見立相撲―大阪より諸国江道中独案内」の江戸版である。たとえば、「弘化未歳改訂諸国郡名従江戸道程付」とか「大日本国中繁花見立相撲」（図11）がそれである。大坂に対抗してこうした番付が作られたのだろう。さらに関東地廻経済圏の成立は関東への関心を広め、「関東市町定日案内」（番付132）、「関東自慢繁昌競」（番付133）、「為便覧（関東醤油番付）」（番付134）を生み出すことになったのである。

しかしなんといっても、江戸で板行される見立番付が、その数を急速に増すのは、ほかでもなくアメリカ東インド艦隊司令官ペリーの来航に始まる幕末の動乱期以降である。とくに横浜開港は、大きなカルチャーショックを人々に与えた。価値観に変化が起った。そして幕末の内乱である。物価は暴騰する。みんな「見立番付」の題材となった。これら「見立番付」のほとんどは、江戸産である。こんな時代の変化に対応した生々しい「見立番付」は、大坂には生まれない。「遊び心」が邪魔をしたからである。

『越後土産』の世界

三都のなかで見立番付の作成が一番少ないのは、京都である。多分、大坂や江戸のような地本屋系統の本屋が少なかったからであろう。京都には、学術・宗教書、唐本などをあつかう本屋が数多く存在した。そんな雰囲気のなかでは、これまで見てきたような一枚摺の浮世絵や見立番付などの板行は、なかなか困難だったのだろう。まったくないわけではないが、大坂や江戸にくらべて極端に少ないのは、まぎれもない事実である。

ところで、前出の『楽しみさうし』に始まる「見立番付」の集大成という試みは、江戸では『吾妻みやげ』という同類の本を生み、また大坂では『浪花みやげ』『開化浪花みやげ』としてますます集成化されていった。これは読者がそれを求めたからである。そして地方でもこの発想に沿って独自の地誌的「見立番付」集成が板行されるに至ったことを見逃してはなるまい。

なぜならそれほど地方への関心が高まったからである。それはもう産物や商品などへの関心事を超えて、そんな生産の現場を見てみたい、ということになり、大勢の人が訪れるや、そこに新名所ができる。そして物見遊山の旅である。神社仏閣、温泉など、あの名所図会に書いてあったところへ旅してみたい、と思うのは人情である。こうしてそんな名所旧蹟や温泉などが話題になる。そこからは、近世後期の人々の異郷への憧れの姿を知ることができるだろう。

そして地域ではまた、それに呼応した動きが起る。それが元治元年（一八六四）に板行された『越後土産』初編・二編全である（図12）。著者は陸奥国会津の正樹舎主人こと紀輿之、板元は無暦堂となっているが、どこの本屋かもわからない。しかし序文に「効浪華土産・

吾嬬土産等」とあるところから見て、間違いなく二つの番付集成に影響を受けていることは事実である。こうして「御大名・御旗本御領分御預所早見」に始まる本格的な地誌的情報として、

村名見立　産物見立取組一・二　山見立大角力　池潟見立取組　国中見渡勘定七分三分見立　神社仏閣祭礼仏

と、越後国の村名・産物・山名・池と潟などが「見立番付」化されて掲載されているのである。

こうして幕末には、地誌などにおける情報伝達の方法の一つとして「見立番付」が、一般的に活用される時代が到来した。だから「越後土産」所収の「見立番付」は、多くの書籍で、飾りのように番付を図版として紹介するような安易なものではない。越後の地勢を知るうえで、かなりの正確性をもっているので、読者に利用されることを期待して刊行されているのである。

作者と板元、情報源の大半は分らない

では、いったいこんなに詰め込まれた情報を誰が、どこで何から集めて何時一枚の摺物にまとめ上げたのだろうか。そしてどんな本屋が板行したのだろうか。じつはここがよく分からない。そのため史料論としてもっとも重要な部分が一番説明困難で、その情報の信憑性に疑問が生じる最大の原因となっているのである。

「見立番付」のほとんどには、作者の名は明記されていない。たまにあっても、偽名であったりして、そこからどんな人物かを特定することは困難である。そのなかで数少ない例外を紹介すれば、いまのところ、藤實久美子さんが見つけた「江戸御大名様方珍奇相撲」（国立国会図書館蔵）の撰者「三豔隠士武鑑癖無価散人」ぐらいだろう。それは欄外に、「奥番小林安五郎作之由、此人定府之節御供長ニ御勤詰居、以下御旗本の事、甚詳細なるものの由也」という墨書があることから、作者が水戸藩の奥番小林安五郎と特定でき、勤務の合い間に作ったことが分かる。彼は、大名の石高を始め、江戸市中での行列や屋敷地まで熟知しており、その知識を駆使して番付を作成したことが明らかにできる（『武鑑出版と近世社会』東洋書林、一九九九年）。

つまり、こうして後の関係者が書き残してくれなければ、なかなか特定できないのが普通である。どうしてこうなったのか。一番考えられるのは、すぐ書籍商仲間に摘発されるからである。しかもどこから集めた情報か出典を明記すれば、著者からクレームがつくかもしれない。もし書き漏らしやランク付けに誤りなどがあった時には、責任を負いたくない、という態度からだろう。

そこで、前述したように、欄外に言い訳を書く。一番問題になるであろう漏れと順列については、「右落名次第不面目御用捨」（寛政末年「俳人番付」）、「席の次第不同ハ御用捨」（「浪花諸芸玉つくし」）と、多くの場合逃げを打っておくのが常道である。おそらく世に出てから、「なんで俺の名前が入ってないんだ」とか「あいつより私の方が有名だよ」なんていうクレームがついたからであろう。

そして当然のごとく、ほとんどの番付がランク付けなどに編者の感情が入ることは有り得ることだから、

是迄諸国より差出シ候番組いこひゐきの沙汰に及び候ことげんぜん（厳然）たり

（文化一二年「正風俳諧名家角力組」）

と、この番付は「公正無私」だよと公正さを売り物にしようとする番付も登場する。

欄外にこのような断わり書きちょっとつけておけば、どうせ「遊び心」で作ったものだからと、読んだ方も笑いとばしてくれると思っていたに違いない。だから、この程度の刊行物に堂々と名前なんか出せるか。そんな風潮がいつしか一般化し、「見立番付」には編者の実名は書かれない。例外的に前出の『楽しみそうし』五編の「しんはん　一口はなし」のなかに「北堀江市場　わた喜板　今井黍丸作」と作者名が記されているが、じつはそれもまた偽名であるかもしれない。疑心暗鬼である。じつはこれが「見立番付」の史料的価値を大きく下げる最大の要因になっているのである。

　では、板元はどうだろうか。板元もまた似たようなものである。林英夫さんが、『番付集成』編集のさいに調べた板元については、下巻の解説のなかで紹介されているが、板元の大半は当然のごとく江戸（一四軒）と大坂（一七軒）の本屋で、あとは京都（八軒）と名古屋（三軒）の本屋の名が挙がっているにすぎない。

　しかし林さんが紹介する本屋は、近世文学者の井上隆明さんの労作『近世書林板元総覧』（青裳堂書店、一九八一年）に「追補」の部に紹介されている本屋が大半で、それはどうも井上さんが林さんの解説を読んで編集後に追加した板元らしい。だからいまのところ林さんが調べた本屋を超える新たな本屋は分からない。そこで「解説」に紹介されているのは、

栄安堂	江戸日本橋	一枚摺番付　日本長者分限帳（天保七）
加賀屋喜介	江戸深川相川町	一枚摺番付　国々湊くらべ（幕末）
泉永堂	江戸横山町二丁目	初春仙女香の落噺し（文政）、諸国誹諧士番付（同九年）
三河屋忠平	江戸八丁堀地蔵橋	一枚摺番付　国々名物つくし
村惣	江戸神田鍛冶町	一枚摺番付　諸国家業じまん（幕末）
吉田屋小吉	江戸馬喰町三、三四郎店	商売往来千秋楽（文政二）一枚摺番付、関東市町定日案内　瓦版多し。
石川屋和助	大坂平野通五丁目淀屋橋筋角	改正摂津大坂図　一枚摺
河内屋徳兵衛（抱玉堂）	大坂心斎橋筋備後町南入　南久太郎町北入ほか	日本文徳天皇実録（寛政八年）、問合早学問（文久二）など。
塩屋喜兵衛（書林兼草双紙屋）	大坂心斎橋博労町北入東側	画本柳樽　初編（天保一一）、一枚摺　大坂町づくし絵かんがへ
芝伊（芝生屋伊兵衛）	大坂今橋二丁目	俳諧名華集（弘化四）
利倉屋新兵衛（版画の利新）	大坂渡邊筋淡路町南入	根葦狭夫伝（文政二）、版画多し。
本屋安兵衛（松栄堂）	大坂道頓堀日本橋南詰東入南側	古本孝経本（天保一五）
綿宗	江戸（大坂？）	一枚摺番付　大日本産物相撲（天保八）、同　文字書違見立二編
綿屋喜兵衛（金随堂）	大坂北堀・心斎橋筋塩町同橋平野町入ほか	傾城竈照君（享保八）、版画の綿喜といわれた。一枚摺多し。

と、江戸は六軒、大坂は八軒だけである。井上さんの判断を参考にすれば、本屋と呼ばれるような板元は、大坂の塩屋喜兵衛や綿屋喜兵衛をおいてない。大部分が、一枚摺りが中心の草双紙屋だったのではと思われるような零細経営であることが分かるだろう。

　つまり紙面に板元が明記されていても、この程度の本屋だったのである。板元が明記されていない膨大な数の番付がアングラ出版で

図13　番付売り（『青楼年中行事』文化元年）

図14　番付売り（『四時交加』寛政10年）

はないかと疑われるのは、こうしたところにあるのである。

番付売りと番付の効用

しかしだからといって、こうした草双紙屋の一枚摺を無視してはいけない。たとえば、「見立番付」の歴史のなかで、「遊び心」と実用性をないまぜに、全五冊の番付集成『楽しみさうし』を編集し、江戸や諸国の有力本屋と相板し全国へ売りに出た大坂の綿屋喜兵衛は、しばしば大坂の本屋仲間と一枚摺の板行をめぐって対立するなど、ものすごい反骨精神を読み取ることができる本屋である。そんな問題になった「見立番付」が『楽しみさうし』のなかには含まれているのである。「遊び心」といえども、かなり危険な領域にまで踏み込むことがあるのである。

さらに嘉永四年（一八五一）、松屋弥兵衛が売り出した番付「諸国大豊作米穀石数競鑑」（番付21）が、米相場に影響する内容が書かれているから本屋行司仲間から絶板を命じられているが、そのときすでに八枚しか売れ残っていないと報告されている。このように彼らはさっさと売り捌いてしまう精神の持ち主だったし、売れるとみれば同じものを別の草双紙屋（石川屋和助）がその半月後に平気で再板することなど当たり前のように行なわれていた。少し形を変えて板行してしまうことなど恐れないしたたかな連中だったのである。

では、こんな一枚摺の「見立番付」は、どのようにして販売されていたのだろうか。浮世絵のように、地本屋の店先に並べられて売られていたことも考えられるし、読売や瓦版売りと同じだったとも思えるが、二つの図を見て欲しい（図13、図14）。紛れもなく大道で売り捌いている姿である。この絵が相撲番付や芝居番付売りかも知れないが、おそらく同じような方法で売られていたのではないだろうか。

もう一つは、江戸東京博物館が開幕四〇〇年を記念して開いた「大江戸八百八町」展のさい展示した「江戸大繁昌」のようなちょっと洒落た袋入の番付も存在することが分かる（図15）。これはおそらく贈答用として用意されたものだろう。袋には「千倉豊蔵」と記されている。案外、番付には板元の名前はないが、袋のほうに明記されていたとも考えられる。板元が本屋行司仲間から警告されるときの言い訳に、贈答用に摺ったものだからだと弁明する場合があるが、そのために贈答用のシックな袋が前もって準備されていたのかもしれない。

そこで番付は、じっさいどんな風に活用されたのだろうか。番付には、欄外に

どこかしら　たらぬ女の知之袋　此番付壱枚張置けば家内和合ニして家繁昌すべし

（「女大学」番付61）

一枚壁にはり置く時ハ小僧ものも日々心かけ　よき道にいり奉公すべし

（「為教訓」番付62）

なんて欄外にわざわざ効用を書きたてるものもあるが、そんなのは少ない。どちらかというと何も書かれていないのが普通である。

図15 「大商八百万両諸商人」の袋

その上、江戸時代の後期に書かれた随筆類を読んでみて、これほど大量の数の「見立番付」が出回っていたにもかかわらず、じつは「見立番付」を見たり読んだりしたことを記録した文芸作品は、ほとんどないといってよいだろう。そのなかで数少ない例を一つだけ紹介しておこう。江戸時代の後期、おそらく文化年間くらいの記事だろう。「続飛鳥川」（『日本随筆大成』一〇、吉川弘文館、一九四七年）に

　茶屋女に美婦を置事、三十年程前に流行、角力に取組売歩行、浅草矢大臣門前難波屋おきた、薬研堀高島お久を大関とす。見物山のごとし。此茶屋に休ふ人、茶代三百文位より少なし、南鐐抔遣す。美婦は見世に居る計りにて茶を運ばず。予も見物を押分て、漸におきたを見たり。大がらの美婦なり。

と、美女の番付が売り出され、そこで大関となった女性を見物すべく大盛況となった話が記されているが、こうした効用をもたらすこともあったことであろう。そしてわずかでも影響力があれば、どの地位にランクされているかが、当然話題になろう。それが人物であれば複雑である。林さんが『番付集成』上の解説で紹介されている、大田南畝をめぐる文人番付をめぐる事件は、その典型的事例である。

この事件の顚末は、玉井晴朗さんの『蜀山人の研究』（畝傍書房、一九四四年）に詳しい。要は、当時出た文人番付の文人たちの位付けがおかしいといちゃもんをつけられた、行司に祭り上げられた大田南畝が、すごく迷惑したという話である。ついでながら、これには落ちがついていて、この騒ぎを種に、鵬斎・詩仏・五山・米庵・文晁・錦城という当時の文人儒者書画家中の筆頭株の七人の人物評である「妙々奇談」という評判記が書かれ、かなりの人気を呼んだというのである（中野三敏編『江戸名物評判記集成』岩波書店、一九八七年）。

なぜこうした問題が起こり、迷惑する人が出るのかといえば、大田南畝がそうだったように、行司や勧進元に名前が連ねている人々が、事前に本当に了解をされて、名を連ねているかどうか、疑わしいからである。南畝がまったく関知していなかったという。この辺もまた微妙なところなのである。

以上これまで、本書の利用にあたって、『番付で読む江戸時代』に記した「時代・社会・庶民の世界を映す見立番付」をベースに、ぜひ知っておいて欲しいと思われる点をいくつか述べてきた。ただ「見立番付」はまだまだ未知の部分が多い。分からないことばかりである。しかし未知の領域だからこそ大いなる魅力もある。

「見立番付」研究の先駆者である林英夫さんは、もういない。教えを乞うことはもうできない。そんな林さんは、本書の刊行を契機に新たな研究が進展することを期待されていることだろう。なぜなら、「見立番付」の研究は、ただ一点の番付を克明に分析しても、そこから得られる成果には限界があるからである。多数の「見立番付」を比較検討することが、研究上の新たな発見に結びつくことが多い。その点で本書には一五〇点に及ぶ「見立番付」を収録している。条件は揃いつつある。大いに活用されることを期待したい。

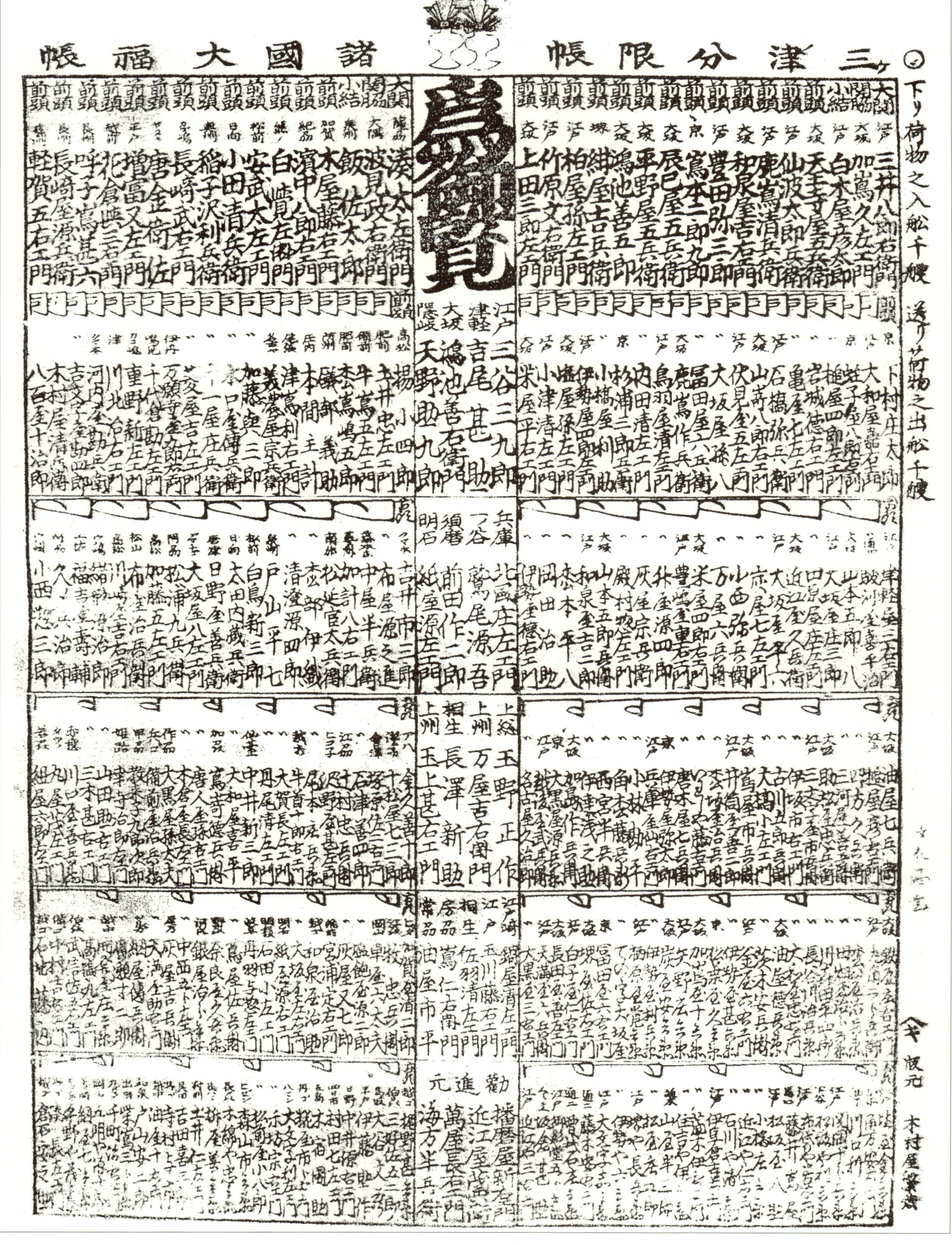

資料編　全国版

長者

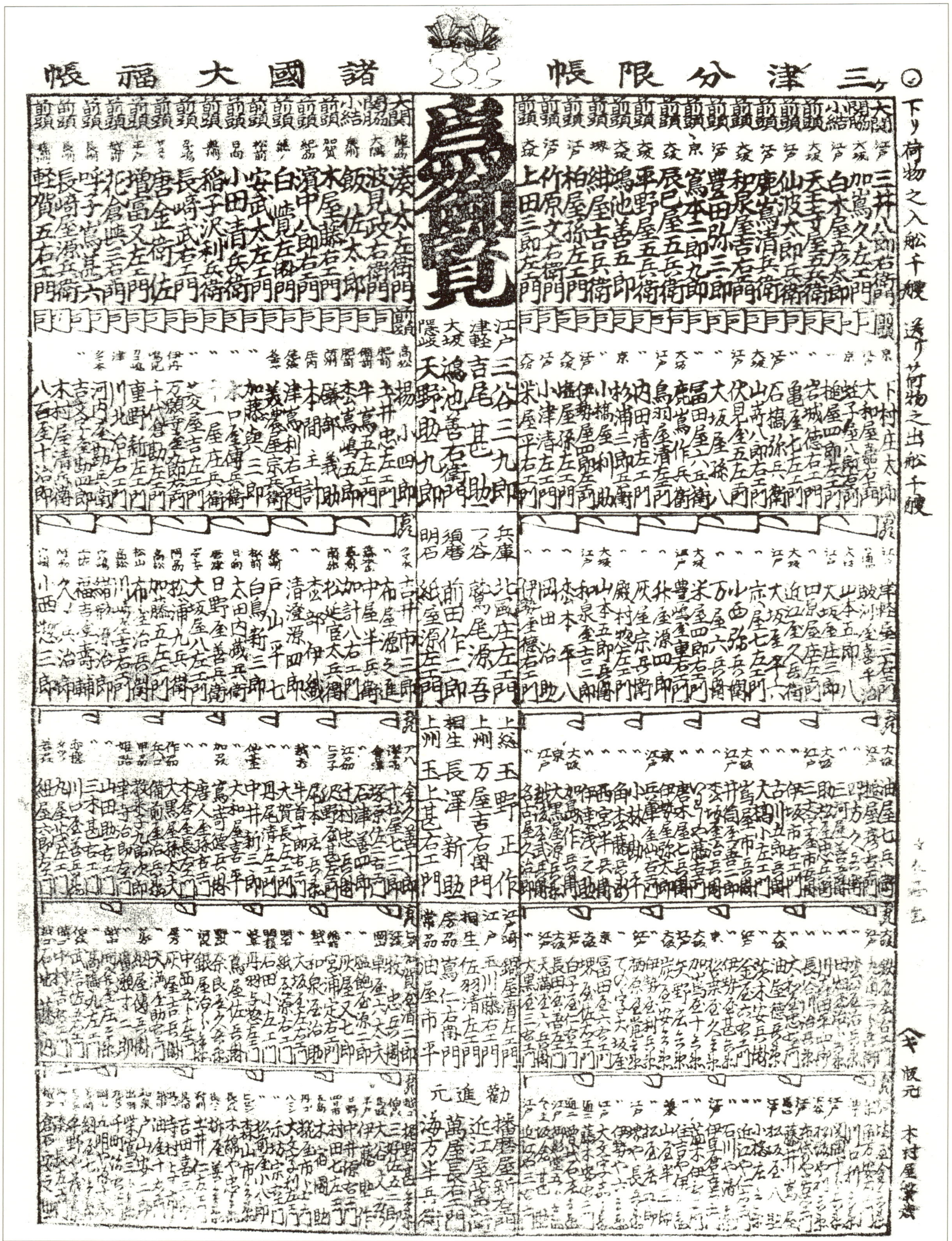

1　三ヶ津分限帳・諸国大福帳

○下リ荷物之入船千艘　送リ荷物之出船千艘

三ヶノ津分限帳

大関	江戸	三井八郎右衛門
関脇	大坂	加嶌久左エ門
小結	江戸	白木屋彦太郎
前頭	大坂	天王寺屋五兵衛
前頭	江戸	仙波太郎兵衛
前頭	江戸	鹿嶌清兵衛
前頭	大坂	和泉屋吉右エ門
前頭	江戸	豊田弥三郎
前頭	京	嶌本二郎九郎
前頭	大坂	辰巳屋五兵衛
前頭	大坂	平野屋五兵衛
前頭	大坂	鴻池善五郎
前頭	堺	紺屋吉兵衛
前頭	江戸	柏屋孫左エ門
前頭	江戸	竹原文右衛門
前頭	大坂	上田三郎左エ門
前頭	京	下村庄太郎
同	江戸	大和屋嘉右エ門
同	京	蛭子屋八郎右エ門
同	〃	槌屋四郎左エ門
同	〃	岩城徳右エ門
同	〃	亀屋七左エ門
同	江戸	石橋弥兵衛
同	大坂	山崎八郎右エ門
同	江戸	伏見屋五左エ門
同	〃	大坂屋孫八
同	〃	冨田屋六兵衛
同	大坂	鹿嶌作兵衛
同	江戸	鳥羽屋清左エ門
同	〃	内田清左エ門
同	京	杉浦三郎兵衛
同	〃	小橋屋利助
同	江戸	伊勢屋四郎左エ門
同	大坂	塩屋孫左エ門
同	江戸	小津清左エ門
同	大坂	米屋平右エ門
前頭	江戸	津軽屋三右エ門
同	〃通四	駿河屋喜平治
同	大坂	山本五郎八
同	江戸	大坂屋庄三郎
同	〃	田原屋庄左エ門
同	大坂	近江屋久兵衛
同	江戸	大坂屋平六
同	〃	炭屋七左エ門
同	〃	小西弥兵衛
同	〃	万屋六兵衛
同	大坂	米屋四郎右エ門
同	江戸	豊嶋屋重右エ門
同	〃	升屋源四郎
同	〃	灰屋宗兵衛
同	〃	殿村惣左エ門
同	大坂	山本五郎兵衛
同	江戸	和泉屋吉二郎
同	〃	松本平八
同	〃	岡田治助
同	〃	伊勢屋徳右エ門
前頭	大坂	油屋七兵衛
同	江戸	槌屋彦右エ門
同	〃	四方久兵衛
同	〃	三河屋善兵衛
同	大坂	助松屋忠兵衛
同	江戸	三文字屋市兵衛
同	〃	伊坂市右エ門
同	〃	古川五郎兵衛
同	〃	大橋小左エ門
同	大坂	蔦屋市兵衛
同	江戸	井筒屋善二郎
同	〃	松坂屋治兵衛
同	〃	いわしや藤右エ門
同	〃	唐木屋七兵衛
同	京	伊勢屋弥太郎
同	江戸	兵庫屋仙右エ門
同	〃	小林勘平
同	〃	角松藤兵衛
同	〃	西宮半兵衛
同	〃	伊達浅之助
同	大坂	加島作兵衛
同	京	大黒屋源兵衛
同	江戸	越後屋武兵衛
同	〃	名古屋久治郎
前頭	大坂	鉄屋庄右エ門
同	江戸	丸角二郎兵衛
同	〃	松坂屋治兵衛
同	〃	田畑屋治郎兵衛
同	〃	川喜田平四郎
同	〃	長谷川治兵衛
同	〃	大和屋忠右エ門
同	大坂	油屋徳兵衛
同	〃	茨木安兵衛
同	江戸	釜屋六右エ門
同	〃	伊勢屋甚兵衛
同	京	松葉屋久兵衛
同	大坂	加嶌屋十兵衛
同	江戸	矢野庄兵衛
同	大坂	炭屋安兵衛
同	〃	伊勢屋利兵衛
同	江戸	栖原屋覚兵衛
同	〃	ての字大坂屋
同	京	冨田屋六右エ門
同	大坂	堺屋佐右エ門
同	江戸	白子屋仁右エ門
同	大坂	長田屋善左エ門
同	江戸	天満屋六兵衛
同	〃	大黒屋三右エ門
前頭	江戸	塩屋金兵衛
同	本所	角万安右エ門
同	油丁	川口利兵衛
同	江戸	関岡十郎兵衛
同	下谷	松坂や利兵衛
同	江戸	布袋屋善右エ門
同	馬四	藤井嶌屋
同	江戸	松坂屋八助
同	〃	小橋庄兵衛
同	〃	近江や仁右エ門
同	〃	石川や清兵衛
同	江戸	伊豆倉吉右エ門
同	〃	荒木伊右エ門
同	〃	住吉や伊兵衛
同	並木	山屋半三郎
同	〃	松屋庄五郎
同	江戸	堺や長兵衛
同	〃	伊勢や六兵衛
同	江戸	大文字嘉兵衛
同	通二	藤木安右エ門
同	通二	曾我石庄兵衛
同	江戸	御影堂五郎兵衛
同	全壱	坂倉甚助
同	江戸	近江や三右エ門

為御覧

江戸	三谷三九郎
津軽	吉尾甚助
大坂	鴻池善右衛門
隠岐	天野助九郎
兵庫	北風庄左エ門
一ノ谷	鷲尾源吾
須磨	前田作二郎
明石	紙屋源左エ門
上総	玉屋正作
上州	万屋吉右衛門
桐生	長沢新助
上州	玉上甚右エ門
江戸崎	鍋屋清左エ門
江戸	玉川藤右エ門
桐生	佐羽清左エ門
房州	嶌仁右衛門
常州	油屋市平
勧	播磨屋新右エ門
進	近江屋茂兵衛
元	萬屋長右エ門
	海方半兵衛

諸国大福帳

大関	薩州	湊太左衛門
関脇	大隅	波見政右衛門
小結	泉州	飯佐太郎
前頭	加賀	木屋藤右エ門
前頭	紀州	濱中八郎右エ門
前頭	熊ノ	白覚左衛門
前頭	松前	安武太左衛門
前頭	日向	小田清兵衛
前頭	奥州	稲子沢利兵衛
前頭	カゴ嶋	長崎武右エ門
前頭	サヌキ	唐金衛佐
前頭	平戸	増富又左エ門
前頭	越前	花倉与三右エ門
前頭	長州	呼子嶌甚六
前頭	長州	長崎屋源兵衛
前頭	播州	軽賀五右エ門
前頭	高松	揚小四郎
同	肥前	土井忠左エ門
同	備前	牛嶌五左エ門
同	肥前	松嶌嶋五郎
同	防州	磯部義助
同	庄内	本間主計
同	尾張	津嶌利右エ門
同	名古ヤ	美濃屋宗兵衛
同	〃	加藤与三郎
同	〃	水口屋伝兵衛
同	〃	十一屋庄兵衛
同	〃	菱屋吉左エ門
同	伊丹	万願寺屋九郎右エ門
同	鳴見	千代倉勘左エ門
同	カコ嶋	重野新左エ門
同	津	川北治右エ門
同	クマ本	河内屋勘兵衛
同	〃	吉文字屋勘四郎
同	〃	木村屋清兵衛
同	〃	八百屋十治郎
前頭	クマ本	吉井市三郎
同	〃	布屋源之進
同	武州本庄	中屋半兵衛
同	芸州	加計八右エ門
同	南部	松延宦太兵衛
同	〃	松部伊織
同	〃	清澄源四郎
同	泉州	戸山平七
同	松前	白鳥新三郎
同	日向	太田内蔵兵衛
同	唐津	日野屋善兵衛
同	ゑチゴ	大坂屋八左エ門
同	阿州	松浦九兵衛
同	高松	加藤五左エ門
同	松山	布屋治兵衛
同	高松	川崎屋吉右エ門
同	ウハ嶋	緒形源治郎
同	土佐	福吉屋寿輔
同	阿州	久メ兵治郎
同	ウハ嶋	小西惣三郎
前頭	アハ	金久善十郎
同	讃州	十松屋七三郎
同	会津	塚原佐二右エ門
同	〃	石津善四郎
同	江州	辻村忠兵衛
同	ヒコね	沢野屋甚左エ門
同	〃	尾本庄兵衛
同	越前	牛首十郎右エ門
同	〃	大賀長左エ門
同	〃	丹尾清左エ門
同	仙台	中井新三郎
同	〃	大和屋喜平
同	加州	嶌嵜徳兵衛
同	〃	唐人屋孫右エ門
同	〃	木倉屋長右エ門
同	作州	大黒屋孫太夫
同	兵ゴ	備前屋治兵衛
同	甲州	教来子九郎次郎
同	姫路	幸寺治郎右エ門
同	〃	山田助右エ門
同	〃	三木甚右エ門
同	赤穂	川口屋善兵衛
同	タツノ	丸屋茂左エ門
同	若州	組屋六郎右エ門
前頭	ヒダ	加賀屋清二郎
同	江州	牧忠兵衛
同	岡山	車屋六太夫
同	〃	塩飽屋源二郎
同	〃	灰屋又七郎
同	筑前	宮浦定右エ門
同	越ゴ	和泉屋治助
同	〃	大坂屋左右エ門
同	明石	紙屋源右エ門
同	明磐	石田小左エ門
同	岐阜	丹羽与惣左エ門
同	〃	蔦屋佐兵衛
同	野州	奈良屋久兵衛
同	河内	銀屋治郎兵衛
同	〃	中西五郎左エ門
同	尾道	灰屋吉兵衛
同	〃	天満屋助右エ門
同	ツルガ	網屋伝兵衛
同	〃	広瀬才二郎
同	越中	開発屋庄兵衛
同	〃	高橋九左エ門
同	伯州	武信佐五右エ門
同	越ゴ	中村吉右エ門
同	越ゴ	石地藤内
前頭	越ゴ	梶野甚兵衛
同	伯州	三好佐五二郎
同	鳥取	大谷文蔵
同	平戸	伊藤助作
同	日野	中井源右エ門
同	四日市	村田七左エ門
同	五島	木宿団助
同	丹ゴ	糀屋市郎右エ門
同	八マン	大文字利左エ門
同	〃	示坊宗右エ門
同	〃	松前屋小八郎
同	ヒゼン	森山市兵衛
同	長州	木綿や忠兵衛
同	長ハマ	枡屋善兵衛
同	対州	土井仁左エ門
同	呉田	吉田喜三郎
同	丹ゴ	寺村与市
同	越中	油屋十右エ門
同	和泉	戸山安二郎
同	出羽	柴嶌三郎兵衛
同	丸カメ	千町治右エ門
同	岡山	五明や源十郎
同	下ノ関	網屋七兵衛
同	ヒロシマ	平野や茂兵衛
同	丹ゴ	湊長左エ門
同	越ゴ	倉石安之助

文化十四年　丑　版元　木村屋繁蔵

この番付は、東方（三ヶ津）に京都・大坂・堺・江戸の商人名、西方に日本全国の商人名を記している。このうち、行司として１段目に書かれた三谷三九郎は、明暦３年（1657）以前から江戸の両替仲間に名をつらねる老舗で、大坂の鴻池善左衛門と比肩された金融界の雄である。また、東方の大関に挙げられた江戸の三井八郎右衛門は、越後屋を屋号とする呉服屋を経営した伊勢商人の代表格であり、両替商として幕府や諸藩に出入りする一方、江戸の土地持ちとして君臨した。

日本長者分限帳

天保七年

東の方

西の方

2　日本長者分限帳

天保七年此度御改

日本長者分限帳（にっぽんちやうじやぶんげんちやう）

東の方

大関 泉 飯佐太郎
高四万八千石ヲヤ舟三十五艘なんばん道ぐ唐木ノちん座敷金ぎん屏風から紙数不知金くら十三ヶ所石ぐら之義ハ数しれず

関脇 加州 木屋藤右エ門
高五万八千石大船三十艘小船数不知蔵百五十ヶ所なり

小結 大坂 加嶋屋久右エ門
本店五十一ヶ所出店百八十三ヶ所金蔵石蔵数不知地面三百ヶ所

前頭 阿州 阿波屋仁左エ門
諸国出店数不知金銀鍋釜数不知屏風五百艘一ヶ月ニ千両之運上金納

前頭 越前 花倉与三右エ門
高月通りニ壱万五千石あり大船十五艘中船五十艘金高不知

前頭 大坂 住友吉治郎
大船八十五艘金蔵十五ヶ所おらんだわたりどうぐいろ〳〵金銀から木細工其数しれず

前頭 九州 松嶌宗丹
三里四方之竹やぶあり高弐万八千石金蔵六ヶ所

前頭 紀州 浜中八郎右エ門
大船三十五そう船百艘余くじら船数しれず金銀高不知

前頭 江州 辻村六右エ門
本店五十ヶ所出店数不知諸国いものし今運上金納也

前頭 京 三浦三郎助
唐木のちん座敷有なんばん道ぐ色々茶のへ道ぐ数不知

前頭 丹波 寺村与市
高弐万三千石金蔵三ヶ所石蔵四十八ヶ所

前頭 大坂 辰巳屋久右エ門
大船八十艘大坂町弐分通り借地出店諸国ニ有金銀高不知

前頭 讃州 村上勘左エ門
高壱万九千石金銀なべ釜有唐木細工諸道具数不知

前頭 備前 竹田五左エ門
ぎやまんさいく座しき五間有さんごうじ細工者数不知

前頭 阿波 吉の屋千之助
大船百弐十艘出店弐百五十ヶ所金蔵十三ヶ所

前頭 ヲキ 天野助九郎
しやら〳〵ひ虎のかわ其外唐もつ蔵廿三ヶ所

中央

次第不同 御免

行司 京 岩城徳右エ門
近江 松前屋小八郎
大坂 平野屋五兵衛
尾州 内海小平治
江戸 下村庄太郎

頭取 江州 中井源左衛門
下野 廣瀬八右衛門
尾州 伊藤治郎左エ門

勧進元 大坂 鴻池善右エ門

差添人 京都 大冠権祐

西の方

大関 奥州 吉尾甚助
高七万石余大舟四十八艘蔵百五十ヶ所金銀高不知

関脇 水戸 大黒屋兵四郎
地面三百五十ヶ所諸国出店有湊々に蔵多く有金銀高不知

小結 江戸 越後屋八良右エ門
本店十五ヶ所地面弐百八十ヶ所〆人数八百八十人余金高不知

前頭 越後 大坂屋八右エ門
高三万弐千石大船百艘金銀高しれず

前頭 江戸 白木屋彦太郎
地面弐百六十ヶ所本店出店数不知江戸中商人司

前頭 下総 長沢治郎右エ門
高三万石余蔵百十二ヶ所六尺酒桶五百八十五本其外数不知

前頭 武州 横田治郎吉
諸国湊々に蔵の数しれず金銀高不知

前頭 松前 吉田金左エ門
大船百八十弐艘高三万石庭の内ニ壱り四方入海あり

前頭 上総 唐金茂右エ門
高壱万五千石桐林弐里四方有此度御改なし

前頭 相州 牧野一角
高弐万石屋敷の内ニ百姓二百十五間有杉林檜の木林三里有

前頭 甲州 大金屋善四郎
高四万五千石ぶどう畑五里金銀高不知アナ蔵あり

前頭 江戸 仙葉太良兵衛
地面八十ヶ所牛車数千百疋金高しれず

前頭 江戸 三谷三九郎
地面四百二十ヶ所両替見世五十ヶ所金銀高不知

前頭 出羽 湯上民右エ門
高三万九千石船五十艘蔵五十ヶ所金高しれず

前頭 上州 田嶌九郎助
高弐万五千石余蔵数不知庭の内ニ芝居小屋あり

前頭 勢州 山田彦左エ門
唐木道ぐ茶どうぐ数不知さんどうぐの諸道ぐ数しれずしやら〳〵ひ数多く金銀高不知

板元 江戸日本ばし 栄安堂 印

これは、天保７年（1836）に板行された長者番付である。東方には西日本の商人名とその高、西方には東日本の商人名とその高が記されている。番付の高は、年間の商品取扱量あるいは保有地の石高を示し、それは東方と西方で拮抗する。これは、西日本の方が東日本よりも経済力があるという状況に対し、江戸地廻り経済圏の形成に伴い、東日本の経済力が19世紀、西日本に追いついたことを示している。また、両替商（勧進元の鴻池と行司の平野など）と呉服商（行司の下村と頭取の伊藤など）が主要な位置を占め、この二つが当時の有力業種であったことがわかる。

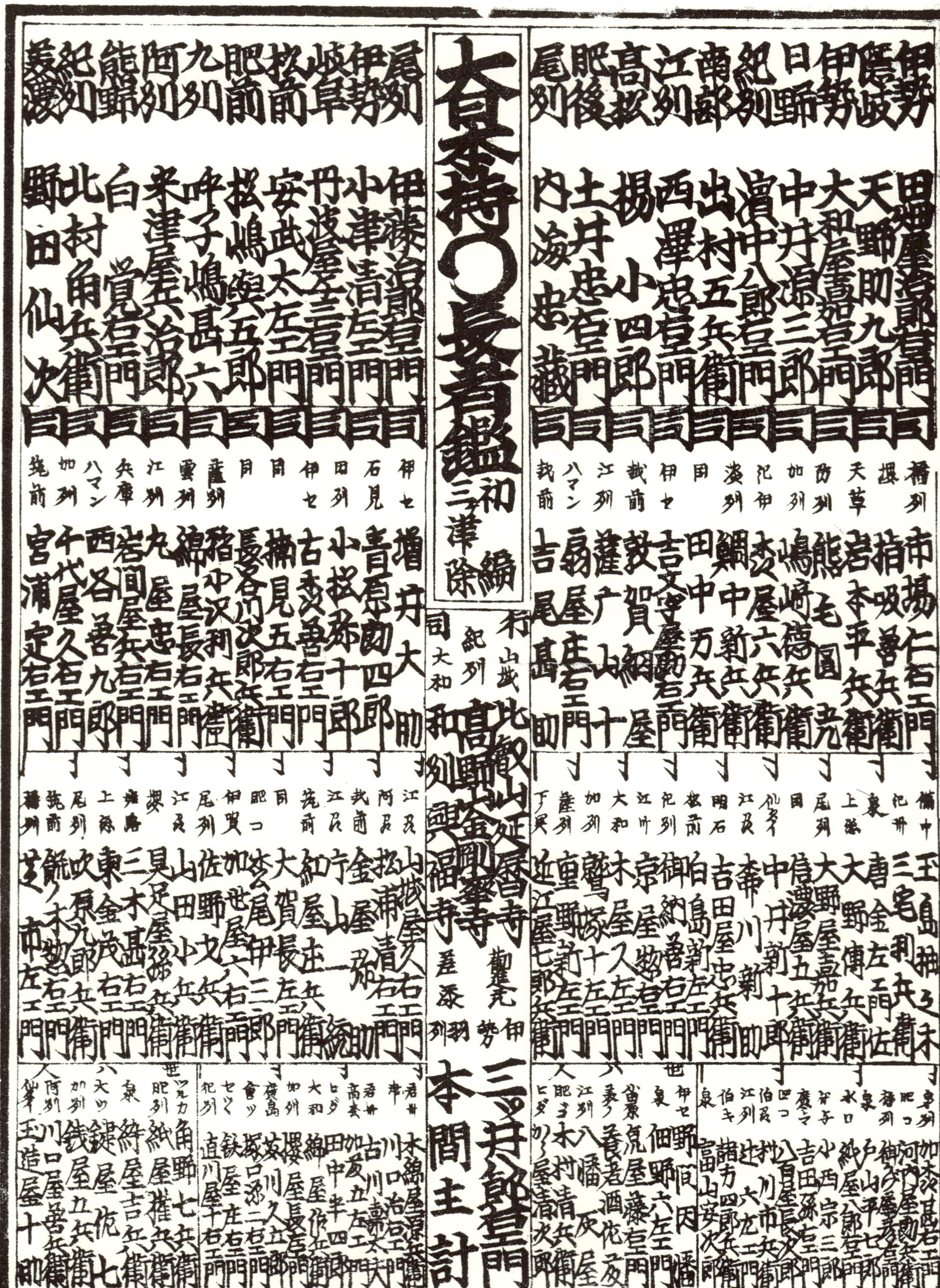

3　大日本持○長者鑑 初編 三ヶ津除

大日本持○長者鑑

初編 三ヶ津除

伊勢 田畑屋治郎右エ門
隠岐 天野助九郎
伊勢 大和屋嘉右エ門
日野 中井源三郎
紀州 濱中八郎右エ門
南部 出村五兵衛
江州 西澤忠右エ門
高松 楊小四郎
肥後 土井忠右エ門
尾州 内海忠蔵

同 播州 市場仁右エ門
同 堺 指吸善兵衛
同 天草 岩本平兵衛
同 防州 熊毛圓老
同 加州 嶋崎徳兵衛
同 紀伊 森屋六兵衛
同 淡州 鯛中新兵衛
同 同 田中万兵衛
同 伊セ 吉文字屋勘右エ門
同 越前 敦賀網屋
同 江州 薩摩山十
同 八マン 扇屋庄右エ門
同 越前 吉尾甚助

同 備中 玉島柚之木
同 紀州 三宅利兵衛
同 泉 唐金左エ門佐
同 上総 大野傳兵衛
同 尾州 大野屋嘉兵衛
同 同 信濃屋五兵衛
同 仙タイ 中井新十郎
同 江州 柳川新助
同 明石 吉田屋忠兵衛
同 松前 白島新左エ門
同 紀州 御納善右エ門
同 江州 京屋惣右エ門
同 大和 木屋久左エ門
同 加州 鷲塚十左エ門
同 薩摩 重野新左エ門
同 下ノ関 近江屋七郎兵衛

同 泉州 加森甚右エ門
同 肥コ 河内屋勘兵衛
同 播州 御かげ屋彦右エ門
同 泉 戸山平七郎
同 水口 紙屋八郎右エ門
同 伊与 小西宗三郎
同 廣シマ 吉田孫右エ門
同 肥コ 八百屋長次郎
同 伯州 村川市兵衛
同 江州 辻六左エ門
同 伯キ 諸方四郎兵衛
同 泉 富山安次郎

世ハ人
伊セ 野間因幡
泉 佃野六左エ門
小田原 荒屋藤右エ門
美ノ 養老酒佐藤
江州 八幡灰屋
肥ゴ 木村清兵衛
ヒダ から屋清次郎

行司
山城 比叡山延暦寺
紀州 高野山金剛峯寺
大和 和州興福寺

勧進元
伊勢 三ッ井八郎右エ門

差添
羽州 本間主計

尾州 伊藤治郎右エ門
伊勢 小津清左エ門
岐阜 丹波屋与三右エ門
松前 安武太左エ門
肥前 松嶋與五郎
九州 呼子嶋甚六
阿州 米津屋兵治郎
熊野 白覚右エ門
紀州 北村角兵衛
美濃 野田仙次

同 伊セ 増井大助
同 石見 青原勘四郎
同 因州 小松弥十郎
同 伊セ 古森善右エ門
同 同 楠見五右エ門
同 同 長谷川次郎兵衛
同 薩州 稲小沢利兵衛
同 雲州 綿屋長右エ門
同 江州 丸屋忠右エ門
同 兵庫 岩間屋兵右エ門
同 八マン 西谷善九郎
同 加州 千代屋久右エ門
同 筑前 宮浦定右エ門

同 江州 山城屋久右エ門
同 阿州 松浦清右エ門
同 越前 金屋弥助
同 江州 片山一統
同 筑前 紅屋庄兵衛
同 同 大賀長左エ門
同 肥コ 松尾伊三郎
同 伊賀 加世屋六右エ門
同 尾州 佐野才兵衛
同 江州 山田小兵衛
同 堺 具足屋孫兵衛
同 姫路 三木甚右エ門
同 上総 東金茂右エ門
同 尾州 吹原九郎兵衛
同 筑前 餅ノ木惣右エ門
同 播州 芝市左エ門

同 若州 木綿屋源兵衛
同 津 川口治右エ門
同 若州 古川嘉太夫
同 高松 加藤五左エ門
同 ヒダ 田中半四郎
同 大和 綿屋長左エ門
同 加州 桜屋長左エ門
同 廣島 芥川久五郎
同 会ツ 塚口源二右エ門
同 セツ、 鉄屋庄右エ門
同 紀州 直川屋十右エ門

世ハ人
ツルカ 角野七兵衛
肥州 紙屋権兵衛
泉 綷屋吉兵衛
大ツ 鍵屋佐七
加州 銭屋五兵衛
阿州 川口屋善兵衛
仙タイ 玉造屋十助

小蝶筆　藤おかはん

これは江戸・通油町の「藤岡堂」で作られた、三ヶ津（三都）を除いた全国版の長者番付であり 101 名が挙げられている。西側筆頭の「尾州　伊藤治郎右衛門（「左衛門」が正しい）」は尾張藩の御用達商人でのちの「松坂屋」を作った人物であり、東側上段の「隠岐　天野助九郎」は北前船で財をなした人物である。三都を含んだ長者番付であっても名を連ねている人物は多数入っており、江戸時代後期の地方商人の繁盛振りがうかがえる番付である。

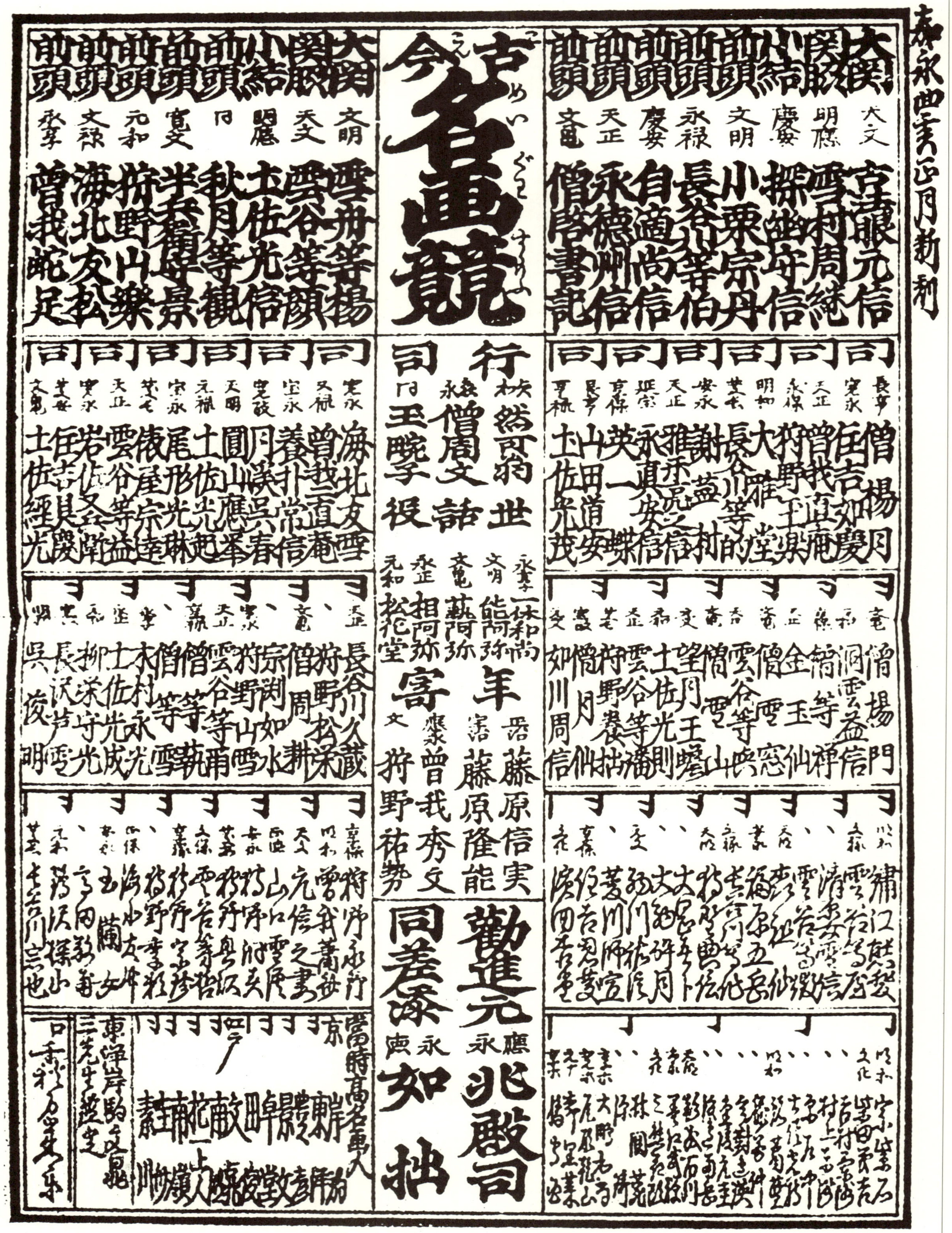
嘉永四亥正月新刻

古今名画競

行司　僧周文

世話役

年寄　藤原信実　藤原隆能　曽我秀文　狩野祐勢

勧進元　兆殿司

差添　如拙

4　古今名画競

嘉永四亥正月新刻

古今名画競(こきんめいぐわすもふ)

大関 天文 古法眼元信
関脇 明応 雪村周継
小結 慶安 探幽守信
前頭 文明 小栗宗丹
前頭 永禄 長谷川等伯
前頭 慶安 自適尚信
前頭 天正 永徳州信
前頭 文亀 僧啓書記

同 長享 僧楊月
同 寛永 住吉如慶
同 天正 曾我直庵
同 永保 狩野玉楽
同 明和 大雅堂
同 慶長 長谷川等的
同 安永 謝蕪村
同 天正 雅楽亮之信
同 延宝 永真安信
同 享保 英一蝶
同 長享 山田道安
同 享禄 土佐光茂

同 文亀 僧楊門
同 元和 洞雲益信
同 享保 僧等禅
同 天正 金玉仙
同 文亀 僧雪窓
同 天正 雲谷等與
同 文亀 僧雪山
同 元文 望月王膽
同 元和 土佐光則
同 天正 雲谷等璠
同 慶長 狩野養拙
同 寛政 僧月仙
同 元文 如川周信

同 明和 繍江熊斐
同 文禄 雲谷等屋
同 同 清原女雪信
同 同 雲谷等徴
同 天明 森祖仙
同 安永 福原五岳
同 文禄 長谷川等作
同 天明 狩野典信
同 同 大岡無卜
同 同 大西酔月
同 元文 西川祐信
同 同 菱川師宣
同 享保 住吉恩慶
同 文化 濱田杏堂

同 明和 宗紫石
同 文化 柴田義吉
同 同 吉村菊洲
同 同 村上東洲
同 同 原左中
同 同 土佐光持
同 明和 諸葛藍
同 同 勝若仲
同 同 宇対邊瑛
同 同 金陵元圭
同 同 渡邊南岳
同 天明 彭成百川
同 安永 墨江武禅
同 文化 三熊花頭
同 同 林円苑
同 同 源琦
同 享ホ 大鳴和尚
同 寛ホ 尾形乾山
同 元ナ 柳黒莱
同 享ホ 橋守国

行司
貞和 然可翁
応永 僧周文
同 玉畹子

世話役
永享 一休和尚
文明 能阿弥
文亀 芸阿弥
永正 相阿弥
元和 松花堂

年寄
正治 藤原信実
宝治 藤原隆能
応永 曾我秀文
文 狩野祐勢

勧進元 応永 兆殿司
同差添 永徳 如拙

大関 文明 雪舟等楊
関脇 天文 雲谷等顔
小結 明応 土佐光信
前頭 同 秋月等観
前頭 寛文 半兵衛守景
前頭 元和 狩野山楽
前頭 文禄 海北友松
前頭 永享 曾我蛇足

同 寛永 海北友雪
同 文禄 曾我二直庵
同 宝永 養朴常信
同 寛政 月渓呉春
同 天明 円山応挙
同 元禄 土佐光起
同 宝永 尾形光琳
同 慶長 俵屋宗達
同 天正 雲谷等益
同 寛永 岩佐又兵衛
同 慶安 住吉具慶
同 文亀 土佐経光

同 天正 長谷川久蔵
同 同 狩野松栄
同 文亀 僧周耕
同 同 宗淵如水
同 寛永 狩野山雪
同 天正 雲谷等爾
同 享禄 僧等蓺
同 同 僧等雪
同 永享 木村永光
同 永正 土佐光成
同 元和 柳栄守光
同 寛政 長沢芦雪
同 明和 呉俊明

同 享保 狩野永野
同 明和 曾我蕭斎
同 天文 元信之妻
同 正徳 山口雪淡
同 安永 狩野洞春
同 慶安 狩野興以
同 文保 雲谷等哲
同 享禄 狩野宗彦
同 同 狩野季頼
同 正保 海北友斎
同 安永 玉蘭女
同 同 高田敬甫
同 元和 鶴沢探山
同 慶長 長谷川宗也

当時高名画人
京 岸駒
同 東洋
同 豊彦
同 景文
同 卓堂
同 田俊
江戸 文晁
同 南都
同 抱一上人
同 南嶺
同 圭斎
同 素川

東洋岸駒文晁三先生鑑定

一口千秋万歳楽

この番付は、古今の画家をランク付けしたものであり、嘉永４年（1851）正月に板行された。勧進元に挙げられる兆殿司は、水墨画風の力強い墨様で仏画・頂相を、差添の如拙は、将軍足利義持の求めで「瓢鮎図」を描くなど、共に室町期を代表する画僧であった。番付において、名前の上に記される応永や永徳などの元号は、それぞれが活躍した時期を示している。また、西の大関である雪舟は、大内氏の本拠山口を拠点として各地を遊歴し、後の漢画系諸派に強い影響を与える山水画などを描いている。番付の作者は室町期の画僧を高く評価していたことがうかがえる。

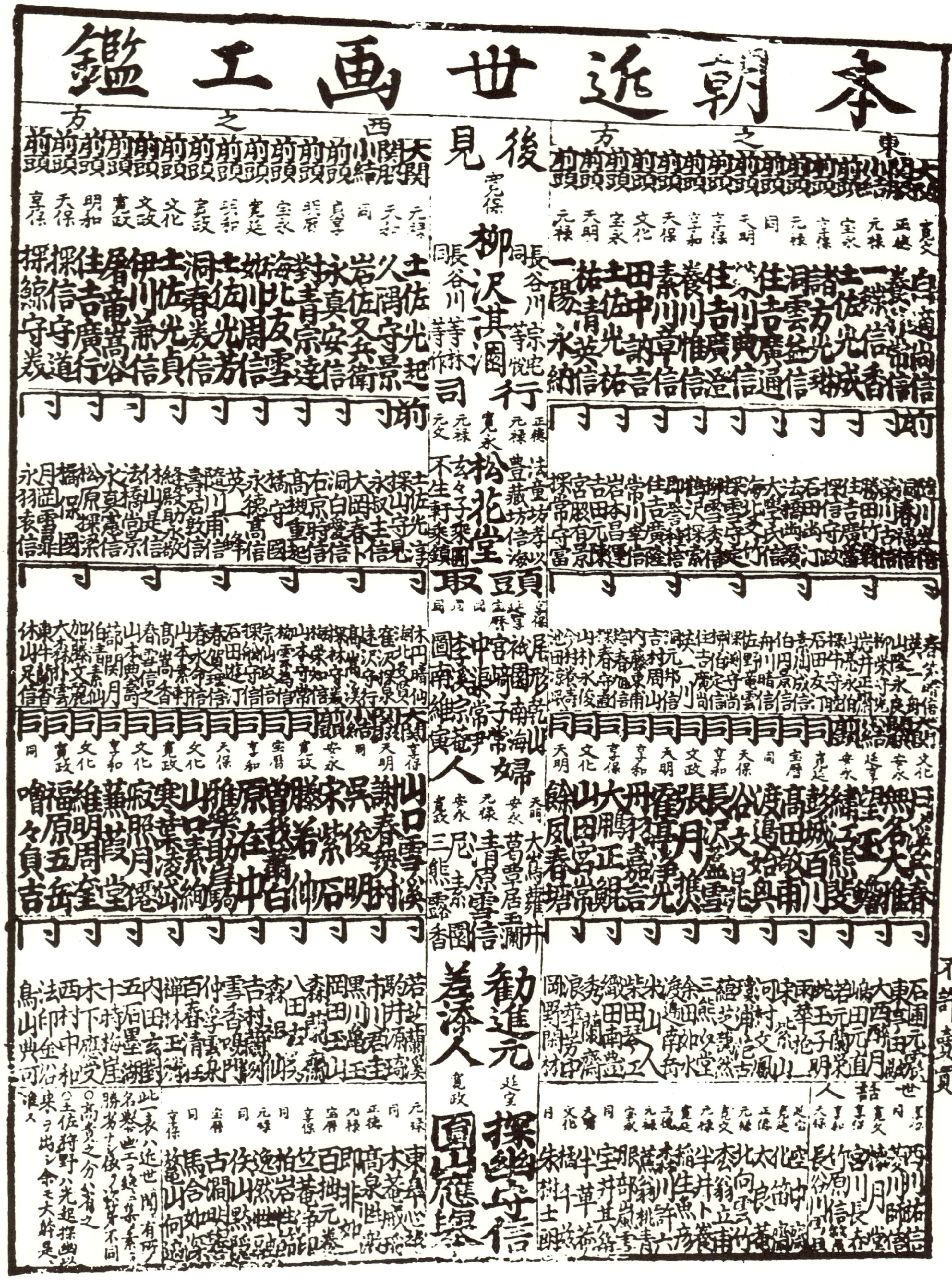
本朝近世画工鑑
東之方
西之方
後見
柳沢淇園
松花堂
勧進元
探幽守信
差添人
圓山應擧
不許賣買

5　本朝近世画工鑑

本朝近世画工鑑

東之方

大関	寛文	自適尚信
関脇	正徳	養神常信
小結	元禄	一蝶信香
前頭	宝永	土佐光成
前頭	享保	諸方光琳
前頭	元禄	洞雲益信
前頭	同	住吉廣通
前頭	天明	栄川典信
前頭	享保	住吉廣澄
前頭	享和	養川惟信
前頭	天保	素川章信
前頭	文化	田中訥言
前頭	宝永	土佐光祐
前頭	天明	祐清英信
前頭	元禄	一陽永納

位	名
前	随川岑信
同	洞春福信
同	栄川古信
同	勝田竹翁
同	住吉廣当
同	探信守政
同	石田幽汀
同	法橋幽讃
同	大学氏信
同	海北友竹
同	探雪守定
同	柳雪秀信
同	鶴沢探索
同	即誉種信
同	住吉廣隆
同	常川幸信
同	岩本昌運
同	吉田元陳
同	宮脇有景
同	探常守富

位	名
同	春芽晴信
同	英一舟
同	山隆永良
同	柳栄守光
同	岩井正斎
同	山亮永伯
同	探牛守睦
同	石田友汀
同	素仙成信
同	伯円景信
同	舟川晴信
同	佐野竜雲
同	探渕守尚
同	柳伯定信
同	住吉廣尚
同	英一川
同	洞元邦信
同	吉村周山
同	内藤東甫
同	梅春旭信
同	探春守直
同	山朴永俊
同	今村養寿
同	池田凉岷

大関	文化	月溪呉春
関脇	安永	無名大雅
小結	延享	望玉蟾
前頭	安永	繍江熊斐
同	寛延	彭城百川
同	宝暦	高田敬甫
同	同	渡邊始興
同	天保	谷文晁
同	享和	長沢蘆雪
同	文政	張月樵
同	天明	鶴亭浄光
同	享和	丹羽嘉吉
同	享保	大鳴正鯤
同	文化	山田宮常
同	天明	餘夙春塘

位	名
同	石圃元震
同	東亭田融
同	大西酔月
同	嶋田元道
同	若元蘭栄
同	蛇玉子明
同	雨華抱一
同	宋紫山
同	河村文鳳
同	瓊浦范吉
同	蘊芝鸛然
同	三熊介堂
同	余田如水
同	渡邊南岳
同	米山人
同	柴田琴江
同	織田南豊
同	秀蘭斎
同	浪華芳中
同	岡野閑林

延宝	空中斎
寛延	化笛斎
正徳	太良菴
元禄	北向雲竹
寛文	松翁立甫
元禄	半井卜養
寛延	稲生魚彦
正徳	森川許六
元禄	蕉翁桃青
宝永	服部嵐雪
同	宝井其角
天明	半草菴
文化	橘千兹
同	朱樹士朗

世話人

享保	西川祐信
同	菱川師信
寛文	懐月堂
享保	宮川長春
享和	竹原信繁
天保	長谷川雪旦

後見

	長谷川宗宅
	同 等悦
寛保	柳沢淇園
	長谷川等林
	同 等作

行司

正徳	法童坊孝以
元禄	豊蔵坊信海
寛永	松花堂
元禄	玄々子乗円
元文	不生軒乗鎮

頭取

享保	尾形乾山
延享	祇園南海
宝暦	宮崎子常
同	中渠常尹
同	李溪宗菴
同	図南維寅

婦人

天明	大嶌蘿井
安永	葛覃居玉瀾
元禄	清原雪信
安永	尼素園
寛政	三熊露香

勧進元

延宝 探幽守信

差添人

寛政 円山応挙

西之方

大関	元禄	土佐光起
関脇	天和	久隅守景
小結	同	岩佐又兵衛
前頭	貞享	永真安信
前頭	明暦	対青宗達
前頭	宝永	海北友雪
前頭	寛延	如川周信
前頭	明和	土佐光芳
前頭	寛政	洞春義信
前頭	文化	土佐光貞
前頭	文政	伊川兼信
前頭	寛政	屠竜嵩谷
前頭	明和	住吉廣行
前頭	天保	探信守道
前頭	享保	探鯨守義

位	名
前	土佐光淳
同	探山守見
同	永叔主信
同	大岡春卜
同	洞白愛信
同	右京時信
同	高槻重起
同	橘守国
同	永徳高信
同	英一蜂
同	随川甫信
同	寿石敦信
同	縫殿助永敬
同	休山是信
同	法橋尚景
同	永真憲信
同	松原探梁
同	橘保国
同	月岡雪鼎
同	永羽袁信

位	名
同	休円晴仙
同	海北友賢
同	鶴沢探泉
同	遠沢守行
同	高嵩溪
同	探林守義
同	梅栄知信
同	山本守常
同	梅雲為信
同	宗仙政信
同	探船守信
同	石田遊汀
同	春賀理信
同	春水命信
同	山本素軒
同	高嵩香
同	春雪信之
同	山本典寿
同	蔀関月
同	伯清素仙
同	加藤文麗
同	大森朴雲
同	東牛蘭香
同	休山足信

大関	享保	山口雪溪
関脇	天明	謝春無村
小結	同	呉俊明
前頭	安永	宋紫石
同	寛政	勝若仲
同	宝暦	曾我蕭白
同	享和	原在中
同	天保	雅楽助岸駒
同	文化	山口素絢
同	寛政	寒葉凌岱
同	文化	寂照月僊
同	享和	蒹葭堂
同	文化	維明周奎
同	寛政	福原五岳
同	同	噌々貞吉

位	名
同	若芝蘭溪
同	駒井源琦
同	市川君圭
同	黒川亀玉
同	岡田玉山
同	森蘭斎
同	八田古秀
同	森祖仙
同	吉村蘭洲
同	雪香鳴門
同	仲孚雲泉
同	百春清狂
同	禅林玉鱗
同	内田玄対
同	五石墨湖
同	十時梅崖
同	木下応受
同	西村中和
同	法印金谷
同	鳥山典可

元禄	東皐心越
同	木菴成瑠
正徳	高泉性潡
元禄	即非如一
宝暦	百拙元養
享保	竺菴浄印
同	柏岩性節
元禄	逸然性融
同	佚山默隠
宝暦	古澗明誉
同	馬含如深
享保	鼇山何過

此一表ハ近世ニ聞エ有所ノ名誉画工ヲ纔ニ集メ素ゟ勝劣ナシ依テ次第不同
○高貴之分ハ省之
○土佐狩野ハ光起探幽以来ヲ出シ余モ大躰是ニ准ス

この番付は、近世の画工を網羅的に取り上げたものであり、上位は流派における創始者や中興の祖が占めている。たとえば、勧進元に挙げられる狩野探幽は、元和３年（1617）に幕府の御用絵師となり、狩野派を形成した。差添人の円山応挙は、京都を中心に円山派と称される写生を基調とした画風を確立している。また、西上段の大関に挙げられる土佐光起は、承応３年（1653）に絵所預に復帰し、土佐派を再興した。さらに、東下段の大関である月溪呉春は、与謝蕪村・円山応挙に師事した後、自身の門弟たちと四条派を形成し、写実性に俳諧的な詩情を加えた画風を確立している。

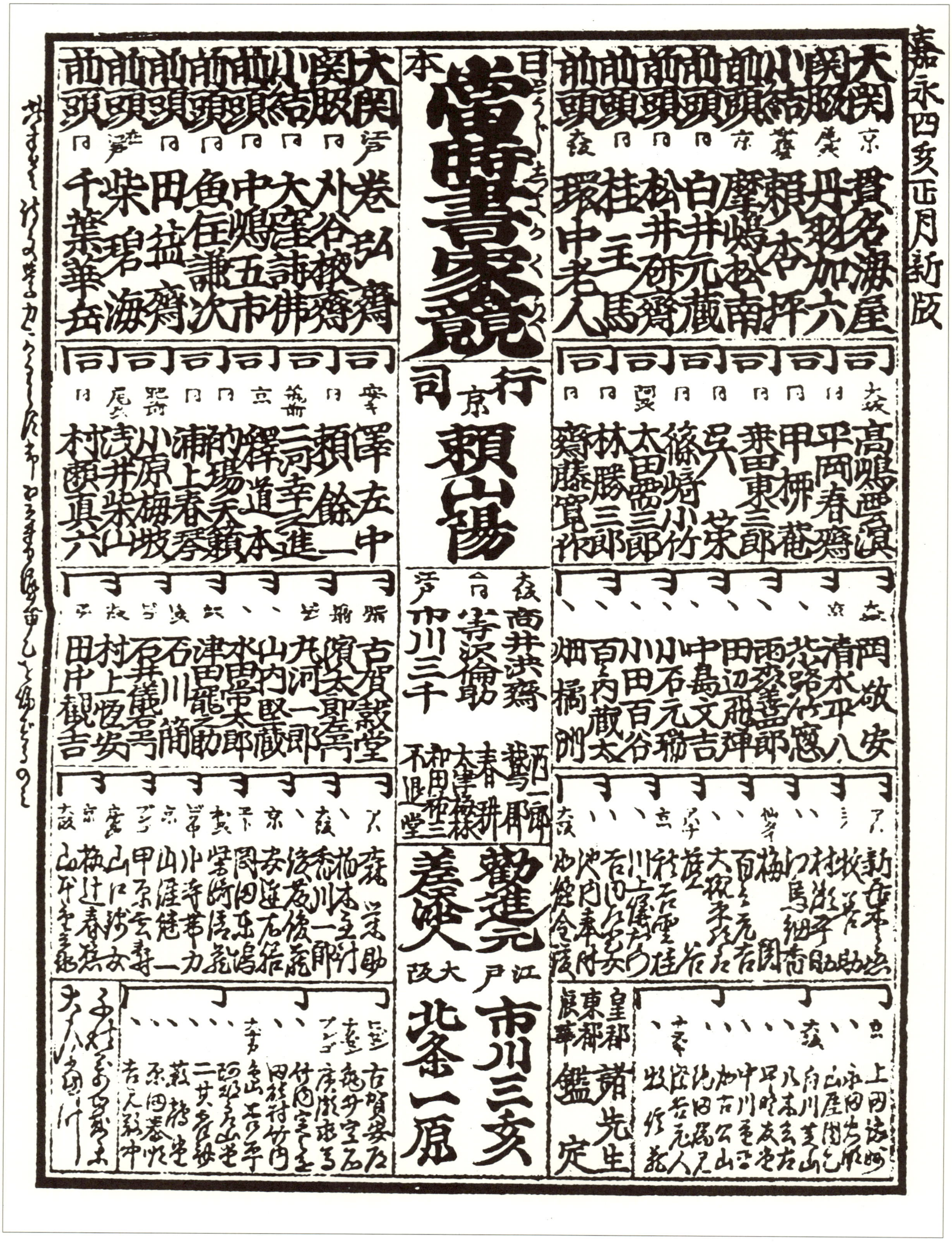

6 日本当時書家競

嘉永四亥正月新版

当時書家競（とうじしょかくらべ）

大関 京 貫名海屋
関脇 尾州 丹羽加六
小結 安芸 頼杏坪
前頭 京 摩嶋松南
前頭 同 白井元蔵
前頭 同 松井研斎
前頭 同 桂主馬
前頭 大坂 環中老人

同 大坂 高嶋雲溟
同 同 平岡春斎
同 同 甲柳菴
同 同 桑田東三郎
同 同 呉策
同 同 篠崎小竹
同 阿州 太田需三郎
同 同 林勝三郎
同 同 斎藤寛作

同 大坂 岡敬安
同 京 清水平八
同 同 北小路竹窓
同 同 雨森善四郎
同 同 田辺飛弾
同 同 中島文吉
同 同 小石元瑞
同 同 小田百谷
同 同 百々内蔵太
同 同 畑橘洲

同 アハ 新居米之丞
同 ミノ 牧善助
同 同 村瀬平助
同 同 江馬細香
同 仙タイ 梅関
同 同 百々元吉
同 同 大槻平次郎
同 アハチ 藍谷
同 京 秋吉雲桂
同 同 川上儀右衛門
同 同 吉田左登女
同 同 池内奉時
同 大阪 北條金陵

同 京 上田豫州
同 同 永田忠順
同 同 山屋団乙
同 大坂 白川芝山
同 同 八木玄太
同 同 早野友堂
同 同 中川金平
同 同 加古公山
同 同 池田瑞見
同 サヌキ 際谷老人
同 同 牧信蔵

皇都 東都 浪華 諸先生 鑑定

行司 京 頼山陽

大阪 高井洪斎
△同 小寺沢倫助
江戸 市川三千

西一郎
鷲郡
春耕
大津梅林
和田祐三
不退堂

勧進元 江戸 市川三亥
差添人 大阪 北条一原

大関 江戸 巻弘斎
関脇 同 刈谷棭斎
小結 同 大窪詩仏
前頭 同 中嶋五市
前頭 同 魚住謙次
前頭 同 田益斎
前頭 在江戸 柴碧海
前頭 同 千葉華岳

同 安キ 澤左中
同 同 頼餘一
同 筑前 二河幸之進
同 京 釈道本
同 同 的場天籟
同 同 浦上春琴
同 肥前 小原梅坡
同 尾州 浅井柴山
同 同 村瀬直六

同 肥前 古賀穀堂
同 筑前 浜太郎左ヱ門
同 ビゼン 丸河一郎
同 同 山内堅蔵
同 同 水田常太郎
同 加州 津田龍之助
同 □州 石川簡
同 ビンゴ 石井儀右ヱ門
同 大阪 村上恒安
同 アワ 田中観吉

同 アハ 森栄助
同 同 柏木主計
同 大阪 香川一郎
同 同 後藤俊蔵
同 京 安達右膳
同 ヱト 岡田東鳩
同 和州 柴崎清蔵
同 ビッ中 小寺帯刀
同 京 山涯魅一
同 ブンゴ 甲原玄寿
同 安州 山口錦女
同 京 梅辻春樵
同 大阪 山本金兵衛

同 ヒゼン 古賀安道
同 チクゼン 亀井空石
同 ブンゴ 廣瀬求馬
同 同 竹内寅之進
同 同 田能村竹円
同 大サカ 島杏平
同 同 阿部良山堂
同 同 二其鶴斎
同 同 藪鶴堂
同 同 原田泰順
同 同 吉見敬中

千秋萬歳楽 大入当叶

此書者詩文学カニかゝわらす、常に立書流ヲ以甲乙を編するのミ

この番付は、日本の書家をランク付けしたものであり、嘉永４年（1851）正月に板行された。頼山陽は、幕末の有志・知識人に愛読された『日本外史』の著者として有名だが、川中島の戦いを描いた漢詩「題不識庵撃機山図」を詠んでおり、行司に挙げられている。そして、山陽が最初に師事した人物ということで、叔父の杏坪は東の小結に挙げられている。また、勧進元の市川三亥は江戸唐様派の大家、西の大関である巻弘斎は菱湖流の祖として、江戸において鎬を削り、そこに東の大関である京の貫名海屋を加え、幕末の三筆と称されていた。

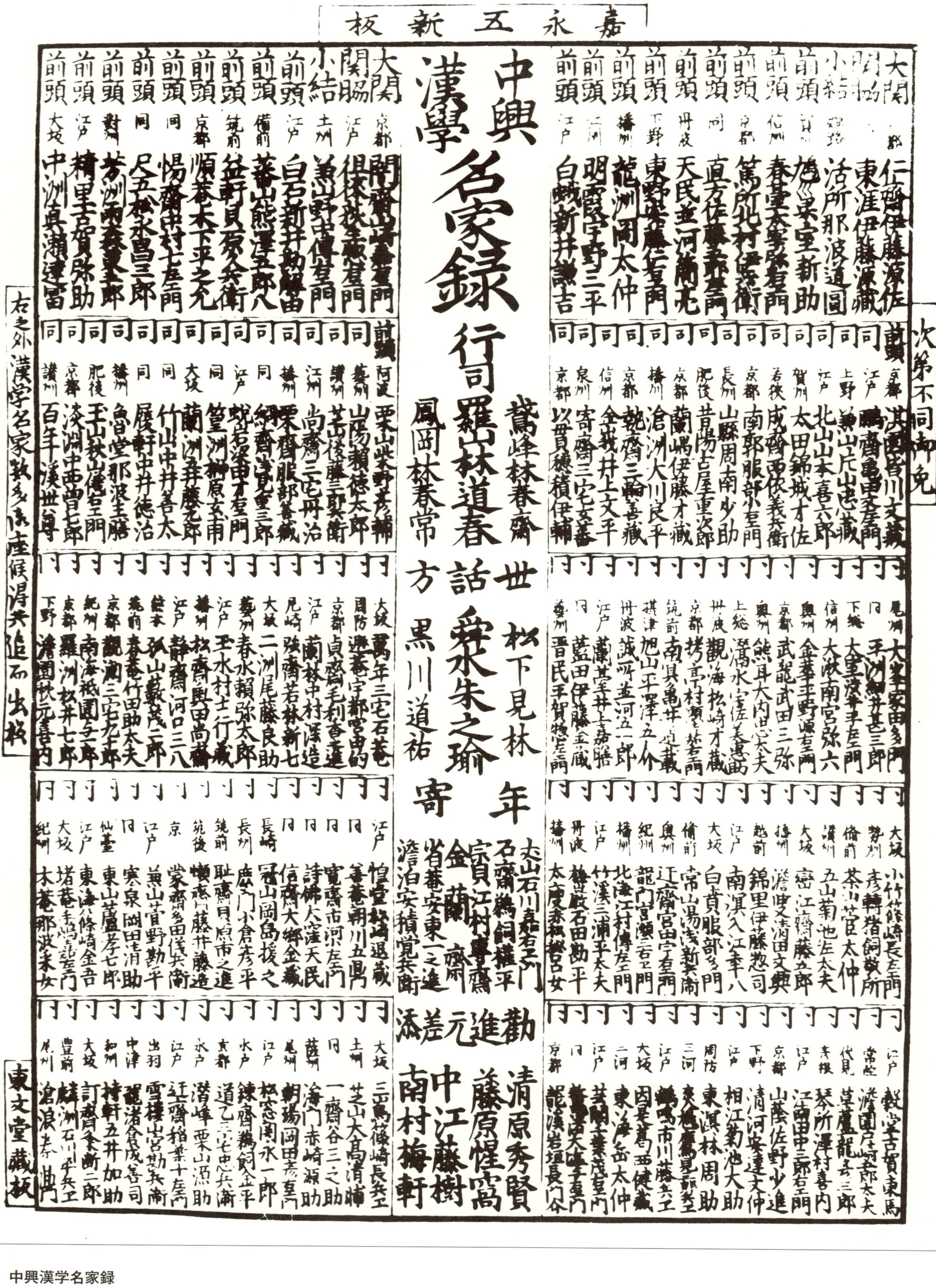
嘉永五新板
中興漢學名家録
次第不同御免
行司
鷲峰林春齋
羅山林道春
鳳岡林春常
世話
松下見林
舜水朱之瑜
黒川道祐
年寄
勸進元
清原秀賢
藤原惺窩
中江藤樹
南村梅軒
差添
右之外漢学名家数多有之座候得共追而出板
東文堂藏板

7　中興漢学名家録

嘉永五新板

中興漢学名家録

次第不同御免

東

大関 京都 仁斎伊藤源佐
関脇 同 東涯伊藤源蔵
小結 姫路 活所那波道円
前頭 賀州 鳩巣室新助
前頭 信州 春台太宰弥右ヱ門
前頭 京都 篤所北村伊兵衛
前頭 同 直方佐藤五郎左エ門
前頭 丹波 天民並河簡亮
前頭 下野 東野安東仁右ヱ門
前頭 播州 龍洲岡太仲
前頭 江州 明霞宇野三平
前頭 江戸 白蛾新井謙吉

前頭 京都 淇園皆川文蔵
同 江戸 鵬斎亀田文左エ門
同 上野 兼山片山忠蔵
同 江戸 北山山本喜六郎
同 賀州 太田錦城才佐
同 若狭 成斎西依義兵衛
同 京都 南郭服部小右エ門
同 長州 山県周南少助
同 肥後 昔陽古屋重次郎
同 京都 蘭嵎伊藤才蔵
同 播州 滄洲大川良平
同 京都 執斎三輪善蔵
同 信州 金峩井上文平
同 泉州 寄斎三宅玄蕃
同 京都 以貫穂積伊輔

同 尾州 大峯冢田多門
同 同 平洲細井甚三郎
同 下総 大室渋井平左エ門
同 信州 大湫南宮弥六
同 奥州 金華平野源右エ門
同 京都 武龍武田三弥
同 奥州 熊耳大内忠太夫
同 上総 灊水宇佐美恵助
同 丹波 観海松崎才蔵
同 京都 栲亭村瀬嘉右エ門
同 筑前 南冥亀井道載
同 摂津 旭山平澤五介
同 丹波 誠所並河五一郎
同 江戸 蘭台井上嘉膳
同 同 藍田伊藤金蔵
同 芸州 晋民平賀惣左エ門

同 大坂 小竹篠崎長左エ門
同 勢州 彦轉猪飼敬所
同 備前 茶山菅太仲
同 讃州 五山菊池左太夫
同 大坂 巒江斎藤五郎
同 播州 澹叟清田文興
同 越前 錦里伊藤惣司
同 江戸 南溟入江幸八
同 大坂 白賁服部多門
同 備前 常山湯浅新兵衛
同 奥州 迂斎宮田宇右エ門
同 紀州 龍内宮瀬三右ヱ門
同 播州 北海江村傳左エ門
同 江戸 竹渓三浦平太夫
同 丹波 梅巌石田勘平
同 播州 太廋赤松秘呂女

同 江戸 穀堂古賀東馬
同 常陸 澹園戸崎五郎太夫
同 伏見 草廬龍彦二郎
同 彦根 琴所澤村喜内
同 江戸 江南田中三郎右エ門
同 京都 山陰佐野少進
同 下野 清河安達文仲
同 江戸 相江菊池大助
同 周防 東溟林周助
同 三河 爽鳩鷹見三郎兵ヱ
同 江戸 鶴鳴市川藤兵ヱ
同 大坂 因是葛西健蔵
同 三河 東海岳太仲
同 江戸 芸閣千葉茂右ヱ門
同 同 □渚大塩与右ヱ門
同 京都 龍渓岩垣長門介

中央

行司 鵞峰林春斎
行司 羅山林道春
行司 鳳岡林春常

世話方 松下見林
世話方 舜水朱之瑜
世話方 黒川道祐

年寄 丈山石川嘉右ヱ門
年寄 石斎鵜飼権平
年寄 宗貝江村専斎
年寄 金蘭斎
年寄 省菴安東一之進
年寄 澹泊安積覚兵衛

勧進元 清原秀賢
勧進元 藤原惺窩
勧進元 中江藤樹
差添 南村梅軒

西

大関 京都 闇斎山崎嘉右エ門
関脇 江戸 徂徠荻生惣右エ門
小結 土州 兼山野中傳右エ門
前頭 江戸 白石新井勘解由
前頭 備前 蕃山熊澤五郎八
前頭 筑前 益軒貝原久兵衛
前頭 京都 順菴木下平之允
前頭 同 暘斎中村七左エ門
前頭 同 尺五松永昌三郎
前頭 対州 芳洲雨森東五郎
前頭 江戸 精里古賀弥助
前頭 大坂 中洲真瀬達冨

前頭 阿波 栗山柴野彦輔
同 芸州 山陽頼徳太郎
同 讃州 芝山後藤三郎兵衛
同 江州 尚斎三宅丹治
同 播州 栗斎服部善蔵
同 同 絅斎浅見重三郎
同 江戸 蛻岩梁田才右エ門
同 同 篁洲榊原玄甫
同 大坂 蘭洲五井藤九郎
同 同 竹山中井善太
同 同 履軒中井徳治
同 播州 魯堂那波主膳
同 肥後 玉山秋山儀右エ門
同 京都 淡淵中西曾七郎
同 讃州 百年渓世尊

同 大坂 萬年三宅石菴
同 周防 避菴宇都宮由的
同 京都 貞斎毛利香之進
同 江戸 蘭林中村深造
同 尼崎 強斎若林新七
同 大坂 二洲尾藤良助
同 芸州 春水頼弥太郎
同 江戸 玉水村士行蔵
同 播州 松斎奥田尚斎
同 江戸 静斎河口三八
同 熊本 孤山藪茂二郎
同 筑前 春菴竹田助太夫
同 京都 観瀾三宅九十郎
同 紀州 南海祇園与一郎
同 京都 羅洲松井七郎
同 下野 澹園秋元喜内

同 江戸 惶堂松崎退蔵
同 同 善菴朝川五鼎
同 同 寛斎市河小左エ門
同 同 詩仏大窪天民
同 同 信斎大郷金蔵
同 長崎 冠山岡島援之
同 長州 鹿門小倉彦平
同 筑前 恥斎貝原市之進
同 筑後 懶斎藤井藤造
同 京 蒙斎多田儀兵衛
同 江戸 兼山菅野勘平
同 同 寒泉岡田清助
同 仙台 東山蘆孝七郎
同 江戸 東海篠崎金吾
同 大坂 堵菴手嶋嘉左エ門
同 紀州 木菴那波采女

同 大坂 三嶌篠崎長兵ヱ
同 土州 芝山大高清輔
同 同 一斎谷三之助
同 薩州 海門赤崎源助
同 尾州 朝陽岡田彦右エ門
同 江戸 松窓関永一郎
同 水戸 錬斎鵜飼金平
同 京都 道乙三宅忠兵衛
同 水戸 潜峰栗山源助
同 江戸 迂斎稲葉十左エ門
同 出羽 雪楼山宮勘兵衛
同 中津 龍渚倉成善司
同 和州 持軒五井加助
同 大坂 訂斎粂断二郎
同 豊前 麟洲石川平兵ヱ
同 尾州 滄浪秦鼎

右之外漢学名家数多御座候得共追而出板

東文堂蔵版

この番付は、東文堂が嘉永５年（1852）に板行したものであり、上位は儒学の学派創始者が占めている。すなわち行司には、幕府の儒官として聖堂学問所の管理と文教を司った林家の３名、世話人には、徳川光圀の賓師として実学と名分論を説き、水戸学に大きな影響を与えた朱舜水が配されている。また、勧進元・差添に挙げられる藤原惺窩は京学派、中江藤樹は日本陽明学、南村梅軒は南学派の祖である。そして、東の大関である伊藤仁斎は古義学派、西の大関である山崎闇斎は神儒一致の垂加神道を提唱し、崎門学派を興している。

蘭学者

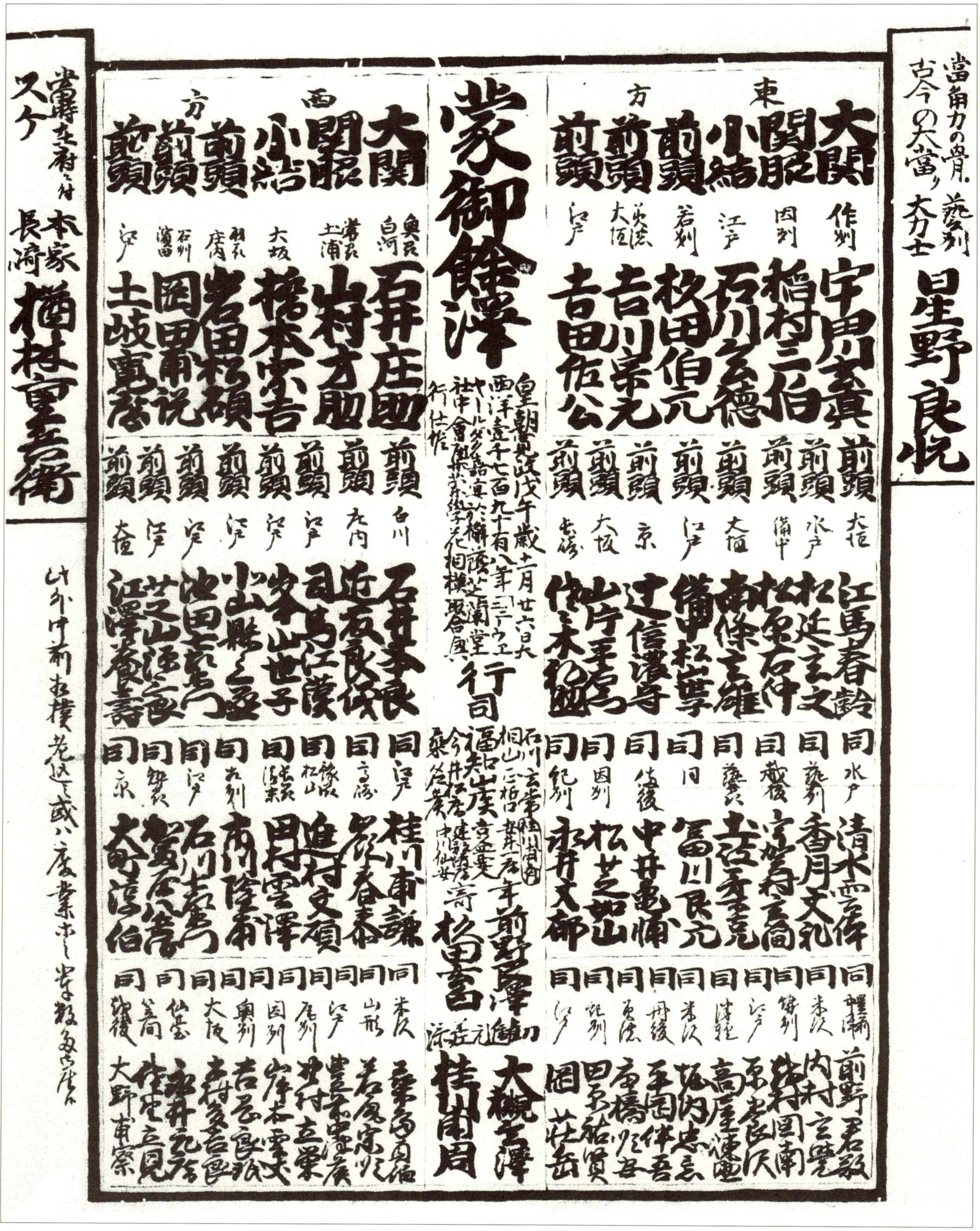

8　蒙御余沢（蘭学者相撲番付）

当角力の骨 芸州
古今の大当リ大力士 星野良悦

東方

- 大関 作州 宇田川玄真
- 関脇 因州 稲村三伯
- 小結 江戸 石川玄徳
- 前頭 若州 杉田伯元
- 前頭 美濃大垣 吉川宗元
- 前頭 江戸 吉田佐公

- 前頭 大垣 江馬春齢
- 前頭 水戸 松延玄之
- 前頭 備中 松原右仲
- 前頭 大垣 南條玄雄
- 前頭 江戸 備中松山世子
- 前頭 京 辻信濃守
- 前頭 大坂 山片平右衛門
- 前頭 長崎 佐々木礼助

- 同 水戸 清水雲体
- 同 芸州 香月文礼
- 同 越後 宇賀村玄簡
- 同 芸州 土岐柔克
- 同 同 冨川良元
- 同 備後 中井亀輔
- 同 因州 松芝如山
- 同 紀州 永井文郁

- 同 豊前中津 前野君敬
- 同 米沢 内村玄覚
- 同 勢州 越村図南
- 同 江戸 原 養沢
- 同 津軽 高屋棟助
- 同 米沢 堀内忠意
- 同 丹後 平岡伴吾
- 同 美濃 唐橋順安
- 同 紀州 田原祐賢
- 同 江戸 岡 荘岳

蒙御余沢

皇朝寛政戊午歳十一月廿六日大西洋壱千七百九十有八年「ニューウェヤールダク」嘉宴於槲蔭芝蘭堂社中会集蘭学花相撲取合興行仕候

行司
石川玄常 桐山正哲 福知山侯 今井松庵 桑名侯
桂川甫斉 安井一庵 吉益要人 建部清庵 中川仙安

年寄 前野良澤
寄 杉田玄白
勧進元 大槻玄澤
差添 桂川甫周

西方

- 大関 奥州白河 石井庄助
- 関脇 常州土浦 山村才助
- 小結 大坂 橋本宗吉
- 前頭 羽州庄内 岩田松碩
- 前頭 石州浜田 岡田甫説
- 前頭 江戸 土岐寛庵

- 前頭 白川 石井文十良
- 前頭 庄内 近藤良儀
- 前頭 江戸 司馬江漢
- 前頭 江戸 峯山世子
- 前頭 江戸 北山縣之丞
- 前頭 江戸 池田七左衛門
- 前頭 江戸 芝山源三良
- 前頭 大垣 江澤養寿

- 同 江戸 桂川甫謙
- 同 高崎 嶺 春泰
- 同 予州松山 進村文碩
- 同 長州清東 田村雲澤
- 同 相州 市川隆甫
- 同 江戸 石川七左衛門
- 同 勢州 加冨屋八兵衛
- 同 京 大町淳伯

- 同 米沢 桑島貞伯
- 同 山形 若尾宗順
- 同 江戸 豊前中津侯
- 同 尾州 野村立栄
- 同 因州 岸本雲丈
- 同 奥州 吉岡良珉
- 同 大坂 木村多吉良
- 同 仙台 永井元庵
- 同 笠間 佐野立見
- 同 越後 大野甫察

当時在府ニ付 本家
スケ 長崎 楢林重兵衛

此外中前相撲老込ミ或ハ廃業等之輩数多御座候

この番付は、寛政10年（1798）における蘭学者の地位や業績などの評価を示している。しかし、番付の中央柱部分「蒙御余沢」の下に「皇朝寛政（中略）興行仕候」とあるように、この番付は、大槻玄沢の学塾芝蘭堂へ社中が集まって新年の祝宴を開き、余興に蘭学花相撲の興行として作成されたものである。そのため、勧進元は大槻玄沢、玄沢社中が西の大関・石井庄助を筆頭に高い地位を占めている。そして、蘭学者に当時、嫌われていたとされる司馬好漢は、日本における腐食銅版画の創製者でありながら、西前頭六枚目という下の位置とされている。

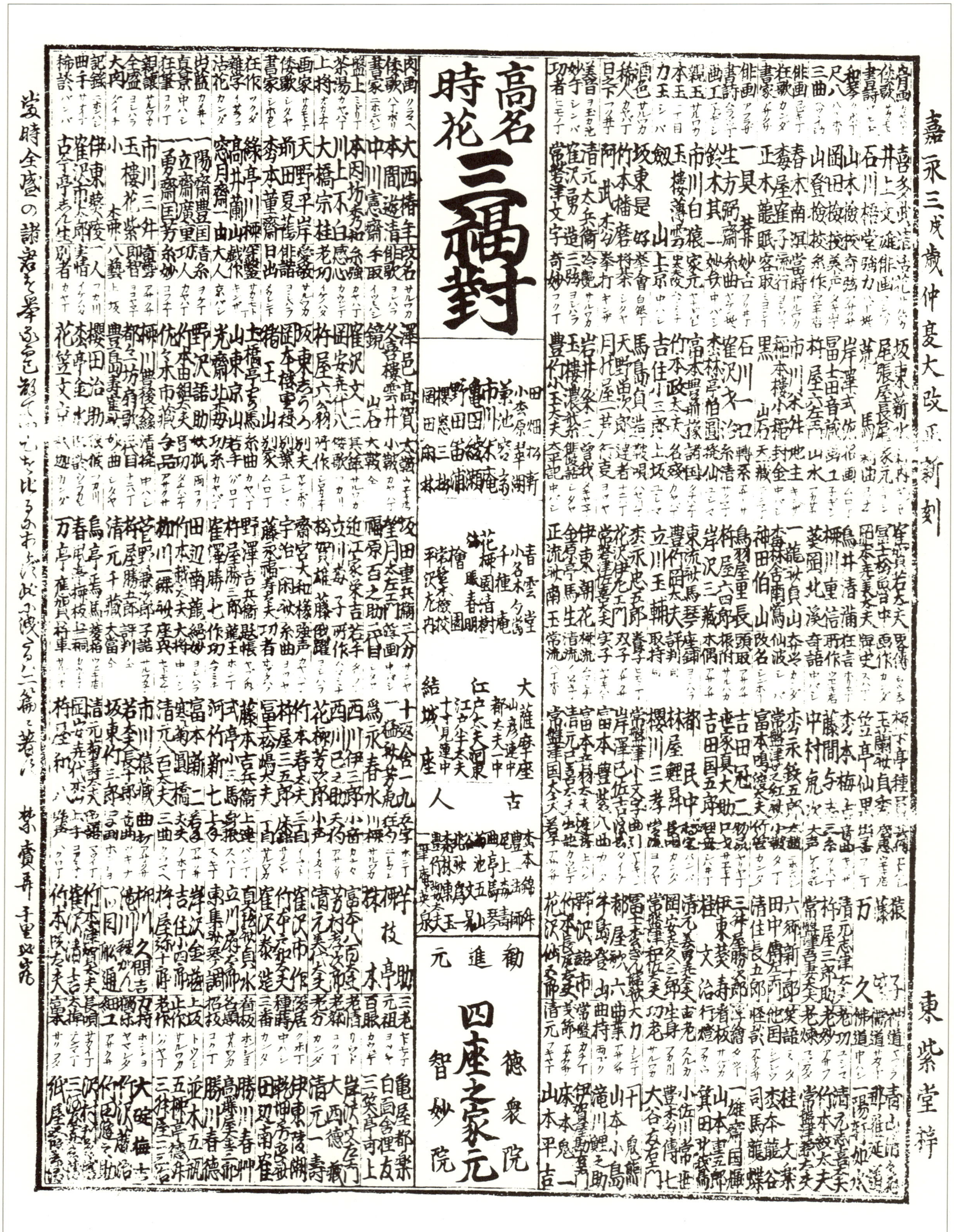

9　高名時花三幅対

東紫堂が嘉永３年（1850）仲夏に版行した番付は、各界における有名人 252 名を記している。他の番付では見かけない特徴として、似通った業界人を３名で一組としている点が挙げられる。たとえば、左側の最上段の本因坊秀和は、囲碁の家元四家の一つであった本因坊家の 14 世であり、囲碁四哲の一人とされていた。ついで大橋宗桂は、大橋分家・伊藤家とともに、名人の称号を持ち回りで世襲した大橋本家の襲名であった。さらに、川上不白は江戸千家流の祖となった人物であり、この組には、芸能の有名人が配されていた。

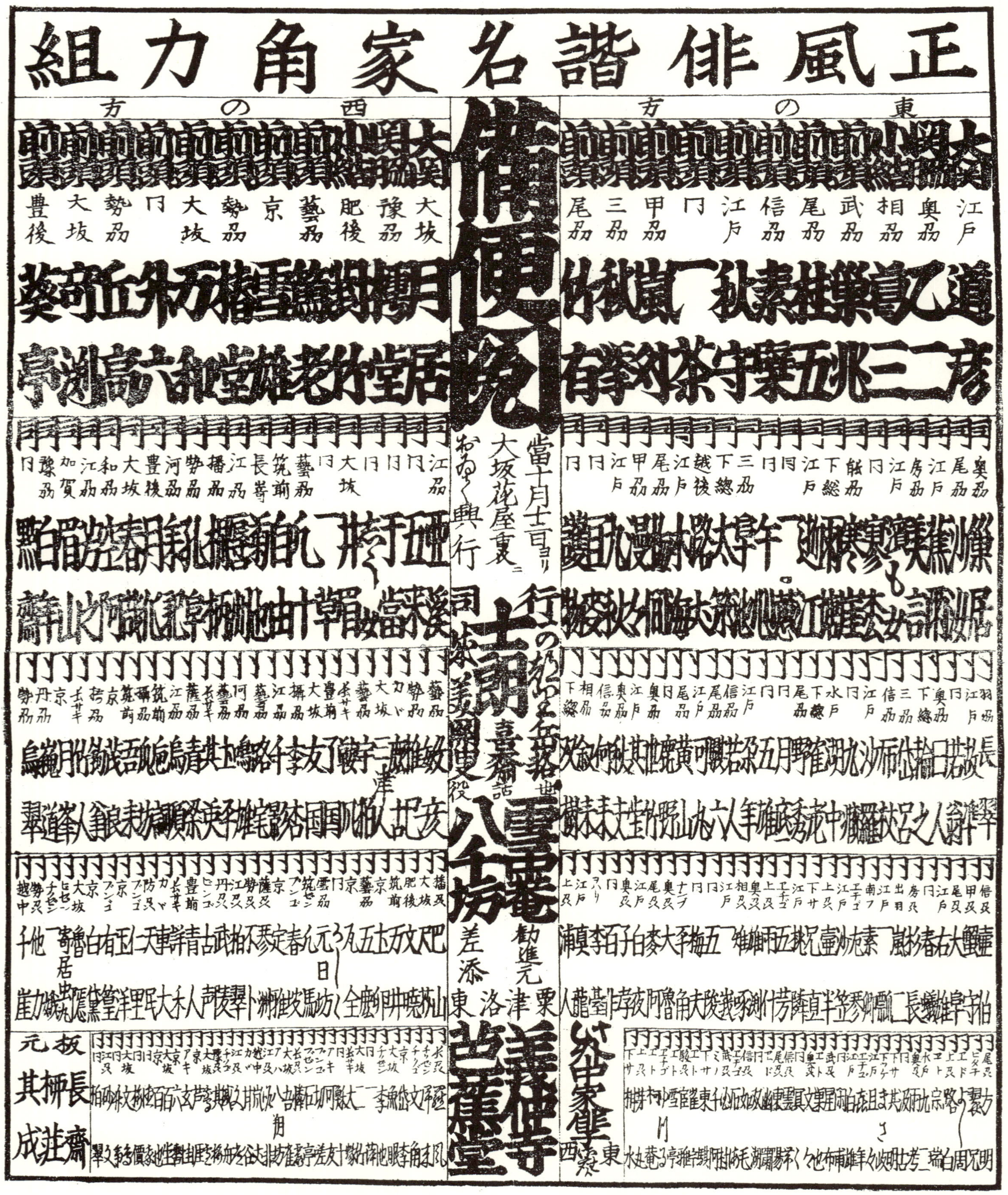
正風俳諧名家角力組

東の方

西の方

大坂花屋重兵衛

10　正風俳諧名家角力組

正風俳諧名家角力組

備便閲

当十月十二日ヨリ
大坂花屋裏ニおゐて興行

行司　かとり 岳格　士朗　成美

世話役　雪中庵　喜斎　関叟　八千坊

勧進元　粟津 義仲寺

差添　洛東 芭蕉堂

東の方

大関	江戸	道彦
関脇	奥州	乙二
小結	相州	葛三
前頭	武州	巣兆
前頭	尾州	桂五
前頭	信州	素檗
前頭	江戸	秋守
前頭	同	一茶
前頭	甲州	嵐外
前頭	三州	秋挙
前頭	尾州	竹有

同	奥州	巣居
同	尾州	沙汝
同	江戸	蕉雨
同	房州	美言
同	江戸	浜も女
同	同	寥松
同	能州	寒崖
同	下総	雨塘
同	江戸	逝江
同	同	一蕙
同	同	午心
同	三州	卓池
同	下総	太笻
同	越後	路丈
同	江戸	木海
同	尾州	梅間
同	甲州	漫々
同	江戸	九秋
同	同	宜麦
同	同	護物

同	羽州	長翠
同	江戸	故皐
同	同	若翁
同	奥州	日人
同	下総	輪之
同	三州	岱呂
同	信州	虎杖
同	江戸	沙羅
同	同	九蔵
同	水戸	湖中
同	下総	鶴老
同	尾州	野秀
同	同	月底
同	同	五雄
同	江戸	朶年
同	信州	若人
同	尾州	騏六
同	江戸	可丸
同	尾州	黄山
同	同	鹿野
同	奥州	世竹
同	江戸	其堂
同	奥州	秋夫
同	信州	何来
同	相州	叙来
同	下総	双樹

同	信州	壺伯
同	甲州	蟹守
同	尾州	大皐
同	江戸	右雄
同	同	春蟻
同	房州	杉長
同	出羽	嵐二
同	江戸	一瓢
同	南フ	素卿
同	ヱチコ	左琴
同	江戸	沙笠
同	上州	壺半
同	下サ	兄真
同	江戸	桃隣
同	ヱチコ	五芳
同	上州	雨什
同	奥州	雄渕
同	相州	雉啄
同	江戸	一峨
同	同	五陵
同	同	梅夫
同	ナンブ	平角
同	奥州	大魯
同	尾州	麦阿
同	江戸	白夜
同	奥州	子孝
同	同	百作
同	ヲハリ	李台
同	江戸	真龍
同	上州	浦人

此外中家俳子御座候　東西

同	尾州	方明
同	ヒタチ	翠兄
同	ヱド	よし周
同	上州	路白
同	ヱト	宗瑞
同	水戸	九二
同	奥州	雨考
同	同	汲古
同	下サ	其明
同	下ツケ	まさ岐
同	江戸	且々
同	ヱチゴ	喜年
同	江戸	白雄
同	同	閑甫
同	武州	星布
同	ヱト	巣也
同	奥州	文郷
同	同	冥く
同	信州	雲帯
同	尾州	東陽
同	ヱド	幽嘯
同	同	双湖
同	信州	如毛
同	ヱチゴ	石海
同	武州	泊村
同	ミノ	千阿
同	下サ	東騏
同	ヱト	雀宇
同	駿州	宦雅
同	ヱト	雪亭
同	ヱチゴ	ゆつる
同	ヱト	柯菴
同	上州	芽丸
同	下サ	柑水

西の方

大関	大坂	月居
関脇	予州	樗堂
小結	肥後	対竹
前頭	芸州	篤老
前頭	京	雪雄
前頭	勢州	椿堂
前頭	大坂	万和
前頭	同	升六
前頭	勢州	丘高
前頭	大坂	奇渕
前頭	豊後	葵亭

同	江州	亜渓
同	同	五来
同	同	于当
同	同	しう女
同	大坂	井眉
同	同	一草
同	芸州	八十
同	筑前	自由
同	長崎	菊也
同	江州	暦助
同	播州	桐柄
同	勢州	孔皐
同	河州	来記
同	豊後	月化
同	大坂	春哉
同	和州	空阿
同	江州	芳之
同	加賀	眉山
同	予州	白年
同	同	点斎

同	芸州	敏彦
同	勢州	椎巳
同	カヾ	鹿古
同	大坂	三津人
同	芸州	宇柏
同	長サキ	鞍風
同	豊前	了国
同	大坂	友国
同	摂州	李杏
同	江州	千影
同	芸州	路宅
同	阿州	鳴雄
同	芸州	土平
同	長サキ	其英
同	薩州	青梁
同	江州	烏順
同	筑前	卮詞
同	摂州	瓜坊
同	筑前	吾来
同	京	茂良
同	摂州	鉤翁
同	長サキ	竹人
同	京	月峯
同	丹州	巍道
同	勢州	烏翠

同	播州	巴山
同	大坂	尺芥
同	肥後	文暁
同	筑前	万井
同	京	土卵
同	芸州	五鹿
同	京	瓦全
同	同	ろしく
同	雲州	元日坊
同	筑ゼン	凡馬
同	ブンゴ	春坡
同	京	定雅
同	薩州	琴洲
同	勢州	不卜
同	江州	柏翠
同	丹州	武陵
同	ビンゴ	古声
同	豊前	青人
同	長サキ	詳禾
同	カヾ	車大
同	防州	天民
同	ブンゴ	仁里
同	京	玉洋
同	ブンゴ	有篁
同	京	白黛
同	大坂	魯隠
同	ビゼン	寄居虫丸
同	チクゼン	一娥
同	勢州	他力
同	越中	千崖

同	長州	羅風
同	チクゼン	帰来
同	チクゴ	文角
同	京	岱李
同	大坂	魚眼
同	チクゼン	李池
同	同	一萍
同	大坂	二竹
同	長サキ	大蛾
同	同	穌十
同	アキ	可友
同	ブンゴ	切嗟
同	ブゼン	石亭
同	長州	憐霞
同	大坂	吾雀
同	アハ	八朔坊
同	江州	昨非
同	越中	嵐丈
同	カガ	甘谷
同	江州	文雀
同	チクゴ	椷舟
同	予州	其梅
同	大坂	鵞雲
同	京	芦涯
同	アキ	玄桂
同	京	六香
同	大坂	百堂
同	京	百也
同	同	徳我
同	同	桃偭
同	大坂	文鳥
同	同	竹筝
同	江州	砂文
同	同	柏翠

元版　其柳長成荘斎

この番付の中央に記される10月12日とは、松尾芭蕉の祥月命日のことである。そのため、勧進元には芭蕉の墓所がある義仲寺、差添には正風俳諧の聖地である芭蕉堂というように、芭蕉と縁の深い寺院が選ばれている。また、行司の士朗は尾張名古屋の俳人井上士朗を指し、当時の名古屋俳壇の重鎮であった。ついで世話役は、たとえば雪中庵が、江戸蕉門の双璧大島嵐雪を祖とする俳諧流派であるなど、中央には、当時を代表する俳人や流派が記されている。

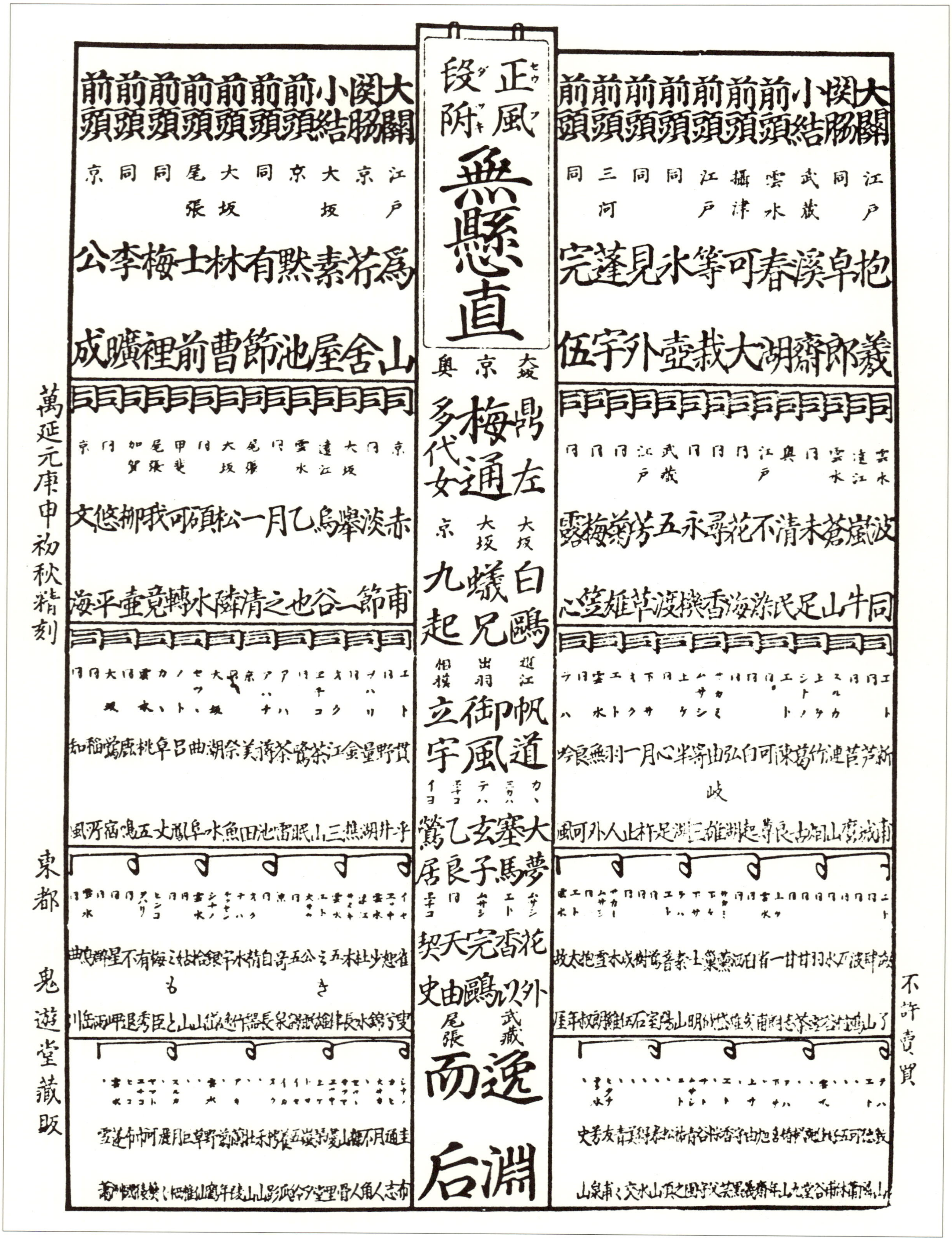

11　正風段附無懸直

大関	江戸	抱義
関脇	同	卓郎
小結	武蔵	渓斎
前頭	雲水	春湖
前頭	摂津	可大
前頭	江戸	等栽
前頭	同	氷壺
前頭	同	見外
前頭	三河	蓬宇
前頭	同	完伍
同	雲水	波同
同	遠江	嵐牛
同	雲水	蒼山
同	同	未足
同	奥	清民
同	江戸	不染
同	同	花海
同	同	尋香
同	同	永機
同	武蔵	五渡
同	江戸	芳草
同	同	菊雄
同	同	梅笠
同	同	露心
同	エト	新甫
同	同	芦城
同	同	苣磨
同	スルカ	漣山
同	上ケ	竹煙
同	シナノ	葛古
同	エト	陳良
同	同	可尊
同	同	白起
同	同	弘湖
同	サカミ	由岐雄
同	ムサシ	寄三
同	上ケ	半湖
同	同	心足
同	下サ	月杵
同	オク	一止
同	エト	羽人
同	雲水	無外
同	同	良可
同	フハ	吟風
同	エト	海了
同	同	肆山
同	同	波鷗
同	同	瓦村
同	同	氷谷
同	同	羽雪
同	同	甘茶
同	同	甘志
同	上ケ	一朗
同	雲水	省甫
同	同	白亥
同	同	洒雄
同	サカミ	薫岱
同	下ケ	巣欣
同	下サ	土明
同	テハ	素山
同	エト	普陽
同	同	鶯室
同	同	樹石
同	同	成伍
同	サカミ	木鶏
同	ムサシ	雪朗
同	同	抱叔
同	エト	太年
同	雲水	故厓
同	テハ	數山
同	エト	徳隣
同	同	可蕭
同	同	五休
同	同	好甫
同	雲水	佳谷
同	同	潮堂
同	同	楓九
同	アハ	椿山
同	下サ	喜年
同	同	旭斎
同	上サ	由義
同	同	守黒
同	エト	香芸
同	同	棕父
同	サト	谷守
同	ムサシ	青圖
同	エト	祐之
同	同	松頂
同	同	泰山
同	同	得水
同	同	美交
同	同	青々
同	ヒタチ	友甫
同	雲水	芳泉
同	同	史山

正風（セウフウ）段附（ダツキ）

無懸直

大坂	鼎左
京	梅通
奥	多代女
大坂	白鴎
大坂	蟻兄
京	九起
近江	帆道
出羽	御風
相模	立宇
カヽ	大夢
ミカハ	塞馬
テハ	玄子
エチコ	乙良
イヨ	鶯居
ムサシ	花外
エト	香以
ムサシ	完鴎
同	天由
エチコ	契史
武蔵	逸淵
尾張	而后

大関	江戸	為山
関脇	京	芹舎
小結	大坂	素屋
前頭	京	默池
前頭	同	有節
前頭	大坂	林曹
前頭	尾張	士前
前頭	同	梅裡
前頭	同	李曠
前頭	京	公成
同	京	赤甫
同	同	淡節
同	大坂	挙一
同	遠江	鳥谷
同	雲水	乙也
同	同	月之
同	尾張	一清
同	大坂	松隣
同	同	碩水
同	甲斐	可転
同	尾張	我竟
同	加賀	柳壺
同	同	悠平
同	京	文海
同	エト	貫乎
同	同	野井
同	ヲハリ	量湖
同	同	金樵
同	オク	江三
同	ヱチコ	茶山
同	同	鷺眠
同	アハ	茶雷
同	アハチ	蒋池
同	京	美田
同	同	祭魚
同	大坂	潮水
同	セツヽ	曲阜
同	ノト	呂鳳
同	カヽ	卓丈
同	雲水	桃五
同	同	鹿鳴
同	大坂	鶯宿
同	同	稲所
同	同	知風
同	イセ	雀叟
同	ヱツ中	恕兮
同	雲水	少錦
同	遠江	杜水
同	サヌキ	木長
同	雲水	五律
同	エト	ミき雄
同	大サカ	公眠
同	同	五響
同	京	奇泉
同	同	自長
同	オク	精器
同	テハ	水竹
同	チヤセン	宇逸
同	シナノ	銀岱
同	雲水	拾山
同	同	姑山
同	同	ミもと
同	ヒンコ	梅臣
同	ヲハリ	有秀
同	同	不退
同	同	星岬
同	同	酔雨
同	雲水	鳥岳
同	同	曲川
同	シナノ	圭布
同	カヒ	通志
同	大サカ	月人
同	同	不角
同	セツヽ	糠人
同	サツマ	山骨
同	ヱツ中	菱里
同	上ケ	栞堂
同	トサ	嵐夕
同	イセ	五鈴
同	イカ	養瓜
同	オク	樗影
同	同	禾山
同	同	壮山
同	アキ	蘭陵
同	同	菊年
同	雲水	野鶴
同	同	草仙
同	同	巨椎
同	スルカ	月栖
同	同	龜々
同	ヤマト	可樵
同	ヱチコ	市猿
同	ヒコ	布国
同	雲水	蓬洲
同	同	雪蕭

万延元庚申初秋精刻

東都　鬼遊堂蔵販

不許売買

この番付は、松尾芭蕉が興した正風の関係者をランク付けしたものであり、東都の鬼遊堂が万延元年（1860）に版行した。相撲番付において勧進元にあたる箇所には、久米逸淵が配されている。久米は、上州高崎において春秋庵を開いた俳人で、天保２年（1831）には晩年を過ごした武蔵国本庄に、芭蕉の句碑を建立している。また、東の大関にあげられる守村抱義は江戸蔵前の札差で、俳人の茂呂何丸を扶持していた。茂呂は、芭蕉七部集の最初の注釈集である「七部集大鏡」を著し、公家の二条家より「俳諧奉行職御代官」に任じられるなど、芭蕉研究の代表的な学者であった。

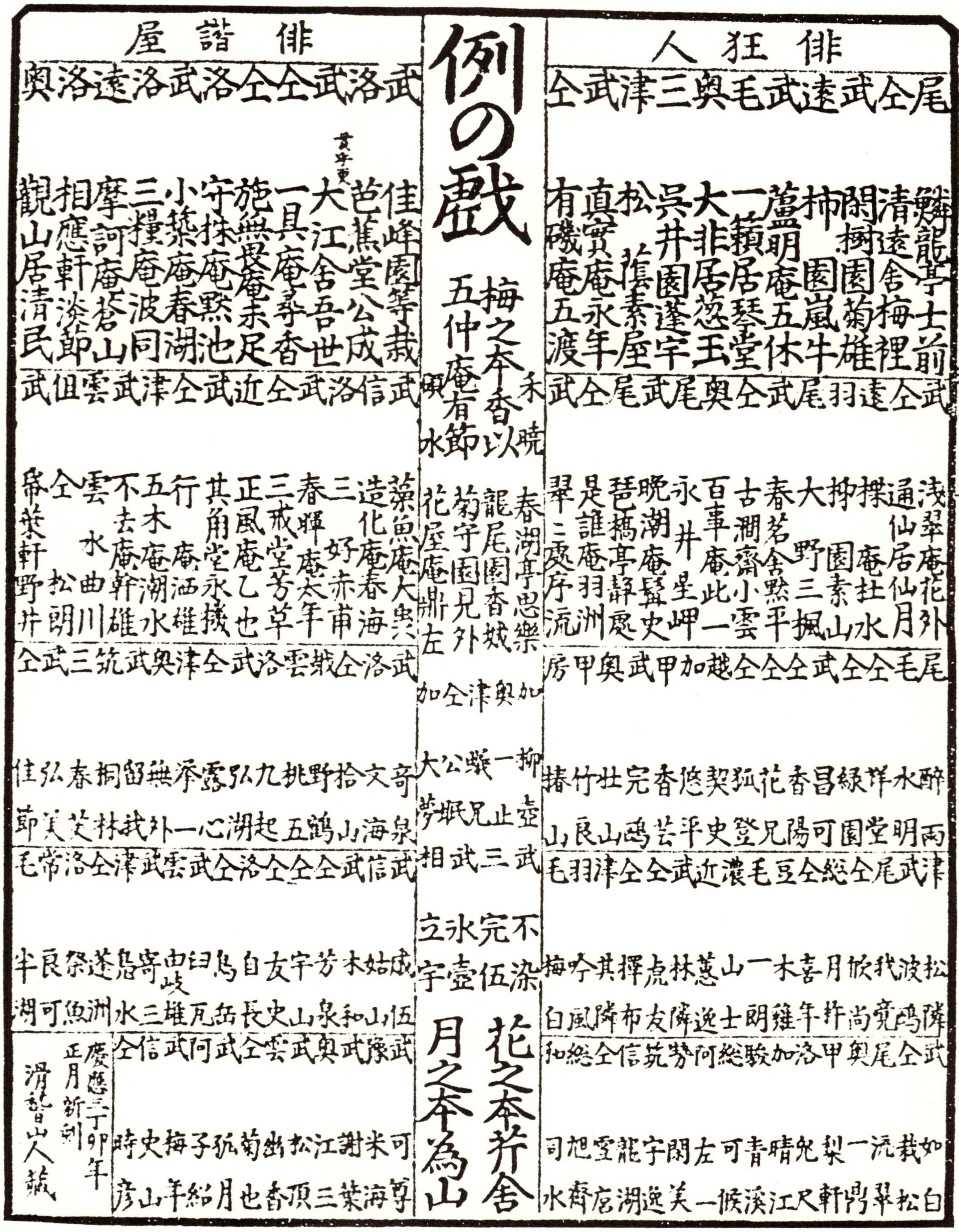
例の戯
俳狂人
俳諧屋
洛 三級庵蕉露
梅之本香以
五仲庵有節
花之本芹舎
月之本為山
慶應三丁卯年
正月新刻
滑稽山人蔵

12 例の戯

例の戯

俳狂人

洛 三級庵蕉露

尾	鱗龍亭士前
同	清遠舎梅裡
武	閑樹園菊確
遠	柿園嵐牛
武	蘆明庵五休
毛	一籟居琴堂
奥	大非居葱玉
三	呉井園蓬宇
津	松蔭素屋
武	真実庵永年
同	有磯庵五渡
武	浅翠庵花外
同	通仙居仙月
遠	櫟案社水
羽	柳園素山
尾	大野三楓
武	春茗舎黙平
同	古潤斎小雲
奥	百事庵此一
尾	永井星岬
武	晩潮庵髯史
尾	琶橋亭静処
同	是誰庵羽洲
武	翠々処序流
尾	酔雨
毛	水明
同	祥堂
同	緑園
武	昌可
同	香陽
同	花兄
同	狐登
越	契史
加	悠平
甲	香芸
武	完鷗
奥	壮山
甲	竹良
房	椿山
津	松隣
武	波鷗
尾	我竟
同	欣尚
総	月杵
同	喜年
豆	木雞
毛	一朗
濃	山士
近	蕙逸
武	林隣
同	虎友
同	擇布
津	其隣
羽	吟風
毛	梅白
武	如白
同	栽松
尾	流翠
奥	一鼎
甲	梨軒
洛	兔尺
加	晴江
駿	青渓
総	可候
阿	左一
勢	閑美
筑	宇逸
信	龍湖
同	雪麿
総	旭斎
和	司水

（中央）

梅之本香以 采暁

五仲庵有節 硯水

	春湖亭思楽
	龍尾園香城
	菊守園見外
	花屋庵鼎左
加	柳壺
奥	一止
津	蟻兄
同	公眠
加	大夢
武	不染
三	完伍
武	氷壺
相	立宇

花之本芹舎

月之本為山

俳諧屋

武	佳峰園等栽
洛	芭蕉堂公成
武	貫乎吏 大江舎吾世
同	一具庵尋香
同	施無畏庵未足
洛	守株庵黙池
武	小築庵春湖
洛	三糧庵波同
遠	摩訶庵蒼山
洛	相応軒淡節
奥	観山居清民
武	藻魚庵大蟲
信	造花庵春海
洛	三好赤甫
武	春暉庵太年
同	三戒堂芳草
近	正風庵乙也
武	其角堂永機
同	行庵洒確
津	五木庵湖水
武	不去庵幹確
雲	雲水曲川
但	同松朗
武	帋葉軒野井
武	奇泉
洛	文海
同	拾山
越	野鶴
雲	桃五
洛	九起
武	弘湖
同	露心
津	挙一
奥	無外
武	留我
筑	桐林
三	春芙
武	弘美
同	佳節
武	成伍
信	姑山
武	木和
同	芳泉
同	宇山
同	友史
洛	自長
同	島岳
武	臼瓦
雲	由岐確
武	寄三
津	皐水
同	蓬洲
洛	祭魚
常	良可
毛	半湖
武	可尊
予	米海
武	謝葉
奥	江三
武	松頂
雲	幽香
同	菊也
武	孤月
阿	子紹
同	梅年
信	史山
同	時彦

慶応三丁卯年
正月新刻
滑稽山人蔵

この番付は、右側に俳狂人、左側に俳諧屋を配して、それぞれをランク付けしたものであり、滑稽山人が慶応３年（1867）正月に板行した。勧進元に位置する「花之本芹舎」とは、八木芹舎のことである。八木は、公家の二条家から花の本宗匠の号を受けるなど、京都俳壇の実力者であった。次に、差添に該当する「月之本為山」とは、関為山のことである。関および左側の大関である佳峰園（鳥越）等栽は、江戸を代表する俳人として、明治政府において俳諧の教導職に就いている。右側の俳狂人とは、戯れや滑稽を主とする狂俳師を指しており、狂俳は名古屋を中心に流行した。そのため、番付においても右側は、尾張の狂俳師が大関と関脇を占めている。

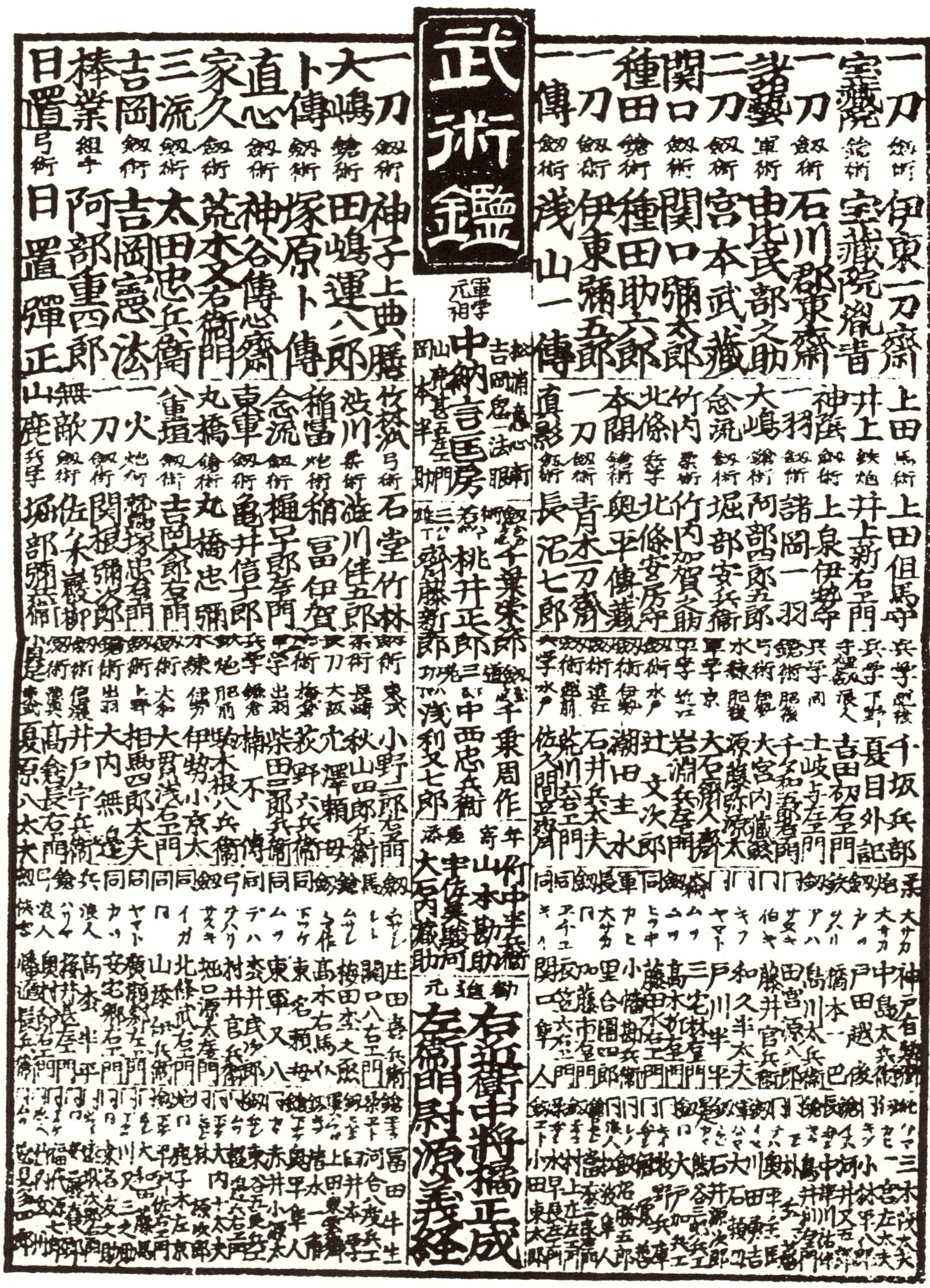

武術鑑

柳生 剣術 柳生十兵衛

一刀 剣術 伊東一刀斎
宝蔵院 鎗術 宝蔵院
二刀 剣術 宮本武蔵
関口 剣術 関口弥太郎
種田 鎗術 種田助六郎
一刀 剣術 伊東弥五郎
一伝 剣術 浅山一伝

一刀 剣術 神子上典膳
卜伝 剣術 塚原卜伝
直心 剣術 神谷伝心斎
三流 剣術 太田忠兵衛
吉岡 剣術 吉岡憲法
棒業 組手 阿部重四郎
日置 弓術 日置弾正

軍学元祖 中納言匡房

元祖 右近衛中将橘正成
左衛門尉源義経

13　武術鑑

武術鑑

柳生 剣術 柳生十兵衛
剣術 上州 山口戈一

一刀 剣術 伊東一刀斎
宝蔵院 鎗術 宝蔵院胤青
一刀 剣術 石川郡東斎
諸芸 軍術 由比民部之助
二刀 剣術 宮本武蔵
関口 剣術 関口弥太郎
種田 鎗術 種田助六郎
一刀 剣術 伊東弥五郎
一傳 剣術 浅山一傳

上田 馬術 上田但馬守
井上 鉄炮 井上新右ヱ門
神陰 剣術 上泉伊勢守
一羽 剣術 諸岡一羽
大嶋 鎗術 阿部四郎五郎
念流 剣術 堀部安兵衛
竹内 柔術 竹内加賀之助
北條 兵学 北條安房守
本間 鎗術 奥平傳蔵
一刀 剣術 青木一刀斎
真影 剣術 長沼七郎

兵学 越後 千坂兵部
兵学 下野 夏目外記
手裡剣 浪人 吉田初右ヱ門
兵学 同 土岐与左ヱ門
鎗術 肥後 千々和五郎右エ門
弓術 伊勢 大宮内蔵丞
水練 肥後 源藤弥源太
軍学 京 大石斎人斎
軍学 近江 岩淵兵左ヱ門
剣術 水戸 辻文次郎
剣術 伊勢 潮田主水
剣術 遠江 石井兵太夫
剣術 越前 荒川六右ヱ門
兵学 水戸 佐久間立斎

柔 大サカ 神戸有鱗斎
炮 大サカ 中島太兵衛
剣 カゞ 戸田越後
鉄 ヲハリ 橋本一巴
剣 アハ 島川太兵衛
同 サヌキ 田宮源八郎
同 伯キ 藤井官兵衛
同 キフ 和久半太夫
同 ヤマト 戸川半平
斎 ムツ 三宅林右ヱ門
剣 ムツ 高木折右ヱ門
同 ヒツ中 藤田水右ヱ門
軍 カヒ 小幡勘兵衛
長 大サカ 里合団四郎
剣 同 加藤市右ヱ門
同 エチコ 衣笠大右ヱ門
同 キイ 関口隼人

炮 ハリマ 三木茂太夫
剣 カヒ 一宮左太夫
同 キフ 小林平八郎
鎗 イナハ 河井又五郎
長 ムサシ 中津川祐伴
鎗 キフ 鳥井利右ヱ門
同 □セン 朴玄蕃
同 テハ 奥平主馬
剣 イセ 川田勇吉
軍 ハリマ 大石頼母
剣 ムサシ 石井源次郎
是 カゞ 熊谷三郎兵エ
剣 同 大戸加兵エ
同 キイ 牧野兵庫
同 ムサシ 僧覚善
同 ミノ 飯沼勝五郎
同 浪人 松波隼人
鎗 ヒセン 当麻三良右エ門
剣 エチコ 村上庄左エ門
柔 ムサシ 水早長左エ門
剣 ヱト 小田東太郎

軍学元祖 中納言匡房
松浦意心軒
吉岡鬼法眼
山鹿甚五左ヱ門
岡本半助

剣術若三雄
出州ケ也 千葉栄次郎
八丁也 桃井正八郎
バシ丁 斎藤新太郎

剣道三老功
出玉ケ也 千葉周作
下な 中西忠兵衛
ハマ丁 浅利又七郎

年寄 竹中半兵衛
山本勘助
差添 宇佐美駿河
大石内蔵助

勧進元 右近衛中将橘正成
左衛門尉源義経

一刀 剣術 神子上典膳
大嶋 鎗術 田嶋運八郎
卜傳 剣術 塚原卜傳
直心 剣術 神谷傳心斎
家久 剣術 荒木又右衛門
三流 剣術 太田忠兵衛
吉岡 剣術 吉岡憲法
棒業 組手 阿部重四郎
日置 弓術 日置弾正

竹林派 弓術 石堂竹林
渋川 柔術 渋川伴五郎
稲冨 炮術 稲冨伊賀
念流 剣術 樋口十郎左ヱ門
東軍 剣術 亀井信十郎
丸橋 鎗術 丸橋忠弥
八重垣 剣術 吉岡太郎右ヱ門
一火 炮術 鷲塚忠右ヱ門
一刀 剣術 関根弥次郎
無敵 剣術 佐々木厳柳
山鹿 兵学 堀部弥兵衛

剣術 東武 小野二郎右ヱ門
柔術 長崎 秋山四郎兵衛
長刀 大阪 穴澤頼母
□術 梅倉 萩野六兵衛
軍学 出羽 柴田三郎兵衛
兵学 鎌倉 楠不傳
鉄炮 肥前 駒木根八兵衛
水練 伊勢 伊勢小京太
剣術 大和 大貫浅右ヱ門
剣術 上野 相馬四郎太夫
鎗術 出羽 大内無邊
剣術 信濃 井戸宇兵衛
剣術 陸奥 高倉長右ヱ門
小具足 東武 夏原八太夫

剣 ムサシ 庄田喜兵衛
馬 ミト 関口八右ヱ門
鎗 ムサシ 梅田杢之丞
剣 美作 高木右馬介
同 下ツケ 東名頼母
同 ムツ 東軍又八
同 デハ 松井民次郎
弓 ヲハリ 村井官兵衛
剣 サヌキ 堀口源太左ヱ門
同 イガ 北條武右ヱ門
同 同 山添伊兵衛
同 ヤマト 廣瀬郷左ヱ門
同 カゞ 安宅郷右ヱ門
兵 浪人 高松半平
鎗 ハリマ 桜井甚左エ門
弓 浪人 奥村八郎右エ門
剣 侠客 幡随長兵衛

鎗 エチ前 富田牛生
梁 エト 河合八度兵エ
剣 ヒセン 臼井本学
軍 □ 上田東雲郷
剣 キフ 清水一角
鎗 下ツケ 奥平隼人
同 カゞ 赤井小源太
剣 ムサシ 東谷五郎兵エ
同 ムツ 軽邊六右ヱ門
同 下ツケ 大内十太夫
同 ヒセン 林源次郎
炮 同 鹿子木左京
剣 下ツケ 平部佐右ヱ門
同 □□ 大和田藤馬
同 下フサ 川又三之助
同 同 桑名友之助
同 □□ 遠城次郎右ヱ門
同 同 安藤喜八郎
同 下ツケ 福代源七郎
同 □□ 竹内玄舟
同 ムツ 徳見多四郎

この番付は、近世の武芸者を取り上げたものであり、武芸者を大関以下にランク付けする興行関係者（番付の中央）は、以下のように構成されている。最上段は、山鹿流を興した山鹿素行など軍学各派の始祖が占めている。二段目には、江戸における剣術の三大道場と称された千葉・桃井・斎藤の名、三段目には、北辰一刀流の祖として千葉道場を開いた千葉周作の名がみえる。また年寄は、戦国期の名軍師であった竹中半兵衛と山本勘助、差添は、吉良邸への討ち入りを成し遂げた大石内蔵助などが務めている。そして勧進元には、楠正成と源義経という寡兵で大軍を打ち破った名将が挙げられている。

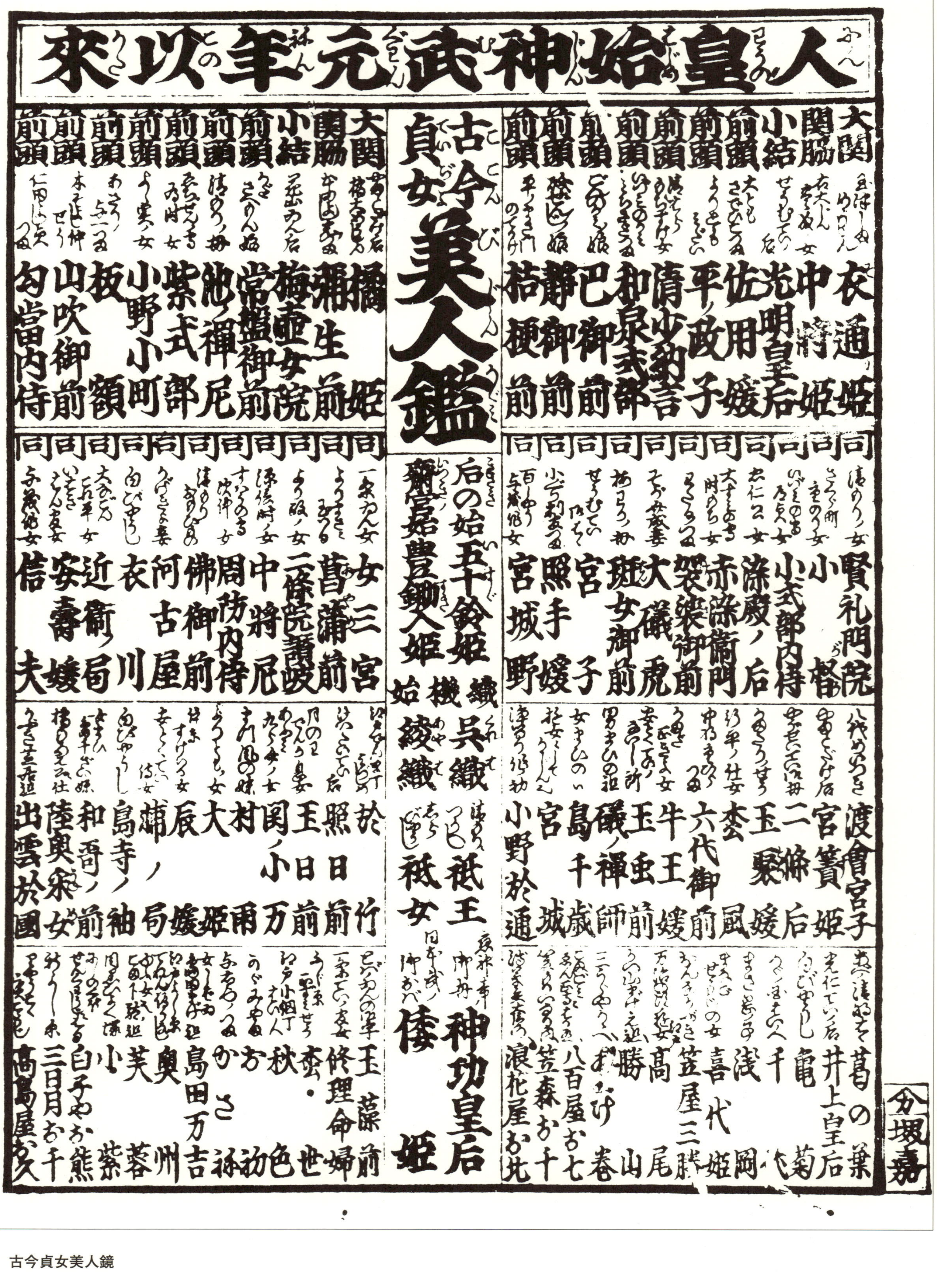

14　古今貞女美人鏡

人皇始神武元年以来
（にんわうのはじめじんむぐわんねんこのかた）

古今貞女美人鑑
（ここんていぢょびじんかゞみ）

右方

- 大関　玉つしまめうじん　衣通リ姫（そとおりひめ）
- 関脇　右大じん豊成ノ女　中将姫
- 小結　せうむてい后　光明皇后
- 前頭　大ともさでひこつま　佐用媛
- 前頭　よりともミだい　平ノ政子
- 前頭　清はらもちすけ女　清少納言
- 前頭　いづミのかミミちさだつま　和泉式部
- 前頭　ごんのかミノ姫　巴御前
- 前頭　磯ぜんじノ娘　静御前
- 前頭　平ノまさ門のてかけ　桔梗前

- 同　清もりノ女　賢礼門院
- 同　さくら町重のり女　小督（がう）
- 同　いづミの守道貞女　小式部内侍
- 同　忠仁公女　染殿ノ后
- 同　大すミの守時もち女　赤染衛門
- 同　わたるつま　袈裟（けさ）御前
- 同　そが介成妻　大礒虎
- 同　梅わかノ母　斑（はん）女御前
- 同　せうむていの御はゝ　宮子
- 同　小ぐり判官つま　照手媛
- 同　百しやう与茂作女　宮城野

- 八代めいつき　渡會宮子
- やまとだけ后　宮簀姫
- やがせいてい御母　二條后
- かまたりノせう　玉聚媛
- 行平ノ仕女　松風
- 中将重ひらつま　六代御前
- かまだ正きよ女　牛王媛
- 安とくていノないし所　玉虫前
- 男まひの祖　礒ノ禅師
- 遊女ニしてかじん也　宮城
- 浄るり作ノ初　小野於通

- あべノ清明はゝ　葛の葉
- 光仁ていノ后　井上皇后
- 白びやうし　亀菊
- かゞ国はい人　千代
- まさ岡ノ事　浅岡
- まなごせうじの女　喜代姫
- おんなかぶき江戸　笠屋三勝
- 万治の頃ノ遊女　髙尾
- かつ山まげ元祖　勝山
- 三うらやかゝへ　あげ巻
- こまごミゑん正寺ニはか有　八百屋お七
- 笠もりいなり内　笠森お千
- 浅草矢大臣門　浪花屋お北

中央

- 后（きさき）の始　五十鈴（いすゞ）姫
- 斎宮（いつきノ）始　豊鋤（すき）入姫
- 織機始　呉織（くれは）　綾織（あやは）
- 清もりニつかへし　祇王
- しらびやうし　祇女
- 応神帝ノ御母　神功皇后
- 日本武ノ御出バ　倭姫

左方

- 大関　やまとだけ后　橘大めうじん　橘姫
- 関脇　本田よし光ノつま　弥生前
- 小結　花山ゐん后　梅壺女院
- 前頭　かださへもん娘　常盤御前
- 前頭　清もりノ母　池ノ禅尼
- 前頭　ゐちぜんノ守為時女　紫式部
- 前頭　よし実ノ女　小野小町
- 前頭　あさりノ与一つま　板額
- 前頭　木そよし仲せう　山吹御前
- 前頭　仁田よし貞つま　勾当内侍

- 同　一条ゐん女　女三宮
- 同　よりまさニ玉ハる　菖蒲（あやめ）前
- 同　より政ノ女　二條院讃岐
- 同　源信時ノ女　中将尼
- 同　すハうの守次仲女　周防内侍
- 同　清もりおもひもの　仏御前
- 同　かげきよ妾　阿古屋
- 同　白びやうし　衣川
- 同　大なごんこれ平女　近衛ノ局
- 同　いはきはん官女　安寿媛
- 同　与茂作女　信夫

- 江戸でんま丁よづしめ　於竹
- けいたいてい后　照日前
- 月のわでんか息女　玉日前
- あふミ九郎介ノ女　関ノ小万
- まつ風の妹　村雨
- よりともノ女　大姫
- 伊東すけハる女　辰媛
- 安とくてい侍女　輔ノ局
- 白びやうし　島寺ノ袖
- 女まひ島千ざい妹　和哥ノ前
- 橘もろえ召仕　陸奥采女（うねめ）
- かぶき芝居祖　出雲於國

- とバノゐんの御宇　玉藻前
- 一条ていノ官女　修理命婦
- ふじ原正ずミせう　松世
- 江戸小網丁はい人　秋色
- かゞみやま　お初
- 与右衛門ノつま　かさね
- 女しばゐ島田まげ祖　島田万吉
- 江戸よし原てねん偽りなし　奥州
- ゆふ女也こま下駄祖　芙蓉
- 目黒ひよく塚　小紫
- にしのくぼせんくわうじニはか　白子やお熊
- 新よし原　三日月お千
- りやうこく廣こうじ　髙島屋お久

分　堺嘉

これは神武元年以来の本朝の美人をランク付けしたものである。前頭には現代でも有名な紫式部や清少納言、和泉式部ら平安時代の女流作家、また鎌倉時代の巴御前、静御前、平ノ（北条）政子らが並んでいる。大関の「衣通リ姫」は現代ではあまり馴染みがないが、記紀に登場する本朝三美人の一人と称される女性。「葛の葉」や「八百屋お七」、「照手姫」らは芝居の影響、その他も出版物などの影響が見て取れ、当時の流行を顕著に示している。

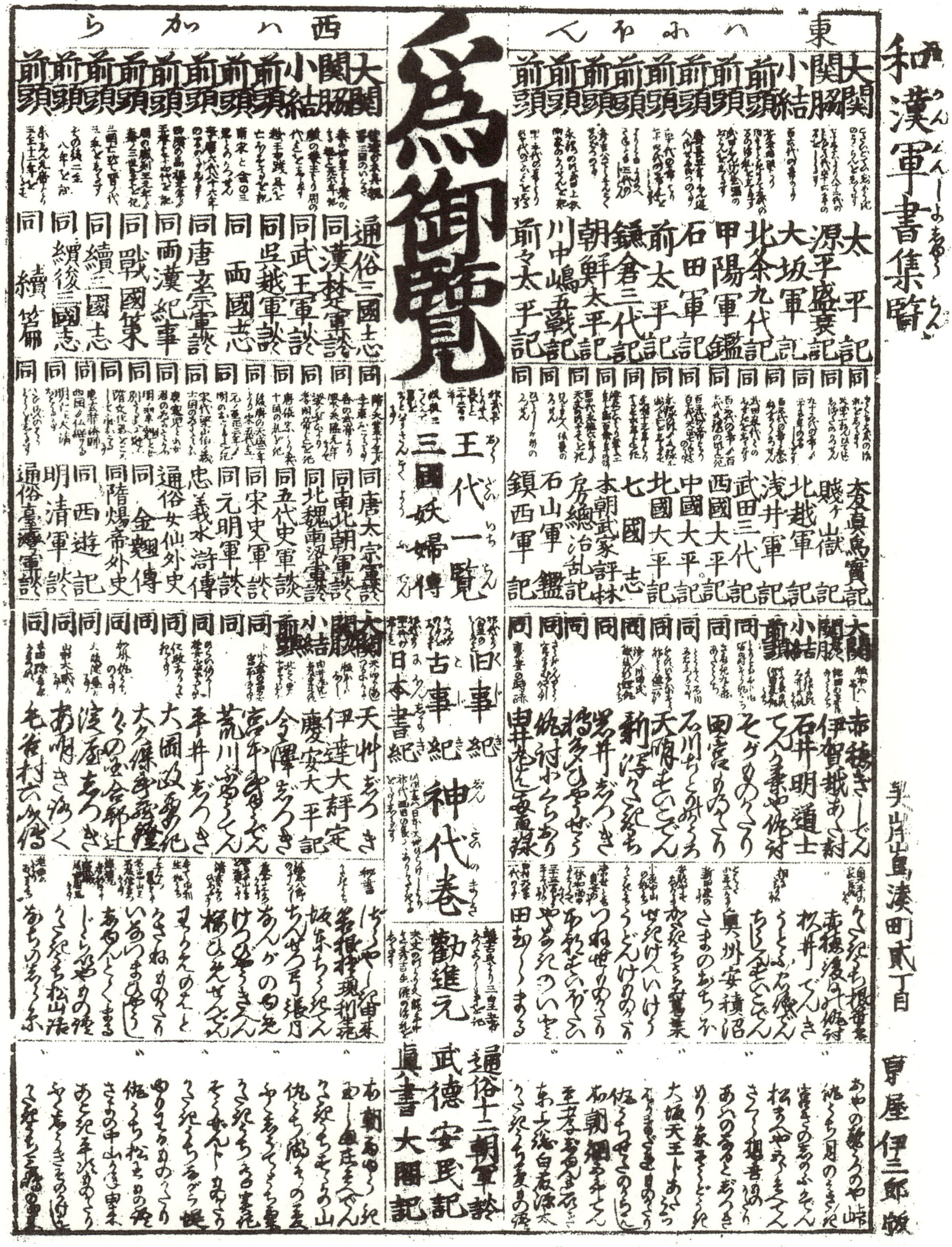
和漢軍書集覧
東
大関 太平記
関脇 源平盛衰記
小結 大坂軍記
前頭 北条九代記
前頭 甲陽軍鑑
前頭 石田軍記
前頭 前太平記
前頭 鎌倉三代記
前頭 朝鮮太平記
前頭 川中嶋五戦記
前頭 前々太平記
同 大友真鳥實記
同 賤ヶ嶽記
同 北越軍記
同 浅井軍記
同 武田三代記
同 西國太平記
同 中國太平記
同 北國太平記
同 七國志
同 本朝武家評林
同 房總治乱記
同 石山軍鑑
同 鎮西軍記
為御覧
王代一覧
三國妖婦傳
旧事紀
古事紀
日本書紀
神代巻
勧進元
武徳安民記
通俗十二朝軍談
真書太閤記
西
大関 通俗三國志
関脇 同 漢楚軍談
小結 同 武王軍談
前頭 同 呉越軍談
前頭 同 両國志
前頭 同 唐玄宗軍談
前頭 同 両漢紀事
前頭 同 戦國策
前頭 同 續三國志
前頭 同 續後三國志
前頭 同 續篇
同 唐太宗軍談
同 南北朝軍談
同 北魏南宋軍談
同 五代史軍談
同 宋史軍談
同 元明軍談
忠義水滸傳
通俗女仙外史
同 金翹傳
同 隋煬帝外史
同 西遊記
明清軍談
通俗臺灣軍談
湊町貳丁目
伊三郎版

15　和漢軍書集覧

和漢軍書集覧（わかんぐんしよしゆうらん）

為御覧

王代一覧（神武帝より慶長迄二千三百□年）
三国妖婦伝（妖狐三ごくにて君をまとハす事）
旧事記（神代より□皇のはじめ迄）
古事記（□□の事をしるす）
日本書紀（神代より四十一代の帝迄）
神代巻（此御書ハ日本天地ひらけしより神代□□の長ノありかたき子を□□しるす）
通俗十二朝軍談（□□氏より三皇五帝□□□□し事を記）
勧進元 武徳安民記（天文の頃より文録年中迄秀吉生涯の□乱をしるす）
真書大閤記

東ハにほん

大関 太平記（こたいごてい□□□院のこんらんをしるす）
関脇 源平盛衰記（七十五たいより八十二代の□□八代六十六年の間をしるす）
小結 六坂軍記（百六代の帝の事）
前頭 北条九代記（北条時政より同さたときまて九代の間の治乱をしるす）
前頭 甲陽軍鑑（武田しんげん生涯のちらんをしるす）
前頭 石田軍記（慶長五年ほん逆人御□□の事）
前頭 前太平記（六十代の帝より七十四代の帝迄をしるす）
前頭 鎌倉三代記（よりともよりいへさねとも三代のじらん）
前頭 朝鮮太平記（秀吉公てうせんこくせいばつの事）
前頭 川中嶋五戦記（永禄の頃武田上杉両家のかつせんを記）
前頭 前々太平記（四十五代の帝より六十代のてい迄をしるす）

同 大友真鳥実記（きくち大友の治乱をしるす）
同 賤ヶ嶽記（天正十一ねんひでよししばたのかつせん）
同 北越軍記（九十代の帝の二十五年の間）
同 浅井軍記（百五代の帝永正ねんちうかつせん）
同 武田三代記（武田家代々のしせきをしるす）
同 西国太平記（百五代の帝の今百七代文録の頃迄記）
同 中国太平記（百三代の帝より百七代天正七年迄の事）
同 北国太平記（永禄の頃今文録元ねん迄をしるす）
同 七国志（文明十三年より慶長六年迄記）
同 本朝武家評林（延喜てい□より正慶二年迄四百余年の評）
同 房総治乱記（百四代水□六年今天文の頃まで記）
同 石山軍鑑（けんよ三人信長かつせん）
同 鎮西軍記（ひでよし九州のかつせん）

大関 赤穂ぎしでん（版本ハなし）
関脇 伊賀越あた討（□田の□□あたうち）
小結 石井明道士（元禄の頃石井氏□うち）
前頭 てんか茶や仇討（慶長の頃□田家仇うち）
同 そがものかたり（よりともふじ御□□□仇うち）
同 田宮もゐたり（さね□□□□あたうち）
同 石川ちどりのかうろ（とうぞく石川五右衛門か事）
同 天明すいこでん（近頃□□□□神□□□事）
同 新潟かたきうち（浪人川□氏越後新潟仇うち）
同 岩井じつき
同 博多ひやうぜう
同 仇討小くらおり（さゝきかんりう宮本むさしか事）
同 由井丸はし両□録（慶安の時跡）

（奥平の家臣仇うち）（□□□□事□）（こはた小平二か事）（新田家の事）（安部やす友か事）（小夜中山の仇うち）（かたきうち）（常世と□□女の事）（一休和尚の事□□□）（三十五間どう平太郎か事）（田村将軍一代の事）
かたきうち根□□
赤穂後日の仇討
杉井でんき
うとふ忠儀でん
ちうしんすいこでん
奥州安積沼
たまのおちほ
かたきうちうらみ葛葉
せきけんいけう
うどんけものかたり
つね世ものかたり
本朝すいぼたい
やなきのいと
田むらまる

おやの敵うつのや峠
同 仇うち月のみさき
宮きのしのふかでん
松まへや五郎兵へてん
同 さくら想吾ものかたり
あハのなるとじつき
もり家そうどうき
同 大坂天王じあたうち
はかまだれものかたり
同 仇うちせたのからはし
本朝綱五郎てん
至孝じゅんれいき
同 東上総白藤源太
かたきうち夢もの語

西ハから

大関 通俗三国志（後漢の末魏呉蜀三国のいくさ）
関脇 同漢楚軍談（秦の始皇より漢の高祖廿六年記）
小結 同武王軍談（殷の栄王より周の代迄をしるす）
前頭 同呉越軍談（越王勾践呉を亡ほす事を記）
前頭 同両国志（南宋と金の三君とのかつせん）
前頭 同唐玄宗軍談（李唐六代八十六年の間の事しるす）
前頭 同両漢紀事（西漢の高祖元年今王莽迄十四代を記）
前頭 同戦国策（周の威□王元年今秦ノ三世までを記）
前頭 同続三国志（三国亡びて晋ノ代□□をしるす）
前頭 同続俊三国志（その後二□八年を記）
前頭 同続篇（東しん□帝より三□十二年をしるす）

同 唐太宗軍談（隋ノ大業十年今李唐おこる事）
同 南北朝軍談（斉の武帝元年今梁ノ天監元年まで）
同 北魏南梁軍談（梁ノぶていより孝□帝迄を記）
同 五代史軍談（唐僖宗十国の乱を記）
同 元明軍談（後唐の天威二年より宋五代迄）
同 元明軍談（元ノ至正三年今明のおこる迄記）
忠義水滸伝（宋代梁山伯ノ義士国の為にたゝかふ）
通俗女仙外史（唐賽児と云女君の為にたゝかふ）
同 金翹伝
同 隋煬帝外史（隋文化者夫に□ふ。隋ノ翠翹と別たる夫に逝ふ）
同 西遊記（唐玄奘法師西国今仏□事）
明清軍談（明亡ヒ大清おこる事）
通俗台湾軍談（たいはんのそうどうをしるす）

大関 天艸じつき（天ノ四郎逝つる□か事）
関脇 伊達大評定（版本ハなし）
小結 慶安大平記（由井丸はし□□□□）
前頭 金澤じつき（北こく□守□□□）
同 宮本武ゆうでん（小倉の勇士宮本か事）
同 荒川ぶゆうてん
同 平井じつき（ひらい何かし遊女□□か事）
同 大岡政要記（仁政ありかた紀事）
同 大久保武蔵鐙
同 かゞの国合邨辻（加州仇うちの事）
同 淀屋しつき（大坂淀屋か事）
同 安明きろく（山形大弐か事）
同 毛谷村六介伝（木田孫兵衛か□の跡）

（秘書）（かたきうち）（鎮西八郎の事く□し）（□□□□□か事）（□□今山鳥を□事）（清玄さくらひめか事）（弁天御利生仇うち）（与右衛門□□か事）（□□□□山□□□□左衛門か事）（俊徳丸孝□か事）（盗賊尾形周馬か事）（老□の□□あたうち）
さらやしき由来
箱根権現利生記
坂東ちうきてん
ちんせつ弓張月
なんがのゆめ
けつびやうきへん
桜ひめせんでん
わかめのはと
かさねものかたり
いないまひやうし
しゅんとくまる
じらいやもの語
かたきうち松山話
なちのしら糸

本朝西ゆう記
同 玉しま庄兵へでん
かたきうちするかの山
仇うち湖□の夢
同 ふくしうて□かち栗
かたきうち□□実記
そうぜんじものかたり
同 かたきうちながら堤
ゆりわかものかたり
同 仇うち松□もの語
さよの中山かね由来
あこき平次ものかたり
ふくしうきそのかけはし
同 かたきうち三嶋の由来

霊岸嶌湊町弐丁目
京屋伊三郎板

この番付は、日本と中国の軍記物を網羅的に取り上げてランク付けしたものであり、霊岸島湊町二丁目の京屋伊三郎が板行した。東と西は、それぞれ縦五段に分けられ、上から二段は東に日本、西に中国の軍記物を配し、対比させる形式をとっている。東の大関に挙げられる太平記は江戸時代、講談として語られる物語の一つとなり、西の大関である通俗三国志は歴史小説として人気を博し、歌舞伎の演目などにも影響をあたえている。番付では、庶民に人気のある軍記物ほど上位を占めており、庶民の認知度の高下がランク付けの基準となっていた。

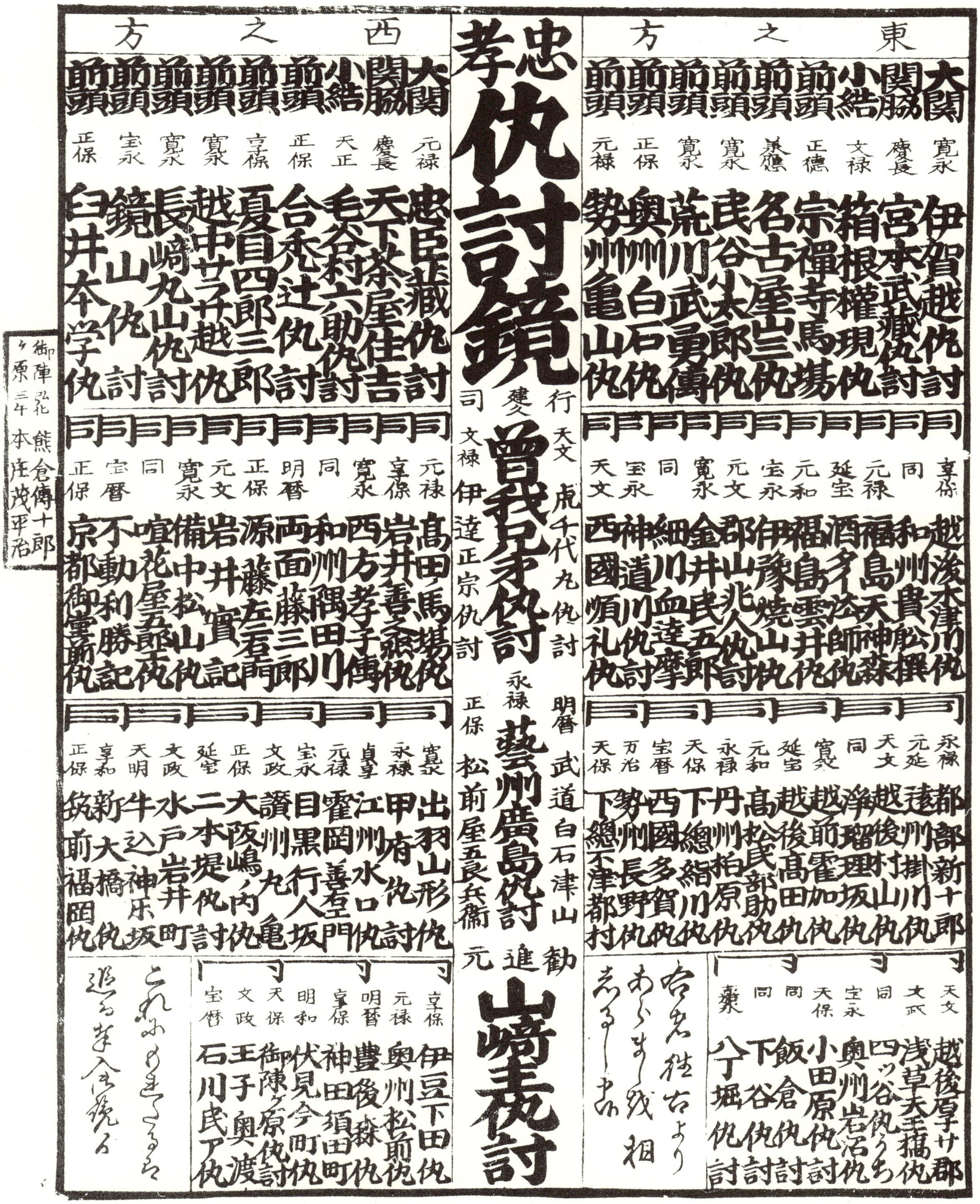

忠孝仇討鏡

東之方

大関 寛永 伊賀越仇討
関脇 慶長 宮本武蔵仇討
小結 文禄 箱根権現仇
前頭 正徳 宗禅寺馬場
前頭 延徳 名古屋山三仇
前頭 寛永 民谷太郎仇
前頭 寛永 荒川武勇傳
前頭 正保 奥州白石仇
前頭 元禄 勢州亀山仇

同 享保 越後木津川仇
同 同 和州貴舩撰
同 元禄 福島天神森
同 延宝 酒才法師仇
同 元和 福島雲井仇
同 宝永 伊豫焼山仇
同 元文 郡山兆人仇討
同 寛永 金井民五郎
同 同 細川血達摩
同 宝永 神道川仇討
同 天文 西國順礼仇

同 永禄 都部新十郎
同 元延 遠州掛川仇
同 天文 越後村山仇
同 同 浄瑠理坂仇
同 寛永 越前霍加仇
同 延宝 越後高田仇
同 元和 高松民部助仇
同 永禄 丹州柏原仇
同 天保 下総絹川仇
同 宝暦 西國多賀仇
同 万治 勢州長野仇
同 天保 下総不津都村

同 天文 越後厚サ郡
同 文武 浅草天王橋仇
同 同 四ッ谷仇うち
同 宝永 奥州岩沼仇
同 天保 小田原仇討
同 同 飯倉仇討
同 同 下谷仇討
同 嘉永 分堀仇討

右名往古より
あらまし残相
志るし出

行司 建久 曽我兄弟仇討
天文 虎千代丸仇討
文禄 伊達正宗仇討

永禄 藝州廣島仇討
明暦 武道白石津山
正保 松前屋五良兵衛

勧進元 山崎妻仇討

西之方

大関 元禄 忠臣蔵仇討
関脇 慶長 天下茶屋住吉
小結 天正 毛谷村六助仇討
前頭 正保 台秃光辻仇討
前頭 享保 夏目四郎三郎
前頭 寛永 越中サ子井越仇
前頭 寛永 長崎丸山仇討
前頭 宝永 鏡山仇討
前頭 正保 臼井本学仇

同 元禄 高田馬場仇
同 享保 岩井善喜仇
同 寛永 西方孝子傳
同 同 和州隅田川
同 明暦 両面藤三郎
同 正保 源藤左右門
同 元文 岩井實記
同 寛永 備中松山仇
同 同 喧花屋五郎仇
同 宝暦 不動和勝記
同 正保 京都御靈前仇

同 寛永 出羽山形仇
同 永禄 甲府仇討
同 貞享 江州水口仇
同 元禄 霍岡善右門
同 宝永 目黒行人坂
同 文政 讃州丸亀
同 正保 大阪嶋ノ内仇
同 延宝 二本堤仇討
同 文政 水戸岩井町
同 天明 牛込神楽坂
同 享和 新大橋仇
同 正保 筑前福岡仇

同 享保 伊豆下田仇
同 元禄 奥州松前仇
同 明暦 豊後森町仇
同 享保 神田須田町
同 明和 伏見今町仇
同 天保 御陣ヶ原仇討
同 文政 王子奥渡
同 宝暦 石川民ア仇

これハまてるる
追々年入出鏡ニ

弘化三年 御陣ヶ原 熊倉傳十郎 本庄茂平治

16 忠孝仇討鏡

忠孝仇討鏡

東之方

大関 寛永 伊賀越仇討
関脇 慶長 宮本武蔵仇討
小結 文禄 箱根権現仇
前頭 寛永 荒川武勇伝
前頭 正徳 宗禅寺馬場
前頭 承応 名古屋山三仇
前頭 寛永 民谷小太郎仇
前頭 正保 奥州白石仇

同 元禄 勢州亀山仇
同 享保 越後木津川仇
同 同 和州貴船撰
同 元禄 福島天神森
同 延宝 酒タイ法師仇
同 元和 福島雲井仇
同 宝永 伊予焼山仇
同 元文 郡山非人仇討
同 寛永 金井民五郎
同 同 細川血達摩

同 宝永 神道川仇討
同 天文 西国順礼仇
同 永禄 都部新十郎
同 元延 遠州掛川仇
同 天文 越後村山仇
同 同 浄瑠理坂仇
同 寛永 越前敦賀仇
同 延宝 越後高田仇
同 元和 高松民部助仇
同 永禄 丹州柏原仇

同 天保 下総絹川仇
同 宝暦 西国多賀仇
同 万治 勢州長野仇
同 天保 下総不津都村
同 天文 越後厚サ郡
同 文政 浅草天王橋仇
同 同 四ッ谷仇討
同 宝永 奥州岩沼仇
同 天保 小田原仇討
同 同 飯倉仇討
同 同 下谷仇討
同 嘉永 八丁堀仇討

行司

建久 曾我兄弟仇討
天文 虎千代丸仇討
文禄 伊達正宗仇討
永禄 芸州広嶋仇討
明暦 武道白石津山
正保 松前屋五郎兵衛

勧進元

山崎主仇討

西之方

大関 元禄 忠臣蔵仇討
関脇 慶長 天下茶屋住吉
小結 正保 合禿辻仇討
前頭 享保 夏目四郎三郎
前頭 天正 毛谷村六助仇討
前頭 寛永 長崎丸山仇討
前頭 同 越中サラサ越仇
前頭 宝永 鏡山仇討

同 正保 臼井本学仇
同 元禄 高田ノ馬場仇
同 享保 岩井善之丞仇
同 寛永 西方孝子伝
同 同 和州隅田川
同 明暦 両面藤三郎
同 正保 源藤左エ門
同 元文 岩井実記
同 寛永 備中松山仇
同 同 喧嘩屋五郎エ仇

同 宝暦 不動利勝記
同 正保 京都御堂前仇
同 寛永 出羽山形仇
同 永禄 甲府仇討
同 貞享 江州水口仇
同 元禄 鶴岡善右エ門
同 宝永 目黒行人坂
同 文政 讃州丸亀
同 正保 大阪嶋ノ内仇
同 延宝 二本堤仇討

同 文政 水戸岩井町
同 天明 牛込神楽坂
同 享和 新大橋仇
同 正保 筑前福岡仇
同 享保 伊豆下田仇
同 元禄 奥州松前仇
同 明暦 豊後森仇
同 享保 神田須田町
同 明和 伏見今町仇
同 天保 御陣ヶ原仇討
同 文政 王子奥渡
同 宝暦 石川民部仇

御陣 弘化 熊倉傳十郎

江戸時代において仇討は、芝居や狂言の演目として大いに喝采を受けた。したがって「忠孝仇討鏡」において、曾我・赤穂義士・伊賀のいわゆる三大仇討をはじめ、巷間で人気のある仇討が上位を占める。中には虚構の「宮本武蔵仇討」もランクインすることから、事件の信憑性は二の次であって、何より庶民の嗜好に適ったランク付けがなされたようである。なお全部で 47 の仇討が取り上げられているが、この47という数字は「赤穂四十七士」と掛けており、遊び心がしゃれている。

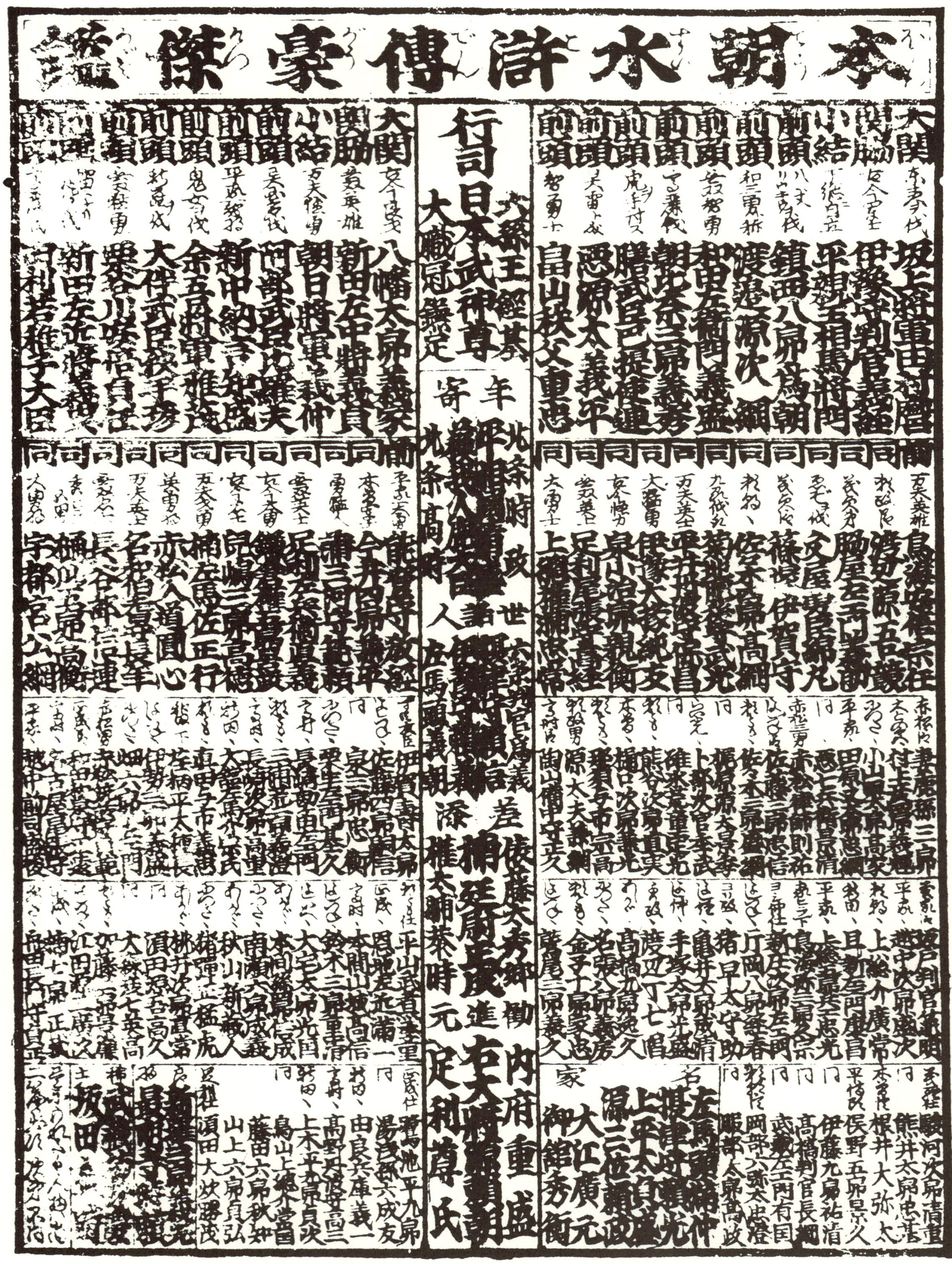
本朝水滸傳豪傑鑑
行司
日本武尊
六孫王經基
大職冠鎌足
年寄
北条時政
北条高時
勧進元
大関
関脇
小結
前頭
坂上将軍田村麿
伊豫守判官義経
平親王相馬将門
鎮西八郎為朝
渡辺源次綱
和田左衛門義盛
朝比奈三郎義秀
悪源太義平
八幡太郎義家
新田左中将義貞
朝日将軍義仲
新中納言知盛
余吾将軍維茂
内府重盛

17　本朝水滸伝豪傑鑑

本朝水滸伝豪傑鑑（ほんてうすいこでんがうけつかゞミ）

大関	東夷ヲ伐	坂上将軍田村麿
関脇	古今軍士	伊予守判官義経
小結	下総ニ自立	平親王相馬将門
前頭	八丈リウキウヲ伐	鎮西八郎為朝
前頭	和三勇ト称	渡邉源次綱
前頭	無双智勇	和田左衛門義盛
前頭	高麗伐	朝比奈三郎義秀
前頭	虎ヲ手討ス	膳武臣巴提使連
前頭	霊雷ト成	悪源太義平
前頭	智勇士	畠山秩父重忠

前	万夫英雄	鳥海安倍宗任
同	頼政臣	渡辺源吾競
同	義貞弟	脇屋左エ門義助
同	ゑぞヲ伐	文屋勇臣綿丸
同	義貞臣	篠塚伊賀守
同	頼朝同	佐々木四郎高綱
同	九州伐取	菊地肥後守武光
同	万夫英士	平井丹波守保昌
同	大猛勇	伊予大掾純友
同	古今怪力	泉小治郎親衡
同	無双英士	足利尾張守高経
同	大勇士	上総権輔忠常

赤松臣	妻鹿孫三郎
大との宮高	村上彦四郎義輝
にった同	小山田太郎高家
平家同	田原又太郎忠綱
同　同	悪七兵衛景清
赤松三男	赤松律師則祐
よしつね臣	佐藤三郎忠信
頼とも同	佐々木三郎盛綱
同	梶原源太景季
らい光同	卜部次官季武
同	碓氷荒童定光
頼とも同	熊谷次郎直実
木曾同	樋口次郎兼光
頼とも臣	那須与市宗高
頼政男	源太夫兼綱
高時臣	陶山備中守正久

義家臣	坂戸判官範明
平家同	越中次郎盛次
頼朝同	上総介廣常
秋田同	且新左エ門康昌
平家同	上総五郎兵エ忠光
家ひら下	鳥海弥三郎久宗
ヨシ仲仕	新庄次郎左エ門
よしつね同	片岡八郎経春
ヨリ政同	猪早太守助
よし経同	亀井太郎成清
よし仲同	手塚太郎光盛
より政同	渡辺丁七唱
あしかゞ同	高橋九郎逸久
にった同	名張八郎義房
頼とも同	金子十郎家忠
よしつね同	鷲尾三郎義久

名家

左馬頭満仲　摂津守頼光　上平太貞盛　源三位頼政　大江廣元　御舘秀衡

義経仕	駿河次郎清重
同	熊井太郎忠基
木曾臣	根井大弥太
平備頭	俣野五郎景久
同	伊藤九郎祐清
同	高橋判官長綱
同	武蔵左エ門有国
頼朝臣	岡部六弥太忠澄
同	服部太郎高政

行司	六孫王経基　日本武神尊　大職冠鎌定
年寄	北条時政　平相国清盛　蘇我入鹿大臣　北条高時
世話人	六条判官為義　摂津守頼信　伊予守頼義　左馬頭義朝
差添	俵藤太秀郷　楠廷尉正成　権太輔泰時
勧進元	内府重盛　右大将頼朝　足利尊氏

大関	古今良才	八幡太郎義家
関脇	無双英雄	新田左中将義貞
小結	万夫猛勇	朝日将軍義仲
前頭	異国寅伐	阿部武臣比羅夫
前頭	平家一智将	新中納言知盛
前頭	鬼女ヲ伐	余吾将軍雅茂
前頭	新羅ヲ伐	大伴武臣狭手彦
前頭	無双猛勇	栗谷川安倍貞任
前頭	留□□□ヲ伐	新田左近将義宗
前頭	高麗ヲ伐	由利若稚子大臣

前	平家一大勇	能登守教経
同	木曾軍士	今井四郎兼平
同	勇猛人	蒲三河守範頼
同	無双英士	足利左兵衛直義
同	古今大勇	鎌倉権五郎景政
同	古今忠士	児嶋三郎高徳
同	万夫才勇	楠左馬佐正行
同	英雄将	赤松入道円心
同	万夫英士	名和伯耆守長年
同	無双忠士	長谷部信連
同	秀ヒラ五男	樋瓜五郎高衡
同	大勇将	宇都宮公綱

すミ友臣	伊賀寿太郎
よしつね同	佐藤四郎嗣信
同	泉三郎忠衡
にった同	栗生左エ門基久
高時同	長崎勘ケ由左エ門
頼とも同	三浦荒二郎義澄
高時同	長崎次郎高重
新田同	大舘左馬介宗氏
頼とも同	真田与市義忠
和田下	荏柄平太種長
よしつね同	伊勢三郎義盛
にった同	畑六郎左エ門
赤松男	赤松筑前守貞範
正成臣	和田和泉守正遠
高時同	名古屋尾張守
平家同	越中前司盛俊

頼とも仕	平山武者所季重
正成同	恩地左近満一
高時同	本間山城高信
よしつね同	鈴木三郎重清
よしいへ同	大宅太郎光国
あしかゞ同	本間孫四郎信成
にった同	南瀬六郎成義
あしかゞ同	秋山新蔵人
にった同	猪弾正猛虎
あしかゞ同	桃井次郎直常
同	須田源吾高久
同	大森彦七英高
頼とも同	加藤二郎景廉
よしつね同	江田源三廣久
正成同	楠七郎正武
にった同	舟田長門守貞正

正成仕	鷲池平九郎
同	湯浅孫六成友
新田同	由良兵庫義一
高時同	高野丹波守高三
新田同	上木平九郎貞次
同	鳥山上総介常国
	藤田六郎秋知
	山上六郎貞弘
足利仕	須田大炊勝茂

良将　新羅三郎義光　最明寺時頼

稀士　武蔵坊弁慶　坂田金時

是にもれたる人物は□二篇ニ出す　次第不同

この番付は、建部綾足の著作『本朝水滸伝』の登場人物のうち、武辺において活躍した者をランク付けしたものである。『本朝水滸伝』は、「水滸伝」本編の内容に、日本の歴史や伝説を組み合わせ、有名人物（東西の大関である坂上田村麻呂・源義家など）を登場させた伝奇小説である。同書は、日本全土を舞台としたスケールの大きな物語であり、庶民に人気があった。そのため番付では、登場人物の物語上における活躍よりも、庶民にどれだけ認知されていたか、その度合いがランク付けに反映されている。

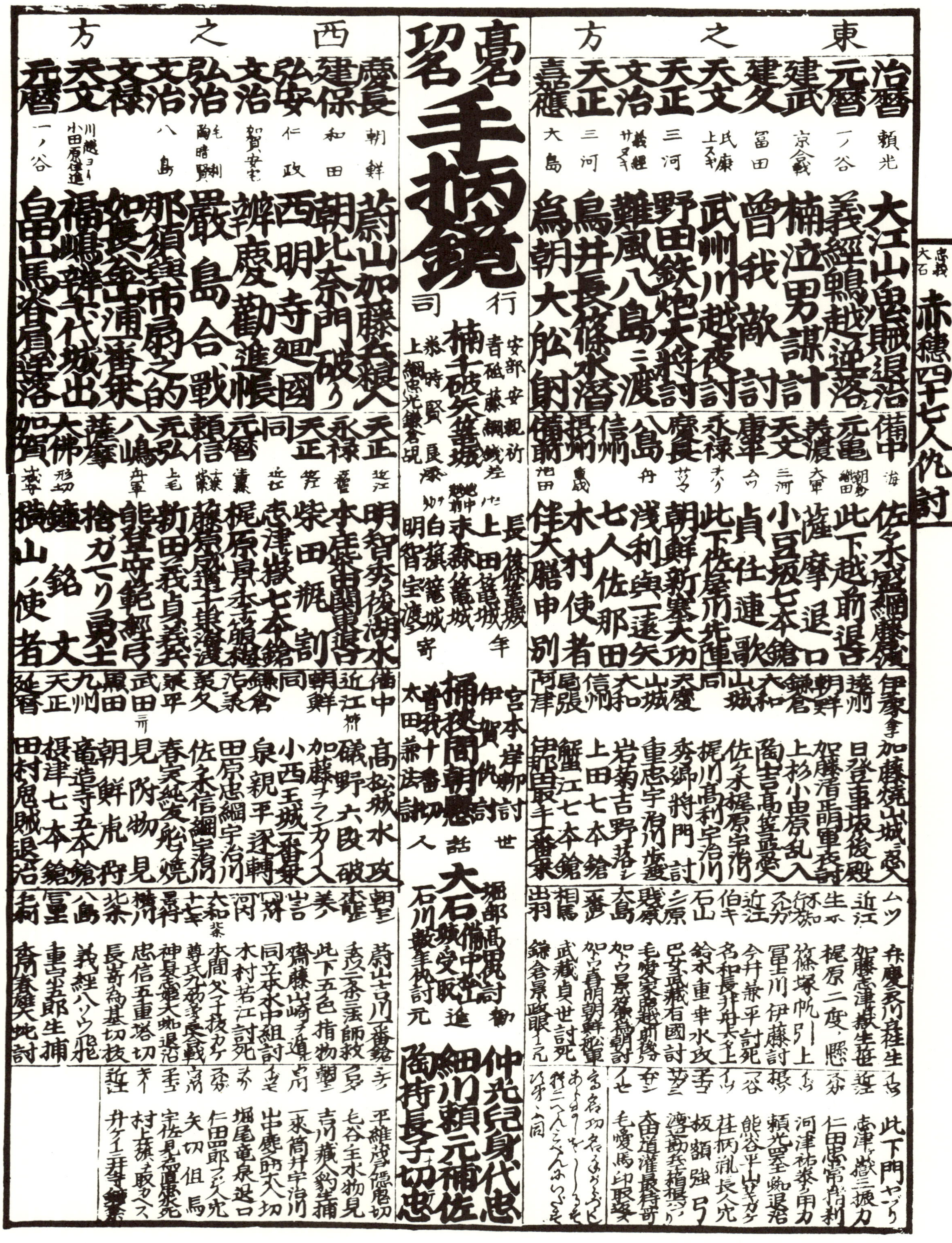

高名功名手柄鏡

行司

東之方

治暦 頼光 大江山鬼賊退治
元暦 一ノ谷 義経鵯越逆落
建武 京合戦 楠泣男謀計
建久 冨田 曽我敵討
天文 氏康 上スギ 武州川越夜討
天正 三河 野田鉄炮大将討
文治 義経 サヌキ 難風八島渡
天正 三河 鳥井長篠水落
嘉應 大島 為朝大船射

大石 赤穂四十七人仇討

西之方

慶長 朝鮮 蔚山加藤[illegible]
建保 和田 朝比奈門破り
弘安 仁政 西明寺廻国
文治 加賀安宅 辨慶勧進帳
弘治 毛利 陶晴賢 厳島合戦
文治 八島 那須与市扇之的
文禄 加[illegible]釜山浦一番乗
天文 川越ヨリ小田原 福嶋[illegible]城出
元暦 一ノ谷 畠山馬脊負逆落

18　高名功名手柄鏡

高名功名手柄鏡

行司
- 安部安親祈
- 青砥藤綱銭
- 楠千破矢篭城
- 泰時賢良
- 上綱忠光鎌倉覘

差添
- ノナシ 長篠篭城
- 越中 上田篭城
- 越前 末森篭城
- タカヲ 白簾篭城
- 明智宝渡シ

年寄
- 宮本岸柳討
- 伊賀仇討
- 桶狭間朝懸
- 曾我十番切
- 太田兼法討

世話人
- 堀部高田仇討
- 大石 備中松山城受取
- 石川数年仇討

勧進元
- 仲光児身代忠
- 細川頼元補佐
- 陶持長子ヲ切テ忠

忠義大石 赤穂四十七人仇討

東之方

- 治歴 頼光 大江山鬼賊退治
- 元暦 一ノ谷 義経鵯越逆落シ
- 建武 京合戦 楠泣男謀計
- 建久 冨田 曾我敵討
- 天文 氏康上スギ 武州川越夜討
- 天正 三河 野田鉄炮大将討
- 文治 義経サヌキ 難風長篠水潜
- 天正 三河 鳥井長篠水潜
- 嘉応 大島 為朝大舩射

- 備中 海 佐々木盛綱藤戸渡
- 元亀 朝倉織田 此下越前退口
- 美濃 大軍 薩摩退口
- 天文 三河 小豆坂七本鎗
- 康平 ムツ 貞任連歌
- 永禄 ヲハリ 此下佐屋川先陣
- 慶長 サツマ 朝鮮新塞大功
- 八島 舟 浅利與一遠矢
- 信州 七人佐那田
- 摂州 重成 木村使者
- 備前 池田 伴大膳申別

- 伊予 金子 加藤焼山城ニ忍入
- 遠州 日登事坂後殿
- 朝鮮 加藤清正明軍夜討
- 鎌倉 上杉小田原乱入
- 大和 陶山吉高笠置忍入
- 山城 佐々木梶原宇治川
- 同 梶川高利宇治川
- 天慶 秀郷将門討
- 山城 重忠宇治川歩渡
- 大和 岩菊吉野落シ
- 信州 上田七本鎗
- 尾張 蟹江七本鎗
- 阿津 伊那田取手一番乗

- ムツ 弁慶衣川立往生
- 近江 加藤志津ヶ嶽生笹
- 生□ 梶原二度ノ懸
- 不知行方 篠塚帆引上
- スルガ 冨士川伊藤討
- 近江 今井兼平討死
- 伯キ 名和長井舟上ハタ上
- 石山 鈴木重幸水攻
- シノ原 巴女武蔵有国討
- 賤ヶ原 毛愛家照越前後カリ
- 大島 加トウ景簾為朝討
- 一番ノリ 加トウ喜明朝鮮船軍
- 相馬 武蔵貞世討死
- 出羽 鎌倉景政眼イラル

- イセツ 此下門ヤブリ
- 近江 志津ヶ嶽三振力
- スルガ 仁田忠常猪刹
- イヅ 河津祐泰角力
- 摂ツ 頼光四天王蜘退治
- 一ノ谷 熊谷平山サキガケ
- イヅ 荏柄胤長人穴
- エチゴ 板額強弓
- サガミ 澁邊藤兵エ穎一バシノリ
- ムサシ 太田道灌最待哥
- イセ 毛愛馬印取返ス

高名功名手がらづくしあらましをしるす 猶二へん三べんにいだす 次第不同

西之方

- 慶長 朝鮮 蔚山加藤兵粮入
- 建保 和田 朝比奈門破り
- 弘安 仁政 西明寺廻国
- 文治 加賀安宅 弁慶勧進帳
- 弘治 毛利陶晴賢 厳島合戦
- 文治 八島 那須與市扇之的
- 文禄 如長釜山浦一番乗
- 天文 川越ヨリ小田原注進 福嶋弁千代城出
- 元暦 一ノ谷 畠山馬脊負逆落

- 天正 近江 明智秀俊湖水
- 永禄 □□□ 本庄柴田関東退口
- 天正 近江 柴田瓶割
- 同 近江 志津ヶ嶽七本鎗
- 元暦 生田森 梶原景季箙梅
- 頼信 千葉忠常 藤原成道千葉海渡
- 元弘 上毛 新田義貞義兵
- 八嶋 舟軍 能登守範経弓
- 薩摩 捨ガマリ勇士
- 大仏 形切 鐘銘文
- 加賀 山城守 横山ノ使者

- 備中 高松城水攻
- 近江 姉川 磯野六段破
- 朝鮮 加藤ヲランカイ入
- 同 小西王城一番乗
- 鎌倉 泉親平逐転
- 治承 田原忠綱宇治川
- 承久 佐々木信綱宇治川
- 承平 春実純友舩ヲ焼
- 武田 三川 見附物見
- 黒田 朝鮮虎狩
- 九州 竜造寺五本鎗
- 天正 摂津七本鎗
- 延暦 田村鬼賊退治

- 朝セン 蔚山吉川一番鎗
- 本能ジ 玄以二条三法師救
- 美ノ 此下五色指物
- 山シロ 斎藤山崎ヲ遁ル
- 同芥川 同立本水中組討
- 河内 木村若江討死
- 大和 北条本間父子抜カケ
- 十七キ 尊氏九州多々良合戦
- 景行 神夏志姫大蜘退治
- 横川 忠信五重塔切
- 北条 長嵜為基切抜
- 八島 義経八ソウ飛
- 冨士 重宗五郎生捕
- 毛利 香川春雄大蛇討

- シナノ 平維茂戸隠鬼切
- クロダ 毛谷主水物見
- 朝セン 吉川蔵人豹生捕
- ウシ川 一来筒井宇治川
- イヅモ 山中鹿之助木入切
- ヲハリ 堀尾竜泉退口
- スルガ 仁田四郎フジ人穴
- ウジ川 矢切但馬
- エチゴ 宇佐見為直忠水死
- キイ 村上簾ヲ取カヘス
- 近江 弁ケイ三井寺鐘奪

この番付は、合戦や仇討、戦場でのエピソードなどをランク付けしたものである。実際のものもあるが、芝居の題材などにされたものも多く、当時の軍記物の流行ぶりを裏付けている。また、世話人欄や欄外に記された赤穂事件関係や曾我兄弟などの仇討物は芝居小屋にかければ間違いなく多くの観客を集める人気の演目であった。軍記物や芝居の題材を簡便に紹介するために作られたものともいえるかもしれない。

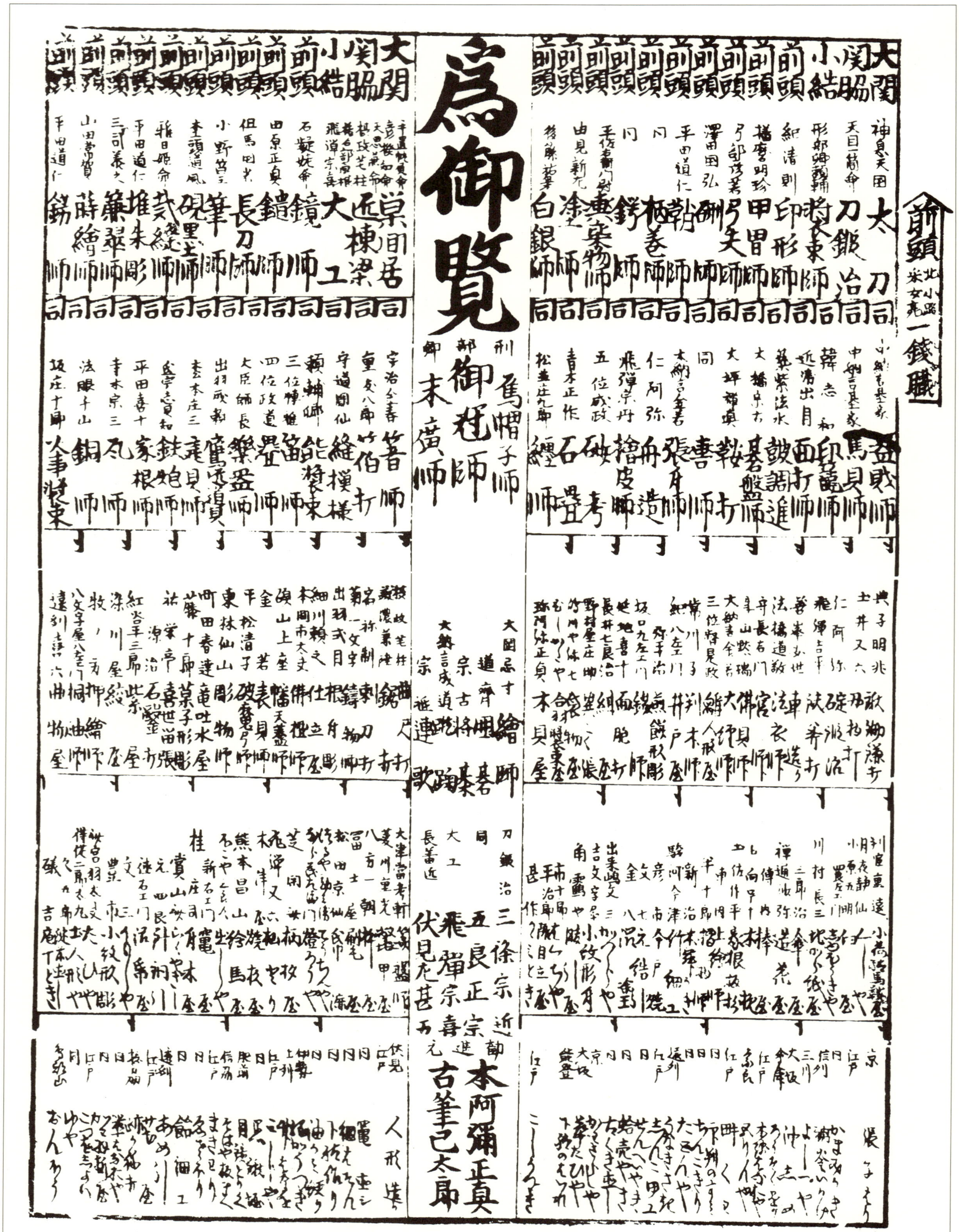

19　為御覧（職人番付）

為御覧

前頭　北小路采女亮　一銭職（かみゆひ）

右方（一段目）

大関　関脇　小結　前頭　前頭　前頭　前頭　前頭　前頭　前頭　前頭　前頭　前頭

神息天国　天目一箇命　形部卿頼輔　紀清則　播磨明珍　弓部彦若　沢田国弘　平田道仁　同　同　平佐右衛門尉　由見新左　後藤祐乗

太刀　刀鍛治　装束師　印形師　甲冑師　弓矢師　硎師　鞘師　柄巻師　鍔師　輿乗物師　塗師　白銀師

右方（二段目）

同　同　同　同　同　同　同　同　同　同　同　同　同　同

中納言基家　中納言基家　韓志和　近衛出目　築紫法水　大橋宗右　大坪禅真　同　大納言金若　仁阿弥　飛騨宗丹　五位成政　青木正作　松並庄九郎

器財師　馬具師　印籠師　面打師　皷調進　碁盤師　鞍打　轡師　張付師　舟造　檜皮師　砂考　石畳　纏師

右方（三段目）

同　同　同　同　同　同　同　同　同　同　同　同　同　同　同　同　同　同　同　同

典子明兆　土井又六　仁阿弥　飛騨吉平　善峯安世　法橋道敬　守長右門　年山黙瑞　大納言金若　三位督是政　常川子　紀八左エ門　弥平治　坂口九左エ門　延地喜十　長井七良治　野村屋庄助　嶋川や弥七　ひしかたや　珍阿弥正貞

鍬鋤鎌打　刃物打　錠鍛治　鈇斧打　車造り　法衣師　宮師　仏具師　大経師　雛人形屋　判木師　井戸屋　煎餅形彫　錫師　面胞打　紺屋　異こく張　袋物屋　合羽装束屋　木具屋

右方（四段目）

同　同

判官重遠　月夜静仙　小原五明　四良左衛門　川村長三　三郎治　禅通沙弥　伝内　日向宇十　土佐作平　車因　半十郎　新治　駿河今津　彦市　文七　金八　出来嶋文三　吉文字屋　角靏や　市十郎　平治郎　甚作

小荷駄馬鞍屋　くしや　臼屋　しゆほうきや　地から紙屋　傘屋　造花屋　棒屋　木挽　家根板扮　上絵師　摺物師　木舞かき　竹細工　今戸焼　元結引　渋塗　かつらや　小紋形付　腹引屋　はくちや　鋸目立屋　かゝミとき

右方（五段目）

同　同

京　江戸　同　信州　三州　大坂　会津　江戸　奈良　江戸　同　同　同　遠州　江戸　同　同　同　京　大坂　能登　江戸

張子はり　かまみかき　鍋釜いかけ　よしつや　油しめ　ろうそく懸ケ　木綿はなおや　五りんや　畔くわ　印判のすミ　ちんこきり　たとんや　うなきさき　しんこ細工　せんへいやき　蛤売やき　古くき直し　かわさらしや　革たひや　下駄のはいれ　こしかつき

中央

刑部卿　烏帽子師　御冠師　末広師

大岡忌寸　絵師
道斉　囲碁
宗古　将棋
大納言成道　蹴鞠
宗祇　連歌

刀鍛治　三条宗近
同　五良正宗
大工　飛騨宗喜
長番匠　伏見左甚五

勧進元　本阿弥正真　古筆巳太郎

左方（一段目）

大関　関脇　小結　前頭　前頭　前頭　前頭　前頭　前頭　前頭　前頭　前頭　前頭

手置帆負命・彦揆知命　天思兼命・摂政乭柱　猪名部真根・飛騨宗喜　石疑姥命　田原正真　但馬国光　小野篁　杢頭道風　稚日姫命　平田道仁　三司泰之　山田常賀　平田道仁

巣間居　匠棟梁　大工　鏡師　鑓師　長刀師　筆師　硯墨師　裁縫師　堆朱彫　簾翠師　蒔絵師　鎊師

左方（二段目）

同　同　同　同　同　同　同　同　同　同　同　同　同　同

宇治金春　重友八郎　守道円仙　頼輔卿　三位博雅　四位政道　大臣師長　出羽成頼　松本庄三　氏宇志具知　平田喜十　寺本宗三　法眼千山　坂庄十郎

箸師　箔打　縫模様　能装束　笛師　畳師　楽器師　鷹匠道具　建具師　鉄炮師　家根師　瓦師　銅師　火事装束

左方（三段目）

同　同　同　同　同　同　同　同　同　同　同　同　同　同　同　同　同　同　同　同

摂政乭柱　美濃兼陸　宿祢制　菊一文字　出羽式目　細川頼之　本間市太夫　碩山上座　金若　平松清子　東林仙山　町田春達　藤十郎　祐栄亭　源治　紅谷平三郎　染川屋　牧ノ方　八文字屋八左エ門　遠州喜六

曲尺打　鋸打　刺刀打　鋳物師　根付彫　仕立屋　仏檀屋　幡天蓋師　表具師　破魔弓師　彫物師　竜吐水屋　菓子形彫　喜世留張　石鑿打　紫屋　絞屋　押絵師　桐油師　曲物屋

左方（四段目）

同　同

大津当考軒　菱川重光　八方一朝　冨士屋　松田京仙　つるや勘兵衛　なら茂左衛門　芝閑斎　飛騨又六　木津屋　熊本昌山　ほこや三良次　新右エ門　桂庄司　賞山斎　元四良　徳右エ門　文三　豊市　斎宮羽太夫　侍従二郎太丸　久五郎　礒吉

算盤師　鼈甲屋　杵屋　刷毛屋　紙漉　てうちんや　灯ろうや　柄杓屋　柚とり　焼杉屋　絵馬屋　出しや　竈屋　付木屋　らくやきし　針銅引　渋紙屋　かもしや　小紋形彫　たひや　土人形や　錠前直し　包丁とき

左方（五段目）

同　同

伏見　江戸　同　同　同　同　伊勢　上州　江戸　同　肥前　信州　江戸　同　同　遠州　江戸　摂州　同　同　江戸　同　鳥部山

人形造り　竈直シ　網はそりん　下駄作り　油かミ紋り　縁かうつき　竹はなを　こしや　黒鍬堀　目鏡とりかへ　そはや板まへ　まきわり　ゑさほり　飴細工　あめ引　莇屋　跡かね打　革はなおや　かわ羽折屋　こつばしよい　ゆや　おんほう

この番付では、職人の職種を大関以下、順次並べるだけでなく、右一段目「大関　神息天国　太刀」、右五段目「同（前頭）　京　張子はり」というように、各職に人物名あるいは地名（国名）を付している。たとえば神息天国は、平安時代に大和国に住んでいたとされる名工である。記された各職の具体的な仕事内容、職業の始祖とされる人物や神、地域に関する知識があって、はじめて理解することができ、そして、それらの知識を総動員して楽しむ番付であった。

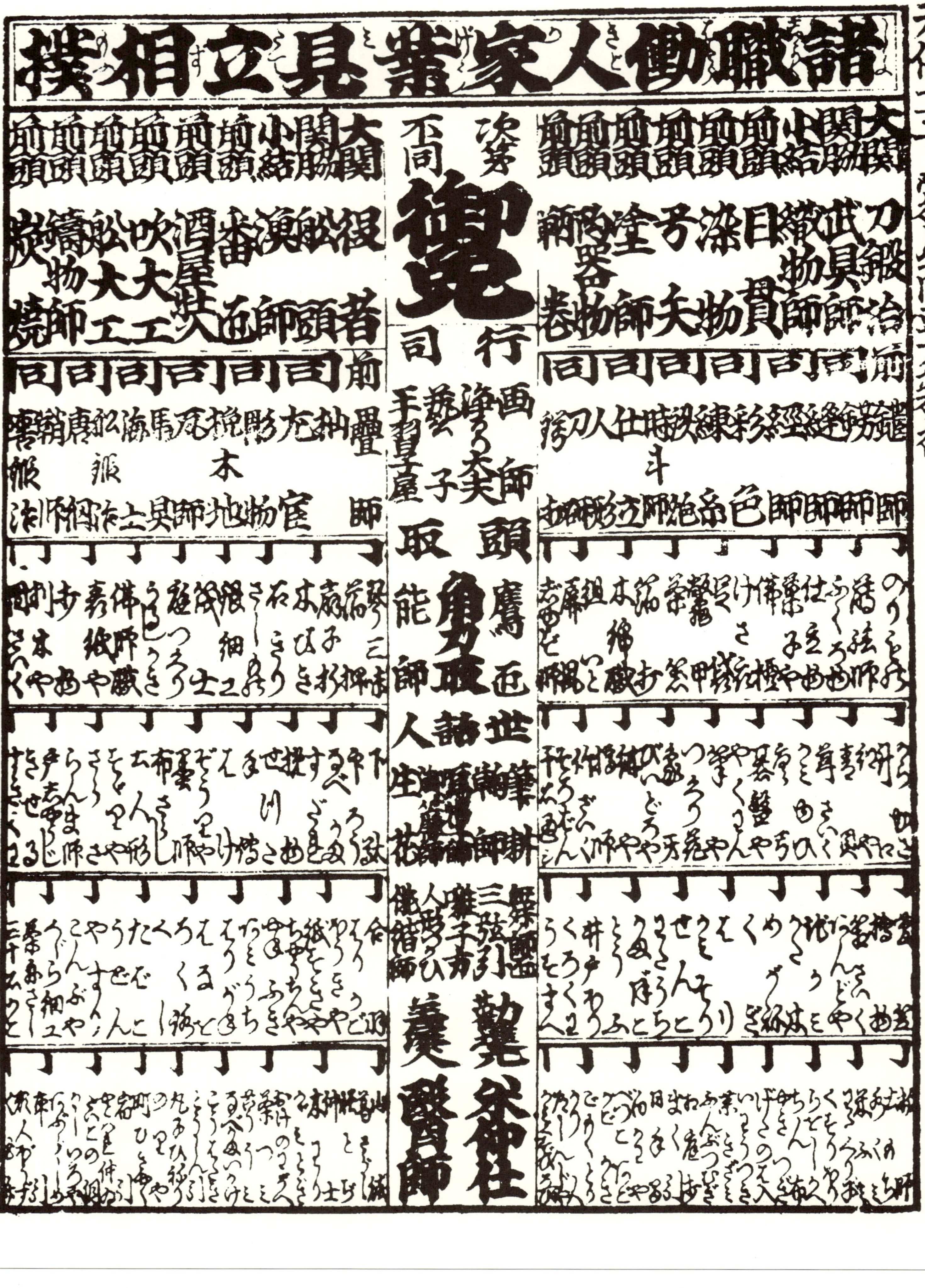
諸職働人家業見立相撲
天保十二子ノ雅月改正大新板

20　諸職働人家業見立相撲

諸(しょ)職(しょく)働(はたら)人(きど)家(か)業(げう)見(ミ)立(たて)相(す)撲(もふ)

天保十一子ノ霜月改正大新板

次第不同

御免

大関 刀鍛冶
関脇 武具師
小結 織物師
前頭 目貫
前頭 染物
前頭 弓矢
前頭 塗師
前頭 陶器物
前頭 鞆巻

前 鐺師
同 餝師
同 縫師
同 経師
同 彩色
同 練糸
同 鉄炮
同 時計師
同 仕立
同 人形
同 刀師
同 鍔打

同 のりもの
同 蒔絵師
同 ふくろ物
同 仕立物
同 菓子や
同 仏檀
同 けさ衣
同 足袋
同 鼈甲
同 茶器
同 箔打
同 木綿職
同 組いと
同 屏風
同 じゆず師

同 からかさ
同 升口
同 紅や
同 青貝
同 茸さいく
同 かミゆひ
同 唐弓
同 碁盤や
同 やくわん
同 筆や
同 つくり花
同 象牙
同 びいどろや
同 紺や
同 樽師
同 竹ざいく
同 そろばん
同 千石通シ

同 菅笠
同 樽物
同 箱さいく
同 あんどや
同 地かミ
同 かた木
同 めがね
同 くぎ
同 はり
同 かみそり
同 せんこ
同 わたうち
同 かまぼこ
同 とうふ
同 井戸ほり
同 くろくわ
同 うすすへ

同 粉師
同 土もち
同 水くミ
同 米ふミ
同 わたくり子
同 くすりほり
同 らをしかへ
同 ちん布
同 やきつぎ
同 げたのは入
同 いわうつき
同 薬きざミ
同 ふんぶつむぎ
同 相庭打
同 まく引
同 日手間
同 白かわや
同 べつこあご
同 かごかき
同 ごもくとり
同 かり人
同 道しんじや
同 かミくずひろひ

行司
画師
浄るり太夫
芸子
手習子屋

頭取
鷹匠
角力取
能師

世話人
筆耕
鞠師
烏帽子師
御簾師
生花
舞師匠
三弦引
囃子方
人形つかひ
俳諧師

勧進元 米仲仕

差添人 医師

大関 役者
関脇 船頭
小結 漁師
前頭 番匠
前頭 酒屋壮入
前頭 吹大工
前頭 船大工
前頭 鋳物師
前頭 炭焼

前 畳師
同 杣
同 左官
同 彫物
同 挽木地
同 瓦師
同 馬具
同 海士
同 船鍛治
同 唐網
同 鞘師
同 轡鍛治

同 琴三味
同 箔押
同 扇子折
同 木びき
同 石きり
同 さしもの
同 銀細工
同 筏士
同 庭つくり
同 うるしかき
同 仏師職
同 表紙や
同 打物
同 判木や
同 附さいく

同 下駄
同 印ろう
同 なべかま
同 すだれ
同 挽物
同 せった
同 手伝
同 はけ
同 ぞうりや
同 墨師
同 布さらし
同 土人形
同 すゞりや
同 さらさ
同 らんま師
同 戸しやうじ
同 きせる
同 すきくわ

同 合羽
同 はりかご
同 ほうきや
同 紙すきや
同 ちやうちんや
同 やねふき
同 あミうち
同 はりがね
同 はなを
同 ろくろ
同 くし
同 たばこ
同 うどん
同 やすり
同 こんぶや
同 くじら細工
同 茶舟さし
同 三十石かこ

同 山職
同 葛さらし
同 帳とじ
同 仲士
同 木わり
同 かゞミとぎ
同 おけのわがへ
同 茶つミ
同 苧うミ
同 なべかまいかけ
同 こうはたき
同 とうしん引
同 丸子ひねり
同 のりや
同 町ひきやく
同 宿引
同 やとハれ仲ゐ
同 たいこの□
同 かしいろや
同 あぶらしめ
同 車引
同 願人ぼうず
同 くも竹

この番付は、民間で働く人々の家業を対象としたものである。番付には、勧進元の米仲仕や差添人の医師をはじめ、芸能に関わる能師・俳諧師なども記されているが、全体的には、織物師や畳師などの手工業者が多く取り上げられている。なかでも、刀鍛冶や武具師などの武器職人は、大関・関脇という高いランクに位置づけられている。これは、刀鍛冶や武具師が、武士であることの象徴である武器（武力）を生産する職人であり、支配者層である武士にとって重要な職人であったからと考えられる。

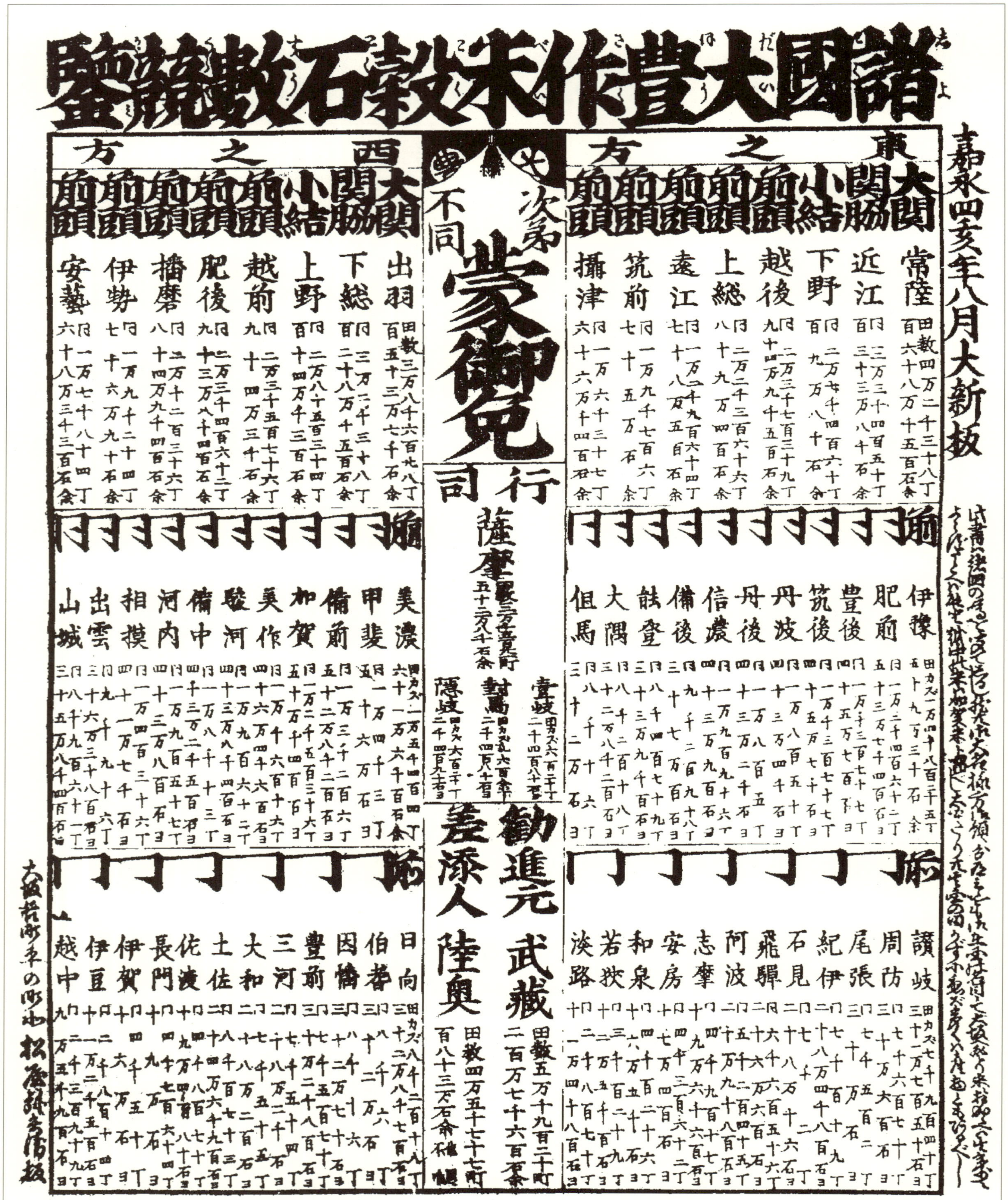

諸國大豊作米穀石数競鑑

嘉永四亥年八月大新板

蒙御免　次第不同

東之方

大関	常陸	田数四万二千三十八丁	百六十八万千五百石余
関脇	近江	同三万三千四百五十丁	百三十三万八千石余
小結	下野	同二万七千四百六十丁	百九万八十石余
前頭	越後	同二万三千七百三十九丁	九十四万九千五百石余
前頭	上総	同二万二千三百六十六丁	八十九万四百石余
前頭	遠江	同一万二千九百六十四丁	七十八万五百石余
前頭	筑前	同一万九千七百六丁	七十五万石余
前頭	摂津	同一万六千三十七丁	六十六万千四百石余
前頭	伊豫	田カズ一万四千八百二十五丁	五十九万三十石余
前頭	肥前	同一万二千四百六十二丁	五十三万七千四百石ヨ
前頭	豊後	同一万三千三百七十七丁	四十五万七百石ヨ
前頭	筑後	同一万千三百七十七丁	四十五万七千石ヨ
前頭	丹波	同一万八百五十丁	四十三万四千石ヨ
前頭	丹後	同一万八百五丁	四十三万二千石ヨ
前頭	信濃	同一万九百九十六丁	四十三万九百石ヨ
前頭	備後	同九千二百九十八丁	三十七万百石ヨ
前頭	能登	同八千四百七十九丁	三十三万九千百石ヨ
前頭	大隅	同八千二百十八丁	三十二万八千二百石ヨ
前頭	但馬	同八千十六丁	三十二万石ヨ
前頭	讃岐	田カズ七千九百四十丁	三十一万七百五十石ヨ
前頭	周防	同七千六百七十丁	三十万六百石ヨ
前頭	尾張	同七千五百二丁	三十万石ヨ
前頭	紀伊	同七千百十九丁	二十八万四千八百石ヨ
前頭	石見	同七千二丁	二十八万石ヨ
前頭	飛騨	同六千六百五十六丁	二十六万六千百石ヨ
前頭	阿波	同四千二百四十五丁	二十五万九千八百石ヨ
前頭	志摩	同四千九百七十丁	十九万六千六百石ヨ
前頭	安房	同四千三百六十二丁	十七万四百石ヨ
前頭	和泉	同四千百二十六丁	十六万五千石ヨ
前頭	若狭	同三千二百十九丁	十二万五千百石ヨ
前頭	淡路	同二千八百七十丁	十一万四千八百石ヨ

西之方

大関	出羽	田数三万八千六百九十八丁	百五十三万七千石余
関脇	下総	同三万二千三十八丁	百二十八万千五百石余
小結	上野	同二万八千五百三十四丁	百十四万千三百石余
前頭	越前	同二万三千五百七十六丁	九十四万三千石余
前頭	肥後	同二万三千四百六十二丁	九十三万八千四百石余
前頭	播磨	同二万十二百三十六丁	八十四万九千四百石余
前頭	伊勢	同一万九千二十四丁	七十六万九十石余
前頭	安芸	同一万七千八十四丁	六十八万三千三百石余
前頭	美濃	田カズ一万五千四百四丁	六十一万六千百石余
前頭	甲斐	同一万四千三丁	五十六万石ヨ
前頭	備前	同一万三千二百六丁	五十二万八千二百石ヨ
前頭	加賀	同一万二千五百三十六丁	五十万千四百石ヨ
前頭	美作	同一万千六百十六丁	四十六万四千六百石ヨ
前頭	駿河	同一万九百六十二丁	四十三万八千四百石ヨ
前頭	備中	同一万八百十三丁	四十三万二千五百石ヨ
前頭	河内	同一万九百五十七丁	四十三万八百石ヨ
前頭	相模	同一万四百三十六丁	四十一万七千石ヨ
前頭	出雲	同九千九十六丁	三十六万三千八百石ヨ
前頭	山城	同八千九百六十一丁	三十五万八千四百石余
前頭	日向	田カズ八千二百十八丁	三十二万八千七百石ヨ
前頭	伯耆	同八千六丁	三十二万石ヨ
前頭	因幡	同八千七十六丁	三十二万五百七十石ヨ
前頭	豊前	同七千二百五十八丁	二十八万七百石ヨ
前頭	三河	同七千二百五十四丁	二十八万五千二十石ヨ
前頭	大和	同七千百二十五丁	二十八万二百石ヨ
前頭	土佐	同八千四百七十三丁	二十四万六千九百石ヨ
前頭	佐渡	同四千四百七十七丁	十九万八千百石ヨ
前頭	長門	同四千七百六十四丁	十九万石ヨ
前頭	伊賀	同四千五百十丁	十六万石ヨ
前頭	伊豆	同二千八百十四丁	十二万三千五百石ヨ
前頭	越中	同二千三百九十九丁	九万五千九百石ヨ

中央

行司　薩摩　田数三万九千三百九十八町　五十三万八千石余

壹岐　田カズ六百二十丁　二千四百八十石ヨ

對馬　田カズ六百余丁　二千四百八十石ヨ

隠岐　田カズ六百二十丁　二千四百九十石ヨ

勧進元　武蔵　田数五万千九百二十町　二百万七千六百石余

差添人　陸奥　田数四万五千七十七町　百八十三万石余

此書ハ諸国の[illegible]

[illegible]松屋[illegible]板

21　諸国大豊作米穀石数競鑑

諸国大豊作米穀石数競鑑
（しょこくだいほうさくべいこくこくすうくらべかゞミ）

嘉永四亥年八月大新板

此書ハ諸国の噂を聞てしるし、然共御大名様方御領分有之候へとも、御在国の名目ニて大坂へ登り米ニ相成候へハ、其多少ニよらず、たとへハ能登・越中の米ハ加賀米ト唱べし、大国たり共其国の田かずに応ズ、多くハ産物ともあるべし

次第不同

蒙御免

東之方

大関	常陸	田数四万二千三十八丁	百六十八万千五百石余
関脇	近江	同三万三千四百五十丁	百三十三万八千石余
小結	下野	同二万七千四百六十丁	百九万八千石余
前頭	越後	同二万三千七百三十九丁	九十四万九千五百石余
前頭	上総	同二万二千三百六十六丁	八十九万四百石余
前頭	遠江	同一万二千九百六十四丁	七十八万五百石余
前頭	筑前	同一万九千七百六丁	七十五万石余
前頭	摂津	同一万六千三十七丁	六十六万千四百石余
前	伊予	田カズ一万四千八百二十五丁	五十九万三千石余
同	肥前	同一万二千四百六十二丁	五十三万七千四百石ヨ
同	豊後	同一万千三百七十七丁	四十五万七百石ヨ
同	筑後	同一万千三百七十七丁	四十五万七千石ヨ
同	丹波	同一万八百五十丁	四十三万四千石ヨ
同	丹後	同一万八百五丁	四十三万二千石ヨ
同	信濃	同一万九百九十六丁	四十三万九百石ヨ
同	備後	同九千二百九十八丁	三十七万百石ヨ
同	能登	同八千四百七十九丁	三十三万九千百石ヨ
同	大隅	同八千二百十八丁	三十二万八千二百石ヨ
同	但馬	同八千十六丁	三十二万石ヨ
前	讃岐	田カズ七千九百四十丁	三十一万七千百五十石ヨ
同	周防	同七千六百七十丁	三十万六百石ヨ
同	尾張	同七千五百二丁	三十万石ヨ
同	紀伊	同七千百十九丁	二十八万四千八百石ヨ
同	石見	同七千二丁	二十八万十六石ヨ
同	飛騨	同六千六百五十六丁	二十六万六百石ヨ
同	阿波	同五千二百四十五丁	二十万九千八百石ヨ
同	志摩	同四千九百十七丁	十九万六千六百石ヨ
同	安房	同四千三百六十二丁	十七万四百石ヨ
同	和泉	同四千百二十六丁	十六万五千石ヨ
同	若狭	同三千百二十九丁	十二万五千百石ヨ
同	淡路	同二千八百七十丁	十一万四千八百石ヨ

西之方

大関	出羽	田数三万八千六百廿八丁	百五十三万七千石余
関脇	下総	同三万二千三十八丁	百二十八万千五百石余
小結	上野	同二万八千五百三十四丁	百十四万千三百石余
前頭	越前	同二万三千五百七十六丁	九十四万三千石余
前頭	肥後	同二万三千四百六十二丁	九十三万八千四百石余
前頭	播磨	同二万千二百三十六丁	八十四万九千四百石余
前頭	伊勢	同一万九千二十四丁	七十六万九十石余
前頭	安芸	同一万七千八十四丁	六十八万三千三百石余
前	美濃	田カズ一万五千四百四丁	六十一万六千百石余
同	甲斐	同一万四千三丁	五十六万石ヨ
同	備前	同一万三千二百六丁	五十二万八千二百石ヨ
同	加賀	同一万二千五百三十六丁	五十万千四百石ヨ
同	美作	同一万千六百十六丁	四十六万四千六百石ヨ
同	駿河	同一万九百六十二丁	四十三万八千四百石ヨ
同	備中	同一万八千十三丁	四十三万二千五百石ヨ
同	河内	同一万九百五十七丁	四十三万八百石ヨ
同	相模	同一万四百三十六丁	四十一万七千石ヨ
同	出雲	同九千九十六丁	三十六万三千八百石ヨ
同	山城	同八千九百六十一丁	三十五万八千四百石ヨ
前	日向	田カズ八千二百十八丁	三十二万八千七百石ヨ
同	伯耆	同八千六丁	三十二万石ヨ
同	因幡	同八千十六丁	三十二万七十石ヨ
同	豊前	同七千五百七十丁	三十万二千八百石ヨ
同	三河	同七千五十四丁	二十八万二千石ヨ
同	大和	同七千五十五丁	二十八万二百石ヨ
同	土佐	同八千百七十三丁	二十四万六千九百石ヨ
同	佐渡	同四千八百七十丁	十九万四百八十石ヨ
同	長門	同四千七百六十四丁	十九万石ヨ
同	伊賀	同四千五十丁	十六万石ヨ
同	伊豆	同二千八百十四丁	十一万二千五百石ヨ
同	越中	同二千三百九十九丁	九万五千九百石ヨ

行司

薩摩	田数三万千五百廿一町	五十二万八千石余
壱岐	田カズ六百二十丁	二千四百八十石ヨ
対馬	田カズ凡六百余丁	二千四百八十石ヨ
隠岐	田カズ六百二十丁	二千四百九十石ヨ

勧進元

武蔵　田数五万千九百二十町　二百万七千六百石余

差添人

陸奥　田数四万五千七十七町　百八十三万石余他国ニ不唯

大坂谷町平の町北　松屋弥兵衛板

この番付は、大坂の松屋弥兵衛が売り出したものであり、中央に行司・勧進元・差添人となる国名、左右には大関以下、順次豊作であった国名と米の収穫高が記されている。しかし、江戸時代は米を中心とした社会であり、その相場に関わる情報は、幕府にとって取り締まるべき対象であった。そのため、この番付は違法なものとして幕府に処分されたが、その半月後、草紙屋の石川屋和助により重版されている。これは、米相場というものに対し、百姓・町人などが当時どれほど大きな関心を抱いていたのか、その実情を示すものといえよう。

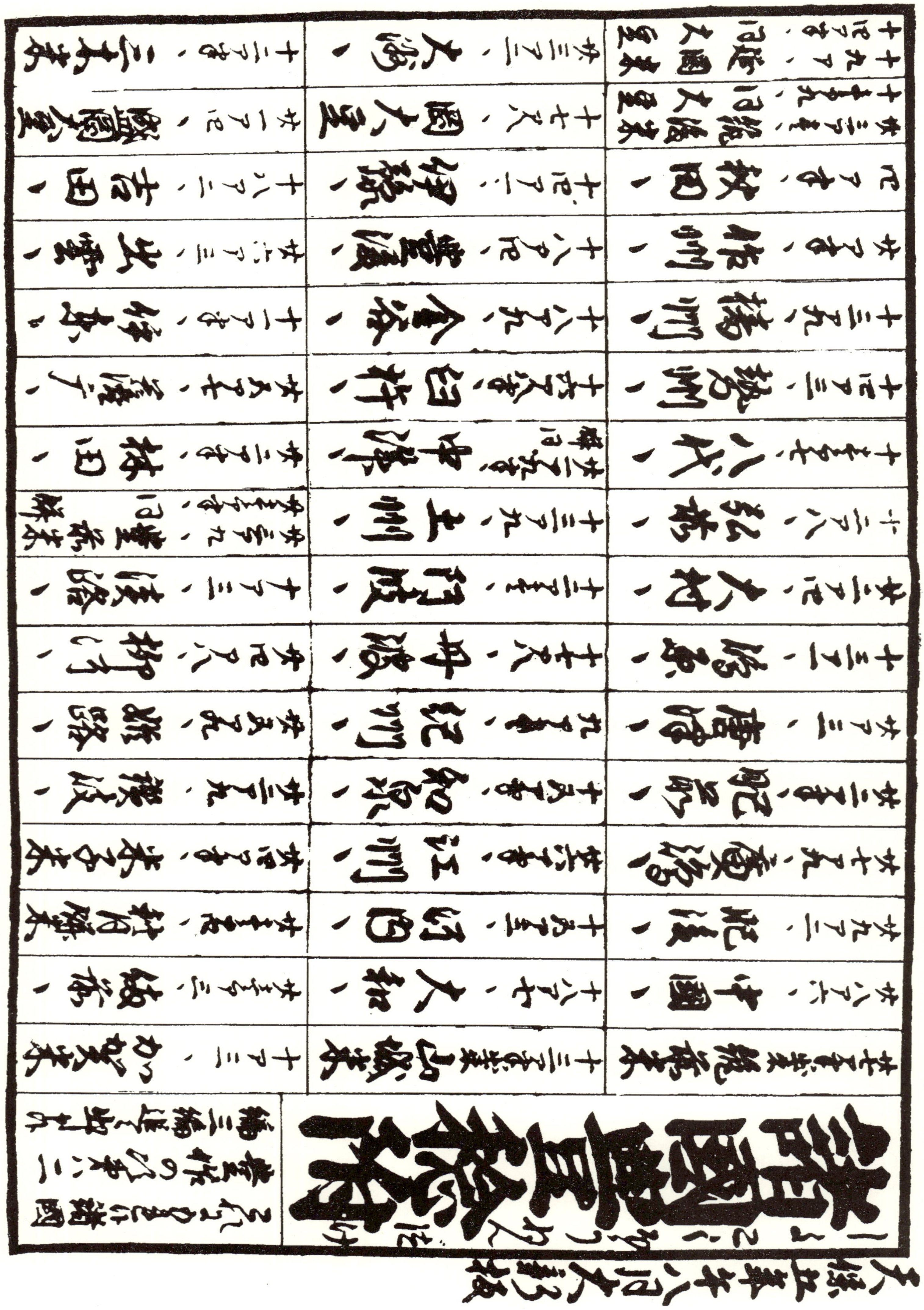

天保五年午八月大新板

諸國豊稔附（しょこくほうねんだけ）

これは米の出来八二編三編追て出す 諸國豊作の

廿七ア十米 能登米	十三ア十米 山城米	十ア三、加賀米
廿八ア六、中國	十八ア七、大和	廿七ア三、備前
廿九ア二、肥後	十五ア三、河内	廿七ア七、秋月脇米
廿七ア九、廣島	廿六ア十、江州	廿四ア十、米子米
廿二ア十、肥前	十五ア十、和泉	廿二ア九、讃岐
廿ア三、唐津	九ア十、紀州	廿五ア九、姫路
十三ア一、島原	十七ア八、丹波	廿四ア八、柳川
廿二ア四、大村	十二ア七、阿波	十ア三、淡路
十二ア八、弘前	十三ア九、土州	廿三ア九、豊前米 廿七ア十、同 解
十七ア七、八代	廿二ア九十、中津 解同	廿二ア十、林田
十四ア三、勢州	十六ア十、臼杵	廿五ア七、薩摩
十三ア九、播州	十八ア九、金谷	十一ア十、伊予
廿ア十、作州	十八ア四、豊後	廿六ア三、出雲
四ア十、秋田	十四ア一、伊豫	十八ア二、吉田
廿三ア七、越後米 十七ア九、同大豆	十七ア八、岡大豆	廿一ア四、盛岡大豆
十九ア、延岡米 十四ア十、同大豆	廿三ア二、大洲	十二ア十、三木米

22　諸国豊稔附

天保五年午八月大新板

諸国豊稔附（しょこくほうねんづけ）

これにもれ候諸国豊作の次第ハ二編三編追々出し申候

廿七部半出来 筑前米	十三部半出来 山城米	十部三同 加賀米
廿八部六同 中国同	十八部七同 大和同	廿壱部三同 備前同
廿九部二同 肥後同	十五部三同 河内同	廿壱部四同 秋月餅米
廿七部九同 広嶋同	廿六部半同 江州同	廿四部半同 米子米
廿二部半同 肥前同	十五部半同 和泉同	廿二部九同 讃岐同
廿部三同 唐津同	九部壱同 紀州同	廿五部九同 姫路同
十三部一同 嶋原同	十七部八同 丹波同	廿四部八同 柳河同
廿二部四同 大村同	十二部壱同 阿波同	十部三同 淡路同
十二部八同 弘前同	十三部九同 土州同	廿三部九同 豊前米 廿壱部半同 同 餅
十壱部七同 八代同	廿一部九半同 餅同 中津同	廿二部半同 林田同
十四部三同 勢州同	十六部八半同 臼杵同	廿五部七同 薩摩同
十三部九同 播州同	十八部九同 金谷同	十一部半同 伊東同
廿部半同 作州同	十八部四同 豊後同	廿六部三同 出雲同
四部半同 秋田同	十四部一同 伊予同	十八部二同 吉田同
廿三部壱同 筑後米 十壱部九同 同大豆	十七部八同 岡大豆	廿一部四同 盛岡大豆
十九部同 延岡米 十四部半同 同大豆	廿三部二同 大洲同	十二部半同 三木米

この番付は、天保５年（1834）８月に板行されたものであり、全国の豊作状況について記している。番付には、弘前米や秋田米など東北地方を産地とする米の名もみられるが、全体的には、筑前米・中国米といった中国・九州地方を産地とする米が多く取り上げられている。これは、前年の冬、風水害により奥羽・関東地方を中心に起こった天保飢饉の状況を色濃く反映した結果といえる。そのため、収録から洩れた諸国の豊作状況は、番付の第二編・第三編という形で、発表されることになっている。

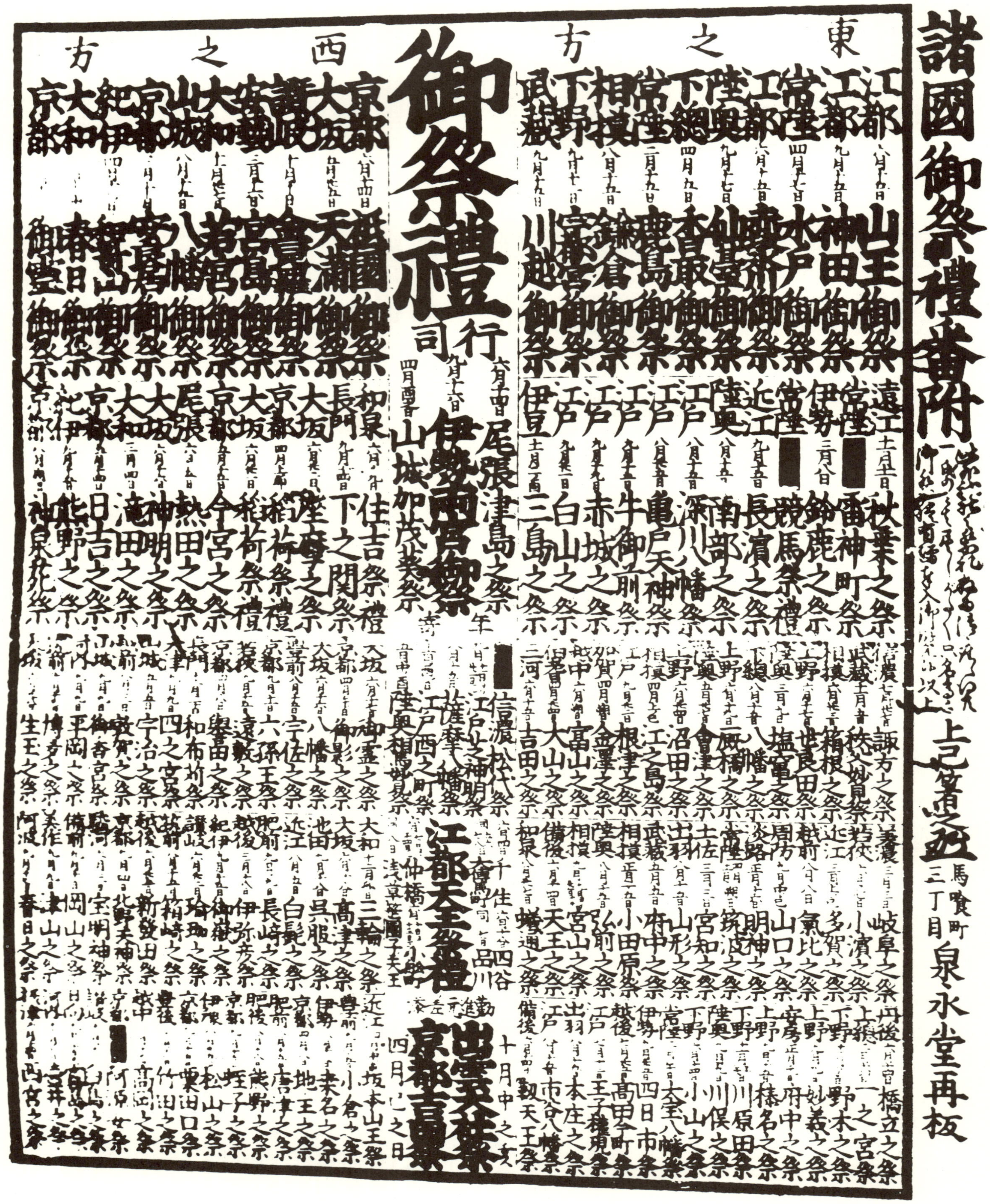

23　諸国御祭礼番附

諸国御祭礼番附

此外神社之祭礼数多御座候得共一番ニ者尽しがたく只名高之御祭礼有増奉入御覧候以上

上巳箸之丞 馬喰町三丁目 泉永堂再板

東之方

江都	六月十五日	山王御祭
江都	九月十五日	神田御祭
常陸	四月十七日	水戸御祭
江都	六月十五日	赤坂氷川御祭
陸奥	九月十七日	仙台御祭
下総	四月五日	香取御祭
常陸	二月十五日	鹿島御祭
相模	八月十五日	鎌倉御祭
下野	九月十二日	宇都宮御祭
武蔵	九月十九日	川越御祭
遠江	十一月十一日	秋葉之祭
常陸	[redacted]	雷神町祭
伊勢	三月八日	鈴鹿之祭
常陸	[redacted]	競馬祭礼
近江	九月十五日	長浜之祭
陸奥	八月十五日	南部之祭
江戸	八月十五日	深川八幡祭
江戸	八月廿五日	亀戸天神祭
江戸	九月十五日	牛御前祭
江戸	九月十九日	赤城之祭
江戸	九月廿一日	白山之祭
伊豆	十一月二ノ酉	三島之祭
信濃	七月廿七日	諏方之祭
武蔵	十一月五日	秩父妙見祭
相模	六月廿三日	箱根之祭
上野	六月十七日	世良田祭
陸奥	三月九日	塩竈之祭
下総	八月十五日	八幡之祭
上野	六月十九日	厩橋之祭
陸奥	五月廿七日	会津之祭
上野	六月廿四日	沼田之祭
相模	四月上ノ巳	江之島祭
江戸	九月廿二日	根津之祭
加賀	四月朔日	金澤之祭
越中	六月朔日	富山之祭
伯耆	四月廿四日	大山之祭
三河	六月十五日	吉田之祭
美濃	三月三日	岐阜之祭
若狭	六月七日	小浜之祭
近江	三月上ノ巳	多賀之祭
越前	八月八日	気比之祭
周防	九月中ノ巳	山口之祭
淡路	正月十六日	明神之祭
常陸	四月十一月朔日	筑波之祭
土佐	三月三日	宮知之祭
出羽	八月十五日	山形之祭
武蔵	五月五日	府中之祭
相模	正月十五日	小田原祭
陸奥	八月十五日	弘前之祭
相模	九月九日ヨリ廿日マテ	宮山之祭
備後	六月十四日	天王之祭
和泉	八月廿七日	蟻通之祭
丹後	六月十四日	橋立之祭
上総	二月廿四日	一之宮祭
下野	十月五日	野木之祭
上野	六月九日	妙義之祭
安房	正月七日	府中之祭
上野	九月十五日	榛名之祭
下野	十一月□日	川原田祭
陸奥	九月九日	川俣之祭
下野	六月十四日	小山之祭
常陸	二月午ノ日	大宝八幡祭
伊勢	九月廿五日	四日市祭
越後	七月十二日	高田今町祭
江戸	七月十二日	王子権現祭
出羽	八月十九日	本庄之祭
江戸	八月十五日	市谷八幡祭
備後	六月十四日	鞆天王祭

御祭礼

行司
尾張津島之祭 六月十四日
伊勢両宮御祭 九月十六日
山城加茂葵祭 四月酉之日

年寄
信濃松代祭 [redacted]
江戸芝神明祭 九月十一日ヨリ廿一日マテ
薩摩八幡祭 八月十五日
江戸西之町祭 上旬四ノ日
陸奥相馬妙見祭 五月中ノ酉

江都全祭礼
千住 六月四日
四谷 六月十八日
大傳馬町 同 五六七八日
品川 同 七日
仲橋 六月七日ヨリ十四日
小舩町 六月十日ヨリ十二日マテ
浅草笹団子天王 同八日

勧進元 出雲大社祭 十月中之亥
差添 京都吉田祭 四月巳之日

西之方

京都	六月十四日	祇園御祭
大坂	五月廿五日	天満御祭
讃岐	十月十日	金毘羅御祭
安芸	三月十六日	宮島御祭
大和	十一月廿七日	若宮御祭
山城	八月十九日	八幡御祭
京都	三月十日	安良居御祭
紀伊	四月十六日	和哥山御祭
大和	□月□□	春日御祭
京都	□□□□	御霊御祭
和泉	六月十九日	住吉祭礼
長門	九月十四日	下之関祭
大坂	六月廿二日	座摩之祭
京都	四月上節	稲荷祭礼
大坂	六月廿一日	稲荷祭礼
京都	五月十五日	今宮之祭
尾張	六月五日	熱田之祭
大坂	六月十六日	神明之祭
大和	三月四日	滝田之祭
京都	九月十四日	日吉之祭
紀伊	九月十五日	熊野之祭
京都	八月朔日	神泉苑祭
大坂	六月十七日	御霊之祭
京都	四月午日	御影之祭
大坂	六月十六日	八幡之祭
豊前	八月十五日	宇佐之祭
京都	九月十一日	六孫王祭
若狭	九月十五日	遠敷之祭
京都	四月八日	誉田之祭
長門	十二月二十日	和布苅祭
大津	六月九日	四之宮祭
山城	五月五日	宇治之祭
越前	八月三日	敦賀之祭
山城	九月九日	御香之祭
河内	九月九日	平岡之祭
筑前	六月十□日	博多之祭
大坂	六月十六日	生玉之祭
大和	十二月晦日	三輪之祭
大坂	六月十八日	高津之祭
池田	九月十八日	呉服之祭
近江	八月五日	白髪之祭
肥前	九月九日	長崎之祭
越後	三月十八日	伊弥彦祭
紀伊	九月十五日	御嶽之祭
讃岐	六月廿二日	琦珈之祭
筑前	八月十五日	箱崎之祭
越後	六月廿五日	新発田祭
京都	九月四日	北野天神祭
駿河	九月六日	宝明神祭
備前	九月十日	岡山之祭
美作	九月九日	津山之祭
阿波	九月十七日	春日之祭
近江	四月中日	坂本山王祭
豊前	九月五日	小倉之祭
伊勢	八月□日	桑名之祭
京都	四月八日	地王之祭
肥前	八月十五日	唐津之祭
肥後	八月十八日	熊野之祭
京都	九月十五日	蛭子之祭
伊予	八月七日	松山之祭
京都	九月十日	粟田口祭
豊後	□□□□	竹田之祭
越中	□□□□	高岡之祭
京都	[redacted]	阿源女祭
讃岐	十月日	白島之祭
日向	□□□□	青島之祭
河内	□□□□	壺井之祭
摂津	六月十四日	西宮之祭

この番付は、全国の祭礼をランク付けしたものであり、馬喰町三丁目の泉永堂が再板した。東国の祭礼を東、西国の祭礼を西に配し、両者を対比させる形式をとっている。東の方をみれば、大関の位置には江戸の山王祭、関脇の位置には江戸の神田祭が挙げられている。山王祭と神田祭は天下祭と総称され、隔年交代で行われた。各氏子町内からは豪華な山車・練り物が出され、その祭礼行列は江戸城へ入ることが許されており、将軍がその様子を見物した。入城および将軍の見物は、両祭にしか許されておらず、そのことが番付において上位を占める要因となった。

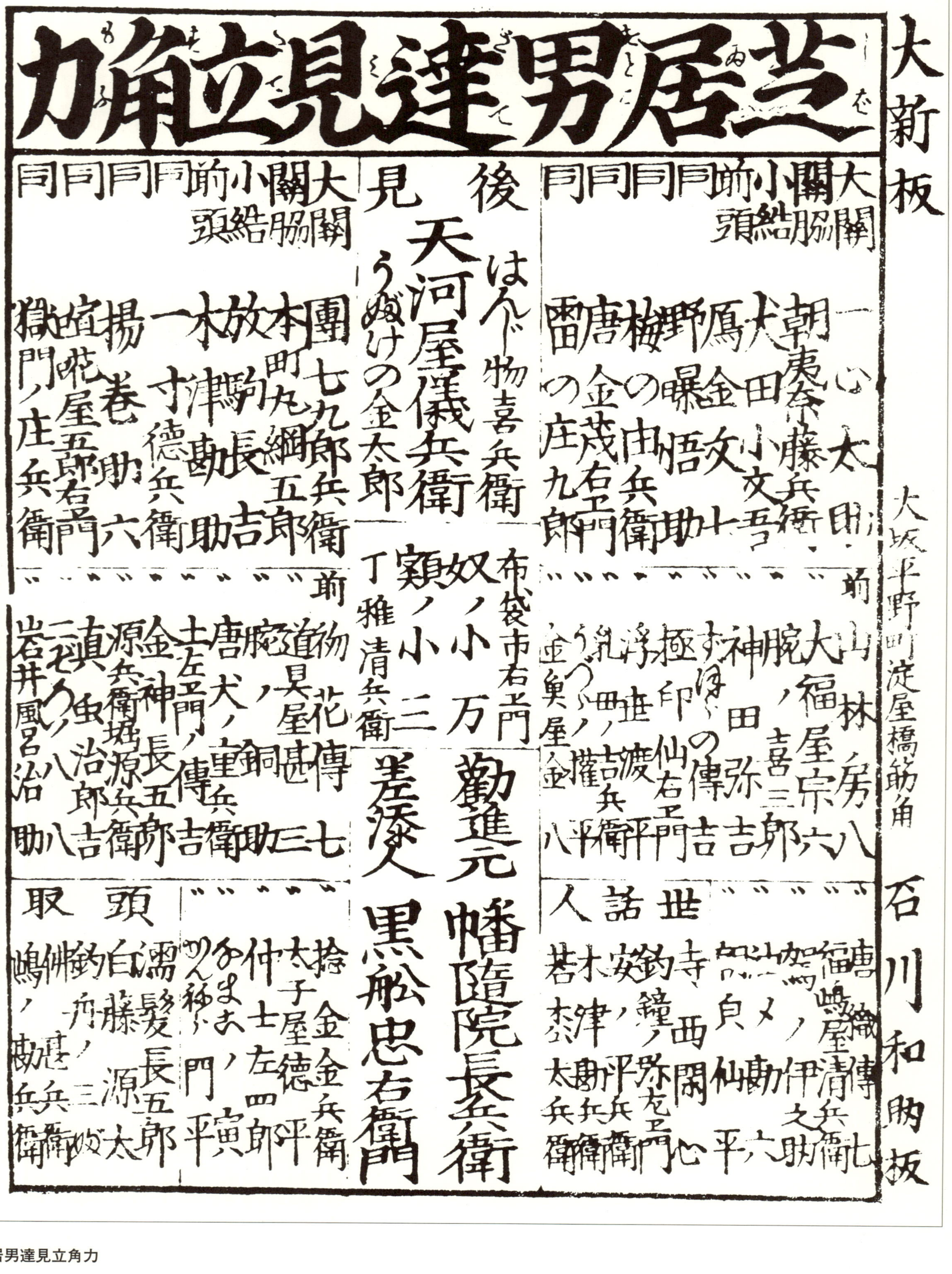

芝居男達見立角力

大新板

大関 一心太助
関脇 朝夷奈藤兵衛
小結 犬田小文吾
前頭 鳫金文十
同 野曝悟助
同 梅の由兵衛
同 唐金茂右衛門
同 雷の庄九郎

前頭 山林房八
〃 大福屋宗六
〃 腕ノ喜三郎
〃 神田弥吉
〃 おほの傳吉
〃 極印仙右衛門
〃 浮世渡平
〃 乳ノ吉兵衛
〃 うつふ田ノ権平
〃 金魚屋金八

〃 唐傳七
〃 福嶋屋清兵衛
〃 鳥ノ伊之助
〃 加メノ勘六
〃 山ノ良仙平
世話人 寺西閑心
釣鐘弥左衛門
安ノ平兵衛
木津勘兵衛
若太兵衛

後見 はんじ物喜兵衛
天河屋儀兵衛
うぬけの金太郎

布袋市右衛門
奴ノ小万
額ノ小三
丁雅清兵衛

勧進元 幡随院長兵衛
差添人 黒船忠右衛門

大関 團七九郎兵衛
関脇 本町丸綱五郎
小結 放駒長吉
前頭 木津勘助
同 一寸徳兵衛
同 揚巻の助六
同 宿花屋五郎右衛門
同 獄門ノ庄兵衛

前頭 物見屋花傳七
〃 道具屋甚三
〃 腕ノ銅助
〃 唐犬ノ重兵衛
〃 土左衛門ノ傳吉
〃 金神長五郎
〃 源兵衛堀源兵衛
〃 真虫治郎吉
〃 二ぞうノ八
〃 岩井風呂治助

〃 捨子金兵衛
〃 太子屋徳平
〃 仲士左四郎
〃 おまたノ寅平
〃 つんぼ門平
頭取 濡髪長五郎
白藤源太
釣舟ノ三ぶ
佛ノ甚兵衛
嶋ノ勘兵衛

大坂平野町淀屋橋筋角 石川和助板

狂言小説ゟ八二編に出板いたし候以上

24 芝居男達見立角力

大新板

芝居男達見立角力

（しばゐ をとこだて ミたて すもふ）

東	
大関	一心太助
関脇	朝夷奈藤兵衛
小結	犬田小文吾
前頭	雁金文七
同	野曝悟助
同	梅の由兵衛
同	唐金茂右ヱ門
同	雷の庄九郎
前	山林房八
同	大福屋宗六
同	腕ノ喜三郎
同	神田弥吉
同	ずぼらの伝吉
同	極印仙右ヱ門
同	浮世渡平
同	乳母ノ吉兵衛
同	うづらノ権平
同	金魚屋金八
同	唐織伝七
同	福嶋屋清兵衛
同	駕ノ伊之助
同	油メ勘六
同	朝貌仙平

世話人
寺西閑心
釣鐘ノ弥左ヱ門
安ノ平兵衛
木津勘兵衛
若松太兵衛

後見　はんじ物喜兵衛　天河屋儀兵衛　うぶけの金太郎

布袋市右ヱ門　奴ノ小万　額ノ小三　丁稚清兵衛

勧進元　幡随院長兵衛

差添人　黒船忠右衛門

西	
大関	団七九郎兵衛
関脇	本町丸綱五郎
小結	放駒長吉
前頭	木津勘助
同	一寸徳兵衛
同	揚巻助六
同	喧嘩屋五郎右ヱ門
同	獄門ノ庄兵衛
前	初花伝七
同	道具屋甚三
同	腕ノ銅助
同	唐犬ノ重兵衛
同	土佐ヱ門ノ伝吉
同	金神長五郎
同	源兵衛堀源兵衛
同	真虫治郎吉
同	二ぞろい八八
同	岩井風呂治助
同	捻金金兵衛
同	太子屋徳平
同	仲士左四郎
同	なまこノ寅
同	かんねら門平

頭取
濡髪長五郎
白藤源太
釣舟ノ三ぶ
仏ノ甚兵衛
嶋ノ勘兵衛

大坂平野町淀屋橋筋角　石川和助板

猶是に洩たる八二編に出板いたし候以上

この番付は、講談・歌舞伎・狂言などの登場人物をランク付けしたものであり、大坂平野町淀屋橋筋角の石川和助が板行した。勧進元の幡随院長兵衛は町奴の頭領として、旗本奴大小神祇組の水野十郎左衛門と争って殺された実在の人物である。この事件は歌舞伎・狂言の題材となり、河竹黙阿弥は「極付幡随長兵衛」を残している。また、東の大関に挙げられる一心太助は講談や歌舞伎に登場し、江戸っ子の典型とされていた。そして、西の大関である団七九郎兵衛は、人形浄瑠璃および歌舞伎の演目「夏祭浪花鑑」の登場人物である。

諸國芝居繁栄數望

天保十一年子之十月大新板

大関 中村座
関脇 市村座
小結 森田座
前頭 名古屋橘町
前頭 清寿院
前頭 若宮八幡
前頭 金沢川上
前頭 宮島市
前頭 金毘羅市
前頭 因幡薬師
前頭 寺町道場
前頭 南都河原戸
前頭 若山建貸

次第不同

御免

行司

大坂 結城座
大坂 稲荷文楽
肥前座

大関 中ノ芝居
関脇 角ノ芝居
小結 南がわゝ
前頭 北がわゝ
前頭 大西
前頭 古市
前頭 中之地蔵
前頭 [illegible]阪
前頭 若太夫
前頭 竹田
前頭 堀江市之側
前頭 下之関
前頭 北之新地

津国兵庫
京誓願寺
甲州府中
薩州鹿児島
伊勢津
江州八幡
伊勢一身田
仙臺釈迦堂
越前三國
九州三田尻
京北向芝居
下総銚子
三州吉田

泉州堺大寺
備後宮内
堺戎じ嶋
備中板倉
堺新地芝居
江州大津
越中富山
備前岡山
九州上之関
同中之関
江州水口
常州香取
播磨芝居七座

大坂 座摩社内
御霊社内
天満天神
稲荷社内

江戸神田社
同湯嶋天神
伊賀久居
駿河府中
勢州桑名
同四日市
同神戸
三州岡崎
同池鯉鮒
越前福井
同敦賀
出羽坂田
同山形
同米沢

京北野ノ森
名古屋七ツ宮
播州明石
藝州廣島
備後福山
同有磯町
美濃高田
江州長濱
同日野
備中玉島
阿州徳島
淡路須本
備後糸魚川
泉州岸和田

勧進元 出雲於國

差添人 名古屋山三

25 諸国芝居繁栄数望

天保十一年子之十一月大新板

諸（しよ）国（こく）芝（しは）居（る）繁（はん）栄（えい）数（す）望（も□）

次第不同

御免

行司

江戸 結城座

大坂 稲荷文楽

江戸 肥前座

大坂 座摩社内

同 御霊社内

同 天満天じん

同 稲荷社内

勧進元 出雲於國

差添人 名古屋山左エ門

大関 江戸 中村座
関脇 同 市村座
小結 同 森田座
前頭 尾張 名古屋橋町
前頭 同 清寿院
前頭 同 若宮八幡
前頭 かゝ 金澤川上
前頭 あき 宮島市
前頭 サヌキ 金毘羅市
前頭 京 因幡薬師
前頭 同 寺町道場
前頭 大和 南都河原戸
前頭 紀伊 若山建貸

同 津國兵庫
同 京誓願寺
同 甲州府中
同 薩州鹿児島
同 伊勢津
同 江州八幡
同 伊勢一身田
同 仙台釈迦堂
同 越前三國
同 九州三田尻
同 京北向芝居
同 下総銚子
同 三州吉田

同 江戸神田社
同 同湯嶋天神
同 伊賀久居
同 駿河府中
同 勢州桑名
同 同四日市
同 同神戸
同 三州岡嵜
同 同池鯉鮒
同 越前福井
同 同敦賀
同 出羽坂田
同 同山形
同 同米沢

同 因幡鳥取
同 信濃松本
同 甲州郡内
同 越後こくや
同 但馬出石
同 房州正木
同 同たて山
同 下野宇都ノ宮
同 同新田
同 美濃谷ぐみ
同 丹波山家
同 同むく坂
同 丹後切戸
同 美作高田
同 駿河あべ川
同 備前下つい
同 肥前有馬
同 同今川
同 豊後佐伯
同 肥後八代
同 同相良
同 伏見かんてん干場

大関 大坂 中ノ芝居
関脇 同 角ノ芝居
小結 京 南がわ
前頭 同 北がわ
前頭 大坂 大西
前頭 いせ 古市
前頭 同 中之地蔵
前頭 同 松阪
前頭 大坂 若太夫
前頭 同 竹田
前頭 同 堀江市之側
前頭 長州 下之関
前頭 大坂 北之新地

同 泉州堺大寺
同 備後宮内
同 堺戎じま
同 備中板倉
同 堺新地芝居
同 江州大津
同 越中富山
同 備前岡山
同 九州上之関
同 同中之関
同 江州水口
同 常州香取
同 播磨芝居七座

同 京北野ノ森
同 名古屋七ノ宮
同 播州明石
同 芸州廣島
同 備後福山
同 同有儀町
同 美濃高田
同 江州長濱
同 同日野
同 備中玉島
同 阿州徳島
同 淡路須本
同 備後糸魚川
同 泉州岸和田

同 美濃大がき
同 筑前はかた
同 肥前長崎
同 筑後久留米
同 肥後くま本
同 豊前小倉
同 但馬豊岡
同 播磨小野
同 備中あし守
同 同まつ山
同 越後村上
同 下総関宿
同 同ゆふき
同 上州沼田
同 野州壬生
同 肥後宇土
同 備前三原
同 出雲ひろせ
同 津ノ國山上
同 同伊丹
同 同いばら木
同 大坂あはらざ

この番付は、歌舞伎の芝居小屋を全国的に取り上げてランク付けしたものであり、天保11年（1840）11月に板行された。勧進元に挙げられる出雲於国は、歌舞伎の創始者といわれている。差添人の名古屋山左エ門は、於国の歌舞伎においてその愛人として脚色され、芝居上の伝説的人物となっている。また、東方の大関・関脇・小結に挙げられる中村座・市村座・森田座は江戸の三座と称され、櫓をあげることが認められていた。また、大坂の芝居小屋は基本的に、廉価な値段で見物できる浜芝居であった。しかし、中ノ芝居と角ノ芝居は、格の高い大芝居であったので、西方の大関と関脇になっている。

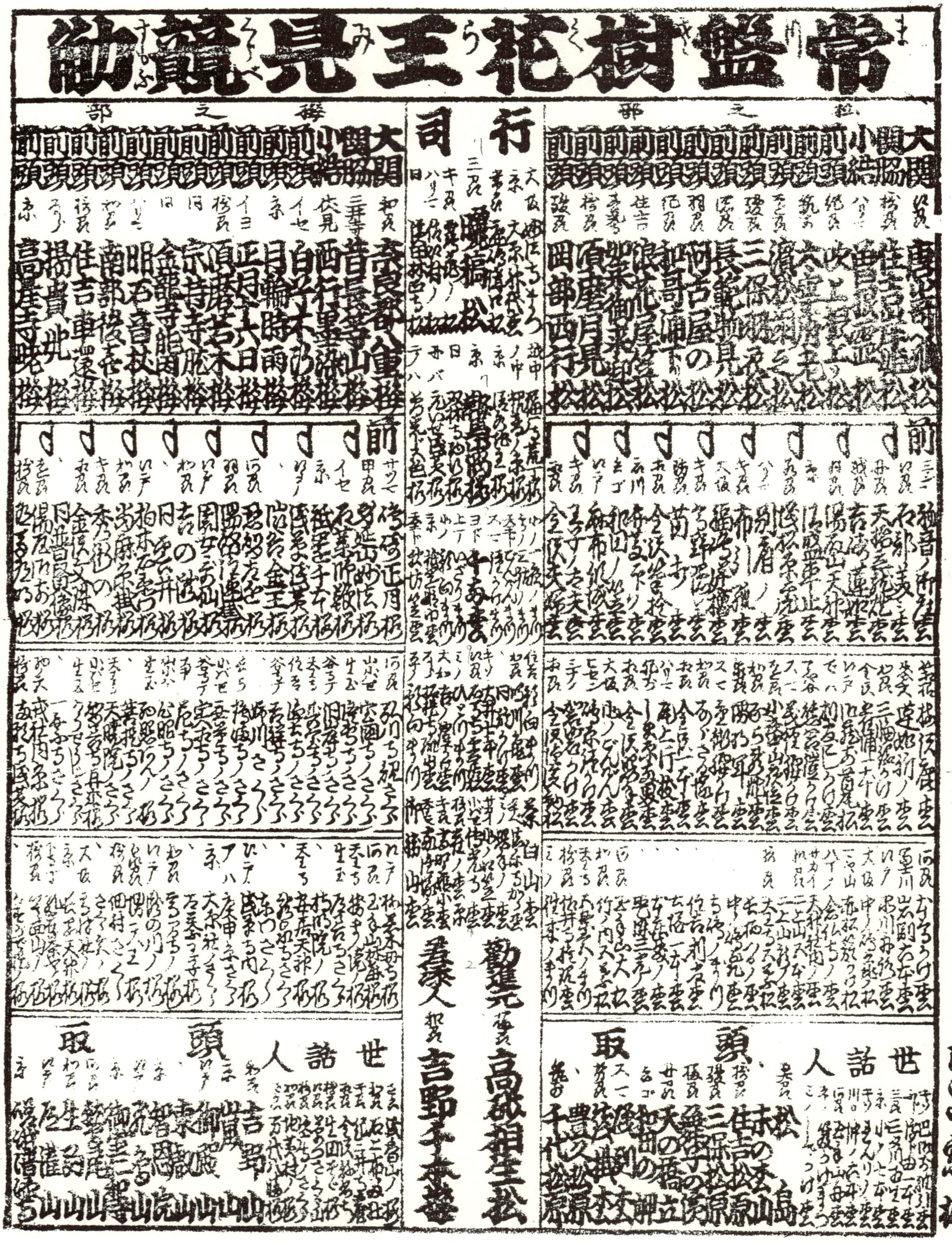
常盤樹花王見競角力

松之部　行司　桜之部

大関　関脇　小結　前頭

行司　曙松

勧進元　高砂相生松

差添人　吉野千本桜

世話人　頭取

26　常盤樹花王見競角力

常(ま)盤(つ)樹(さ)花(く)王(ら)見(み)競(くらべ)勉(すもふ)

松之部

大関 江州 唐崎孤松
関脇 摂州 住吉岸姫松
小結 ハリマ 曾根霊松
前頭 紀州 吹上根上リ松
前頭 筑前 太宰府老松
前頭 遠州 浜松湖之松
前頭 駿州 三保羽衣松
前頭 濃州 長範見物松
前頭 羽州 阿古屋の松
前頭 紀州 和歌浦下リ松
前頭 住吉 浪花屋笠松
前頭 善光寺 如来御来迎松
前頭 摂州 須磨月見松
前頭 駿州 岡部西行松

前 ミシマ 初音ノ御産松
同 江州 石部義シ松
同 丹州 天橋立龍焼松
同 越州 吉崎蓮如松
同 羽州 湯殿山天神松
同 京 清盛車止松
同 泉州 浅松原虎ノ松
同 ハリマ 別府ノ松
同 キ州 布引孤松
同 大坂 福嶋逆櫓松
同 キ州 高野隠シ松
同 防州 苗打松
同 相州 金沢筆捨松
同 衣川 弁慶印り松
同 兵ゴ 和田ノ笠松
同 江戸 麻布傾城松
同 キ州 王子ノ太夫松
同 相州 金沢夫婦松

箱根 梅沢鹿松
森ノ宮 蓮如折ノ松
和州 三輪鍋かけ松
金沢 雀浦一本松
江戸 御蔵前首尾松
でハ 判官こしかけ松
黒谷 熊谷鎧かけ松
スマ 義経腰かけ松
遠州 小夜中山夜泣松
和州 なら龍焼松
泉州 堺将軍松
スマ 金術腰かけ松
和州 ならさる塚松
和州 金沢一本松
ハリマ 尾上片枝松
紀州 しま原両界松
相州 金沢照年松
大坂 北ノごんげん松
ヒセン 嶋原鐘かけ松
シナノ 袈裟かけ松
相州 金沢塩浜勧松

河州 本尊かけ松
富士川 岩渕六本松
江戸 品川舟路松
大坂 中ノ嶋亀ノ松
コマ山 赤松籠かけ松
八丁メ 念仏寺ノ松
サカイ 天神社内ノ松
和州 二上山五本松
同 二上山龍丁松
摂州 天王寺五葉松
同 長柄つかノ松
同 中ノ嶋兜松
同 寺嶋ノまつ
同 住吉判官松
同 土塔一本松
同 本庄森ノ松
同 愛染三光ノ松
河州 玉手山大松
和州 竹ノ内五葉松
天王寺 五条宮ノまつ
摂州 佐井寺権現松
ミノ 往来ノまつ

世話人

キソ 巴御前袖引松
ふじ 浮じま一本松
三州 三夕川相生松
京 北ノ七本松
キソ きんリノ松
川口 沖ノ六本松
河州 玉手山舟松
平ノ 笈かけまつ
ミノ してかけ松

頭取

奥州 松嶋
同 末の松山
摂州 住吉松原
駿州 三保松原
播州 舞子の浜
丹州 天の橋立
兵ゴ 和田の岬
スマ 磯列松
勢州 銭払松
同 豊久松原
筑前 千代松原

行司

大坂 妙法寺まつ
京 大原神代松
常州 鹿嶋溝口松
三州 曬稿松
キ州 鶴亀ノ松
ハリマ 佐江村ノ松
同 浜田林正寺松

越中 福厂寺荒丁桜
ノ中 観音ノ参桜
京 清水地主桜
京 鞍馬山隅桜
同 双林寺西行桜
丹バ 元いせ浅黄桜
ニノハ 曾光寺五色桜

北ノ 一夜ノまつ
高ノ 三銀ノまつ
天王じ ごんげんまつ
スマ 鐘かけまつ
ヨド 千両松
上丁 いざりまつ
北ノ 影向まつ
京 祇園姫中松
天王じ 秋坊笠松

住吉 影向まつ
和州 鳴川亀松
同 同旗かけ松
キソ 大井七本松
江州 石馬寺雲居松
ミノ ひとつまつ
大和 吉ノ鎧かけ松
なら 拓提寺孤山松
平ノ 影向まつ

茶臼山松
タナベ 法参寺かり松
ミノ 照手ノ松
サカイ 北ノ口笠松
小バセ 伝光寺松
摂州 喜ノ松原
キ州 高野姫小松
天王じ 家隆塚ノ松
御勝山松

勧進元 播州 高砂相生松
差添人 和州 吉野千本桜

桜之部

大関 和州 奈良都八重桜
関脇 三井寺 昔長等山桜
小結 伏見 西行墨染桜
前頭 イセ 白子不断桜
前頭 京 月輪時雨桜
前頭 イヨ 正月十六日桜
前頭 摂州 須磨若木桜
前頭 同 宗持寺肬桜
前頭 同 金龍寺能因桜
前頭 ハリマ 明石音杖桜
前頭 和州 南部後喜桜
前頭 摂州 住吉車還桜
前頭 なら 楊貴妃桜
前頭 京 高台寺晧桜

前 サツマ 嶋崎正月桜
同 甲州 身延山妙法桜
同 イセ 石薬師鞭桜
同 京 祇園千本桜
同 江戸 浅草浅黄桜
同 同 渋谷金王桜
同 河州 恩智左近桜
同 羽州 湯殿山注連掛桜
同 江戸 園女哥仙桜
同 和州 吉の瀧桜
同 同 日雲井桜
同 江戸 柏木右衛門桜
同 和州 当麻参掛桜
同 キ州 秀術の桜
同 相州 金沢文珠桜
同 同 同普賢像桜
同 遠州 湯屋御前桜
同 摂州 有馬有明桜

箱根 弘川寺観さくら
出ハせ 宝国寺ノさくら
生玉 隆専寺ノさくら
谷寺丁 洞岸寺ノさくら
天王寺 寿宝寺ノさくら
住吉 浄土寺ノさくら
谷寺丁 吉祥寺ノさくら
同 姉川さくら
長ら 鵤満寺ノさくら
小バせ 無量寺ノさくら
谷寺丁 実相寺ノさくら
南 尼寺ノさくら
出ハシ 心眼寺ノさくら
生玉 西照あんノ桜
同 菩提寺ノさくら
天王寺 天暁院ノさくら
小バせ 智善寺真来桜
生玉 かうせうじさくら
同 一条寺さくら
西ノ宮 戎社内京桜
摂州 両願寺浅黄桜

江戸 梅若木母寺
河州 玉手山林鹿桜
天王寺 勝まん院ノ桜
生玉 道善寺さくら
同 持明院ノ桜
天王寺 安居天神桜
同 龍泉寺さくら
同 東門さくら
江戸 浅草寺内桜
アハ 庚申参さくら
京 大原社ノさくら
同 太秦王子桜
和州 高間寺ノ桜
江戸 瀧の川ノ桜
泉州 堺天王桜
摂州 佃村さくら
同 さくら宮ノ桜
大坂 高津社ノ桜
京 長岡天神桜
下寺丁 孔雀茶ヤノ桜
摂州 箕面山ノ桜
同 かすがで堤ノ桜

世話人

さかい 浅香山ノ桜
和州 石上布留社
相州 金沢称名寺
摂州 生田ばば桜
江州 草つさくら山
摂州 須磨寺ノさくら
和州 地黄村ノ桜
さかい 万代八幡桜

頭取

奥州 吉野山
京 嵐山
江戸 御殿山
同 東叡山
京 智恩院
江戸 飛鳥山
京 御室仁和寺
河州 鷲尾山
和州 生駒山
江戸 道灌山
京 嵯峨清涼寺

わた宗板

この番付は、全国の松と桜を相撲の番付に見立て、等級付けたものである。番付は五段に区切られ、上から四段のうち、東は大関・唐崎狐松、関脇・住吉岸姫松、小結・曾根霊松、前頭は吹上根上り松より72の松、西は大関・奈良都八重桜、関脇・昔長等山桜、小結・西行墨染桜、前頭は白子不断桜以下、72の桜が記されている。そして、五段目には東西の世話人と頭取、中央には、相撲の勧進元に見立てた高砂相生松および差添人に見立てた吉野千本桜をはじめ、行司に見立てた妙法寺松などの名称がある。

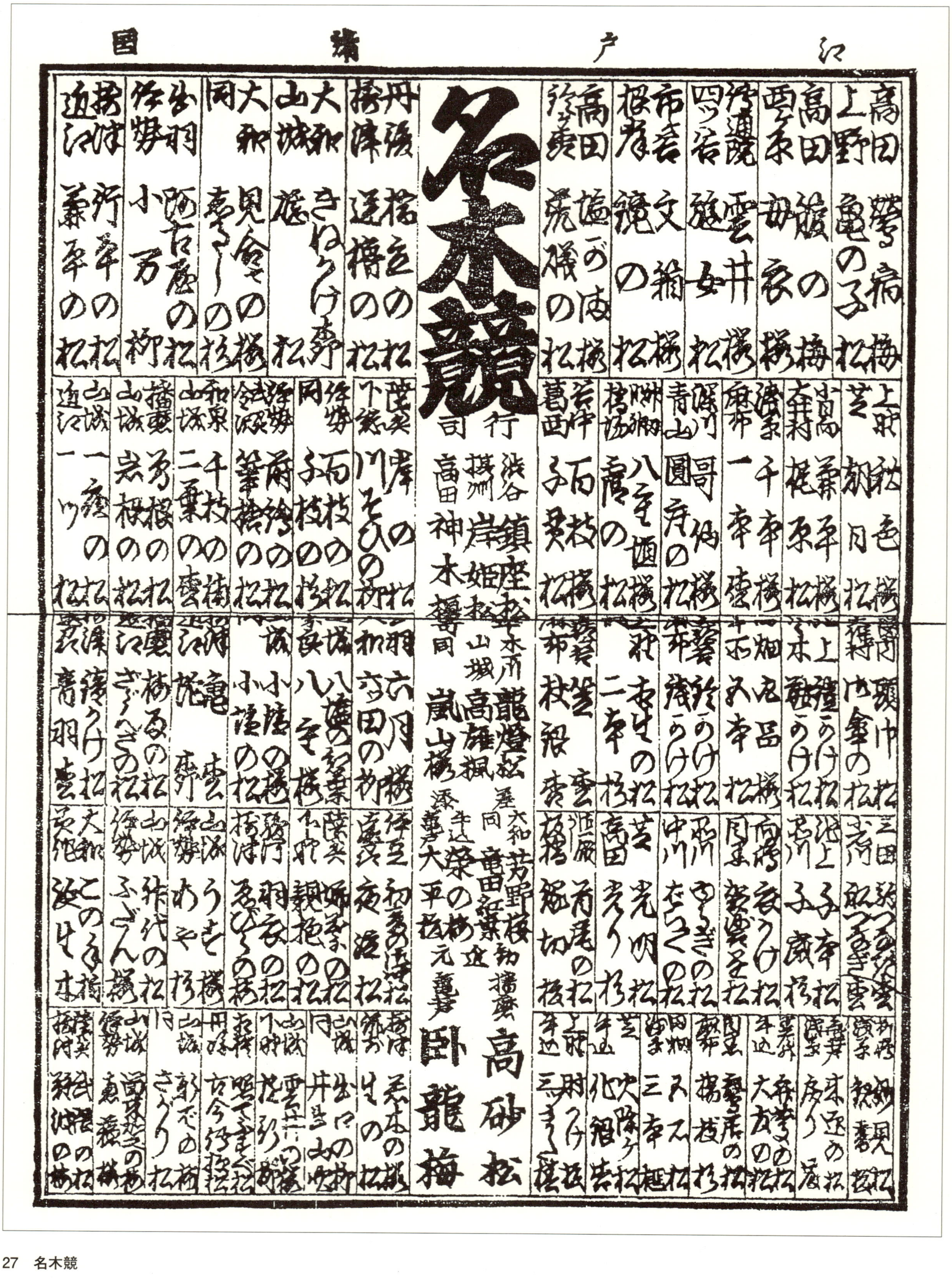

27　名木競

名木競

江戸 ・ 諸国

行司　渋谷 鎮座松　／　摂州 岸姫松　／　高田 神木榎

年寄　木下川 龍燈松　／　山城 高雄楓　／　同 嵐山桜

差添　大和 芳野桜　／　同 竜田紅葉　／　牛込 栄の梅　／　亀戸 大平榎

勧進元　播磨 高砂松　／　亀井戸 臥龍梅

江戸

高田	鶯宿梅
上野	亀の子松
高田	箙の梅
西ヶ原	母衣桜
伝通院	雲井桜
四ツ谷	遊女松
市ヶ谷	文箱桜
根岸	鏡の松
高田	塩がま桜
鈴ヶ森	荒磯の松

上野	秋色桜
芝	朝日松
小日向	兼平桜
大井村	梶原松
浅草	千本桜
麻布	一本松
深川	哥仙桜
青山	円座の松
神田明神	八重垣桜
橋場	霞の松
谷中	百枝桜
葛西	千貫松

桜田内	頭巾松
大久保村	御傘の松
池上	鎧かけ松
代々木	鞍かけ松
田畑	九品桜
本所	五本松
千駄ヶ谷	鈴かけ松
麻布	銭かけ松
上野	相生の松
同	二本杉
千駄ヶ谷	笠松
麻布	杖銀杏

三田	駒つなぎ松
小石川	船つなぎ松
池上	千本松
品川	千歳杉
向嶋	衣かけ松
目黒	袈裟懸松
品川	ゆるぎの松
中川	ばらくの松
芝	光明松
高田	光り杉
御厩がし	首尾の松
板橋	縁切榎

柳嶋	妙見松
浅草	観音榎
亀井戸	来迎の松
浅草	戻り藤
半蔵外	弁慶の松
牛込	大友の松
目黒	鷹居の松
麻布	楊枝杉
田畑	五石松
浅草	三本榧
芝	火除け松
牛込	化銀杏
上野	肘かけ榎
牛込	三ツまた椿

諸国

丹後	橋立の松
摂津	逆櫓の松
大和	きぬかけ柳
山城	礎松
大和	見合セの桜
同	しるしの杉
出羽	阿古屋の松
伊勢	小万柳
摂津	行平の松
近江	兼平の松

陸奥	岸の松
下総	川そひの柳
伊勢	百枝の松
同	千枝の杉
伊勢	蒔絵の松
武州金沢	筆捨の松
和泉	千枝の楠
山城	二葉の松
播磨	曾根の松
山城	岩根の松
山城	一夜の松
近江	一ツ松

出羽	六月桜
大和	六ッ田の柳
山城	八塩の紅葉
奈良	八重桜
山城	小塩の桜
同	小塩の松
摂津	亀松
近江	蛇柳
播磨	梅雨の松
近江	ざゞんさの松
摂津	鐘かけ松
遠州	音羽松

伊豆	初音の御鳴松
遠州	夜泣松
陸奥	姉葉の松
下野	親抱の松
駿河	羽衣の松
摂津	ゑびらの梅
山城	うす桜
伊勢	あやや杉
山城	神代の松
伊勢	ふだん桜
大和	この手柏
美作	誕生木

摂津	若木の桜
筑前	生の松
山城	出口の柳
同	井出山吹
山城	雲井の桜
下野	遊行柳
相模	照年ふすべ松
丹後	古今伝授松
山城	軒ばの梅
同	さがり松
山城	留来加之の梅
伊勢	恵蘇桜
陸奥	武隈の松
摂津	難波の梅

この番付は、江戸の名木を諸国の名木と対比させながら紹介している。地方から江戸へ出てきた人であっても、故郷の名木を想いながら江戸の名木をめぐれるように、という意味合いから作成されたのであろう。全体としては、松・桜・柳・榎などを取り上げ、そのうち松が、江戸・諸国ともに半数を超えている。松は、正月に神を迎えるため門松を立ててきた日本の習慣に象徴されるように、古くから神の依代として、また長寿や慶賀を表すものとして尊ばれていた。

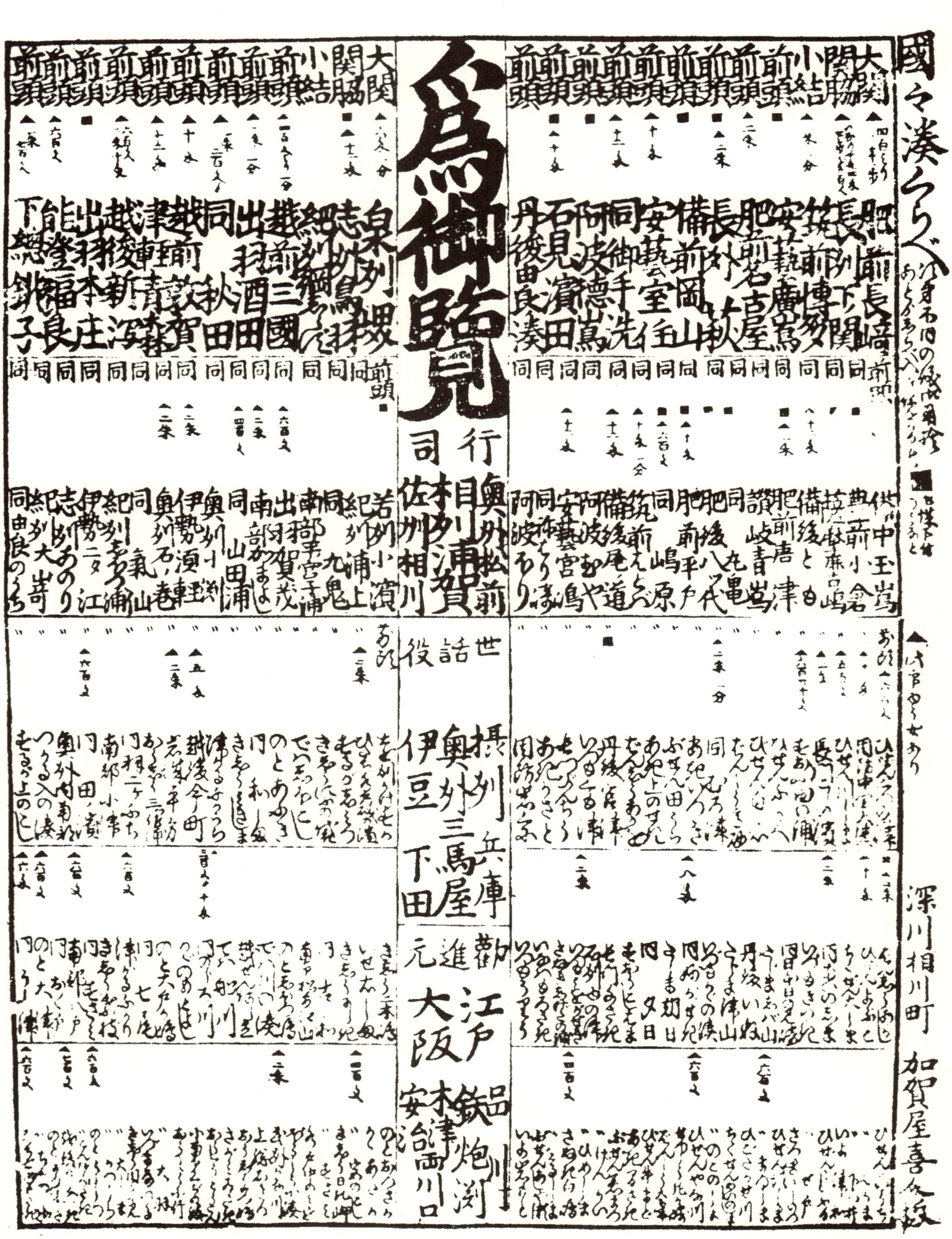
國々湊くらべ
為御覧
行司 奥州松前 相州浦賀 佐州相川
世話役 摂州兵庫 奥州三馬屋 伊豆下田
勧進元 江戸 品川 鉄炮洲 大阪 木津川 安治川口
深川相川町 加賀屋喜久蔵板

28　国々湊くらべ

国々湊くらべ

次第不同の儀御用捨
あと〻しらべ入御覧可申候

■御城下付のみなと

▲此印ゆう女あり

為御覧

行司　奥州松前　相州浦賀　佐州相川

世話役　摂州兵庫　奥州三馬屋　伊豆下田

勧進元　江戸　品川　鉄炮洲　大阪　木津　安治　両川口

東

大関　▲四百より壱歩　肥前長崎
関脇　▲いなり丁廿四匁 女郎千五百人　長州下ノ関
小結　▲二朱一分　筑前博多
前頭　■　安芸広嶌
前頭　▲二朱　肥前名古屋
前頭　■▲二朱　長州萩
前頭　■　備前岡山
前頭　▲十匁　安芸室住
前頭　▲十二匁　同御手洗
前頭　■　阿波徳嶌
前頭　■▲十匁　石見浜田
前頭　丹後由良ノ湊

前頭　備中玉嶌
同　■　豊前小倉
同　■　薩摩鹿児嶋
同　▲十二匁　備後とも
同　■▲二朱　肥前唐津
同　讃岐青嶌
同　■　同丸亀
同　■　肥後八ッ代
同　■▲十匁　肥前平戸
同　■▲六百文　同嶋原
同　▲十匁一分　筑前はとバ
同　▲十二匁　備後尾道
同　阿波むや
同　▲十二匁　安芸宮嶋
同　同ねはり崎
同　阿波ほり

前頭　▲六百文　ひぜんくつの津
同　▲十二匁　周防中ノ関大湊
同　▲五百文　ひぜん川しま
同　▲二朱　長門こしの浜
同　▲六百四十文　すおふ田の浦
同　ひせんふかへ
同　びせん白石
同　ばんしう高砂
同　▲二朱一分　同むろ津
同　あきいつき
同　ぶせん田うら
同　あき上のせき
同　ばんしうあかを
同　■　丹後宮津
同　いつもくも津
同　長門びんちう
同　あきかさと
同　周防岩くに

■▲二朱　ばんしうあかし
▲十匁　ひぜんよぶこ
ちくぜん大しま
▲二朱　同あいのしま
いづもきいき
同日本日の見崎
たじましバ山
丹後いね
たじま津山
いづもかゞの湊
▲八匁　同妙がせき
たしま朝日
同夕日
すおうこしはま
長門千さき
石州ゆの津
▲二朱　いつもみをがせき
さぬきしげたの浦
いなハもろさき
いつもうりう

ひぜんこうち
同七かまち
同下つ井
いよ津和
ひぜんうしふか
同せ戸
さつま□しのつ
ひぜん頭しま
▲六百文　同まつしま
ひごたかせ川
ちくせんめいのしま
同のこのしま
▲六百文　ひぜんやな川
せつしう尼ヶ崎
ばんしう大多木
びせん牛まど
あき間さき
ぶぜん若まつ
同げんかい
同ひめしま
▲四百文　さぬき白嶋
同くるしま
ぶぜんあしや瀬
いよ岩もと

西

大関　▲六匁一分　泉州堺
関脇　■▲十二匁　志州鳥羽
小結　紀州綱しらず
前頭　▲四百文より一分　越前三国
前頭　▲二朱一分　出羽酒田
前頭　▲二朱二百文　同秋田
前頭　▲十匁　越前敦賀
前頭　▲十二匁　津軽青森
前頭　▲六百文二朱十匁　越後新潟
前頭　■　出羽本庄
前頭　▲六百文　能登福良
前頭　▲二朱七百文　下総銚子

前頭　■　若州小浜
同　紀州浦上
同　同九鬼
同　南部平ノ宮子浦
同　▲六百文　出羽賀茂
同　▲二朱　南部かまよし
同　▲四百文　同山田浦
同　奥州小渕
同　▲二朱　伊勢須軽
同　奥州石ノ巻
同　紀州しほつ浦
同　伊勢二一夕江
同　志州あのり
同　紀州大嵜
同　同由良のうち

前頭　遠州かけすか
同　▲二朱　ひたち水戸磯の浜
同　するがしみつ
同　きしうにふの袋
同　でハしほこし
同　のとあふき
同　同和しま
同　津かるふかうら
同　▲五匁　越後今町
同　▲二朱　岩城平方
同　おうしう三ッ佐浦
同　同羽二ヶふち
同　南部小津
同　▲六百文　同田ノ浜
同　奥州内南部
同　つかる入の湊
同　するが上のこし

きしう二木嶋
いせ右しま
きしうにしき
同古和
南部松前江山
のとしほつ嶋
でハ川の湊
越せんはし立
でハ船川
▲三百文〻十匁　同のじろ川
かゞのもとよし
のと大戸か嶋
同七尾
▲六百文　津がるふかり
きしう葉枝
同すさみ
▲六百文　南部八戸
同おく戸
▲六百文　のと大津
▲六匁　同うし津

のとおつさか
か、あたか
▲四百文　同宮のこし
きしう日比岬
同すさみ
水戸中のみなと
ぼうしう小湊
▲二朱　武州かな川
上総おきつ
おうしういつ嶋
さがみみさき
おうしうとうたん
小南部くぢの湊
おうしう小竹
同大羽
いづまゐつる
きしう周参見
同大しま
同かつうら
▲六百文　のとうしつ
同こんけんさき
▲七百文　越後かしわさき
のと□□□た
かわち□□□□
▲六百文　ゐちご□□さき

深川相川町　加賀屋喜介板

この番付は、全国の主要港について取り上げたものである。行司と世話役は遠国奉行所が置かれている松前・相川・下田など、勧進元は江戸・大坂という幕府にとっての要地が務めている。また東方・西方をみれば、遠国奉行所が置かれている長崎・堺が大関を、以下、下関・博多といった外様大名の主要港が続いている。さらに、遊女屋が置かれている港には▲を付し、同所での遊興費を明記していること、遊女屋が公認されていないとの理由から、名古屋・金沢という城下町を上位にしていない、という点で興味深い。

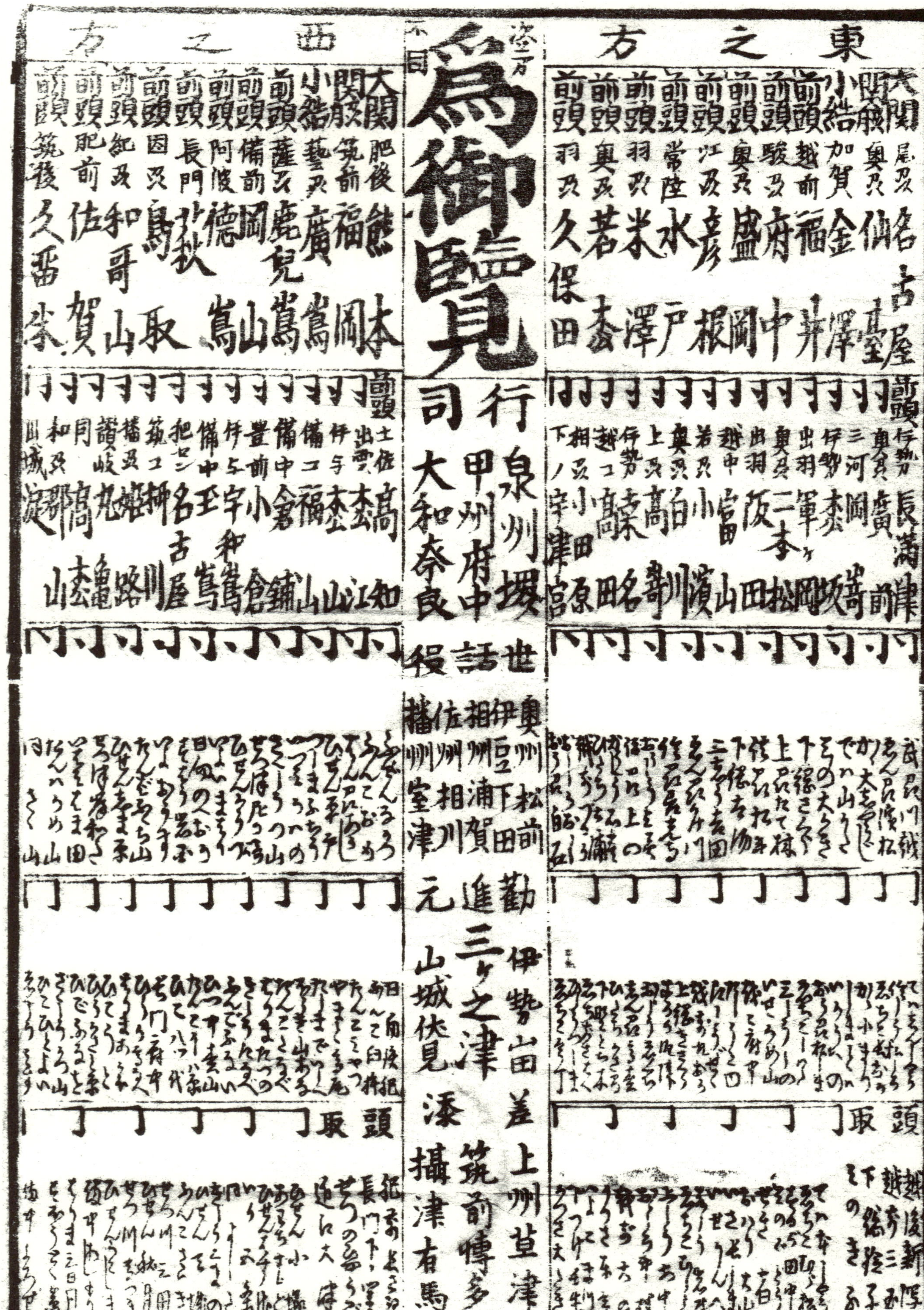
為御覧
東之方
西之方
大関 尾州 名古屋
関脇 奥州 仙臺
小結 加賀 金澤
前頭 越前 福井
前頭 駿州 府中
前頭 奥州 盛岡
前頭 江州 彦根
前頭 常陸 水戸
前頭 羽州 米澤
前頭 奥州 若松
前頭 羽州 久保田
大関 肥後 熊本
関脇 筑前 福岡
小結 藝州 廣島
前頭 薩州 鹿児嶌
前頭 備前 岡山
前頭 阿波 徳嶌
前頭 長門 萩
前頭 因州 鳥取
前頭 紀州 和哥山
前頭 肥前 佐賀
前頭 筑後 久留米
行司 泉州 堺 甲州 府中 大和 奈良
世話役 奥州 松前 伊豆 下田 相州 浦賀 佐州 相川 播州 室津
勧進元 三ヶ之津 山城 伏見
伊勢 山田 差添 上州 草津 筑前 博多 摂津 有馬
頭取

29　為御覧（都市番付）

為御覧

次第不同

東之方	
大関	尾州 名古屋
関脇	奥州 仙台
小結	加賀 金澤
前頭	越前 福井
前頭	駿州 府中
前頭	奥州 盛岡
前頭	江州 彦根
前頭	常陸 水戸
前頭	羽州 米澤
前頭	奥州 若松
前頭	羽州 久保田
前頭	伊勢 長満津
同	奥州 廣前
同	三河 岡嵜
同	伊勢 松坂
同	出羽 軍ケ岡
同	奥州 二本松
同	出羽 阪田
同	越中 富山
同	若州 小浜
同	奥州 白川
同	上州 髙嵜
同	伊勢 桑名
同	越ゴ 高田
同	相州 小田原
同	下ノ 宇津宮
同	武州川越
同	ゑん州浜松
同	加ゝ大しやうじ
同	でハ山かた
同	ミの大かき
同	下総さくら
同	上州たて林
同	信州松本
同	下総古物
同	三しう吉田
同	ゑん州かけ川
同	信州善光寺
同	おうしう三春
同	信州上の
同	おうしう石巻
同	ひたち土浦
同	越前つるか
同	おうしうおし
同	おう州白石
同	てハしんしやう
同	信しう松しろ
同	ゑちこ長おか
同	加ゝ小まつ
同	しまとハ
同	いかうへの
同	おう州松しま
同	ゑちこしはた
同	三しうしの
同	いせかめ山
同	越こ府中
同	びしうと□
同	江しうぜゝ
同	越前丸おか
同	上総きさらつ
同	するか沼津
同	おうしう黒石
同	しん州高松
同	ひたちかさ間
同	下野とち木
同	ゑち前さはへ
同	ひしうつしま
同	ゑちこ今丁
頭取	越後新潟
頭取	越前三国
頭取	下総銚子
頭取	ミのきふ
同	てハ本しやう
同	ゑちこむら松
同	するが田中
同	ミのぐとう
同	せき宿
同	おハり犬山
同	いせ長しま
同	いせかんべ
同	ふしう岩付
同	ゑちこむら上
同	上しうう安中
同	おうしう中村
同	越前大の
同	かつさ東金
同	いよこまつ
同	下つけ壬生
同	かつさ大たき

行司	泉州堺
	甲州府中
	大和奈良
世話役	奥州松前
	伊豆下田
	相州浦賀
	佐州相川
	播州室津
勧進元	伊勢山田
	三ヶ之津
	山城伏見
差添	上州草津
	筑前博多
	摂津有馬

西之方	
大関	肥後 熊本
関脇	筑前 福岡
小結	芸州 廣嶌
前頭	薩州 鹿児嶌
前頭	備前 岡山
前頭	阿波 徳嶌
前頭	長門 萩
前頭	因州 鳥取
前頭	紀州 和哥山
前頭	肥前 佐賀
前頭	筑後 久留米
前頭	土佐 高知
同	出雲 松江
同	伊与 松山
同	備コ 福山
同	備中 倉鋪
同	豊前 小倉
同	伊与 宇和嶌
同	備中 玉嶌
同	肥セン 名古屋
同	筑コ 柳川
同	播州 姫路
同	讃岐 丸亀
同	同 髙松
同	和州 郡山
同	山城 淀
同	ふぜんなかつ
同	ふんこおか
同	はん州あかし
同	ひぜん平戸
同	つしまふちう
同	いつミかハの
同	さくしうつ山
同	せつ津尼か崎
同	ひせんからつ
同	いよいまはり
同	日向のへおか
同	すをう岩国
同	いよおうす
同	たんばふくち山
同	ひせんしま原
同	せつ津岸和田
同	いはミはま田
同	たんハかめ山
同	同さゝ山
同	日向飫肥
同	ふんこ臼杵
同	たんこミやつ
同	やまと高尾
同	たしまでいしへ
同	ほうき山あな
同	たんこたなべ
同	はりまたつの
同	きしうたなべ
同	ふんごふない
同	ひつ中松山
同	たんこかしハ原
同	ひこ八ツ代
同	長門府中
同	ひうか高なへ
同	はりまあかほ
同	ひこうと
同	ひうかさと原
同	ひごふなを
同	さくしうかつ山
同	ひこひとよい
同	ゑんしう□す
頭取	肥前長さき
頭取	長門下ノ関
頭取	せつの兵うご
頭取	近江大津
同	ひせん小城
同	あわちすもと
同	ひせんはす池
同	いか五条
同	同よした
同	きしうくまの
同	ひせん天城
同	ふんこさいき
同	せっつ三田
同	ひせん秋月
同	せつつ高き
同	ひせんかじま
同	備中あしもり
同	はりま三日月
同	すをうとく嶌
同	備中にわせ

この番付は、江戸時代の都市のランキングである。勧進元の「三ヶ之津」とは、江戸・大坂・京都のことである。東西の諸都市の優劣を捌く行司を始め、中央は、堺・山田など遠国奉行が置かれた都市、浦賀・相川など交通上・経済上の要衝であった港町により占められた。これらのほとんどが幕府の直轄領であり、江戸時代の政治上・経済上の主要都市は、幕府により完全に掌握されていたことが実感できる。最下段右下の頭取には、勧進元や世話役に次ぐ要衝が、直轄領に限らず記されている。

諸國温泉功能鑑

為御覧

行司
紀州 龍神の湯
伊豆 熱海の湯
上州 さわたりの湯
津軽 大鰐の湯

勧進元 紀州熊野 本宮の湯
差添人 同所 新宮の湯

大関 上州草津湯
関脇 野州那須湯
小結 信州諏訪湯
前頭 豆州湯河原湯
前頭 相州足の湯
前頭 陸奥嶽の湯
前頭 上州湯川尾湯
前頭 仙臺成子湯
前頭 最上高湯泉
前頭 武州小河原湯

同 津軽嶽の湯
同 相州湯元湯
同 豆州小名湯
同 信州淺湯湯
同 會津天仁寺湯
同 越後松の山湯
同 南部恐山湯
同 庄内田川湯
同 岩城湯元湯
同 米澤赤湯湯
同 下野中禅寺湯

同 秋田大瀧湯
同 奥州飯坂湯
同 南部鹿角湯
同 相州蛯子湯
同 豆州修善寺湯
同 仙臺川渡湯
同 庄内温海湯
同 津軽温湯
同 米沢滑湯
同 豆州植狸湯
同 會津熱塩湯
同 相州炭賀湯

大関 摂州有馬湯
関脇 但馬城崎湯
小結 豫州道後湯
前頭 加州山中湯
前頭 肥後阿蘇湯
前頭 豊後濱脇湯
前頭 肥前温泉湯
前頭 薩摩霧島湯
前頭 豊後別府湯
前頭 肥後山家湯

同 濃州下良湯
同 肥後ぢおく湯
同 能州底倉湯
同 備中長府湯
同 薩摩硫黄湯
同 紀州田邊湯
同 但馬湯川原湯
同 藝州川治湯
同 紀州大ぜち湯
同 加州白山湯
同 伯州徒見湯

同 薩摩揃島湯
同 肥前竹尾湯
同 石州川村湯
同 周防山口湯
同 肥前うれし湯
同 越中呈倉湯
同 越後塩沢湯
同 相州塔ノ沢湯
同 秋田おやす湯
同 薩摩関外湯
同 相州宮下湯
同 津軽矢立湯

30　諸国温泉功能鑑

諸国温泉功能鑑
しよこくおんせんこうのうかゞミ

為御覧

行司
紀州 龍神の湯
伊豆 熱海の湯
上州 さわたりノ湯
津軽 大鰐の湯

勧進元 紀州熊野 本宮の湯
差添人 同所 新宮の湯

大関	瘡どく三病 諸病ニよし	上州草津ノ湯
関脇	諸病ニよし	野州那須湯
小結	眼病ひつ ひせんニよし	信州諏訪湯
前頭	きりきす 打身ニよし	豆州湯河原湯
前頭	しつひせんニ よし	相州足の湯
前頭	瘡とく 諸病ニよし	陸奥嶽の湯
前頭	子なき女 くわいにんする	上州湯川尾湯
前頭	諸ひやうニよし	仙台成子湯
前頭	しつひぜんニよし	最上高湯ノ泉
前頭	うちミきり きすニよし	武州小河内原湯
同	瘡どく うちミニよし	津軽嶽の湯
同	諸病ニよし	相州湯元湯
同	がん病ニよし	豆州小名湯
同	そうとく ニよし	信州渋湯ノ湯
同	諸病ニよし	会津天仁寺湯
同	うちミ 諸病ニよし	越後松ノ山湯
同	諸病ニよし	南部恐山湯
同	かつけ病ニ よし	庄内田川湯
同	諸病ニよし	岩城湯元湯
同	同よし	米澤赤湯ノ湯
同	同よし	下野中禅寺湯
	諸病ニよし	秋田大滝ノ湯
	しつひぜん がん病	奥州飯坂湯
	瘡とくよし	南部鹿角湯
	かん病ニよし	相州姥子湯
	せんきニよし	豆州修善寺湯
	諸病ニよし	仙台川たび湯
	同	庄内温海湯
	しやく つかへ	津軽温湯ノ泉
	うちミ せんき	米沢湯沢湯
	づつう しやく	豆州権現湯
	中風 しやく	会津熱塩湯
	せんき 寸白	相州貴賀湯
	婦人一切ニよし	野州塩原ノ湯
	せんき そうどく	庄内湯ノ浜湯
	諸病ニよし	津軽板留湯
	同よし	信州別所湯
	そうどく	越後関ノ山湯
	うちミ 中風	南部台の湯
	諸病ニよし	伊達湯ノ村湯
	うち身 かつけ	最上銀山湯
	しつ ひせん	仙台釜崎湯
	しやく つかへ	会津滝の湯
	せんきニよし	米沢谷沢ノ湯
	づつうニよし	南部麻水ノ湯

大関	諸病ニよし 名泉ナリ	摂州有馬ノ湯
関脇	万病ニよし	但馬城ノ崎湯
小結	諸腫物ニよし	予州道後湯
前頭	瘡とくニよし	加州山中湯
前頭	しつひ せんニよし	肥後阿蘇湯
前頭	瘡どくニよし	豊後浜脇湯
前頭	諸病ニよし	肥前温泉湯
前頭	うちミ きんそうニよし	薩摩霧島湯
前頭	がんびやう ひへ性ニよし	豊後別府湯
前頭	諸病ニよし	肥後山家湯
同	がん病ニよし	濃州下良ノ湯
同	諸病ニよし	肥後ひな久湯
同	うちミ そうどく	能州底倉湯
同	しつひぜん よし	備中長府湯
同	万病ニよし	薩摩硫黄湯
同	りん病ニよし	紀州田邊湯
同	婦人ニよし	但馬湯川原湯
同	しつひぜん よし	芸州川治湯
同	瘡とくニ よし	紀州大ぜち湯
同	諸病ニよし	加州白山湯
同	しつひせん よし	伯州徒見湯
	がんびやうニよし	薩摩桜島ノ湯
	婦人一切	肥前竹尾湯
	せんしやく よし	石州川村湯
	しつ ひぜん	周防山口湯
	りん病ニよし	肥前うるし湯
	瘡どくニよし	越中足倉湯
	づつうニよし	越後塩沢湯
	ひへ性ニよし	相州塔ノ沢湯
	うち身 くじき	秋田おやすノ湯
	りん病ニよし	薩摩関外湯
	同	相州宮下湯
	切きず さうとく	津軽矢立湯
	瘡とくニ よし	信州湯瀬ノ湯
	づつうニよし	相州堂ケ島湯
	せんきニよし	津軽浅虫湯
	づつうニよし	仙台あきう湯
	瘡どくニ よし	越後出湯泉
	打身ニ よし	最上かミの山湯
	瘡とく によし	信州浅間湯
	しつひぜん	相州底倉湯
	中風 かつけ	上州東老神湯
	いたミ所ニ よし	越後田上湯
	諸病ニ妙	津軽倉立湯
	瘡どくニよし	能州足の湯

この番付は、全国の温泉地をランク付けし、さらに効能を記したものである。現存する温泉地の番付はほぼこの一種で、異なるタイトルの番付でも中身はほぼ同じである。東の大関は上州草津、西の大関は摂州有馬であり、江戸時代を通じて、この評価に変更はみられなかった。また、勧進元・差添人の本宮・新宮の両湯は、当時の民衆の精神構造と深く結び付いていた熊野信仰において、巡礼者が最後に辿り着く場が熊野であったことと関連するのであろう。

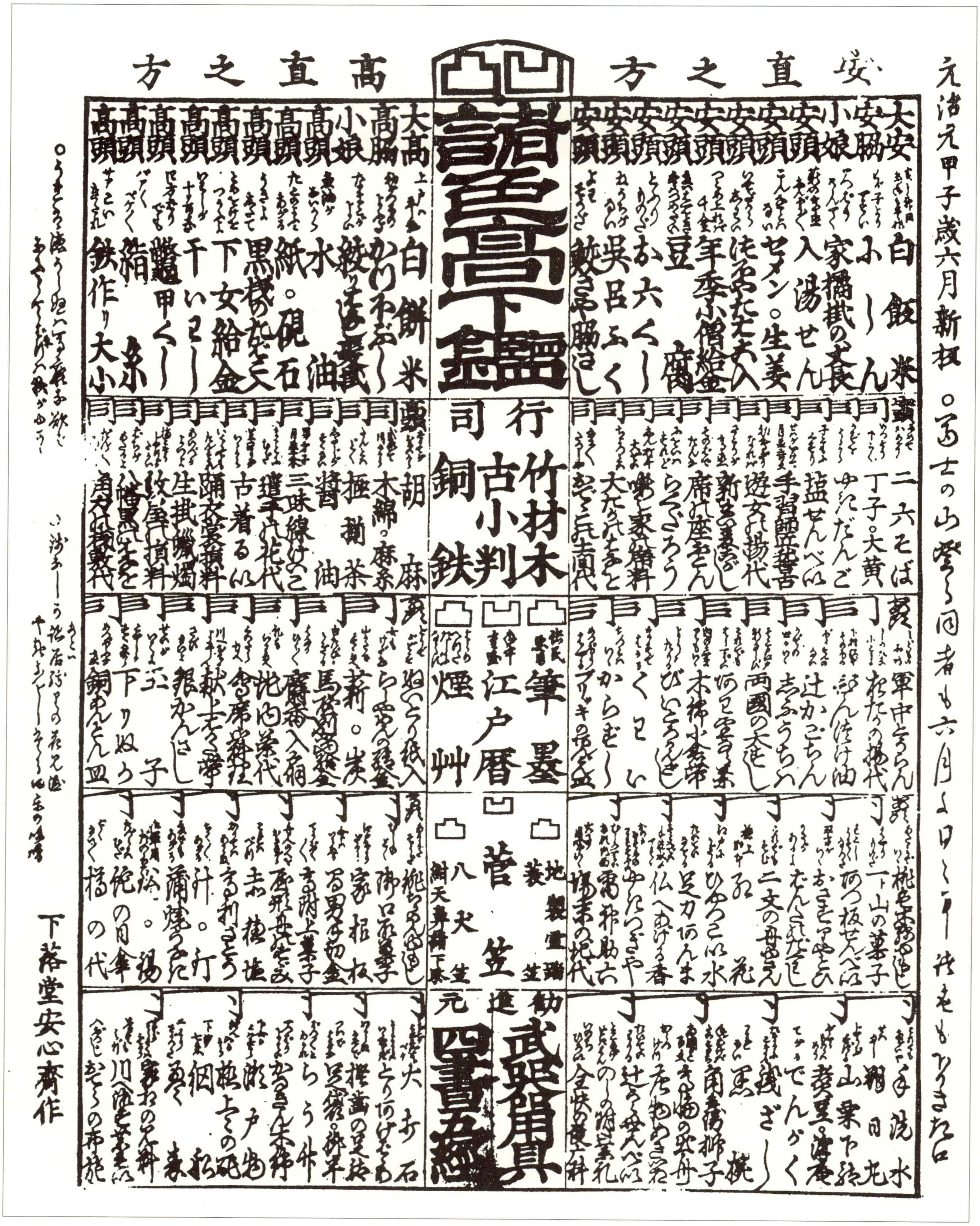

31　凸凹諸色高下競

元治元甲子歳六月新板

○富士の山登る同者も六月に日々に諸色も下りきた口

凹凸

諸色高下鑑

安直之方

大安　実に神国当年も豊作　白米
安脇　わが子よりやすい　にしん
小娘　やつぱりけんやく　家橋掛の丈長
安頭　薪の高直しんぼう／＼　入湯せん
安頭　こんなことハない　セメン○生姜
安頭　いせだからしわい　つほやたはこ入
安頭　つとめ上れバ千金　年季小僧給金
安頭　夏ハはやをき冬ハつめたい　豆腐
安頭　とふりものだ　お六くし
安頭　ねうちがない　呉呂ふくく
安頭　よわそうだ　鮫さや脇さし

窗嶺　ほめておあがり　二六そば
同　めつそう下らく　丁子○大黄
同　かずをうるから　ゆきだんご
同　子ともにくすり　塩せんべい
同　せハがやけて月並二百文　手習師匠稽古
同　初会ぎりなれバ　遊女の揚代
同　さとうが高直　新まい麦こがし
同　そのばでたんな　席の座ぶとん
同　にをいハすれど　らくだろう
同　しん打計大ぜい　噺し家の席料
同　ちよつとハ　大たかのはなを
同　なか／＼たつしや　おでゝこの土間代

窗嶺　ミどもの所持　軍中ろうらん
同　かミのたかいにこまる　夜たかの揚代
同　下村松本そのほか　びんつけ油
同　ぼう先のない　辻かごちん
同　かぜの出かいゝ　しふうちハ
同　そこか江戸新ならび　両国の大すし
同　それでもはら一ぱい　あわ雪なら茶
同　内のしまりもいゝ　木綿小倉帯
同　よう□たりる　びいとろかんざし
同　ますではかる　くわい
同　ちつとハいゝ　からずし
同　めつぽうはやる　ブリッキのあんどん皿

窗嶺　あたゝかでいゝ　桃色木綿ゆもじ
同　はやりものだ　一ト山の菓子
同　すこしうすくなつた　あつ板せんべい
同　双方がいゝ　おさすりやとひ
同　かさがあるよ　ぼんたのだくわし
同　これでもすむ　二文の舟やさん
同　極上弐本　紅花
同　江戸にかぎる　ひやつこい水
同　たいていなをる　足力あんま
同　壱文で手洗水かやすい　仏へあげる香
同　おのか物すめにわれそふ二ハむしろ一まい拝領地面　やきつぎや
同　雷神助六
同　火事用心がいゝ　場末の地代

同　これても両がいや　手洗水
同　せハなし　朔日丸
同　じやうぶすぎる　山栗下駄
同　ぶしやうものニハめう　煮豆○澤庵
同　てがる　でんがく
同　たまるにこまる　銭ざし
同　われない　黒椀
同　年ンあけバたいこもち　角兵衛獅子
同　両国迄百文　高輪の出舟
同　からつけつ　唐物あき箱
同　たいていわかる　辻ろくせんべい
同　とこあげせきはん　のしの附た薬礼
同　いのちひろい　全快の護摩料

行司

竹材木
古小判
銅鉄

凸　諸民要用　筆墨
凹　年中重宝　江戸暦
凸　はらのへつたたしにならず　煙艸

凸　地製雪踏　蓑笠
凹　菅笠
凸　八犬笠　紺天鼻緒下駄

勧進元
武器用具
四書五経

高直之方

大高　上戸ハ平気　白餅米
高脇　初がつほのよふだ　かつほぶし
小娘　なまこがよい　絞りはなし髪掛
高頭　魚油がないから　水油
高頭　たこのよふニあがる　紙○硯石
高頭　うきよしたて　黒桟のたばこ入
高頭　とめをけをつかふよ　下女給金
高頭　いわしが十ヲ百文た　干いわし
高頭　四方ばりでも　鼈甲くし
高頭　パア／＼ペケ／＼　絹糸
高頭　サアこいきたれ　鉄作り大小

高嶺　すりてがおほいから　胡麻
同　武家で用るから　木綿○麻糸
同　たんとハどく　極揃茶
同　したじがすくない　醤油
同　男弟子月並二朱　三味線けいこ
同　まことにむだ　遣手の花代
同　薬廻りがいゝから　古着るい
同　いくらでもたんととれ　踊衣装損料
同　あいづがよいよ　生掛蠟燭
同　楠とそうじやつがたかい　蚊屋の損料
同　ばちがあたるよ　八幡黒のはなを
同　だん／＼あかる　角力の桟敷代

高嶺　どうでござす　ぬいとり紙入
同　女もけだ物　らしやめんの給金
同　山かたでずゝねへ　薪○炭
同　白たびニかぎる　馬屋別当給金
同　はなかひく／＼　麝香入扇
同　礼をいわねへ　地内茶代
同　くいたらねへ　会席御料理
同　川へおちるよふしん　献上はかた帯
同　さびないよ　銀かんさし
同　せいがつくよ　玉子
同　こやしかすくないから　下りぬか
同　めつぽふな直　銅あんとん皿

高嶺　ありかたそうだ　緋ちりめんゆもじ
同　むしのどく　御口取菓子
同　江戸ばかりだから　家根板
同　命ハいらぬか　間男手切金
同　てうぶく／＼　高附上菓子
同　舟人のへをかきながら　屋形舟のすゞみ
同　これハべつ　赤穂塩
同　かりてハあわぬ　高利さとう
同　ちく／＼あがる　針○釘
同　夏でもあがる　蒲焼うなぎ
同　御軍用だいち　鉛○錫
同　たづら二ハむだ　蛇の目傘
同　ごくない／＼　樽の代

同　かどがとれすぎるトペケ　火打石
同　としより二ハいゝかせぎ　とりあげばゝあ
同　ぬからぬかほで　樫歯の足駄
同　ついではきな　足袋○脚半
同　ぱつ／＼とあかれ　らう竹
同　やつぱりよわい　かなきん木綿
同　下女かこハすから　瀬戸物
同　油へ入るから　極上々の酢
同　一ト汐七□　網
同　二わりさがつた　畳表
同　半分そうさくハふよう　家相の見料
同　養生もミづ　川へ流す薬れい
同　入ぶつじ　おてらの布施

○うれは徳うらぬハ馬鹿な欲ばりよ　なにとてばつハ秋がゆかふぞ

○銭なしか跡居(あとい)残りの花見渡　やきなをしたる田楽の味噌

下落堂安心斎作

この番付は、東に「安直之方」を配置し、庶民の目線で諸物価の動きを追っている。たとえば、米は豊作により大安とし、木綿や麻は第一次長州征討（元治元年・1864年）に際しての軍需品として買いあさられ、値段が上がっていると説明する。このようなコメントは、時代状況を加味した上で、全商品に的確に付けられている。これは、作者の単なる遊び心ではなく、読者が物価の動きを知るための手がかりとなるように挿入された文章であろう。なお、作者の「下落堂安心斎」は凹印の値下げ願望にあやかった偽名であり、かなりの情報通であったと考えられる。

慶應二丙寅歳八月大新板

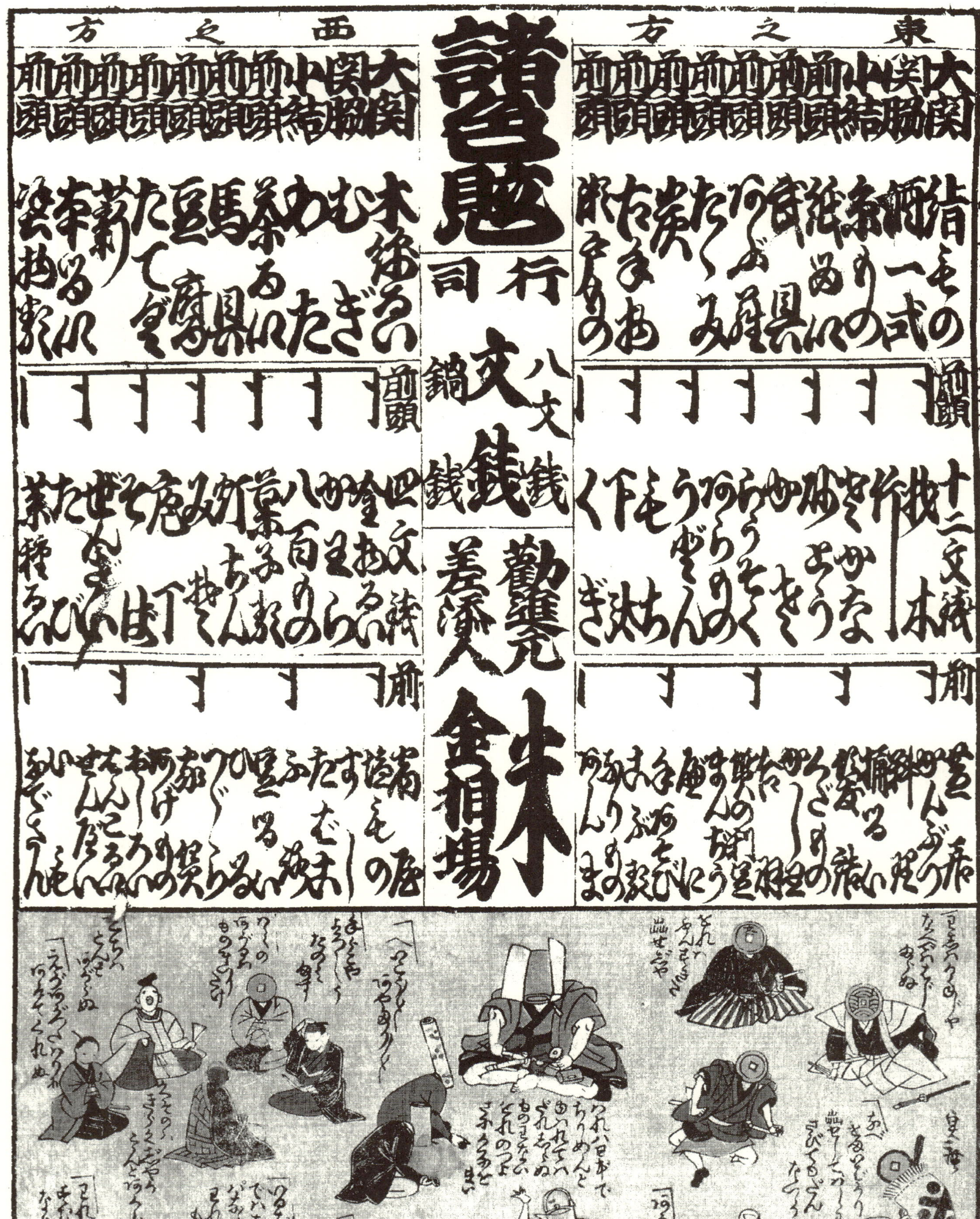

慶応二丙寅歳八月大新板

諸色魁

西之方		東之方	
大関	木綿るい	大関	絹もの
関脇	むぎ	関脇	酒一式
小結	わた	小結	糸もの
前頭	茶るい	前頭	紙るい
前頭	馬具	前頭	武具
前頭	豆腐	前頭	あぶら
前頭	たてぐ	前頭	たくみ
前頭	薪	前頭	炭
前頭	本るい	前頭	古手物
前頭	塗物類	前頭	瀬戸もの

行司 八文銭 文銭 鍋銭

勧進元 米相場

差添人 金相場

西之方		東之方	
前頭	四文銭	前頭	十二文銭
同	金物るい	同	材木
同	かわら	同	竹
同	八百もの	同	さかな
同	菓子類	同	砂とう
同	灯ちん	同	かさ
同	みそ	同	らうそく
同	庖丁	同	あらもの
同	そば	同	うどん
同	ぜんざい	同	もち
同	たび	同	下駄
同	薬種るい	同	くぎ

西之方		東之方	
前	宿屋	前	芝居
同	塩もの	同	かんぶつ
同	すし	同	料理
同	たばこ	同	桶るい
同	ふろ	同	髪結
同	豆るい	同	くだもの
同	ひる	同	かしわ
同	つゞら	同	台羽
同	家賃	同	質利
同	あげもの	同	まんぢう
同	おしろい	同	べに
同	はんこるい	同	手あそび
同	せんべい	同	こぶ類
同	いも	同	なりもの
同	なでさん	同	あんま

この番付は、江戸を無政府状態にさせた慶応の打ちこわし、江戸の地廻りを席巻した武州世直し一揆の余韻覚めやらぬ慶応2年（1866）8月に板行された。打ちこわし・一揆ともに、発端は、同年6月に始まる第二次長州戦争がもたらした政情不安、それに伴う物価上昇にある。番付絵の中央において、大関の「絹もの」が外人らに「へいこうへいこうあやまりあやまり」と言わせている場面は、当時の物価上昇の度合いを如実に表している。このため幕府は、市価の半値で米を売ると発表し、貧しい町人たちが再び騒ぎを起さないよう腐心した。

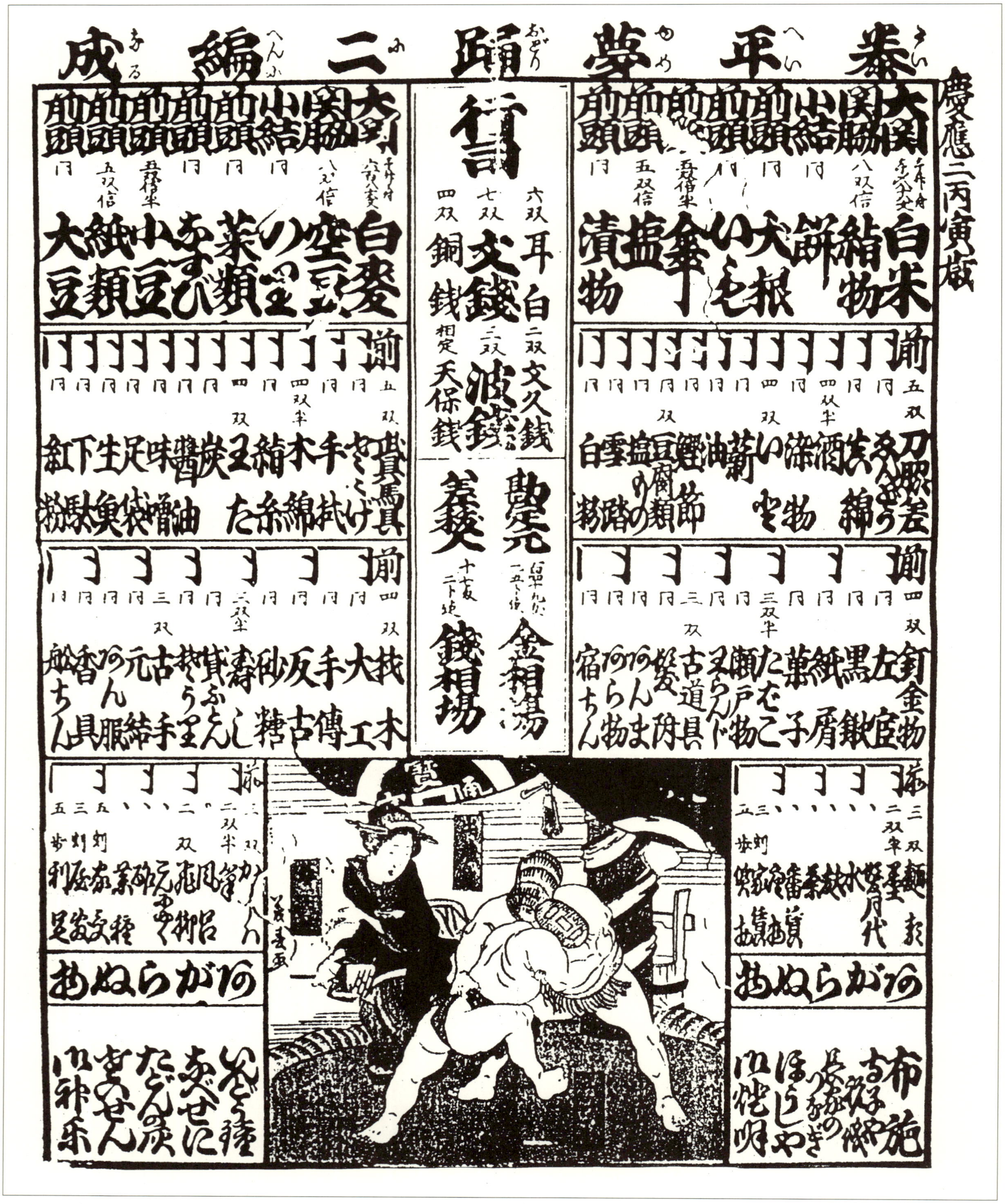

33　泰平夢踊二編成

泰平夢踊二編成
（たいへいゆめおどりにへんなる）

慶応二丙寅歳

番付	値上がり	品目	番付	値上がり	品目
大関	壱升二付 壹貫八十八文	白米	大関	壱升二付 六百八十八文	白麦
関脇	八双倍	絹物	関脇	八双倍	空豆
小結	同	餅	小結	同	のり
前頭	同	大根	前頭	同	菜類
前頭	同	いも	前頭	同	なすび
前頭	五双倍半	傘	前頭	五双倍半	小豆
前頭	五双倍	塩	前頭	五双倍	紙類
前頭	同	漬物	前頭	同	大豆
前	五双	刀脇差	前	五双	武具馬具
同	同	ゑんどう	同	同	さゝげ
同	同	真綿	同	同	手拭
同	四双半	酒	同	四双半	木綿
同	同	染物	同	同	絹糸
同	四双	いと	同	四双	わた
同	同	薪	同	同	炭
同	同	油	同	同	醤油
同	同	鰹節	同	同	味噌
同	同双	豆腐類	同	同	足袋
同	同	塩もの	同	同	生魚
同	同	雪踏	同	同	下駄
同	同	白粉	同	同	紅粉
前	四双	釘金物	前	四双	材木
同	同	左官	同	同	大工
同	同	黒鍬	同	同	手伝
同	同	紙屑	同	同	反古
同	同	菓子	同	同	砂糖
同	三双半	たばこ	同	三双半	寿し
同	同	瀬戸物	同	同	貸ふとん
同	同	わらんじ	同	同	そうり
同	三双	古道具	同	三双	古手
同	同	紙附	同	同	元結
同	同	あんま	同	同	あん服
同	同	あら物	同	同	香具
同	同	宿ちん	同	同	船ちん
前	三双	麺類	前	三双	かしハ
同	二双半	墨	同	二双半	筆
同	同	髪月代	同	同	風呂
同	同	水	同	二双	飛脚
同	同	麸	同	同	こんにやく
同	同	茶	同	同	酢
同	同	番賃	同	同	薬種
同	同	唐物	同	五割	家受
同	三割	家賃	同	三割	屋敷
同	五歩	質物	同	五歩	利足

行司

六双	耳白	
七双	文銭	
四双	銅銭	
二双	文久銭	
三双	波銭	
相定	天保銭	

勘定元 百四十九匁二五歩位 金相場

差抜人 十七匁二歩位 銭相場

あがらぬ物

布施、寺子や祝儀、長家のつなぎ、ほうしや、御灯明

あがらぬ物

いんどう鐘、なべせに、たどんの灰、さいせん、御神楽

この番付は、慶応２年（1866）に板行され、各品が当時、どれほど値上がりしていたのかをランク付けし、値段の上がらないものを最下段に一括している。各品の物価上昇は、同年６月に始まる第二次長州戦争がもたらした世情不安を如実に反映してのことである。この番付は名称から、値上がりを夢のように踊り喜ぶ商人を題材に作られたと思われる。しかし、商人にとってこの番付は、各品の値上がりの度合いが明記されており、同時期に起こった慶応の打ちこわしを考えれば、恐怖の対象でしかなかった。

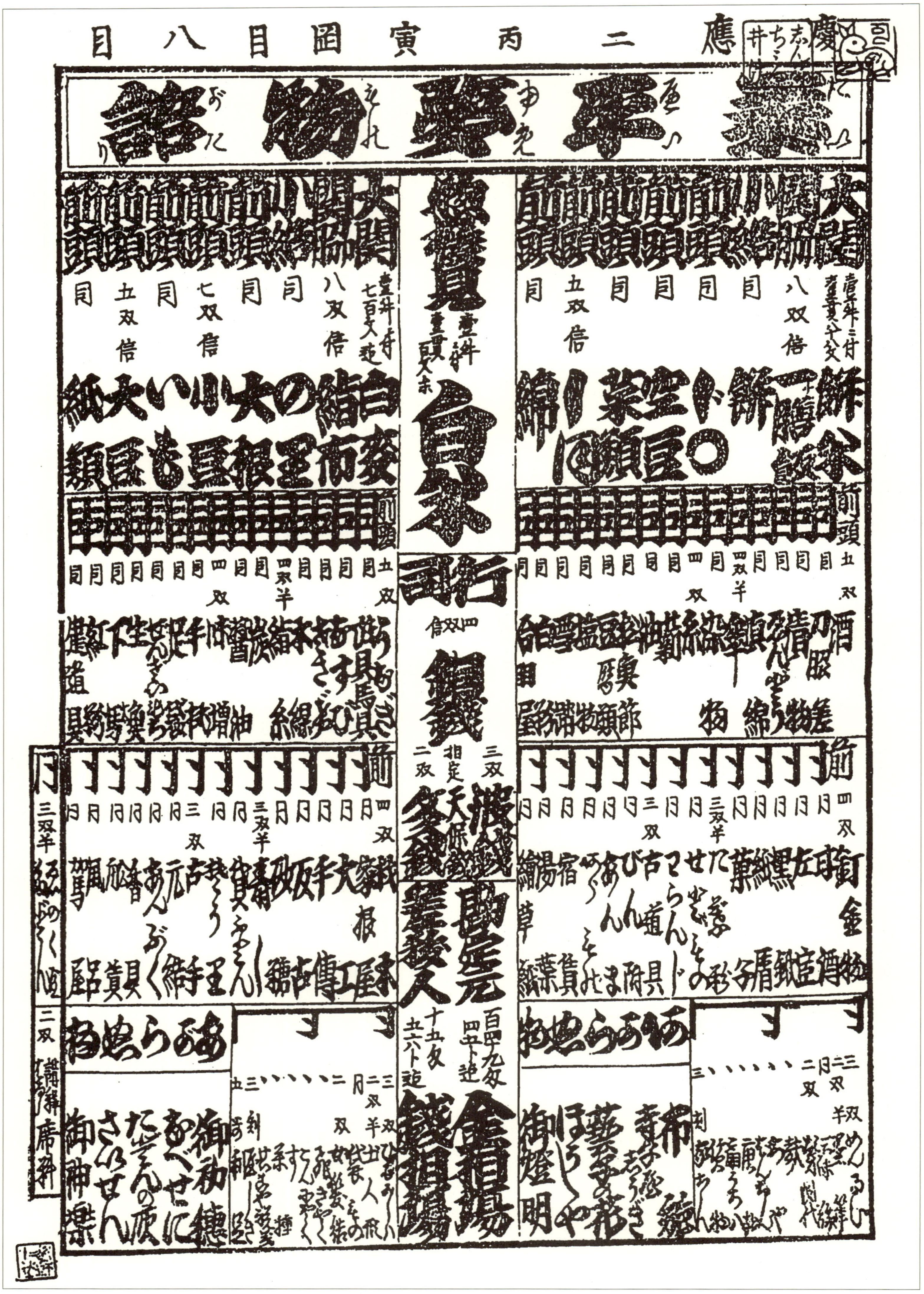
泰平夢物語

慶応二丙寅 岡目八目

泰平夢物語（たいへいゆめものがたり）

- 大関 壱升ニ付 壱貫八十八文 餅米
- 関脇 八双倍 一ト膳飯
- 小結 同 餅
- 前頭 同 じ○
- 前頭 同 空豆
- 前頭 同 菜類
- 前頭 五双倍 しほ
- 前頭 同 綿

- 前頭 五双 酒
- 同 同 刀脇差
- 同 同 漬物
- 同 同 ゑんどう
- 同 同 真綿
- 同 四双半 傘
- 同 同 染物
- 同 四双 糸
- 同 同 薪
- 同 同 油
- 同 同 松魚節
- 同 同 豆腐類
- 同 同 塩物
- 同 同 雪駄
- 同 同 白粉
- 同 同 合羽屋

- 前 四双 釘金物
- 同 同 甘酒
- 同 同 左官
- 同 同 黒鍬
- 同 同 紙屑
- 同 同 菓子
- 同 三双半 たば粉
- 同 同 せともの
- 同 同 わらんじ
- 同 三双 古道具
- 同 同 びん附
- 同 同 あんま
- 同 同 からもの
- 同 同 宿賃
- 同 同 湯葉
- 同 同 絵草紙

あかぬらぬ物

- 布施
- 寺子屋しうぎ
- 芸子の花
- ほうしや
- 御燈明

- 同 三双 めんるい
- 同 二双半 墨筆
- 同 同 三味線
- 同 二双 髪月代
- 同 同 裁
- 同 同 あや
- 同 同 はんちん
- 同 同 唐紙
- 同 同 角うちハ
- 同 同 質物
- 同 三刻 家ちん

惣後見 壱升ニ付 壱貫百文余 白米

行司 四双倍 銅銭

- 三双 鈹銭
- 相定 天保銭
- 二双 文久銭

勘定元 百四十九匁四五分迄 金相場

差抜人 十五匁五六分迄 銭相場

- 大関 壱升ニ付 七百文迄 白麦
- 関脇 八双倍 絹布
- 小結 同 のり
- 前頭 同 大根
- 前頭 七双倍 小豆
- 前頭 同 いも
- 前頭 五双倍 大豆
- 前頭 同 紙類

- 前頭 五双 うなぎ
- 同 同 武具馬具
- 同 同 なすび
- 同 同 ささげ
- 同 同 木綿
- 同 四双半 絹糸
- 同 同 炭
- 同 同 醤油
- 同 四双 味増
- 同 同 手拭
- 同 同 足袋
- 同 同 ぜんざいもち
- 同 同 生魚
- 同 同 下駄
- 同 同 紅粉
- 同 同 建道具

- 前 四双 材木
- 同 同 家屋
- 同 同 大工
- 同 同 手伝
- 同 同 反古
- 同 同 砂糖
- 同 三双半 すし
- 同 同 貸ふとん
- 同 同 そうり
- 同 三双 古手
- 同 同 元結
- 同 同 あんぶく
- 同 同 香具
- 同 同 船賃
- 同 同 風呂
- 同 同 駕屋
- 同 三双半 ゐのく たどん屋

あがらぬ物

- 御初穂
- なべせに
- たどんの灰
- さいせん
- 御神楽

- 同 三双 ひもかしハ
- 同 二双半 土人形
- 同 同 袋もの
- 同 二双 女髪結
- 同 同 飛きやく
- 同 同 こんにやく
- 同 同 す
- 同 同 菜種
- 同 同 けいこや祝義
- 同 三割 屋しき
- 同 五歩 利足

二双 講釈はなし 席料

この番付は、慶応の打ちこわし、武州世直し一揆、第二次長州戦争と続く政情不安により、各品が当時、どれほど値上がりしたのかをランク付けしたものである。打ちこわしと一揆は物価の上昇、中でも米価の暴騰による庶民の生活苦が発端となっていた。そのため番付では、穀類が東の大関・関脇・小結、西の大関と上位に挙げられている。商品の値上がりを喜んでいた商人たちは、庶民の打ちこわしに遭い、結局のところ「泰平」は「夢物語」であった、という意味がタイトルに込められているのである。

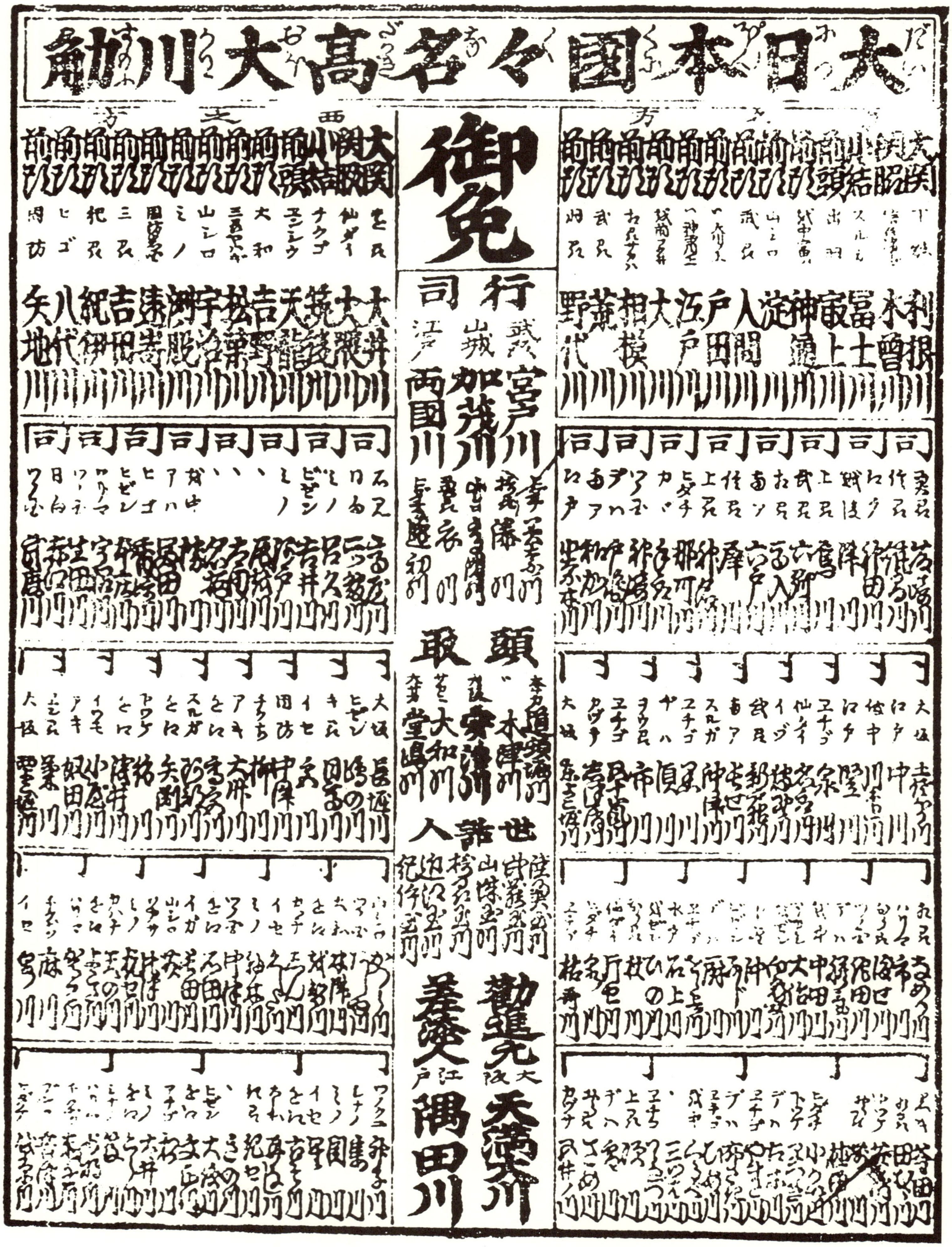

35　大日本国々名高大川角力

大日本国々名高大川勅（だいにっぽんくにぐになだかきおほかわすもふ）

御免

西之方

大関	遠州	大井川
関脇	仙ダイ	大隈川
小結	チクゴ	筑後川
前頭	エンシウ	天龍川
前頭	大和	吉野川
前頭	三州ヤハギ	松葉川
前頭	山シロ	宇治川
前頭	ミノ	洲ノ股川
前頭	周防岩国	遠嵜川
前頭	三州	吉田川
前頭	紀州	紀伊川
前頭	ヒゴ	八代川
前頭	周防	矢地川
同	石見	高屋川
同	日向	二ツ舘川
同	ミノ	呂久川
同	ビゼン	吉井川
同	ミノ	河戸川
同	同	尾越川
同	同	太田川
同	同	名柄川
同	越中	堺川
同	アハ	冨田川
同	ヒゴ	香崎川
同	ヒゼン	本庄川
同	ハリマ	宇根川
同	ツノ国	生田川
同	日向	赤江川
同	ツノ国	武庫川
同	大坂	長堀川
同	ヒゼン	嶋の川
同	キ州	日高川
同	イセ	宮川
同	周防	中津川
同	チク前	柳川
同	アキ	大竹川
同	近江	高宮川
同	スルガ	阿部川
同	近江	矢渕川
同	下ツケ	絹川
同	近江	浅井川
同	イツモ	小屋川
同	アキ	奴田川
同	エン州	菊川
同	大坂	西よこ堀川
同	山シロ	かつら川
同	ツノ国	あしや川
同	大和	木津川
同	近江	越智川
同	カハチ	しん川
同	イセ	久しだ川
同	ミノ	柚木川
同	ツノ国	中津川
同	近江	石田川
同	イガ	長田川
同	山シロ	芥川
同	ワカサ	比津川
同	ミノ	杭セ川
同	カハチ	天のセ川
同	近江	よこた川
同	ハリマ	駕こ川
同	チク前	麻川
同	イセ	泉川
同	ツノクニ	神ノ子川
同	シナノ	妻川
同	ミノ	関川
同	イセ	星川
同	近江	古そ川
同	大和	耳なし川
同	紀州	紀セ川
同	同	きの川
同	ヒゼン	大儀川
同	近江	気田川
同	エチゴ	松川
同	ミノ	大井川
同	近江	くら川
同	シナノ	笈川
同	ハリマ	少将川
同	チク前	赤近川
同	ブンコ	音津川
同	ヒダチ	儀原川

東之方

大関	下総	利根川
関脇	信州皆川上	木曾川
小結	スルカ	冨士川
前頭	出羽	最上川
前頭	越中富山	神通川
前頭	山シロ	淀川
前頭	武州	入間川
前頭	同大川ノ上	戸田川
前頭	同神田川ノ上	江戸川
前頭	越前フク井	大川
前頭	相州サカハ	相模川
前頭	武州	荒川
前頭	羽州	野代川
同	奥州	藤崎川
同	信州	筑間川
同	江戸	神田川
同	越後	津川
同	上州	烏川
同	武州	六郷川
同	相州	馬入川
同	南部	六戸川
同	信州	犀川
同	上州	神名川
同	ヒダチ	那珂川
同	カゞ	手取川
同	ツノ国	神崎川
同	デハ	戸嶋川
同	南部	和加ノ川
同	江戸	小奈木川
同	大坂	土佐ほり川
同	江戸	中川
同	備中	川邉川
同	江戸	竪川
同	エチゴ	泉川
同	仙タイ	名取川
同	イヅ	狩野川
同	武州	新戸根川
同	南部	長せ川
同	スルガ	沖津川
同	エチゴ	黒川
同	デハ	須川
同	ヲウ州	市川
同	エチゴ	五十嵐川
同	カヅサ	志津満川
同	大坂	東よこ堀川
同	相州	なめり川
同	ハリマ	市川
同	おう州	渡世川
同	ツノ国	池田川
同	デハ	勝気川
同	越中	中田川
同	サカミ	大話川
同	越ゼン	向衣女川
同	トサ	沖川
同	ビゼン	ふじ川
同	デハ	厨川
同	エチゴ	をし上ケ川
同	水戸	石上川
同	越ゼン	ひの川
同	おう州	杖川
同	仙ダイ	片セ川
同	ヒダチ	泉川
同	エチゴ	枯哥川
同	岩キ	釜田川
同	相州	田むら川
同	下ツケ	芥屑川
同	おふ州	前川
同	同	植田川
同	ヒダチ	小かい川
同	下ツケ	早つき川
同	デハ	古木川
同	エチゴ	やまと川
同	デハ	布さき川
同	エチゴ	ひめ川
同	越中	くるべ川
同	同	三つは川
同	エチコ	わなつ川
同	上州	須川
同	デハ	雪川
同	おう州	さめ川
同	カヅサ	五井ノ川

中央

行司
- 武州 宮戸川
- 山城 加茂川
- 江戸 両国川
- ヒダチ みなノ川
- 摂州 湊川
- 山シロ 高瀬川
- 奥州 衣川
- ヒダチ 逢初川

頭取
- 大サカ 道頓堀川
- 同 木津川
- 大阪 安治川
- サカミ 大和川
- 大サカ 堂嶋川

世話人
- 陸奥玉川
- 武蔵玉川
- 山城玉川
- 摂州玉川
- 近江玉川
- 紀伊玉川

勧進元
- 大阪 天満大川

差添人
- 江戸 隅田川

この番付は日本の大川をランク付けしたものであり、天保11年（1840）に板行された。東の大関の利根川は、西の小結の筑後川と共に、日本三大暴れ川の一つに数えられた（もう一つの四国の吉野川は記載がない）。また、西の大関の大井川は、江戸の防衛上、架橋も渡し舟も禁じられていた。大名・庶民を問わず、馬や人足を利用して輿や肩車で渡河しなければならなかったので、東海道における屈指の難所であった。番付では、川の長さよりも、暴れ川など人々にとってどれほど難所であったか、その度合いがランク付けの基準となっていたのかもしれない。

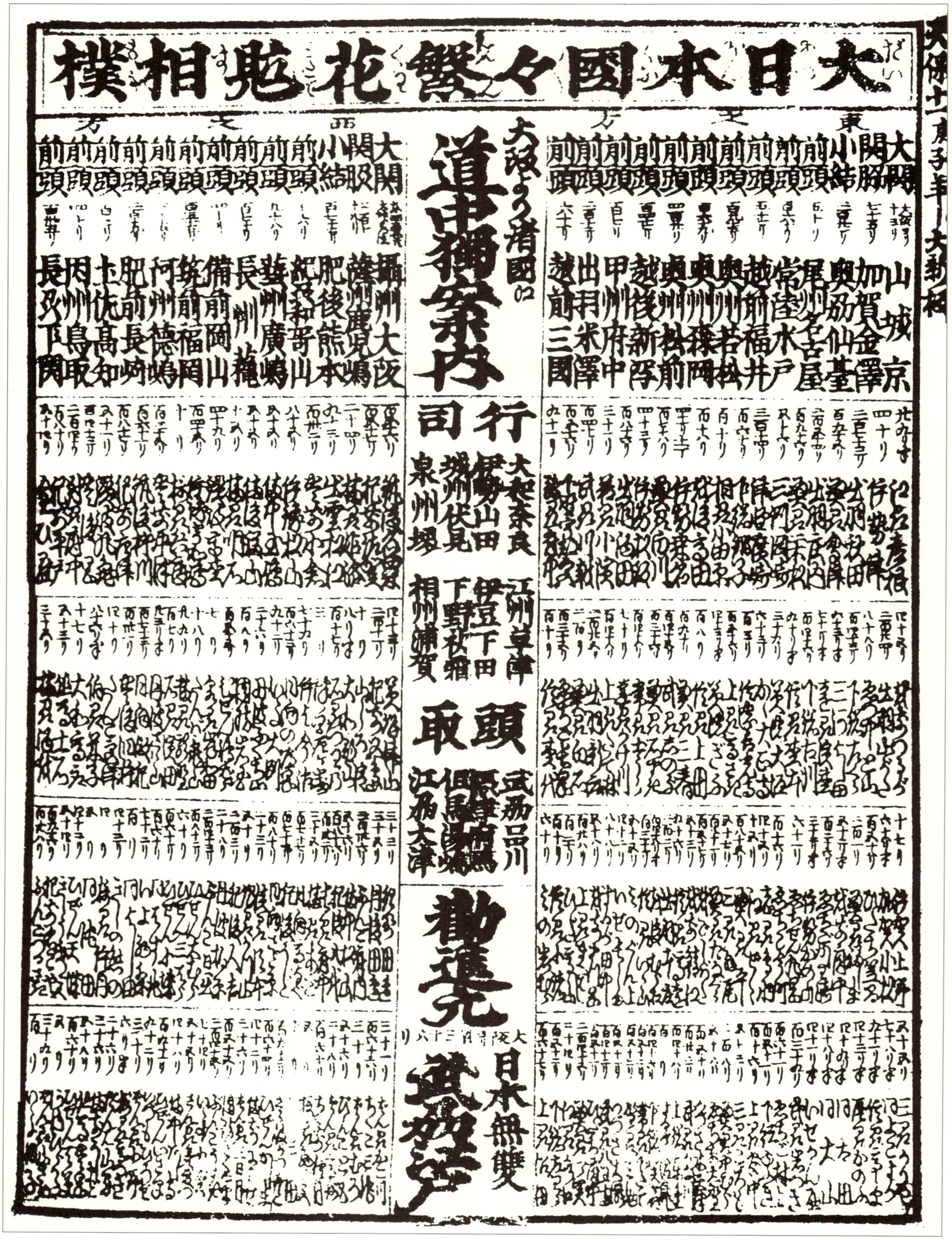

36　大日本国々繁花見立相撲

大日本国々繁花見立相撲

（だい にっ ぽん くに ぐ はん くわ みたて す もう）

天保十一庚子年大新板

東之方

	大阪ヨリ	
大関	十ヨリ	山城京
関脇	七十五リ	加賀金澤
小結	二百廿一リ	奥州仙台
前頭	五十リ	尾州名古屋
前頭	百六十リ	常陸水戸
前頭	五十一リ	越前福井
前頭	百九十六リ	奥州若松
前頭	百六十九リ	奥州盛岡
前頭	四百廿リ	奥州松前
前頭	百四十七リ	越後新潟
前頭	百七リ	甲州府中
前頭	二百十二リ	出羽米澤
前頭	六十一リ	越前三国
	廿九リ半	江州彦根
	四十リ	伊勢津
	二百七十三リ	出羽秋田
	百九十五リ	奥州会津
	二百五十四リ	出羽庄内
	百九十六リ	奥州二本松
	五十六リ	三河岡崎
	三百十四リ	津軽広崎
	百六十リ	下総銚子
	百十リ	相州小田原
	百十八リ	越後高田
	四十一リ十一丁	伊勢桑名
	百七十八リ	奥州白川
	四十三リ	伊勢松阪
	百八十六リ	出羽酒田
	三十一リ	若州小浜
	百四十一リ	武州川越
	百五十六リ	下野宇都宮
	九十一リ	駿州府中
	四十五リ	越前つるが
	二百廿四リ	出羽山がた
	八十八リ	ゑつ中と山
	百四十二リ	下総さくら
	六十三リ半	三河よし田
	七十一リ半	遠州浜松
	百四十六リ	下総古川
	九十リ半	信州松本
	三十九リ	美濃大垣
	六十三リ	か丶大聖寺
	百三リ	信濃善光寺
	百五十六リ	上州高さき
	四十三リ半	美濃ぎふ
	百八リ	信州上田
	百九十リ	奥州三春
	百四十五リ	武州しのよ
	百三十六リ	奥州石まき
	百四十五リ	常州土うら
	七十リ	遠州かけ川
	百四十八リ	上州たて林
	二百廿五リ	出羽新庄
	二百リ	奥州白石
	百三十五リ	ゑちご長岡
	百十リ	信州松代
	十七リ	伊賀上野
	六十八リ半	加賀小松
	百五十リ	ひたち笠間
	二百一リ	奥州福しま
	五十二リ半	越前府中
	百二十六リ	ゑちごかしわ崎
	三十二リ半	伊勢かめ山
	六十一リ	ゑちせん丸岡
	百十六リ	ゑちこ今町
	四十五リ	志州鳥羽
	十五リ	江州ぜ丶
	百八十五リ	奥州平
	五十七リ	三州西尾
	百八十一リ	奥州たなくら
	百五十七リ	越ごこしバた
	五十三リ	越前鯖江
	九十六リ	信州高遠
	二百三リ	出羽本庄
	百四十八リ半	越後むら松
	百三十一リ	信州い丶山
	五十五リ	ミのぐん上
	四十二リ	いせ長しま
	八十八リ	するが田中
	五十八リ	越前まつ岡
	百廿八リ	上州まへばし
	百二十リ	ひだ高山
	六十リ	ミの岩むら
	五十五リ	三州かりや
	七十八リ半	同よこすか
	九十一リ半	信州高しま
	四十三リ半	尾州かのふ
	四十九リ半	同太田
	四十八リ半	同大山
	四十一リ半	いせかん原
	百三十九リ	武州岩つき
	百六十一リ	ゑちご村上
	百五十一リ	下総ゆふき
	百十弐リ	上州安中
	五十三リ	三州ころも
	二百八リ	奥州中むら
	五十八リ	ゑち前大野
	百五十リ	かづさ木更津
	百廿三リ	武州かな川
	百四十八リ	上総東金
	百リ	するが沼津
	百四十六リ	下総関宿
	百五十二リ	野州みふ
	百五十一リ	かづさ大滝
	百四十二リ	武州八王子
	百五十一リ	ひたち府中
	二百四十五リ	奥州一ノ関
	二十四リ	江州水口
	百五十二リ	下総さわら
	百六十七リ	上州沼田

西之方

大関	東国西国共大阪ゟ道法	摂州大阪
関脇	二百七十八リ	薩州鹿児嶋
小結	百七十四リ	肥後熊本
前頭	十六リ	紀州和哥山
前頭	九十八リ	芸州広嶋
前頭	百七十リ	長州萩
前頭	四十リ	備前岡山
前頭	百五十六リ	筑前福岡
前頭	□□□リ	阿州徳嶋
前頭	二百十八リ	肥前長崎
前頭	百□リ	土佐高知
前頭	四十リ	因州鳥取
前頭	百卅五リ	長州下関
	百五十六リ	筑後久留米
	百五十七リ	肥前佐賀
	二十四リ	播州姫路
	九十三リ	出雲松江
	百卅二リ	豊前小倉
	八十五リ	伊予松山
	五十五リ	備中玉嶋
	五十五リ	備後福山
	十五リ	播州明石
	四十九リ	讃岐高松
	百四十五リ	伊予宇和嶋
	十リ	摂州兵庫
	百三十五リ	豊前中津
	百六十一リ	筑後柳川
	百八十七リ	肥前唐津
	五十一リ	讃岐丸亀
	百四十三リ	豊後岡
	二百四十リ	対馬府中
	百八十リ	肥前平戸
	五十四リ	金ひら
	四十三リ	美作津山
	二百十一リ	肥前五島
	十リ	山しろ淀
	八リ半	大和郡山
	百十七リ	石州つわの
	三リ	津ノ国尼ケ崎
	七十九リ	伊よ今治
	百六十三リ	日向のへ岡
	九十二リ	いよ大洲
	二十六リ	丹波ふくち山
	百八リ	周防岩国
	百五十五リ	ひせん嶋ばら
	七リ	泉州岸和田
	十八リ	たんバ亀山
	廿九リ	播州龍野
	百七リ	石州濱田
	廿三リ半	丹波さ丶山
	百七十三リ	日向飫肥
	百卅一リ	豊後臼杵
	四十リ	たんご宮津
	八十五リ半	伯州米子
	十七リ	大和高取
	五十三リ	但馬出石
	三十五リ	播州溜越
	三十三リ	紀州田辺
	三十五リ	丹後田辺
	二百卅六リ	ふんご府内
	五十六リ	備中松山
	百八十八リ	肥後八代
	百廿二リ	長州府中
	三十五リ	播州あこ
	百七十七リ	日向高なべ
	百七十六リ	肥後うしこ
	百八十リ	日向さど原
	二十三リ	淡州須本
	五十リ	作州勝山
	二百三リ	肥後人吉
	二十八リ	丹波柏原
	二百四十三リ	ぶんこ日出
	百八十二リ	ひせん大むら
	六十リ	ひせん三はら
	百六十一リ	ひせん小城
	七十二リ	いよ西条
	百リ	同よし田
	四十三リ	きしの熊の
	四リ	播州伊丹
	五リ	同池田
	四十二リ	ひぜん天城
	五十四リ	きしう新宮
	百九十六リ	肥前名こや
	百廿八リ	ふんこつるさき
	三十一リ	ばん州かこ川
	百六十六リ	ちくこ三池
	三十リ	ばん州むろ
	五十六リ	びんことも
	二十八リ	はん州高砂
	百六十リ	ちく前秋月
	五リ	摂州西宮
	十リ	同三田
	二百六十二リ	豊後かつ□□
	百六十四リ	ひぜんかしま
	四十二リ	備前にはせ
	三十六リ	ばん州三日月
	百五十五リ	周防とくやま
	二百四十五リ	ぶんこう□
	七十四リ	いよ小松
	五十五リ	さん州多度つ
	四十八リ	備中あし守
	百九十一リ	ひぜんいさ早
	九十二リ	いづもひろせ
	三十リ	ばん州小野
	六リ半	摂州高つき
	二十六リ	たんは山家
	三十六リ	備前うしまど
	五十八リ	但馬豊岡
	百六十リ	ひせん天草
	五リ	河内ひらかた
	三十九リ	ばん州山さき
	百リ	いよ内子

大阪より諸国江 道中独案内

行司

大和奈良　伊勢山田　城州伏見　泉州堺

江州草津　伊豆下田　下野初霜　相州浦賀

頭取

武州品川　摂津有馬　但馬湯嶋　江州大津

勧進元

大阪ヨリ百三十六リ

日本無双 武州江戸

この番付は、全国の繁華な地名を取り上げている。中央に「大阪より諸国江　道中独案内」とあり、地名には大坂からの距離が記されているので、天保11年（1840）に大坂で版行されたと考えられる。中央には行司・頭取・勧進元が配され、行司は遠国奉行所が置かれていた奈良・山田・伏見など、勧進元は将軍の居所である江戸が勤めている。なお、大関以下の各地名をみれば、金沢・鹿児島・名古屋・和歌山など外様大名あるいは御三家の城下町が上位を占めていた。

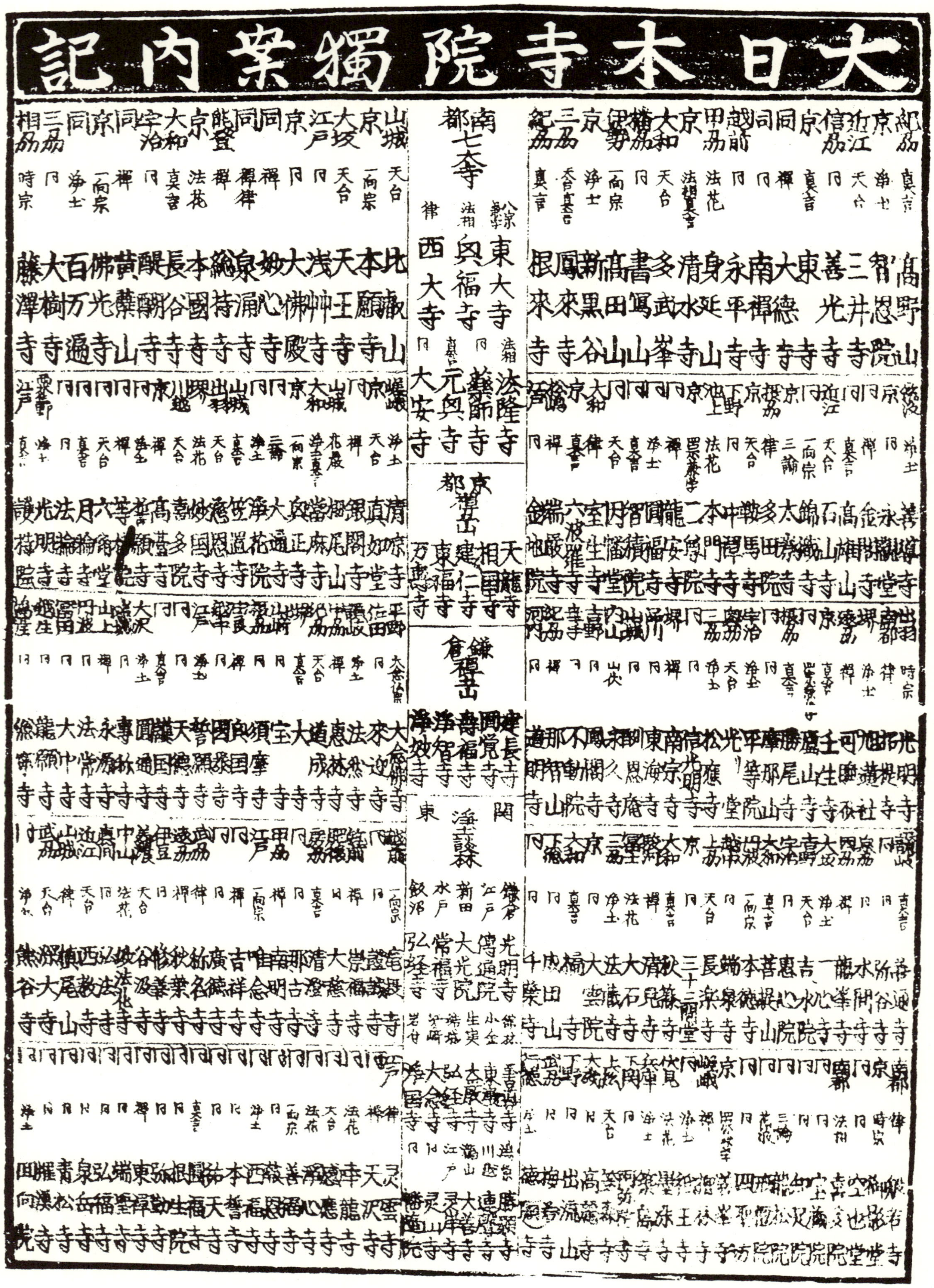

大日本寺院獨案内記

37　大日本寺院独案内記

大日本寺院独案内記

紀州	真言	高野山
京	浄土	智恩院
近江	天台	三井寺
信州	同	善光寺
京	真言	東寺
同	禅	大徳寺
同	同	南禅寺
越前	同	永平寺
甲州	法花	身延山
京	法相真言	清水寺
大和	天台	多武峯
播州	同	書写山
伊勢	一向宗	高田山
京	浄土	新黒谷
三州	天台真言	鳳来寺
紀州	真言	根来寺

筑波	浄土	善導寺
京	同	永観堂
同	禅	金閣寺
同	真言	高雄山
近江	天台	石山寺
同	一向宗	錦織寺
京	三論	太秦寺
摂州	律	多田院
京	天台	鞍馬寺
下野	同	中禅寺
池上	法花	本門寺
京	四宗兼学	二尊院
同	禅	龍安寺
同	浄土	円福寺
同	真言	智積院
同	天台	因幡堂
大和	律	室生寺
京	真言	六波羅寺
松嶋	禅	瑞巌寺
江戸	同	金地院

出羽	時宗	光明寺
南都	律	招提寺
堺	浄土	旭蓮社
遠州	禅	可睡斎
京	真言	壬生寺
同	四宗兼学	鷹山寺
摂州	真言	勝尾寺
同	同	庫那山
宇治	浄土	平等院
奥州	天台	光り堂
三州	浄土	松応寺
同	同	信光明寺
堺	禅	南宗寺
品川	同	東海寺
山城	同	酬恩庵
内山	山伏	永久寺
吉野	同	鳳閣寺
幸手	同	不動院
紀州	禅	那智山
河内	同	道明寺

讃岐	真言	善通寺
同	同	弥谷寺
泉州	同	水間寺
因州	禅	龍峯寺
大坂	浄土	一心寺
吉野	天台	吉水院
宇治	同	恵心院
大和	真言	菩提山
丹波	一向宗	本徳寺
越中	同	端泉寺
上州	天台	長楽寺
京	同	三十三間堂
大和	真言	秋篠寺
駿河	禅	清見寺
富士	法花	大石寺
三州	浄土	法蔵寺
京	同	大雲院
大和	真言	橘寺
下総	同	成田山
同	同	千葉寺

南都	律	般若寺
京	時宗	御影堂
同	同	空也堂
南都	法相	喜多院
同	同	宝蔵院
同	同	知足院
同	三論	龍松院
同	花厳	戒檀院
同	同	四聖坊
京	四宗兼学	善峯寺
嵯峨	禅	檀林寺
同	浄土	紙王寺
伏見	法花	墨染寺
兵庫	浄土	築島寺
下関	同	阿弥陀寺
上総	天台	笠森寺
大磯	同	高麗寺
下野	同	出流山
武州	同	梅若寺
行徳	浄土	徳願寺

南都七大寺

八宗兼学	東大寺
法相	興福寺
律	西大寺
法相	法隆寺
同	薬師寺
真言	元興寺
同	大安寺

京都禅五山

天龍寺　相国寺　建仁寺　東福寺　万寿寺

鎌倉禅五山

建長寺　円覚寺　寿福寺　浄智寺　浄妙寺

関東浄土談林

鎌倉	光明寺
江戸	伝通院
新田	大光院
水戸	常福寺
飯沼	弘経寺
館林	善導寺
小金	東漸寺
生実	大巌寺
結城	弘経寺
山崎	大念寺
岩付	浄国寺
鴻巣	勝願寺
川越	連馨寺
瀧山	大善寺
江戸	霊岸寺
同	霊山寺
同	幡随院

山城	天台	比叡山
京	一向宗	本願寺
大坂	天台	天王寺
江戸	同	浅草寺
京	同	大仏殿
同	禅	妙心寺
同	禅律	泉涌寺
能登	禅	総持寺
京	法花	本国寺
大和	真言	長谷寺
宇治	同	醍醐寺
同	禅	黄檗山
京	一向宗	仏光寺
同	浄土	百万遍
三州	同	大樹寺
相州	時宗	藤澤寺

嵯峨	浄土	清京寺
京	天台	真如堂
同	禅	銀閣寺
山城	花厳	栂尾山
大和	浄土真言	当麻寺
京	一向宗	興正寺
同	三論	大通寺
同	浄土	浄花院
山城	真言	笠置寺
出羽	天台	鷹恩寺
堺	法花	妙国寺
川越	天台	喜多院
京	禅	高台寺
同	浄土	誓願寺
同	禅	等□院
同	天台	六角堂
同	真言	月輪堂
同	同	法輪寺
粟生野	浄土	光明寺
江戸	真言	護持院

平野	大念仏宗	大念仏寺
佐田	同	来迎寺
讃岐	浄土	法然寺
甲州	禅	恵林寺
紀州	天台	道成寺
堺	真言	大寺
山崎	同	宝寺
摂州	同	須摩寺
由良	禅	興国寺
越中	同	国泰寺
江戸	浄土	誓願寺
同	同	天徳寺
同	真言	護国寺
大沢	浄土	円通寺
岩城	同	専称寺
山上	禅	永源寺
丹波	同	法常寺
富田	同	大中寺
越生	同	龍願寺
鴻台	同	総寧寺

越前	一向宗	毫摂寺
同	同	証誠寺
筑前	禅	崇福寺
肥後	同	大慈寺
房州	真言	清澄寺
同	同	那古寺
甲州	禅	南明寺
江戸	一向宗	唯念寺
同	禅	吉祥寺
同	同	廣徳寺
武州	禅	称名寺
遠州	禅	秋葉寺
伊豆	同	修善寺
美濃	天台	谷汲寺
中山	法花	妙法花寺
真間	同	弘法寺
近江	天台	西教寺
山城	律	槙尾山
武州	天台	深大寺
同	浄土	熊谷寺

江戸	禅	霊雲寺
同	禅	天沢寺
同	法花	幸龍寺
同	天台	感応寺
同	法花	浄心寺
同	一向宗	善福寺
同	同	報恩寺
同	浄土	西福寺
同	同	本誓寺
同	同	祐天寺
同	真言	円福寺
同	同	根生院
同	同	弥勒寺
同	禅	東禅寺
同	同	端聖寺
同	同	弘福寺
同	同	泉岳寺
同	同	青松寺
同	同	羅漢寺
同	浄土	回向院

この番付は、諸国の主要な寺院を記している。１人で参詣しようとする者の手引きとなるように板行された。南都七大寺は、奈良時代に平城京およびその周辺に存在し、朝廷の保護を受けていた大寺のことである。京都と鎌倉の五山とは、禅宗の寺格を指し、室町期には五山文学と称される漢文学が発展した。さらに、関東の浄土談林に挙げられる光明寺など18ヵ寺は江戸時代、幕府より浄土宗の僧侶育成を任されていた。また、東西の大関に位置する高野山と比叡山は、日本仏教の聖地とされていた。

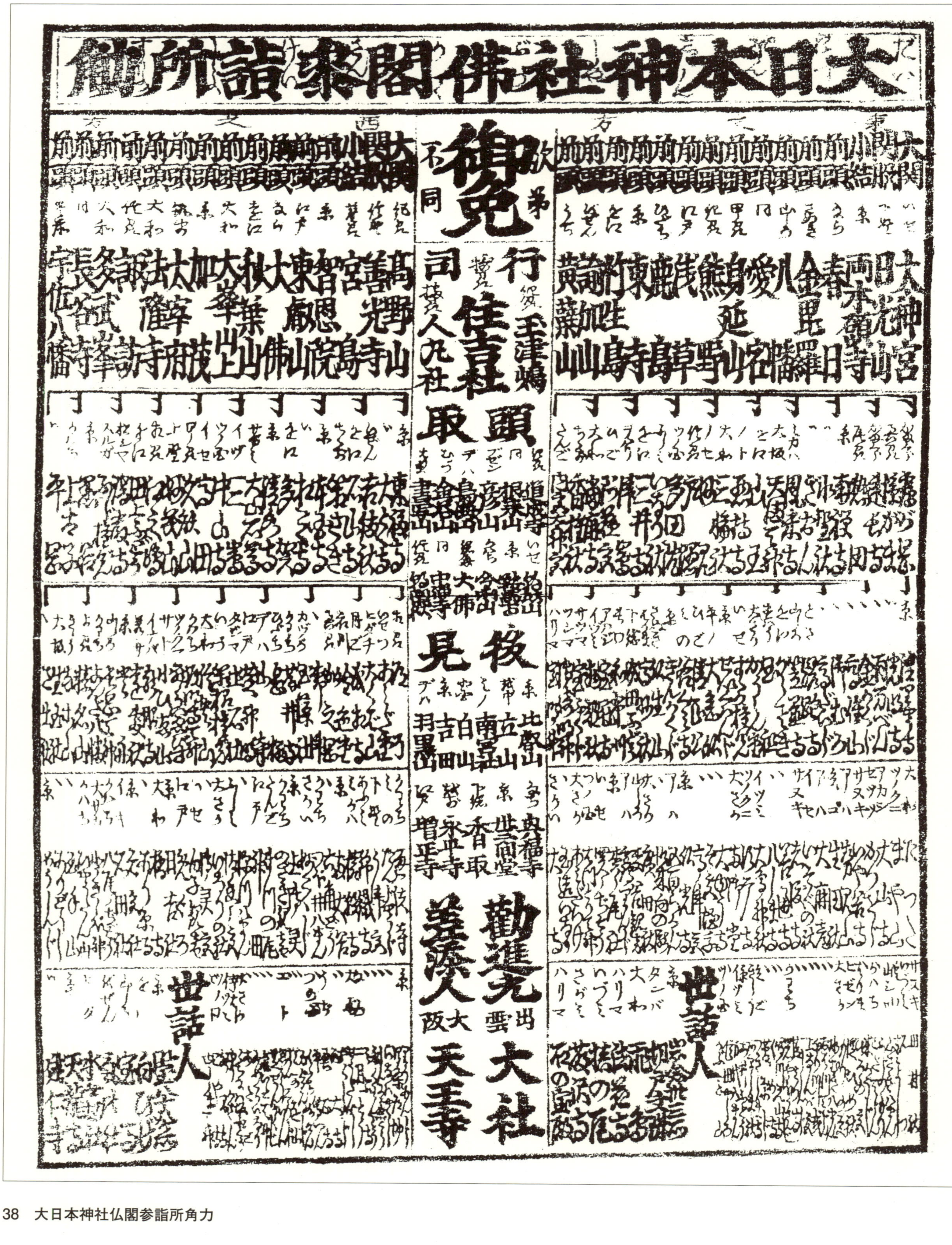

38　大日本神社仏閣参詣所角力

大日本神社佛閣参詣所勧（だいにっぽんしんしゃぶっかくさんけいしょすもふ）

東之方

大関 関脇 小結 前頭 前頭 前頭 前頭 前頭 前頭 前頭 前頭 前頭 前頭 前頭 前頭

いせ 下野 京 なら さぬき 山しろ 同 甲州 紀州 江戸 ひだち 京 近江 びせん うち

太神宮 日光山 両本願寺 春日 金毘羅 八幡 愛宕 身延山 熊野 浅草 鹿島 東寺 竹生島 論加山 黄蘗山

同同同同同同同同同同同同同同同同同同同同同同

かまくら 奥州 かまくら 尾州 京 同 同 ミカハ 大坂 近江 ノト 大和 ノセ 信州 ツノ国 ふしミ 近江 ヲハリ ひご 大和 ちく前 たんご

鶴が岡 塩がま 建長寺 熱田 南禅寺 水野社 ぎおん 鳳来寺 天満天神 山王 惣持寺 三輪社 妙見 戸隠 多田院 いなり社 三井寺 津嶌 阿蘇宮 当麻寺 香椎社 内宮太神宮

同同同同同同同同同同同同同同同同同同同同同同同同同同同

京 同 同 同 同 同 同 とさ 山しろ 近江 すハう 大さか いせ 京 平ノ ひご ミの 京 さぬき はりま 下総 長門 アハジ イヅミ サツマ ツシマ ハリマ

清りやう寺 光明寺 百万べん 金かくじん 高雄山 御むろ 高だいじ 蹉跎寺 笠置寺 かくさき 玉祖 かうしん堂 すゝか権けん せいくハんじん 大念仏 清正公 谷くミ寺 きんかくじ 仏生山 高妙社 成田ふどう 和布川 宝冠寺 物部社 宝ふくじ 御崎明神 室明神

大和 ツノクニ アカシ セツツ サヌキ アハ 兵ゴ アハ イセ サヌキ 同 同 イツミ ツノクニ 大さか 同 同 同 京 アハ 同 大さか 山しろ アハ 京 いせ つノ国 大さか 同 さかい

たつた まや山 大山寺 かつをじ いや谷寺 勢見山 生田社 大鹿台 いそぐの社 志度寺 善通寺 八しま寺 大鳥神社 須磨寺 両御堂 大ゆゝう寺 今宮蛭ノ子 高津宮 仏光寺 五百らかん 御来向の瀧 広田社 森谷観音 鶴りんじ 松ノ尾社 関ノぢぞう はつとり天神 あミだいけ 玉造いなり 大寺

サヌキ いづミ 長門 山シロ 同 かハち 同 はりま ヒゼン 大さか 同 同 同 同 同 同 かわち 同 同 同 兵ご きしう 京 イツミ 同 ツノ国

田村社 石山 すミよし 山さき八まん ふじのもり わだ天じん 来かうじ ひろの宮 渡ひめ宮 もりの宮 水むき八まん おはつ天じん ほり川戎 上なんバ宮 しくつじ 清ミ、つ寺 岩やほくさんじ 鳴川元山寺 くめ寺 菅原じ つきしま寺 いわしま社 安井ふとう 万代八まん 信田やしろ かぶと山

世話人

京 タンバ 大和 ハリマ いづミ さがミ ハリマ

岩倉卅三所 切戸文珠 虎島 法花寺 槙の尾 藤沢寺 石の宝殿

次第不同 御免

行司　紀州 玉津嶋　摂州 住吉社　播州 人丸社

頭取　紀州 道成寺　同 根来山　ブゼン 彦山　デハ 鳥海山　むつ 金谷山　はりま 書写山

いせ 朝熊山　京 鞍馬寺　かハち 金剛山　鎌倉 大仏　同 中禅寺　信州 朝間嶽

後見　京 比叡山　越中 立山　ミノ 南宮社　北国 白山　京 吉田　デハ 羽黒山

なら 興福寺　京 卅三間堂　下総 香取　越前 永平寺　江戸 増正寺

勧進元　出雲 大社

差添人　大阪 天王寺

西之方

大関 関脇 小結 前頭 前頭 前頭 前頭 前頭 前頭 前頭 前頭 前頭 前頭 前頭 前頭

紀州 信野 芸州 京 江戸 なら 遠江 大和 京 筑前 大和 信州 大和 同 豊前

高野山 善光寺 宮島 智恩院 東叡山 大仏 秋葉山 大峯山上 加茂 太宰府 法隆寺 諏訪 多武峰 長谷寺 宇佐八幡

同同同同同同同同同同同同同同同同同同同同同同

京 同 ひぜん 近江 ちく前 京 同 近江 京 サカミ イヅ ツノ国 イセ 甲州 上野 相州 近江 松シマ スルガ 京 かハち 同

東福寺 大とく寺 吉備社 石山寺 箱さき 本国寺 相こく寺 多賀 清水寺 大山石尊 三嶌 中山寺 高田 久能山 妙義山 江之嶋 田上ふどう 瑞巌寺 ふじ権げん 黒谷 上太子 平岡

同同同同同同同同同同同同同同同同同同同同同同同同同同同

相州 いせつ ヒダチ 月ご 衣川 奥州 同 カヅサ かわち ひだち デハ 江戸 タジマ いづ 大和 かハち ツノクニ サト イナバ 若サ 京 山しろ かわち 上州 きしう 大坂 同

道了 あミだ堂 大くば山 成相寺 金色堂 加之岡 森津 玉藻社 藤井寺 息栖 山寺 芝神明 土石社 箱根権げん 信貴山 道明寺天神 西宮ゑびす 小ひゑ山 龍眼寺 遠敷社 貴舟 長岡天神 おんだ八幡 榛名山 なち山 生玉社 さま社

かわち ミの 下野 あふミ ミかハ 京 同 かわち さかい 京 かわち たんご 江戸 同 ふしミ 大さか 同 いせ 江戸 京 大和 同 京 イキ かハち 大さか かハち 同 同 京

通法寺 たんじやうじ う津宮 綿織寺 猿股寺 両大谷 六角どう つぼ井八まん 妙こくじ 上御霊 のざき観音 まつの尾 神田 深川八まん さきノ宮 いなりの社 御霊宮 白子観音 めぐろ 日吉社 橋寺 あり原寺 今宮社 石田社 八尾ノぢぞう ときしぼ神 ひやうたん山 玉手山 ありどうし めうしんじ

京 同 同 同 同 同 なら 大和 同 同 うぢ 同 つの国 同 同 同 エト 同 同 同 同 大さか 幸はし イツミ ツノ国 エト

りうあんじ 四条道場 いなハやくし しんによどう 永くわんどう ミ、ふ寺 二月どう せうぐいし やくしじ 西大寺 奥正寺 平等いん く、ちあそん 万くわんじ ミ、可遠山 すいこう社 ゑかういん 芝せんかくじ 亀いと天神 みめくりいなり あたこ くちなハ坂やくし ゆ、うがさん 水間寺 とや寺 ゆしま天神

世話人

京 近江 山しろ 越せん ヒタ 京 同

御室八十八ケ所 白ひげ 室寺 気比社 水無せ社 天龍寺 建仁寺

本番付は、題目を見れば全国の神社仏閣を対象とした番付ということになる。しかし、取り上げられている名所の地域的特色が畿内とその周辺の国に集中していること、また、後見の江戸増上寺を「増正寺」と誤記していることを勘案すれば、畿内、直接的には大坂のお国自慢の意識が込められていることが分かる。もっとも、若干の贔屓目を気にしたようで、版元はわざわざ「次第不同御免」と断り書きを添えている。

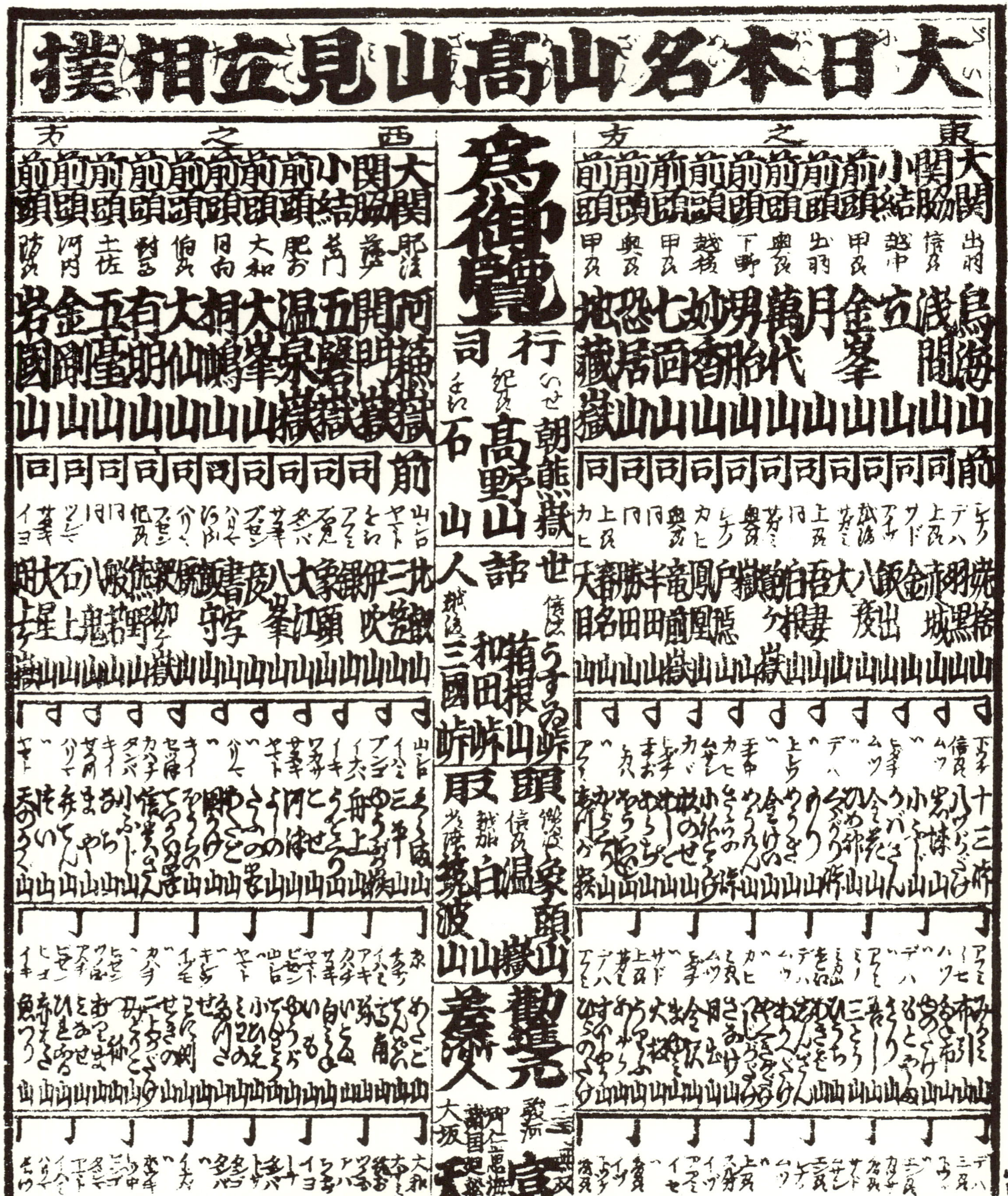

39　大日本名山高山見立相撲

大日本名山高山見立相撲

（だいにっぽんめいざんかうざんミたてすもふ）

為御覧

東之方

大関	出羽	鳥海山
関脇	信州	浅間山
小結	越中	立山
前頭	甲州	金峯山
前頭	出羽	月山
前頭	奥州	万代山
前頭	下野	男胎山
前頭	越後	妙香山
前頭	甲州	七面山
前頭	奥州	恐居山
前頭	甲州	地蔵嶽
前	シナノ	姥捨山
同	デハ	羽黒山
同	上州	赤城山
同	サド	金山
同	アイヅ	飯出山
同	越後	八彦山
同	サガミ	大山
同	上州	吾妻山
同	同	白根山
同	サガミ	駒ケ嶽
同	奥州	嶽山
同	シナノ	戸隠山
同	カヒ	鳳凰山
同	奥州	竜前嶽
同	同	半田山
同	同	勝田山
同	上州	春名山
同	カヒ	天目山
同	下ウサ	十三峠
同	信州	八つがだけ
同	ムツ	岩城山
同	同	小ふじ山
同	ヒダチ	かバさん
同	ムツ	金花山
同	同	ひめ神山
同	デハ	くらがり峠
同	同	もり山
同	上シウ	めうぎ山
同	同	金けい山
同	エチ中	めうけん山
同	カヒ	さゝ子峠
同	ムサシ	小仏とうげ
同	カヾ	杉のせ山
同	ヒダチ	あしを山
同	エチ前	あらち山
同	ミカハ	ほうらいじ山
同	同	からくり山
同	アフミ	しづが嶽
同	アフミ	みかミ山
同	イセ	布引山
同	ムツ	たね市山
同	同	ゆのたけ山
同	デハ	もとやま
同	同	きり山
同	アフミ	吾し山
同	ミノ	三とう山
同	ミカ山	ひうち山
同	遠江	あきば山
同	デハ	しんざん
同	ムツ	あかへだけ
同	同	やくきがだけ
同	カヒ	つゝじがだけ
同	ミカハ	さなけ山
同	ムツ	日出山
同	ヒダチ	金沢山
同	同	まゆミ山
同	サド	火板山
同	上州	うりふ山
同	サガミ	あしがら山
同	デハ	すいしやう山
同	アフミ	ひらのたけ
同	デハ	風山
同	三州	ほんくう山
同	下ウサ	岩ふね山
同	同	大平山
同	エン州	ミどり山
同	カヅサ	かのふ山
同	房州	清すミ山
同	サド	金北山
同	ムサシ	ちゝぶ山
同	エン州	かうめう山
同	シナノ	きやうたい山
同	ムツ	さらい山
同	同	国見峠
同	上州	はな山
同	スルガ	うつの山
同	イヅ	あまき山
同	アフミ	車がへし山
同	イセ	すりばり山
同	同	すゞか山
同	房州	あふ山
同	イヅ	いすさん
同	下ツケ	いづる山
同	房州	宵山

西之方

大関	肥後	阿蘇嶽
関脇	薩摩	開門嶽
小結	長門	五磐嶽
前頭	肥前	温泉嶽
前頭	大和	大峯山
前頭	日向	桐嶋山
前頭	伯州	大仙山
前頭	対馬	有明山
前頭	土佐	五台山
前頭	河内	金剛山
前頭	防州	岩国山
前	山シロ	比叡山
同	ヤマト	三笠山
同	近江	伊吹山
同	アフミ	銀山
同	石見	象頭山
同	タンバ	大江山
同	サヌキ	八峯山
同	ブゼン	彦山
同	ハリマ	書写山
同	河内	飯守山
同	ハリマ	厩山
同	フゼン	釈迦ケ嶽
同	紀州	熊野山
同	同	般若山
同	同	八鬼山
同	ツシマ	石上山
同	サヌキ	大星山
同	イヨ	岡上ケ嶽
同	山シロ	くらま山
同	イハミ	三平山
同	ブンゴ	ゆうぶか嶽
同	イナバ	舟上山
同	イキ	うをくり山
同	ワカサ	こせ山
同	サヌキ	阿津山
同	ヤマト	よしの山
同	同	たふの峯
同	ハリマ	あたご山
同	同	国かけ山
同	キイ	ほうらい山
同	セツ津	ていかいが峯
同	カハチ	信貴さん
同	タンバ	小ふじ山
同	キイ	なち山
同	せつつ	まや山
同	ハリマ	弁てん山
同	同	つい山
同	ヤマト	天のかく山
同	京	あたご山
同	チク前	てんぱい山
同	イハミ	高角山
同	アキ	弥山
同	カハチ	いとま山
同	サヌキ	白ミね山
同	ヤマト	いも山
同	ビゼン	ゆうが山
同	山シロ	てんわう山
同	同	小ひえ山
同	ヤマト	ミわの山
同	同	たつた山
同	キシウ	せ山
同	イヅモ	わに渕山
同	同	せきの山
同	カハチ	二上がだけ
同	同	みどりこ山
同	ヒゼン	つね山
同	ツノ国	ありま山
同	アハチ	ミなせ山
同	ビゼン	ひれふる山
同	ヒゴ	赤はた山
同	イキ	魚つり山
同	大和	いこま山
同	大すミ	あをば山
同	筑前	あししろ山
同	ツノ国	かぶと山
同	アハ	まゆ山
同	ちく前	かまど山
同	イヨ	小ふじ山
同	トサ	やはず山
同	タンバ	村雲山
同	トサ	しらが山
同	タンゴ	くらはし山
同	タンバ	千とせ山
同	同	いなむら山
同	イナバ	ミすミ山
同	同	いなば山
同	ホウキ	あふ山
同	ヒツ中	岩根山
同	ビンゴ	しゝかミ山
同	タジマ	ことひき山
同	ヤマト	青かき山
同	イハミ	わたりの山
同	ハリマ	ふなきり山
同	長門	おもかげ山

中央

行司	いせ	朝熊嶽
行司	紀州	高野山
行司	近江	石山
世話人	信濃	うすゐ峠
世話人		箱根山
世話人		和田峠
世話人	越後	三国峠
頭取	讃岐	象頭山
頭取	信州	温嶽
頭取	越加	白山
頭取	常陸	筑波山
勧進元	三国無双 駿河	富士山
差添人	御仁恵海中御築立 諸国廻船目印山 大坂	天保山

わた宗

「大日本名山高山見立相撲」は日本全国の名山・高山をランク付けしたもので、天保２年（1831）以降に大坂で板行されたと考えられる。東の方一段目には「大関　出羽　鳥海山」を挙げ、西では「大関　肥後　阿蘇獄」を一等とする。実はこの名山順位、山を取り上げた番付の中では、多少の異同はあるもののそれほど大きな違いはみられず、幕末には名山・高山に対する評価がある程度固定化してしまっていたようである。文化９年（1812）に刊行された谷文晁の『日本名山図会』の影響が大きかったのかもしれない。

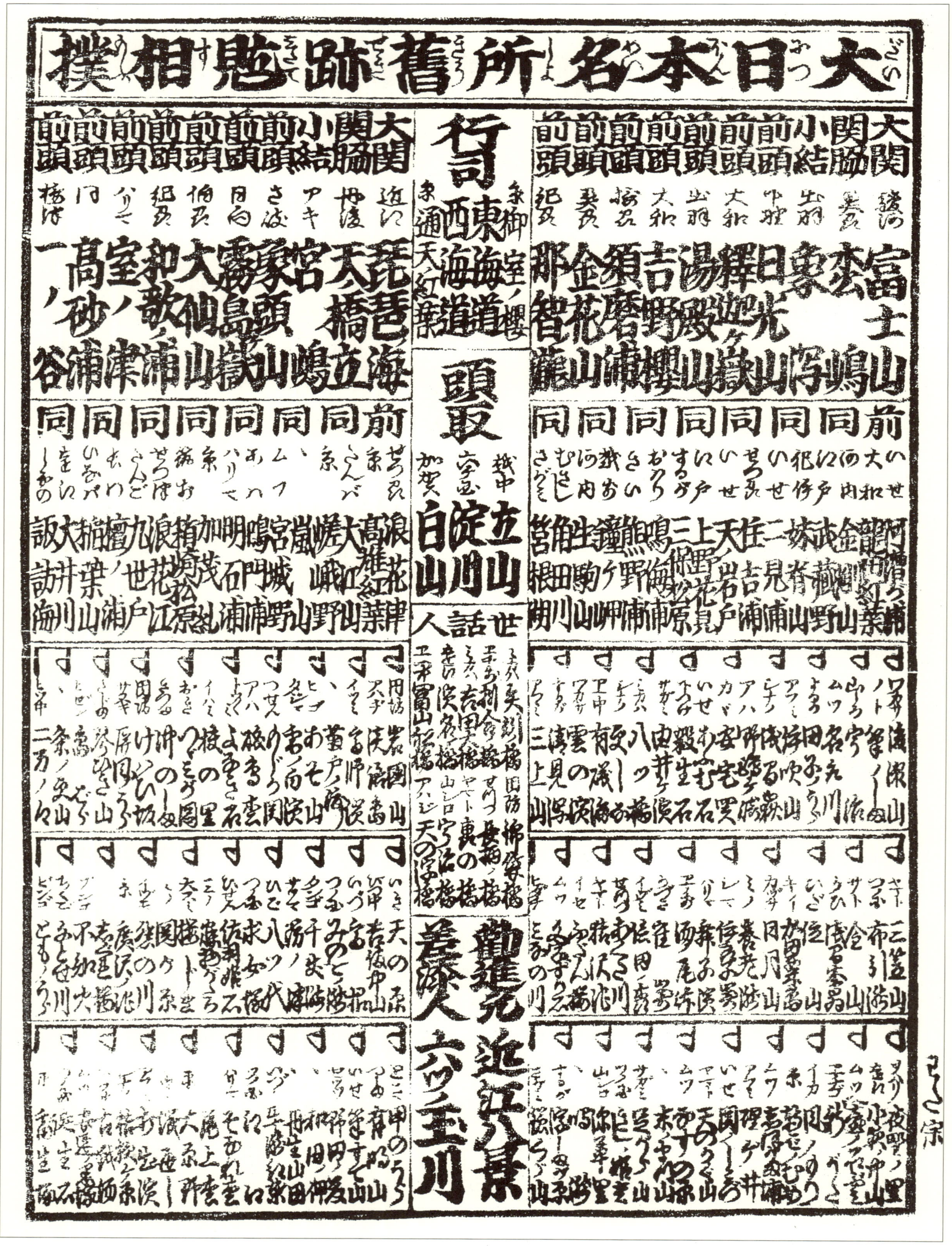

40　大日本名所旧跡見立相撲

大日本名所旧跡見立相撲

（だいにっほんめいしょきうせきみたてすもふ）

大関	駿河	富士山
関脇	奥州	松嶋
小結	出羽	象潟
前頭	下野	日光山
前頭	大和	釈迦ケ嶽
前頭	出羽	湯殿山
前頭	大和	吉野桜
前頭	摂州	須磨浦
前頭	奥州	金花山
前頭	紀州	那智ノ瀧
前	いせ	阿漕が浦
同	大和	龍田紅葉
同	河内	金剛山
同	江戸	武蔵野
同	紀伊	妹背山
同	いせ	二見浦
同	せつ州	住吉浦
同	いせ	天ノ岩戸
同	江戸	上野花見
同	するが	三保松原
同	おハり	鳴海浦
同	きい	熊野浦
同	越前	鐘ケ岬
同	河内	生駒山
同	むさし	角田川
同	さがミ	筥根湖
同	ワカサ	後瀬山
同	ノト	筆ノしま
同	山しろ	宇治
同	ムツ	名取川
同	するか	田子ノうら
同	アフミ	伊吹山
同	シナノ	浅間嶽
同	アハ	野鷺ケ崎
同	カゞ	安宅関
同	いせ	あふむ石
同	下つけ	殺生石
同	サガミ	由井ケ浜
同	ミカハ	八ツ橋
同	シナノ	更しな
同	ヱ中	有礒海
同	ワカサ	雲の浜
同	するが	清見潟
同	アフミ	三上山
同	ヤマト	三笠山
同	つノ国	布引瀧
同	サト	金山
同	かひ	浅間大鳥ゐ
同	ひだ	位山
同	キイ	加田栗島
同	カヅサ	日月山
同	ミノ	養老瀧
同	シマ	伊良子崎
同	ハリマ	舞子浜
同	ヱチ前	汐ノ尾峠
同	かづさ	鶴嵜
同	イヅミ	信田ノ森
同	せつつ	あくた川
同	ヤマト	猿沢池
同	イセ	ふだん桜
同	ムツ	文字すり石
同	ヒタチ	ミなの川
同	ヲハリ	夜野ノ里
同	遠江	小夜ノ中山
同	ムツ	台ノ石ぶき
同	ヱチゴ	新がた
同	イカ	目ノもり
同	京	軒ばノむめ
同	ムツ	しほがま浦
同	アフミ	醒ケ井
同	いせ	関くしたづ
同	ヤマト	天のかぐ山
同	ムツ	なすの原
同	同	末ノまつ山
同	サガミ	足がら山
同	ツノ国	きしノ姫松
同	山シロ	深草里
同	同	鳴瀧
同	するが	浮しまが原
同	さがミ	鎌くら山

行司

京 御室ノ桜

東海道

西海道

京 通天ノ紅葉

頭取

越中 立山

六ケ国 淀川

加賀 白山

世話人

ミカハ 矢矧ノ橋

エチ前 掛合橋

ミカハ 吉田大橋

遠江 浜名ノ橋

ヱッ中 冨山船橋

周防 錦袋橋

せつつ 長柄ノ橋

ヤマト 轟の橋

山シロ 宇治橋

アハジ 天の浮橋

勧進元 近江八景

差添人 六ツノ玉川

大関	近江	琵琶ノ海
関脇	丹後	天ノ橋立
小結	アキ	宮嶋
前頭	さ岐	象頭山
前頭	日向	霧島ケ嶽
前頭	伯州	大仙山
前頭	紀州	和歌ノ浦
前頭	ハリマ	室ノ津
前頭	同	高砂浦
前頭	摂津	一ノ谷
前	せつ州	浪花津
同	京	高雄紅葉
同	たんバ	大江山
同	京	嵯峨野
同	同	嵐山
同	ムツ	宮城野
同	あハ	鳴門浦
同	ハリマ	明石浦
同	京	加茂糺
同	筑前	箱崎松原
同	せつ津	浪花江
同	たんご	九世戸
同	長門	檀ノ浦
同	いなバ	稲葉山
同	遠江	大井川
同	しなの	諏訪海
同	周防	岩国山
同	アハヂ	淡路島
同	イツミ	高師浜
同	同	菊戸ノ渡り
同	ヒゴ	あそ山
同	タジマ	雪ノ白浜
同	つせん	もじか関
同	アハ	磯鳥松
同	トウくミ	よなき石
同	イハミ	校の里
同	おき	つゞミが岡
同	さつま	沖のしま
同	周防	けハひ坂
同	サヌキ	屛風うら
同	たじま	琴ひき山
同	ヒゼン	島ばら
同	同	粂ノ更山
同	ヒツ中	二万ノ江
同	いき	天の原
同	びつ中	吉備中山
同	いづ	高根
同	つノ国	みのをノ瀧
同	タンゴ	千丈瀧
同	サツマ	坊ノ津
同	ひご	八ツ代
同	つノ国	求女塚
同	ひせん	佐用ノ姫石
同	ミノ	寝物がたり
同	大スミ	桜じま
同	ミノ	関が原
同	イヅモ	熊の川
同	京	廣沢ノ池
同		しぐれ桜
同	ブンゴ	不知火
同	ちくご	千とせ川
同	ビンゴ	ともノうら
同	とさ	甲のうら
同	つしま	有明山
同	いせ	筆すて山
同	セッツ	野田ノ笈
同	同	和田ノ岬
同	同	丹生山田
同	いづミ	牛瀧紅葉
同	ツノ国	江口
同	ハリマ	そなれ松
同		尾上松
同	京	大原野
同	いづミ	蟻通し
同	アフミ	打出浜
同	しなの	桔梗ケ原
同	ほふき	古戦場
同	ムツ	安達ノ黒塚
同	つノ国	誕生石
同	京	富生塚

わた宗

この「大日本名所旧跡見立相撲」は、刊行年次は不明ながら欄外に「わた宗」とあって、大坂で板行されたことが分かる。とりあげる内容は、山・嶽・谷・野・原・瀧・川・橋・湖・島・潟・岬・浦・津・海・江・浜・坂・渡・関・石・塚・井・桜・紅葉・松などで、その他「古戦場」など史跡も混じるが、江戸時代人の名所観の多くは自然景観に依っていたのである。

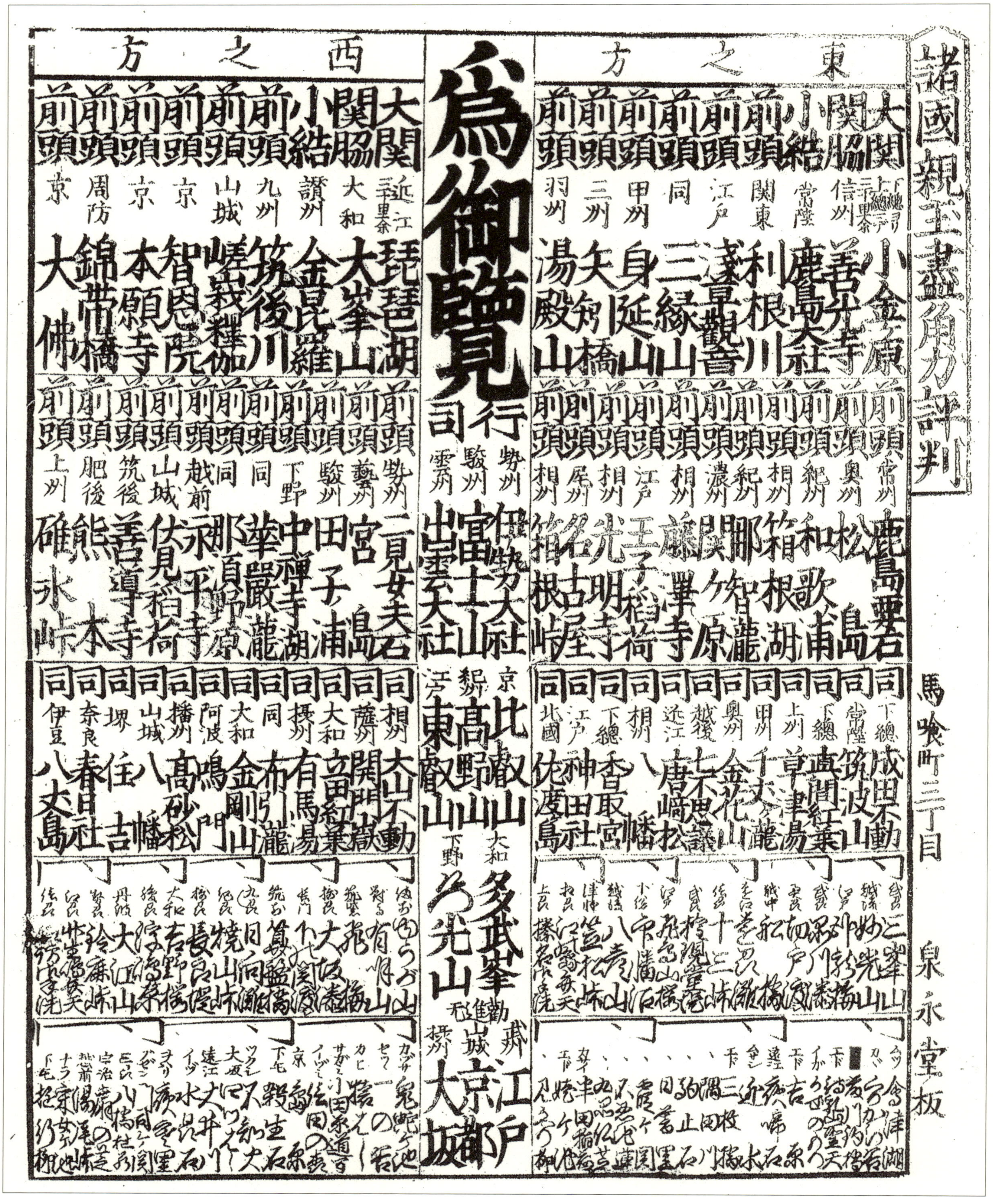

41　諸国親玉尽角力評判

諸国親玉尽角力評判

為御覧

東之方

大関	下総ヨリ上総マデ三十里余	小金ヶ原
関脇	信州	善光寺
小結	常陸	鹿島大社
前頭	関東	利根川
前頭	江戸	浅草観音
前頭	同	三縁山
前頭	甲州	身延山
前頭	三州	矢矧橋
前頭	羽州	湯殿山
前頭	常州	鹿島要石
前頭	奥州	松島
前頭	紀州	和歌浦
前頭	相州	箱根湖
前頭	紀州	那智滝
前頭	濃州	関ヶ原
前頭	相州	藤澤寺
前頭	江戸	王子稲荷
前頭	相州	光明寺
前頭	尾州	名古屋
前頭	相州	箱根峠
同	下総	成田不動
同	常陸	筑波山
同	下総	真間紅葉
同	上州	草津湯
同	甲州	千丈ヶ滝
同	奥州	金花山
同	越後	七不思議
同	近江	唐崎松
同	相州	八幡
同	下総	香取宮
同	江戸	神田社
同	北国	佐渡ヶ島
同	武州	三峯山
同	越後	妙光山
同	江戸	臥龍梅
同	武州	品川湊
同	奥州	切戸渡シ
同	越中	船橋
同	遠江	遠州灘
同	信州	十三峠
同	武州	権現堂堤
同	江戸	飛鳥山桜
同	下総	印幡沼
同	越後	八彦山
同	津軽	笠松峠
同	相州	江の島弁天
同	上州	榛名御手洗
同	ムツ	会津湖
同	カヾ	くりから谷
同	[redacted]	藤川釣橋
同	エド	待乳山聖天
同	イガ	かぜのもつ
同	エド	吉原
同	遠江	夜啼石
同	ムサシ	逃水
同	エド	三枚橋
同	同	隅田川
同	同	駒止石
同	同	日暮里
同	同	霞ヶ関
同	同	不忍池蓮
同	同	九品仏芝
同	カサイ	半田稲荷
同	エド	姥ヶ池
同	同	見かへり柳

行司

勢州	伊勢大社
駿州	富士山
雲州	出雲大社
京	比叡山
紀州	高野山
江戸	東叡山
大和	多武峯
下野	につ光山

勧進元

武州	江戸
山城	京都
摂州	大坂

西之方

大関	近江 三十里余	琵琶湖
関脇	大和	大峯山
小結	讃州	金毘羅
前頭	九州	筑後川
前頭	山城	嵯峨釈迦
前頭	京	知恩院
前頭	京	本願寺
前頭	周防	錦帯橋
前頭	京	大仏
前頭	勢州	二見女夫
前頭	芸州	宮島
前頭	駿州	田子ノ浦
前頭	下野	中禅寺湖
前頭	同	華厳滝
前頭	同	那須野原
前頭	越前	永平寺
前頭	山城	伏見稲荷
前頭	筑後	善導寺
前頭	肥後	熊本
前頭	上州	碓氷峠
同	相州	大山不動
同	薩州	開門嶽
同	大和	立田紅葉
同	摂州	有馬湯
同	同	布引滝
同	大和	金剛山
同	阿波	鳴門
同	播州	高砂松
同	山城	八幡
同	堺	住吉
同	奈良	春日社
同	伊豆	八丈島
同	備前	ゆうが山
同	対馬	有明山
同	筑紫	飛梅
同	摂州	大坂湊
同	長門	下の関渡シ
同	筑前	算盤橋
同	九州	日向灘
同	紀州	焼山峠
同	摂州	長良堤
同	大和	吉野桜
同	駿州	浮嶋ヶ原
同	丹波	大江山
同	勢州	鈴鹿峠
同	江州	竹生嶋弁天
同	信州	諏訪御手洗
同	カヅサ	鬼蛇ヶ池
同	セッヽ	一の谷
同	カヒ	猿はし
同	サガミ	小田原道了
同	イヅミ	信田の森
同	京	島原
同	下毛	殺生石
同	ツクシ	不知火
同	大坂	四つはし
同	遠江	大井川
同	イヅ	水晶石
同	ヲハリ	夜寒里
同	ブゼン	門司ヶ関
同	三州	八橋杜若
同	宇治	扇の芝
同	越前	湯尾峠
同	ナラ	釆女ヶ池
同	下毛	遊行柳

馬喰町三丁目

泉永堂板

この番付は、各国・各地域における名所（「親玉」）をランク付けしたものであり、馬喰町三丁目の泉永堂が板行した。勧進元に江戸・京都・大坂の三都が配されているので、三都の人々の評判を基にしたものと考えられる。東の関脇の善光寺は、日本において仏教が諸宗派に分かれる以前から存在したので、宗派の別なく願い出できる霊場とされていた。ついで小結の鹿島大社は、武芸の神と称される武甕槌神を祭神として、武術の道場などから信仰を集めていた。また、西の大関である琵琶湖は、日本最大の湖にして若狭街道や北国街道と交わる物資の輸送路であった。そして、関脇の大峯山は、修験道の根本道場である大峯山寺山上蔵王堂を有していた。

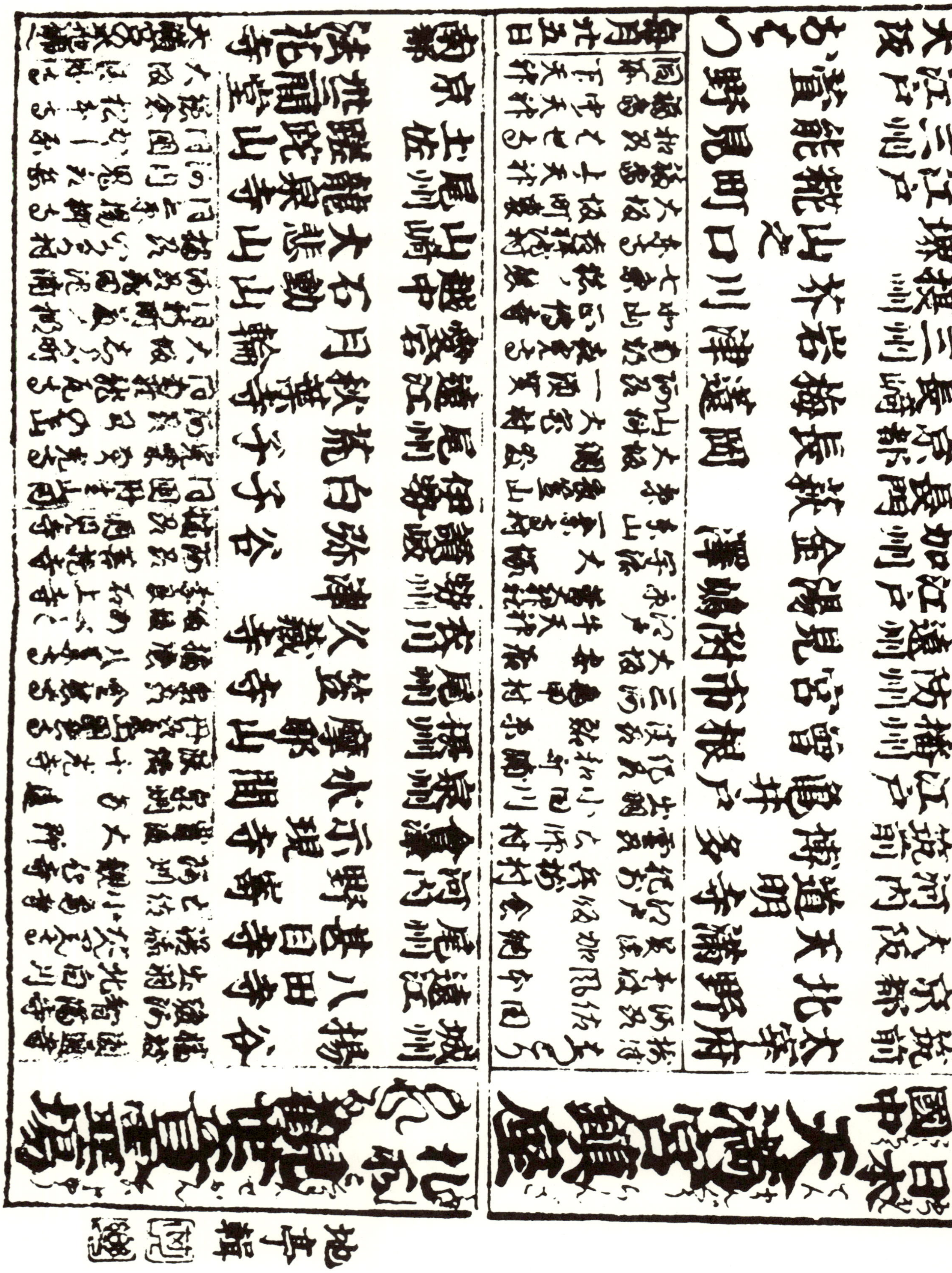
日本国中天満宮鎮座

札所にもれたる観世音霊場

42　日本国中天満宮鎮座・札所にもれたる観世音霊場

日本国中天満宮鎮座

筑前 太宰府
京都 北野
大阪 天満
河内 道明寺
筑前 博多
江戸 亀井戸
播州 曾根
防州 宮市
遠州 見附
江戸 湯嶋
加州 金澤
長門 萩
京都 長岡
長崎 梅薗
三州 岩津
摂州 芥川
堺 山之口
江戸 糀町
三州 能見
江戸 萱野
大阪 おはつ

毎月廿五日

摂津 はつとり
河州 佐田
壱岐 風本
美濃 加納
江戸 飯倉
肥前 兵揃村
雲州 土師村
出羽 小田川
紀州 和哥浦
淡州 鮎原
三河 亀甲村
大坂 安居
江戸 牛天神
京 菅大神社
宇治 大塚
東山 一乗寺村
京 衣笠山
大坂 網敷
山科 大宅村
阿州 一須賀
南部 喜光寺
北山 正伝寺
七条 猪ノ熊
東寺 吉祥院村
大坂 坂町裏
福島 上ノ天神
和州 はせ寺
福島 中ノ天神
同所 下ノ天神

札所ニもれたる観世音霊場

地亭輯 印 印

城州 揚谷
遠江 八田寺
尾州 甚目寺
河内 野嵜
会津 示現寺
泉州 水間
摂州 摩耶山
尾州 笠寺
衣川 久蔵寺
勢州 津
讃岐 弥谷
伊勢 白子
尾州 荒子
遠江 秋葉寺
愛宕 月輪
越中 石動山
山崎 大悲山
尾州 龍泉寺
土佐 蹉跎山
京 卅三間堂
南都 法花寺

天満宮の本地仏也

幡枝 円通寺
駿河 智満寺
出羽 北白川
嵯峨 だんりん寺
土佐 小島寺
阿州 観心寺
豊後 大野
泉州 方違
淡路 千光寺
舟亀山 国恩寺
泉州 金熊寺
播磨 八葉寺
備後 あぶと
奈良 石上寺
阿州 菩提寺
播州 酒見寺
同国 丹生山田
宍粟 るり光寺
河州 わしのを山
同南野 龍尾寺
大坂 しらが町
同新町 藤ノ棚
河州 花田池浦
播州 いかるか村
同三原 楊柳寺
河内 鬼取岳
同国 かし原
鎌倉 松本寺
大阪 清水寺

この番付は、上下でみる芝居番付の形式をとっている。上段の大宰府・北野の両天満宮は、藤原時平の中傷により大宰権帥に左遷された菅原道真の祟りを鎮めるために建立された。両天満宮は、大阪の天満宮と合わせて三天神と称された。また下段は、相当の由緒を持ちながら、巡礼者が参拝の印として、札を納めたり受け取ったりする札場より洩れた観世音霊場を挙げている。たとえば揚谷寺は、延鎮が大同元年（806）に開山し、空海も修行した寺と伝えられている。さらに甚目寺は、笠寺・荒子・龍泉寺とともに尾張四観音と称され、同国を代表する霊場であった。

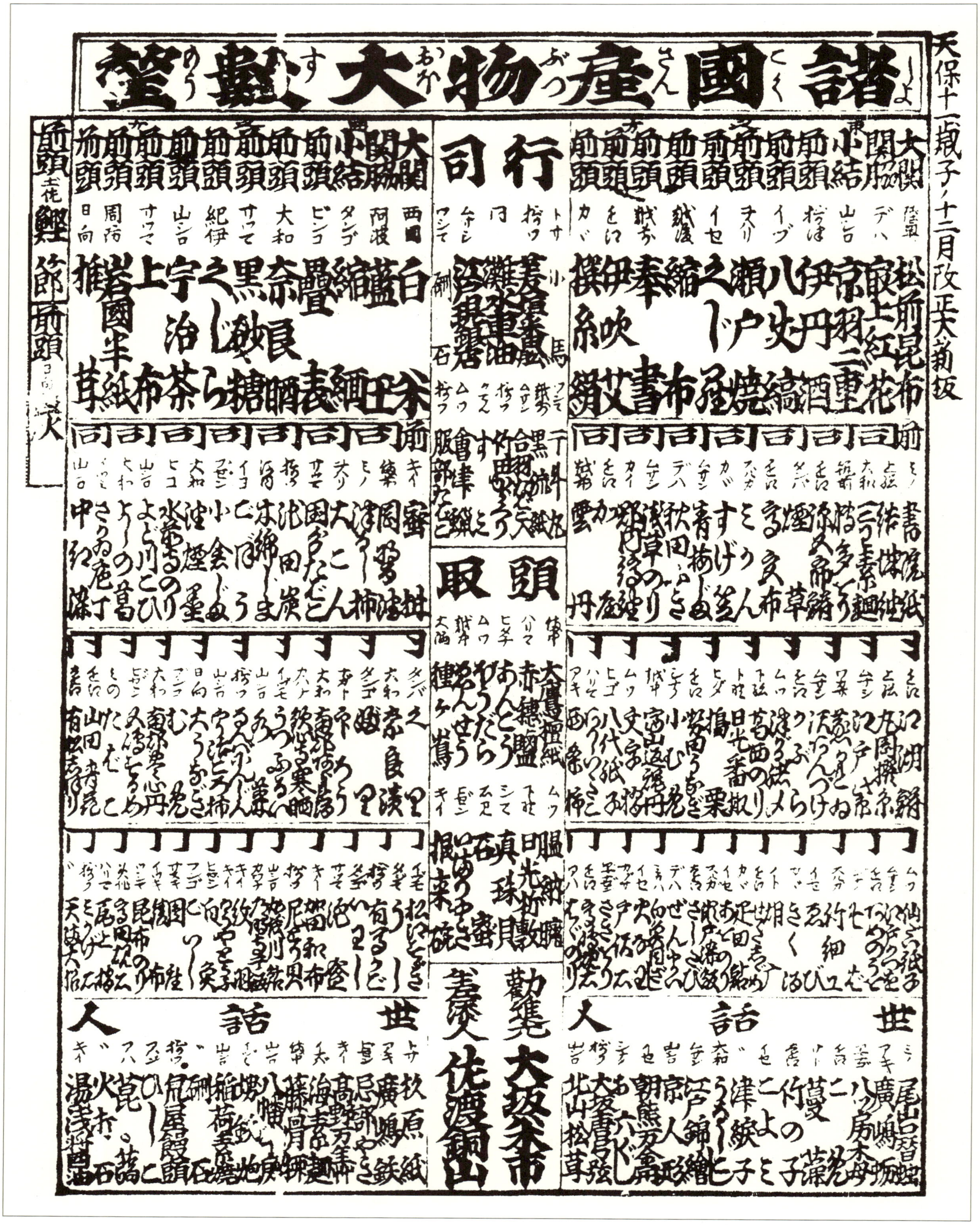
諸國産物大數望
天保十一歳子ノ十二月改 正大新板
行司
頭取
世話人
勧進元 大坂天満市
差添人 佐渡銅山

43 諸国産物大数望

諸（しょ）国（こく）産（さん）物（ぶつ）大（おお）数（す）望（もう）

天保十一歳子ノ十二月改正大新板

東之方

大関	陸奥	松前昆布
関脇	デハ	最上紅花
小結	山シロ	京羽二重
前頭	摂津	伊丹酒
前頭	イヅ	八丈縞
前頭	ヲハリ	瀬戸焼
前頭	イセ	くじら
前頭	越後	縮布
前頭	越前	奉書
前頭	近江	伊吹艾
前頭	カゞ	撰糸絹

前	ミノ	書院紙
同	上総	結城紬
同	大和	三わ素麺
同	筑前	博多をり
同	近江	源五郎鮒
同	タンバ	煙草
同	近江	高宮布
同	スルガ	ミかん
同	カゞ	すげ笠
同	ムサシ	青梅じま
同	デハ	秋田ふき
同	ムサシ	浅草のり
同	カイ	郡内縞紬
同	近江	かや
同	越前	雲丹

同	近江	江湖鮒
同	上総	丸岡撰糸
同	武蔵	江戸紫
同	ワカサ	蒸かれゐ
同	ムサシ	沢あんづけ
同	近江	かぶら
同	ムツ	津がる緒〆
同	下総	葛西のり
同	下野	日光番椒
同	ヒダ	搗栗
同	近江	勢田うなぎ
同	シナノ	小むめ
同	越中	富山返魂丹
同	ムツ	文字橋
同	ヒゴ	八代紙子
同	ハリマ	あかしいゝたこ
同	アキ	西条柿

同	ムツ	仙だい紙子
同	ムサシ	江戸かつを
同	近江	あめのうを
同	シナノ	そば
同	スルガ	竹細工
同	イセ	ゐび
同	カゞ	きく酒
同	ノト	胡麻
同	近江	せたしゞめ
同	カゞ	疋田鮎
同	イセ	あをのり
同	スルガ	瀬戸染飯
同	遠江	さしたび
同	デハ	ぜんまい
同	ミカハ	白魚目ざし
同	イセ	火なわ
同	カヅサ	戸沢石
同	エチゼン	さきをり
同	近江	高島硯石
同	アハ	はゞのり

世話人

ミノ	尾山口蠶
アキ	広島蠣
エチゴ	八ツ房木母
近江	こめ
サド	蔓藻
遠江	竹の子
イセ	こよミ
同	津綟子
大和	うなしこし
ムサシ	江戸錦絵
山シロ	京人形
イセ	朝熊万金丹
シナノ	お六ぐし
摂ツ	大坂唐弓弦
山シロ	北山松茸

行司

トサ	小馬
摂ツ	菱垣番船
同	灘水車油
ムサシ	江戸現銀店
ワシマ	硎石
ツシマ	干斗丸
越前	黒流紙
ムサシ	合羽たばこ入
摂ツ	竹田からくり
クマノ	すミ
ムツ	会津蠟
摂ツ	服部たばこ

頭取

備中	大鷹檀紙
ハリマ	赤穂塩
ヒタチ	あんこう
ムツ	ぼうだら
越中	ゐんせう
大隅	種ケ島
ムツ	膃肭臍
下野	日光折敷
シマ	真珠貝
石見	石蜜
肥前	いまりやき
キイ	根来碗

勧進元 大坂米市

差添人 佐渡銅山

西之方

大関	西国	白米
関脇	阿波	藍玉
小結	タンゴ	縮緬
前頭	ビンゴ	畳表
前頭	大和	奈良晒
前頭	サツマ	黒砂糖
前頭	紀伊	くじら
前頭	山シロ	宇治茶
前頭	サツマ	上布
前頭	周防	岩国半紙
前頭	日向	椎茸
前頭	土佐	鰹節
前頭	日向	炭

前	キイ	蜜柑
同	備前	岡醤油
同	ミノ	つるし柿
同	ヲハリ	大こん
同	サツマ	国分たばこ
同	摂ツ	池田炭
同	河内	木綿しま
同	イヨ	ごぼう
同	ブゼン	小倉じま
同	大和	油煙墨
同	ヒコ	水前寺のり
同	山シロ	よど川こひ
同	大和	よしの葛
同	イツミ	さかゐ庖丁
同	山シロ	中紅染

同	タンバ	くり
同	大和	奈良漬
同	タンゴ	ぶり
同	ナガト	印ろう
同	大和	南部あられ酒
同	カハチ	歓心寺寒晒
同	イヅモ	うつふるい
同	山シロ	水菜
同	摂ツ	なんバにんじん
同	山シロ	宇治ころ柿
同	日向	大うなぎ
同	ブンゴ	むめ
同	大和	南部豊心丹
同	ビゼン	五島するめ
同	ミの	たばこ
同	近江	山田青花
同	遠江	有松しほり

同	イヅモ	松江すゞき
同	タジマ	うし
同	摂ツ	有馬かご
同	タンゴ	いわし
同	サツマ	泡盛
同	キイ	加田和布
同	摂ツ	尼とり貝
同	山シロ	加茂川鮎
同	カハチ	道明寺干飯
同	キイ	紋羽
同	キイ	かうやとうふ
同	ヒゼン	白魚
同	ブンゴ	ごいし
同	サヌキ	円座
同	イツキ	綾布
同	ツシマ	昆布のり
同	美作	高田硯石
同	ハリマ	尾上松
同	摂ツ	ミかげ石
同	同	天満大根

世話人

トサ	杉原紙
アキ	広島鉄
ビゼン	忌部やき
キイ	高野万年草
イナバ	海素麺
備中	藤骨柳
山シロ	八幡牛房
イヅミ	堺鉄炮
山シロ	稲荷素焼
同	硎石
摂ツ	虎屋饅頭
アハジ	ひしこ
アハ	菎蒻
同	火打石
キイ	湯浅醤油

この番付は、天保11年（1840）12月に改正・板行されたものであり、全国の産物を網羅的に取り上げている。すなわち、世話人の欄を除いた縦四段のうち、一・二段目には『和漢三才図会』などにも記される全国的に有名な産物、三・四段目には「南部あられ酒」や「瀬戸染飯」など限定した地域の産物を配している。しかし、東の大関が食用あるいは出汁として用いられ、大坂の食文化を支えた松前昆布であり、西の大関が大坂の堂島米市場において活況に取り引きされた西国米であるので、大坂を中心に据えた番付といえよう。

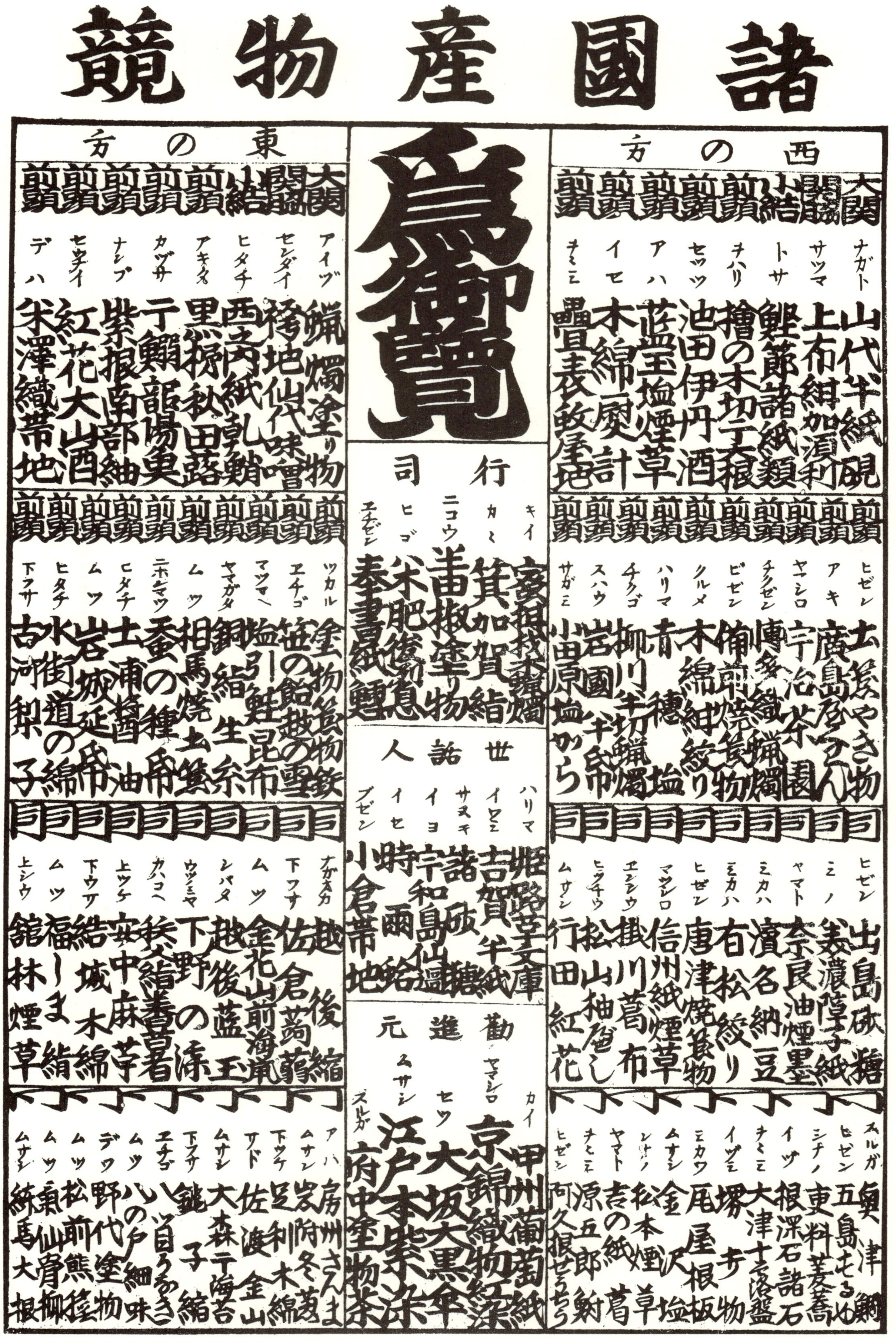

諸國産物競

為御覧

東の方

大関 アイヅ 蝋燭塗り物
関脇 センダイ 袴地仙代味噌
小結 ヒタチ 西之内紙乾鮹
前頭 アキタ 黒柳秋田蕗
前頭 カヅサ 干鰯龍陽奥
前頭 ナンブ 紫根南部紬
前頭 セウナイ 紅花大山酒
前頭 デハ 米澤織帯地

前頭 ツカル 金物曲物鉄
前頭 エチゴ 笹の飴越の雪
前頭 マツマヘ 塩引鮭昆布
前頭 ヤマガタ 銅紬生糸
前頭 ムツ 相馬焼土瓶
前頭 ニホンマツ 蚕の種帋
前頭 ヒタチ 土浦醤油
前頭 ムツ 岩城延帋
前頭 ヒタチ 水街道の綿
前頭 下フサ 古河梨子

同 ナガオカ 越後縮
同 下フサ 佐倉蒟蒻
同 ムツ 金花山前海鼠
同 シバタ 越後藍玉
同 ウツノミヤ 下野の漆
同 カハコヘ 秩父縞着
同 上ツケ 安中麻苧
同 下ウサ 結城木綿
同 ムツ 福しま絹
同 上シウ 館林煙草

下 アハ 房州さんま
下 ムサシ 岩附冬葱
下 下ツケ 足利木綿
下 サド 佐渡金山
下 ムサシ 大森海苔
下 下フサ 銚子縮
下 エチゴ 八目うなぎ
下 ムツ 八の戸細味
下 デワ 野代塗物
下 ムツ 松前熊膽
下 ムツ [illegible]仙骨柳
下 ムサシ 練馬大根

西の方

大関 ナガト 山代半紙硯
関脇 サツマ 上布紺加須利
小結 トサ 鰹節諸紙類
前頭 チハリ 檜の木切子板
前頭 セッツ 池田伊丹酒
前頭 アハ 藍玉塩煙草
前頭 イセ 木綿[illegible]計
前頭 キミニ 疊表蚊屋地

前頭 ヒゼン 土やき物
前頭 アキ 廣島[illegible]ん
前頭 ヤマシロ 宇治茶園
前頭 チクゼン 博多織蝋燭
前頭 ビゼン 備前焼長物
前頭 クルメ 木綿紺絞り
前頭 ハリマ 赤穂塩
前頭 チクゴ 柳川干切蝋燭
前頭 スハウ 岩國半帋
前頭 サガミ 小田原塩から

同 ヒゼン 出島砂糖
同 ミノ 美濃障子紙
同 ヤマト 奈良油煙墨
同 ミカハ 濱名納豆
同 ミカハ 有松絞り
同 ヒゼン 唐津焼物
同 マツシロ 信州紙煙草
同 エンシウ 掛川葛布
同 ヒウチウ 松山柚べし
同 ムサシ 行田紅花

下 スルガ 奥津鯛
下 ヒゼン 五島するめ
下 シナノ 更科蕎麦
下 イヅ 根深石諸石
下 チクミ 大津十露盤
下 イヅミ 堺打物
下 ミカワ 尾屋根板
下 ムサシ 金沢塩
下 シナノ 松本煙草
下 ヤマト 吉の紙菅
下 チクミ 源五郎鮒
下 ヒゼン 阿久根せうちう

行司
キイ 家根材木蝋燭
カガ 箕加賀結
ニコウ 蕃椒塗り物
ヒゴ 米肥後[illegible]息
エチゼン 奉書紙鯉

世話人
ハリマ 姫路革文庫
イワミ 吉賀半紙
サヌキ 諸[illegible]糖
イヨ 宇和島仙過
イセ 時雨蛤
ブゼン 小倉帯地

勧進元
カイ 甲州葡萄紙
ヤマシロ 京錦織物紅染
セツ 大坂大黒傘
ムサシ 江戸本紫染
スルガ 府中塗物茶

44　諸国産物競

諸国産物競

為御覧

東の方

大関	アイヅ	蠟燭塗り物
関脇	センダイ	袴地仙代味噌
小結	ヒタチ	西之内紙乾鮹
前頭	アキタ	黒柿秋田蕗
前頭	カヅサ	干鰯韶陽魚
前頭	ナンブ	紫根南部紬
前頭	セウナイ	紅花大山酒
前頭	デハ	米澤織帯地
前頭	ツカル	塗物器物鉄
前頭	ヱチゴ	笹の飴越の雪
前頭	マツマヘ	塩引鮭昆布
前頭	ヤマガタ	銅絹生糸
前頭	ムツ	相馬焼土器
前頭	ニホンマツ	蚕の種帋
前頭	ヒタチ	土浦醤油
前頭	ムツ	岩城延帋
前頭	ヒタチ	水街道の綿
前頭	下フサ	古河梨子
同	ナガオカ	越後縮
同	下フサ	佐倉蒟蒻
同	ムツ	金花山前海鼠
同	シバタ	越後藍玉
同	ウツノミヤ	下野の染
同	カハコヘ	秩父絹□薯
同	上ツケ	安中麻苧
同	下ウサ	結城木綿
同	ムツ	福しま絹
同	上シウ	舘林煙草
同	アハ	房州さんま
同	ムサシ	岩附冬葱
同	下ツケ	足利木綿
同	サド	佐渡金山
同	ムサシ	大森干海苔
同	下フサ	銚子縮
同	ヱチゴ	八ツ目うなき
同	ムツ	八の戸細味
同	デワ	野代塗物
同	ムツ	松前熊膽
同	ムツ	気仙骨柳
同	ムサシ	練馬大根

行司

キイ	蜜柑伐木蠟燭
カ、	箕加賀絹
ニコウ	半田椒塗り物
ヒゴ	米肥後洌息
ヱチゼン	奉書紙鱈

世話人

ハリマ	姫路草文庫
イワミ	吉賀半紙
サヌキ	諸砂糖
イヨ	宇和島仙過
イセ	時雨蛤
ブゼン	小倉帯地

勧進元

カイ	甲州葡萄紙
ヤマシロ	京錦織物紅染
セツ	大坂大黒傘
ムサシ	江戸本紫染
スルガ	府中塗物茶

西の方

大関	ナガト	山代半紙硯
関脇	サツマ	上布紺加須利
小結	トサ	鰹節諸紙類
前頭	ヲハリ	檜の木切干大根
前頭	セッツ	池田伊丹酒
前頭	アハ	藍玉塩煙草
前頭	イセ	木綿熨計
前頭	ヲ、ミ	畳表蚊屋地
前頭	ヒゼン	土器やき物
前頭	アキ	廣島やくわん
前頭	ヤマシロ	宇治茶園
前頭	チクゼン	博多織蠟燭
前頭	ビゼン	備前焼器物
前頭	クルメ	木綿紺絞り
前頭	ハリマ	赤穂塩
前頭	チクゴ	柳川半切蠟燭
前頭	スハウ	岩國半帋
前頭	サガミ	小田原塩から
同	ヒゼン	出島砂糖
同	ミノ	美濃障子紙
同	ヤマト	奈良油煙墨
同	ミカハ	濱名納豆
同	ミカハ	有松絞り
同	ヒゼン	唐津焼器物
同	マツシロ	信州紙煙草
同	ヱンシウ	掛川葛布
同	ヒッチウ	松山柚べし
同	ムサシ	行田紅花
同	スルガ	興津鯛
同	ヒゼン	五島するめ
同	シナノ	更料蕎麦
同	イヅ	根深石諸石
同	ヲ、ミ	大津十露盤
同	イヅミ	堺打物
同	ミカワ	瓦屋根板
同	ムサシ	金沢塩
同	シナノ	松本煙草
同	ヤマト	吉の紙葛
同	ヲ、ミ	源五郎鮒
同	ヒゼン	阿久根せうちう

東の大関に挙げられる会津の蠟燭は、純白で美しい絵が描かれているのが特徴である。会津藩は、蠟燭を専売品として藩の収入源とする一方、大名間での贈答や寺社への奉納の品としても使用した。次に、西の大関である山代の半紙は、萩藩における主要な産物の1つであり、米・塩とともに防長の三白と称された。山代の半紙は、萩藩の専売品として大坂市場に売り出され、同藩の財政を支えていた。

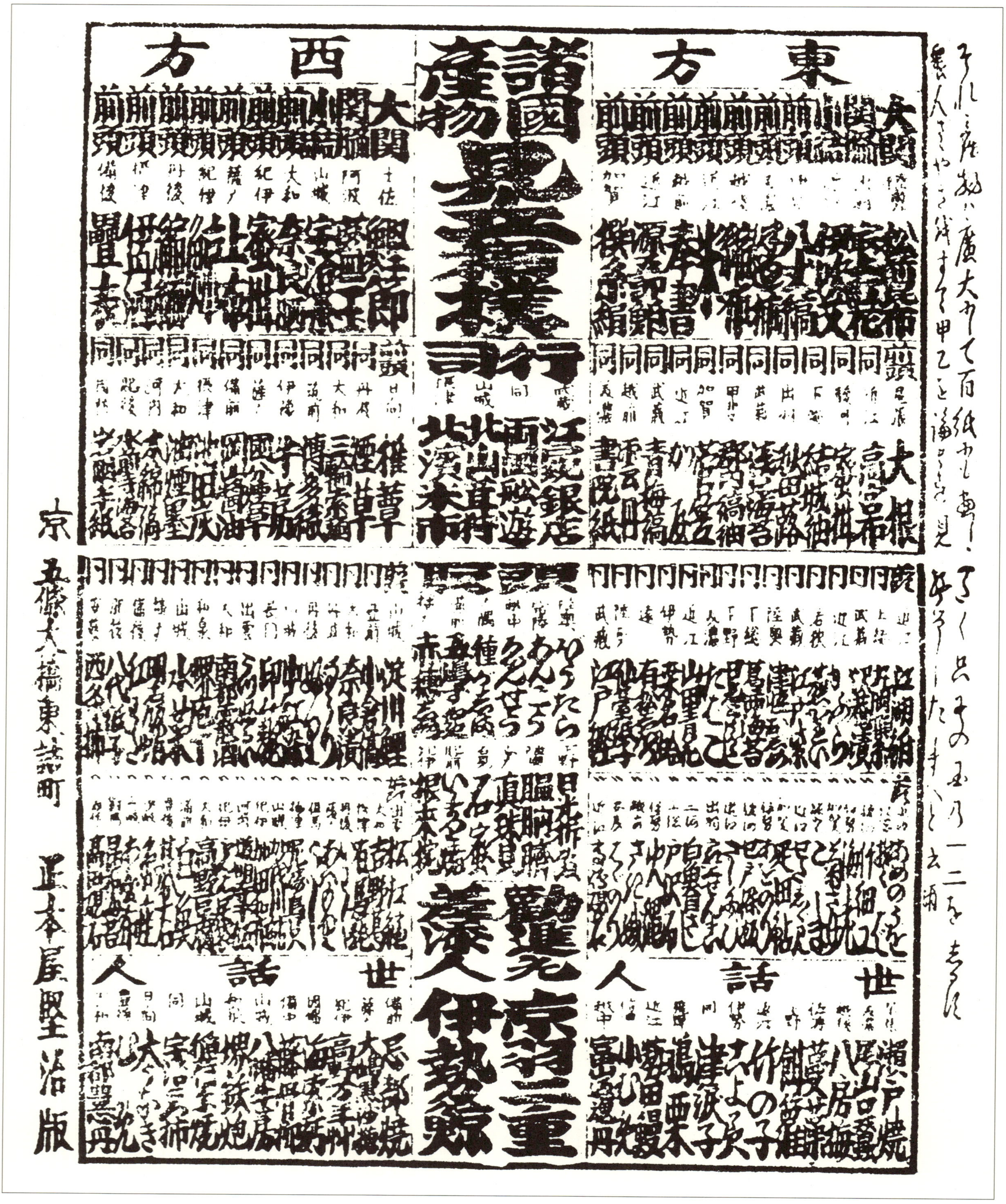

45 諸国産物見立相撲

諸国産物見立相撲

それ産物ハ広大にして百紙にも尽しかたく只その国の一二をしるす
衆人さゝやきをすて甲乙を論せす見ゆるしたまへと云爾

東方

- 大関 陸奥 松前昆布
- 関脇 出羽 最上紅花
- 小結 近江 伊吹艾
- 前頭 伊豆 八丈縞
- 前頭 美濃 つるし柿
- 前頭 越後 縮布
- 前頭 近江 米
- 前頭 越前 奉書
- 前頭 近江 源五郎鮒
- 前頭 加賀 撰糸絹

- 前頭 尾張 大根
- 同 近江 高宮布
- 同 駿河 蜜柑
- 同 下総 結城紬
- 同 出羽 秋田蕗
- 同 武蔵 浅草海苔
- 同 甲斐 郡内縞紬
- 同 加賀 菅笠
- 同 近江 かや
- 同 武蔵 青梅縞
- 同 越前 雲丹
- 同 美濃 書院紙

- 前頭 近江 江湖鮒
- 同 上総 丸岡撰糸
- 同 武蔵 沢菴漬
- 同 近江 かぶら
- 同 若狭 蒸かれい
- 同 武蔵 江戸紫
- 同 陸奥 津軽おじめ
- 同 下総 葛西海苔
- 同 下野 晃とうがらし
- 同 美濃 たばこ
- 同 近江 山田青花
- 同 伊勢 桑名蛤
- 同 遠江 有松しぼり
- 同 陸奥 仙台紙子
- 同 武蔵 江戸鰹

- 前頭 近江 あめのうを
- 同 信濃 そば
- 同 駿河 竹細工
- 同 伊勢 海老
- 同 加賀 菊さけ
- 同 能登 こしま
- 同 近江 せたしゞみ
- 同 加賀 疋田鮎
- 同 伊勢 あをのり
- 同 駿河 せ戸染飯
- 同 遠江 さしたひ
- 同 出羽 最上せんまい
- 同 三河 白魚目さし
- 同 上総 戸沢布
- 同 伊勢 火縄
- 同 越前 さき織
- 同 安房 はゞのり
- 同 近江 高嶋硯石

世話人

- 尾張 瀬戸焼
- 美濃 尾山口蚕
- 越後 八房梅
- 佐渡 蔓藻
- 上野 餌籠
- 遠江 竹の子
- 伊勢 こよみ
- 同 津涙子
- 飛騨 搗栗
- 近江 勢田鰻
- 信濃 小むめ
- 越中富山 返魂丹

西方

- 大関 土佐 鰹節
- 関脇 阿波 藍玉
- 小結 山城 宇治茶
- 前頭 大和 奈良晒
- 前頭 紀伊 蜜柑
- 前頭 薩摩 上布
- 前頭 紀伊 鯨
- 前頭 丹後 縮緬
- 前頭 摂津 伊丹酒
- 前頭 備後 畳表

- 前頭 日向 椎蕈
- 同 丹波 煙草
- 同 大和 三輪素麺
- 同 筑前 博多織
- 同 伊予 牛房
- 同 薩摩 国分煙草
- 同 備前 岡山醤油
- 同 摂津 池田炭
- 同 大和 油煙墨
- 同 河内 木綿縞
- 同 肥後 水前寺海苔
- 同 周防 岩国半紙

- 前頭 山城 淀川鯉
- 同 豊前 小倉縞
- 同 大和 奈良漬
- 同 丹波 くり
- 同 丹後 ぶり
- 同 山城 中紅染
- 同 長門 印籠
- 同 出雲 うつふるい
- 同 大和 南都霰酒
- 同 和泉 堺庖丁
- 同 山城 水菜
- 同 播磨 明石飯蛸
- 同 備後 丘わた
- 同 肥後 八代紙子
- 同 安芸 西条柿

- 前頭 出雲 松江鱸
- 同 大和 吉野葛
- 同 摂津 有馬籠
- 同 丹後 いわし
- 同 薩摩 あハもり
- 同 但馬 うし
- 同 摂津 尼崎鳥貝
- 同 山城 加茂川鮎
- 同 紀伊 加田和布
- 同 河内 道明寺干飯
- 同 紀伊 もんは足袋
- 同 大和 高野豆腐
- 同 備前 白魚
- 同 豊後 碁石
- 同 讃岐 円座
- 同 壱岐 あや布
- 同 対馬 昆布海苔
- 同 美作 高田硯石

世話人

- 備前 忌部焼
- 薩摩 大嶋黒沙糖
- 紀伊 高野万年艸
- 因幡 海素麺
- 備中 藤骨柳
- 山城 八幡牛房
- 和泉 堺鉄炮
- 山城 稲荷素焼
- 同 宇治ころ柿
- 日向 大うなき
- 豊後 むめ
- 大和 南部豊心丹

行司

- 武蔵 江戸現銀店
- 同 両国船遊
- 山城 北山茸狩
- 摂津 北浜米市

頭取

- 陸奥 ぼうたら
- 常陸 あんこう
- 越中 ゑんせう
- 大隅 種がしま
- 備前 五嶋するめ
- 播磨 赤穂しほ

- 下野 日光折敷
- 陸奥 膃肭臍
- 志摩 真珠貝
- 石見 石蜜
- 肥前 いまり焼
- 紀伊 根来焼

勧進元 京羽二重

差添人 伊勢鯨

京 五条大橋東詰町

正本屋堅治版

この番付は、京都の正本屋堅治が板行したものであり、全国の産物を網羅的に取り上げている。勧進元は京羽二重、差添人は伊勢鯨、山城国をおよその基点として、それより東の諸国を東方、西の諸国を西方とする。東の大関には、食用あるいは出汁として用いられ、大坂の食文化を支えた松前の昆布、西の大関には、江戸において町組織や株仲間に加入する際、他の構成員に配られる贈答品とされていた土佐の鰹節が挙げられている。東方・西方それぞれが属する地域はもちろん、東方であれば西国、西方であれば東国においても流通した産物が上位を占めていたといえよう。

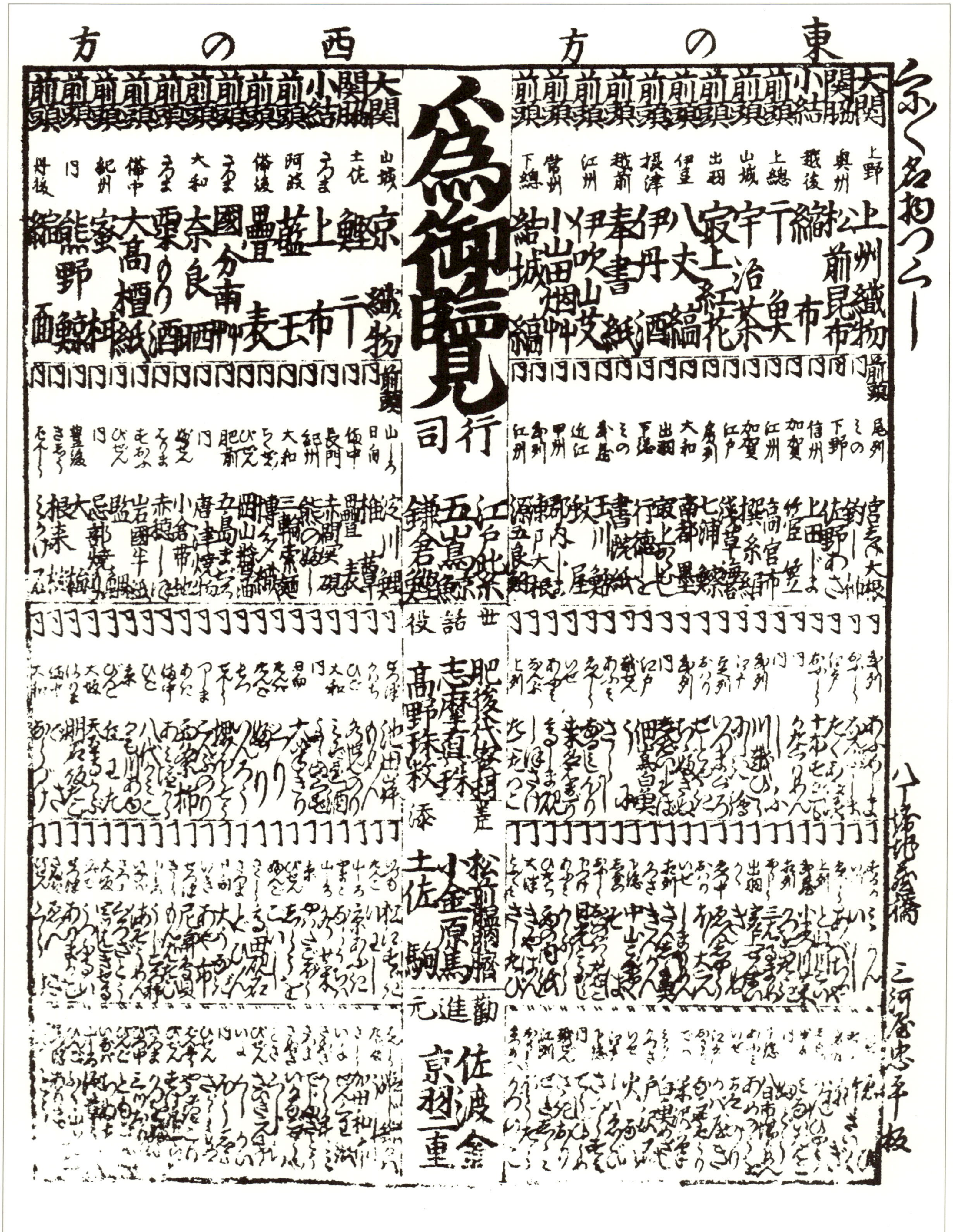

46　くにくに名物つくし

くに〳〵名物つくし

東の方

大関	上野	上州織物
関脇	奥州	松前昆布
小結	越後	縮布
前頭	上総	干魚
前頭	山城	宇治茶
前頭	出羽	最上紅花
前頭	伊豆	八丈縞
前頭	摂津	伊丹酒
前頭	越前	奉書紙
前頭	江州	伊吹山艾
前頭	下総	結城縞

前頭	尾州	宮しげ大根
同	みの	釣し柿
同	下野	佐野あさ
同	信州	上田じま
同	加賀	管笠
同	江州	高官布
同	加賀	撰糸絹
同	江戸	浅草海苔
同	房州	七浦鯨
同	大和	南都墨
同	出羽	最上からむし
同	下総	行徳しを
同	ミの	書院紙
同	武蔵	玉川鮎
同	近江	蚊屋
同	甲州	郡内じま
同	武州	練部大根
同	江州	源五良鮒

同	武州	あふめじま
同	おふしう	なんぶしま
同	江戸	たくあん漬
同	おふしう	十布すかこも
同	同	かたくりめん
同	同	しふ
同	武州	川越ひら
同	江戸	にしき絵
同	豆州	いづまぐろ
同	おハり	せとやき
同	武州	ち、ぶきぬ
同	同	しんだいじそば
同	江戸	佃嶌白魚
同	越せん	うに
同	あふミ	さらし
同	ゑんしう	なるミしぼり
同	いせ	桑名はまぐり
同	あふミ	高しま硯
同	なんぶ	しほさけ
同	上州	たてたいこ

同	するが	みかん
同	いづ	いし
同	ゑんしう	あべちや
同	上州	とね川こい
同	武蔵	小まへ川菜
同	相州	かつをのた、き
同	おうしう	三はるまめ
同	出羽	最上ぜんまい
同	か、	きぬ
同	ゑつ中	ゑんしやう
同	おハり	ほし大こん
同	いせ	しまりめん
同	相州	さんしよ魚
同	かつさ	きんかん
同	下総	中山こんにやく
同	しなの	そは
同	おふしう	おいのがハ、たばこ
同	下つけ	日光とうがらし
同	おふミ	かぶら
同	ひたち	西の内紙
同	大津	きやはん
同	とふくミ	さしたび

同	いせ	ゑび
同	するが	竹さいく
同	岩付	ねぎ
同	しなの	かんひやう
同	甲州	ミないだばこ
同	同	ぶどう
同	下総	八日市場もめん
同	あふミ	あめのうを
同	いせ	青のり
同	江戸	かバやき
同	おわり	なごやぞうり
同	でハ	米沢筆
同	ミかハ	白魚めざし
同	かつさ	戸沢石
同	いせ	火なす
同	江戸	しバゑび
同	下総	さくらすミ
同	同	てうしひらめ
同	越ぜん	さきおり
同	江州	せたし、ミ
同	おうしう	ぼうたら
同	まつまへ	かづのこ

為御覧

行司	勧進元
江戸紫	佐渡金
五嶌鯨	京羽二重
鎌倉鰹	

世話役	差添
肥後八代蜜柑	松前膃肭臍
志摩真珠	小金原馬
高野珠数	土佐駒

西の方

大関	山城	京織物
関脇	土佐	鰹干物
小結	さつま	上布
前頭	阿波	藍玉
前頭	備後	畳表
前頭	さつま	国分南艸
前頭	大和	奈良晒
前頭	さつま	粟もり酒
前頭	備中	大高檀紙
前頭	紀州	蜜柑
前頭	同	熊野鯨
前頭	丹後	縮面

前頭	山しろ	淀川鯉
同	日向	椎蕈
同	備中	畳表
同	長門	赤間関硯
同	紀州	熊のふし
同	大和	三輪索麺
同	ちくぜん	博多織
同	びぜん	岡山醤油
同	肥前	五島まぐろ
同	同	唐津焼物
同	ぶせん	小倉帯地
同	はりま	赤穂しほ
同	すおふ	岩国半紙
同	びぜん	監鯛
同	同	忌部焼もの
同	豊後	大梅
同	きしう	根来碗
同	ばんしう	ミかげ石

同	せつ津	池田炭
同	かハち	もめん
同	ひご	水せんしのり
同	大和	ミぞれ酒
同	同	よしのくず
同	日向	大半きり
同	たんバ	くり
同	たんご	ぶり
同	長門	いんろう
同	せんしう	堺ほうてう
同	つしま	こんぶのり
同	あき	西条柿
同	備中	あミ塩から
同	ひご	八代かミこ
同	京	かも川あゆ
同	びんご	丘わた
同	大坂	天王寺かぶ
同	はりま	明石飯たこ
同	備中	ござ
同	大和	ならづけ

同	いづも	松江すゞき
同	たんご	いわし
同	山しろ	京あふき
同	やまと	ならうちハ
同	山しろ	冬菜
同	京	やハたごぼう
同	びせん	しらうを
同	ふんご	ごいし
同	さくしう	高田硯
同	さつま	どひん
同	日向	大うなぎ
同	いき	あや布
同	せつ津	尼崎鳥貝
同	きしう	もんばたひ
同	山しろ	うじころ棉
同	いなバ	あそうめん
同	さつま	くろざとう
同	大坂	四ツはしきせる
同	いづも	うつふるい
同	せつ津	ありまかご
同	さぬき	ゑんざ
同	びせん	くらげ

同	はんしう	姫じ錦かハ
同	たじま	うし
同	きしう	加田和布
同	いよ	せんくわ紙
同	さぬき	からすミ
同	さつま	でじまさとう
同	さぬき	いかなごせうゆ
同	とさ	くじら
同	びぜん	さいきこんにやく
同	いよ	くしかい
同	同	ほうしよ
同	ひぜん	さがらもめん
同	ばんしう	やなぎこり
同	びぜん	すけ屑や□□
同	さつま	かつをふし
同	びつ中	三ツお□□
同	びんご	ともご□
同	いなバ	ちぬ□
同	山しろ	深草うちは
同	びんご	ふく山□□
同	せつ津	ありま□□
同	□□□	と□□□□

八丁堀地蔵橋　三河屋忠平板

この番付は、八丁堀地蔵橋の三河屋忠平が板行したものである。全国の産物を対象としているが、版元が江戸であるため、浅草海苔、上総の干魚、下総の中山こんにゃく、相模の鰹たたきなど、江戸周辺の名産品も多く載せている。なお、勧進元を務める京羽二重は、京都西陣で織られた純白の高級絹布であり、京都の職人技術の高さや伝統工芸品としての良さを示す象徴であった。その西陣から高機および機織技術を導入し、桐生を中心に織物業を発展させた上州が東の大関となっている点は注目される。

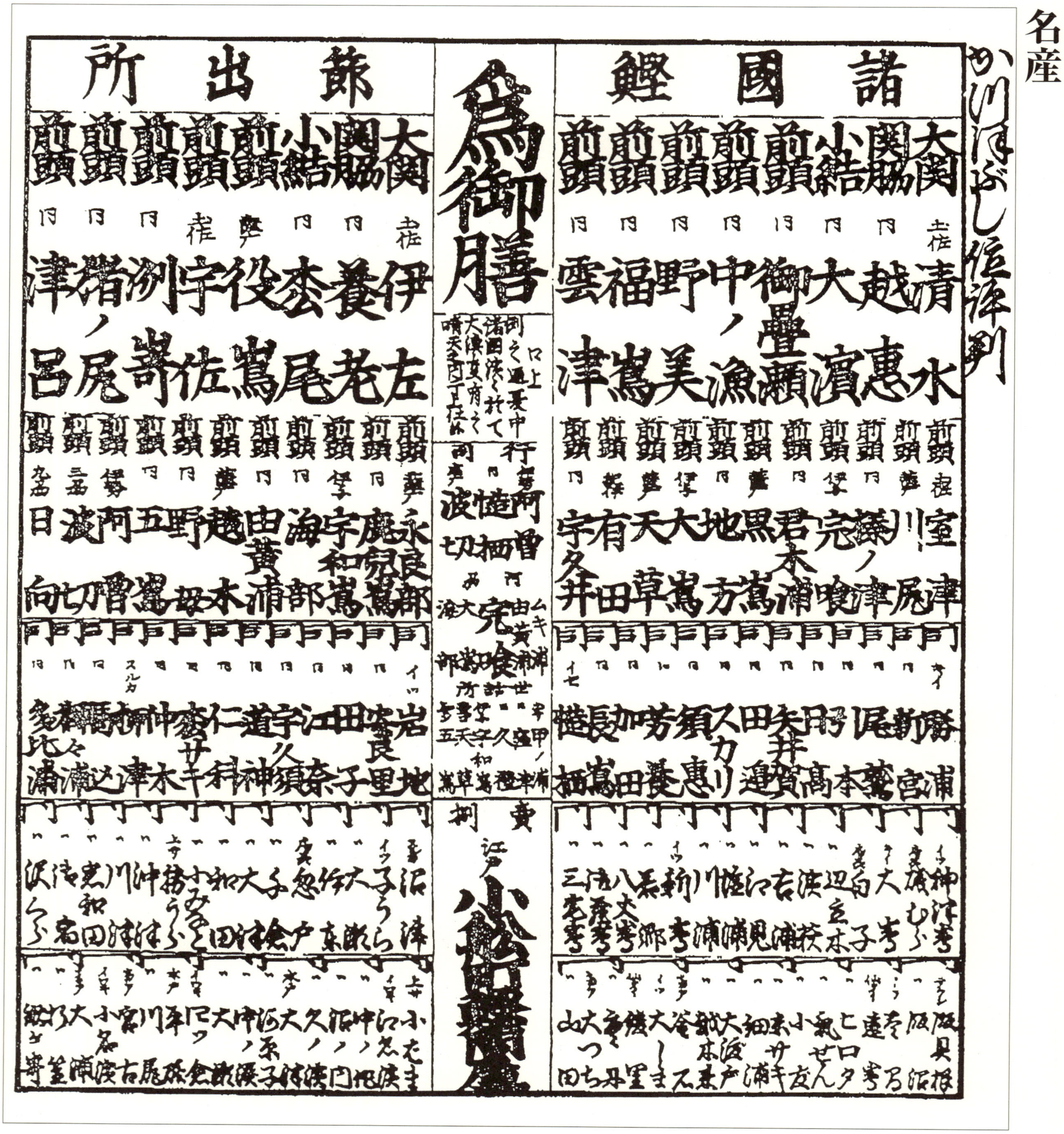

47　かつほぶし位評判

かつほぶし位評判

諸国鰹

大関 土佐 清水
関脇 同 越恵
小結 同 大濱
前頭 同 御畳瀬
前頭 同 中ノ漁
前頭 同 野美
前頭 同 福嶌
前頭 同 雲津

前頭 土佐 室津
前頭 薩摩 川尻
前頭 同 榛ノ津
前頭 伊与 完喰
前頭 同 君木浦
前頭 薩摩 黒嶌
前頭 同 地方
前頭 伊与 大嶌
前頭 薩摩 天草
前頭 紀伊 有田
前頭 同 宇久井

同 キイ 勝浦
同 同 新宮
同 同 尾鷲
同 同 引本
同 同 日高
同 同 矢井賀
同 同 田邉
同 同 スカリ
同 同 須恵
同 同 芳養
同 同 加田
同 同 長嶌
同 イセ 慥栖

同 イツ 神津嶌
同 房州 磯むら
同 キイ 大嶌
同 房州 白子
同 同 辺立木
同 同 濱萩
同 同 吉浦
同 同 江見
同 同 塩浦
同 同 川浦
同 同 新嶌
同 イツ 若郷
同 同 八丈嶌
同 同 御蔵嶌
同 同 三宅嶌

同 テウシ 飯貝根
同 同 飯沼
同 イツ 豊間
同 仙タイ 連嶌
同 同 ヒロタ
同 同 気せん
同 同 小友
同 同 東サキ
同 同 細浦
同 同 大渡戸
同 同 越木来
同 南部 釜石
同 イツ 大しま
同 仙タイ 綾里
同 同 唐丹
同 南部 大つち
同 同 山田

為御膳

口上
例之通夏中
諸国濱々於て
大漁事有之
晴天之内干上仕候

行司
伊勢 阿曽
同 慥栖
志摩 波切

阿州 ムキ浦
由黄浦
完喰
大嶌
海部

世話所
土サ 甲ノ浦
同 窪津
同 久礼
伊与 宇和嶌
ヒゴ 天草
ヒセン 五嶌

売捌
江戸 小船町鰹問屋

節出所

大関 土佐 伊左
関脇 同 養老
小結 同 松尾
前頭 薩摩 役嶌
前頭 土佐 宇佐
前頭 同 洲寄
前頭 同 猪ノ尻
前頭 同 津呂

前頭 薩摩 永良部
前頭 同 鹿児嶌
前頭 伊与 宇和嶌
前頭 同 海部
前頭 同 由黄浦
前頭 薩摩 越木
前頭 同 野母
前頭 同 五嶌
前頭 伊勢 阿曽
前頭 三州 波切
前頭 九州 日向

同 イツ 岩地
同 同 安良里
同 同 田子
同 同 江奈
同 同 宇久須
同 同 道神
同 同 仁科
同 同 松サキ
同 同 仲木
同 スルカ 柳津
同 同 馬込
同 同 獅々浦
同 同 多比浦

同 スルカ 沼津
同 イツ 子うら
同 同 大瀬
同 同 伊東
同 房州 忽戸
同 同 千倉
同 同 大津
同 同 和田
同 同 小みなと
同 上サ 勝うら
同 同 沖津
同 同 川津
同 同 岩和田
同 同 御宿
同 同 沢くら

同 上サ 小ばま
同 イワキ 江名濱
同 同 中ノ作
同 同 沼ノ内
同 同 久ノ濱
同 水戸 大津
同 同 河原子
同 同 中ノ湊
同 同 大瀬
同 イワキ 四ツ倉
同 水戸 平磯
同 同 川尻
同 南部 宮古
同 イワキ 小名濱
同 南部 大浦
同 同 折笠
同 同 鍬ケ嵜

この番付は、鰹節の産地をランク付けしたものであり、売捌が江戸小船町鰹問屋となっているので、江戸で作成されたと考えられる。鰹節は江戸において、町組織や株仲間に加入する際、他の構成員に配られる贈答品とされていた。そのため、番付には国名のみならず、産地も表示されている。番付の一段目は薩摩役嶌を除いて、東･西ともにすべて土佐が占めている。中でも大関の土佐清水産の鰹節は別格で、抜売防止のための改めを行っており、とりわけ上等品として位置づけられていた。

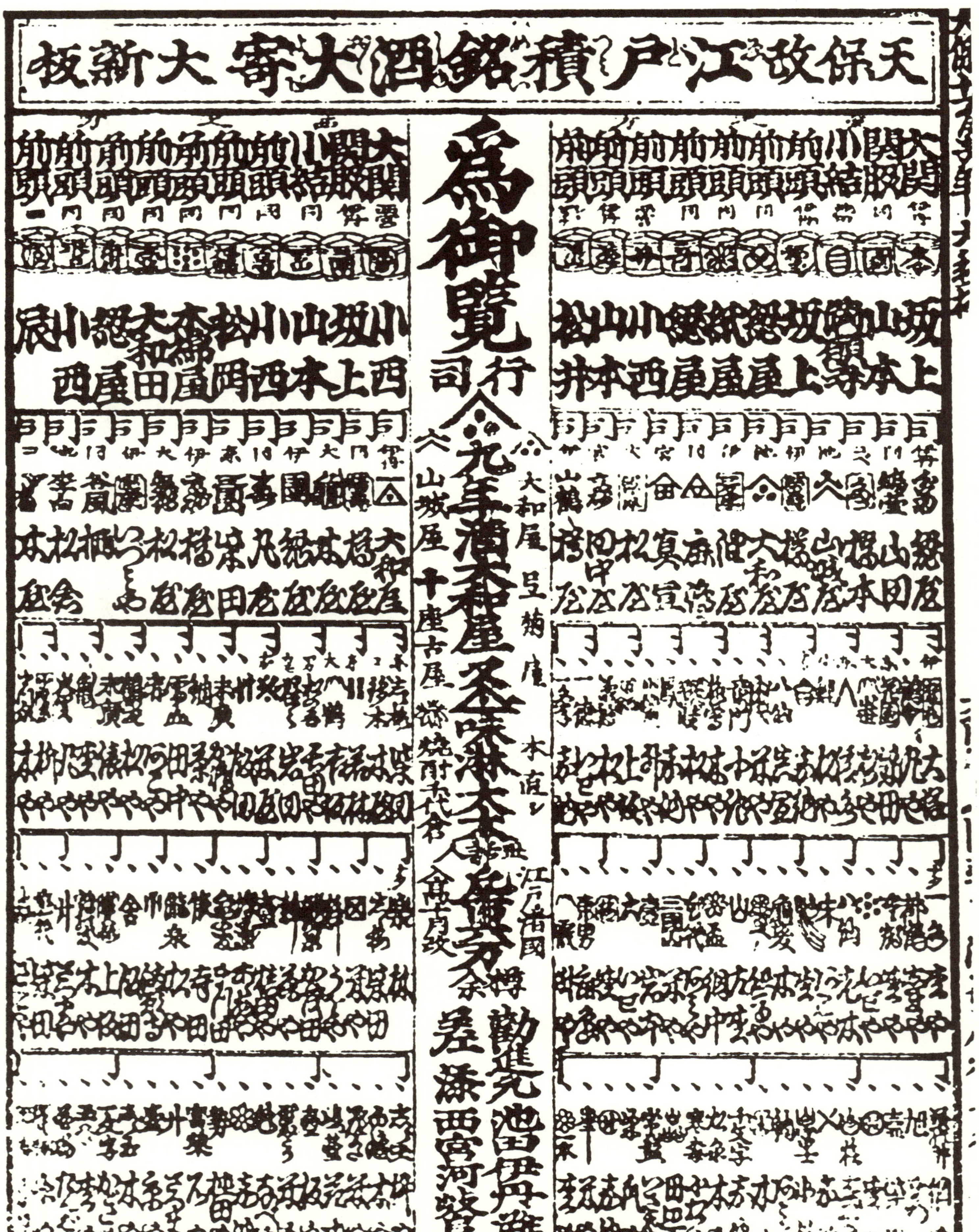

48 天保改江戸積銘酒大寄大新板

天保改江戸積銘酒大寄大新板

天保十一庚子年大新板

為御覧

東之方

- 大関 伊丹 坂上
- 関脇 同 山本
- 小結 池田 満願寺
- 前頭 伊丹 坂上
- 前頭 同 綛屋
- 前頭 同 紙屋
- 前頭 同 綛屋
- 前頭 西宮 小西
- 前頭 伊丹 山本
- 前頭 シンザイケ 松井

同（伊丹 綛屋／同 山田／コべ 橋本／池 山城屋／伊 樽屋／池 大和屋／伊 油屋／同 鹿嶋／宮 真宣／大 松屋／宮 田中屋／伊 樽屋）

同（伊 大塚／同 丸や／京 柴田／大 松や／東 清水／小 松や／ナタ 嘉納／同 真宣／同 米や／同 小池／同 木や／同 松や／同 嘉納／同 升や／同 上坂／同 松や／同 いせや／同 嘉納）

同（ナタ 松や／同 しまや／同 松や／同 いせや／同 老木／同 あこや／同 松や／同 木や／同 但馬や／同 左松／同 網中／同 あミや／同 米や／同 岩本／同 いせや／同 松や／同 鹿島／同 升や）

同（同 網や／同 まつや／同 柴田／同 松や／同 はまくりや／同 嘉納／同 北目／同 あミや／同 木や／同 嘉納／同 木や／同 小松や／同 田辺や／同 いさばや／同 瓜や／同 嘉納／同 米や／同 松や）

行司・中央

- 行司
- 大和屋　菊屋
- 九年酒　大和屋又
- 山城屋　座古屋
- 本直し
- 味淋　大太
- 焼酎　千代倉
- 世話　江戸諸国
- 凡百六万樽余
- 入入高十月改
- 勧進元　池田　伊丹　灘
- 差添　西宮　河　岐阜

西之方

- 大関 西宮 小西
- 関脇 伊丹 坂上
- 小結 同 山本
- 前頭 同 小西
- 前頭 同 松岡
- 前頭 同 木綿屋
- 前頭 同 大和田
- 前頭 同 綛屋
- 前頭 同 小西
- 前頭 西 辰

同（伊丹 大和屋／同 樽屋／大 木屋／伊 綛屋／同 丸屋／東 柴田／伊 樽屋／大 松屋／伊 いづミや／同 栖／池 松倉／コ 木屋）

同（東 柴田／コ 木屋／東 若林／大 吉坂／マカ 長田や／カモ 岩田／ナダ 米屋／同 飯田／同 加嶋や／同 茶や／同 田中／同 あこや／同 松や／同 俵や／同 松や／同 丸や／同 桝や／同 木や）

同（ナタ 林／同 柴田／同 米や／同 うをや／同 加茂田／同 茶や／同 槙田や／同 あら物や／同 まつ田／同 寺田／同 松や／同 満願寺／同 飯田／同 上坂／同 木や／同 さつまや／同 柴田／同 ざこや）

同（同 桝や／同 木や／同 米や／同 花木／同 板や／同 米や／同 なべや／同 嘉納／同 植田や／同 石や／同 さつまや／同 京や／同 木や／同 かぎや／同 松や／同 たんばや／同 京や／同 嘉納）

天保11年（1840）板行の「天保改江戸積銘酒大寄大新板」は、いわゆる下り酒（産地から江戸へ送ること）の番付である。本番付によれば、灘・伊丹・池田の酒造業者が独占していることがわかる。天保期に至っても下り酒は上方の独壇場であったということであり、事実江戸に入津する酒量の７割〜９割を占めていた。ほかに中国酒（江戸と大坂の中間の酒）と呼ばれる伊勢、尾張、三河の酒もあったが味や品質の上でも遠く及ばないとされた。

名産

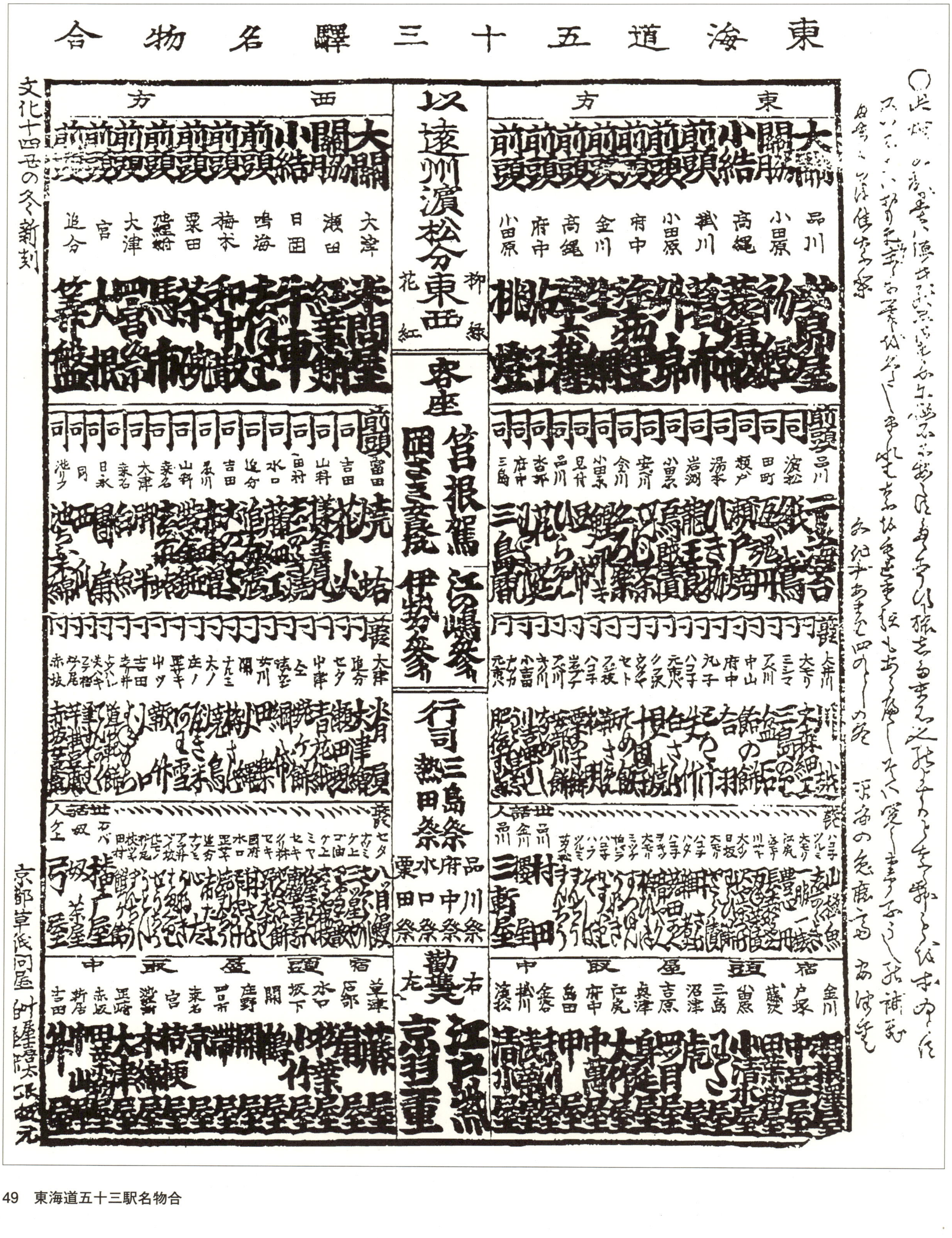

49　東海道五十三駅名物合

東海道五十三駅名物合

○此燈□の類墨ハ源氏の只さために倣ふにあらす、た、□うひし旅したまふ人のよすかとならむことを本ゐとす
又いふナレハおもひ出もま、に筆を久たしたれは、なをもれたるもあるへし、是ハ閲したまふうしの補ひ
まま□□は佳なり
文化十あまり四のとしの冬　平安の兎鹿亭　安津堂

東方

大関 品川 女郎屋
関脇 小田原 初鰹
小結 高縄 菱垣船
前頭 掛川 葛布
前頭 小田原 外郎
前頭 府中 塗物細工
前頭 金川 生鯛
前頭 高縄 廿六夜待
前頭 府中 茄子
前頭 小田原 挑燈

前頭 品川 干海苔
同 浜松 紙鳶
同 田町 返魂丹
同 瀬戸 瀬戸焼
同 湯本 ひき物
同 岩渕 龍王莨
同 小田原 烏賊漬
同 安べ川 せんじ茶
同 金川 くろ薬
同 小田原 鰹叩き
同 見付 足袋
同 品川 ひらめ
同 沓部 花莚
同 府中 わさび
同 三島 三島暦

前頭 大井川 川越
同 大モリ 大森細工
同 ミシマ 三島のり
同 アベ川 盆石
同 中山 飴の餅
同 府中 合羽
同 丸子 とろゝ汁
同 ハコネ 矢竹
同 元市バ 白さけ
同 クフ沢 貝焼
同 ウツノヤ 十団子
同 セト そめ飯
同 フジ枝 鞆さめ
同 ハコネ 松明
同 岩ブチ 粟の子餅
同 アベ川 安部川餅
同 キク川 なめし
同 小吉田 小吉田すし
同 戸ツカ うどん豆ふ
同 元市バ 肥後すいき

前頭 ハコネ 山椒魚
同 ツルミ しからき
同 大モリ 一服一銭
同 江尻 豊心丹
同 □モリ 長森かうやく
同 川サキ 万年茶漬
同 大イソ 沢や茶つけ
同 日坂 わらひ餅
同 大モリ やたら漬
同 ハコネ 甘さけ
同 ハタ 雑煮
同 ハコネ 落田あん
同 ヲキツ 膏やく
同 大モリ 柏ひしほ
同 ミツケ すつほん
同 柏バラ うなき
同 ハコネ かすいり
同 ハラ そは
同 ツルミ まんちう
同 サカイ松 まんちう
世話人 品川 村田
同 金川 桜屋
同 品川 三軒屋

宿頭取中

金川 羽根澤屋
戸塚 中邑屋
藤沢 田葉粉屋
小田原 小清水屋
三島 わた屋
沼津 虎屋
吉原 四ツ目屋
興津 身延屋
江尻 大竹屋
府中 中萬屋
島田 甲屋
金谷 まつ屋
掛川 浅草屋
浜松 清水屋

中央

以遠州浜松分東西
柳緑　花紅

客座 筥根 駕　岡さき女良衆
江の嶋参り　伊勢参り
行司 三島祭　熱田祭
品川祭　府中祭　水口祭　粟田祭
勧進元 右 江戸紫　左 京羽二重

西方

大関 大津 米問屋
関脇 瀬田 紅葉鮒
小結 日岡 牛車
前頭 鳴海 しぼり
前頭 梅木 和中散
前頭 粟田 茶碗
前頭 池鯉鮒 馬市
前頭 大津 四宮祭
前頭 宮 大根
前頭 追分 算盤

前頭 富田 焼蛤
同 吉田 花火
同 山科 様金屑丸
同 田村 しからき焼
同 水口 藤細工
同 追分 追分張
同 吉田 このわた
同 藤川 赤味噌
同 山科 紫金錠
同 桑名 しぐれ蛤
同 大津 脚半
同 桑名 白魚
同 日永 団扇
同 同 西瓜
同 池リフ 池ちふ木綿

前頭 大津 脊負
同 追分 大津絵
同 セタ 瀬田蜆
同 草津 青花紙
同 同 姥ケ餅
同 法ゾウジ 綱袋
同 女川 田楽
同 関 火縄
同 ナルミ 梅さけ
同 大ノ 焼鳥
同 庄ノ やき米
同 岡サキ あわ雪
同 草ツ 鞭竹
同 吉田 火口
同 走リ井 よねもち
同 トウハシ 道範餅
同 矢ハキ てんかく
同 フテ捨 筆すてすし
同 松ノ尾 芋掛豆腐
同 赤坂 赤坂女良衆

前頭 セタ 八ツ月鰻
同 ナツミ さくら川
同 ケ上 三ツ星や
同 ゴ油 りやうこう散
同 ケ上 さるや楊枝
同 ミヤ 竹屋うとん
同 セキ 南禅寺豆ふ
同 クリ林 せんさい餅
同 セキ 野老ずし
同 国府 さけ
同 水口 どじやう汁
同 岡サキ 焼まんちう
同 追分 赤たま
同 ナツミ 心太
同 アラ井 うなき
同 マイ坂 はまくり
同 化モノ せうちう
同 松ノ尾 うとん
同 杖ツキ まんちう
同 田村 蟹ケ飴
世話人 石バ 播磨屋
同 奴 奴茶屋
同 ケ上 弓屋

宿頭取中

草津 藤屋
石部 扇屋
水口 松屋
坂下 小竹屋
関 鶴屋
庄野 関屋
四日市 帯屋
桑名 京屋
宮 桔梗屋
池鯉鮒 木綿屋
岡崎 大津屋
赤坂 田葉粉屋
新居 中山屋
吉田 升屋

文化十四丑の冬新刻

京都草紙問屋 叶屋喜太良 柏屋宗七 板元

京都草子問屋の叶屋喜太郎と柏屋宗七が文化14年（1817）冬、旅人向けに板行した番付である。柏屋は「諸州国々飛脚便宜鑑」や「新改正京都大坂名物相撲合」など、交通・通信あるいは行楽に関わる番付を作る板元であった。番付は、東海道五十三次を対象として、遠州浜松で東西を分け、小田原の外郎や安倍川の安倍川餅など、実際にこの地を訪れない限り味わうことのできない食べ物や、小田原提灯、三島暦、大津絵などの土産物を取り上げている。このような番付は『東海道名所図会』や『伊勢参宮名所図会』とともに、旅の楽しみを演出したことであろう。

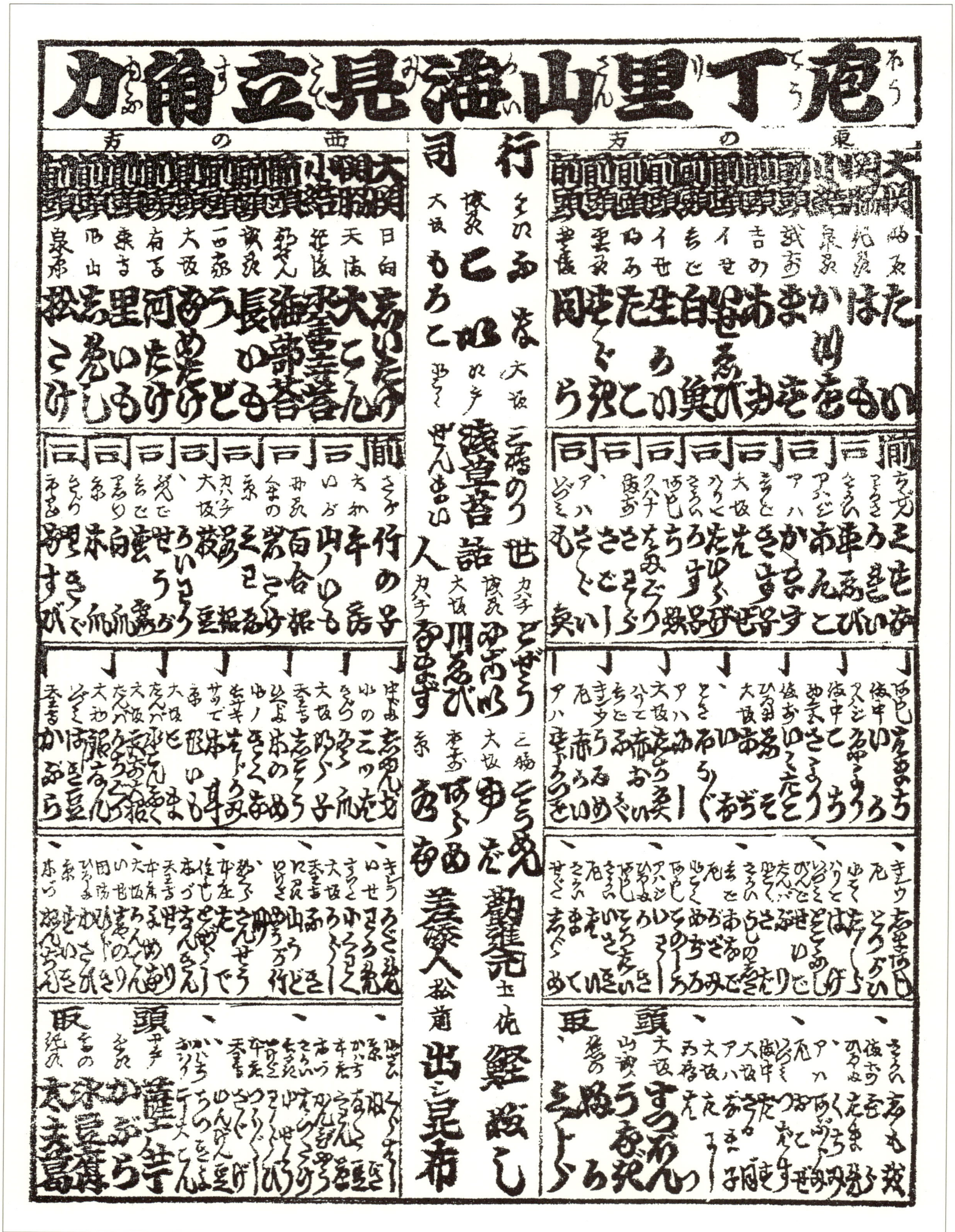
庖丁里山海見立角力

東の方

西の方

行司

勧進元

差添人

50　庖丁里山海見立角力

力角立見海山里丁庖

(ふもすもう たてみ かいさん りてう ほうちやう)

西の方

大関	日向	しいたけ
関脇	天満	大こん
小結	肥後	水善寺苔
前頭	朝せん	海部苔
前頭	城州	長いも
前頭	西家	うど
前頭	大坂	なめたけ
前頭	有馬	河たけ
前頭	東寺	里いも
前頭	北山	しめし
前頭	泉原	松たけ

前	さくが	竹の子
同	大和	牛房
同	いが	山ノいも
同	丹州	百合根
同	くまの	岩こけ
同	京	くわゐ
同	カハチ	□根
同	大坂	枝豆
同	同	かいわり
同	ぶんご	せうが
同	兵ご	松露
同	黒門	白瓜
同	京	木瓜
同	きづ	わきゞ
同	市岡	なすび

同	中じま	じゆん才
同	北の	三ツば
同	きづ	冬瓜
同	大坂	□ら子
同	天王寺	しそう
同	ひへじま	木のめ
同	北ノ	きくな
同	長サキ	はじかみ
同	サツマ	木耳
同	京	頭いも
同	大坂	ごま
同	たんバ	こんニやく
同	大坂	宮前大根
同	たんバ	かちぐり
同	大和	銀なん
同	いづみ	はじき豆
同	天王寺	かぶら

同	きしう	かごめ
同	いせ	わかめ
同	すいた	小くわへ
同	大坂	からし
同	天王寺	ふき
同	江州	山うど
同	いけだ	ゆうが竹
同	同	竹
同	朝くら	さんせう
同	本庄	たで
同	住よし	とがらし
同	木づ	なんきん
同	天王寺	せり
同	本庄	よめな
同	大坂	かんてん
同	いせ	青のり
同	周防	ひじき
同	ひろしま	わさひ
同	京	すいき
同	木づ	ねんぢん

同	北ざい	くらはし
同	京	ねぎ
同	かハち	なた豆
同	本庄	くわん草
同	木づ	かんぴやう
同	さかい	はつたけ
同	長さき	小せう
同	いけだ	わくらび
同	本庄	つく〴〵し
同	天王寺	さゞげ
同	同	いんげん豆
同	かハち	らつきよ
同	おハり	干大こん
取頭	薩摩	薩摩芋
取頭	近江	かぶら
取頭	宮の	氷豆腐
取頭	紀州	太夫葛

中央

行司	近江	ふな
行司	城州	こい
行司	大坂	もろこ
	大坂	三嶋のり
	江戸	浅草苔
	北こく	ぜんまい
世話人	カハチ	どぜう
世話人	城州	にごい
世話人	大坂	川ゑび
世話人	カハチ	なまず
	三輪	そうめん
	大坂	ゆば
	松前	あらめ
	京	水な
勧進元	土佐	鰹ぶし
差添人	松前	出シ昆布

東の方

大関	明石	たい
関脇	紀州	はも
小結	泉州	かつを
前頭	越州	ます
前頭	吉の	あゆ
前頭	いせ	いせゑび
前頭	兵ご	白魚
前頭	いせ	生かい
前頭	明石	たこ
前頭	雲州	すゞき
前頭	豊後	ほら

前	ちくぜん	くすな
同	わかさ	かれい
同	さかい	車えび
同	アハジ	あんこ
同	アハ	かます
同	兵ご	きす子
同	大坂	はぜ
同	ハリマ	たひらげ
同	さかい	かす子
同	あかし	ちぬ
同	クハナ	はまぐり
同	備前	さわら
同	同	さごし
同	アハ	さゞい
同	いづみ	も魚

同	あかし	はまち
同	備中	いか
同	アハジ	京ねり
同	備中	こち
同	西ノ宮	さより
同	備前	いゝたこ
同	ひろしま	ゑそ
同	大坂	あぢ
同	同	いな
同	とさ	ほう〴〵
同	アハ	にし
同	大坂	たち魚
同	ハリマ	赤おい
同	兵ご	ふぐ
同	キシウ	うるめ
同	尼	赤かい
同	アハ	□かつを

同	キシウ	しまあじ
同	尼	とりがい
同	北こく	たら
同	ハリマ	はげ
同	いづみ	とこふし
同	びんご	せいご
同	たんバ	ぶり
同	北こく	さば
同	さかい	うしのした
同	兵ご	あなご
同	尼	がざみ
同	北こく	めぢか
同	あかし	このしろ
同	アハジ	いわし
同	ひろしま	かき
同	あかし	ころたい
同	さかい	いさき
同	尼	ばい
同	さかい	まて
同	せだい	しゞめ

同	さかい	しもを
同	備前	ひら
同	ひろしま	たまめ
同	同	くちみ
同	アハ	あぶらみ
同	尼	おこぜ
同	いづみ	つばす
同	備中	だす
同	大坂	さるぼ
同	アハ	なま子
同	大坂	たにし
同	五嶋	はつ
取頭	大坂	すつぽん
取頭	山城	うなぎ
取頭	熊の	ふか
取頭	同	くじら

この番付は、諸国の食材を取り上げたものであり、中央には行司・世話人・勧進元・差添人となる食材、左右には大関以下の食材および頭取となる食材が配されている。全体として西日本が多く、江戸は行司の浅草のりだけである。東の方は、海の幸を中心とした魚介類、西の方は山の幸を取り上げている。そして、勧進元の「土佐鰹ぶし」、差添人の「松前出シ昆布」は、ともに諸国の産物番付において上位に記される食材である。また、食材を取り上げた番付ということで、松前昆布ではなく松前出シ昆布と表記している点が特徴的である。

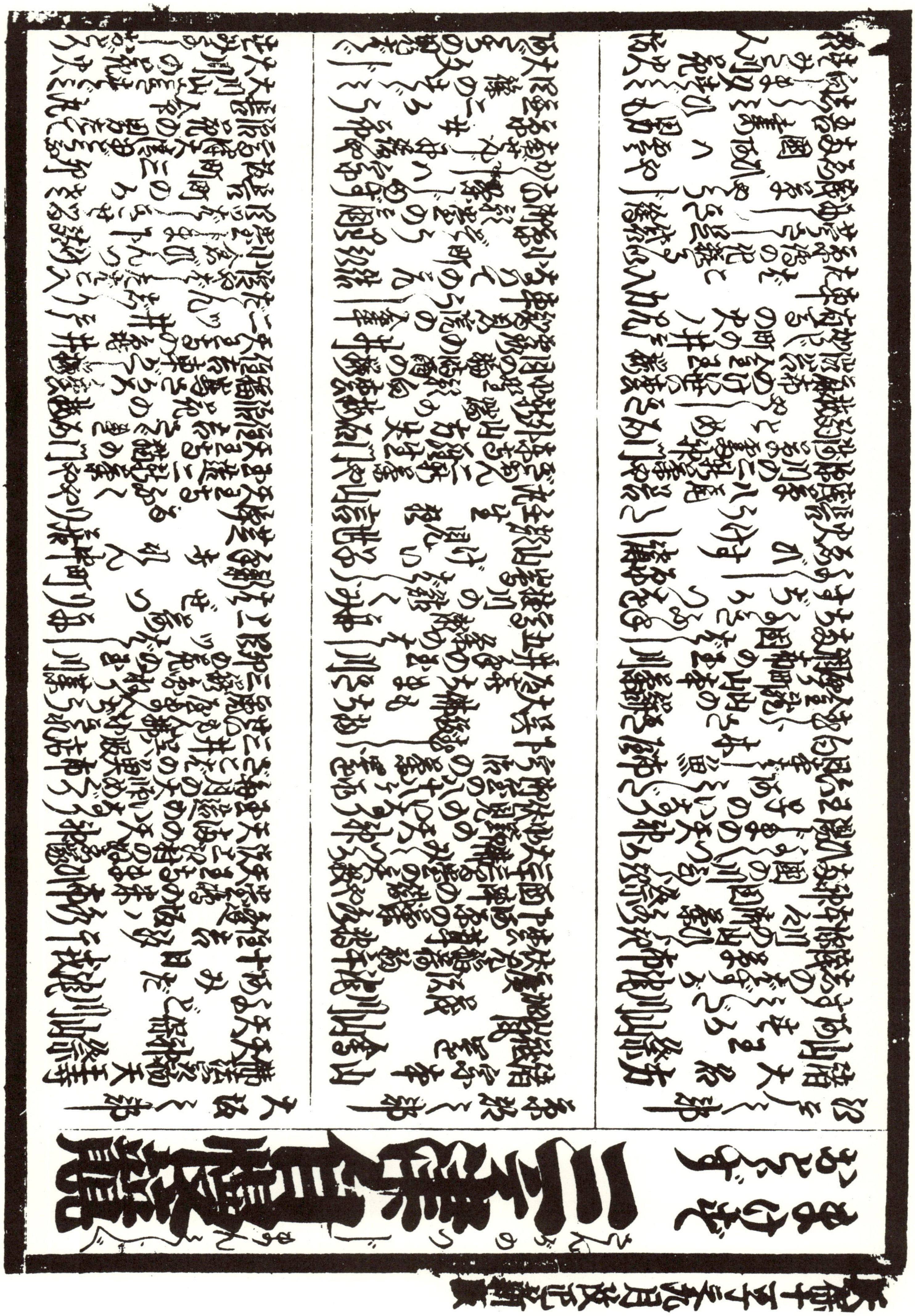
まけずおとらず
三ヶ津自慢競

51　まけずおとらず三ヶ津自慢競

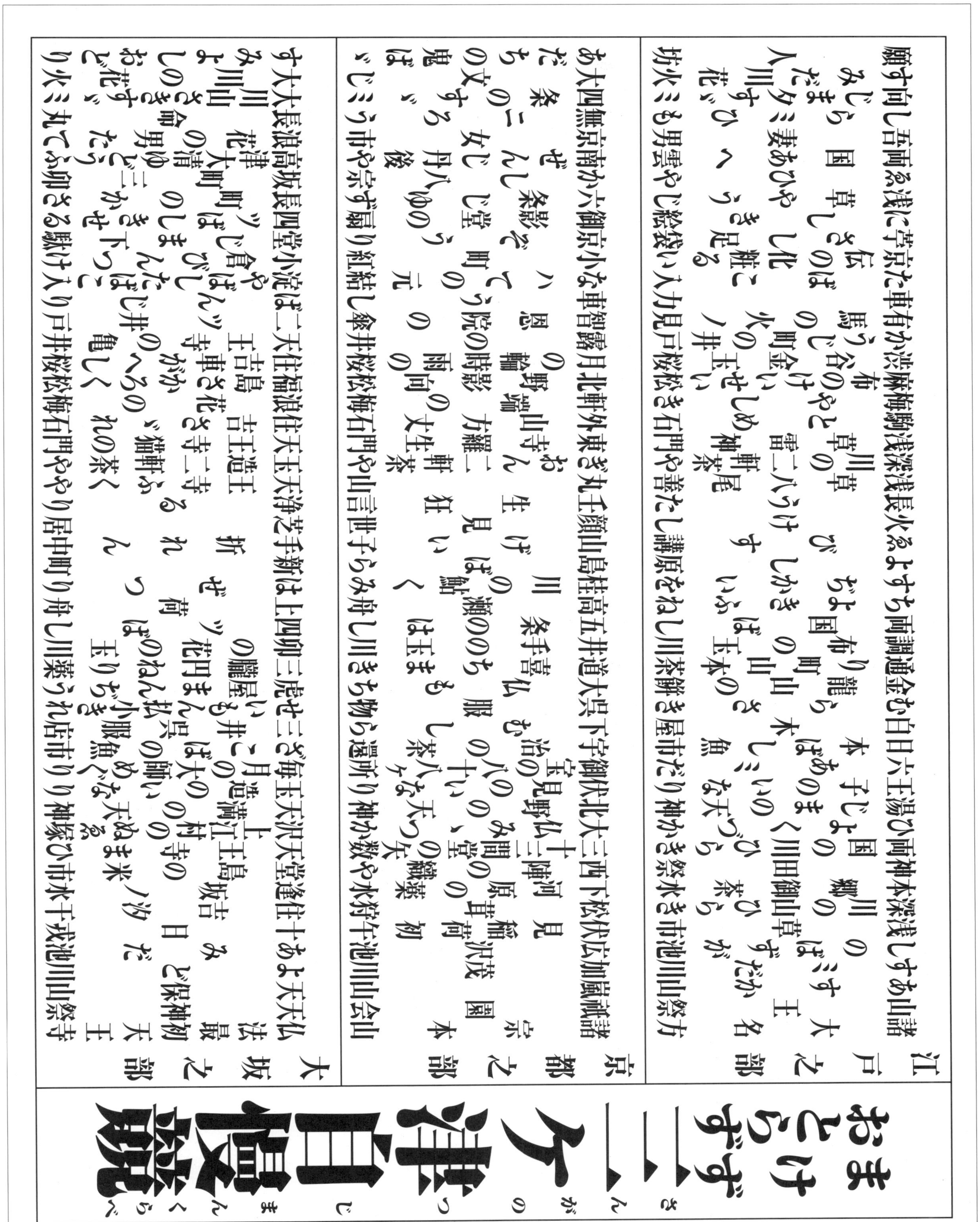

この番付は、江戸・京都・大坂という三都それぞれの名所・祭礼などを書き出したものであり、天保11年（1840）9月に改正・版行されている。江戸は武家の都として大名屋敷、京都は寺社の都として諸宗本山を、それぞれの特色を端的に示す名所としてあげている。これに対し、大坂は商人の都として名を馳せながら、最初に天王寺、さらには住吉大社や今宮戎という由緒ある寺社を載せている点が興味深い。

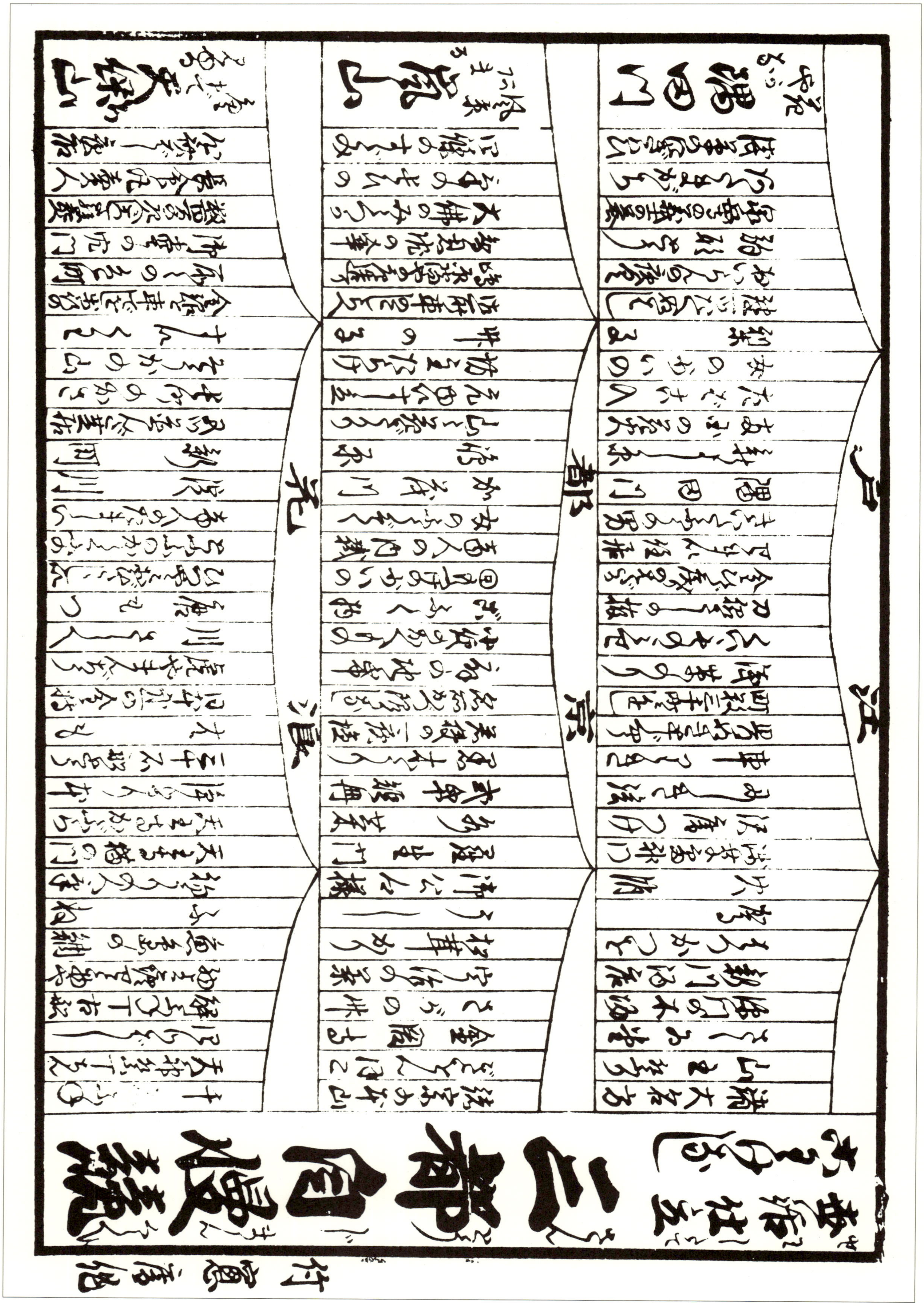

52　世話仕立こわけなし三都自慢競

世話仕立（せわしたて）こわけなし 三都自慢競（さんとじまんくらべ）

竹窓庵作

江戸

諸大名方
山王祭り
さゝゐ堂
深川の木場
新川酒店
はつかつを
駕
火消
浅草雷神門
沢庵つけ
にしき絵
車りき
骨ぬきとじやう
町数三千町ニ近し
浅草のり
くいものミせ
刀脇さしの拵
金ひら戻りのはだか
せまい住居
きいたふうの男
隅田川
新よし原
両国の花火
だばこ入
女の少いの
梨子
鍵一ツたへぬはし
おいらんの夜具
駒形とう
泉岳寺の義士の墓
あたまがち
浅草のにぎハひ

花やかな 隅田川

京都

諸宗の本山
ぎをんほこ
金閣寺
さがの竹
宇治の茶
松茸かり
うし
御公卿様
羅生門
水菜
式帋短冊
黒木うり
若狭の一夜塩
名所かづ限りなし
扇の地帋
小便のかへもの
ごふく物
（□）もふけの少いの
商人の内職
女のふうぞく
加茂川
嶋原
山々花ざかり
元ゆいすし立
坊主たらけ
竹の子
御所車のこしらへ
嶋原隅やの唐造り
智恩院の傘
大仏のみゝつか
気の長ひの
四條のすゞみ

風景あまる 嵐山

浪花

千石ふね
天神祭丁ちん
四つばし
解ふね丁古船
西よこ堀せと物や
魚島の鯛
ふね
初うりの人気
天王寺猫の門
天王寺かぶら
浄るり本
三十石船とう
はも
日本第一の金持
虎やまんぢう
川さらへ
唐もつ
ひつやミおびたゝしい
とふふのからくふの
商人のたましい
淀川
新町
五ツ並んだ芝居
長町のかさ
そうかの山
すいくわ
金銀を車でをし歩行の
所々の色町
御堂の穴門
数百万の唐人ころした族花火
長命丸売人
心斎ばし夜店

唐まで見ゆる 天保山

これは江戸・京都・大坂の三都の名所名物を対比させたものである。江戸の町数、京都の名所数、大坂の金持数を挙げた項は、三都市の特徴をよく表している。また、大きな祭りや遊郭など名所的なものと、「女の少いの」・「坊主たらけ」・「そうか（総嫁）の山」など風俗に関するものとが混在している。上方落語「鹿政談」の枕では江戸・京都・大坂・奈良の名物が紹介されるので、こうした番付も三都の庶民に受け入れられていたのであろう。

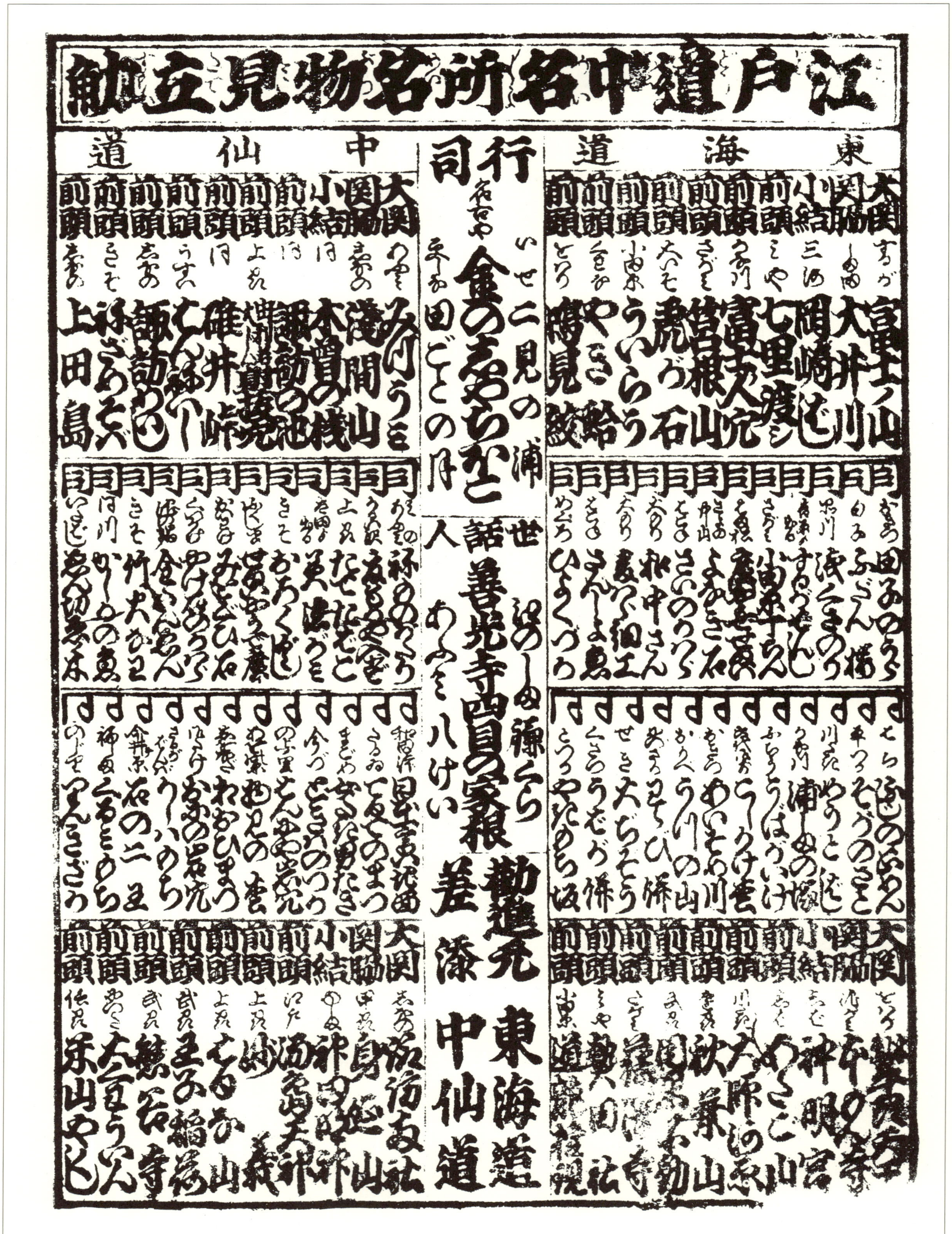

53　江戸道中名所名物見立角力

江戸道中名所名物見立觔

東海道

大関	するが	富士ノ山
関脇	しま田	大井川
小結	三河	岡崎ばし
前頭	ミや	七里渡シ
前頭	かな川	富士ノ人穴
前頭	さがミ	箱根山
前頭	大いそ	虎が石
前頭	小田原	ういらう
前頭	くわな	やき蛤
前頭	をハリ	鳴海絞
同	おきつ	田子のうら
同	白子	ふだん桜
同	品川	浅くさのり
同	吉原ゟ出る	するがぜんし
同	さがミ	小田原丁ちん
同	はま松	広いやうでせまい
同	さよの中山	よなき石
同	はこね	さいのかハら
同	大もり	和中さん
同	大もり	麦ハら細工
同	はこね	さんしよ魚
同	めぐろ	ひよくづか
同	はら	ふじの正めん
同	平つか	そがのさと
同	川たき	めうとばし
同	かな川	浦島の塚
同	ふちう	うばがいけ
同	六代御前	こしかけ松
同	おきつ	あいそめ川
同	おかべ	うつの山
同	につさか	わらび餅
同	せき	大ぢぞう
同	くさつ	うばが餅
同	とつか	やきもち坂
大関	をハリ	津島牛頭天王
関脇	池がミ	本もん寺
小結	しば	神明宮
前頭	しば	あたご山
前頭	川さき	大師河原
前頭	遠州	秋葉山
前頭	武州	目黒不動
前頭	さがミ	藤沢寺
前頭	ミや	熱田社
前頭	小田原	道龍権現

行司

いせ	二見の浦
名古や	金のしやちほこ
更しな	田ごとの月

世話人

	江のしま鎌くら
	善光寺四目の家根
	あふミ八けい

勧進元　東海道

差添　中仙道

中仙道

大関	あふミ	みづうミ
関脇	しなの	浅間山
小結	同	木曾の機
前頭	同	諏訪の池
前頭	上州	由利若大じん射抜穴
前頭	同	碓井峠
前頭	うすい	はんねいし
前頭	しなの	諏訪めいし
前頭	きそ	ねざめそバ
前頭	しなの	上田島
同	ミのあふミ	ねものがたり
同	かるい沢	夏もかやラず
同	上州	たてたばこ
同	太田ゟ出る	美濃がミ
同	きそ	おろくぐし
同	ふくしま	せまいやうで広イ
同	おいわけ	みをぐひ石
同	くいかけ	やけ石のかハら
同	池の端	金□んゑん
同	きそ	竹火なわ
同	同川	かしかの魚
同	いたばし	ゑん切ゑく木
同	和田峠	日本一高い地面
同	たるゐ	てるてのまつ
同	まごめ	女たき男たき
同	今づ	ときハのつか
同	の□り	はんにや岩穴
同	あをの原	物見の松
同	しをなだ	相おひまつ
同	御たけ	おにの岩穴
同	さるがばんバ	かしハもち
同	今井ヶ原	石の二王
同	福しま	くるミもち
同	のじり	りんきざか
大関	しなの	諏訪両社
関脇	甲州	身延山
小結	ゆしま	神田明神
前頭	江戸	湯島天神
前頭	上州	妙義
前頭	上州	はるな山
前頭	武州	王子稲荷
前頭	武州	熊谷寺
前頭	につた	大くわういん
前頭	信州	米山やくし

この番付は、東海道筋と中山道筋に存在する名所をランク付けしたものである。東に東海道、西に中山道筋の名所を配し、両者を対比させる形式をとっている。すなわち、勧進元は東海道、差添は中山道が務め、東西に配される大関の富士山と琵琶湖は、ともに日本で最も大きな山であり湖であった。また行司には、名古屋城の象徴であった金の鯱、世話人には善光寺三門の栩葺き屋根が選ばれている。旅人に東海道・中山道筋の魅力を十分に伝えるとともに、いずれを通って京に向かうべきか、その心を迷わせる番付であった。

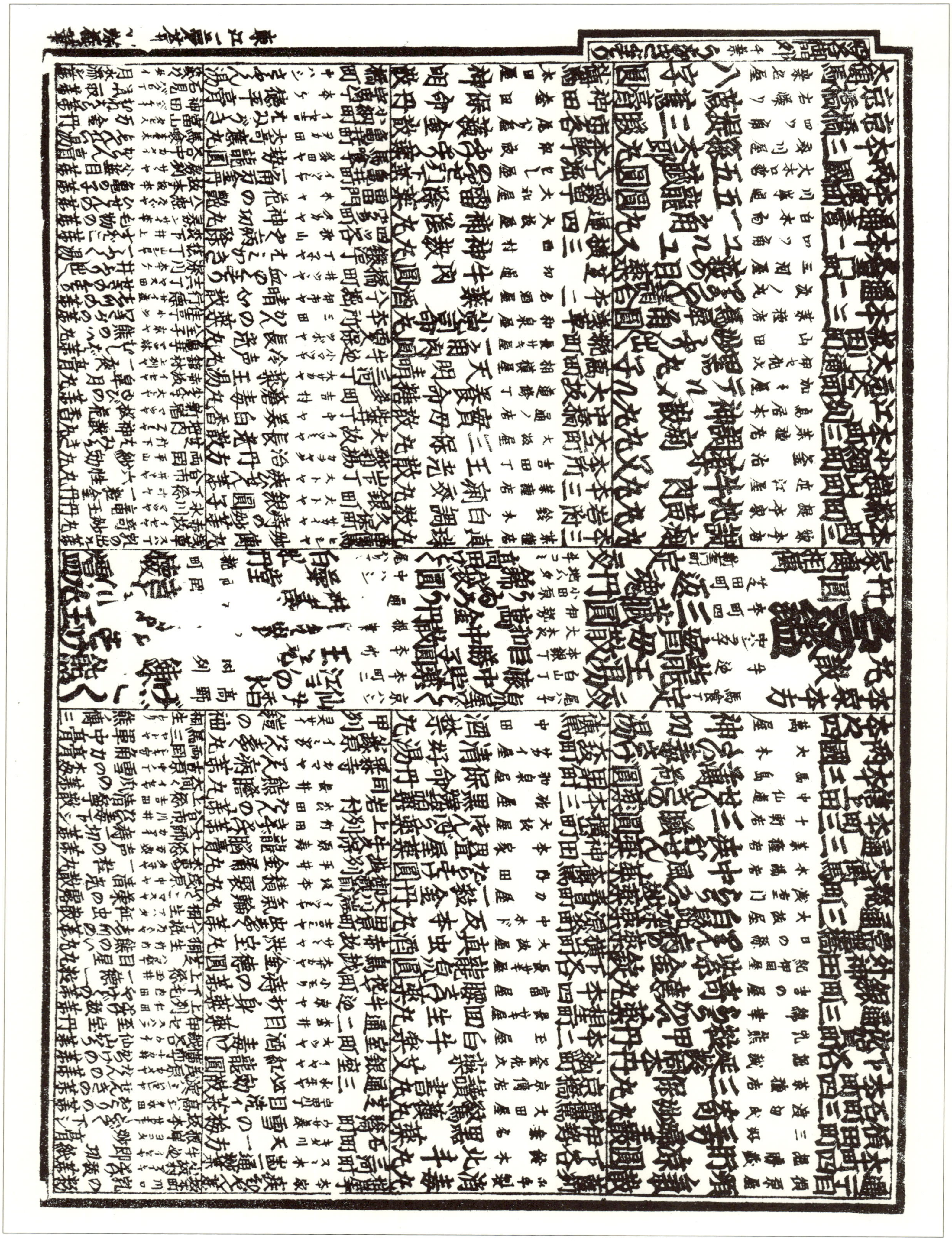

54　丸散丹圓名方鑑

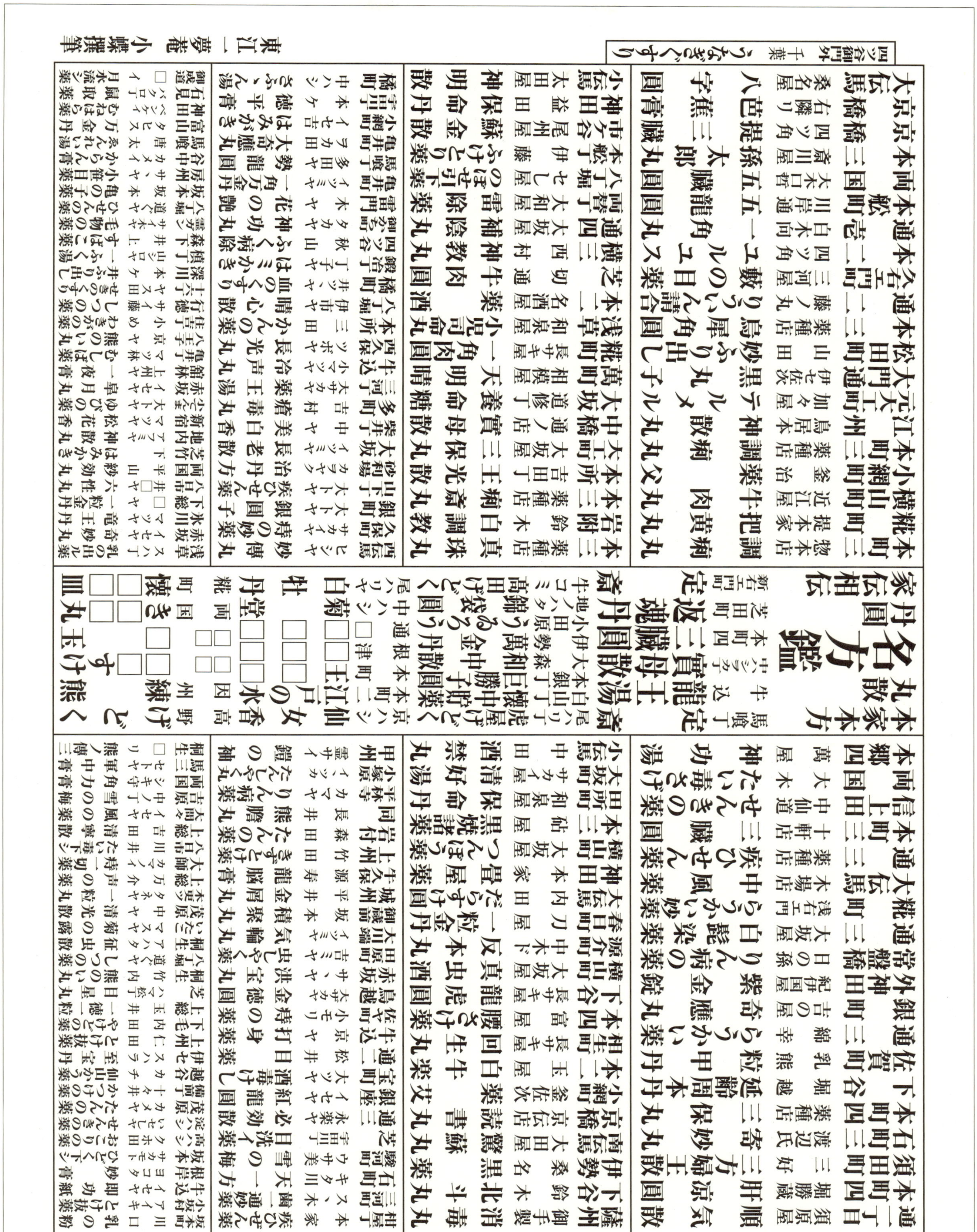

江戸時代の薬は漢方薬・和薬が中心であり、幕府や藩から正式に認可された薬からかなり怪しげな薬までさまざまに販売されていた。江戸には日本橋本町、大坂には道修町という薬種商が軒を連ねる界隈があり、一方で富山の薬売りのように行商によっても諸国に流通していた。本番付は、江戸を中心にランク付けされており、地方の薬として上段には信州上田の「せんきの薬」、近江の「神散丸」が挙げられているだけである。

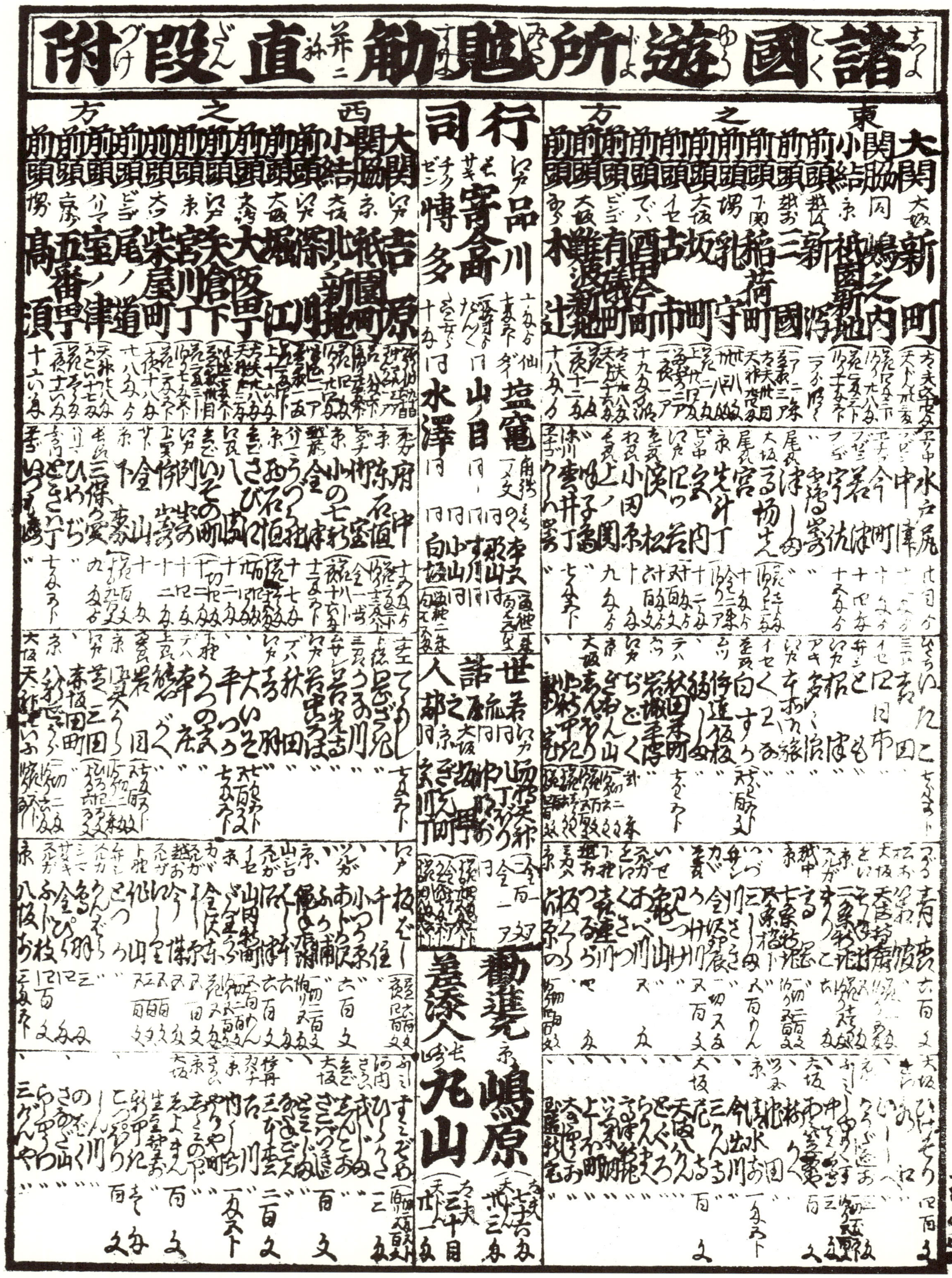
諸國遊所見立角力并ニ直段附

東之方

西之方

行司　江戸 品川　仙臺 塩竃

寄合　山ノ目

博多　水澤

世話人

勧進元　京 嶋原

差添人　長崎 丸山

55　諸国遊女見立角力并ニ直段附

諸国遊所觔魁 并ニ 直段附

東之方

大関	大坂	新町	（太夫六十四匁 天じん卅三匁）
関脇	同	嶋之内	（花四匁三分 泊り廿八匁）
小結	京	祇園新地	（花二匁三分 泊り十一匁五分）
前頭	越後	新潟	一部ゟ段々
前頭	越前	三国	（一部二朱 昼夜三部）
前頭	下関	稲荷町	（太夫卅目 天神廿四匁）
前頭	堺	乳守	（廿八匁 廿三匁 十八匁）
前頭	大坂	坂町	（花二匁 上廿四匁）
前頭	イセ	古市	（留ぶろ二部 一夜一部）
前頭	でハ	酒田今町	十九匁ゟ段々
前頭	ビンゴ	有儀町	（太夫廿八匁 天じん十六匁）
前頭	大坂	難波新地	（花一匁夜 十二匁）
前頭	なら	木辻	十八匁ゟ

エッ中	水戸尻	廿目ゟ
ブゼン	中津	十□匁ゟ
エチゴ	今町	十匁ゟ
ブゼン	若津	十四匁
フンゴ	宇佐	十五匁ゟ
同	靍嵜	同
尾州	津しま	同
大坂	馬場先	（花壱匁 泊り十二匁）
尾州	宮	十匁ゟ
京	先斗丁	（金二朱 泊り一部）
ビッ中	宮内	十二匁
江戸	四ッ谷	（十匁ゟ 五百文）
遠州	濱松	（十匁ゟ 六百文）
相州	小田原	十匁
長州	上ノ関	九匁ゟ
同	呼子島	同
深川	松井丁	七匁五分
エチゴ	かしハ嵜	同

国	遊所	直段
ひたち	いたこ	七匁五分
三州	吉田	同
イセ	四日市	同
ムサシ	とも	同
江戸	根津	同
アキ	多々浪	同
江戸	本所御旅	同
イセ	くわな	同
遠州	白すか	（七匁五分 五百文）
ムツ	伊達飯坂	同
同	福しま	同
テハ	秋田米町	七匁五分
ムツ	岩城平潟	同
江戸	ぢごく	弐朱
京	ぎおん山	（一切二匁 泊り六匁）
大坂	しんぼり	（花百文 泊り五百文）
同	北新やしき	（花壱匁 よる六匁）
同	新宅	（花百文 よる四百文）

国	遊所	直段
つがる	青森	六百文
松前	箱館	同
大坂	天満□□□	（花一匁 泊り五匁）
近江	そね村	五匁
京	二条新地	（花壱匁 泊り五匁）
スルガ	まりこ	六匁
越中	高岡	同
京	七条新地	（一切二百文 泊り五百文）
同	五条橋下	同
いづ	三しま	五百もん
ムサシ	川さき	同
カゞ	金沢卯辰	一切五匁
遠州	かけ川	五百文
同	見つけ	同
いせ	亀山	同
スルガ	あべ川	五匁
近江	くさつ	同
下野	喜連川	同
越前	つるが	四匁
ミカハ	板くら	同
京	□原の	（一切百文 泊り四百文）

国	遊所	直段
大坂	ひけそり	四百文
近江	水口	同
同	いしべ	同
京	かうだいじ前	三匁
ふしミ	しゅもく丁	（一切一匁五分 泊り五百文）
同	中てう□守	三匁
大坂	あミ笠菊や	百文
同	梅かへ	同
ツノ国	池田	同
京	清水前	一匁五分
同	今出川	同
同	三けん寺	同
大坂	尼寺	百文
同	天満八けん	同
同	どぐろ	同
同	らかんまへ	同
同	高津新地	同
同	同菊畑	同
同	上しほ町	同
同	大きやうし前	同
同	玉造新宅	同

行司

江戸	品川	十匁ゟ 七匁五分
長サキ	寄合町	七拾目ゟ だん〱
チクゼン	博多	たいこ女郎 十匁
仙ダイ	塩竈	角銭一貫文
同	山ノ目	同
同	水澤	同
ミちのく	本沢	（留袖二朱 白は五百文）
同	郡山	同
同	す川	同
同	小山	同
同	白坂	（留袖二朱 白は五匁）

世話人 若衆部屋之部

江戸	湯嶋天神	（金一部 二百文）
同	八丁ぼり	金一部
同	神明前	同
大坂	坂町	（花四匁三分 よる廿五匁八分）
京	ぎをん町	（金一部かこ 代七匁五分）
同	宮川丁	（花八匁六分 よる廿八匁八分）

勧進元

京 嶋原 （太夫七十六匁 天じん卅三匁）

差添人

長崎 丸山 （太夫三十目 天じん廿一匁）

西之方

大関	江戸	吉原	（おいらん九十目 かうし六十目 中さん三部 さんちや一部）
関脇	京	祇園町	（花八匁六分 後泊り廿四匁五分）
小結	大坂	北ノ新地	（花四匁 泊り廿四匁）
前頭	江戸	深川	（呼出し一部 昼夜一両）
前頭	大坂	堀江	（花二匁四分 上十六匁）
前頭	宮嶋	大阪町	（太夫廿八匁 天神廿三匁）
前頭	江戸	矢倉下	（呼出し七匁五分 昼夜卅目）
前頭	京	宮川丁	（花二匁三分 泊り七匁五分）
前頭	大ツ	柴屋町	（花二匁五分 夜十八匁）
前頭	ビンゴ	尾ノ道	廿八匁ゟ
前頭	ハリマ	室ノ津	（天神廿八匁 かこい十七匁）
前頭	京ノ	五番町	（花壱匁 夜十六匁）
前頭	堺	高須	十六匁

スルガ	府中	十五匁ゟ
京	東石垣	（花二匁三分 泊り十三匁八分）
ヒダチ	御室	金一歩
京	北の七軒	（花八分 夜十六匁）
越前	金津	十二匁五分
ハリマ	うづら野	十七匁
京	西石垣	（花壱匁 よる十五匁）
兵ご	さび江	（百四匁 廿四匁）
江州	八幡	十二匁
兵ご	いその町	（一切四匁 十二匁）
江戸	洲嵜	十四匁
下ノ関	伊嵜	十二匁
サト	金山	十匁
京	下森	（花百文 よる九百文）
長州	三保か関	九匁ゟ
ハリマ	ひめぢ	同
ふか川	ときハ丁	七匁五分
エチゴ	いづも崎	同

国	遊所	直段
□チエ	てうし	七匁五分
下総	岡ざき	同
三州	かな川	同
ムサシ	善光寺	同
江戸	谷中いろは	同
デハ	秋田	同
江戸	青羽	同
同	大いそ	（七匁五分 五百文）
同	平つか	七匁五分
下野	うつの宮	同
デハ	本庄	同
上州	熊がへ	同
奥州	岩目	（七匁五分 五百文）
京	御霊うら	（一切二匁 泊り一朱）
江戸	芝三田	（ひる四百文 よる六百文）
同	赤坂田町	同
京	八軒ぜゞうら	（一切二匁 泊り六匁）
大坂	天神れいふ	（花五分 泊りなし）

国	遊所	直段
江戸	板ばし	（昼六百文 夜四百文）
同	千住	同
同	小つか原	同
ツルガ	あじろ沢	六百文
同	ふか浦	同
京	縄手店附	（一切二百文 泊り五匁）
山シロ	はし本	六匁
スルガ	沼津	六百文
イセ	山田新町	五百もん
京	だん王うら	（一切二百文 泊り五百文）
カゞ	金沢東	花五匁
スルガ	よし原	五百文
越前	今城	五匁
スルガ	江しり	五百文
下野	作山	五百文
ムサシ	とつか	同
スルカ	かんばら	同
シマ	鳥羽	三匁
サヌキ	金ぴら	四匁
スルガ	ふじ枝	四百文
京	八坂前	三匁五分

国	遊所	直段
ふしミ	すミぞめ	（一切二匁五分 泊り五百文）
河内	ひらかた	三匁
さかい	戎じま	同
兵ご	しんこ前	同
大坂	ざこバつきじ	百文
同	とミじま	同
同	なたねごてん	同
伊丹	三本松	二百文
カハチ	石川	同
京	内ノしんち	一匁五分
さかい	やりや町	同
京	しらミのつじ	同
大坂	しよまん	百文
同	生玉神主前	同
同	新やしき	壱匁
同	こつぼり	百文
同	しん川	同
同	のばく	同
同	さなだ山	同
同	らしやう門	同
同	三げんや	同

わた宗

これは、全国の遊郭をランク付けしたものであり、わた宗が板行した。勧進元に配される嶋原は、東西の大関である新町・吉原とともに、日本の三大遊郭と称された。三大遊郭などに所属する太夫は、舞踊に優れるだけでなく、高い教養を持っていた。たとえば嶋原の炭太祇は、不夜庵を主宰して、与謝蕪村などと俳諧活動を行っている。また、差添人にあげられる丸山は、オランダ商館長ケンペルの紀行文によれば、遊女の服装がとりわけ華美であったとされている。なお、番付には遊郭名の下に遊女の値段を記しており、遊郭通いをする者にとっては、非常に参考になるものであった。

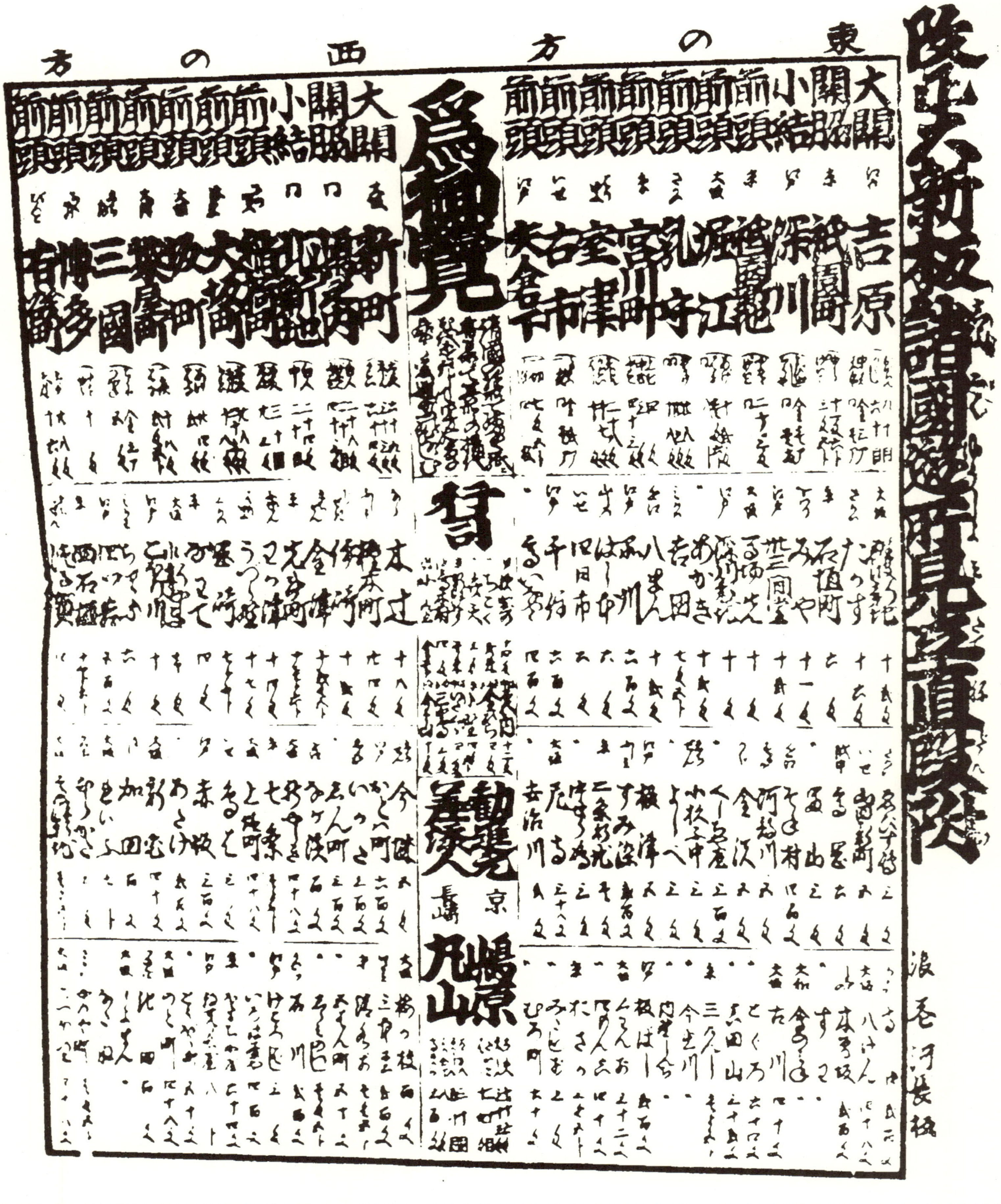

56　改正大新板諸国遊所見立直段附

改正大新板諸国遊所見立直段附（しょこくゆうしょみたてねだんつけ）

東の方

大関	江戸	吉原	（おひらん 九十目 かうし 六十目 中さんちゃ 金三部 さんちゃ 同壱部）
関脇	京	祇園町	（女郎 十一匁六分 げいこ 三匁五分）
小結	江戸	深川	（よび出し 金壱部 ちうや 同壱両）
前頭	京	祇園新地	（□□□ 二十三匁 げいこ 同）
前頭	大坂	堀江	（あげ 十弐匁 はなげ 壱匁六分 同 八分）
前頭	さかい	乳守	（□□け 廿八匁 同 廿三匁 同 十八匁）
前頭	京	宮川町	（上花 四匁 中花 三匁 □□ 四十三匁）
前頭	はりま	室津	（天じん 二十八匁 かこい 十七匁 はし 十匁）
前頭	伊勢	古市	（留ふろ 金二部 一夜 同壱部）
前頭	江戸	矢倉下	（一切 七匁五分 よびだし 四枚）

大坂	難波新地	十弐匁
さかい	たかす	十六匁
京	石垣町	六匁
をハり	みや	十一匁
江戸	卅三間堂	十弐匁
大坂	馬場先	十匁
江戸	深川新地	十匁
同	あかき	十弐匁
ミかハ	吉田	七匁五分
近江	八まん	十弐匁
江戸	品川	六百文
山しろ	はし本	六匁
いせ	四日市	六匁
江戸	千住	六百文
同	高いなり	四百文
さかい	ゑびす嶋	三匁
いせ	山田新町	五匁
越中	高岡	六匁
同	富山	三匁
近江	そね村	四百文
するが	阿部川	五匁
かゞ	金沢	五匁
同	くしちや屋	三百文
ゑちせん	小杉ふ中	三匁
同	よしべ	三匁
江戸	根津	五匁
ふしミ	すみ染	弐百匁
京	二条新地	壱匁
同	中せう嶋	三匁
大坂	尼寺	三十八文
同	安治川	弐匁
かゞ	寺中	弐百文
大坂	八けん	四十八文
しなの	木曽坂	弐百文
同	すわ	同
大和	会のミね	同
大坂	古川	四十文
同	とぐろ	六十四文
同	真田山	三十弐文
京	三けんじ	壱匁五分
同	今出川	同
同	内野しんち	同
江戸	板ばし	弐百文
大坂	くわん前	三十二文
同	四もんたい	四十文
京	おさか	三匁五分
同	みこいし前	三匁
同	むろ町	六十文

為御覧

諸国の遊所を残なく一紙ニ書集メて其所々の揚代花代等を記して四方□□□居ながら、爰通□□の心ならしむ

行司

江戸	須嵜	十四匁
同	ちこく	弐朱
同	弁天	三匁
京	新いけす	壱朱
□□	高木村	四匁
まち	小室	金二分
備中	宮内	十二匁
きぬさ	金ひら	四匁
京	小野	四匁五分
備中	いたくら	四匁
□□	三嶌	三匁
とさ	金山	十匁

勧進元

京 嶋原（太夫 辻 十六匁 天しん 十三匁 たいこ 七 十目 九匁）

差添人

長崎 丸山（太夫 三十目 天しん 二十目 より合 八匁 高まち 三百文）

西の方

大関	大坂	新町	（太夫 六十九匁 天じん 三十三匁 かこい 六十四匁）
関脇	同	嶋之内	（白人 二十八匁 げいこ 二十目 □□ 四十三匁）
小結	同	北新地	（白人 二十四匁 中 二十目）
前頭	下の関	稲荷町	（太夫 三十目 天じん 廿三匁）
前頭	宮島	大坂町	（太夫 廿八匁 天じん 二十一匁 かこい 十八匁）
前頭	大坂	坂町	（あげ 廿四匁 はなげ 弐匁）
前頭	大津	柴屋町	（一夜 十八匁 はな 弐匁五分）
前頭	ゑち前	三国	（ちうや 金三部 つぼね 五匁）
前頭	ちく前	博多	（ナミ 十匁 女郎）
前頭	びんご	有磯町	（太夫 廿八匁 天しん 十六匁）

なら	木辻	十八匁
ふしミ	撞木町	廿四匁
下ノせき	伊崎	十弐匁
ゑちせん	金津	十弐匁五分
京	先斗町	十壱匁六分
ぶぜん	わか津	十四匁
はりま	うづら野	十七匁
三かハ	岡崎	七匁五分
京	なわて	四匁
大坂	小新やしき	壱匁
江戸	こほり川	十匁
ミかわ	ちりふ	六匁
江戸	四ツ谷	五百文
京	西石垣	十匁六分
ゑちせん	つる賀	四匁
ゑちせん	今城	五匁
江戸	おとハ町	六百文
ゑちこ	いかた	三百文
同	しん町	三百文
近江	なケ濱	百文
大坂	新やしき	四十八文
京	七条	壱匁五分
大坂	上塩町	四十八文
いせ	鳥は	三匁
江戸	赤坂	三百文
同	あたけ	弐百文
大坂	新宅	四十文
きし	加田	百文
大坂	れいふ	七分
かハち	ひらかた	三匁
大坂	高津新地	壱匁五分
大坂	梅が枝	百文
いたミ	三本松	弐百文
京	清水前	壱匁五分
同	五ばん町	五十文
同	しらミのへし	壱匁五分
かハチ	石川	弐百文
江戸	けころばし	三匁
同	いろは茶や	四百文
京	ほたるちや屋	六十四文
江戸	朝せん長屋	八分
同	とうぼう町	五十文
大坂	のだ町	四十八文
つの国	池田	百文
大坂	しよまん	同
同	なたね	同
さかい	やりや町	壱匁五分
大坂	につほり	四十八文

浪花河長板

この番付は、遊女屋が設置されている都市を全国的に取り上げ、ランク付けしたものである。江戸時代、京都嶋原には吉野太夫、江戸吉原には高尾太夫、大坂新町には夕霧太夫という名妓が存在し、三大遊廓と称された。そのため番付においても、上記の3ヵ所が勧進元と東西の大関を占めている。また、差添人に挙げられた長崎丸山には、寛永期（1624～43）ごろに遊廓が設置された。オランダ・中国との貿易により繁栄した長崎の遊廓ということもあり、丸山遊女の華やかさは井原西鶴の『日本永代蔵』などでも取り上げられている。そのため、大坂新町ではなく長崎丸山を三大遊廓の一つに挙げる説もある。

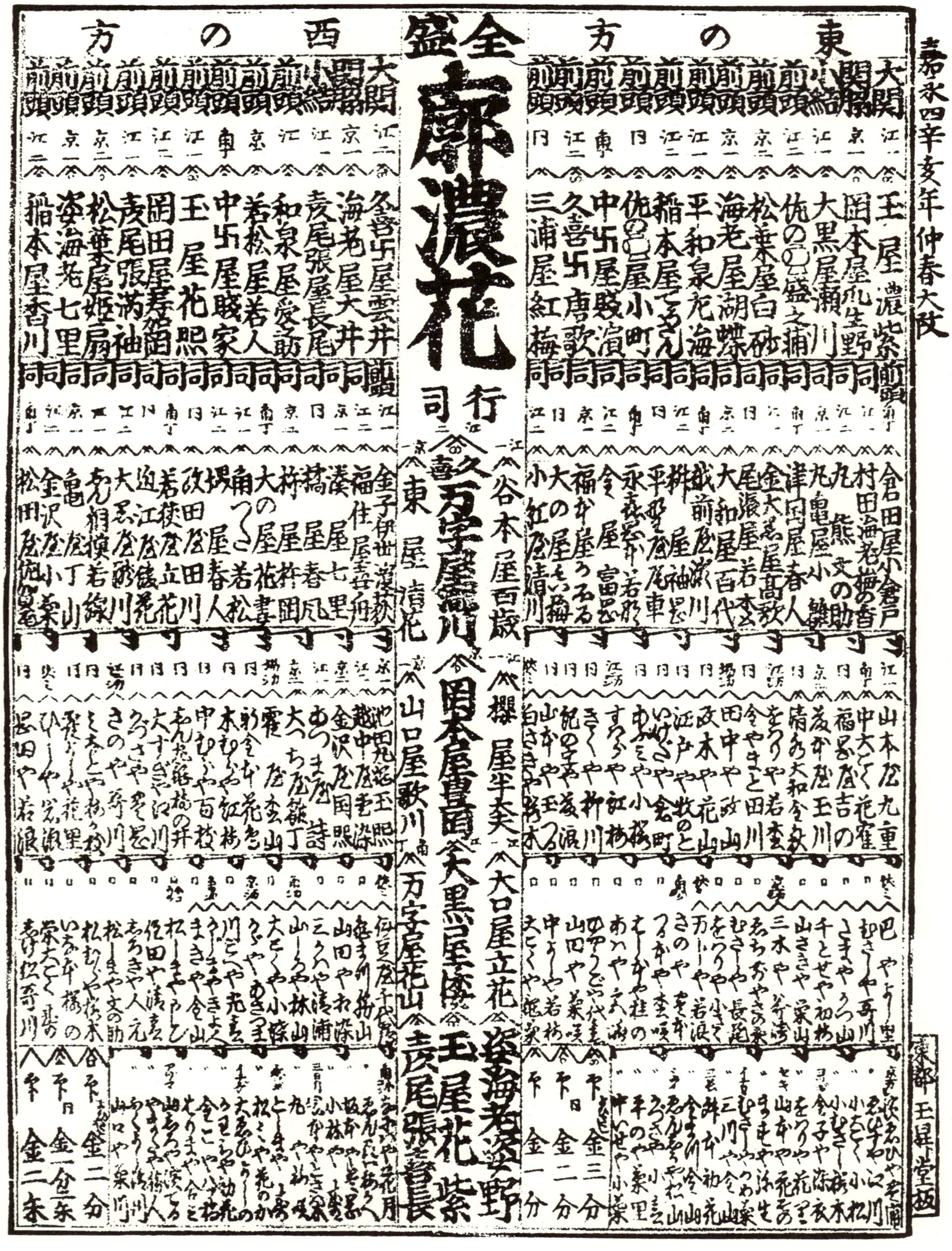

57 全盛廓濃花

嘉永四辛亥年仲春大改

方の東

位	所	名
大関	江一	玉屋濃紫
関脇	京一	岡本屋瓜生野
小結	江一	大黒屋瀬川
前頭	江二	佐の〇屋盛之輔
前頭	京二	松葉屋白砂
前頭	京一	海老屋湖蝶
前頭	江一	平和泉左海
前頭	江二	稲本屋てうさん
前頭	同	佐の〇屋小町
前頭	角丁	中卍屋賤濱
前頭	江二	久喜卍唐歌
前頭	同	三浦屋紅梅

位	所	名
前頭	角丁	倉田屋小倉戸
同	江一	村田海老梅の香
同	江二	丸熊文の助
同	京一	丸亀屋小雛
同	角丁	津国屋春人
同	江一	金大黒屋高歌
同	同	尾張屋若松
同	京一	大和屋百代
同	角丁	越前屋渋川
同	江二	柳屋袖岡
同	同	平野屋尾車
同	角丁	永喜岡本若那
同	江二	金屋富岡
同	京一	福本屋かほる
同	同	大の屋香梅
同	江二	小紅屋清川

位	所	名
同	江一	山本屋九重
同	角丁	中大こく花霍
同	同	福岡屋吉の
同	京二	藤本屋玉川
同	同	清水大和金秋
同	江一カシ	をハりや若松
同	同	金やまと田川
同	堺カシ	田中や政山
同	同	政木や花山
同	同	江戸や牧のと
同	同	いけだや倉町
同	同	あふミや小桜
同	江一カシ	すハらや紅梅
同	同	きくや柳川
同	同	紀の字や藤浪
同	同	山本や玉つる
同	伏ミ	白さきや桜木

位	所	名
同	伏ミ	巴やよし里
同	同	むさしや哥川
同	同	たまやかつ山
同	同	千とせや初梅
同	同	山さきや栄山
同	京一カシ	三木や斧崎
同	同	ゑち前やさの菊
同	同	むさしや長尾
同	同	をハりや小さく
同	伏ミ	万じや若浪
同	角カシ	きのや豊本
同	同	つる本や松咲
同	同	はし本や桂の
同	同	あハや宮崎
同	同	ひやうごや代春
同	同	山田や菊咲
同	同	中よしや若桜
同	同	大こくや亀菊

位	所	名
同	京一カシ	濱ゑひや豊浦
同	同	ゑひすや江川
同	同	小大こく小松
同	同	小むさし桜木
同	ヨツギ	金子や染衣
同	同	をハりや花里
同	セキ	山本や花その
同	同	ますや弥生
同	イナリ	むさしやかめ菊
同	同	三川や金山
同	三長	舛本初花
同	同	金まつ金山
同	同ツイ	ゑんしうや松山
同	同	かづさや小春
同	同	平のや菊里
同	同	中いせや小菊

印 よひだし 金三分
印 同 金二分
印 金一分

全盛 廓濃花

行司

江一	谷本屋百歳
江二	久喜万字屋瀧川
京一	東屋清花
江一	桜屋半太夫
京一	岡本屋豊岡
京一	山口屋歌川
江一	大口屋立花
江一	大黒屋倭
角丁	万字屋花山

姿海老姿野
玉屋花紫
彦尾張喜長

方の西

位	所	名
大関	江二	久喜卍屋雲井
関脇	京一	海老屋大井
小結	江一	彦尾張屋長尾
前頭	江	和泉屋愛之助
前頭	京一	若松屋若人
前頭	角丁	中卍屋賤家
前頭	江一	玉屋花照
前頭	江一	岡田屋寿加岡
前頭	江一	彦尾張満袖
前頭	京二	松葉屋姫扇
前頭	京一	姿海老七里
前頭	江二	稲本屋香川

位	所	名
前頭	江一	金子伊世濱萩
同	江二	福住屋喜舟
同	京一	湊屋七里
同	同	橘屋春風
同	京二	杵屋杵岡
同	角丁	大の屋花妻
同	江一	角つた若松
同	江二	堺屋春人
同	同	政田屋田川
同	角丁	若狭屋立花
同	同	近江屋餞花
同	江二	大黒屋瀧川
同	江一	しん相模若線
同	京一	亀屋丁山
同	江二	金沢屋小菊
同	角丁	松田屋佐賀□

位	所	名
同	京一	池田丸亀玉照
同	江二	越中屋愛染
同	京二	金沢屋国照
同	江二	あつま屋詩
同	京二	大つち屋雛丁
同	堺カシ	鶴屋松山
同	同	新金本花鳥
同	同	木むらや紅梅
同	同	中むらや百枝
同	同	しん丸亀梅の井
同	同	大すぎや江川
同	同	かづさや豊岡
同	江一カシ	さのや哥川
同	同	ミなとや梅か枝
同	同	鶴よしや花里
同	伏ミ	ひしや岩浪
同	同	岡田や若浪

位	所	名
同	伏ミ	伊豆屋千代靍
同	同	亀まつ勝山
同	同	山田や相染
同	同	三かハや清浦
同	角カシ	山しろや林山
同	同	大こくや小染
同	京一カシ	かゞやあさつま
同	同	川こへや光春
同	角カシ	かじまやきよ人
同	同	まきや金山
同	コウシ	松しまやかしく
同	同	住田や清春
同	同	しろきや人元
同	同	松しまや文の助
同	同	松むらや桜木
同	同	いな本桜の
同	同	栄大こく寿
同	同	しけ待つ哥川

位	所	名
同	角小コシ	なにハや花月
同	同	ゑん州や桜かへ
同	同	坂本や豊岡
同	同	小林や寿
同	三日月	岡本やときハ木
同	同	丸や梅咲
同	□□キ	としまや寿
同	同	松ミや花のか
同	イチゲ	大ゑひよしの
同	同	かわちや初花
同	同	金こや八ツ橋
同	同	はりまや合三
同	アヅマ	山しろや濱てる
同	同	やまたや勝人
同	同	ふくよし清川
同	同	山口や菊川

印 よひだし 金二分
印 同 金一分二朱
印 金二朱

東都玉昇堂板

この番付は、全国の遊女をランク付けしたものであり、東都の玉昇堂が嘉永４年（1851）に板行した。勧進元に玉屋花紫、東の大関に玉屋濃紫の名がみえる。玉屋とは、江戸新吉原江戸町一丁目にある遊郭を指し、その代々の主人は山三郎を称した。山三郎は、大見世を務めていた大三浦屋の廃絶後、吉原の惣名主となり、多くの名妓を輩出した。その代表格であった花紫は喜多川歌麿、濃紫は渓斎英泉が描いた美人画により、現代にその姿を残している。

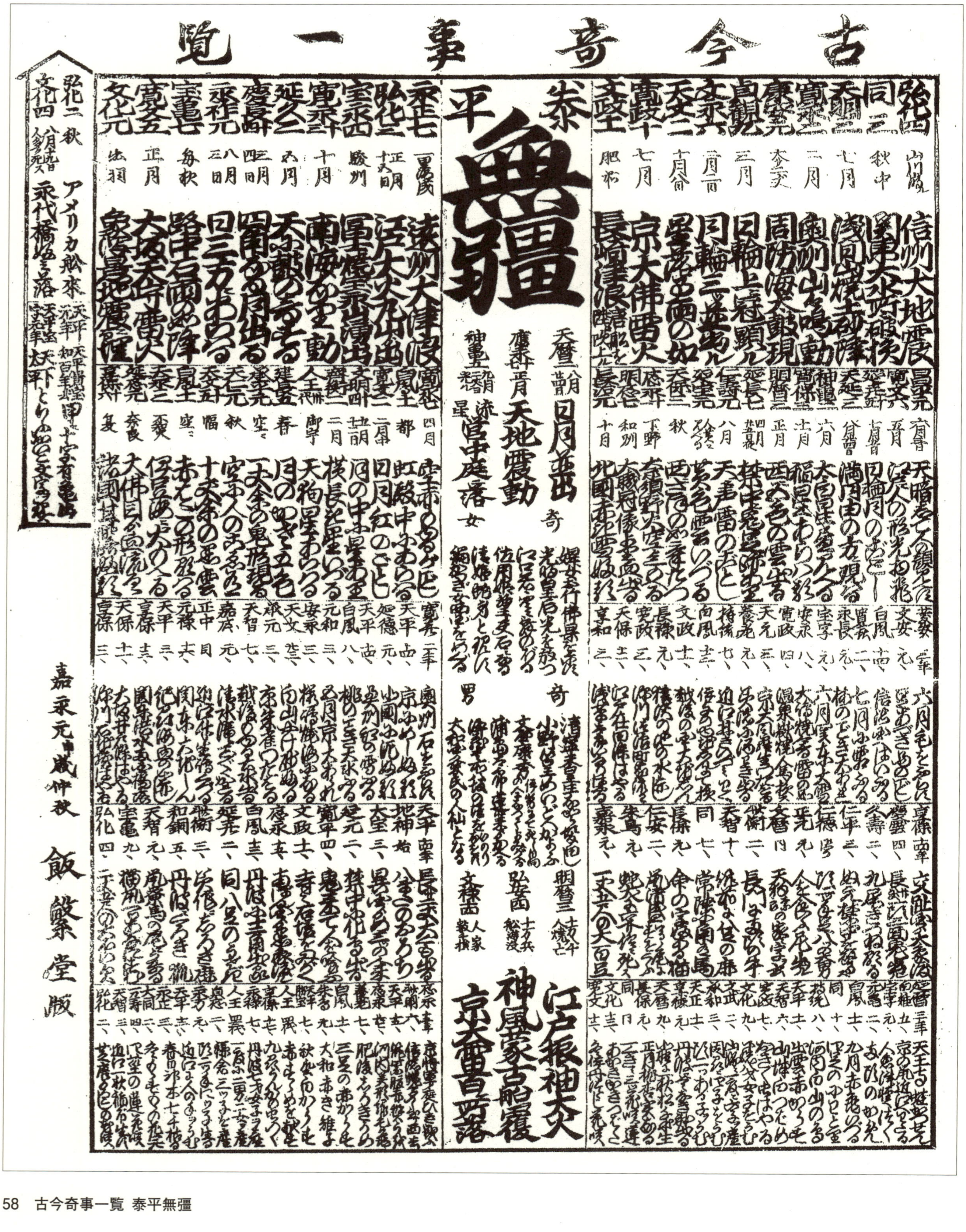
古今奇事一覧

泰平無疆

天暦二 八月 日月並出

慶長十四 五月 天地震動

江戸振袖大火

神風蒙古船覆

嘉永元申歳仲秋

58　古今奇事一覧 泰平無疆

古今奇事一覧

弘化四 山川崩レ 信州大地震
同 三 秋中 関東大水所々破損
天明三 七月 浅間山焼土砂降
寛永二 二月 奥州山々鳴動
康安元 大サ二丈 周防海太鼓現
貞観九 三月 日輪上ニ冠顕ル
文永六 二月二日 日輪三ツ並出ル
天文二 十月八日 星落る雨の如
寛政十 七月 京大仏雷火
文政十一 肥前 長崎津浪 唐船を陸ニ吹上ル

昌平元 六月三日 天暗して人の顔見へす
寛文六 五月 江戸ニ人の形光物飛
延喜十五 七月五日 日輪月のごとし
天延三 八月廿四日 満月由の方ニ現ハる
神亀二 六月 太白星昼見へる
寛保三 十一月 福星あらハる
明暦三 正月 西ニ五色の雲出る
延長七 四月廿五日夜 禁中ニ鬼足跡あり
仁寿元 八月 天ニ声雷のごとし
延宝元 人黄ニ見へる 黄色雲いづる
天保三 秋 西ニさほの如気たつ
応永十一 下野 奈須野火空迄もへる
明応七 和州 大職冠像より血出る
長治元 十月 北国赤き雪ふる

慶安 三年 六月毛をふらす
文安 元同 豆あづき物のごとし
白鳳 十四同 信濃国へはいふる
寛喜 二同 七月に霜ふる
永長 元同 梅のごとき大あられ
宝字 元同 六月関東大雪
安永 八同 大嶋焼響雷の如
寛政 四同 温泉嶽焼人馬損ス
天元 三同 京大風羅生門たをる
養老 元同 美濃に酒わき出る
持統 七同 近江甘きいづミわく
白鳳 十三同 伊よのゆ地しんにて損
文政 十一同 越後の国大地しん
長禄 元同 猿沢の池の水なし
寛政 三同 深川つ浪町家流る、
天保 十二同 江戸在田染はやる
享和 三同 浅草太郎いなりはやる

享保 十四年 交趾国ゟ大象渡
慶雲 四同 長サ八丈一頭三面鬼出ル
久寿 二同 九尾きつね顕る
仁平 三同 ぬえ禁中を驚ス
仁徳 御宇 頭二ツ手足八ツの大男
正元 元同 人を食ふ尼出ル
文暦 同 天狗奈良の家ニ字を書
斉衡 二同 長門に両頭の牛
天智 十同 筑前に八足の鹿
同 七同 常陸に角有馬
長保 元同 命の字ふある猫
仁安 二同 鼠清盛馬ノ尾にすをくふ
朱鳥 元同 蛇犬に□□□死ス
嘉永 元同 一丈五尺の大百足

延暦 三年 天王寺蛙かつせん
白雉 五同 京の鼠近江へわたる
宝字 元同 人魚津軽へつく
元亀 二同 両頭のかめ
白鳳 十一同 九月赤亀いづる
同 十同 四足のにわとり
持統 八同 河内白山の鳥
天平 十一同 出雲赤からす
天智 六同 山城白つばめ
寛政 七同 おきく虫はやる
文化 九同 下総八才女子をうむ
文武 二同 山城ニ一度ニ六子ヲ産
承和 三同 因州ニ四子をうむ
天正 十一同 頭二ツある子ヲうむ
享徳 元同 丹波ニ首なき躰出る
天暦 九同 北野に一秋松千本生
長保 元同 正月桃杏実なる
同 同 一くきニ三ツ花咲蓮
文化 十三同 あほきかきつはた
寛文 十二同 冬伊丹つゝじ花咲

泰平無疆

天暦 二八月廿四日 日月並出
応永十七 正月 天地震動
神亀五 九月二丈ヨ光ル 流星営中庭ニ落

奇 婢女お竹仏果を示す
光明皇后光を放つ
江口若空ニ舞のぼる
佐用姫望夫石ニなる
女 清姫蛇身と現す
鍋かつぎ女西国をめぐる

奇 清寧天皇生なから髪白し
小野篁めいどへかよふ
文屋康秀 伊勢にて死し日向の人になつてよみがへる
浦島太郎蓮華ゟかへる
男 浄蔵堂所八坂の塔をいのりなをす
大和国粂民の人仙となる

明暦三 十万八千人焼亡 江戸振袖大火
弘安四 十万兵船海没 神風蒙古船覆
文禄十四 人家数千損 京大雷百ヶ所落

永正七 一里海ニ成 遠州大津浪
弘化三 正月十五日 江戸大火丸山ゟ出
宝永四 駿州 富士焼宝永山湧出
寛永十三 十月 南海なり動
延久二 五月 天に鼓の音する
慶長十四 三月四日 四角なる月出る
永祚元 八月三日 日三方ニあらハる
宝亀七 毎秋 路中石雨の如降
寛文五 正月 大坂天守雷火
文化元 出羽 象潟景地震ニ而埋

寛永七 四月 空赤もゆるがごとし
白鳳十一 都 虹殿中にあらハる
寛文二 二月中 日月紅のごとし
文明十四 五月十二日 月の中に星あり
斉衡二 二月 横長き星いづる
人王卅代 御宇 天狗星あらハる
建長五 春 月のかさ五色
承平元 空ニ 一丈余の鬼形現る
天仁元 秋 空に人のこゑ有
天文十五 幅 十丈余の黒雲
白鳳十一 空ニ 赤はこの形顕ハる
天永三 不知火 伊豆海ニ火もへる
延応元 奈良 大仏目ゟ血流る、
享保十六 夏 諸国甘露ふる

寛喜 二年 奥州石をふらす
天平 十四同 京にめしふる
延徳 元同 北国に泥ふる
天平 十四同 奥州紅の雪ふる
白鳳 八同 桃のごとき大氷ふる
元和 三同 五月京大あられ
安永 三同 桜嶋焼海になる
天文 廿三同 白山やけ砂ふる
承元 三同 京朱雀門たをる
天智 七同 越後もゆる土水出る
嘉応 元同 清水滝ことぐくかれる
正中 同 近江竹生嶋くづる
元禄 十六同 関東六地しん
天平 三同 紀州海血の如赤し
享保 十三同 関東洪水両国橋落
天保 十二同 大坂井戸染はやる
享保 三同 深川石地蔵はやる

天平 十四年 長サ二丈大くも出る
地押 始 八またのおろち
大宝 三同 異国ゟ目三ツの人来
延元 二同 禁中に化鳥出る
寛平 四同 鬼来て人を喰ふ
文政 十一同 寺々石塔をみがく
応永 十五同 南ばん国ゟ黒象渡ル
白鳳 十三同 丹波に十二角出る
延喜 二同 同八足のうさぎ
斉衡 三同 美作ニしろき鹿
和銅 五同 丹波ニくろき狐
天智 元同 鼠寮馬の尾にうまる
宝亀 九同 猫鼠一ツあなにすむ
弘化 四同 二丈五尺の大ほい欠

応永 十二年 京将軍ノ庭ひき戦ふ
斉衡 六同 信濃蝿多く至り西去
天平 十五同 筑紫腹赤□うを
応永 廿七同 河内美形緑毛亀
養老 七同 肥後しろきかめ
白鳳 十一同 三足の赤からすめ
朱鳥 元同 大和赤き雉子
天平勝宝 七同 秋□白からす
人王 四代 赤す、めを□す
享保 十七同 九州うんかの虫つく
永禄 七同 丹波七才女子ヲ産
人王 四三代 一度に二男二女ヲ産
貞応 二同 鎌倉三ツ子を産
永万 元同 頭二ツ手四ツ子生る
天平 十一同 近江に人の手ヲうむ
永正 三同 春日神木七千枯る
大同 二同 冬もゝすもゝの花開
万寿 四同 四茎の蓮花咲
天智 三同 近江一秋稲ぼ生す
弘化 二同 芝唐もろこしの花咲

弘化二 秋 アメリカ船来
天平元年 天平貴宝知百年ト云 甲ニ十字有亀山
文化四 八月十九日人多ク死ス 永代橋ふみ落
天平宝字元年 天下太平 とりふかいこ文字ヲ現ス

嘉永元申歳仲秋

飯繁堂版

この番付は、古今の変災や珍しい出来事をランク付けしたものであり、飯繁堂が嘉永元年（1848）仲秋に板行した。中央下段の「神風蒙古船覆」は、大風雨により元軍を壊滅させた弘安の役、その右「江戸振袖火事」は、江戸の市外を焼け野原とし、数万人の死者を出した明暦の大火を指している。また、東の大関に位置する信州大地震は、善光寺如来の開帳時期に起こり、多くの死者を出したものであり、西の大関である遠州大津波は、浜名湖と遠州灘を隔てた地面を切り崩し、両者を繋げた。

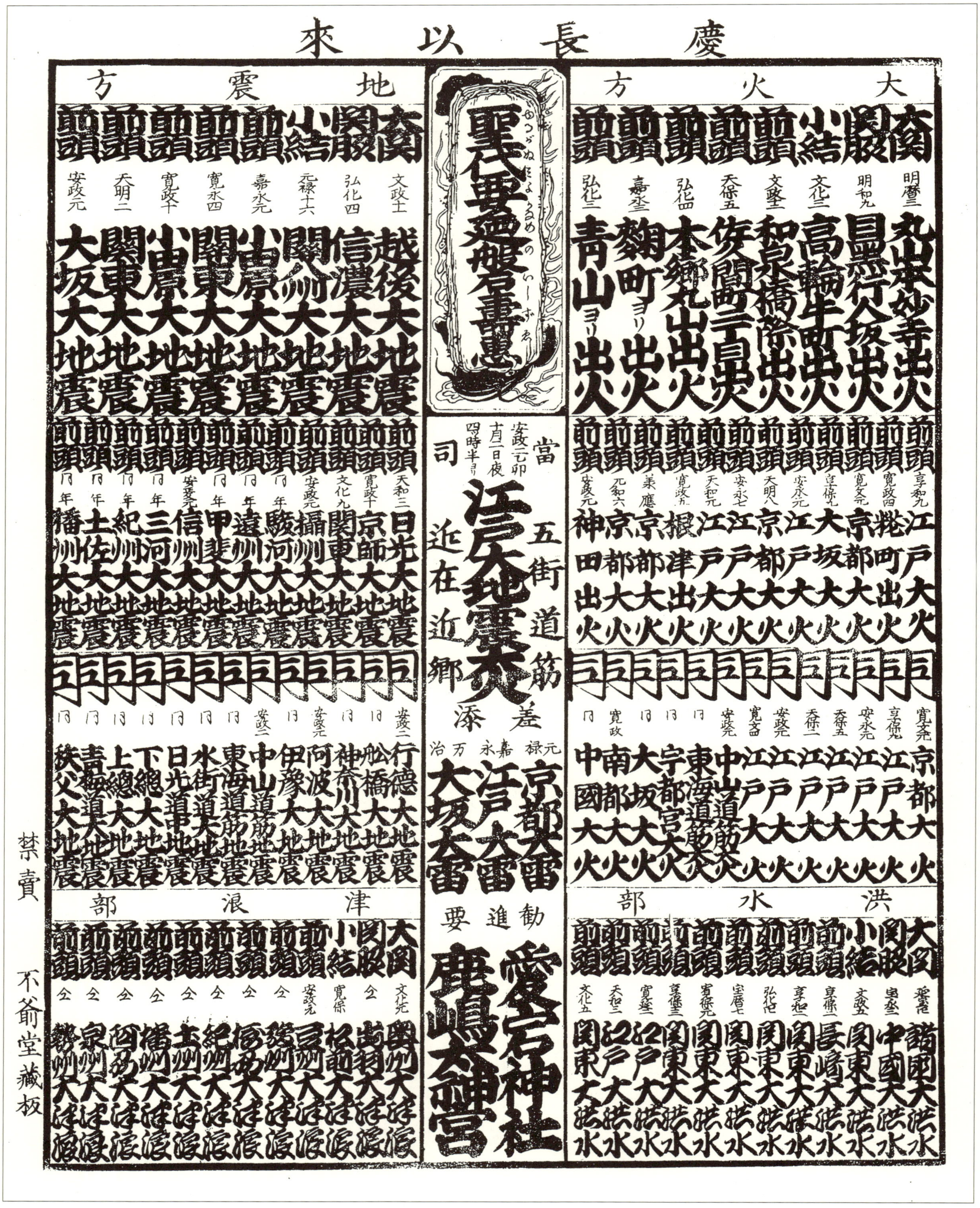

慶長以來

聖代要廼磐寿恵

大火方

大関 明暦三 丸山本妙寺出火
関脇 明和九 目黒行人坂出火
小結 文化三 高輪牛町出火
前頭 文政十二 和泉橋際出火
前頭 天保五 佐久間町二丁目出火
前頭 弘化四 本郷丸山出火
前頭 嘉永三 麹町ヨリ出火
前頭 弘化二 青山ヨリ出火

前頭 享和九 江戸大火
前頭 寛政四 糀町出火
前頭 寛文元 京都大火
前頭 享保九 大坂大火
前頭 安永元 江戸大火
前頭 天明八 京都大火
前頭 安永七 江戸大火
前頭 天和元 江戸大火
前頭 寛政五 摂津出火
前頭 兼應 京都大火
前頭 元和六 京都大火
前頭 安政元 神田出火

同 寛文元 京都大火
同 享保九 江戸大火
同 安永元 江戸大火
同 享保五 江戸大火
同 享保二 江戸大火
同 安政元 江戸大火
同 寛文四 江戸大火
同 安政元 中山道筋大火
同 同 東海道筋大火
同 同 宇都宮大火
同 同 大坂大火
同 寛政 南部大火
同 同 中國大火

地震方

大関 文政十一 越後大地震
関脇 弘化四 信濃大地震
小結 元禄十六 関八州大地震
前頭 嘉永元 小田原大地震
前頭 寛永四 関東大地震
前頭 寛政十 小田原大地震
前頭 天明二 関東大地震
前頭 安政元 大坂大地震

前頭 天和三 日光大地震
前頭 寛政十 京師大地震
前頭 文化九 関東大地震
前頭 安政元 摂州大地震
前頭 同年 駿河大地震
前頭 同年 遠州大地震
前頭 同年 甲斐大地震
前頭 安政元 信州大地震
前頭 同年 三河大地震
前頭 同年 紀州大地震
前頭 同年 土佐大地震
前頭 同年 播州大地震

同 安政二 行徳大地震
同 同 船橋大地震
同 同 神奈川大地震
同 安政元 阿波大地震
同 同 伊豫大地震
同 安政元 中山道筋大地震
同 同 東海道筋大地震
同 同 水街道筋大地震
同 同 日光道中大地震
同 同 下総大地震
同 同 上総大地震
同 同 青梅道大地震
同 同 秩父大地震

當 安政二卯 十月二日夜 四時半より 江戸大地震大火 五街道筋 近在近郷

司 添 差

元禄 京都大雷
嘉永 江戸大雷
万治 大坂大雷

勧進 要

愛宕神社
鹿嶋大神宮

洪水部

大関 諸國大洪水
関脇 中國奥大洪水
小結 関東大洪水
前頭 長崎大洪水
前頭 関東大洪水
前頭 関東大洪水
前頭 関東大洪水
前頭 関東大洪水
前頭 関東大洪水
前頭 江戸大洪水
前頭 江戸大洪水
前頭 関東大洪水

津浪部

大関 文化元 奥州大津浪
関脇 仝 出羽大津浪
小結 寛保 松前大津浪
前頭 安政元 豆州大津浪
前頭 仝 駿州大津浪
前頭 仝 遠州大津浪
前頭 仝 紀州大津浪
前頭 仝 土州大津浪
前頭 仝 播州大津浪
前頭 仝 阿波大津浪
前頭 仝 泉州大津浪
前頭 仝 勢州大津浪

禁賣 不翁堂藏板

59 聖代要廼磐寿恵（慶長以来日本災害番付）

慶長以来

聖代要廼磐寿恵（ゆるがぬみよかなめのいしずゑ）

大火方

大関	明暦三	丸山本妙寺出火
関脇	明和九	目黒行人坂出火
小結	文化三	高輪牛町出火
前頭	文政十二	和泉橋際出火
前頭	天保五	佐久間町二丁目出火
前頭	弘化四	本郷丸山出火
前頭	嘉永三	麹町ヨリ出火
前頭	弘化三	青山ヨリ出火
前頭	享和九	江戸大火
前頭	寛政四	糀町出火
前頭	寛文元	京都大火
前頭	享保九	大坂大火
前頭	安永元	江戸大火
前頭	天明八	京都大火
前頭	安永七	江戸大火
前頭	天和元	江戸大火
前頭	寛政五	根津出火
前頭	承応	京都大火
前頭	元和六	京都大火
前頭	安政元	神田出火
同	寛文元	京都大火
同	享保九	江戸大火
同	安永元	江戸大火
同	天保五	江戸大火
同	天保二	江戸大火
同	安政元	江戸大火
同	寛文四	江戸大火
同	安政元	中山道筋大火
同	同	東海道筋大火
同	同	宇都宮大火
同	同	大坂大火
同	寛政	南都大火
同	同	中国大火

地震方

大関	文政十一	越後大地震
関脇	弘化四	信濃大地震
小結	元禄十六	関八州大地震
前頭	嘉永元	小田原大地震
前頭	寛永四	関東大地震
前頭	寛政十	小田原大地震
前頭	天明二	関東大地震
前頭	安政元	大坂大地震
前頭	天和三	日光大地震
前頭	寛政十	京師大地震
前頭	文化九	関東大地震
前頭	安政元	摂州大地震
前頭	同年	駿河大地震
前頭	同年	遠州大地震
前頭	同年	甲斐大地震
前頭	安政元	信州大地震
前頭	同年	三河大地震
前頭	同年	紀州大地震
前頭	同年	土佐大地震
前頭	同年	播州大地震
同	安政二	行徳大地震
同	同	船橋大地震
同	同	神奈川大地震
同	安政元	阿波大地震
同	同	伊予大地震
同	安政二	中山道筋大地震
同	同	東海道筋大地震
同	同	水街道大地震
同	同	日光道中地震
同	同	下総大地震
同	同	上総大地震
同	同	青梅道大地震
同	同	秩父大地震

当司

安政二乙卯
十月二日夜
四ツ時半ヨリ

江戸大地震大火

五街道筋
近在近郷

差添

元禄	京都大雷
嘉永	江戸大雷
万治	大坂大雷

勧進要

愛宕神社
鹿嶋太神宮

洪水部

大関	延宝四	諸国大洪水
関脇	宝永三	中国大洪水
小結	文政五	関東大洪水
前頭	享保二	長崎大洪水
前頭	享和二	関東大洪水
前頭	弘化四	関東大洪水
前頭	宝暦七	関東大洪水
前頭	寛保元	関東大洪水
前頭	享保十三	関東大洪水
前頭	寛延二	江戸大洪水
前頭	天和三	江戸大洪水
前頭	文化五	関東大洪水

津波部

大関	文化元	奥州大津波
関脇	仝	出羽大津波
小結	寛保	松前大津波
前頭	安政元	豆州大津波
前頭	仝	駿州大津波
前頭	仝	摂州大津波
前頭	仝	紀州大津波
前頭	仝	土州大津波
前頭	仝	播州大津波
前頭	仝	阿州大津波
前頭	仝	泉州大津波
前頭	仝	勢州大津波

禁売

不翁堂蔵板

この番付は、安政２年（1855）の江戸大地震を経て製作されたものである。地震が火事を引き起こし、安政大地震大火とも呼ばれたからであろうか、右側には火事、左側には地震が載せられ、さらに右側下段には洪水、左側には津波が付けられている。行司（「当司」）には当事者である安政大地震大火、勧進元には、火災除けの愛宕神社と要石で地震を封じる鹿嶋大神宮が選ばれている。また、右側をみると、京・大坂などに比べて江戸の火事が細かく取り上げられており、過大に格付けられるという情報の偏りが窺える。

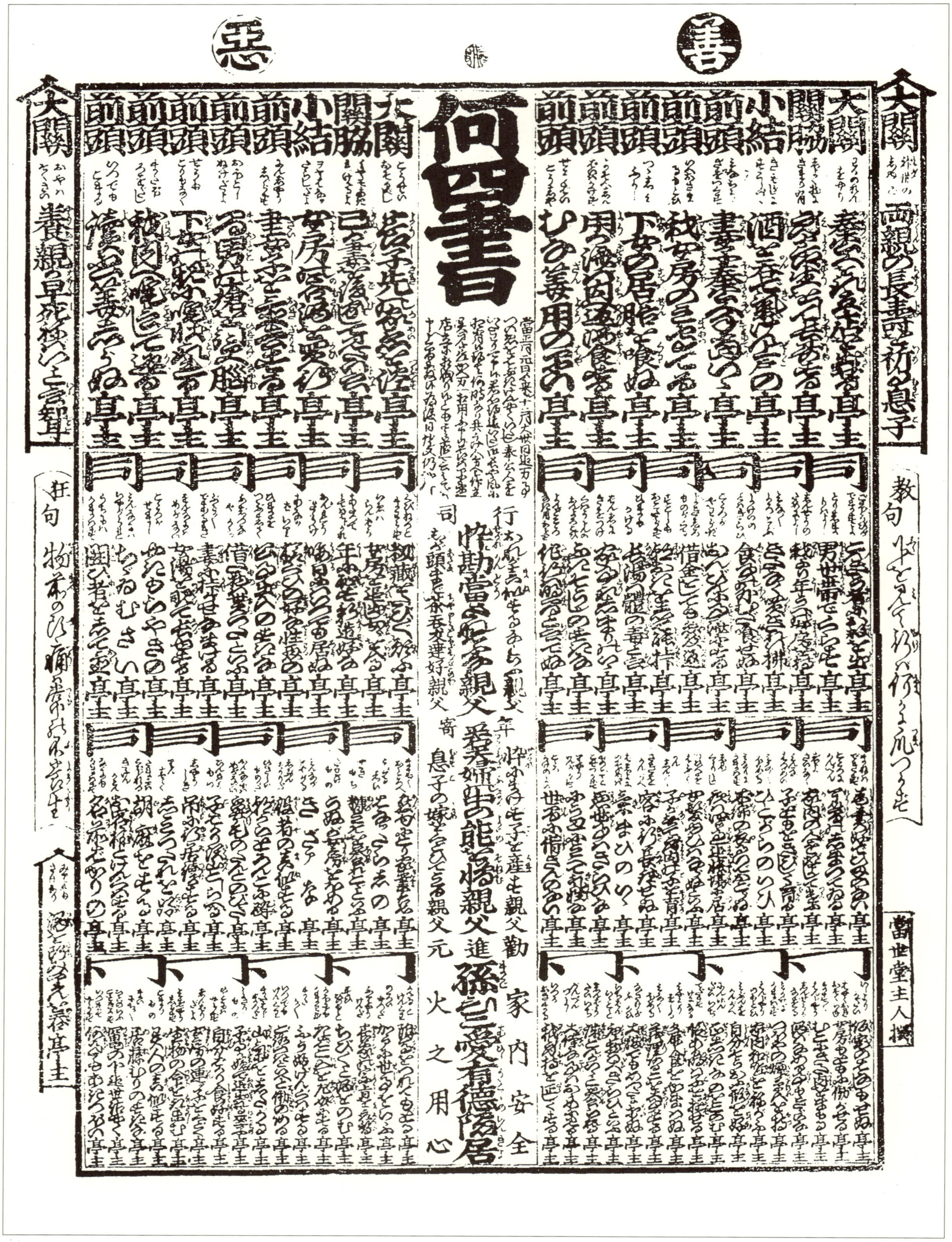

善

悪

何四書

大関
関脇
小結
前頭
前頭
前頭
前頭

大関
関脇
小結
前頭
前頭
前頭
前頭

60　何四書（亭主善悪番付）

何四書

善

大関　神仏のしゆご　両親の長寿を祈る息子

大関　わけのれんをやり　奉公人を取立店を出せる亭主
関脇　しよく物にきまり有　身養生をして長寿する亭主
小結　きばらしにすこしづゝ　酒を呑で気げん上戸の亭主
前頭　みなちうぎをつくす　妻子奉公人手当いゝ亭主
前頭　いへおさまるもとひ　我女房のみ守てる亭主
前頭　つゝしみふかし　下女の居膳を喰ぬ亭主
前頭　かそへしんぱいハかけず　用が済バ内へ返酒食する亭主
前頭　せうばいこうしや　むな算用の早い亭主

教句　下を見て行バ何かに爪つかず

同　ごほうびがでますよ　こんきう者にお救を出亭主
同　とりしまりハよし　男世帯でくらす亭主
同　しんせうのためによし　我より年うへの女房を持亭主
同　みな〳〵よろこぶ　きたなく買きれい払亭主
同　よけいのことハきらひ　食事の外むだ喰せぬ亭主
同　こゝろがさわがず　おんびんに事済にする亭主
同　よきしろものがくる　借金をしても急度返亭主
同　すこしもおこたらず　朝おきをして能挊亭主
同　ひまもかける　長湯ハ体の毒と云亭主
同　ばんしにきをつけ　家事取しまりのいゝ亭主
同　くハうじんのおんよろこび　ふきそうじのすきな亭主
同　よんどころなき用あらば　他行ハ明間と云でぬ亭主

同　まねハできず　商売好でひまのない亭主
同　こゝろにかんべん　了簡のしまつてゐる亭主
同　じよさいなく　家内の人をだまして遣ふ亭主
同　ミんなはつめい　子どもをきびしく育る亭主
同　ミな〳〵ほめる　ひとがらのいゝひ亭主
同　ミなりにかまハず　木綿の衣るいでかごらぬ亭主
同　しめくゝりよし　夜ハ四ツ過迄帳場に居亭主
同　つひへをはぶく　女髪ゆひハならぬといふ亭主
同　かんしん〳〵　子が無て身内の子を育亭主
同　さきをかんかへ　客に行長座せぬ亭主
同　ばしよにのそめバ　気まひのいゝ、亭主
同　よい□□こせつかず　悪世事ハきらひな亭主
同　りやうけんが□□　にうわにみへて気性な亭主
同　こゝろかけのよい　世間に借きんのない亭主

当世堂主人撰

同　いゝよりがたい　仮宅のはなしもせぬ亭主
同　はやくおきおそくいね　女房もともに働かせる亭主
同　ます〳〵はんじやう　むこにきた内をまもる亭主
同　しんせうかなをる　酒ハなめる事もきらいな亭主
同　ミかけにかまハず　つぼやの煙草入を持亭主
同　はんじやうのもとひ　家内和順をねがふ亭主
同　ミぶんをかんがへ　自分□□おふ形を好亭主
同　にんげんだいいち　正じきなのをこのむ亭主
同　てだすけになる　暇ある時ハ子を遊せる亭主
同　ミやうり□□しる　麁食をかまハぬ亭主
同　みな〳〵ほめる　義理あるこを大事ニする亭主
同　なさけがふかひ　犬猫でもめつたに打ぬ亭主
同　いゝちばんいゝこと　唐物ハ大きらひといふ亭主
同　しんばうたいいち　誠こんがいゝと誉られる亭主
同　かんべんつよし　大体な事ハおゝめに見る亭主
同　いつかおさまる　我身持を正しくする亭主

当正月元日ゟ十二月大卅日迄万事ついゑをはぶきけんやくいたし奉公人をいたわり可申候若心得違いたし御長や風に相背候得者何時なり共うけ人方へ被仰立異見差加へ万一相用不申候節ハ早速店立に相成り候とも其節一言之義申上間敷候為後日証文仍如件

行司　おれが真似するなといふ親父
　　　悴ニ勘当されそふな親父
　　　もゝが頭まで茶呑友達好親父

年寄　悴にまけず子を産す親父
　　　若夫婦の中の能を憎親父
　　　息子の嫁をくどひてみる親父

勧進元　孫ひこ愛有徳隠居

家内安全
火之用心

悪

大関　おやハそくさい　養親が早死ねバいゝと云聟

大関　こうせいおそるべし　養子先の家名を潰亭主
関脇　イヤモよき□けたるよ　己が妻を後家ニして見たいト云亭主
小結　ヲヤはなッたらしだよ　女房の呑酒を買行亭主
前頭　にんじやうしらず　妻子を置去する亭主
前頭　おほこしぬけだよ　間男の瘡を引受脳亭主
前頭　せうもこりもなく　下女の親に咤状取れる亭主
前頭　またぼろをだし　我内へ咤言して返る亭主
前頭　いつでもこまる　読書算しらぬ亭主

狂句　物前の頭痛ハ常の不養生

同　くびねつこまわらず　籾蔵をたびく願ふ亭主
同　いゐハらんばう　女房を追出し女を入る亭主
同　あたつてミてハはじかれ　年に恥ず新造好な亭主
同　おんれうだらけ　晦日にハいつでも居ぬ亭主
同　あなかばいり　様ぐひの好な性悪の亭主
同　ひまをつぶして　公事出入のすきな亭主
同　ふじつなやから　借た物ハ貰つたといふ亭主
同　ぶら〳〵であるき　妻に挊がせなまける亭主
同　をんなにハめがない　女湯を覗て長ゆする亭主
同　こゝろがせまし　やきもちやきの亭主
同　ミんなにハいやがられ　ちゞゐむさい亭主
同　うちにハかまハず　囲ひ者をして置亭主

同　まねておとろへ　発句にこり家業怠亭主
同　ミぐるしい　はなッたらしの亭主
同　やきもち　糠ミそを誉れごとをいふ亭主
同　たわけもの　うぬが女房をほめる亭主
同　ミんながいやがる　きざアな亭主
同　しぶん□かりだ　役者の真似する亭主
同　ひさしいものだ　朝からとろんこに酔亭主
同　おんなにハめがない　鼻毛のたんとのびた亭主
同　らん□□もつ　子ばかり沢山こしらへる亭主
同　しやうしき　弔に行居続する亭主
同　りん□□しく　しみつたれを好亭主
同　たまれハこぼれる　胡麻をする亭主
同　きふんかとん　お客様ときんくハする亭主
同　なにもかまハず　名前ばかりの亭主

みりんもさけなり　酒を断みりんを呑亭主

同　かへるとけんくわ　附馬をつれてもどる亭主
同　のろいやつだ　かゝアに世事をいふ亭主
同　ふりやうけんだ　養家の宗旨を取替亭主
同　すひひのもと　ちび〳〵と酒をのむ亭主
同　かほにもかまわず　たばこ入を厄介にする亭主
同　またか〳〵　ふうふげんくハする亭主
同　いつでもけんくわ　ごろつきといへと働のある亭主
同　またはじまつた　山気をしたがる亭主
同　ミきりもの　子守が嫌で追出れる□□亭主
同　□□□□□□ハす　自分ばかり食好する亭主
同　しんぱりだよ　女房の連ッ子をくどく亭主
同　ミじやうしらず　生物の命を取楽む亭主
同　こまりもの　異人の真似する亭主
同　まいにち〳〵　居寝むりのすきな亭主
同　□めいふことときかす　竈の下迄世話やく亭主
同　いつな□やらず　何事もあきつぽい亭主

家族の中心は夫婦であり、その仲の良し悪しは家族の将来を大きく左右する。この番付は、亭主のあり方をランク付けしたものであり、右に善い亭主、左に悪い亭主を配している。人としてかくあるべきという考え方は、道徳実践を通して確信ある生き方を身に付けさせる、江戸時代中期より普及した心学にもとづいている。また、世間では寛政の風俗取り締まり後、善と悪のせめぎ合いをストーリーとする天道物の黄表紙が流行した。番付は、善と悪の対比という黄表紙の表現方法で、理想の亭主像を挙げている。

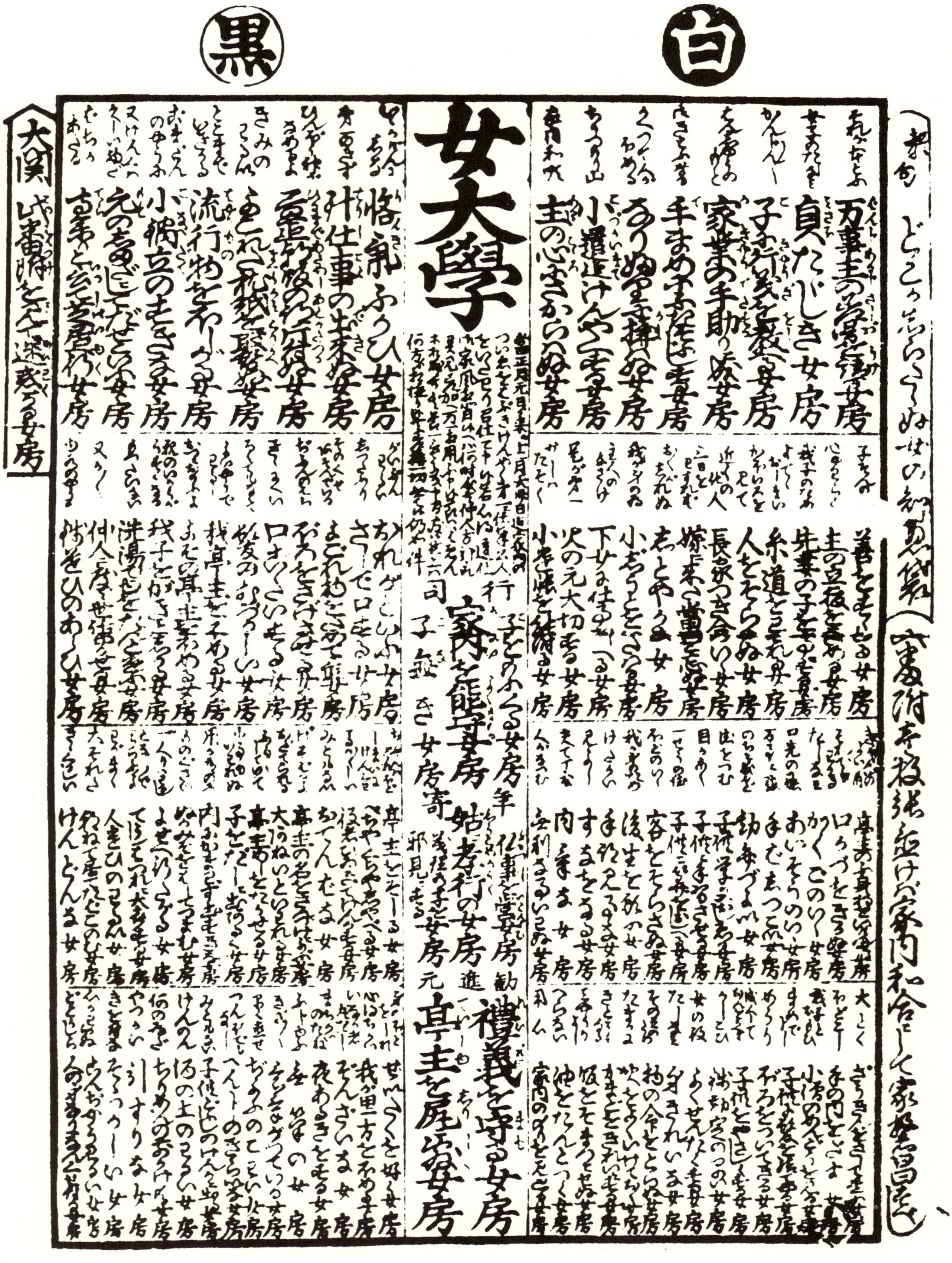

61 女大学(白黒女房番付)

女大学

白

教句　どこかしらたらぬ女の知恵袋

- それが本とふ　万事主の差図を請る女房
- 女子のたしなミ　貞たゞしき女房
- かんじんく　子に行義を教へる女房
- はんしやうのもと　家業の手助りニ成女房
- 御きとふなる　手まめにふきそふじする女房
- かへつて人がほめる　なりふりに構ハぬ女房
- ちりつもり山　小遣迄けんやくする女房
- 家内和順　主の心にさからハぬ女房

- 子そんの□□　善をすゝむる女房
- 心やわらく　主の立腹をさめる女房
- 我子のため　先妻の子を寺ニ遣る女房
- よてゝおしまい　糸道をわすれる女房
- かほいろを見て　人をそらせぬ女房
- 近くの他人　長家つき合いゝ女房
- 三日をわすれず　嫁ニ来た当□を忘ぬ女房
- おくがしれぬ　しとやかな女房
- 我か身の為　小じうとをいたハる女房
- 主人のなさけ　下女に仕事おしへる女房
- 是が第一　火の元大切する女房
- 少しハたそく　小遣帳を能附る女房

- きけんのよい時　亭主の不身持をいけんする女房
- それでもわかる　口かづをきかぬ女房
- たしなミ　かくごのいゝ女房
- 口先の徳　あいそうのいゝ女房
- 万事ニ徳　手ばしつこい女房
- のち二成ほど　勘弁づよい女房
- 徳をつむ　子供学問おしゑる女房
- 目かあく　子供ニ手習させる女房
- 一せうの徳　子供ニ算をおしへる女房
- ほどのいゝ　客をそらさぬ女房
- 我か身のため　後生を願ふ女房
- けたかい　手跡見事な女房
- 見よし　すなをなる女房
- 夫て丁度　内気な女房
- 人がなつむ　無利な事いわぬ女房

- 大とく　ざうきんをさせ置女房
- ほどこし　手の内をだま□女房
- 我子とおもひ　小僧のめんどうを見る女房
- まめでよし　子供に髪を結てやる女房
- めうり　ぼろをついてきる女房
- 成人しておんをかへす　子供をやさしくする女房
- かしこひ　銭勘定のつかい女房
- 女の孜　よくせんたくする女房
- たしなミ　身きれいな女房
- そのミのため　物の命をとらぬ女房
- たまかに　火をよくいけておく女房
- きとうニなる　かまどをきれいニする女房
- ミやうりよし　飯をそまつニせぬ女房
- へらない　油をたんとつく女房
- 用心　家内のメりを見廻る女房

此番附壱枚張置けバ家内和合ニして家繁昌すべし

当正月元日ゟ来ル十二月大晦日迄、家内のついゑをはぶき、けんやく第一ニ仕、奉公人をいたわり召仕可申候、若心得違仕御家風相背候へバ、何時成共仲人方へ引取、異見差加へ、万一相用不申候節ハりゑん等相成候共、其節一言之義申間敷候、然上ハ何方ゟ相極り候共、差構一切無之候、仍如件

行司
- 子をもふくる女房
- 家内を能守女房
- 子無き女房

年寄
- 仏事を営女房
- 姑ニ孝行の女房
- 義理の子を邪見ニする女房

勧進元
- 礼義を守る女房
- 亭主を尻ニ敷女房

黒

大関　此番附を見て迷惑かる女房

- い丶かげんにしな　悋気ふかひ女房
- 第一のきず　針仕事の出来ぬ女房
- びんぼう神がなめるよ　昼迄朝飯の跡片付ぬ女房
- きみのわるい　よこれた枕紙を取替ぬ女房
- とこまでいきかる　流行物をほしがる女房
- ごまだんのやうに　小鍋立のすきな女房
- 又けんくハ久しい物だ　元のしゆだニしてだせといふ女房
- ばちかあたる　寺参りと言て芝居へ行女房

- がいぶんわるい　おれがといふ女房
- しつたふり　さしで口する女房
- そのくせあそんでいる　よごれ物をためて置女房
- ぢふんはち　ぼろをさげさせる女房
- き丶にくい　口ごたいする女房
- ろくてもなくて　髪のむづかしい女房
- よいやうでわるし　我亭主をほめる女房
- おつニおもふに　よその亭主をほめる女房
- 親のいかうがうすくなる　我子をがきとしかる女房
- もつたいない　洗湯でゆをたんと遣ふ女房
- 又かく　仲人ニ度々世話やかせる女房
- ゆ水のやうに　銭遣ひのあらひ女房

- ぢふんハどれほどしまいにけんくわ　亭主をそしる女房
- 馬かくしい　べちやくちやしやべる女房
- みともない　役者ひゐきてけんかする女房
- げすばるな　おてんばな女房
- おだてられる　亭主の名をさんづけニよぶ女房
- ふらくしていて　大あねといわれる女房
- 小事もいわれぬ　亭主めしをたかせる女房
- 用か有のに　子をだしニ出あるく女房
- ものぐさい　内にかわまず出すきな女房
- 一人りハわるしとなりで　ぬかみそをはしてつまむ女房
- わらふ事　よせへ行たがる女房
- わがまゝ　てうしはづれニ大声する女房
- 大それた　人遣ひのわるい女房
- き丶くるしい　朝ねて居てたばこのむ女房
- けんどんな女房

- 身のほどをしれ　ぜいたくを好く女房
- 心得ちかい　我が里方をほめる女房
- いなか者丸だし　ぞんざいな女房
- まちかいのたね　夜あるきをする女房
- ふじゆふ　無筆の女房
- きざく　意気がつている女房
- 早く直せ　ぢよふのこわい女房
- つんぼでもなし　へんじのきらいな女房
- みともない　子供どふしのけんかニ出る女房
- けんのん　酒の上のわるい女房
- 何の為だ　ちりめんの前かけメる女房
- やつかい　引すりな女房
- 心かわらぬ　しんぢやうわるい女房
- どこかしら　人の身なりへなんくせ付る女房

この番付は、女房のあり方をランク付けしたものであり、右に善い女房、左に悪い女房を配している。番付の中央に挙げられる「女大学」は、江戸時代中期より広く普及した女子用の教訓書である。貝原益軒の『和俗童子訓』をもとに作成され、家庭内における女性のあり方を、19ヵ条にまとめている。善い女房の項目は、基本的に『女大学』の条文を参考に作成されている。これは、本を読まない女性にも、なんとか女性としての心得を示し、教化しようとするためであった。

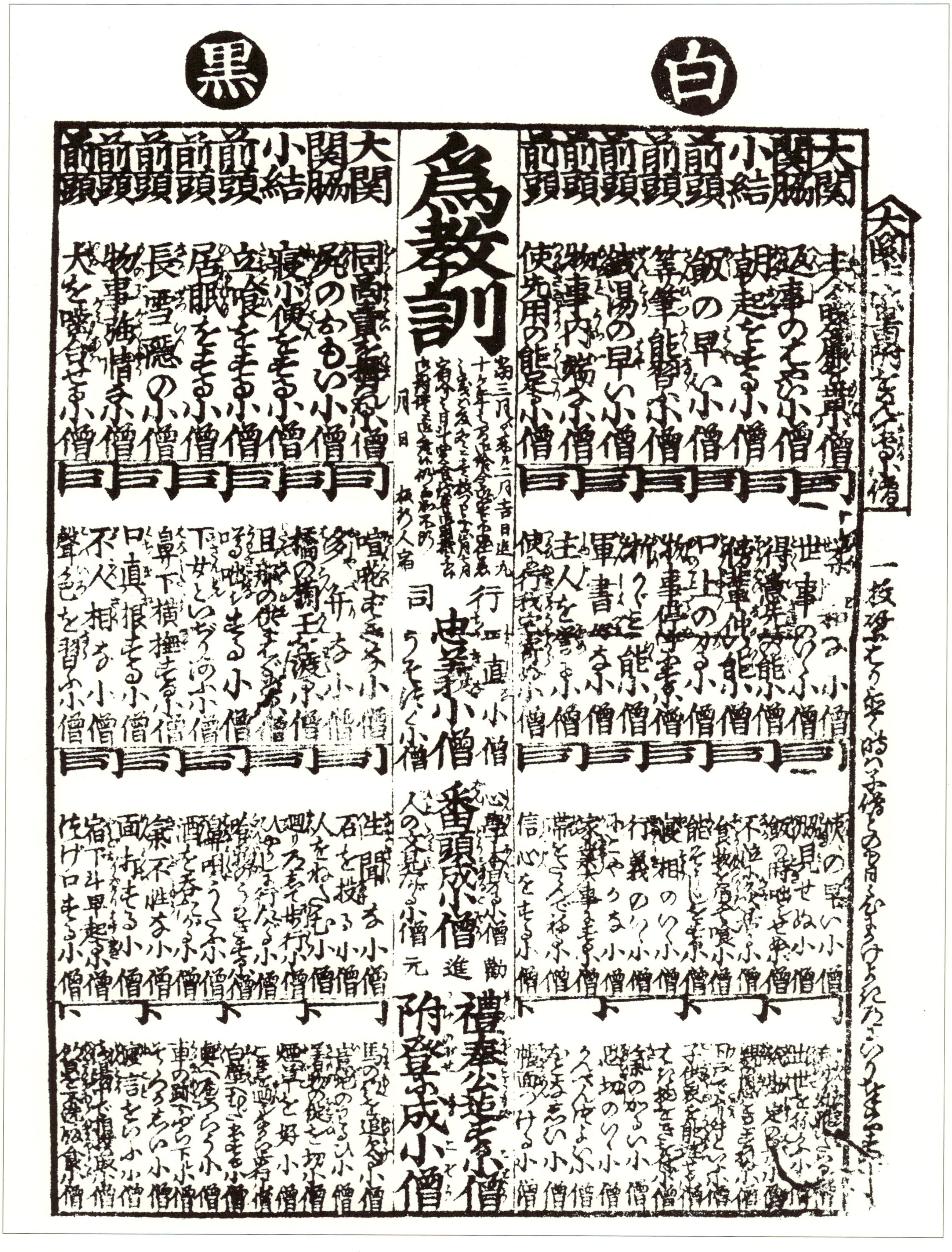

62　為教訓（白黒小僧番付）

大関上 此番附を見て守小僧

一枚壁にはり置く時ハ、子僧ものも日々心にかけ、よき道にいり奉公すべし

為教訓

当三月ゟ来ル二月吉日迄丸十ケ年之間御給金御盆被下成仕着之義ハ夏冬ニ壱枚つゝ被下正月七月宿入り之日計買喰致候共御用捨被下候御対談ニ御座候仍而承不断

月日

板行人宿

行司

正直小僧

忠義小僧

うそつく小僧

勧進元

心学本見る小僧

番頭成小僧

人の文見たがる小僧

礼奉公迄する小僧

附登に成小僧

白

大関 主人ゟ暖簾を貰小僧

関脇 返事のはやい小僧

小結 朝起をする小僧

前頭 飯の早い小僧

前頭 算筆能習ふ小僧

前頭 銭湯の早い小僧

前頭 物事内端な小僧

前頭 使先用の能足る小僧

同 柔和な小僧

同 世事のいゝ小僧

同 得意先請の能小僧

同 傍輩仲の能小僧

同 口上の分る小僧

同 物事停寧にする小僧

同 折かゞミの能小僧

同 軍書好な小僧

同 主人を誉る小僧

同 使に行我宅寄ぬ小僧

同 使の早い小僧

同 脇見せぬ小僧

同 飯の時咄シせぬ小僧

同 不泣に灸居る小僧

同 食物を頂て喰小僧

同 能そうじをする小僧

同 寝相のいゝ小僧

同 行義のいゝ小僧

同 にこやかな小僧

同 家業大事にする小僧

同 帯をたゝんでねる小僧

同 信心をする小僧

同 自分ゟ幼稚いたハる小僧

同 出世をねかふ小僧

同 銭勘定の早い小僧

同 親の恩をわすれぬ小僧

同 下戸で允升といふ小僧

同 子供衆を能遊せる小僧

同 はき物をきを付ル小僧

同 気のかるい小僧

同 思切のいゝ小僧

同 かんべんのよい小僧

同 おとなしい小僧

同 帳面つける小僧

黒

大関 同商売を構ハれる小僧

関脇 尻のおもい小僧

小結 寝小便をする小僧

前頭 立喰をする小僧

前頭 居眠をする小僧

前頭 長雪隠の小僧

前頭 物事強情な小僧

前頭 犬を噛合せる小僧

同 喧吪ずきな小僧

同 多弁な小僧

同 橋の欄干を渡る小僧

同 旦那の供をはぐれる小僧

同 噂咄シする小僧

同 下女といぢりあふ小僧

同 鼻下横撫する小僧

同 口真根する小僧

同 不人相な小僧

同 声色を習ふ小僧

同 生聞な小僧

同 石を投る小僧

同 人をねたむ小僧

同 廻り道して歩行小僧

同 ひやかしに行たがる小僧

同 喰物のうわきする小僧

同 鼻唄うたふ小僧

同 酒を呑たがる小僧

同 気不性な小僧

同 面打する小僧

同 宿下斗早起る小僧

同 つげ口する小僧

同 馬の跡を追欠る小僧

同 意地のわるひ小僧

同 着物の綻を切小僧

同 煙草を好小僧

同 こまを廻シながら歩行小僧

同 白壁へむだ書する小僧

同 奥へへつらう小僧

同 車の跡へぶら下ル小僧

同 そゝつかしい小僧

同 寝言をいふ小僧

同 銭湯で相撲取小僧

同 朝顔を不洗飯食小僧

この番付は、修行中の小僧（＝丁稚の別称）にとって教訓とすべきものであった。大関に辿り着くまでに習得すべきスキル、商人としての具体像が示されているからである。また、白の欄には商家の主人が雇用したい小僧、黒の欄には雇用したくない小僧が記されている。小僧をはじめとする奉公人は、商家の重要な労働力であり、その盛衰を左右する存在でもあった。番付の欄外に記されているように、商家の壁に掲示され、小僧の教育にも利用されたのであろう。

滑稽・知恵

安政六年新板

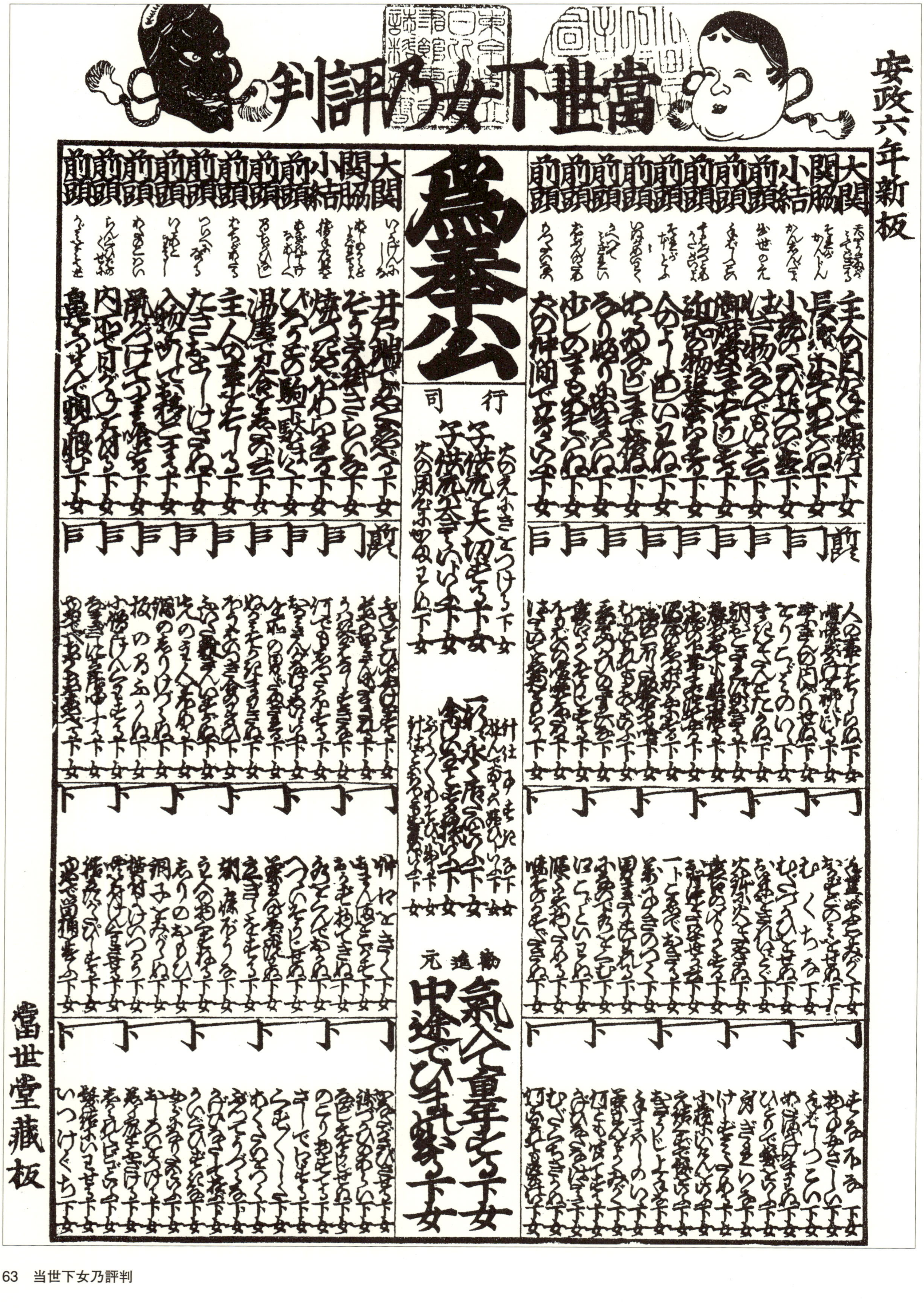

63　当世下女乃評判

当世下女乃評判

安政六年新板

大関 天たうさまがみてござる 主人の目がねで娵行下女
関脇 それがかんじん 長家へ出てあそばぬ下女
小結 かんしんだよ 小蔵のたび迄ついで遣下女
前頭 出世の元 はき物はなんでもいゝと云下女
前頭 手ばしつこい 御座敷までそうじする下女
前頭 そはづつとめかためいよ 近所の物迄誉られる下女
前頭 それが本とふ 人のよしあしいわぬ下女
前頭 いぬがめいわく あらゐながしまで捨ぬ下女
前頭 かへつてみぎれい なりふりにかまはぬ下女
前頭 じぶんのため 少しのまもあそばぬ下女
前頭 もつたいない 犬の仲間でわるくいふ下女

贔 人の事をそしらぬ下女
同 喧嘩じかけを柳ニ受ける下女
同 きふきんの内がりせぬ下女
同 をりこゞみのいゝ下女
同 まきをたんとたかぬ下女
同 朝おこされずにおきる下女
同 麁相しても直に誤る下女
同 小僧の下帯まで洗てやる下女
同 沢庵のしつぽかくやにする下女
同 小僧のこぼした飯拾ふて喰下女
同 むりをいわれてもはいくといふ下女
同 言葉つかひのきれいな下女
同 裏口よくそうじする下女
同 ほうばいの喧嘩をなだめる下女
同 はたらいて着物をもらう下女

同 手まめニどふこをみがく下女
同 おかずごのみをせぬ下女
同 むくちな下女
同 むだづかひをせぬ下女
同 お米をきれいニどぐ下女
同 火鉢に火をたやさぬ下女
同 裏口のメりよくする下女
同 お背中をたゝきませうト云下女
同 一トこゑでおきる下女
同 万事きのつく下女
同 男まさりといわれる下女
同 にないで水をくむ下女
同 口こゞといわぬ下女
同 段々着物ためる下女
同 味そのかすださぬ下女

同 すなほな下女
同 物事やさしい下女
同 手ばしつこい下女
同 あたまかけかまわぬ下女
同 ひとりで髪をいふ下女
同 身ぎれいな下女
同 けしずみためる下女
同 小蔵にいけんをいふ下女
同 元結くずで髪をいふ下女
同 おきうじ上手な下女
同 手まはしのいゝ下女
同 茶わんをよくみがく下女
同 何ことも聞てする下女
同 かげひなたなくはたらく下女
同 むだくちきかぬ下女
同 何をいわれても返事のいゝ下女

為奉公

行司 子供衆を大切ニする下女 火の元にきをつける下女
子供衆は大きらいトいふ下女 火の用心にかまわぬ下女

針仕事すきな下女
一軒ニ永く居たいといふ下女 遊んでゐるは嫌ひトいふ下女
余けいなことするは損トいふ下女 ぶらくあそびニ出る下女
針仕ごとはちつとも出来ぬトいふ下女

勧進元 気ニ入て重年する下女
中途でひまの出る下女

大関 いゝかげんにしな 井戸端でがやくしやべる下女
関脇 あしのうらがよごれるよ ぞうきん掛きらいな下女
小結 勝手道具を 焼つぎやニほめられる下女
前頭 あかぎれだらけなあしへ びろうどの駒下駄をはく下女
前頭 間ちがひなし 湯屋で見合をしたいト云下女
前頭 ばちがあたる 主人の事をそしる下女
前頭 ついへになる たきおとしけさぬ下女
前頭 いゝあとわるし 入物をかしてお移こまる下女
前頭 あとのこわい 鼠ニかづけてつまみ喰する下女
前頭 らんくひばのくせに 内所で日がねを付る下女
前頭 かゞみをみると 鼻をつまんで親を恨む下女

贔 ふねをこひでやけどする下女
同 長やのかゝさんにだまされる下女
同 うはきなはなしすきな下女
同 何でもしつたかほする下女
同 おかみさんがなけりやいといふ下女
同 近所の男ニだまされる下女
同 ぬかみそかきまわさぬ下女
同 ほうばいつき合のわるひ下女
同 ふいた雑きんいすがぬ下女
同 先の主人をほめる下女
同 鍋のしりけづらぬ下女
同 板の間ふかぬ下女
同 小僧とけんくわする下女
同 なまぎしに芝居咄する下女
同 ゆやでべちやくちやしやべる下女

同 仲口をきく下女
同 おまんまをこがす下女
同 おかず物てきぬ下女
同 水をくんでおかぬ下女
同 へつらいそうじせぬ下女
同 茶わんのしぶ洗わぬ下女
同 立ぎゝをする下女
同 朝寝ぼうな下女
同 主人の物くすねる下女
同 しりのおもひ下女
同 銅子をみがゝぬ下女
同 焚付よけいつかう下女
同 咄を付けんくわさせる下女
同 膳立にがたぴしする下女
同 ゆやで留桶を遣ふ下女

同 かなたがさびさせる下女
同 銭づかひのあらい下女
同 ながしえそうじせぬ下女
同 のこり物すてる下女
同 さしで口する下女
同 ぐずくした下女
同 あくたいをつく下女
同 ぶつてうづらな下女
同 かげひなたして遊ぶ下女
同 かいぐひずきな下女
同 女郎になりたいといふ下女
同 おしろいをつける下女
同 若イ衆とふざける下女
同 しかられて口こゞといふ下女
同 髪結にいわせる下女
同 いつけぐち下女

当世堂蔵板

この番付は、東におかめの面、西に般若の仮面を掲げることで、善い下女と悪い下女を分けており、安政６年（1859）に板行された。行司や勧進元に挙げられている下女からは、特定の家で長く働いていたいと願望する下女こそが理想像とみられていたことがわかる。番付では、勤労、禁欲、質素倹約などの通俗的な徳目が多く取り上げられている。善い下女の項目をみれば、素直で物腰の柔らかい下女よりも、清潔であれば、化粧などにかまわない男勝りな下女、よく気が付き懸命に働いてくれる下女が求められていたのである。

日本國中見渡勘定 七分三分の見立

勧進元 神道 五分
差添人 儒者 五分

武士 七分	百姓 三分
出家 八分	法尼 二分
學者 一分	不學 九分
関取 一分	前すもふ 七分 行司 二分
浄瑠璃 五分	三味線 三分 人形遣 二分
玉役者 一分五リン	大根役 八分五リン
美貞女 一分一リン	玄の妻 八分九リン
侍女 一分五リン	飯焼女 八分五リン
誠忠義 三分	勤忠義 七分
義理知人 一分	不義理 九分
信心まいり 一分 ゆうさんまいり 六分	神詣り 三分
男髪結 七分	女髪結 三分
金持 三分	質置 七分

○器物の部

挑燈 九分	釣鐘 一分
ざうり わらぢ 八分	下駄 せつた 二分
扇子 七分	團 三分
[illegible] 六分	[illegible]綿 四分
煙管 五分	墨筆 五分

諸職人 三分	諸商人 七分
名醫 一分	藪醫 九分
能書 一分	無筆 九分
神社 四分	寺院 六分
歌三弦 七分	[illegible] 二分五リン [illegible] 五リン
たこ持 一分一リン	めくらのたいこもち 八分九リン
本粋 五リン	不粋 九分五リン
後家 五分	娘子 五分
乳母 四分	子守女 六分
實孝行 一リン	表孝行 九分九リン
慈悲正道 一分	欲の鵰 九分
朝起 一分	朝寝 九分
長者 一分五リン	貧者 八分五リン

○生類の部

はと 五分	すゞめ 五分
むま 六分	うし 四分
いぬ 七分	ねこ 三分
しらミ 八分	のミ 二分
ねずミ 九分	いたち 一分

64 日本国中見渡勘定七分三分の見立

日本国中見渡勘定 七分三分の見立

上		下	
勧進元 神道	五分		
武士	七分	百姓	三分
出家	八分	法尼	二分
学者	一分	不学	九分
関取	一分	前すもふ / 行司	七分 / 二分
浄瑠璃	五分	三味線 / 人形遣ヒ	三分 / 二分
玉役者	一分五リン	大根役	八分五リン
美貞女	一分一リン	玄妻	八分九リン
侍女	一分五リン	飯焼女	八分五リン
誠忠義	三分	勤忠義	七分
義理知人	一分	不義理	九分
信心まいり / やうき参リ	一分 / 六分	なんぎな時神ねがひ	三分
男の綿ぼうし	七分	女の羽織	三分
金持	三分	質置	七分
○器物の部			
挑燈	九分	釣鐘	一分
ざうりわらじ	八分	下駄せった	二分
扇子	七分	団	三分
打ばんよこづち	六分	つき臼きね	四分
煙管	五分	墨筆	五分

上		下	
差添人 儒者	五分		
諸職人	三分	諸商人	七分
名医	一分	藪医	九分
能書	一分	無筆	九分
神社	四分	寺院	六分
歌三弦	七分	こと / 小弓	二分五リン / 五リン
たいこ持	一分一リン	あべらのたいこ持	八分九リン
本粋	五リン	不粋	九分五リン
後家	五分	娘子	五分
乳母	四分	子守女	六分
実孝行	一リン	表孝行	九分九リン
慈悲正道	一分	欲の鵰	九分
朝起	一分	朝寝	九分
長者	一分五リン	貧者	八分五リン
○生類の部			
はと	五分	すゞめ	五分
むま	六分	うし	四分
いぬ	七分	ねこ	三分
しらミ	八分	のミ	二分
ねずミ	九分	いたち	一分

この番付は、上下で比較する横長の芝居番付の形式をとっている。たとえば、武士と百姓を比較して、武士を７分、百姓を３分とするように、上下を７分と３分を基本に分けている。しかし、中には「本粋」と「無粋」のように、本粋な者は５厘しか存在しないが、無粋な者は９分５厘も存在する、と割合が極端な項目もある。上下を多い少ないといった抽象的な言葉で比較するのではなく、総計が１割となるように、上下をきっちり分けている点が特徴的である。

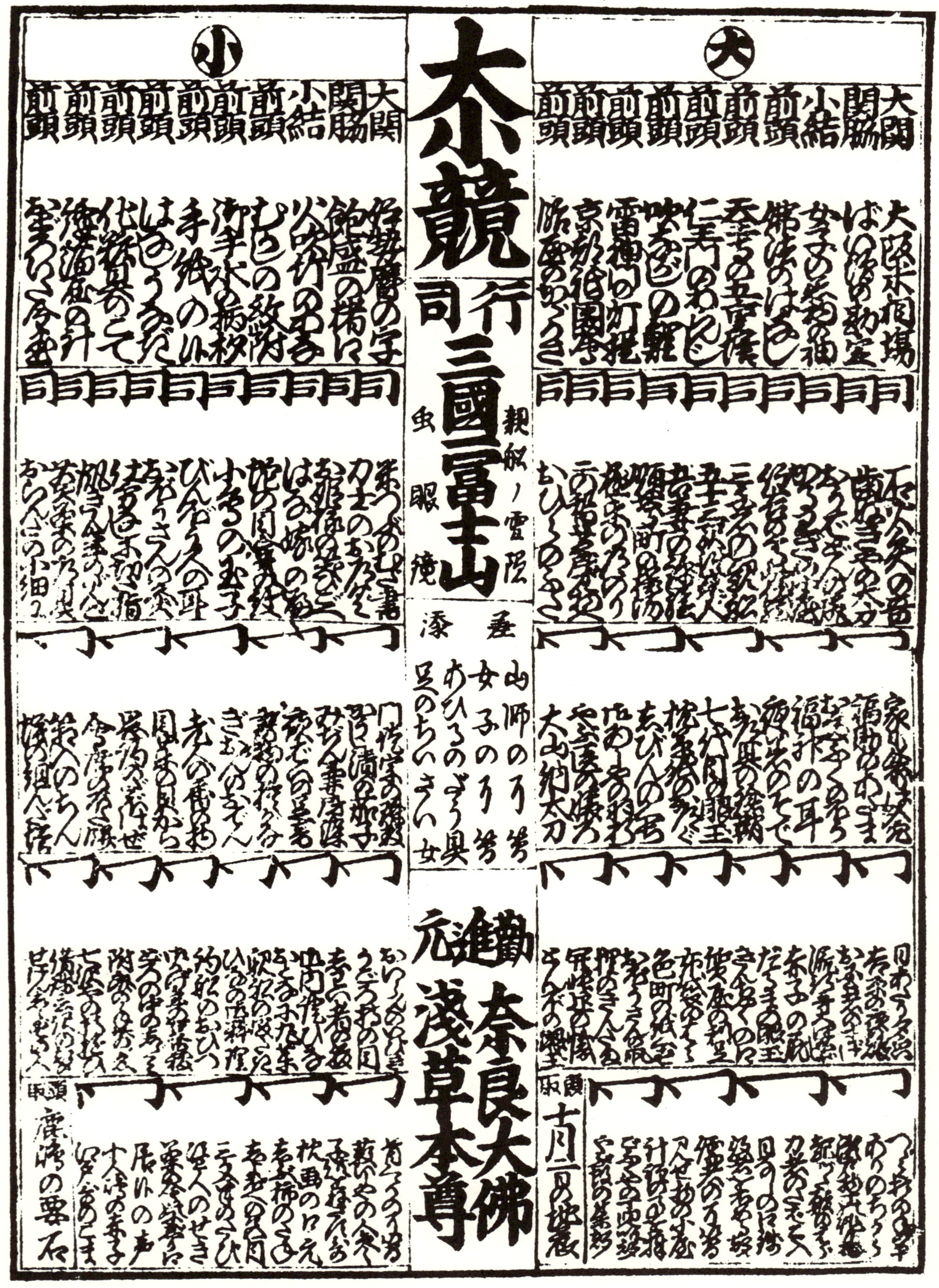

65　大小競

大小競

（大）

大関 大阪米相場
関脇 ばい増の勘定
小結 女子の着物の袖
前頭 仏法のはなし
前頭 天王寺の五重塔
前頭 仁王門のわらんじ
前頭 吹ながしの鯉
前頭 雷神門の灯提
前頭 京都祇園会
前頭 飴屋のからかさ

同 石火矢の音
同 歯ぬきやの太刀
同 おうばどんの尻
同 かるわざの小屋
同 住吉の高燈籠
同 三千石の親船
同 五十三駅往来人
同 吾妻の錦絵
同 順慶町の桜場
同 極楽の道のり
同 二の替芝居見物人
同 おひらのふた

同 家も倉もは入穴
同 福助のあたま
同 おたふくのほう
同 福神の耳
同 夜着のそで
同 お道具の鎗鞘
同 七代目の眼玉
同 枕草紙のお道ぐ
同 しびんのくち
同 御るしやの羽折
同 やぶ医の懐ろ
同 大山納太刀

同 日あたり夕貌
同 吉原の夜の賑
同 お国者のまげ
同 流行哥大津ゑぶし
同 赤子の屁
同 だるまの眼玉
同 きんちやくの口
同 質屋の利足
同 布袋のはら
同 色町の紙くず
同 おぼうさんの[illegible]
同 狸のきんたま
同 開帳迎の幟
同 とんぼの眼玉

頭取 十月二日の地震

同 つゞミ打の手の平
同 ありのちから
同 瀬戸物丁の作り物
同 起つた鰒のはら
同 力者のたばこ入
同 日なしの口銭
同 役者をほめる声
同 儒者の了簡
同 見せ物の小屋
同 針程の事を棒
同 ごふくやの丁児呼声
同 やぶ蚊の集声

行司 三国富士山
親船ノ雪隠
虫眼鏡

差添 山師の了簡
女子の了簡
あひるのだう具
足のちいさい女

勧進元 奈良大仏
浅草本尊

（小）

大関 伊勢暦の字
関脇 飽盛の猪口
小結 火吹竹のあな
前頭 むかしの紋附
前頭 御手水の柄杓
前頭 手紙の候
前頭 はなしうなぎ
前頭 化粧具のこて
前頭 縫縮屋の針
前頭 おどろいた金玉

同 米つぶのむだ書
同 力士のお道ぐ
同 お姫様の笑ひごへ
同 はな嫁のへ
同 蛇の目傘の紋
同 小鳥の玉子
同 びんぼう人の耳
同 おぼうさんの灸
同 仕方なしに切た指
同 飢きん年のだんご
同 煎茶の道具
同 おらんだの小細工

同 門徒宗の珠数
同 かうじ漬の茄子
同 みぢん兼房染
同 夜ばいの足音
同 書物の捨がな
同 ぎおんのおでん
同 老人の香の物
同 目薬の貝がら
同 岡釣のだぼはぜ
同 会席のほた餅
同 箱入のちん
同 蟻の組んだ塔

同 おいらんのいびき
同 うごろ持の目
同 しわい者の腹
同 御内證ひな
同 おとなに丸薬
同 親船の飯たき
同 ひなの御料理
同 釣船のおひつ
同 御かげ年の幕祓
同 どろの中のしゞミ
同 附人の手前ノ名
同 七沢やの将遊び
同 借銭言訳の声
同 せけんしらずの人

頭取 鹿嶋の要石

同 首くゝりの了簡
同 藪いしやの人参
同 子供をねさす哥
同 枕画の口元
同 しぶ柿のたね
同 しよぼへの色目
同 三文半のたび
同 盗人のせき
同 茶の会のにじり口
同 居候の声
同 小人嶋の赤子
同 江戸哥のこま

この番付は、庶民の大小観念をランク付けしたものであり、右側に大きいもの、左側に小さいものを配している。㊅側の最下段に「頭取　十月二日の地震」とあり、番付の作成は、安政２年（1855）の大地震後であったことがわかる。さらに、㊉側の最下段「頭取　鹿嶋の要石」は、地震を封じるものとして鹿嶋大神宮に安置されていた。また、㊅側の大関には、大阪の米相場が挙げられているが、それは江戸時代が米を中心とした社会であり、庶民の生活はもちろん、幕府の財政も米相場の高下に左右されていたからである。このような物の大小を計る物差しが、奈良の大仏と浅草の本尊とされている点は興味深い。

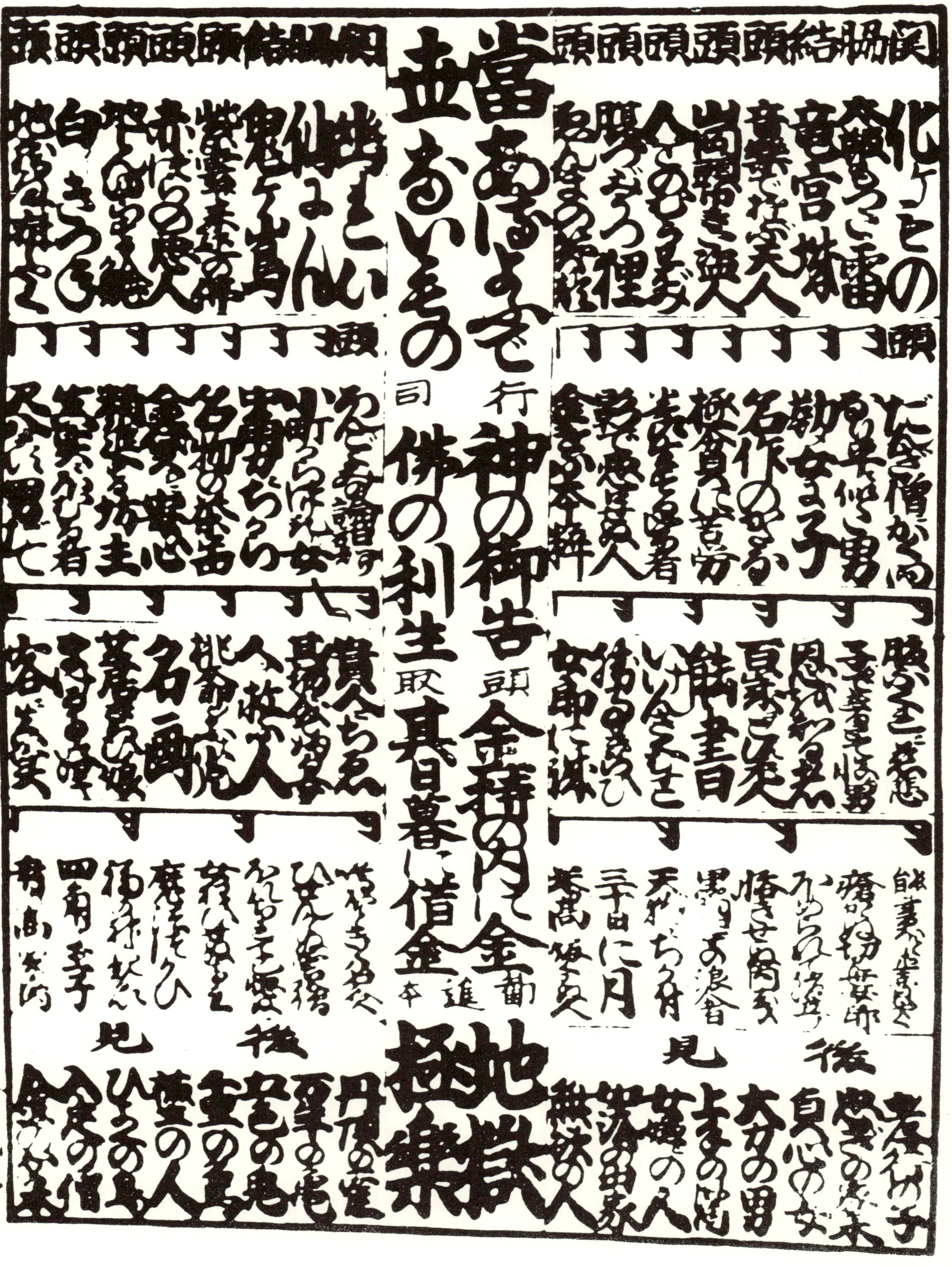

66　当世あるよふでないもの

当世あるよふでないもの

（東）

関　化ケもの
脇　太皷もつた雷
結　竜宮城
頭　音楽で遊ぶ天人
頭　山岡頭巾きた盗人
頭　人をのむうわばみ
頭　腹つゞみうつ狸
頭　ゐんまの笑顔

頭　だんぎ僧ニかく問
同　なり平ニ似た男
同　勒メ女に子
同　名作のかたな
同　極貧に苦労
同　養生する医者
同　影で悪口せぬ人
同　金遣ふ本粋

同　腹ふくれニ慈悲
同　子できるとて慎ム男
同　恩を知る者
同　百歳ヲこす老人
同　能書
同　いけんきくむれ
同　勝馬きらひ
同　女郎に誠

同　能書ほと直膏やく
同　瘡かゝらぬ切見世ぉ郎
同　ほめられて腹立ツ
同　悋きせぬ内義
同　黒羽□の浪人者
同　天狗ニちか付
同　三十日に月
同　米高飯くわぬ人

後見

孝行の子
忠ぎの家来
貞心の女
大力の男
上手の医
女嫌ヒの人
如法の出家
無欲の人

行司　神の御告
　　　仏の利生

頭取　金持の内に金
　　　其日暮に借金

勧進本　地獄
　　　　極楽

（西）

関　幽れい
脇　仙にん
結　鬼ケ嶌
頭　紫雲来迎の仏
頭　赤づらの悪人
頭　地しんゆらする鯰
頭　白きつね
頭　地蔵さま□□やく

頭　ろんごよみの論語知り
同　小町からつりき女
同　中角力ニちから
同　名物の茶器
同　金貸シニ安心
同　精進する坊主
同　真実ニほむる者
同　尺八さす男だて

同　貴人ニちゐ
同　其場成てふる女
同　人ヲ救ふ人
同　桃太郎ノよふナ尖児
同　名画
同　芝居きらひノ娘
同　まける事好き
同　客ニ真実

同　噂ほときくやく人
同　ひせんかゝぬ書絵
同　ほれられて己惚ぬ
同　女狂ひせぬ亭主
同　魔法つかひ
同　福の神親るい
同　四角ノ玉子
同　肴高買酒

後見

丹頂の鶴
万年の亀
五色の鬼
千里の名馬
□□の人
ひよくの鳥
入定の僧
金のなる木

蒼竜園戯撰

この番付は、実在していそうでしない物をランク付けしたものである。行司や勧進元といった興行関係者はもちろん、東西の大関以下も、竜宮城や仙人など、現代でも通じる普遍的なものばかりが占めている。東西の大関は化け物と幽霊になっているが、江戸時代の文芸作品や錦絵などに多く描かれているために、現実に存在すると考えている庶民も多かったのだろう。しかしこの番付自体は、東西に対比して然るべきものを論理的に配したものではなく、出来そのものを庶民の感性に委ねるものであったと考えられる。

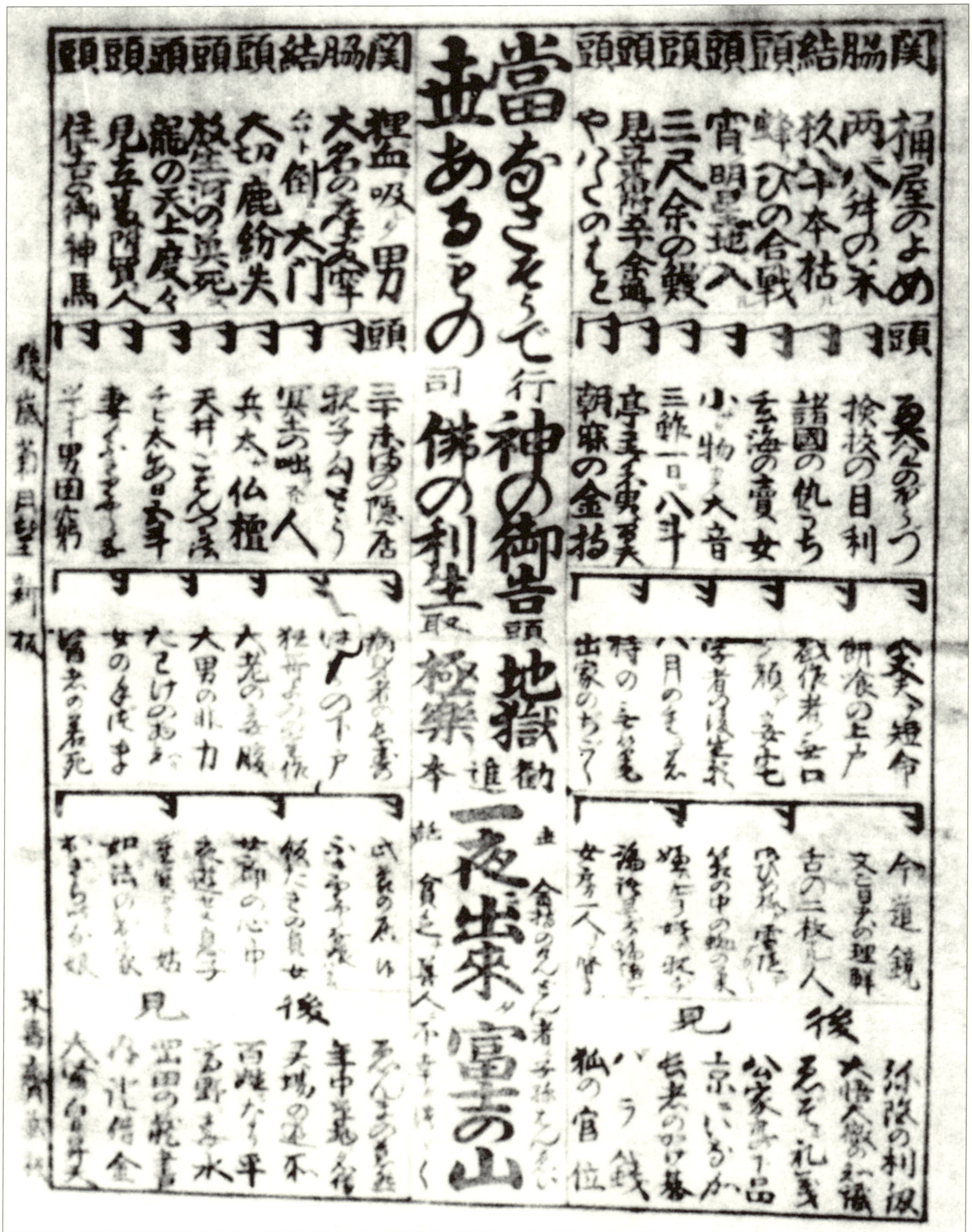

67　当世なさそうであるもの

当世なさそうであるもの

大関　桶屋のよめ
関脇　両ニ八升の米
小結　枚八十本枯ル
前頭　蜂ニへびの合戦
前頭　宵ノ明星地ニ入ル
前頭　三尺余の鰻
前頭　見立番附五十余通リ
前頭　やハたのはと

前頭　魚屋のぼうづ
同　検校の目利
同　諸国の仇うち
同　玄海の売女
同　小サヒ物カラ大音
同　三鮓一日ニ八斗
同　亭主ゟ不男ニ間男
同　朝寝の金持

同　八丈夫ノ短命
同　餅食の上戸
同　戯作者ノ無口
同　□顔デ妾宅
同　学者の後生願
同　八月の重ヲ着
同　侍の無筆
同　出家のぢごく

同　今道鏡
同　文盲者の理解
同　舌の二枚アル人
同　御ひめ様ガ雪隠デナカ〳〵
同　箱の中の蜘の巣
同　嫌ハレルヲ好ム親ヂ
同　論語ヨマズ論語シル
同　女房一人ノ□□

後見
弥陀の利剱
大悟大徹の知識
ゑぞニ礼義
公家衆の下品
京ニいなか
長者のかけ碁
バラ銭
狐の官位

行司
神の御告
仏の利生

頭取
地獄
極楽

勧進本
一夜ニ出来タ富士の山

世話
金持のけんどん者ニ子孫はんゑい
貧乏ナ善人ニ不幸ガつゞく

大関　狸ニ血ヲ吸レタ男
関脇　大名の座敷牢
小結　ムサト倒ス大門
前頭　大切ナ鹿紛失
前頭　放生河の魚死ス
前頭　龍の天上度々
前頭　見立番附買フ人
前頭　住吉の御神馬

前頭　三十未満の隠居
同　親子勾とう
同　冥土の咄ヲスル人
同　兵太ガ仏檀
同　天井ごぼんつる法
同　チビ太安日五斗
同　妻ゟふきりやう妾
同　ツマシイ男困窮

同　病身者の長寿
同　は□□の下戸
同　狂哥よみの重作
同　大老の妾腹
同　大男の非力
同　たわけの物知り
同　女の手づま
同　医者の若死

同　此節の居候
同　ふきりやうな娘ハ□□
同　飯たきの貞女
同　女郎の心中
同　夜遊セヌ息子
同　重宝ガラレル姑
同　如法の出家
同　おぎらいな娘

後見
ゑんまの慈悲
年中単物ノ名借
霊場の遊所
百姓ニなり平
高野ニ毒水
岡田の蔵書
内証借金
大□ノ白日昇天

猿蔵菊月望新板

米寿斉蔵板

この番付は、実在してなさそうでしている物をランク付けしたものであり、米寿斉が板行した。行司と頭取は実在しない物、勧進元は、理由は定かでないが、孝霊天皇の御代に近江の湖水が陥没し、一夜にして富士山が出現したという伝説が務めている。また、西の関脇に「大名の座敷牢」が挙げられている。これは、家老などが大名家の存続を第一として、不行跡な藩主を強制的に監禁する主君押込のことを指している。番付からは、庶民が主君押込という武家社会における非常措置を、大いに有り得るもの（「関脇」）として理解していた点がうかがえて興味深い。

68　有ルやうでも無イ物無イやうでも有ル物見立相撲

有ルやうでも無イ物 無イやうでも有ル物 見立相撲

有ルやうでもない物の方

- 大関　ぢごくごくらく
- 関脇　けいせいのまこと
- 小結　かミなりのたいこ
- 前頭　ぢしんのむし
- 前頭　金　ぎ　ん
- 前頭　相庭で金もうふけた人
- 前頭　ゆうれいと人だま
- 前頭　元年のこよミ
- 前頭　兄弟げんくわのゐこん
- 前頭　きりやうのよい女
- 前頭　金持の学者
- 前頭　ぶんやおやまの悦ぶの
- 前頭　有がたやに仏法しつた人
- 前頭　文字のよみかきにたつしやな人
- 前頭　出開帳にほんまの宝物
- 前頭　かわひかられてかねのばす人
- 前頭　神道者にしやうじきな人

ないやうでも有物の方

- 大関　せつきのはらひ
- 関脇　ひつやみのちんぽ
- 小結　小むすめのてをけバん
- 前頭　商人のかけね
- 前頭　げい子のとこ入り
- 前頭　品玉師のたね
- 前頭　酒のゑひの本しやう
- 前頭　女形役者のちんぽ
- 前頭　友達のおやまをはく人
- 前頭　のミのきんだま
- 前頭　かゝのつれ子を孕す人
- 前頭　後家の世話人
- 前頭　寺の大こく
- 前頭　六十過て子をうます人
- 前頭　古道具のほりだし物
- 前頭　せんだいぜに
- 前頭　さうれいに名札ことつけてやる人

この番付では、有るようで無い物の大関に地獄と極楽、前頭に金と銀、無いようで有る物の大関に、盆と暮れにまとめて支払いをする節季の払い、前頭に古道具の掘り出し物など、現代にも通じる普遍的な物ばかりを取り上げている。読者を、「改めて言われてみれば」と納得させるような物ばかりを載せた遊び心に満ちた番付といえよう。

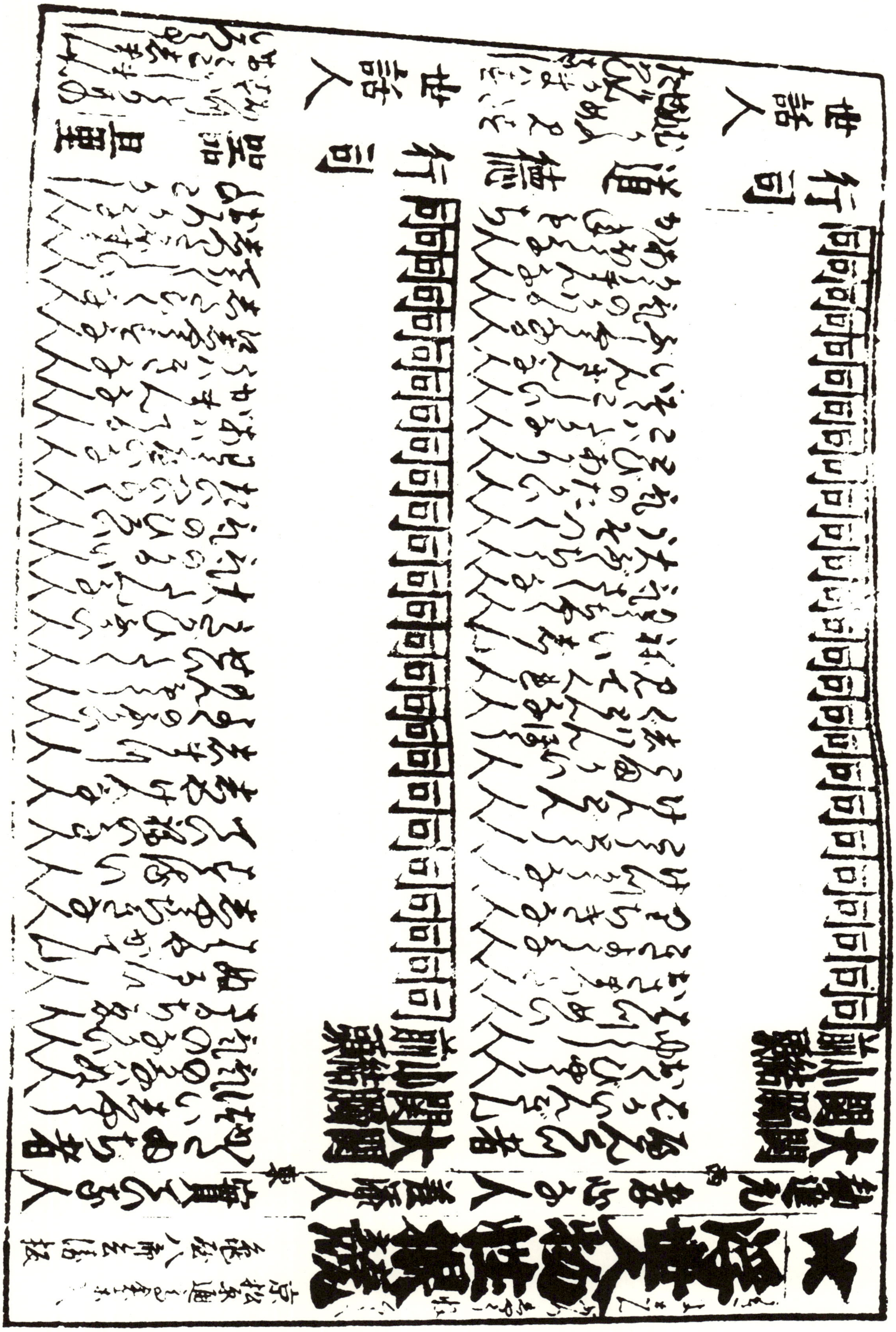

69　浮世人物性根競

浮世人物性根競（うきよじんぶつしやうねくらべ）

京松原通高倉東へ入
亀屋八郎兵衛板

勧進元　孝心な人
差添人　実ていな人

西

番付	西
大関	へんくつ者
関脇	ばかいんぎん
小結	おくびやう人
前頭	ゆう人
同	はつめい人
同	おさまつた人
同	きようなな人
同	りちぎな人
同	けつかうな人
同	こうとう人
同	けんどん人
同	こまかい人
同	しハんぼう
同	ぐとんな人
同	見てくれ人
同	ねいじん
同	わうちやく人
同	気さくな人
同	大ぶくちう人
同	うそつく人
同	気のたかい人
同	とびあがり人
同	こハだかな人
同	そゝこしい人
同	いんぎんな人
同	ぶしやうなる人
同	気のかハる人
同	かうまんな人
同	あほうな人
同	かねもち
行司	道徳
世話人	むかふみず　ぬめた　せけんかまハず　たハひなし

東

番付	東
大関	かたゐぢ者
関脇	ついしやう
小結	気のかなハぬ人
前頭	気のながい人
同	さるぢゑ人
同	ぬるい人
同	はやがてん
同	しやうぢきな人
同	ずるい人
同	ていねいな人
同	じやけんな人
同	しまつ人
同	よくのふかい人
同	もんもう人
同	ぜいたく人
同	うたがひぶかい人
同	大たんな人
同	気のかるい人
同	気のひろい人
同	たいへいらく人
同	わうへいな人
同	あハてる人
同	がまんなる人
同	うハきな人
同	えじやうずな人
同	じだらくな人
同	てう〳〵しい人
同	しつたがほする人
同	おろかな人
同	山こかし
行司	器量
世話人	ぼつとりもの　すいじまん　おとこじまん　いろ事し

この番付は、京都の亀屋八郎兵衛が板行したものであり、東西に分かれる縦長の相撲番付ではなく、上下で比較する横長の芝居番付の形式をとっている。勧進元には孝行者、差添人には貞実者、行司には道徳や器量のある者が配され、興行関係者は世間一般において尊敬を集める者によって構成されている。これに対し、大関以下をみると、偏屈者や片意地を張る者、追従者や臆病者が上位を占めている。番付からは、建前のみの倫理観ではなく、当時の庶民の本音をうかがい知ることができる。

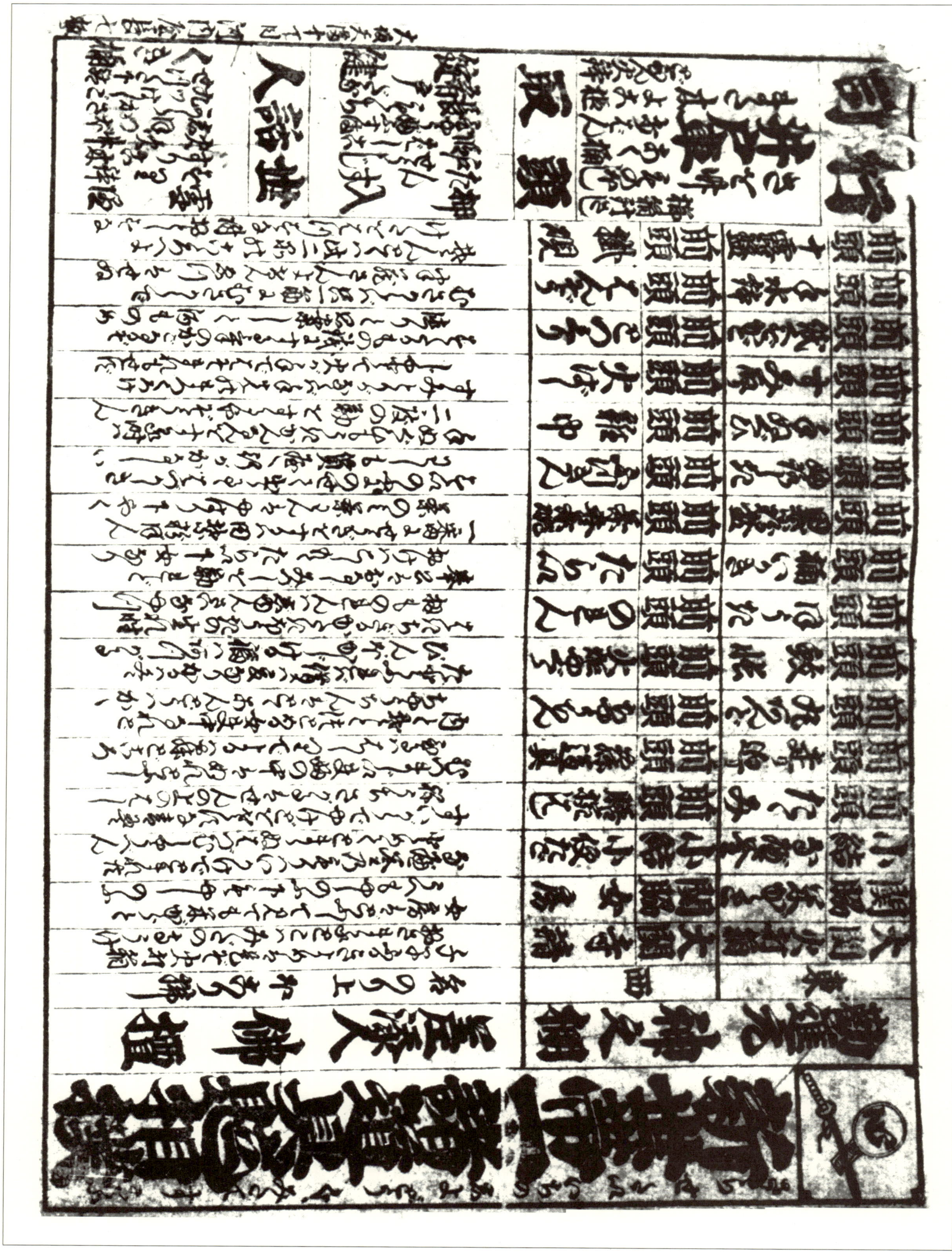

70　新世帯一諸道具見立相撲

新世帯一諸道具見立相撲

勧進元　神之棚
差添人　仏檀
名のり上　ほこり払

東		西		
大関	火打箱	大関	寺請	千早ふるきよめは是ぞ火打箱　おさまるとこハみだの寺うけ
関脇	米がらと	関脇	女房	女房はどふして見ても米がらと　うへもやしのふ下もやしのふ
小結	なべ釜	小結	小便たご	なべ釜のもりハいかけでとまれ共　とめてとまらぬはづむしゃうべん
前頭	た丶み	前頭	膳椀はし	すいがらでやけどをさすな青畳　ねうちさがるはぜんの上のはし
前頭	走り追り	前頭	寝道具	むつまじい夫婦の仲はぬれどふし　ひるハはしりでよるハ寝どころ
前頭	丸あんど	前頭	ちやうちん	内とそとつとめる女夫中なれど　ちゃうちんはと丶あんどうハか丶
前頭	蚊帳	前頭	火炬やぐら	たとふれバ借スハ夏なりかるハ冬　びんぼかじける福ハあつがる
前頭	ほうき	前頭	のれん	はきちぎるかたきほうきの生れ性　扨ものれんハじゆんさいなやつ
前頭	桶いかき	前頭	たらい	奉公はおなじみづしを勤れど　おけハこしもとたらい下女なり
前頭	たはこ盆	前頭	茶呑茶碗	一番にせうぎをするハたばこぼん　茶のミ茶わんはやはり下やく
前頭	ふろしき	前頭	ふつきん	すいのふにのせて出らる丶はづかしさ　わしも質屋へ行がかなしい
前頭	手ぬぐひ	前頭	雑巾	手ぬぐひもうきかんなんをする時ハ　二度の勤をするやぞうきん
前頭	すみ取り	前頭	火ばし	すみとりがなくバ手先のまっくろけ　じやとて火が手ではそまれもせず
前頭	紙くずかご	前頭	とつくり	すたるもの銭にする気のかごなるぞ　徳りと思案して酒ものめ
前頭	手火鉢	前頭	はんぞう	むさからバ只一筋にむさからで　半蔵さんよけんゑつはせぬ
前頭	十露盤	前頭	掛硯	そんとくハ此二品のこ丶ろへよ　けたをはづすな附おとしすな

行司
さを竹　井戸車　また木
櫛箱　針さし　ものほし　あく桶　打ばん　よこ槌　どびん　火鉢

頭取
押入　たんす　戸せうじ　段ばしこ　びやうぶ　ふすま　長もち　看戸だな　錠鍵

世話人
雪隠　すり鉢　すりこ木　火吹竹　しほつぼ　からかさ　九ツはしご　せつた下駄　くき桶

大坂天満十丁目河内屋長七板

大坂天満十丁目の河内屋長七が板行した番付は、新しく所帯を構える際に必要となる物をランク付けしている。西の大関に挙げられる寺請とは、寺院が檀家に対し、檀家であることを証明するために発行した手形（宗旨手形）のことである。宗旨手形は、婚姻や出稼ぎなど、戸籍に変動が生じる際、自己の身分証明証となった。そのため、新しく世帯を構える者にとっては、欠かせない物であった。また、この番付は新世帯の規模や程度、庶民が生活上、必要とした物を示しており、興味深い。さらに、道具を読み込んだ歌から民衆の知性を知ることができる。

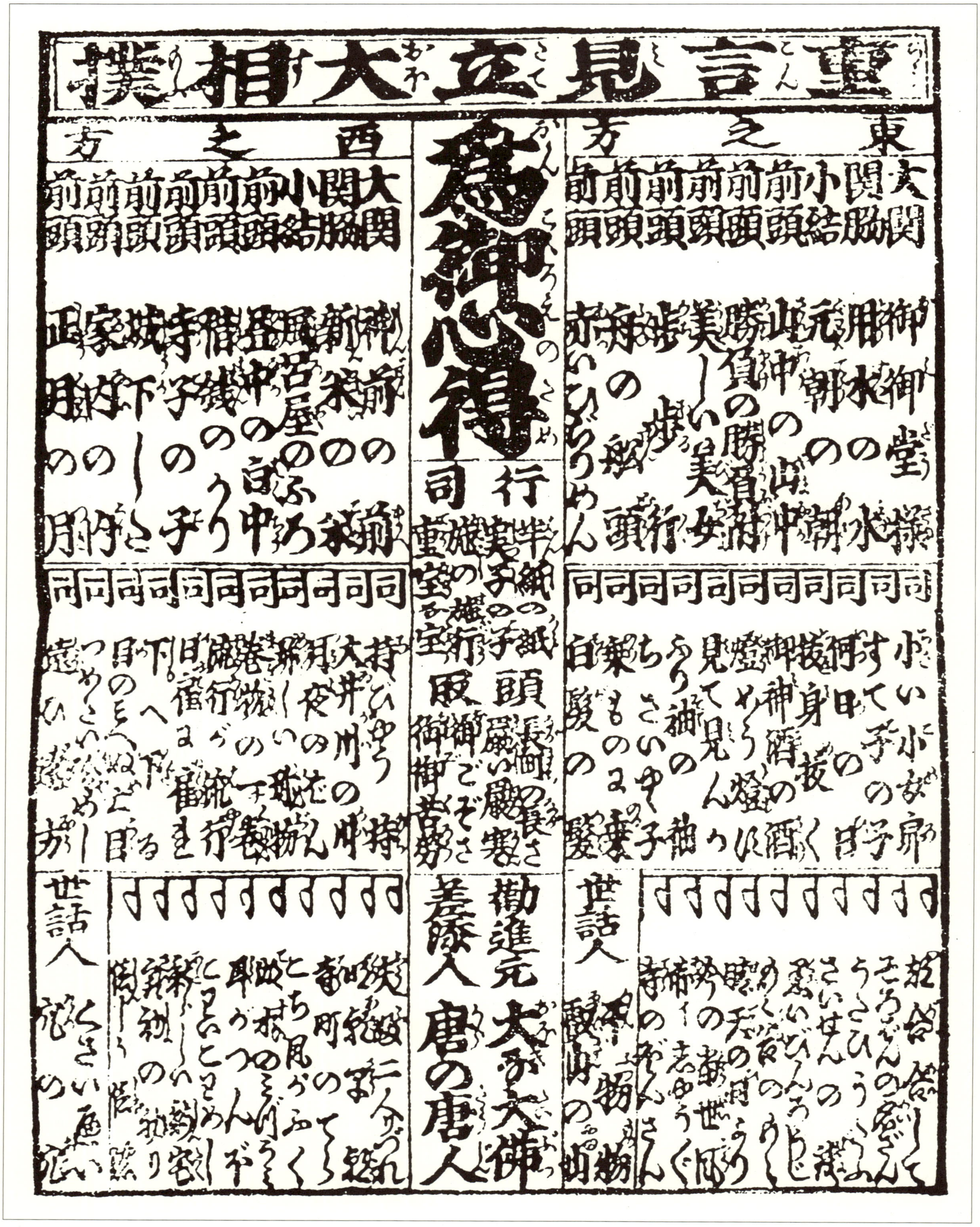

71　重言見立大相撲

重言見立大相撲

為御心得

東之方

- 大関　御御堂様
- 関脇　用水の水
- 小結　元朝の朝
- 前頭　山中の山中
- 前頭　勝負の勝負附
- 前頭　美しい美女
- 前頭　歩歩行
- 前頭　舟の船頭
- 前頭　赤いひぢりめん
- 同　小い小女郎
- 同　すて子の子
- 同　何日の日
- 同　抜身抜く
- 同　御神酒の酒
- 同　燈めう燈す
- 同　見て見んか
- 同　ふり袖の袖
- 同　ちさいや丶子
- 同　乗ものに乗
- 同　白髪の髪
- 同　都合合して
- 同　そろばんの名ざん
- 同　うたひうたふ
- 同　さいせんの銭
- 同　黒いびんろうじ
- 同　も丶谷のも丶
- 同　晴天の日より
- 同　今の当世風
- 同　赤イしやう〳〵
- 同　寺のぼんさん
- 世話人　干物物　叡山の山

西之方

- 大関　神前の前
- 関脇　新米の米
- 小結　風呂屋のふろ
- 前頭　昼中の白中
- 前頭　借銭のかり
- 前頭　寺子の子
- 前頭　城下した
- 前頭　家内の内
- 前頭　正月の月
- 同　持びやう持
- 同　大井川の川
- 同　月夜のばん
- 同　珍しい珍物
- 同　巻物の一チ巻
- 同　流行が流行
- 同　日雇に雇れ
- 同　下へ下る
- 同　目のミへぬ亡目
- 同　つめたい冷めし
- 同　遠ひ遠方
- 同　夫婦二人リづれ
- 同　明朝早朝
- 同　寺町のてら
- 同　こち風がふく
- 同　湖水のミづうミ
- 同　耳かつんぼ
- 同　こわいこわめし
- 同　新しい新宅
- 同　最初の初り
- 同　信しう信濃
- 世話人　くさいへい　穴の穴

行司

- 半紙の紙
- 実子の子
- 施しの施行
- 重宝な宝

頭取

- 長町の長さ
- 厳い厳寒
- 御ごぞさ
- 御御苦労

勧進元

大キな大仏

差添人

唐の唐人

この番付は、重言をランク付けしたものであり、天保11年（1840）の冬に板行された。三段にわかれる番付には、東西ともに同数の重言が配され、対比させる形式となっている。重言とは、同じ意味の言葉を重ねて用いた表現のことであり、一般的に好ましくない語法とされている。番付の中央に記される「為御心得」とは、読者の方は、このような語法は避けるように、との注意である。また、庶民はこの番付を見ることで、重言とならない話し方を身に付ける、あるいは重言と知りながら、あえて使用するなど、これまで以上に言葉を使っての遊びを楽しめたのである。

72　かねもちになる伝授

かねもちになる伝授(でんじゅ)

- **金銭**(きんぜに)　銭かねハ神ほとけのやうにをもひ、あだにつかへバばちあたり、ミだりへすこしもつかふ事なかれ
- **喰物**(くいもの)　けんやく第一なれども、くいものハ下人も主人も同じやうニすべし、上よく下あしければ家内わじゆんせずそん也
- **着物**(きもの)　きものハせんだく物よしとおもふべし、よきものをきれハ◎わかにはじめ也、長そでハ別なり
- **酒**(さけ)　のむ事無用也、もしのむならバ酒にのまれぬやうニのむべし、しかしひるのうちハのむべからす
- **諸道具**(しよどうぐ)　身ぶんさうおふのものがよし、みせのどうぐハかざるべし、その外ハまにさへあへバしんぼうすべし
- **桶類**(をけめい)　おけのるいあるひはふろなどハねだんの高ひのを用ゆべし、安いのハくさりはやく大そんなり
- **家宅**(かたく)　あまりひろきハあしゝ、せまきを流とす、又家ねよき家ニ住べし、あしけれバわざわひをまねく、□裏の井戸あしゝ
- **印判**(いんばん)　古ル印ばん又ハ生に合ぬはんもつべからず、大ニそんぶ立なり、名のりをたゞしてもつべし
- **用心**(ようじん)　火の元第一、しまりハじやうぶにするがよし、あんまハ買て満也、ぞうりハ買てそんなり
- **心得**(こころへ)　人ハ一切何事もたよりニおもふべからず、家内より外身がたなしと思ふべし、とかく銭かねを便りとすべし
- **女房**(にようぼう)　かゝにハまかれるがよし、ずいぶん大事ニかくべし、あしき事あらバいゝきかすべし、いふ事きかねバさるべし
- **下人**(げにん)　めしつかいの者ハわが手足と思ふべし、我と下人と同じやうニ身を働べし、下人のミつかいわが身楽すべからず、そんのはじめ也
- **命**(いのち)　千年も万年も生どやしとをもふべし、死するといふ事思ふべからす、金銀たまらぬなり
- **下女**(おなごし)**丁児**(でつち)　下女ハふきりやうのをつかふべし、あるじもかゝもしんどいすくなし、でつちハぜにニ気を付べし
- **堪忍**(かんにん)　できぬかんにんハせぬがよし、かんにんしすぎるとなんぎおこるなり、いゝたい事ハしあんしてよくいふべし
- **色欲**(しきよく)　いろ事第一つゝしむべし、ばいた女ハひへのうれひあり、下女をつまめバ金のむしんあり、何事もミなそん也
- **遊芸**(ゆうげい)　おぼつる事無用、もし覚るならバへたがよし、上手になるべからず、ゆふげいあがれバしんしやうさがる也
- **商売**(しやうばい)　坂ニくるまをおすとこゝろへ、ゆだんなく正路ニ働べし、其内朝ハ早くおきるべし、譬バ一日ニ五分ヅゝちがへバ一月十五匁の違、一年ニ百八十目の徳用、是へ利一部半を加へる時ハ一年ニ二百五匁徳やう、五年ニ一貫五百目徳用、十年ニ五貫目徳用、廿年ニ廿五貫目徳用、卅ヶ年ニ二百貫目の徳用也、ずいぶんせい出しはたらくべし
- **不実**(ふじつ)　ものゝ相場のしやうぶすべて山事そんのはし也、とかく正直がとく也、又いやな事ハ早く断いふが流也

この番付は、どのようにすれば金持ちになれるのか、その心得を説いている。番付では、金銭を神仏のごとく扱うように説いた「金銭」の項目から始まり、以下、喰物・着物・酒と続く項目ごとに、その心得が記されている。心得をみれば、庶民教化の内容という感が否めない。しかし、金銭への執着は、庶民の願望を最も端的に示している。そのため、この番付は、民衆思想の深層部分を炙り出すことのできる史料ともいえよう。

73　どう楽者ぶしやう者の見立

どう楽者（らくもの）ぶしやう者（もの）の見立（みたて）

東之方		西之方	
行司	はだしでにハへおりて あしではき物さがす人	頭取	はをりのまゝで うたゝねする人
前頭	まゝをたべながらはしで ミゝのあかをとる人	前頭	きんしよのそうれいニいつ でも人だのミして付てもらふ人
前頭	のりのこわひがきらひといふで きものニのりかゞずにきる人	前頭	いつでもふりで居る人
前頭	くるたびニことわりなしに 人のたばこのむひと	前頭	さんバさうふんでおく女中
前頭	せつゐんの戸でしなに さゝずとおく人	前頭	はしりすミにちやかすと めしつぶのたへんの
前頭	やゝ子にばゝやつて手を あらわぬ人	前頭	夜中にじやまじやとゑん から小べんをする人
前頭	硯（すゞり）のまん中をへらす人	前頭	はなにさきにおしろいして ミゝにあかのついてある女中
前頭	ねどころをそれなりにして あげずにおいて其まゝねる人	前頭	にじりあるひてはうきで 手まハりの物をくる人
前頭	さがつてきたごぜんのあまりへ たしてそれを又お善へだす人	前頭	ふんどしの古いのをおし入の すミへおしこんでおく人
前頭	どのやうにいふてもま くらはづしてねる人	前頭	にぎつた手をだざずあしで しやうじをあけるひと
前頭	手帳の白い所引やぶつて せつゐんへ持てゆく人	前頭	女中のおはぐろのはけた のときびすのくろいの
前頭	身じまひ部やニいくつも茶わんに 水を入おしろいだらけニしておく人	前頭	きせるでこたつの火を かきさがすひと
小結	はれのざしきで火ばちで きせるのやにをくすべる人	小結	神だなへ御ぜんをそなへこんどの 祝ひ日まで其まゝおく人
関脇	かしだ物ハとりかへさずに かつた物もかへさぬ人	関脇	女中ゆをつかふたあとを 其まゝあすの朝迄おく人
大関	あんどうのうけざらニすいがら を山のやうにしておく人	大関	わらじをぬひで其まゝで ねどころへはいる人
勧進元	ぜんのよこへあしをなげ だしてまゝをくふ人	差添人	おとがひでものを おしへる人

次々と板行される「見立番付」に対し、読者はさらに面白いものを求め、そのため板元も単に真逆なものの比較ではなく、趣向をこらしたものを作りだした。この番付はその典型。道楽者と無精者、きちんとしていない点で似ているが、例えば道楽者は横着して寝床を整えるものの片付けないで済ますが、無精者はさらに面倒で履き物だけを脱いで寝床へ入ってしまう。こうした似た性質のちょっとした違いに、読者はくすっと笑ってしまうのだろう。

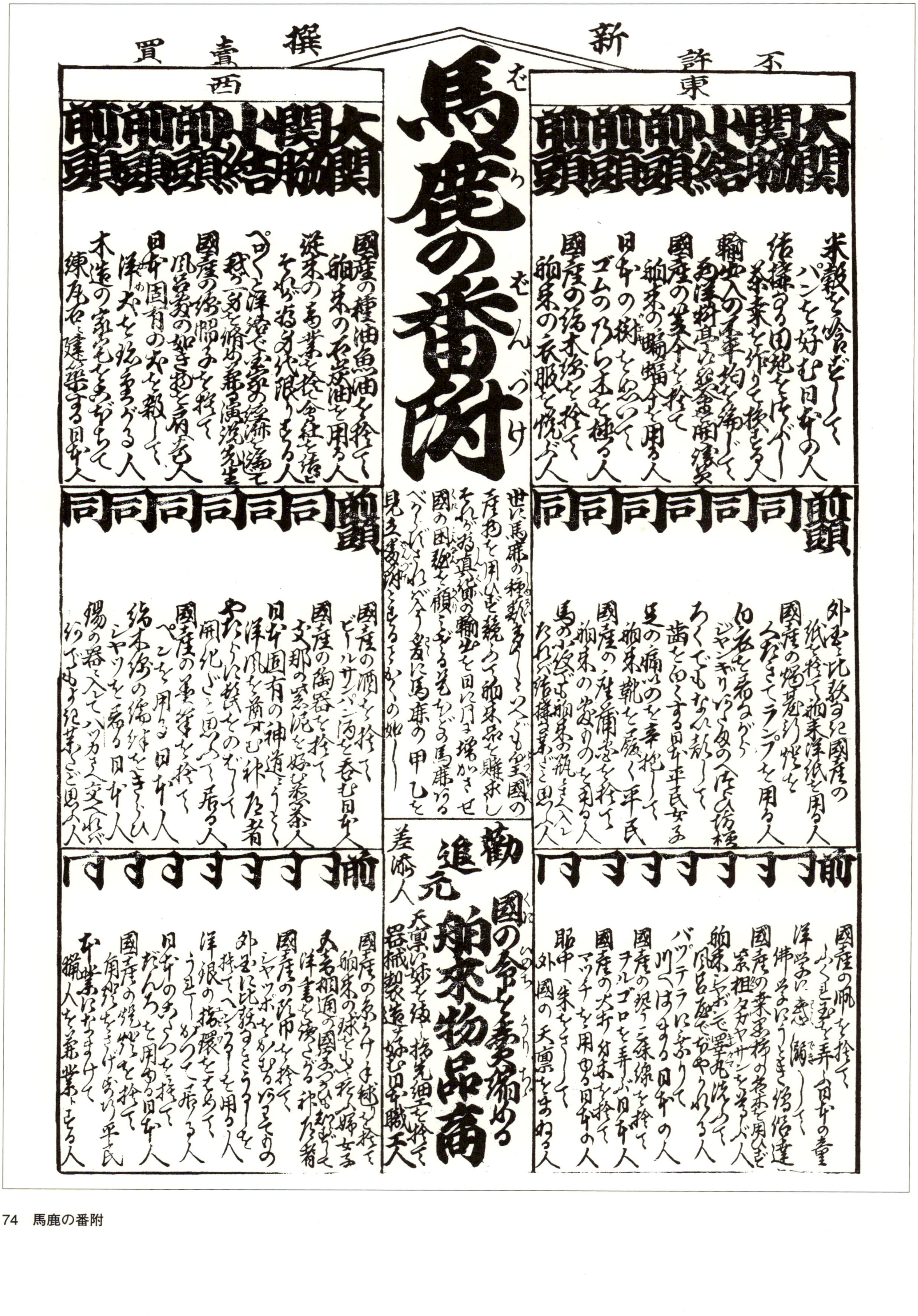

74　馬鹿の番附

不許新撰売買

馬鹿(ばか)の番附(ばんづけ)

東

大関 米穀を喰ずして パンを好む日本の人
関脇 結構なる田地をつぶし 茶桑を作りて損する人
小結 輸出入の不平均を論じて 西洋料亭に懇会を開く議員
前頭 国産の笠傘を捨て 舶来の蝙蝠傘を用る人
前頭 日本の樹(ウエキ)をぬいて ゴムののら木を植る人
前頭 国産の絹木綿を捨て 舶来の衣服を悦ぶ人

前頭 外国ニ比較なき国産の 紙を捨て舶来洋紙を用る人
同 国産の燭台行灯を くだきてランプを用る人
同 白衣を着ながら ジヤンギリあたまのへつらひ坊様
同 ろくでもない顔して 歯を白くする日本平民女子
同 足の痛いのを辛抱して 舶来靴を履く平民
同 国産の座蒲団を捨て 舶来の敷ものを用る人
同 馬の小便でも舶来の瓶ニさへ入レ たれバ結構な薬だと思ふ人

前 国産の凧を捨て ふくれ玉を弄ふ日本の童
同 洋学に惑溺(わくでき)して 仏学にうとき僧侶達
同 国産の桑黒柿の名木を用ひず 紫担(タン)タガヤサンを尊ぶ人
同 舶来シヤボンで睾丸(キンタマ)洗ふて 風呂屋でぼやかれる人
同 バッテラに乗りて 川へはまる日本の人
同 国産の琴三味線を捨て ヲルゴロを弄ぶ日本人
同 国産の火打付木を捨て マッチを用ゆる日本の人
同 眼中へ朱をさして 外国の天稟をまねる人

西

大関 国産の種油魚油を捨て 舶来の石炭油を用る人
関脇 従来の商業を捨て会社を結ビ それが為身代限りする人
小結 ペロ〳〵と洋語で国家の経済を論じて 我が一身を修め兼る演説先生
前頭 国産の綿帽子を捨て 風呂敷の如き物を肩へ巻人
前頭 日本固有の犬を殺して 洋犬(かめ)を珍重がる人
前頭 木造の家宅をこぼちて 煉瓦石ニ建築する日本人

前頭 国産の酒を捨て ビールサンパン酒を呑む日本人
同 国産の陶器を捨て 支那の紫泥を好む煎茶人
同 日本固有の神道ニうとく 洋風を尊む神道者
同 やたらに髭をのばして 開化だと思ふて居る人
同 国産の墨筆を捨て ペンを用る日本人
同 絹木綿の繻絆をきらひ シヤツを着る日本人
同 錫の器ニ入レてハッカさへ交へれバ 何でもよき薬だと思ふ人

前 国産の糸かけ手毬りを捨て 舶来の球をもて遊ふ婦女子
同 五音相通の国字づかひも知らずして 洋書を読たがる神道者
同 国産の頭巾を捨て シヤツポをかむるあわてもの
同 外国に比較なきうるしを 捨てヘンうるしを用る人
同 洋銀の指環(ユビワ)をはめて うれしがつて居る人
同 日本のこたつを捨て だんろを用ゆる日本人
同 国産の提灯を捨て 角灯をさげ歩行平民
同 本業になまけて 猟人を兼業トする人

世に馬鹿の種類多しといへども皇国の産物を用ひず競ふて舶来品を購求しそれが為真貨の輸出を日に月に増加させ国の困難を顧みざる是ほどの馬鹿あるべからずされバ今爰に馬鹿の甲乙を見立番附とすることかくの如し

勧進元 国(くに)の命(いのち)を売縮(うりちゞ)める舶来物品商

差添人 天稟に妙を備し指先細工を捨て 器械製造ヲ好む日本職工人

馬鹿とは一般的に、愚かなこと、無益なことなどを指す言葉として用いられている。しかし、この番付では、国産品を軽視して舶来品を有り難がり、正貨を海外へ流出させる者などを馬鹿とする。そのため、日本へ海外の物品を持ち込む「舶来物品商」が勧進元、日本の伝統的な手工業を捨て、器械工業に移った者を差添人としている。そこには、江戸時代より培ってきた番付という形式や風刺という手法にもとづき、西洋からの文物や習慣の移入に対する反発心、それを疑いなく受容する人々への批判が貫かれている。

75　あほうとかしこの番附

あほうとかしこの番附(ばんづけ)

わた惣はん

	あほうの方	かしこの方
大関	大水に川わたり するうろたへもの	うつくしいかゝを見世に おいてあきないさす人
関脇	御法度の しやうぶごとするもの	役者のにしきゑを見て しばゐ見たかはする人
小結	かゝをいとふて あさおきする男	かゝにまかれたよふにミせて せたいにものいれぬ人
前頭	わがことをわがでに ほめてりこうがる人	うそでとくしんさす おやま
同	じまんではしの らんかんつたふもの	ひくうきて人の よぎにかゝるもの
同	おとこだてに ふぐをくふもの	すいがつて ぜにつかわぬもの
同	はしのうへから ゆさんぶねおだてるの	しばゐ見にいて ひぜんかきのまねする人
同	しやくせんにつまつて いのちをすてるもの	めぶんりやうの きいたひと
同	かミなりのなるとき きじやうだてするもの	はれたやうなかほして ごけにかゝるひと
同	女にとくしんもさゝずに よばひにゆくもの	何ぶんぢやどもと そうだんとぬける人
同	はたるがりにいて どつぼへはまるもの	しやくせんこひに るすつかふ人
同	野ざきまいりに道々 せりあふてぜつくするの	やぼのやうなかほして はづす人
同	ひばちにもたれいねむり はなのさきやけどする人	はらをたてたり たでんかしれぬ人
同	のきの下とをりかんばんで あたまうちいたいのをこらへる人	おやまになじミ こしらへぬきやく
同	かどしばゐ一トきり さして見るの	きやくをつれだち茶屋で たのしミまたこうせん取者
同	長命丸つけて おやまかひにゆく人	しらすにしつた かほするじやうずもの
同	ちや屋へきてミへばかり するしわんぼきやく	しつてもしらぬ かほであるもの
同	大道をあるかずにミぞの はたあるきふミかぶる人	七十すぎたいんきよの てかけになるもの
同	こゑじまんでぞめきに 江戸うたうたふもの	たゝかれて来て 盲いびきでねる人
同	びんぼう人のくせに 太平楽いふておごるもの	人のしだし うつぶけにする人
行司	女づれきをふて べんとう持する男	人のちやうちんで ついてあるく人

「あほう（阿呆）」と「かしこ（賢）」二つの性質について取り上げたもので、大坂で作られた番付である。大坂には江戸時代初頭の仮名草子以来の伝統があり、19世紀以降こうした「遊び心」による番付が盛んに作られた。「かしこ」の関脇のような人は無駄に金を遣うことがない点「かしこ」だが、「あほう」の前頭末席のように貧乏人でも太平楽に奢る人もいっそ清々しい。両者の対比により各々の欠点を指摘し、そこから笑いを誘う作りである。

76　びんぼう人のばん附

行司 せつきに芝居見に行	頭取 むしんいふ稽(けい)古屋
前頭 しらミひもの売さき	前頭 地半(ぢばん)をきずとくらすもの
前頭 一文銭でなく子をだらす	前頭 つけ物を小がひ二する
前頭 柱ごよミのふるび内	前頭 門口にかミ屑(くず)かごをかける
前頭 破畳をほつごでしきし	前頭 やぶれ障(せう)子ちり紙ではる
前頭 くらし方の小がひ二せわしい内	前頭 そん料でふとんをかる
前頭 小便(べん)とりとかへ物のけんくハ	前頭 はな紙をおとしがミ二する
前頭 まえだれ帯でくらすかゝ	前頭 身に合ぬ物きてくらす男
前頭 ちろり酒のはしごのミ	前頭 仮初(かりそめ)にもめつとげんくハ
前頭 銭ざしを手拭ではこくゝる	前頭 かるたを糸まきにする
前頭 月くづしに物かふて払かぬる	前頭 かわ草履のちんばをはく
前頭 杓(しやく)子をぢうのふにする	前頭 いやがるほどできる子とも
前頭 手ばなをかんで仕まふ	前頭 箸(はし)がミを去年(きよ)のまゝでおく
前頭 御祓(はらひ)さまをかべ二張ておく	前頭 たなのはしで御茶湯(おちやとう)する
前頭 昼(ひる)めしにつりやで仕まふ	前頭 風呂しきで米をかふ
小結 質屋(しちや)から祝儀もらふ	小結 両袖もつて脊(せ)筋をかく
関脇 竿(さほ)の下にまつせんだく	関脇 糊つけものを火であぶる
大関 正月に掛餅かふて仕まふの	大関 まだ火で寒中をしのぐの
勧進元 かこハれもの、親(おや)里	差添人 ごけばゝのせんだくや

びんぼう人(にん)のばん附(づけ)

この番付は、当時の貧乏人がどのような仕事をして生計を立てていたのか、その生態を生々しく描いている。また、上下でみる芝居番付の形式をとっている。庶民は番付をみることで、自分は世間一般における貧乏人にあたるのかどうか、その立場を確認できた。おそらくこの番付は、現実に貧乏な層にも受け入れられていたと思われる。そして彼らに、そこから抜け出そうという願望を抱かせる番付でもあったのではないだろうか。

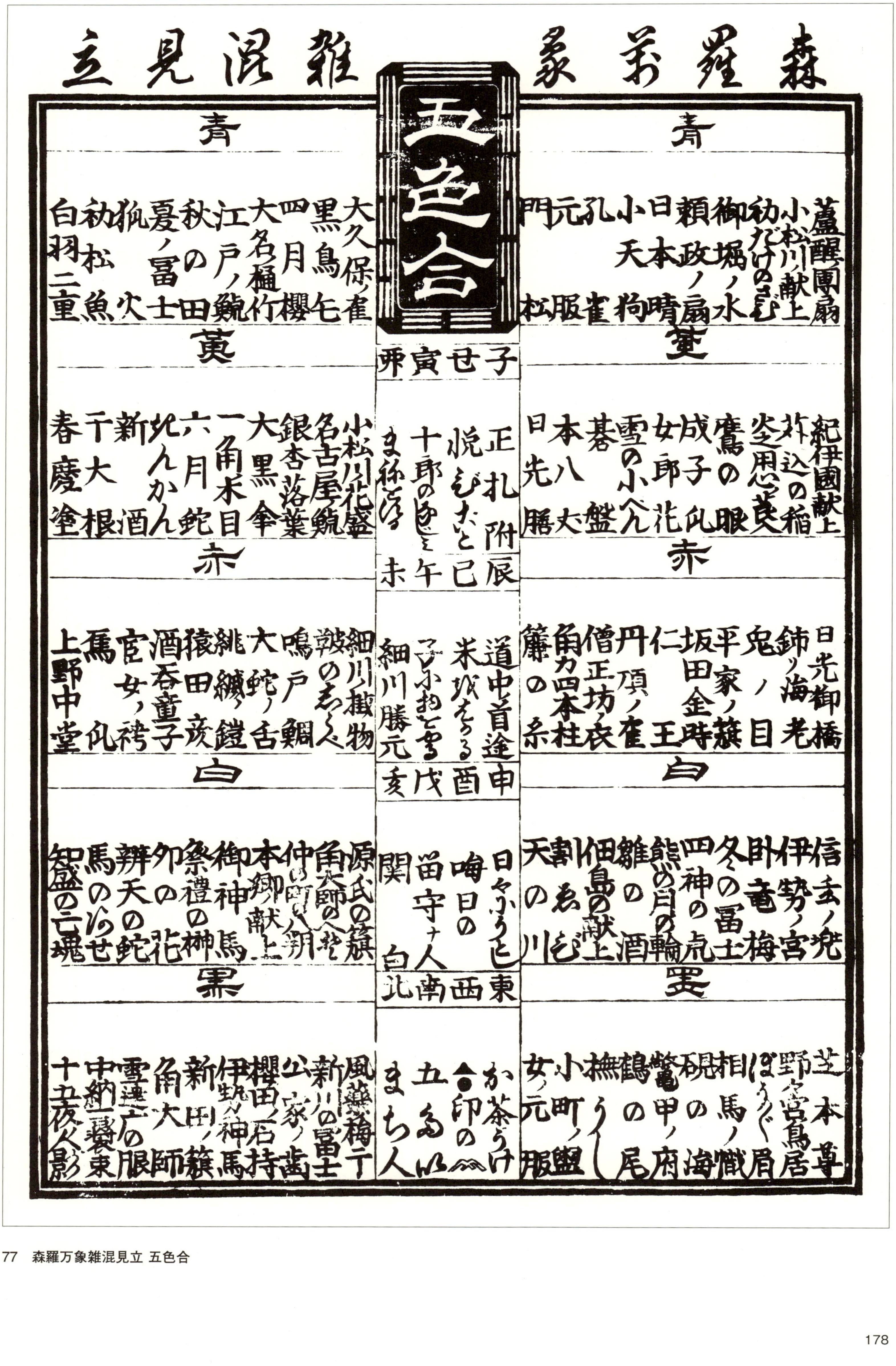

77　森羅万象雑混見立 五色合

森羅万象　雑混見立

五色合

青（右）

蘆醒ノ団扇
小松川ノ献上
初だけのさび
御堀ノ水
頼政ノ扇
日本晴
小天狗
孔雀
元服
門松

黄（右）

紀伊国献上
苅込の稲
火之用心ノ蓖入
鷹の眼
成子瓜
女郎花
雪の小べん
碁盤
本八丈
日先膳

赤（右）

日光御橋
鉢ノ海老
兎ノ目
平塚ノ籏
坂田金時
仁王
丹頂ノ鶴
僧正坊ノ衣
角力四本柱
簾の糸

白（右）

信玄ノ兜
伊勢ノ宮
臥龍梅
冬の冨士
四神の虎
熊の月の輪
雛の酒
佃島の献上
割ゑび
天の川

黒（右）

芝本尊
野々宮ノ鳥居
ぼう〲眉
相馬ノ幟
硯の海
鼈甲ノ府
鶴の尾
撫うし
小町ノ盥
女ノ元服

子丑寅卯

正札附
悦びごと
十郎のなじミ
まねをする

辰巳午未

道中ノ首途
米をはかる
子に物をやる
細川勝元

申酉戌亥

日々にうとし
晦日の
留守ナ人
関白

東西南北

お茶うけ
▲●印の
五たい
まち人

青（左）

大久保ノ鶴
黒鳥毛
四月桜
大名ノ樋竹
江戸ノ鯱
秋の田
夏ノ冨士
狐火
初松魚
白羽二重

黄（左）

小松川ノ花盛
名古屋ノ鯱
銀杏落葉
大黒傘
一角ノ木目
六月蛇
きんかん
新酒
干大根
春慶塗

赤（左）

細川ノ掛物
鞁のしらべ
鳴門鯛
大蛇ノ舌
緋縅ノ鎧
猿田彦
酒呑童子
官女ノ袴
雁瓜
上野中堂

白（左）

源氏の籏
角大師のへそ
仲の町の八朔
本郷ノ献上
御神馬
祭礼の榊
卯の花
弁天の蛇
馬のあせ
知盛の亡魂

黒（左）

風薬ノ梅干
新川の冨士
公家ノ歯
桜田ノ石持
伊勢神馬
新田ノ籏
角大師
雪達磨の眼
中納言ノ装束
十五夜ノ人影

日本には「五色沼」「五色ヶ原」「五色豆」「五色不動」など「五色」を冠した言葉が多い。本番付で取り上げている青、黄、赤、白、黒の五色は、古代中国の自然哲学の思想である五行思想が基となっている。「日本晴」の青や、「坂田金時」の赤、「公家の歯」の黒など分かりやすいものもあるが、とくに左右が対比されているわけではない。それぞれの色を持つ事物事象を羅列して、「これが分かるか？」と板元が読者を試している番付なのだろうか。

資料編　江戸版

長者

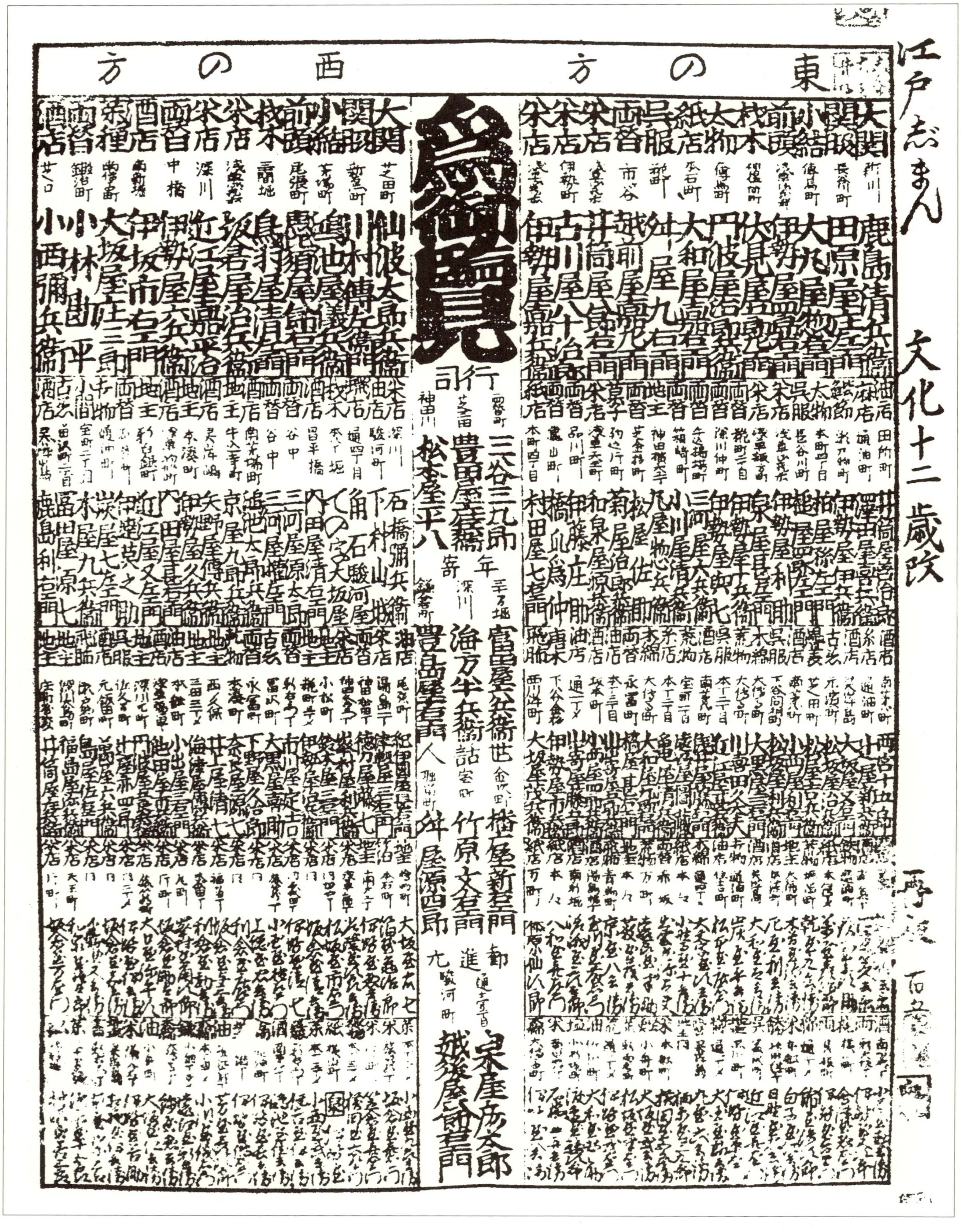

78　江戸じまん

江戸じまん

文化十二歳改

再板　百五　泉

為御覧

行司
両替町　三谷三九郎
芝三田　豊田屋庄兵衛
神田川　松本屋平八

年寄
三十間堀　富田屋六兵衛
深川　海方半兵衛
鎌倉町　豊島屋十右エ門

世話人
金吹町　播磨屋新右エ門
室町　竹原文右エ門
堀留町　升屋源四郎

勧進元
通壱丁目　白木屋彦太郎
駿河町　越後屋八郎右エ門

東の方

大関　新川　鹿島清兵衛
関脇　長谷川町　田原屋庄左エ門
小結　伝馬町　大丸屋惣右エ門
前頭　浅草御蔵前　伊勢屋四郎右エ門
材木　神田佐久間町　伏見屋五郎左エ門
太物　大伝馬町　丹波屋治郎兵衛
紙店　本石町　大和屋嘉右エ門
呉服　糀町　升屋九右エ門
両替　市ケ谷　越前屋嘉左エ門
米店　浅草御蔵前　井筒屋八郎右エ門
米店　伊勢町　古川屋八十治郎
米店　浅草御蔵前　伊勢屋嘉兵衛

油店　田所町　井筒屋善治郎
麻店　樋油町　澤田屋喜兵衛
鰹節　瀬戸物町　伊勢屋伊兵衛
太物　本町四丁目　柏屋孫左エ門
呉服　長谷川町　槌屋四郎左エ門
米店　浅草御蔵前　伊勢屋利助
米店　浅草諏方町　泉屋甚左エ門
両替　糀町二丁目　伊勢屋十兵衛
両替　深川仲町　伊勢屋与七
両替　牛込揚場町　三河屋六兵衛
両替　箱崎町　小川屋清兵衛
地主　神田横大工丁　丸屋惣兵衛
両替　芝金杉町　松屋佐助
菓子　駒込片町　菊屋治郎兵衛
米店　浅草天王町　和泉屋源兵衛
両替　品川町　伊藤庄助
両替　滝山町　橋爪為仲
紙店　本町四丁目　村田屋七右エ門

酒店　南茅バ町　西宮十五郎
糸店　通油町　辻屋新兵衛
酒店　霊岸島　大坂屋又右エ門
古着　元浜町　松坂屋治兵衛
畳表　芝田町　松屋吉兵衛
酒店　南茅バ町　小西屋利右エ門
呉服　下谷同朋町　松坂屋利兵衛
木綿　大伝馬町　大黒屋三右エ門
荒物　大伝馬町　川喜田久太夫
呉服　本丁二丁目　近江屋甚兵衛
酒店　南茅バ町　浅井屋藤右エ門
荒物　宝町一丁目　遠州屋圖蔵
糸店　本丁二丁目　亀屋清兵衛
木綿　大伝馬町　大和屋九郎右エ門
両替　永富町　橋屋甚右エ門
油店　本丁三丁目　山嵜屋五郎兵衛
酒店　坂本町　小西屋四郎兵衛
油店　通一丁メ　山嵜屋藤五郎
唐木　下谷金杉　伊勢屋市兵衛
飛脚　西川岸町　大坂屋茂兵衛

酒店　霊岸嶋　□□□□兵衛
酒店　新和泉丁　四方屋久兵衛
鉄物　通油町　鉄屋彦助
紙店　本郷四丁メ　万屋彦治郎
荒物　堀留町　乾屋九兵衛
地主　大鍋町　木曾屋弥兵衛
酒店　本湊町　厄屋利兵衛
酒店　霊岸島　大和屋太兵衛
打物　通油町　炭屋平兵衛
油店　住吉町　松本屋庄右衛門
木綿　通四丁メ　大文字屋次兵衛
紙店　本郷　小野寺屋十兵衛
両替　赤坂　出雲屋弥太夫
荒物　万町　遠州屋半助
地主　本郷　藪屋茂兵衛
飛脚　青物町　京屋八兵衛
酒店　湯島横丁　玉川屋藤右衛門
酒店　南新堀　嵯峨屋彦太郎
紙店　本郷　大和屋喜左衛門
紙店　万町　漆原仙次郎

酒　南かやバ丁　小西屋□兵衛
両　新大坂丁　伊勢屋又次郎
椀　横山町　会津屋惣右衛門
両　呉服町　伊勢屋吉右衛門
綿　通一丁メ　綿屋鉄次郎
米　本船町　白子屋仁兵衛
金物　神田紺や丁　日野屋忠兵衛
呉　富沢町　近江屋喜右衛門
塗　品川町　伊勢屋平右衛門
醤　通一丁メ　大黒屋勘兵衛
両替　霊岸島　丸屋六兵衛
塗　同　栖原屋三九郎
米　本船町　横田屋五郎兵衛
鰹　小舟町　大坂屋武兵衛
菜　新両替町　松坂屋半右衛門
荒　通一丁メ　伊勢屋武右衛門
油　竹川町　大和屋邦之助
塩　北新堀町　渡邊屋新次郎
米　南かやバ丁　石橋屋喜兵衛
木綿　大伝馬町　伊勢屋八兵衛

西の方

大関　芝田町　仙波太郎兵衛
関脇　新右エ門町　川村傳左衛門
小結　茅場町　鴻池屋儀兵衛
前頭　尾張町　恵比須屋八郎右エ門
材木　三十間堀　鳥羽屋清左エ門
米店　浅草御蔵前　坂倉屋治兵衛
米店　深川　近江屋嘉平治
両替　中橋　伊勢屋六兵衛
酒店　南新堀　伊坂市右エ門
菜種　南伝馬町　大坂屋庄三郎
両替　鍛冶町　小林勘平
酒店　芝口　小西弥兵衛

米店　深川　石橋弥兵衛
油店　駿河町　下村山城
蠟店　通四丁目　角石駿河屋
材木　本八丁堀　ての字大坂屋
酒店　昌平橋　内田屋清右エ門
両替　谷中　三河屋源太郎
両替　谷中　三河屋権左エ門
酒店　南茅場町　鴻池太郎兵衛
地主　牛込寺町　京屋九郎兵衛
酒店　霊岸嶋　矢野屋伝兵衛
地主　本湊町　伊勢屋久兵衛
酒店　浅草駒形町　内田屋甚右エ門
地主　新白銀町　近江屋又左エ門
両替　両替町　伊達莫之助
打物　通油町　炭屋七左エ門
小間　宝町二丁目　木屋九兵衛
古着　富沢町二丁目　冨田屋源七
酒店　霊岸嶌　鹿島利右エ門

油店　尾張町　紀伊國屋長右エ門
米店　湯島一丁　津軽屋三右エ門
両替　神田松田丁　徳力屋藤七
米店　神田久右衛門丁　峯村屋利兵衛
地主　小松町　鈴木屋三右エ門
地主　糀町三丁メ　伊勢屋治兵衛
両替　新右衛門丁　市川屋定吉
古着　富沢町　大黒屋喜助
両替　永富町　下野屋久治郎
乾物　本湊町　奈良屋源七
地主　西ノ久保　井上屋清七
地主　三田三丁メ　海津屋伝兵衛
油店　本船町　小出屋三右エ門
酒店　浅草福留丁　池田屋市兵衛
地主　深川元町　丹波屋五郎兵衛
呉服　佐久間町　辻屋亦四郎
酒店　元飯田町　万屋六兵衛
飛脚　瀬戸物町　島屋佐右エ門
地主　深川大島町　福島屋弥兵衛
地主　庄助屋敷　井筒屋庄兵衛

地主　檜物町　大坂屋忠七
箔　本石町　箔屋亀治郎
地主　南大工丁　伊勢屋惣兵衛
米店　浅草□丁　常陸屋次郎兵衛
米店　同かや丁　松坂屋市右衛門
米店　同　坂倉屋清兵衛
米店　同森田丁　伊勢屋清七
米店　旅籠丁　小国屋権左衛門
米店　同　上総屋忠兵衛
米店　同　利倉屋庄左衛門
米店　福留丁　坂倉屋与三兵衛
米店　森田丁　利倉屋勘兵衛
米店　瓦町　峯村屋角次郎
米店　片町　坂倉屋助太郎
米店　旅籠町　大口屋弥平次
米店　同二丁メ　伊勢屋伊兵衛
米店　同　坂倉屋嘉兵衛
米店　同　□□屋又兵衛
米店　天王町　和泉屋権太郎
米店　片町　坂倉屋万右衛門

菜　本丁三丁メ　小西屋九郎兵衛
米　旅籠丁　坂倉屋嘉右衛門
米　片町　笠倉屋喜右衛門
砂糖　本丁三丁メ　横田屋六左衛門
紙　横山町　泉　伊勢屋
菜　本丁三丁メ　小西屋武兵衛
呉服　新右衛門丁　住吉屋伊兵衛
酒　南茅バ丁　鴻池屋住兵衛
□物　通油町　伊勢屋長兵衛
塗　□□丁　伊勢屋伝右衛門
油　堀江大軒丁　芳屋長次郎
木綿　本丁四丁メ　小川屋儀右衛門
鎌　小網丁二丁メ　遠江屋新兵衛
木綿　大伝馬丁　綿屋惣兵衛
油　小舟町　大坂屋仁兵衛
米　鎌倉丁　伊勢屋善助
塗　霊岸島　相模屋伊兵衛
書　新右衛門丁　本屋宗吉
菜　三十間堀　須原屋十五郎
船　北□□　村沢屋善三郎

文化12年（1815）板行の「江戸じまん」は、江戸商人の隆盛番付である。最上段三役には東の方に「鹿島清兵衛」「田原屋庄左エ門」「大丸屋惣右エ門」が、西の方には「仙波太郎兵衛」「川村傳左衛門」「鴻池屋儀兵衛」が挙げられている。江戸を基点とする番付であるが、たとえば「大丸屋」は京都伏見発祥の呉服店であるし、そのほか「鴻池屋」「鹿島屋」など大坂の有力な両替商も並んでいて、彼ら豪商は上方に拠点を置きつつ江戸にも店舗を構え、次第に江戸市場を席捲していったのである。

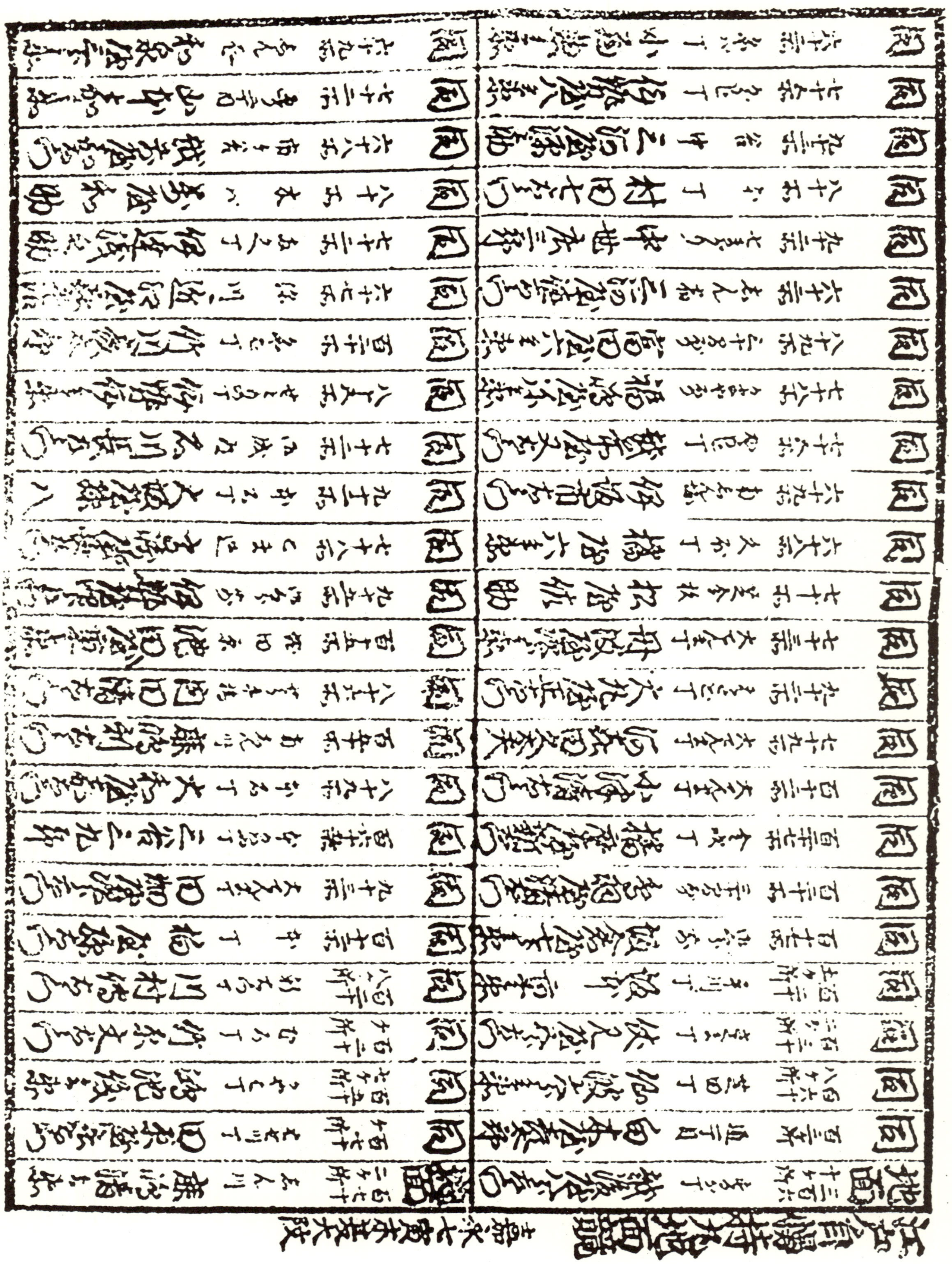

79　江戸自慢持丸地面競

江戸自慢持丸地面競

嘉永七寅末夏大改

地面	三百六十ヶ所	するが丁	越後屋八郎左衛門
同	百三ヶ所	通一丁目	白木屋彦太郎
同	百六十八ヶ所	芝田丁	仙波六郎兵衛
同	百三十二ヶ所	さくま丁	伏見屋五郎左衛門
同	百二十五ヶ所	平川丁	坂本重兵衛
同	百十七所	御くら前	坂倉屋七郎兵衛
同	百二十所	三十間ほり	鳥羽屋清右衛門
同	百二十七所	金吹丁	播磨屋新右衛門
同	百十二所	大てんま丁	小津清右衛門
同	七十九所	大てんま丁	河喜田九太夫
同	九十二所	はたご丁	大丸屋正右衛門
同	七十三所	大てんま丁	丹波屋次郎兵衛
同	七十所	芝金杉	松屋佐助
同	六十八所	久ぼ丁	橘屋六兵衛
同	六十九所	南しん堀	伊坂市右衛門
同	七十五所	かうじ丁	越前屋又右衛門
同	七十八所	うまやぼり	福嶋屋弥兵衛
同	八十九所	三十間ぼり	富田屋六兵衛
同	六十二所	しん宿	三河屋徳右衛門
同	九十二所	七まがり	中世庄三郎
同	八十所	本丁	村田七右衛門
同	九十三所	谷中	三河屋源之助
同	七十五所	かうじ丁	伊勢屋八兵衛
同	六十二所	かやバ丁	小西惣兵衛

地面	百七十二ヶ所	しん川	鹿嶋清兵衛
同	百七十ヶ所	はせ川丁	田原屋庄右衛門
同	百五十七ヶ所	かやば丁	鴻池儀兵衛
同	百二十ヶ所	むろ丁	竹原文右衛門
同	百二十八ヶ所	新右衛門丁	川村傳右衛門
同	百十二所	本丁	柏屋孫右衛門
同	九十三所	大てんま丁	田畑屋次郎右衛門
同	百六十五所	本かへや丁	三谷三九郎
同	八十九所	本石丁	大和屋嘉右衛門
同	百五十所	南しん川	鹿嶋利右衛門
同	八十六所	せう平橋	内田清右衛門
同	百十五所	堀田原	池田屋重兵衛
同	九十五所	御くら前	伊勢屋四郎左衛門
同	七十八所	こま込	高崎屋長右衛門
同	九十二所	本石丁	大坂屋孫八
同	七十二所	御成道	石川長左衛門
同	八十五所	せともの丁	伊勢伊兵衛
同	百二十所	かやば丁	竹川彦太郎
同	六十七所	深川	近江屋喜平治
同	七十二所	両かへ丁	伊達浅之助
同	八十所	木バ	萬屋和助
同	六十八所	市ヶ谷	越前屋嘉右衛門
同	七十二所	通リ二丁目	山本嘉兵衛
同	六十九所	しんば	和泉屋三郎兵衛

見立番付のうち、ことのほか長者番付の数が多く、世間の人々が「金持ち」に対して関心があるのは古今東西変わらない。中でも嘉永７年（1854）板行の「江戸自慢持丸地面競」は、江戸の長者の土地保有数を番付していて、幕末当時、豪商の土地集積および不動産投資が盛行で、話題になっていたことがうかがえる。掲示されている人物は全部で48人、最上段には「現金掛け値なし」や「小裂何程にても売ります」など、画期的な商法でお馴染みの越後屋（呉服）が360ヵ所保有して１位になっている。その他、鹿嶋屋や仙波屋などの両替商が上位に顔を見せている。

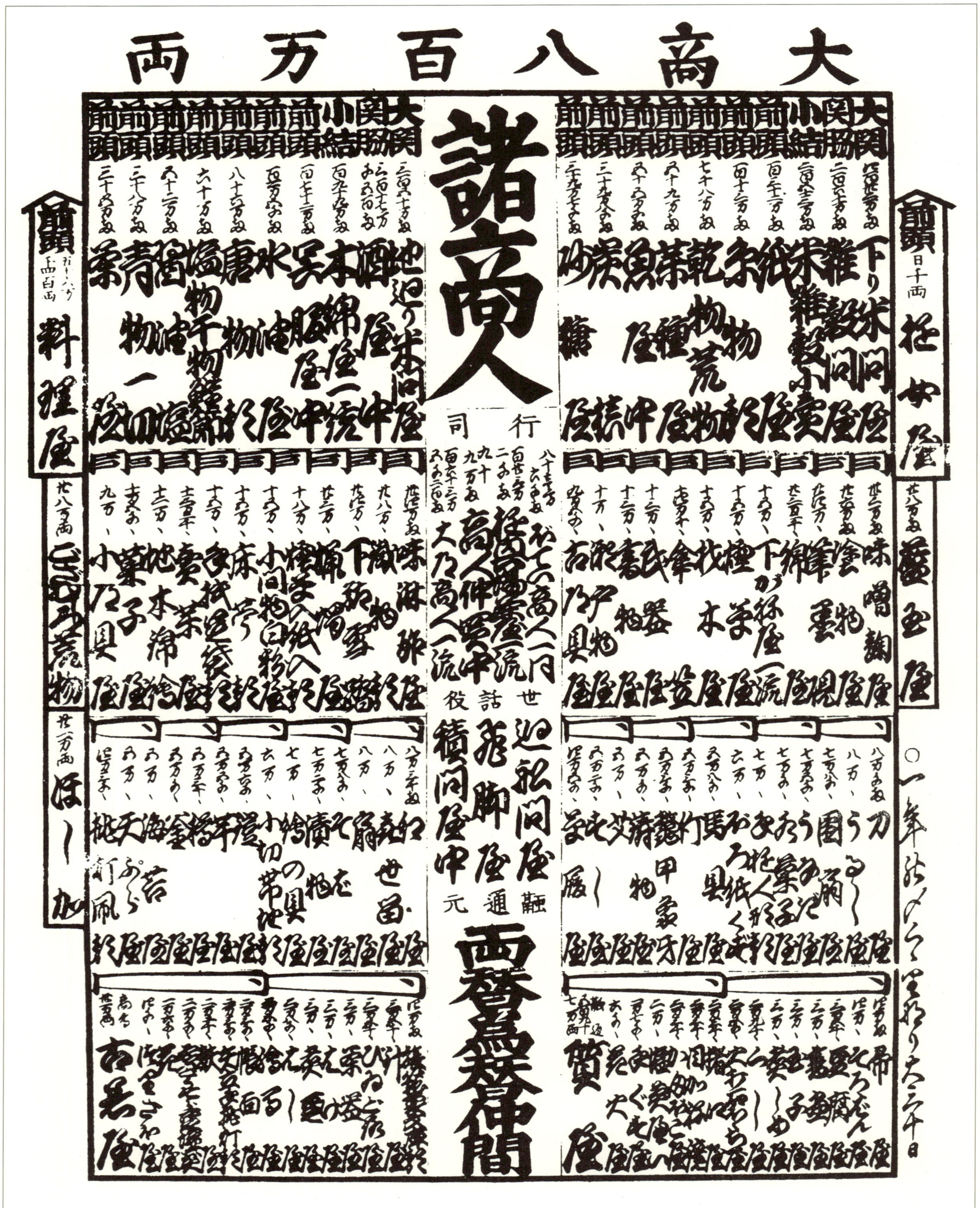

80　大商八百万両諸商人

大商八百万両

諸商人

東（右側）

- 大関　四百卅二万両　下り米問屋
- 関脇　二百六十万両　雑穀問屋
- 小結　二百五十三万両　米雑穀小売
- 前頭　百三十二万両　紙屋
- 前頭　百十三万両　糸物類
- 前頭　七十八万両　乾物荒物
- 前頭　五十九万両　菜種屋
- 前頭　五十五万千両　魚中
- 前頭　三十九万八千両　炭槙
- 前頭　三十九万七千両　砂糖屋
- 前頭　日千両　遊女屋
- 同　卅三万両　味噌麹屋
- 同　廿六万両　塗物屋
- 同　廿四万、　筆墨屋
- 同　廿三万一千、　綿屋
- 同　十五万、　下がね屋一統
- 同　十五万、　煙草屋
- 同　十五万、　材木屋
- 同　十四万千、　傘笠屋
- 同　十三万、　武器屋
- 同　十三万、　書物屋
- 同　十万、　瀬戸物屋
- 同　九万五千、　古道具屋
- 廿八万両　藍玉屋
- 同　八万千両　刀屋
- 同　八万、　うるし屋
- 同　七万八千、　団扇屋
- 同　七万五千、　うなぎ屋
- 同　七万千、　水菓子屋
- 同　七万、　手遊人形類
- 同　六万、　ぼろ紙くず
- 同　五万八千、　馬具屋
- 同　五万三千、　竹屋
- 同　五万千、　鋳物屋
- 同　五万、　艾屋
- 同　五万二千、　すし屋
- 同　四万五千、　草履屋
- 同　四万両　帚屋
- 同　四万、　そろばん屋
- 同　三万五千、　豆腐屋
- 同　三万、　書尽屋
- 同　三万、　玉子屋
- 同　三万、　煮しめ屋
- 同　二万九千、　くし屋
- 同　二万五千、　火打石ほくち屋
- 同　二万三千、　猪口屋
- 同　二万三千、　目かね焼
- 同　二万三千、　かまぼこ屋
- 同　二万、　塩煎へい
- 同　一万七千、　手ぐす屋
- 同　六千、　花火屋
- 同　融通五百九十七万両　質屋

○一年のメくゝりなり大三十日

行司

- 八十壱万六千両　ぼてい商人一同
- 百廿三万二千両　遊興場茶屋一統
- 九十九万両　商人仲買中
- 百六十三万五千二百両　大道商人一統

世話役

- 廻船問屋
- 飛脚屋
- 積問屋中

融通元

- 両替為替仲間

西（左側）

- 大関　三百五十万両　地廻り米問屋
- 関脇　三百十七万千五百両　酒屋中
- 小結　百九十九万両　木綿屋一統
- 前頭　百七十二万両　呉服屋中
- 前頭　百一万五千両　水油屋
- 前頭　八十六万両　唐物類
- 前頭　六十万両　塩物干物鰹節
- 前頭　五十二万両　醤油屋
- 前頭　三十八万両　青物一切
- 前頭　三十五万両　茶屋
- 前頭　五十六万千四百両　料理屋
- 同　卅四万両　味淋酢屋
- 同　廿八万、　織物類
- 同　廿四万、　下駄雪踏
- 同　廿三万、　蠟燭屋
- 同　十八万、　煙草入紙入類
- 同　十五万、　小間物白粉屋
- 同　十五万、　床苧類
- 同　十五万、　手拭足袋類
- 同　十二万一千、　売薬屋
- 同　十二万、　地本錦絵
- 同　十万五千、　菓子屋
- 同　九万、　小道具屋
- 廿八万両　ござむしろ荒物
- 同　八万三千両　紅屋
- 同　八万、　きせる屋
- 同　八万、　扇屋
- 同　七万八千、　そば屋
- 同　七万二千、　漬物屋
- 同　七万、　絵の具屋
- 同　六万、　小切帯地類
- 同　五万六千、　鎧屋
- 同　五万五千、　芋屋
- 同　五万三千、　樽屋
- 同　五万千、　釜屋
- 同　五万、　海苔屋
- 同　五万、　天ぷら屋
- 同　四万三千、　挑灯凧類
- 廿一万両　ほしか
- 同　四万両　旅籠□文庫類
- 同　三万五千、　針屋
- 同　三万五千、　びゐどろ屋
- 同　三万、　茶器屋
- 同　三万、　はけ屋
- 同　三万、　煮豆屋
- 同　二万八千、　はし屋
- 同　二万五千、　絵馬屋
- 同　二万三千、　帳面屋
- 同　二万三千、　矢立手挑灯類
- 同　二万三千、　麩屋
- 同　二万千、　[illegible]□くうそら□□煎
- 同　一万六千、　花屋
- 同　四千、　つりざほ屋
- 同　商高卅万両　古着屋

この番付は、江戸市中における諸商人の１年の稼ぎ高をランク付けしたものであり、商人全体の総収入は約4500万両になる。東西に配される102の商売名と張り出し５つの商売数は、江戸の商業の多様性を示している。さらに行司をみれば、魚・野菜などの日用品を天秤棒で担いで売り歩く、その日稼ぎの商人であるはずの棒手振が、一同で81万6000両を、大道商人一統に至っては163万5200両を稼いでおり、江戸商業の凄さも見せつけている。

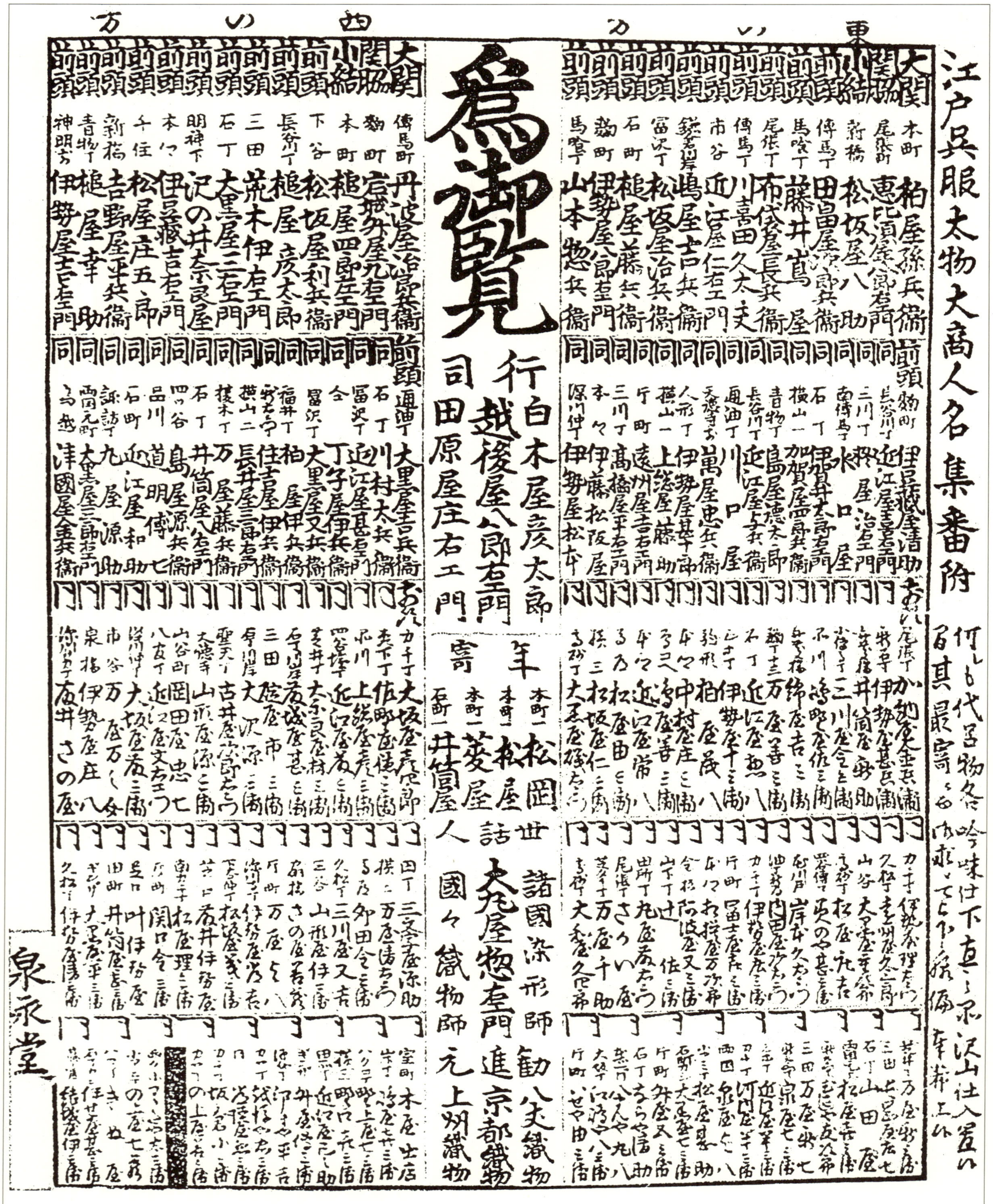

81　江戸呉服太物大商人名集番附

江戸呉服太物大商人名集番附

方の東

大関 本町 柏屋孫兵衛
関脇 尾張町 恵比須屋八郎右エ門
小結 新橋 松坂屋八助
前頭 伝馬丁 田畠屋次郎兵衛
前頭 馬喰丁 藤井蔦屋
前頭 尾張丁 布袋屋長兵衛
前頭 伝馬丁 川喜田久太夫
前頭 市谷 近江屋仁右エ門
前頭 鎌倉川岸 嶋屋吉兵衛
前頭 富沢丁 松坂屋治兵衛
前頭 石町 槌屋藤兵衛
前頭 麹町 伊勢屋八郎右エ門
前頭 馬喰丁 山本惣兵衛

前頭 麹町 伊豆蔵屋清助
同 長谷川丁 近江屋喜右エ門
同 三川丁 柊屋治右エ門
同 南伝馬丁 水口屋
同 石丁 伊賀井太郎右エ門
同 横山一 加賀屋四郎兵衛
同 青物丁 島屋徳太郎
同 長谷川丁 近江屋与兵衛
同 通油丁 川口屋
同 天徳寺前 万屋忠兵衛
同 人形丁 伊勢屋甚十郎
同 横山一 上総屋藤助
同 片町 遠州屋吉右エ門
同 三川丁 高橋屋平右エ門
同 本郷 伊藤松阪屋
同 深川仲丁 伊勢屋松本

前頭 尾張丁 加納屋金兵衛
同 新石丁 伊勢屋甚兵衛
同 弁慶橋 井筒屋新助
同 小伝馬丁 三川屋金兵衛
同 品川 嶋野屋佐兵衛
同 弁慶橋 錦屋吉兵衛
同 麹丁十三 万屋善兵衛
同 石丁 近江屋惣八
同 シホ丁 伊勢屋十兵衛
同 駒形 柏屋茂八
同 本郷 中村屋庄兵衛
同 馬道 松屋由兵衛
同 横三 松坂屋仁兵衛
同 高砂丁 大黒屋礒右衛門

同 カチ丁 伊勢屋理右衛門
同 久松丁 遠州屋久三郎
同 山谷 大黒屋重次郎
同 高砂丁 松屋庄吉
同 四谷伝マ 美のや甚兵衛
同 花川戸 岸本久右衛門
同 油丁新道 内田屋次右衛門
同 カチ丁 伊勢屋庄兵衛
同 片町 富士屋喜兵衛
同 本郷 相模屋万次郎
同 金杉 阿波屋又兵衛
同 山下丁 辻佐兵衛
同 田所丁 丸屋藤右衛門
同 尾張丁 さかい屋
同 芝タイ丁 万屋千助
同 高砂丁 大和屋久四郎

同 芝井丁 万屋新兵衛
同 三田 長岡屋庄七
同 石丁 山田屋
同 両国元丁 松屋喜兵衛
同 新右衛門丁 むさしや友次郎
同 シホ丁 近江屋半兵衛
同 刀ナ丁 河内屋半兵衛
同 両国 泉屋与八
同 小アミ丁 松屋甚助
同 石町カシ 大黒屋七兵衛
同 片町 升屋五兵衛
同 石丁 ならや清助
同 本所一丁目 八まんや丸八
同 大坂丁 江嶋や八兵衛
同 片町 いせや由兵衛

為御覧

行司
白木屋彦太郎
越後屋八郎右エ門
田原屋庄右エ門

年寄
本町一 松岡
本町一 松屋
本町一 菱屋
石町一 井筒屋

世話人
諸国染形師 大丸屋惣右エ門
国々織物師

勧進元
八丈織物
京都織物
上州織物

方の西

大関 伝馬町 丹波屋治郎兵衛
関脇 麹町 岩城升屋九右エ門
小結 本町 槌屋四郎左エ門
前頭 下谷 松坂屋利兵衛
前頭 長谷川丁 槌屋彦太郎
前頭 三田 荒木伊右エ門
前頭 石丁 大黒屋三右エ門
前頭 明神下 沢の井奈良屋
前頭 本郷 伊豆蔵吉右エ門
前頭 千住 松屋庄五郎
前頭 新橋 吉野家平兵衛
前頭 青物丁 槌屋幸助
前頭 神明前 伊勢屋吉右エ門

前頭 通油丁 大黒屋吉兵衛
同 石丁 川村太兵衛
同 冨沢丁 近江屋甚右エ門
同 仝 丁子屋伊兵衛
同 冨沢丁 大黒屋又兵衛
同 福井丁 柏屋伊兵衛
同 新右衛門丁 住吉屋伊兵衛
同 横山二 長井屋三郎右エ門
同 榎木丁 万屋藤兵衛
同 石丁 井筒屋八右エ門
同 四ツ谷 島屋源兵衛
同 品川 道明伝七
同 石町 近江屋和助
同 諏訪丁 丸屋源助
同 両国元町 大黒屋三郎右エ門
同 鳥越 津国屋金兵衛

前頭 カチ丁 大坂屋彦四郎
同 森下丁 佐野屋徳兵衛
同 品川 上総屋彦兵衛
同 四谷塩丁 近江屋藤兵衛
同 芝井丁 奈良屋林兵衛
同 石丁川岸 藤城屋甚兵衛
同 三田 碇屋市兵衛
同 石丁川岸 大沢源兵衛
同 聖天丁 古井屋次郎右エ門
同 大徳寺 山形屋源兵衛
同 山谷町 岡田屋忠七
同 八官丁 近江屋文右エ門
同 深川仲丁 大坂屋藤兵衛
同 市谷 万屋万之介
同 泉橋 伊勢屋庄八
同 深川サカ丁 藤井さの屋

同 田丁 三文字屋源助
同 横二 万屋清右衛門
同 馬道 卯田金兵衛
同 久松丁 三川屋又吉
同 三谷 山形屋伊兵衛
同 扇橋 さの屋善蔵
同 片町 万屋与八
同 深川寺丁 伊勢屋常吉
同 下谷仲丁 松坂屋義兵衛
同 芝口 藤井伊勢屋
同 南カチ丁 松屋理兵衛
同 片町 関口金兵衛
同 田町 井筒屋甚兵衛
同 ギンザ 大黒屋平兵衛
同 久松丁 伊勢屋清兵衛

同 室町 木屋出店
同 山下丁 嶋屋喜兵衛
同 ハクロ丁 野上屋七兵衛
同 横三 野口喜兵衛
同 田所丁 近江屋巳之助
同 ギンザ 升屋伝兵衛
同 源介丁 江しまや平吉
同 カヤ丁 越後や忠兵衛
同 同 常陸屋惣兵衛
同 カチ丁 坂倉小兵衛
同 カヤ丁 の上屋善兵衛
同 [redacted]
同 西か原 わたや太兵衛
同 小アミ丁 の上屋七蔵
同 ハマ丁 きぬ屋
同 石丁カシ 伊せ屋甚兵衛
同 □□□ 結城屋伊兵衛

泉永堂

何レも代呂物各吟味仕、下直之品沢山仕入置候間、其最寄ニ而御求メ可被下候様偏ニ奉希上候

「江戸呉服太物大商人集番附」は江戸における呉服（絹織物）・太物（綿・麻織物）問屋を扱った番付である。そもそも呉服生産は京都西陣が独占していたが、江戸には領主や上層町民など顧客が集中していたから、呉服を取り扱う商人の数が多く、特に日本橋周辺には番付にも名が載る越後屋・白木屋・恵比須屋・大丸屋など大店が店舗を構えていた。彼ら呉服商は、多種類の商品を大きな売り場で部門別に扱うという独特の営業方法を活かし、近代に入ってから百貨店に転身するものも多くあらわれた。

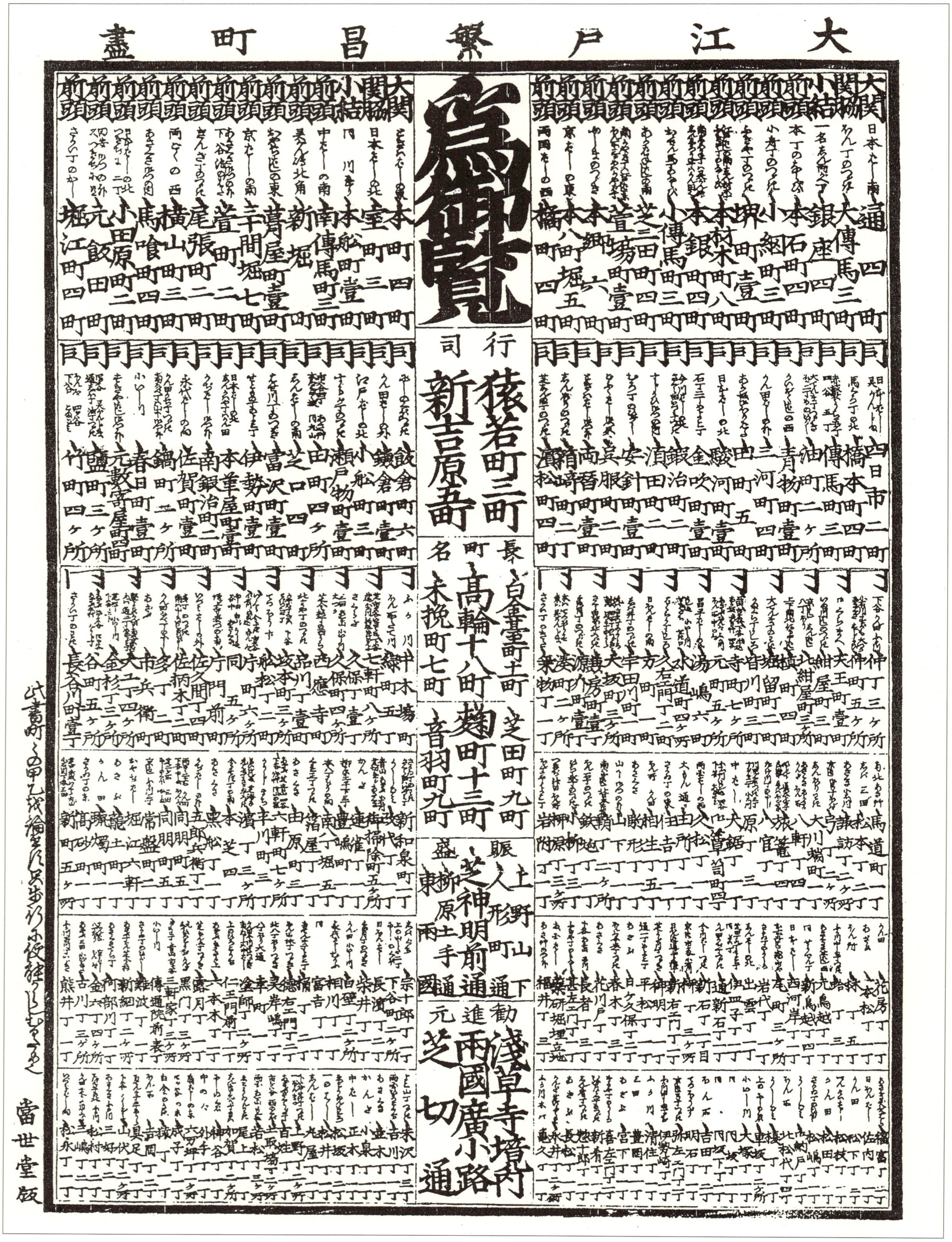
大江戸繁昌町盡
為御覧
行司
猿若町三町
新吉原町
長町名
高輪十八町
芝田町九町
麹町十三町
木挽町七町
音羽町九町
販盛
上野山下
人形町通
芝神明前通
柳原土手
両國通
勧進元
淺草寺境内
両國廣小路
芝切通
當世堂版

82　大江戸繁昌町尽

大江戸繁昌町尽

為御覧

行司　猿若町三町
　　　新吉原五町

長ィ町名　白金台町十一町
　　　　　高輪十八町
　　　　　木挽町七町

芝田町九町
麹町十三町
音羽町九町

賑　上野山下
　　人形町通
　　芝神明前通
盛　柳原土手通
　　東両国

勧進元　浅草寺境内
　　　　両国広小路
　　　　芝切通

（東）

大関　日本ばし南　通四町
関脇　ほん丁のつゞき　大伝馬三町
小結　一名しん両がへ丁　銀座四町
前頭　本丁のならび　本石町四町
前頭　小舟丁のつゞき　小網町三町
前頭　ふきや丁のつゞき　堺町壱町
前頭　江戸ばしの南しん材木丁　ふきや丁のならび　本材木町八町
前頭　南しろかね丁ハ霊がん嶋　しんしろかね丁ハかん田也　本銀町四町
前頭　お丶でん馬丁のならび　小伝馬町三町
前頭　あかばねばしの南　芝三田町四町
前頭　南かやば丁ハ江戸ばし東　ほん所三ツめハかやば丁　萱場町壱町
前頭　ゆしまのつゞき　本郷六町
前頭　京ばしの東　本八町堀五町
前頭　両国ばしの西　橘町四町

同　日本ばし　霊がんじま　四日市二町
同　馬くろ丁の北　橋本町四町
同　赤坂表うら五ヶ丁　四谷五丁　伝馬町三町
同　大てんま丁のつゞき　通二丁めのひがし　油町二ヶ所
同　かいぞくばしの西　青物町壱町
同　かん田ばしの外　三河町四町
同　あか坂御ほりばた　田町五町
同　日本ばしの北　駿河町壱町
同　石丁二丁めよこ丁　金吹町壱町
同　今川ばしの北　さくら田いづミ丁つゞき　鍛冶町二町
同　すじかひ御門の内　須田町二町
同　むろ丁のひがし　安針町壱町
同　ごふくばし御門外　呉服町二町
同　ときハばし御門外　両替町壱町
同　しんぼりのつゞき　箱崎町二丁
同　芝しん明丁のつゞき　浜松町四町

下谷　かん田　ふか川　仲丁三ヶ所
小石川　すがも　大つか　あさくさ　すじかひ　仲町五ヶ所
御くらまへ　天王町壱町
いま川はしのつゞき　紺屋町三町
京はし　しんばし　八丁ぼり　北紺屋町三ヶ所
上下南北何も中ばし　槙町四町
大てんま丁のわき　堀留町二町
かまくら丁うしろ　皆川町三町
三田　市ヶ谷　下谷　牛込　あか坂　あさ草　四谷　寺町七ヶ所
あざぶ　ほん郷　ふか川　ほん所　中の郷　元町五ヶ所
昌平ばしの外　湯嶋六町
うし込　小いし川　せきぐち　せき口　水道町四ヶ所
ばくらう丁うしろ　久右エ門丁二町
日ほんばしの南　万町一町
しバ井丁のつゞき　宇田川町一町
元ハさかい丁のうしろ　新ハ田所丁のつゞき　大坂町三ヶ所
南ハいづも丁のうら　さくら田びぜん丁つゞき　兼房町壱丁
露月丁のつゞき　源介町壱丁
本ハてつぽうす　東ハ霊がんじま　湊町二ヶ所
さかい丁のきた　乗物丁一丁

南北あさ草　馬道町一丁
しバ　三田　松本丁二丁
あさくさ　小石川　諏訪丁二ヶ所
京ばし　御弓丁ほん郷　弓丁二ヶ所
しんぼりわき　大川端町一丁
あさくさ　あかさか　かんだ　ほん所　八軒丁四丁
明じん下通ハ大てんま丁　□浅□しんハほった原　旅籠丁四丁
たけ川丁のにし　八官丁一丁
川田がくほつゞき三丁　すがも二丁　小石川　原丁三丁
中ばし　大鋸丁一丁
小石川　うし込　四谷　下谷　あざぶ　御箪笥町四丁
両国ばしの西　久松丁一丁
大もん通り　田所丁一丁
さかゐ丁の東　住吉丁一丁
ほん所　かん田　相生丁五丁
あさくさ　駒形丁一丁
山下御門の外　山下丁一丁
南ハ中ばし　北日本ばし　鞘丁二ヶ所
ほん石丁のつゞき　鉄炮丁一丁
ひら永丁のつゞき　小柳丁三丁
つきぢ　神田　ほん所　柳原丁三ヶ所
ほん丁三丁ノよこ丁　岩附丁一丁

かん田　花房丁一丁
あざぶ　一本松丁一丁
ほん所　林丁五丁
ふか川中しま丁つゝき　蛤丁三丁
あさくさ天王ばし西　元鳥越丁四丁
同せうでん丁　新鳥越丁四丁
日本ばし　西河岸丁一丁
本所五ノはし　小梅　中ノ門　瓦町三ヶ所
さかゐ丁のうしろ　岩代丁一丁
しんばしの北　出雲丁一丁
芝田丁九丁メよこ丁　同だい丁　伊皿子丁一丁
かん田かぢ丁つゞき　通新石丁一丁
今川ばしつゞき　新石丁一丁目
京ばし　市ヶ谷　小石川　柳丁三ヶ所
日ほんばし通二丁メ横丁　新右エ門丁一丁
芝うだ川丁つゞき　神明丁一丁
通一丁めよこ丁　平松丁一丁
あざぶ　日ケ久保丁二丁
ほん郷金六丁つゞき　春木丁三丁
あさくさ　花川戸丁一丁
下谷　あを山　品川　長者丁三丁
ふきや丁のミなミ　甚左エ門丁一丁
両国ばし　薬研堀埋立地
あさ草御門外　福井丁三丁

あさくさ天文はら　福富丁二丁
日ほんばし　佐内丁一丁
かん田　松下丁二丁
べんけいばし　松枝丁一丁
かん田　松田丁一丁
さかゐ丁のひがし　松嶋丁一丁
うしごミ　御納戸丁一丁
ほん所　北松代丁四丁
うしごミ　榎丁一丁
上の　にしのくぼ　車坂丁二ヶ所
小いし川　大塚丁一丁
同　同坂丁一丁
同　同坂下丁一丁
ほん所　吉田丁二丁
てつほうず　明石丁一丁
京ばし弓丁つゞき　弥左エ門丁二丁
ふか川中しま丁ノ前　伊勢崎丁二丁
ふか川　清住丁一丁
三田　豊岡丁一丁
あざぶ　宮下丁一丁
まるや丁のうしろ　喜左エ門丁二丁
弥左エ門丁のつゞき　新肴丁一丁
しん肴丁つゞき　惣十郎丁一丁
あざぶ　長松丁一丁
かんだ　芝いぐらの外　永井丁二ヶ所
ふか川木バ　亀久丁一丁

（西）

大関　ときハばしの東　本町四町
関脇　日本ばしの北　室町三町
小結　同　川通り　本船町壱町
前頭　中ばしの南　南伝馬町三町
前頭　霊がん嶋北角　新堀町
前頭　おやぢばしの東　葺屋町壱町
前頭　京ばしの南　三十間堀七町
前頭　あさくさ御門の外　下谷池のはた　萱町二町
前頭　ぎんざ丁のつゞき　尾張町二町
前頭　両ごくの西　横山町三町
前頭　あさくさ御門の内　馬喰町四町
前頭　日本ばしの北　つきぢに二丁　小田原町二町
前頭　田安御門の外　又つきぢに有　元飯田町
前頭　さかい丁のかし　堀江町四町

同　にしのくぼつゞき　飯倉町六町
同　かん田ばしの外　鎌倉町壱町
同　江戸ばしの北　小船町三町
同　するが丁のつゞき　瀬戸物町壱町
同　市谷四丁　あさ草　本郷きく坂　同丸山　田町四ヶ所
同　しんばしの南　芝口四町
同　はせ川丁のつゞき　富沢町壱町
同　せともの丁のよこ丁　伊勢町壱町
同　日本ばしの北　しんかハや丁ハかん田　本革屋町壱町
同　かぢばし御門外　南鍛冶町二町
同　永代ばしの向　佐賀町壱町
同　かん田かぢ丁つゞき　南なべ丁ハ山下御門外　鍋町二ヶ所
同　小いし川　春日町壱町
同　すきやばし御門外　元数寄屋町四町
同　四ッ谷　霊がんじま　通しほ丁油丁つゞき　塩町三ヶ所
同　ほん郷　四ッ谷　下谷　こまごミ　竹町四ヶ所

ふか川　中木場町
ほん所たて川　緑町五丁
芝市ヶ谷いさらご下谷　牛込小石川　駒込　いけのはた　七軒町八ヶ所
さくらだ　久保丁壱丁
三田　あを山　小いし川　大つか　久保町四ヶ所
芝金杉丁の西うら　西応寺町
北さや丁のつゞき　品川丁壱町
かやば丁きハ　下谷　こびき丁　坂本町三ヶ所
てつほうず　船松丁二町
い丶くら　金すき　市ヶ谷　小石川　こま込　ほん郷　片町六ヶ所
ゆしま　白山　うし込　谷中　あさくさ　同五ヶ所
増上寺表門の南　片門前町
いづミばしの外　佐久間丁四町
多丁のつゞき　南ハ山しろがしのひがし　佐柄木丁二町
かん田なべ丁のにし　多丁二町
あざぶ　市兵衛町
竪よこかん田　南ハ京ばし　元ハ通二丁めのよこ丁　大工丁四ヶ所
芝四丁　小いし川　下谷ニ上下　金杉丁三ヶ所
あざぶ　市ヶ谷　四ッ谷　あざぶ本村　かうじ丁　谷町五ヶ所
さかい丁のわき　長谷川町壱丁

さかゐ丁のわき　さくら田ハいづミ丁　新和泉町一丁
うしごミ　改代丁一丁
青山　あざぶ　小石川　芝切通シ　あさくさ　御掃除町五ヶ所
かんだ　連雀丁一丁
柳原土手下三丁　豊嶋町一丁
本八丁ぼりの向　南八丁堀五丁
くれ正丁つゞき　箔屋丁一丁
あさくさ　田原町三丁
あざぶ　芝　青山　四谷　下谷　浅草　同山の宿　六軒町七ヶ所
かうじまち　平川町三丁
れいがんしま芝海手　元はま丁さかい丁つつき　浜丁三ヶ所
金すぎ丁の南　本芝四丁
あさくさ　黒船丁一丁
かぢばしの外　五郎兵衛丁一丁
両ごく二ヶ所　かん田　下谷　ゆしま　ほん郷　同朋町五丁
芝二ヶ所　三田　にしのくぼ　ゆしま　同朋町五丁
京ばし　ふか川三丁　常盤町二丁
おやぢばし　堀江六軒丁
あざぶ　龍土町一丁
かん田　蠟燭町一丁
さかゐ丁の東　高砂町一丁
芝口　赤坂　い丶くら　丸山　小石川　下谷　三田　新町五ヶ所

しバぐち　宗十郎丁一丁
上の山した二丁　にしのくぼ　下谷町二ヶ所
日ほんばし　長浜丁二丁
霜月丁のつゞき　柴井丁一丁
かん田　小いし川　白壁丁二ヶ所
永代ばしむかふ　相川丁一丁
同　富吉丁一丁
南てんま丁よこ丁　桶丁二丁
ほん所林丁つゞき　徳右エ門丁二丁
北八丁ぼりつゞき　霊岸嶋丁一丁
八丁ぼり大通　幸町一丁
かん田今川ばしつゞき　南ぬし丁ハ中ばし　塗師丁二ヶ所
上のひろこうぢ　仁王門前丁一丁
あざぶながさか上　六本木丁一丁
芝げん介丁つゞき　露月丁一丁
元しん　ひろこうぢかんだ　黒門丁三ヶ所
かうじ丁　青山　市ヶ谷　三軒家丁三ヶ所
小いし川　伝通院前表丁
さかゐ丁のひがし　難波丁一丁
あざぶ十ばん　芝金杉　新網丁二ヶ所
あさくさてら丁　阿部川丁一丁
しんばし　京ばし　八丁ぼり　ほん郷　金六丁四ヶ所
あざぶ　三田　小びなた　古川丁三ヶ所
ふか川相川丁つゞき　熊井丁一丁

よこ山丁つゞき　米沢丁三丁
両国ひろこうぢ　吉川丁一丁
あさくさ　並木丁一丁
かんだ　小泉丁一丁
中ばし　正木丁一丁
ゑこうゐんうしろ　松坂丁二丁
一のはし　松井丁一丁
しんばし　丸屋町一丁
下谷たけ丁つゞき　一ぽんまつ　上野丁二ヶ所
あざぶさくらだ丁　百姓丁一丁
市ヶ谷　西のくぼ　土取場丁二ヶ所
両国　あを山　うし込　若松丁三ヶ所
ゑこうゐんわき　尾上丁一丁
しんばし元かゞ丁きハ　加賀丁二ヶ所
にしのくぼ　神谷丁一丁
中の郷　外手丁一丁
扇ばしの東　六万坪丁一ヶ所
四ッ谷の末　成子丁一丁
白金のさき　猿丁一丁
ほん所　吉岡丁二丁
南てんま丁二丁めうら　具足丁一丁
下谷　うしごミ　山伏丁二ヶ所
あさくさ　ふか川　三好丁二丁
□□の北　ふか川　松村丁二丁
かん田　芝うた川丁つゞき　三嶋丁二丁
いづミばし向　松永丁一丁

此書町々の甲乙を論ぜす、只歩行に便能からしむるため也　当世堂版

「大江戸繁昌尽」という題名から、江戸の町々を繁昌している順に並べたものと考えてはならない。評価されているのは、実は読者のほうなのである。中央柱や最上段には誰でも分かる町を取り上げていて、下段にいくほど難易度が高くなってゆく。つまり、読み手がいかに江戸を知っているのかをあぶりだすように仕掛けが施されているのである。この仕掛けに気付いた人は当時も多かったようで、この「大江戸繁昌尽」をよく見ると、地名横に筆で合点が付けられており、下の段に行くにつれて合点が少なくなってゆく。自分が江戸をどれだけ知っているのかを試していた人の姿が目に浮かぶようである。

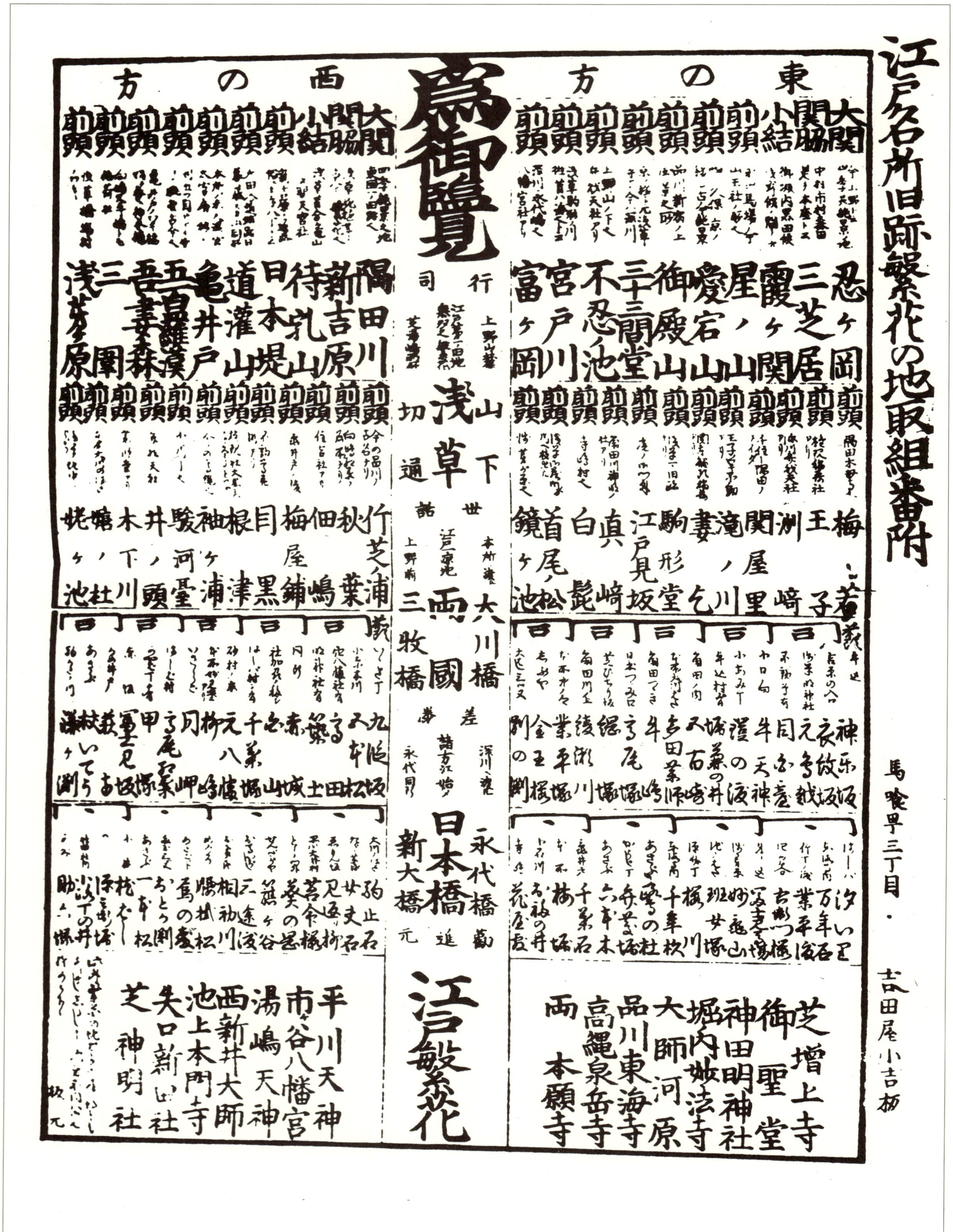

83 江戸名所旧跡繁花の地取組番附

江戸名所旧跡繁花の地取組番附

東の方

位	注記	名所
大関	今上野ト云 四季共絶景ノ地	忍ケ岡
関脇	中村市村森田 是ヲ本座ト云	三芝居
小結	御城内黒田侯 浅野侯ノ間ヲ云	霞ケ関
前頭	永田馬場今 山王社ノ所也	星ノ山
前頭	西ノ久保 京ノ 移シ古今絶景	愛宕山
前頭	品川新宿ノ上 風景之所	御殿山
前頭	京ノ移シ元浅草 寺丁今ハ深川	三十三間堂
前頭	上野山ノ下也 弁財天社アリ	不忍ノ池
前頭	浅草駒形ノ川 往昔ハ海也ト云	宮戸川
前頭	深川永代嶋也 八幡宮社アリ	富ケ岡

位	注記	名所
前頭	隅田木母寺也	梅若
前頭	権現稲荷社 アリ	王子
前頭	深川弁財天社 アリ	洲崎
前頭	千住ト隅田ノ アイダ	関屋里
前頭	王子ノワキ不動 アリ	滝ノ川
前頭	関東触頭稲荷 アリ	妻乞
前頭	浅草一ノ旧跡 ナリ	駒形堂
前頭	虎ノ御門外	江戸見坂
前頭	角田川神明ノ 社アリ	真崎
前頭	寺嶋村也	白髭
前頭	浅草御蔵門ゟ 川へ枝出ル	首尾ノ松
前頭	浅茅が原也	鏡ケ池

位	注記	名所
前頭	牛込	神楽坂
同	吉原の入口	衣紋坂
同	浅草明神社	元鳥越
同	不動尊有	目白台
同	小日向	牛天神
同	小あみ丁	鎧の渡
同	牛込村ニ有	堀兼の井
同	角田ノ内	五百崎
同	本所大川はた	多田薬師
同	角田つゝき	牛嶋
同	日本つゝみ口	高尾塚
同	芝ひちり坂	綱塚
同	角田川ノ上	綾瀬川
同	本所中ノ郷	業平塚
同	しぶや	金王桜
同	大はし三ツ又	別の淵

位	注記	名所
同	はしバ	汐いり
同	東海寺内	万年石
同	竹丁ノ渡	業平渡
同	四ツ谷	右衛門桜
同	牛込	富士見馬場
同	浅茅原	妙亀山
同	池ノはた	班女塚
同	源介丁	桜川
同	東海寺内	千年杉
同	あさぶ	鷺の杜
同	かうじ丁	弁慶堀
同	あさぶ	六本木
同	亀井戸	千葉石
同	本所	梅堀
同	小石川	お福の井
同	寺嶋	花屋敷

芝増上寺　御聖堂　神田明神社　堀ノ内妙法寺　大師河原　品川東海寺　高縄泉岳寺　両本願寺

為御覧

行司　上野山麓　山下　／　江戸第一ノ旧地 無双也繁花　浅草　／　芝湯嶋両所　切通

世話　本所へ渡ル　大川橋　／　江戸一涼地　両国　／　上野前　三枚橋

差添　深川へ渡ル　永代橋　／　諸方江始メ　日本橋　／　永代同断　新大橋

勧進元　江戸繁花

西の方

位	注記	名所
大関	四季絶景之地 東国一ノ旧跡也	隅田川
関脇	浅草ノ北遊女丁 古今ノ繁花也	新吉原
小結	浅草昔金竜山 ト云聖天宮社	待乳山
前頭	新吉原ノ通路 俗ニ土手八丁ト云	日本堤
前頭	大田入道城跡日 暮シ飛スカ山同所	道灌山
前頭	本所ノ末天満宮 太宰府ノ移シ	亀井戸
前頭	同五ツ目サヾイ堂 ヨリ眺望古今也	五百羅漢
前頭	亀井戸ノワキ橋 姫ヲ祭ル神木楠	吾妻森
前頭	向嶋又牛嶋トモ 稲荷社	三囲
前頭	浅草橋場村 ノワキ	浅茅ヶ原

位	注記	名所
前頭	今の品川ノ 古名ナリ	竹芝ノ浦
前頭	向嶋紅葉ノ 名所ナリ	秋葉
前頭	住吉社アリ	佃嶋
前頭	亀井戸ノ後	梅屋鋪
前頭	不動尊并 瀧アリ	目黒
前頭	権現社大黒天 を祭るといふ	根津
前頭	今の高縄也	袖ケ浦
前頭	小川丁也	駿河台
前頭	弁財天社	井ノ頭
前頭	薬師堂アリ	木下川
前頭	本所大川のはた	嬉ノ杜
前頭	浅草地中ノ うち	姥ケ池

位	注記	名所
前頭	いゝだ丁	九段坂
同	小奈木川	五本松
同	穴八幡社有	高田
同	明神社有	築土
同	同断	赤城
同	社加州ノ移シ	白山
同	はしバ村に有	千葉塚
同	砂村ノ末	元八幡
同	本所妙見堂アリ	柳嶋
同	いさらご	月岬
同	はしば村	高尾紅葉
同	かやば丁に有	甲塚
同	赤坂	冨士見坂
同	かめ井戸	萩寺
同	あさぶ	杖いてう
同	駒かたノ門	鎌ケ淵

位	注記	名所
同	大川ノはた	駒止石
同	たゞノ薬師	女夫石
同	ゑもん坂	見返リ柳
同	品川大井村	苔命桜
同	とらノ門外	葵の岡
同	せんだがや	籏ケ谷
同	お馬やがし	三途渡
同	お玉が池	相初川
同	めぐろ	腰掛松
同	あたご下	雁の森
同	両国三ツ又	おとか淵
同	あさぶ	一本松
同	小梅	枕ばし
同	同	源兵衛堀
同	神田社内	小路丁の井
同	□□	助六塚

平川天神　市ケ谷八幡宮　湯嶋天神　西新井大師　池上本門寺　矢口新田社　芝神明社

此外繁花の地数多御座候得とも　あらましるし申候、次第不同ハ御見　捨可被下候　板元

馬喰町三丁目　吉田屋小吉板

「江戸名所旧跡繁花の地取組番附」は年次不明ながら、欄外に「馬喰町三丁目　吉田屋小吉板」とあって、江戸で板行されたことが分かる。内容は全132ヵ所の名所・旧跡案内である。中には「王子」など、いわゆる朱引線の範囲を越えるものも含まれる。江戸は経済発展に伴って人口過密の度を増し、周縁の未開発地域や田畑を取り込むことで土地不足を補塡する動向が江戸時代を通じてみられた。その結果、市街は際限なく巨大化してゆき、当初為政者が計画していなかった範囲まで「江戸」に含むようになっていった。

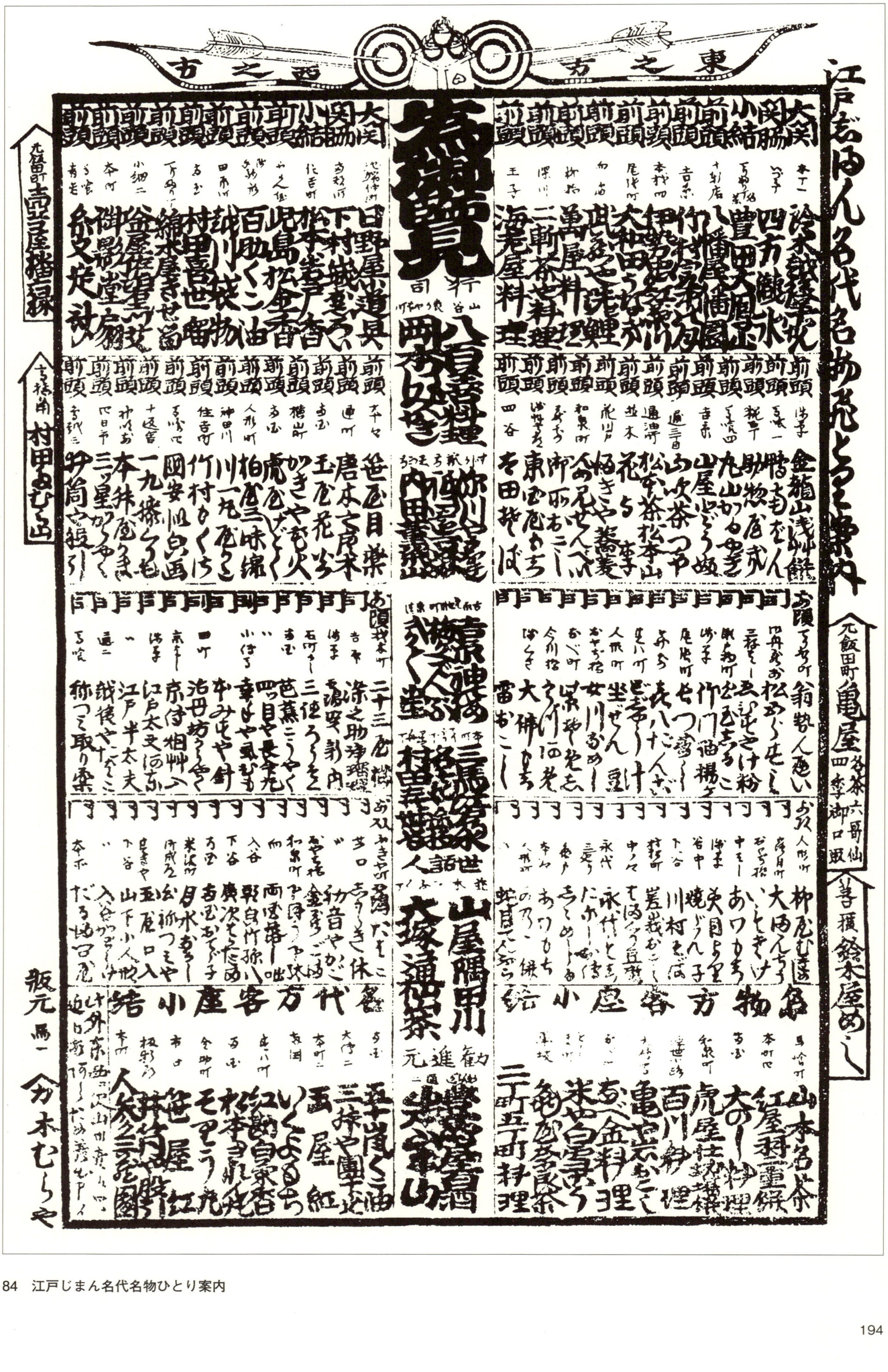
江戸じまん名代名物ひとり案内
東之方
西之方
大関
関脇
小結
前頭
行司
勧進元

江戸じまん名代名物ひとり案内

東之方

大関 本丁一 鈴木越後羊かん
関脇 いづみ丁 四方滝氷
小結 てりふり丁 名茶 豊田大鳳山
前頭 十軒店 八幡屋八幡園
前頭 吉原 竹村最中の月
前頭 本材四 伊勢忠紅菊川
前頭 尾張町 大和田うなぎ
前頭 向嶋 武蔵や洗ヒ鯉
前頭 柳橋 万屋料理
前頭 深川 二軒茶や料理
前頭 王子 海老屋料理

前頭 浅草 金龍山浅艸餅
前頭 馬喰一 鴨南ばん
前頭 糀五丁 助惣やき
前頭 馬喰四 丸山かるやき
前頭 吉原 山屋どうふ
前頭 通三丁目 山吹茶つけ
前頭 通油町 松本茶松本山
前頭 並木 花 与 李
前頭 花川戸 まきや蕎麦
前頭 和泉町 人め見せんべい
前頭 蔵前 御所おこし
前頭 浅艸寺道 東国屋もち
前頭 四谷 太田そば

前頭 てりふり町 翁せんへい
同 御舟蔵前 松五郎すし
同 三枚はし ゐひす之汁粉
同 瀬戸物町 心玉しるこ
同 浅草 竹門油揚ケ
同 尾張町 長門すし
同 蔵前 喜八だんご
同 すハ町 どじやう汁
同 人形町 坐ぜん豆
同 おやぢ橋 女川なめし
同 なべ町 紫そめし
同 今川橋 うづかめし
同 浅くさ 大仏もち
同 雷おこし

前頭 人形町 柳屋むきめし
同 □□町 大まんちう
同 おやぢ橋 いもさけ
同 中はし あわもち
同 浅草 美目より
同 谷中 焼だん子
同 下谷 川村そば
同 村松町 嵯峨おこし
同 中ノ郷 はまくり豆腐
同 永代 永代もち
同 三廻り たにしお伝
同 亀戸 し、めしる
同 本郷 あわもち
同 人形町 かのこ餅
同 同 蛇目てんふら

名物方客座小結

馬喰町 山本名茶
本町四 紅屋羽二重餅
両国 大のし料理
和泉町 虎屋仕□場餅
浮世小路 百川料理
大伝馬 亀や岩おこし
なべ町 なべ金料理
としま町 米や白雪こう
車坂 亀屋奈良茶
二丁町 五丁町料理

元飯田町 亀屋 各茶六哥仙 四季御口取
芝口一横 鈴木屋めし

為御覧

行司 山谷 八百善料理
表かやば町 岡本はみかき

すじか 深川やうなぎ
□高 祇園豆□
王□寺 内田薫□山
吉原 吉原神の梅
□セ□町 梅がへでんぶ
京はし きく堂

世話人
本町 三馬江戸乃水
□□丁 名喜途技
黒舟丁 村田喜世留
並木 山屋隅田川
こふく丁 大塚通仙山茶

勧進元
□くらがし 豊嶋屋百酒
通二 山本山本山

西之方

大関 池端仲丁 日野屋小道具
関脇 両替町 下村山城おしろい
小結 住吉町 松本岩戸香
前頭 やけん堀 児島松金香
前頭 浅草駒形 百助くこ油
前頭 田原町 越川袋物
前頭 両国 村田喜世瑠
前頭 てりふり丁 綿木屋きせる
前頭 小網二 釜屋佐治右エ門艾
前頭 本町 御影堂扇
前頭 □馬□喰 糸又定斎

前頭 本郷 笹屋目薬
前頭 連町 唐木之唐木
前頭 両国 玉屋花火
前頭 横山町 かきや花火
前頭 両国 虎屋けどく
前頭 人形町 柏屋三味線
前頭 神田川 川一丸屋かた
前頭 住吉町 竹村もくさ
前頭 馬喰四 国安似貌画
前頭 十返舍 一九滕くり毛
前頭 神明前 本升屋かま
前頭 四日市 三ッ星からやく
前頭 鳥越三 井筒や股引

前頭 材木町 二十三屋櫛
同 吉原 染之助浄瑠理
同 浅草 靏賀新内
同 石町かし 三徳ろうそく
同 両国 芭蕉こうやく
同 同 四ツ目や長命丸
同 小伝馬 幸手や虱ひも
同 本みすや針
同 四町 治丹坊かうやく
同 京はし 京伝烟艸入
同 浅草 江戸太艾河東
同 同 江戸半太夫
同 通二 越後やたばこ
同 馬喰 ねつミ取り薬

前頭 ふきや町 靏たはこ
同 芝口 しからき休
同 同 初音やかご
同 おやぢ橋 金蔵ごま
同 和泉町 下ほう下駄
同 向 両国落し咄
同 入谷 朝貌竹孫八
同 下谷 廣次はかたこま
同 両国 両国おてゞ子
同 米沢町 月水おかし
同 御成道 白ねつミや
同 すきや 玉屋口入
同 下谷 山下小人形
同 同 入谷かわらけ
同 本所 だるま問屋

名代方客座小結

両国 五十嵐くこ油
大伝二 三升や団十郎艾
本町二 玉屋紅
両国 いくよもち
すハ町 紅勘白菊香
両国 松本きれん丸
金助町 そりう丸
市谷 笹屋紅
板新道 井筒や股引
本町 人参三蔵園

此外東西ニ沢山御座候ハヽ、近日御あらため差出申候

元飯田町 壺屋播磨椽
高□角 村田たむら山

版元 馬一 分 木むらや

本番付は江戸における名物名店を紹介していて、年次記載はないものの文化年間に刊行されたものと考えられる。「東之方」には料理屋や菓子屋などおもに食べ物屋が、「西之方」には化粧品や小間物類、薬種類などが挙がる。中でも西の方上段「関脇　両替町　下村山城おしろい」「小結　住吉町　松本岩戸香」最下段には「本町二　玉屋紅」と下村、松本、玉屋が見え、これら店舗は『浮世床』にて鬢付油や白粉、口紅など江戸っ子にとっての必須アイテム入手先として紹介されている。

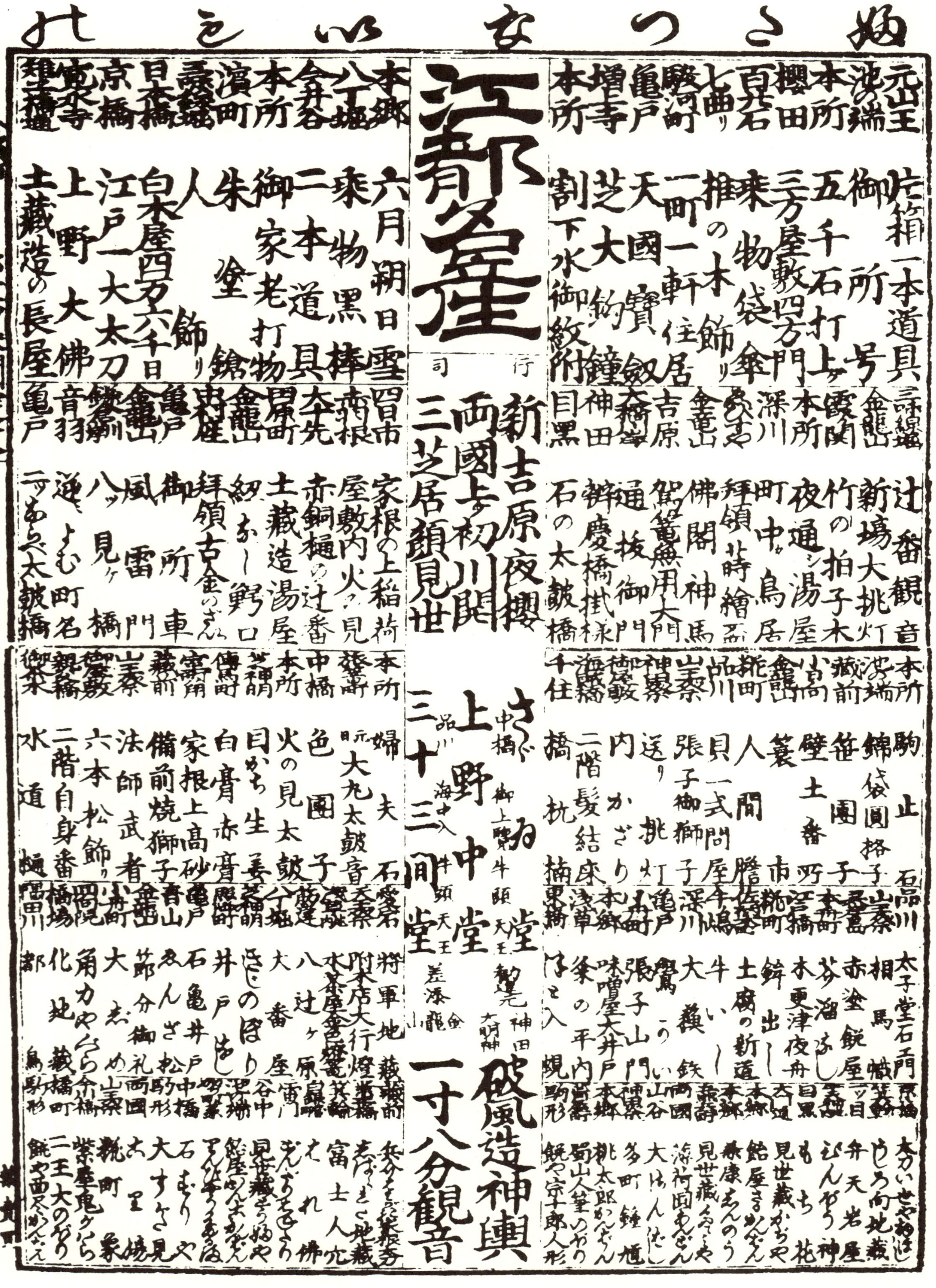

85　ふたつないもの江都名産

ふたつないもの

元山王 片箱一本道具
池の端 御所号
本所 五千石打上ケ
桜田 三方屋敷四方門
百廿石 乗物袋傘
七曲リ 椎の木飾リ
駿河町 一町一軒住居
亀戸 天国宝剱
増上寺 芝大釣鐘
本所 割下水御紋附

三味線堀 辻番観音
金龍山 新場大挑灯
霞ヶ関 竹の拍子木
本所 夜通シ湯屋
深川 町中カ鳥居
ゑびすや 拝領蒔絵盃
金竜山 仏閣神馬
吉原 駕篭無用大門
大橋河岸 通抜御門
神田 弁慶橋掛様
目黒 石の太鼓橋

本所 駒止石
池の端 錦袋円格子
蔵前 笹団子
小日向 壁土番所
金龍山 簑市
糀町 人間胆
品川 貝一式問屋
山王祭 張子御獅子
神田祭 送リ挑灯
御屋敷 内かざり
海賊橋 二階髪結床
千住橋 杭楠

品川 太子堂石エ門
山王祭 相馬幟
霊岸島 赤塗餅屋
本舟町 芥溜なし
江戸橋 木更津夜舟
糀町 鉾出し
佐柄木町 土腐の新道
牛嶋 牛いし
深川 大蘇鉄
亀戸 鶯かい
小舟町 張子山門
本郷 味噌屋大井戸
浅草 粂の平内
東橋 つと入蜆

京橋 太刀いせや物ほし
箕輪 うしろ向地蔵
一ツ目 弁天岩屋
牛天神地内 びんぼう神
目黒 もち花
大門通 見世蔵かぢや
本郷 飴屋さるかんばん
本郷 兼康しんのう
五郎兵エ町 見世蔵たゝみや
両国 薄荷円あんどん
山谷 大さんばし
神田祭 多町鐘馗
本郷 桃太郎かんばん
葺屋町 蜀山人筆のぼり

江都名産

行司
新吉原夜桜
両国上ケ初川開
三芝居顔見世

さゞゐ堂
中橋 御上覧 牛頭天王
上野中堂
品川 海中入 牛頭天王
三十三間堂

勧進元 神田大明神 破風造神輿
差添 金龍山 一寸八分観音

本郷 六月朔日雪
八丁堀 乗物黒棒
今井谷 二本道具
本所 御家老打物
浜町 朱塗鎗
三味線堀 人飾リ
日本橋 白木屋四万六千日
京橋 江戸一大太刀
寛永寺 上野大仏
雉ヱ橋通 土蔵造の長屋

四日市 家根の上稲荷
赤羽根 屋敷内火の見
大十先 赤銅樋の辻番
田原町 土蔵造湯屋
金龍山 紐なし鰐口
中村座 拝領古金のざい
亀戸 御所車
金龍山 風雷門
鎌倉川岸 八ツ見ケ橋
音羽 逆ニよむ町名
亀戸 二ツならべ太鼓橋

本所 婦夫石
旅籠町 元日大丸太鼓音
中橋 色団子
本所 火の見太鼓
芝神明 目かち生姜
伝馬町 白膏赤膏
室町角 家根上高砂
蔵前 備前焼獅子
山王祭 法師武者
御屋敷 六本松飾リ
親父橋 二階自身番
御茶水 水道樋

愛宕 将軍地蔵
天王祭 附木大行灯
浅草地内 水茶屋金色灯籠
筋違 八辻ヶ原
八丁堀 大番屋
芝神明 きじのぼり
照降町 井戸なし
亀戸 石亀井戸
青山 ゑんざ松
金龍山 節分御礼
小舟町 大じめ
回向院 角力やぐら
橋場 化地蔵
隅田川 都鳥

蔵前 兵介はみがき家根太刀
業平橋 しばられた地蔵
箕輪 富士人穴
白銀屋町 はれ仏
雷門 どんだりはねたり
谷中 見世蔵とうふや
池の端 飴屋おんこかんばん
かち町 薬りんびやうたるま
中橋 石ずりや
駒形 大すがた見
両国 こり場
山王祭 糀町象
今川橋 紫屋鬼がハら
橋町 二王大のぼり
駒形 餅や面尽かんばん

濱町 七千石表門定紋

禁売買

「ふたつないもの江都名産」は、江戸にも二つとないという名所・名産品を一覧で紹介していて、全部で132ヶ所に上る。番付には「神田大明神　破風造神輿」「寛永寺　上野大仏」など名所案内には定番のものが挙がる一方、「お茶水　水道樋」「蔵前　兵介はみがき家根太刀」など、微細に入ったものまでがランクインする。江戸に初めて訪れる旅人の案内のためだけでなく、おそらくは江戸を見知った町人たちも満足出来るよう作成されたのだろう。

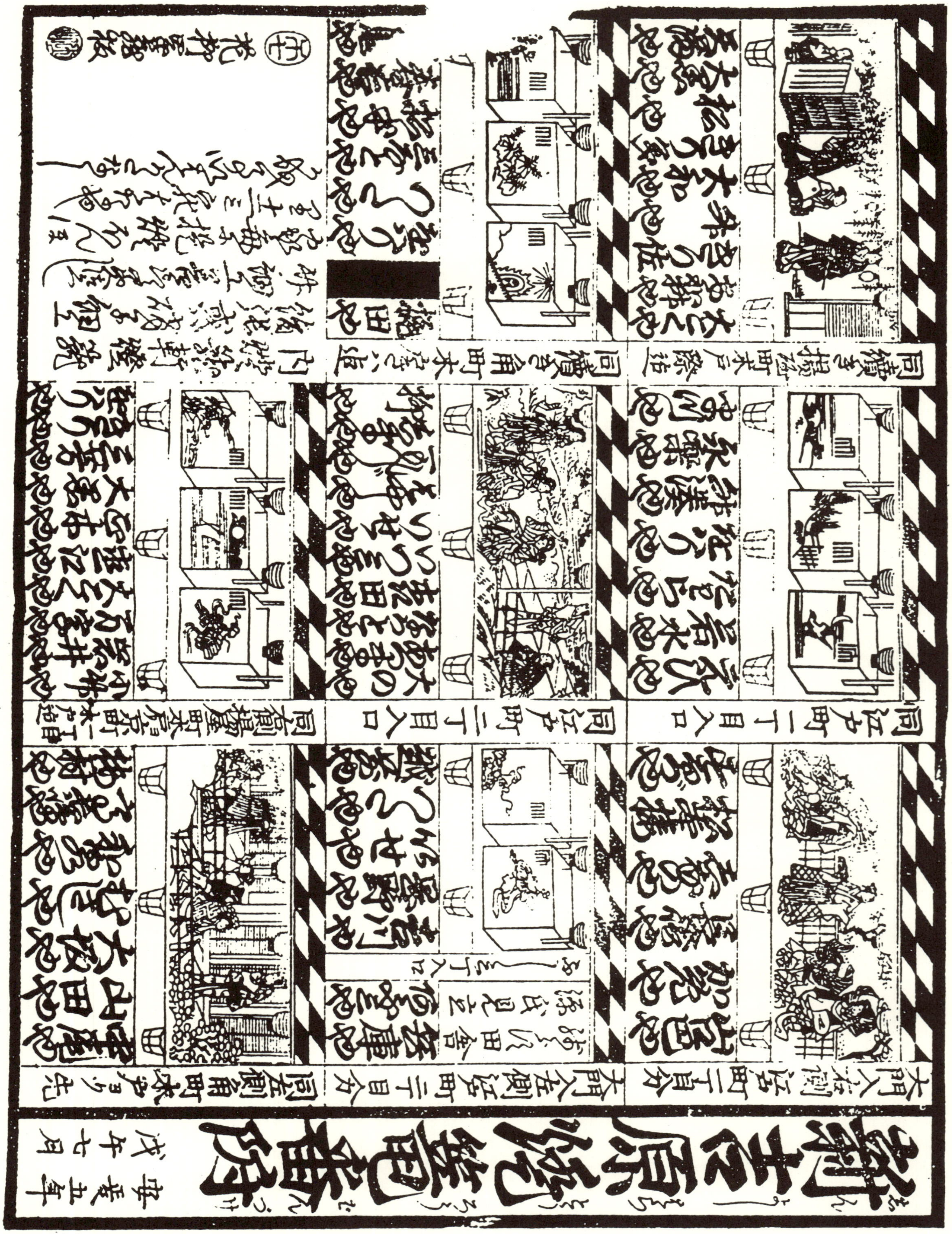

86　新吉原灯篭番付

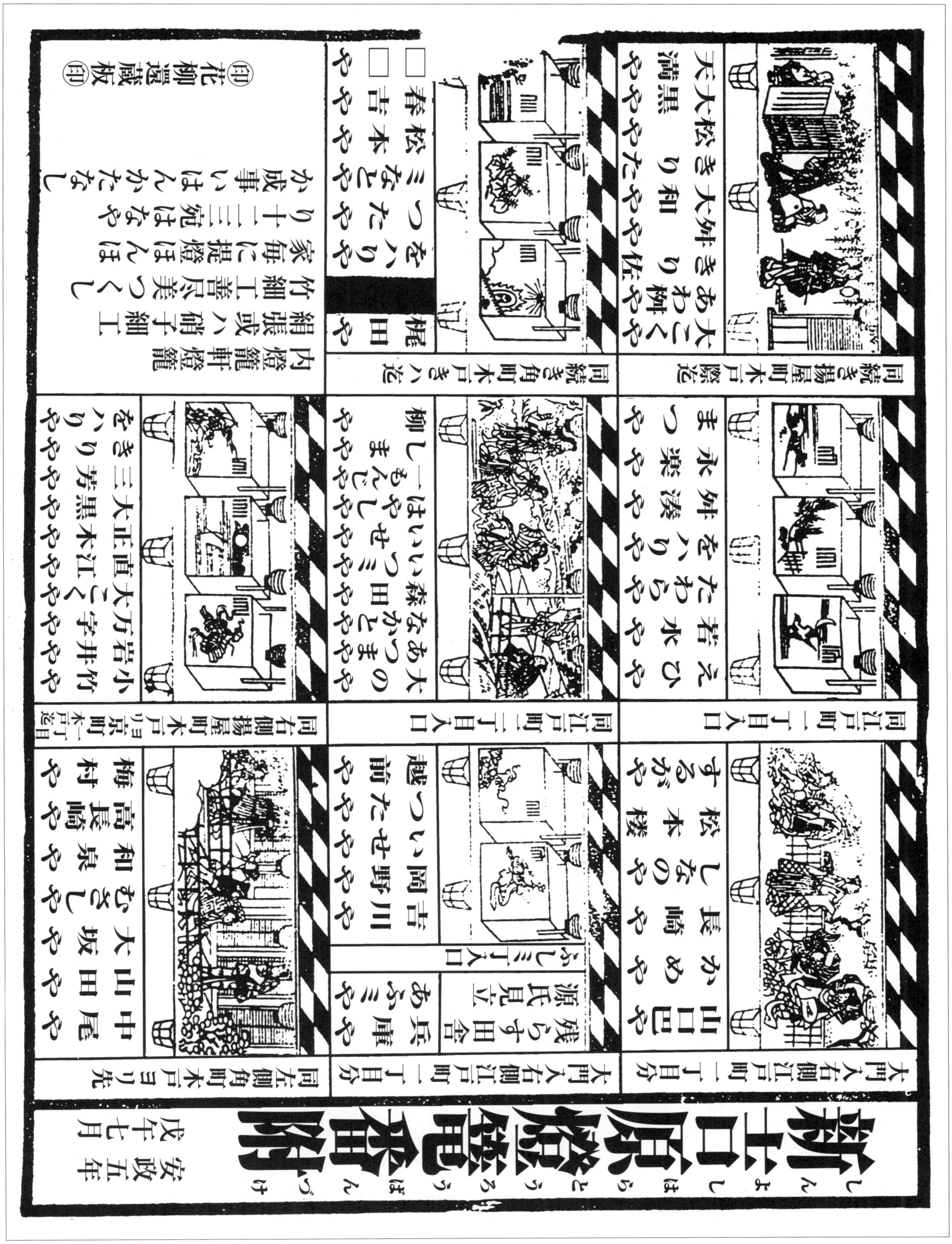

安政５年（1858）板行の「新吉原灯篭番付」は、遊女屋の店先にある灯篭の華やかさを競った番付である。言うまでもなく江戸吉原は幕府公認の遊廓で、最盛期には遊女7,000人を抱えられる一大繁華街を形成した。吉原では夕刻に、各店舗二階桟敷から遊女の名前が入った灯籠を並び吊るしていて、その様相は「硝子細工竹細工など、灯篭の細工には善を尽くし美を尽くしており、店ごとに12、13個、提灯やぼんぼりをさげて、その華やかさときたら言葉にできないほどだった」と末尾に記している。

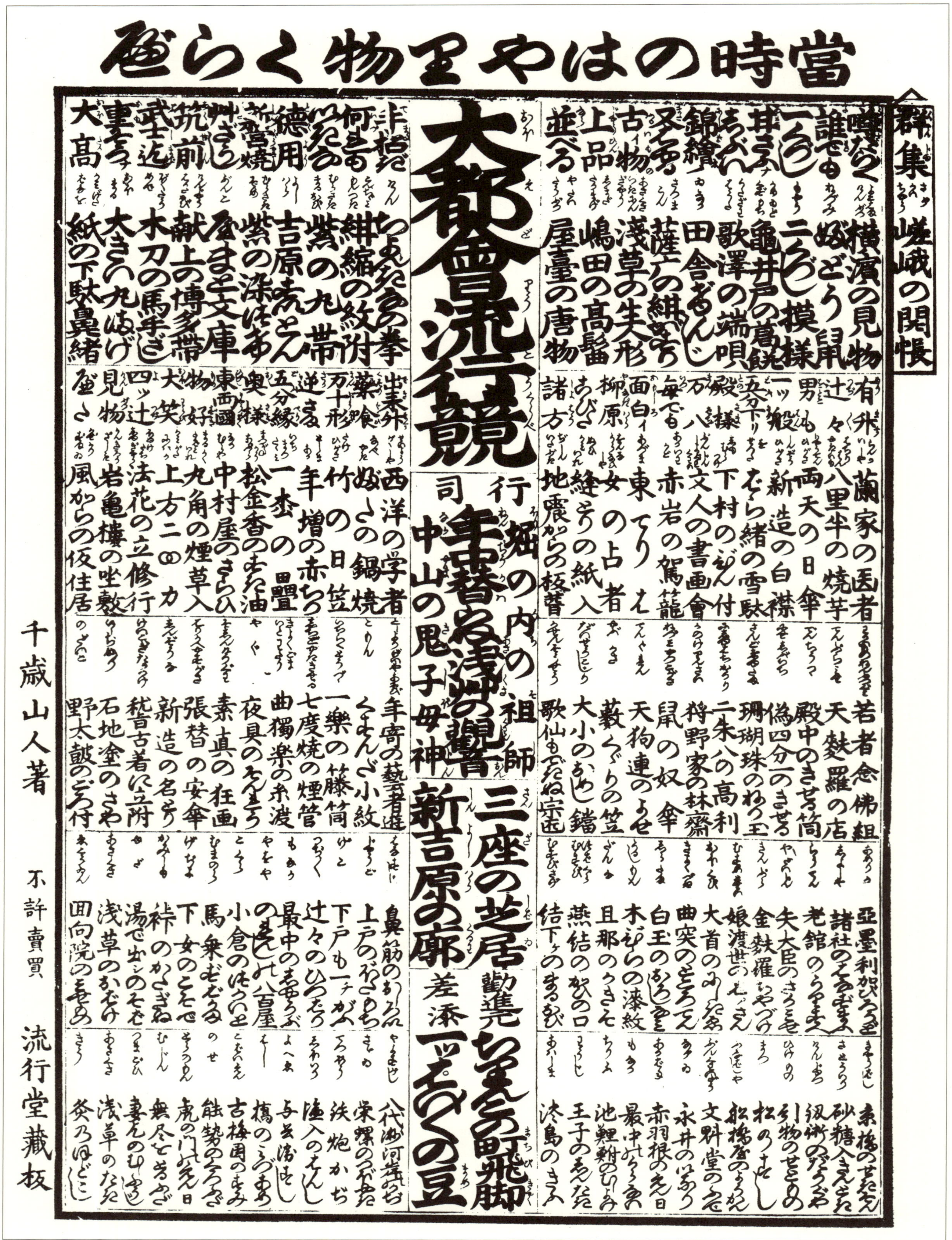

87　当時のはやり物くらべ大都会流行競

当時のはやり物くらべ

大都会流行競

- 群集　嵯峨の関帳
- 噂たらく　横浜の見物
- 誰でも　ぶどう鼠
- 一くづし　二くづし模様
- 甘さふナ　亀井戸の葛餅
- しぶい　歌澤の端唄
- 錦絵ノ　田舎げんじ
- 又はやる　薩摩の紺がすり
- 古物　浅草の生人形
- 上品　嶋田の高髷
- 並べる　屋台の唐物

- 有升　蘭家の医者
- 辻々　八里半の焼芋
- 男も　両天の日傘
- 一般　新造の白襟
- 五分下り　ばら緒の雪駄
- 殿様　下村のびん付
- 万八　文人の書画会
- 毎でも　赤岩の駕籠
- 面白イ　東てりは
- 柳原　女の占者
- こびた　縫とりの紙入
- 諸方　地震からの板葺

- 若者念仏組
- 天麩羅の店
- 殿中のきせる筒
- 偽四分一のきせる
- 珊瑚珠のねり玉
- 二朱八の高利
- 狩野家の林斎
- 鼠の奴傘
- 天狗連のよせ
- 藪くゞりの笠
- 大小のおめし鐺
- 歌仙もできぬ宗匠

- 亜米利加びろうど
- 諸社のはなずまふ
- 老舗のうりすへ
- 矢大臣のさかミせ
- 金麩羅ちやづけ
- 娘渡世のばァさん
- 大首のにしきゑ
- 曲突のところてん
- 白玉のおろしなミ
- 木びらの漆紋
- 旦那のかきそ
- 燕結のかひの口
- 結下ケのまるおび

- 京橋のせきそん
- 砂糖入きんとき
- 劔術のだうぐや
- 引物のせともの
- 松のすし
- 船橋屋のようかん
- 文魁堂のふで
- 永井のいなり
- 赤羽根のえん日
- 最中のうらない
- 池鯉鮒のむしよけ
- 王子のしんたき
- 淡島のきふ

行司　年中替らぬ浅艸の観音　堀の内の祖師　中山の鬼子母神

三座の芝居　新吉原の廓

勧進元　ちりんこの町飛脚

差添　一ツぱいくの豆

- 手招ぎ　ちょんきなの拳
- 何れも　紺縮の紋附
- いきな　紫の丸帯
- 徳用　吉原のすいとん
- 新宮焼　紫の染つけ
- 艸ぞうし　やまと文庫
- 筑前　献上の博多帯
- 武士迄　木刀の馬手ざし
- 重そうナ　大きい丸まげ
- 大髙　紙の下駄鼻緒

- 出来升　西洋の学者
- 薬食　ぶたの鍋焼
- 万十形　竹の日笠
- 逆さま　年増の赤ちり
- 五分縁　一松の畳
- 奥様　松金香のすき油
- 東両国　中村屋のさらひ
- 物好　丸角の煙草入
- 大笑　上方二∞カ
- 四ッ辻　法花の立修行
- 見物　岩亀楼の坐敷
- べた　風からの仮住居

- 年寄の芸者遊
- くすんだ小紋
- 一楽の籐筒
- 七度焼の煙管
- 曲独楽の糸渡
- 夜具のそんれう
- 素真の狂画
- 張替の安傘
- 新造の名とり
- 稽古着に立附
- 石地塗のさや
- 野太鼓のごろ付

- 鼻筋のおしろい
- 上戸のぼたもち
- 下戸も一チがふ
- 辻々のひつぱり
- 最中のしやうぶ
- のれんしの八百屋
- 小倉のつかいと
- 馬乗ずばかま
- 下女のこそで
- 袢のかたぎぬ
- 湯で出シのそば
- 浅草のおばけ
- 回向院のミせもの

- 八代洲河岸のかぢ
- 栄螺のつぼやき
- 鉄炮かぢ
- 塩入のはんし
- 与兵衛すし
- 橋のミづあめ
- 古梅園のすみ
- 野勢のくろふだ
- 虎の門のえん日
- 無尽をとるふだ
- 妻乙のむしふうじ
- 浅草のたき
- 灸のほどこし

千歳山人著　不許売買　流行堂蔵板

「大都会流行競」は、欄外に「当時のはやり物くらべ」とあるように、江戸における流行を一覧にして紹介している。本番付は年次不詳ながら、「横浜の見物」「地震からの板ぶき」などがあることから、横浜開港・安政大地震後の安政３年～５年（1856～1858）頃までの板行と推定される。この時期はいわゆる内憂外患の時代状況であるが、政情の混沌さをうかがう文句は少なく、意外にも冷静な江戸市民の対応ぶりが知られる。

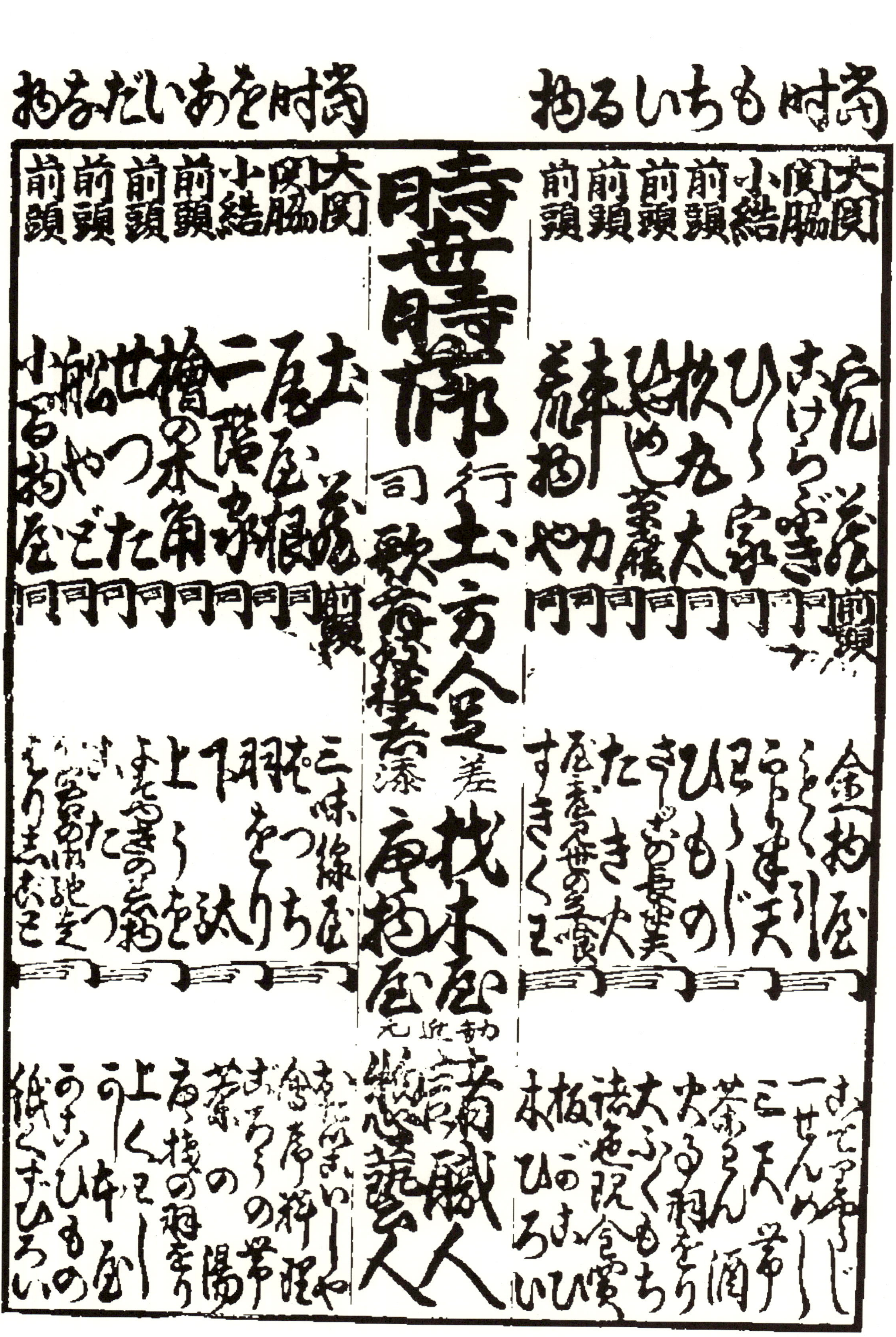

88　時世時節(当時もちいる物・当時をあいだな物)

時世時節

当時もちいる物

- 大関　穴蔵
- 関脇　こけらぶき
- 小結　ひら家
- 前頭　杉丸太
- 前頭　ひやめし草履
- 前頭　車力
- 前頭　荒物や
- 前頭　金物屋
- 同　もゝ引
- 同　二分半天
- 同　わらじ
- 同　ひもの
- 同　さしっこの長半天
- 同　たき火
- 同　屋台見世の立喰
- 同　すきくわ
- 同　こてりやうじ
- 同　一せんめし
- 同　三尺帯
- 同　茶わん酒
- 同　火事羽をり
- 同　大ふくもち
- 同　諸色現金買
- 同　板がこひ
- 同　木ひろい

中央

- 行司　土方人足　歌舞妓役者
- 差添　材木屋　唐物屋
- 勧進元　諸職人　惣芸人

当時をあいだな物

- 大関　土蔵
- 関脇　瓦屋根
- 小結　二階家
- 前頭　檜の木角
- 前頭　せった
- 前頭　船やど
- 前頭　小間物屋
- 前頭　三味線屋
- 同　ぱつち
- 同　羽をり
- 同　下駄
- 同　上うを
- 同　よそゆきの着物
- 同　こたつ
- 同　□客の御馳走
- 同　はりしごと
- 同　おたいこいしや
- 同　会席料理
- 同　ごろうの帯
- 同　茶の湯
- 同　唐桟の羽をり
- 同　上くわし
- 同　かし本屋
- 同　かこひもの
- 同　紙くずひろい

この番付は、安政大地震（安政2年10月・1855）後の景気変動について記している。右には「当時もちいる物」として、好況に恵まれた人や物、左には「当時をあいだな物」として、不況に陥った人と物が配列されている。たとえば、右側の大関である穴蔵は、火災により財産を失った者が多く、その後の普請で地下室が盛んに建設されたことを示している。そして、右側の大関である土蔵からは、重い瓦を乗せていたために被害の大きかった土蔵建築が、耐震性の問題から柿葺きの軽い屋根に見直されていった状況がうかがえる。

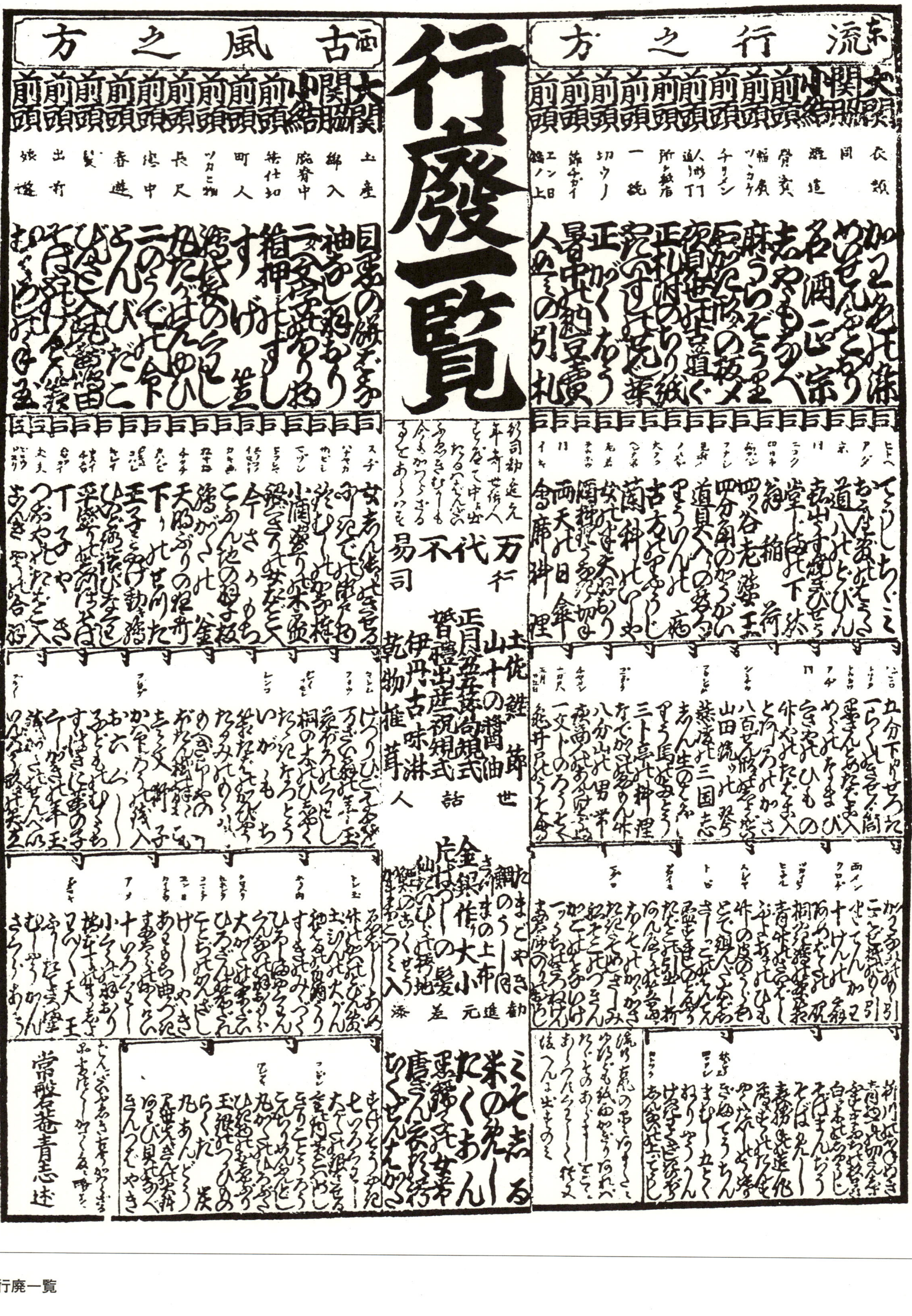

89　行廃一覧

行廃一覧

東 流行の方

大関 衣類 かわ色の染
関脇 同 めいせんふとおり
小結 醸造 名酒正宗
前頭 脊煮 しやもなべ
前頭 幅広 ツヽカケ 麻うらぞうり
前頭 チリメン 石がき形タの板メ
前頭 人形丁 通り丁 夜見世の古道ぐ
前頭 所々紙店 正札附のちり紙
前頭 一純 やたいすしのせんじ茶
前頭 切ウノ 正がくぼう
前頭 節チガイ 暑中の納豆売
前頭 ヱン日 橋ノ上 人込ミの引札

同 ヒトヘ てうしちゞミ
同 アダ お座敷のはうた
同 京 道八のどびん
同 同 喜山うす焼きびせう
同 ニコク 堂じまの下駄
同 四日市 翁稲荷
同 □□□ 四ッ谷老婆王
同 フナシ 四分角のかうがい
同 見付 道具入リの発句
同 ノミスギ りういんの病
同 大フク 古方のりやうじ
同 ヘンナ名 蘭科のいしや
同 老若 女の半天羽おり
同 テウホウ 酒料理うなぎノ切手
同 同 両天の日傘
同 イキ 会席料理

同 □□□ 五分下カリせつた
同 □□ク 一らくのきせる筒
同 トウカワ 黒さんとめたばこ入
同 アヂ めらのなまび
同 同 くさやのひもの
同 竹やのたばこ入
同 とあしろのかさ
同 シンチウ 八合ぜん形タのしよくだい
同 山田流ウの琴
同 コウシヤク 燕凌の三国志
同 しん生のはなし
同 りう馬の両とう
同 三ト亭の料理
同 ゴマダク なでかたのゑもん竹
同 八分の男帯
同 チヤメシ 夜商人のあんかけとうふ
同 ナガ尺 一文じのろうそく
同 三月廿五日 亀井戸のうそ会

同 かわなみのも丶引
同 こはぜ掛のもの引
同 西メン 半てんかわ
同 クロヂ 十けんの扇
同 あめばたの硯
同 ツカイヒ 桐やき絵の茶箱
同 ヒネル 青竹のさいばし
同 ぶよ打チのひも
同 スシヤ 竹の皮のうら包
同 とで組んだ大ばち
同 トビ さしッこのはんてん
同 盃すましのどんぶり
同 ツカイモ たばこの引出し折
同 あんへらの笠当テ
同 ほそのからかさ
同 マグロ たきたてめしニさしみ
同 船ぞこのづきん
同 かごのはないけ
同 一ッうちのきつねけん
同 番太郎へのりのおろし

同 柳川のはねぬき
同 青物下の切さんしよ
同 ふすまふちの杉やき
同 白ラ木のしやうじ
同 そばめし
同 表勝手の造作
同 薄スすゝのたんす
同 やくたいしのう丶張り
同 秋クサノ上 ぎふてうちん
同 四ツアシ まむし五とく
同 ねりやうかん
同 けつきわくざしきのぼり
同 カトツク しんないの上八てうし

流行古風の品々あまたニ候得ども、紙面のかぎりあれバたゞそのあらましをこゝニあらハす、くわしく猶又後へんに出すのミ

行司・勧進元

行司勧進元
年寄世話人
すべて中江出たるハばんだいふゑきむかしも今にかハらざる事をあらハす

万代不易 行司

土佐鰹節 山十の醤油 正月盆五節句規式 婚礼出産祝規式 伊丹古味淋 乾物椎茸 世話人

たまごやき 鯛のうしほ さつまの上布 金銀作リ大小 片はづしの髪 仙だいむらの袴地 鯉のこくせう かまぼこつミ入 勧進元 差添

ミそしる 米のめし たくあん 黒繻子の女帯 唐ざん衣類袴 ちくぜんはかた

西 古風の方

大関 土産 目黒の餅ばな
関脇 綿入 袖なし羽おり
小結 腕脊中 二タへ文字のほり物
前頭 笹仕切 箱押シのすし
前頭 町人 すげ笠
前頭 ツカヒ物 絵袋のくわし
前頭 長尺 丸たがの元ゆひ
前頭 恋中 二のうでの命
前頭 春遊 とんびだこ
前頭 髪 びんさし入の髷嶋田
前頭 出前 そばやのけんごん箱
前頭 娘遊 むくろじの年玉

同 スヂ 女しん張リのきせる
同 ハナヤカ にしきでの瀬戸物
同 サビシ 鈴むしのかな棒
同 マヅシ 小酒カ盛りの木盃
同 ヒラシヤ 銀ぐさりの女たばこ入
同 ヱラコノ イロドリ 今さかもち
同 カキ画 こふん地の羽子板
同 松竹梅 絵がたの釜
同 チクチ 天明ぶりの狂哥
同 カハノビ 下りのせつた
同 ジキニ コハレ 王子ミやげ動キ絵
同 キレイ ひいどろ結びなくわし
同 ウスイ チメロ 平盛りのしつほくそば
同 ムヤ □□イ 丁子やき
同 丈夫 つぼやのたばこ入
同 ビロウ ドヨリ こんきやうの合羽

同 キシム けづりひご□□□
同 フヨウ 万ざい翁の年玉
同 花ぼろのくわし
同 ダン〳〵 桐の木のひしやく
同 フモシ た丶きなつとう
同 シンコ いがもち
同 箱たばこのかんぴやう
同 たるみのもゝ引
同 もへぎらしやの□□
同 ぼたん掛の羽□□□も
同 壱文獅子
同 コシサゲ かハ印入うの銭入
同 お六ぐし
同 子どものむくうち
同 すゝはきに茶の子
同 くしがきの年玉
同 銭かたのせんべい
同 ブラ〳〵 いんなう形タの矢立

同 ゑぼしあめ
同 トシ玉 竹のかハのとびん敷
同 土びんの火がん
同 初はるの白酒うり
同 ホタ内 すゝきのみゝづく
同 ひろしまやくわん
同 ぐんないの羽おりうら
同 クロヌリ 大がたの茶だい
同 五ホンヲ ひろざんの前だれ
同 コマチ ことぢのかんざし
同 ヱン日 けしやき
同 カイ□ウ あわもち曲クづき
同 番太郎のにくけい
同 アメ 十いろくわし
同 小くらの羽おり
同 橋本下のまかしよ
同 フダマキ わい〳〵天王
同 ふかしたてさつま芋
同 むしやうかん
同 さくらあ□

同 すけそうやき
同 七いろくわし
同 大がたの銀きせる
同 コンザシ 重の内黄こハめし
同 きりことうろう
同 こんちりめんふんどし
同 アシツキ 丸がたのひろぶた
同 ひき物のおしやぶり
同 玉銀のつかひもの
同 らくだ炭
同 丸あんどう
同 見世先キきんの火鉢
同 あわび貝のなへ
同 きんつばやき

ばんだいふゑき古今かハらざる品書つくしかたく、爰ニ略す

常磐菴青志述

江戸時代には情報の伝達媒体がさまざま存在したが、物事の流行り廃りを追うにはビジュアルで優劣を比べる番付がうってつけで、各地で盛んに作成された。嘉永２年（1849）板行の「行廃一覧」もその一つであり、江戸庶民の嗜好品を流行（東）と古風（西）にわけて全部で180点紹介している。しかしながら幕末という混沌とした情勢を反映するようにその品数は膨大で、かつ変化のめまぐるしさはこの上なく、版元は「古今変わらざる品書き尽くし難い」と注記して、すべてを把握し切れていないことを正直に吐露している。

當時盛衰競 行司けいかん 安心ゑ死 墨田の毘将 江南亭五罠 横濱の町 ゆうみん

流行の方

大吉 五苦抜 金設 大悦 箱今 結率 議悦 満足 本幸 沢山

- 大ぶつかち
- 場地への那豆
- 人合ふそくやど
- 鳩場のあくと
- 志ゆうるきや
- ひようろくや
- ぢうとう
- のりものや
- うはう
- くうはうけ
- ひとりもの
- たふらや
- つうぐいや
- すくぐいみせ
- ーせんどうや
- かさや
- あともの
- がめし欠
- つほきや
- かんぶりや

おはいりの方

直青 不喰 不呑 氣毒 畫戯 大交 不賣 悠沈 無口 無服 迷気

- 諏川こうや
- 市中のうら店
- ふうきう畑
- げい志や
- 舎ぜ菓屋
- 書画
- やけいこ志よ
- 女かく
- 川のい沢山
- みゲ菓や
- さみせんやるや

- ちきさん
- かいらい
- さいあい
- よみせあき
- こほものや
- おとうの師ぼ
- かりもの
- せかいや
- おまちや
- せつぶや
- 上草子や
- ろりの気
- うるぎや

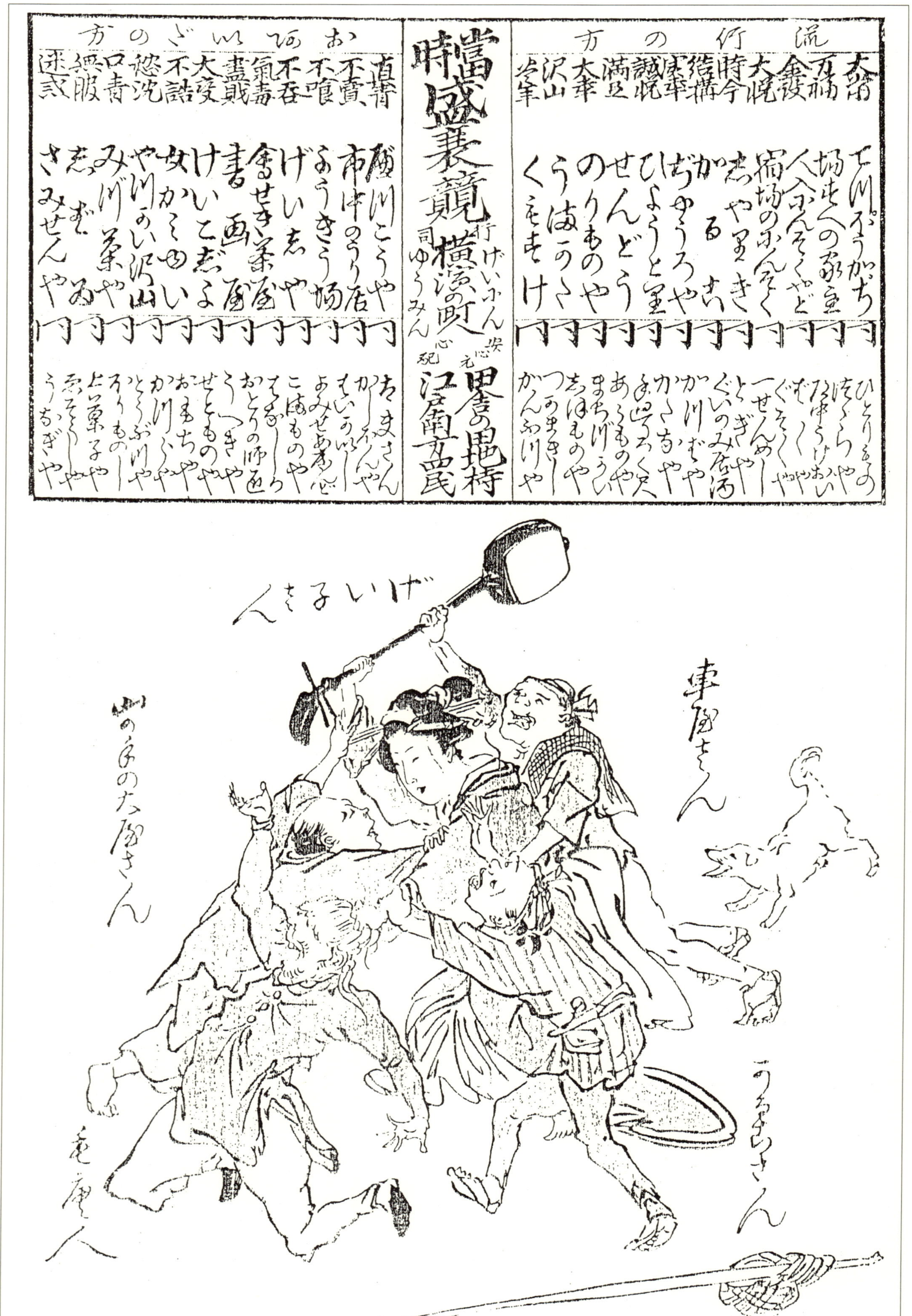

90 当時盛衰競

当時盛衰競

行司　げいにん　横浜の町人　ゆうみん

安心元　田舎の田地持

心配　江戸南方四民

流行の方

大当	てつぽうかぢ
万福	場すへの家主
金設	人入にんそくやど
大悦	宿場のにんそく
時今	しやりき
結構	かるこ
実華	ぢやうろや
誠悦	ひようとり
満足	せんどう
大華	のりものや
沢山	うまかた
豊年	くもすけ
同	ひとりもの
同	つゝらや
同	道中うけおい
同	ばくや
同	ぐそくや
同	一せんめし
同	とぎや
同	ぐいのみ居酒
同	かつばや
同	かたなや
同	手廻りろく尺
同	あらものや
同	まちづかい
同	しほものや
同	つかまきし
同	かんふつや

おあいだの方

真青	べつこうや
不売	市中のうり店
不喰	ようきう場
不呑	げいしや
気毒	会せき茶屋
尽財	書画屋
大変	けいこじよ
不詰	女かミゆい
愁沈	やつかい沢山
口青	みづ茶や
無服	しばゐ
迷惑	さみせんや
同	太夫さん
同	かしほんや
同	はいかいし
同	よみせあきんど
同	こまものや
同	はなしか
同	おとりの師匠
同	うへきや
同	せとものや
同	おもちや
同	かつらや
同	とうぶつや
同	ほりものし
同	上菓子や
同	ゐそうしや
同	うなぎや

「当時盛衰競」は安政６年（1859）の横浜開港直後に板行され、当地で繁盛した商売を並べた番付である。番付右「流行の方」代表として、「しゃりき」（車力、大八車などをひいて荷物を運ぶ人）、「かるこ」（軽子、荷物運搬に従事した労働者）など運輸や流通に関する職業が多く挙がる。その他、開港に伴い急増した肉体労働者のため、住居を提供する「場すへの家主」や、食事を提供した「一せんめし」（一膳飯屋）や「ぐいのみ居酒」などいずれも港に不可欠の職業であった。加えて「てつぽうかし」や「かたなや」など武具に関する職業もみられ、当該期における諸外国との緊張状況がうかがえて興味深い。

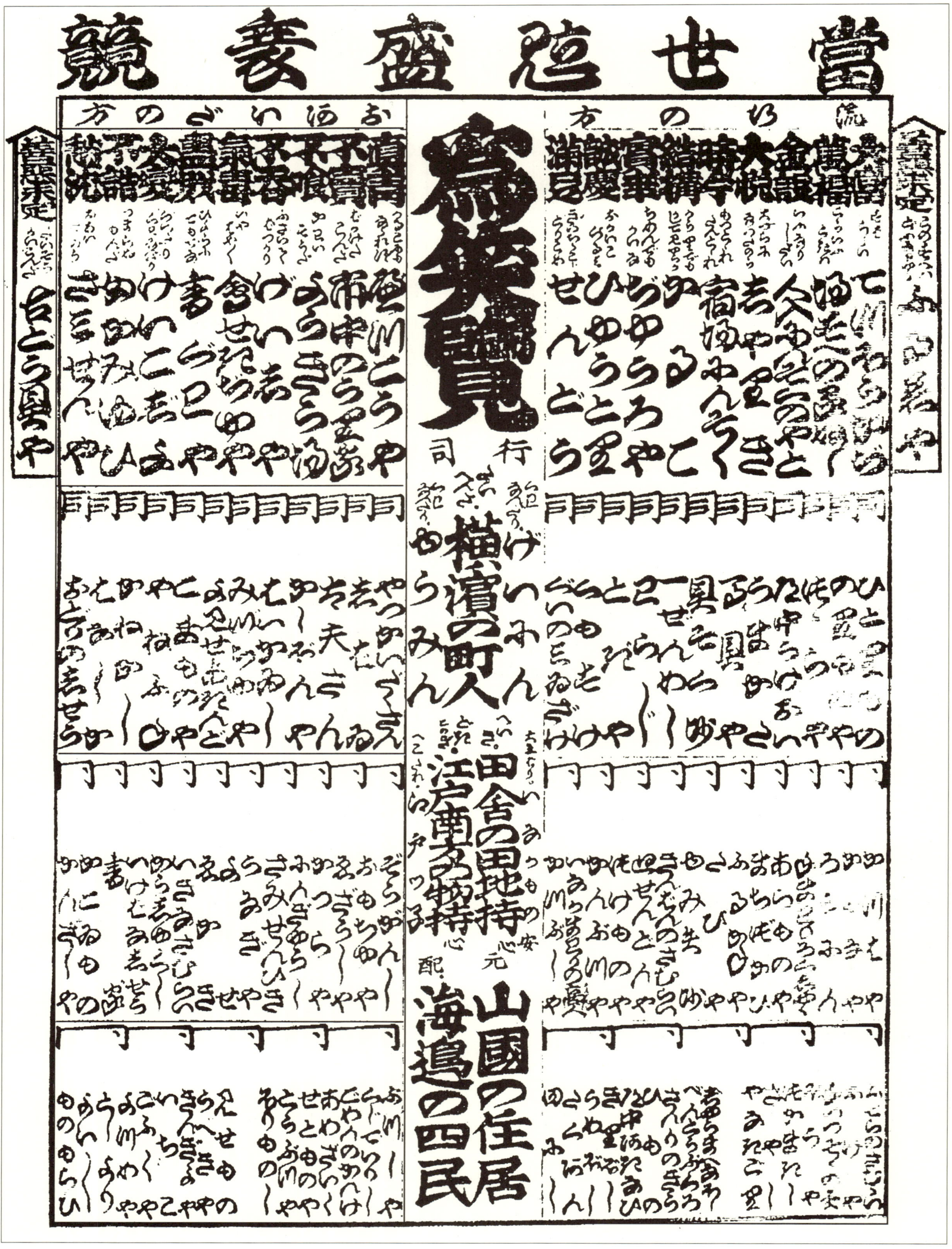

91　当世見立盛衰競

当世魁盛衰競

為笑覧

行司
- くわなんだり・げいにん
- たいへんだ・横浜の町人
- くわなんだり・ゆうみん

- 大ゐばり。いなかもの
- へいき ○田舎の田地持 安心元
- どきこのぎ・江戸南方の物持 心配
- へこたれ・江戸ッ子

山国の住居・海辺の四民

流行の方

- 大当 すばらしい てつぽうかぢ
- 万福 こういふときハ 場すへの家ぬし
- 金設 いふなりしだい 人入にんそくのやと
- 大悦 大づらになつたのう しやりき
- 時今 もつとくれたんとくれ 宿場にんそく
- 結構 かうりでもかして見やうか かるこ
- 実崋 ちふんでもかいな ぢやうろや
- 誠慶 おかいこぐるミ ひやうとり
- 満足 ぎつちらことくりこめ せんどう

善悪未定 このすへハとふなるやら ふる着や

同 ひとりもの
同 のりものや
同 つづらや
同 道中うけおい
同 うまかた
同 馬具や
同 具そく師
同 一ぜんめし
同 わらじ
同 とぎや
同 くもすけ
同 ぐいのミゐざけ
同
同
同

同 かつぱや
同 かたなや
同 ろうにん
同 ねまわりろくしやく
同 あらものや
同 まちずかひ
同 ふるかねや
同 たびや
同 ゆみ矢師
同 きんばんのさむらい
同 廻せんどんや
同 つけものや
同 かんぶつや
同 いなかまわりの商人
同 かつぶしや

同 おてらのさむらい
同 おけや
同 ねつつそくの灸
同 ぼうや
同 つかまきし
同 さやし
同 やなきごり
同 しやうまへなおし
同 べんとうぶくろ
同 さんりのきう
同 ひもの
同 道中あきなひ
同 きりぼし
同 うめぼし
同 たくあん
同 田にし

おあいだの方

- 真青 かるこにもなられす べつこうや
- 不売 ばかけたこんだ 市中のうり家
- 不喰 かわいそうだ ようきう場
- 不呑 ふさいてばつかり げいしや
- 気毒 いやはや〳〵 会せきぢやや
- 尽財 ひよらにてもでる 書ぐわや
- 大変 うつたりくわなんだり けいこじよ
- 不詣 つまらぬもんだ 女かみゆひ
- 愁沈 おあいたから さミせんや

善悪未定 たいそうかいこんだ 古とう具や

同 やつかいだくさん
同 しばゐ
同 太夫さん
同 かしぼんや
同 はいかゐし
同 みづちやや
同 よみせあきんど
同 こまものや
同 やねふね
同 かねかし
同 はなしか
同 おどりのしせう
同
同
同

同 ぞうがんし
同 おもちやや
同 ゐざうしや
同 かつらや
同 にんぎやうし
同 さみせんひき
同 うなぎや
同 よせ
同 ゐかき
同 いきなさむらい
同 かうしやくし
同 いけばなしせう
同 書家
同 かこゐもの
同 かんざしや

同 ぶつしや
同 くじでいりし
同 ごめんのかんけ
同 あめざいく
同 せともの
同 とうぶつや
同 ほりものし
同 見せもの
同 うへきや
同 きんぎよや
同 いちこ
同 ごふくや
同 よつめや
同 としより
同 よい〳〵
同 ものもらひ

この番付は、右側に流行した物、左側に暇になった物（「おあいだの方」）を配している。行司に横浜の町人が出ているので、日米修好通商条約（安政5年・1858）の締結後に板行された番付であることは間違いない。番付をみれば、流行の方に鉄砲鍛冶・人入れ人足の宿・車力が上位を占めている。鉄砲鍛冶が大関に位置しているところから、当時の情勢不安を、また人入れ人足の宿と車力の流行からは、一漁村に過ぎなかった横浜が、開港によって急激な発展を遂げている様子がうかがえる。

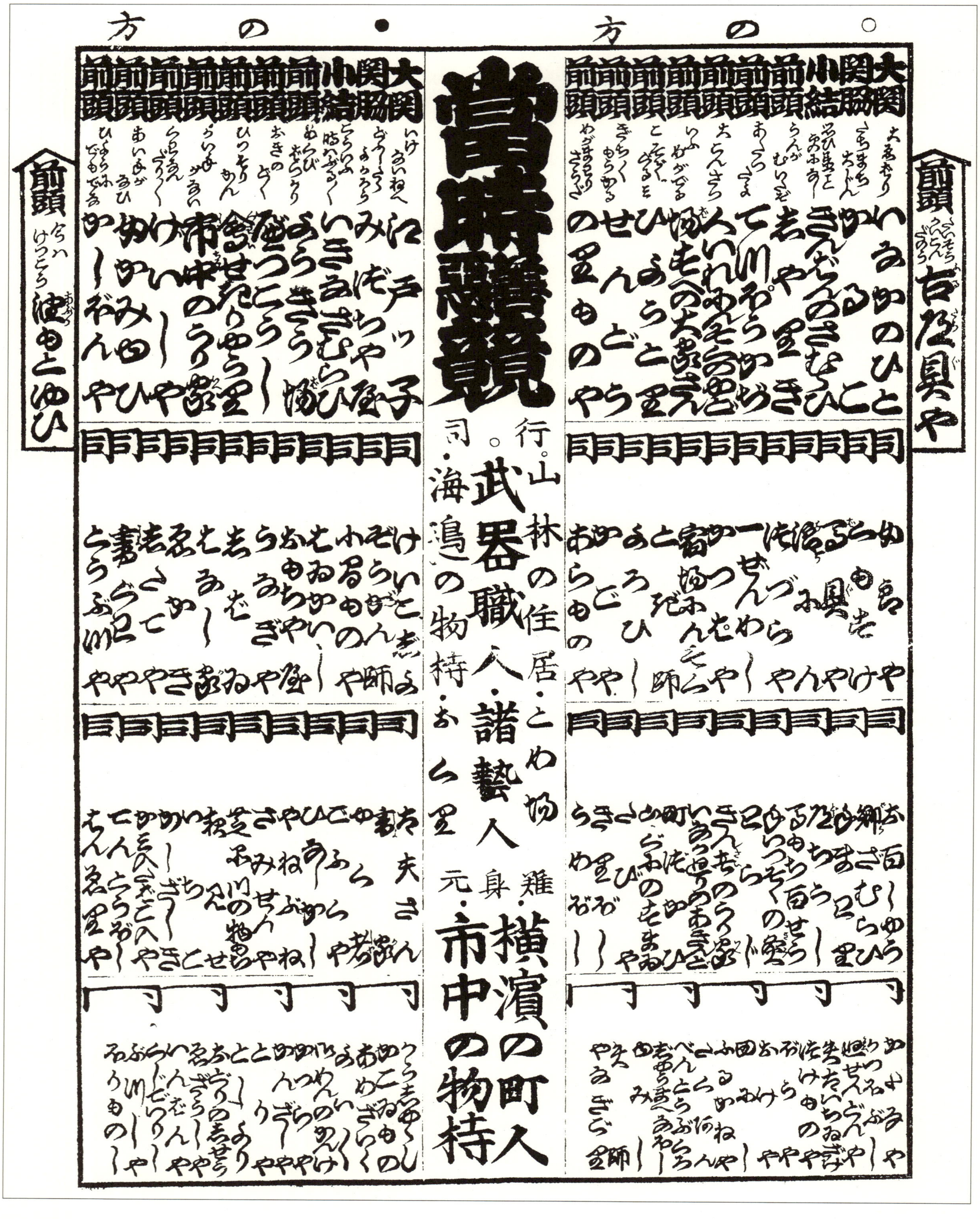

92　当時善悪競

当時善悪競

○の方

大関	大ゐばり	いなかのひと
関脇	たちまち大じん	かるこ
小結	思ひ置ことも更になし	きんばんのさむらひ
前頭	うんがむいたぞ	しやりき
前頭	あたつたよ	てつぽうかぢ
前頭	大こんさつ	人いれにんそくのやど
前頭	いふめがでる	場すへの大家さん
前頭	こそでぐるミ	ひやうとり
前頭	ぎち〱もうかる	せんどう
前頭	めがまわりさうだ	のりものや
前頭	たいそうかいこんだのう	古道具や

同 女郎や　同 くもすけ　同 馬具や　同 浪にん　同 つづらや　同 一ぜんめし　同 かつぱや　同 宿場にんそく　同 とぎ師　同 よろひし　同 かごや　同 あらものや

同 お百しやう　同 郷ざむらひ　同 手まわり　同 道ちうし　同 馬もち百せう　同 手いつそくの灸　同 わらじ　同 きん在のうり家　同 いなか廻りのあきんど　同 町づかひ　同 山ぐにのすまゐ　同 たびや　同 きりぼし　同 うめぼし

同 かたなや　同 かつほぶし　同 廻せんどや　同 矢たいちゐざけ　同 つけものや　同 ぼうや　同 おけや　同 田にし　同 ふるかねや　同 たくあん　同 べんとうぶくろ　同 じやうまへなほし　同 ゆみし　同 矢師　同 やなぎごり

行司

○山林の住居・とめ場

○武器職人・諸芸人

●海辺の物持・おくり

難身元

●横浜の町人

●市中の物持

●の方

大関	いけないねへ	江戸ッ子
関脇	どふしたらよかろう	みづちや屋
小結	こういふ時ハぶる〱	いきなさむらひ
前頭	あくびばつかり	ようきう場
前頭	おきのどく	べつこうし
前頭	ひつそりかん	会せきりやうり
前頭	かい手がない	市中のうり家
前頭	くわなんだり〱	げいしや
前頭	あい手がなひ	女かみゆひ
前頭	ひようにでもでな	かしぼんや
前頭	今ハけつこう	油もとゆひ

同 けいこじよ　同 ぞうがん師　同 小間ものや　同 はゐかいし　同 おもちや屋　同 うなぎや　同 しばゐ　同 はなし家　同 ゐかき　同 したてや　同 書ぐわや　同 とうぶつや

同 太夫さん　同 書家　同 やく者　同 ごふくや　同 ひなしかし　同 やねぶね　同 さみせんや　同 芝品川の物もち　同 夜見せ　同 いちこ　同 かしざしき　同 かミ入たばこ入や　同 てんとうぼし　同 はんゐりや

同 かうしやくし　同 かこゐもの　同 あめざいく　同 よい〱　同 御めんのかんけ　同 かつらや　同 かんざしや　同 とりや　同 としより　同 おどりのしせう　同 ゐざうしや　同 いんばんや　同 くじでいりし　同 ぶつしや　同 ほりものし

文久3年（1863）にイギリス軍艦が来航すると、江戸とその周辺はパニックに陥り、多くの人々が郊外へ逃げ出す騒ぎになった。「当時善悪競」は、この時の世上の浮き沈みを紹介している。潤ったのは疎開先の田舎。どっと人が集ったことにより、「人いれにんそくのやど」「場すへの大家さん」など宿泊施設が賑わった。すわっ戦争か、という事態に「てつぽうかじ」「かたなや」など武器屋も儲けたようである。このように特需で沸く田舎に対して、江戸市中は「かい手がない 市中のうり家」「ひつそりかん 会せきりやうり」など、人がいなくて閑散とした様子がうかがえる。そもそも「いなかのひと」は普段「江戸っ子」に対する劣等意識が強いのだが、この時ばかりは「大ゐばり」となったようだ。

賣卜者

高價
大店
閑無
安心
強腕
博代
品切
流行

根岸の賣居
澤庵屋（立退）
茶船ヶ舟頭
田地もち
車力かるこ
たそへの家主
蔵むしろ
長持つづら

泰平善悪鏡

三芝居

犬象

吉額
千板
不出
氣重
素顔
於間
邪ノ
直安

金かし
會席茶屋
志ちや
地持
藝者
三味線の師匠
茶の湯道具

休
三題噺

雜司ヶ谷開扉

江戸中男世帯
吉原仮宅

入要

石炭
磁石
鉄炮
新刀
鎗

不要

上菓子
江ノ嶋開帳
琴胡弓
古刀
銀ぐさり
生魚
中ごん

93　泰平善悪鏡

泰平善悪鏡

本所 回向院 三芝居 牛込 三光院

両国 大象 浅艸 らくだ

独身者 子沢山 大工 時計師

江戸中男世帯 吉原仮宅

方角売ト者

高価 根岸の売居
大店 澤庵屋へ立退
間無 茶船ノ舟頭
安心 田地もち
強腕 車力かるこ
樽代 ばすへの家主
品切 菰むしろ
流行 長持つゞら

見舞笹まきすし

同 田舎のしんるい
同 白米ノ買置
同 きさらづふね
同 甲州馬
同 横浜飛脚
同 馬具屋
同 鳶人足
同 道中元〆
同 陸尺手廻り
同 とほしかこ

同 てうちんや
同 塩干肴
同 奥川積問や
同 らうそくや
同 やとひ人足
同 さうりわらし
同 乗もの師
同 たきだし
同 かつぶしや
同 ざいもく問屋
同 目ぬり左官
同 小ばん二分金

売買禁千枚限り

入要

石炭 硝石 鎗鉄炮 新刀 なまり 梅ぼし 塩みそ てんま人足

休 三題噺

青顔 金かし
干板 会席茶屋
不出 しちや
気重 地めん持
素顔 芸者
於間 三味線の師匠
邪魔 茶の湯道具
直安 たんす段ばしご

雑司ヶ谷開扉

同 べつこうや
同 ふくろものや
同 はいかいし
同 画師
同 やうきうば
同 はなしか
同 縁日あきんと
同 たいこもち
同 畳たてぐ
同 よせ

かこい女

同 碁しやうぎ
同 こふくや
同 けいあん
同 水茶屋
同 あんま
同 かし本屋
同 義太夫語り
同 かうしやく油
同 こハいろつかひ
同 作者
同 まきゑし
同 ぜに

不要

上菓子 江ノ嶋開帳 琴胡弓 古刀 銀ぐさり 生魚 もやし物 中どん

この番付は、文久３年（1863）３月に板行されたものであり、当時の状況を望ましく思っている者が右側、そうでない者が左側に配されている。江戸では当時、幕府と英国は戦争に及ぶのではないかと噂され、混乱を極めていた。番付は、その状況を色濃く反映し、場末の家主や車力かるこを上位に挙げている。これは、戦争となれば江戸の町民は場末に避難することになり、家財運送のために車力の需要が高まるとの予想であろう。それゆえ、江戸の町民を商売相手とする地面持と芸者は反対に、当時の状況を好ましく思っていない方の上位に挙げられているのである。

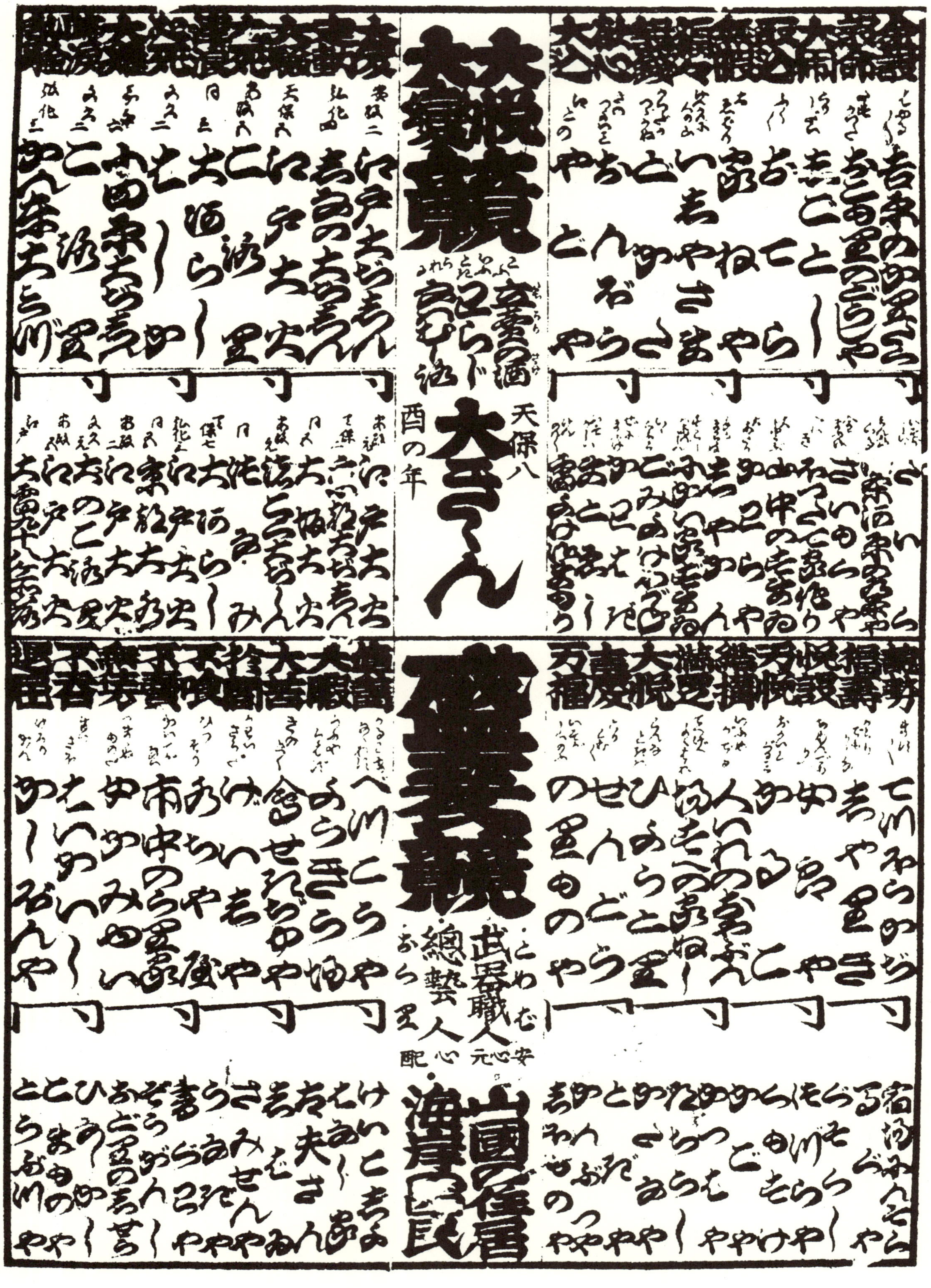

94　大悦大変競・盛衰競

大悦大変競

金設 はやる〳〵 吉原のかりたく
設命 たすかつた おこもりのどうしや
大鬧 うりしだい しごとし
取込 ふく〳〵 おてら
無暇 おゝゐばり 家ねや
福々 げんかんに人の山 いしやさま
設銭 からだかつゞかぬ どかた
歓心 きのつよいこと おんぼう
大込 江どの やどや

同 いそがしい たいく
同 ミんなくる 四条河原の水茶や
同 金まふけ ざいもくや
同 へいき ほつたて家作り
同 大じやうぶ 山中のすまゐ
同 大あたり かわらや
同 手がまわらぬ しやかん
同 すこしハあんしん にかい家ずまゐ
同 いゝくふう ごみよけめがね
同 ぜにまふけ かわはぎ
同 いそがしい まとゐし
同 けんのん〳〵 雷よけ御まもり

大変 安政二 江戸大ぢしん
走動 弘化四 しなの大ぢしん
大騒 天保五 江戸大火
大死 安政五 ころり
津浪 同 三 大あらし
必死 文久二 はしか
大難 嘉永六 小田原大ぢしん
啼涙 文久二 ころり
乱騒 弘化三 かん東大みづ

同 安政元 江戸大火
同 天保二 京都大ぢしん
同 同五 大坂大火
同 安政元 諸こく大ぢしん
同 同 つなみ
同 天保七 大あらし
同 弘化三 江戸大火
同 同五 京都大水
同 安政二 江戸大火
同 文久元 犬のころり
同 安政五 江戸大火
同 江戸 大雷九十八ケ所落

こいふふきとうれる
立売(たちうり)の酒(さけ) わらじ なハむしろ
天保八 酉の年 大きゝん

盛衰競

龍勢 ます〳〵 てつぽうかぢ
福寿 からりでもかしな しやりき
悦設 ちもんでもかへ 女郎や
万悦 おかいしぐるミ かるこ
結構 いふめがぢる 人いれのおやぶん
満足 てへげへよくはれ 場すへの家ぬし
大悦 こんなときハ ひようとり
吉慶 とりこむ〳〵 せんどう
万福 いそがしいのふ のりものや

同 宿場にんそく
同 馬ぐや
同 ぐそくし
同 つづらや
同 くもすけ
同 かごや
同 かつぱや
同 道ちらし
同 かたなや
同 とぎや
同 かんぶつや
同 しほものや

真青 かるこにもなられず べつこうや
大暇 くふやくはず ようきう場
大苦 きのどく 会せきぢやや
於闇 かわいさうだ げいしや
不喰 ひつそり 水ちや屋
不売 かいてがない 市中のうり家
無仕方 つまらぬものだ 女かみゆい
不呑 まつさほ はいかいし
退屈 けろりかん かしぼんや

同 けいこじよ
同 はなし家
同 太夫さん
同 しばゐ
同 さみせんや
同 うなぎや
同 書ぐわや
同 ぞうがんし
同 おどりのしせう
同 ひなしかし
同 こまものや
同 とうぶつや

・とめば ○武器職人 元心安
・総芸人 配心
・おくり
○山国の住居
・海岸の四民

文久２年（1862）頃板行の「大悦大変競・盛衰競」は、災害で好況となる職業の一覧と、江戸を中心とした災害現象を羅列的に紹介している。番付をみると、大地震（安政２年）、大洪水（安政３年）、コレラ（安政５年）、麻疹（文久２年）など、幕末という激変する社会情勢に対応するように災害が頻発していたことが分かる。この非常時においては、肉体労働者のほか、鉄砲鍛冶や刀屋などの武器職人、運送業など盛況し、一方で芝居、俳諧師、三味線屋など芸能・娯楽関連の職業は軒並み不況であったようだ。

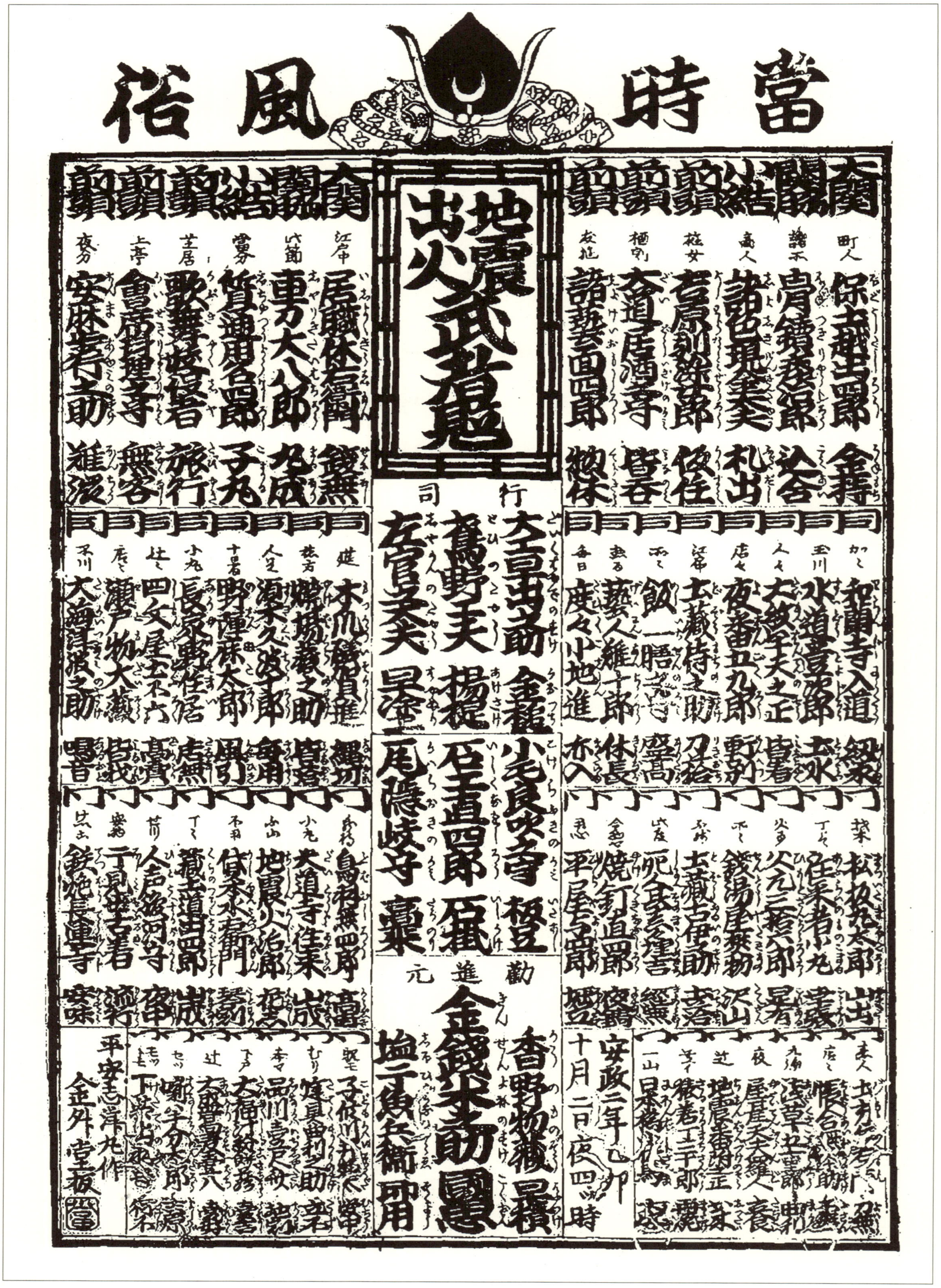

95　地震出火武者見立

当時風俗

地震出火武者魁

大関 町人 保土越出四郎 金持
関脇 諸品 骨鑽療治郎 込合
小結 商人 諸色現金太夫 札出
前頭 遊女 吉原馴染女郎 仮住
前頭 栖割 大道居酒之守 皆呑
前頭 友遊 諸芸面四郎 惣休

同 加々 和蘭寺入道 紐求□
同 玉川 水道豊次郎 土水
同 人々 大紋半天之正 皆着
同 店々 夜番五九郎 軒別
同 江戸中 土蔵待之助 力落
同 所々 飯一膳之守 盛高
同 惣而 芸人難十郎 休長
同 毎日 度々小地進 亦入

同 材木 松板丸太郎 山出
同 丁□□ 往来者小丸 幸張
同 火事 火元三拾六郎 是有
同 所々 銭湯屋焚物 沢山
同 不残 土蔵古伊之助 土落
同 此度 死人其真々埋吉 経無
同 金物や 焼釘直四郎 夜鍋
同 用心 平屋与四郎 堀立

同 素人 土方多右エ門 刀無
同 店々 帳合無□助 不算
同 九□ 浅草五重郎 曲利
同 夜 屋台天夫羅人 立食
同 辻 地震番附之正 出来
同 芝イ 猿若丁三十郎 再焼
同 一山 日本橋小伝馬 大安

安政二年乙卯
十月二日夜四ツ時

行司
大工早出之助 金槌
鳶野工夫 揚提
左官之太夫 早塗
小毛良吹之守 板足
石工直四郎 石掛
瓦隠岐守 高乗

勧進元
香野物蔵 早積
金銭米之助 国恩
塩千魚兵衛 即用

大関 江戸中 居職休右衛門 銭無
関脇 此節 車力大八郎 丸成
小結 当分 質通用名四郎 子丸
前頭 芝居 歌舞妓役者 旅行
前頭 上亭 会席料理之守 無客
前頭 夜分 安麻歩行之助 難渋

同 蒁 木瓜儀賀進 縄切
同 諸方 焼場蔵之助 皆落
同 人足 須木久波十郎 毎用
同 十日間 野陣寝太郎 風引
同 小丸 長家野住居 店無
同 辻々 四文屋十不六 高売
同 店々 瀬戸物大蔵 皆我
同 品川 大海津波之助 鳴音

同 蔵持 鳥羽無四郎 高直
同 小丸 大道寺往来 山成
同 不山 地震火治郎 花志
同 不用 貸本水右衛門 琴割
同 丁々 蔵土道出四郎 山成
同 せつ 人声駿河守 夜中
同 安物 干見世古着 流行
同 けい出 鉄炮長連寺 安味

同 親モ 子供川井惣太 夢中
同 むり 建具曲利之助 立不
同 本マ 品川壱尺斎 地割
同 下戸 大福汁粉餅蔵 売吉
同 辻 大盛蕎麦壱八 売好
同 セツ 噺半分太郎 吉原
同 トモモツ 下駄出羽守 行不

平安志津丸作
金升堂板 印

「地震出火武者見立」は、安政２年（1855）の江戸大地震を経て製作された番付で、震災後の盛況を報じている。特に注目したいのは、上部に兜の絵を描き、全体を武者の名前になぞらえていることである。当時江戸町人の間で広く武芸習いが流行していた。この背景には、大地震・黒船来襲（地震の２年前）など社会不穏の状況下、御上の庇護が期待出来ないのなら、自分の身は自分で守ろうという新しい社会動向が生じていたことが挙げられる。こうした状況を、版元が敏感に察知し、いち早く取り入れて作成したのが本番付なのである。

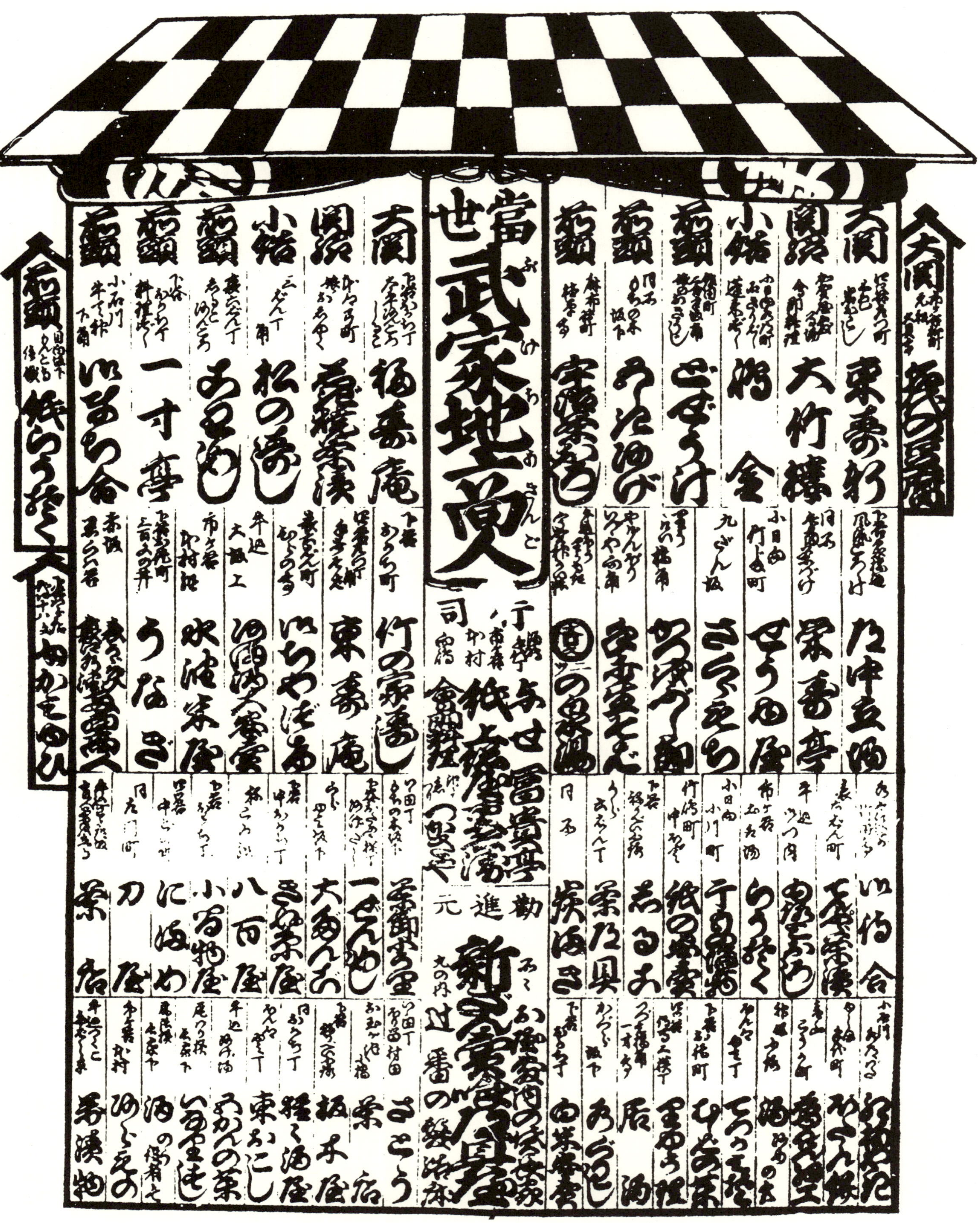

96　当世武家地商人

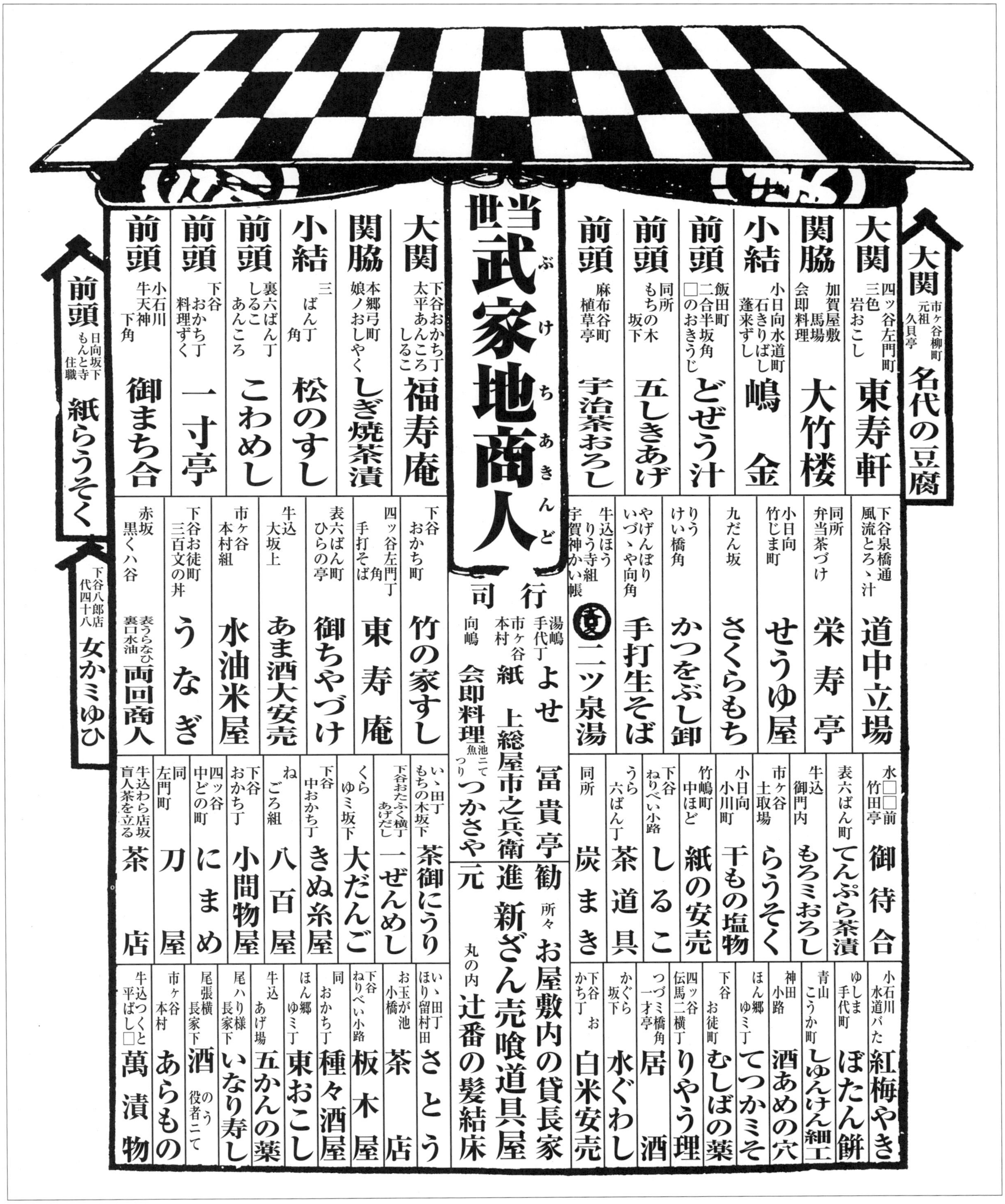

当世武家地商人（ぶけちあきんど）
大関 市ヶ谷柳町 元祖 久具亭 名代の豆腐
大関 四ッ谷左門町 三色 岩おこし 東寿軒
関脇 加賀屋敷 馬場 会即料理 大竹楼
小結 小日向水道町 石きりばし 蓬来ずし 嶋金
前頭 飯田町 二合半坂角 □のおきうじ どぜう汁
前頭 同所 もちの木 坂下 五しきあげ
前頭 麻布谷町 植草亭 宇治茶おろし
大関 下谷おかち丁 太平あんころ しるこ 福寿庵
関脇 本郷弓町 娘ノおしやく しぎ焼茶漬
小結 三ばん丁 角 松のすし
前頭 裏六ばん丁 しるこ あんころ こわめし
前頭 下谷 おかち丁 料理ずく 一寸亭
前頭 小石川 牛天神 下角 御まち合
前頭 日向坂下 もんと寺 住職 紙らうそく
下谷泉橋通 風流とろゝ汁 道中立場
同所 弁当茶づけ 栄寿亭
小日向 竹じま町 せうゆ屋
九だん坂 さくらもち
りう けい橋角 かつをぶし卸
やげんぼり いづゝや向角 手打生そば
牛込ほう りう寺組 宇賀神かい帳 二ッ泉湯
下谷 おかち町 竹の家すし
四ッ谷左門丁 手打そば 角 東寿庵
表六ばん町 ひらの亭 御ちやづけ
牛込 大坂上 あま酒大安売
市ヶ谷 本村組 水油米屋
下谷お徒町 三百文の丼 うなぎ
赤坂 黒くハ谷 表うらなひ 裏口水油 両回商人
下谷八郎店 代四十八 女かミゆひ
行司
湯嶋 手代丁 よせ 冨貴亭勧
市ヶ谷 本村 紙 上総屋市之兵衛進
向嶋 会即料理 池ニて 魚つり つかさや元
所々 お屋敷内の貸長家
新ざん売喰道具屋
丸の内 辻番の髪結床
水□□前 竹田亭 御待合
表六ばん町 てんぷら茶漬
牛込 御門内 もろミおろし
市ヶ谷 土取場 らうそく
小日向 小川町 干もの塩物
竹嶋町 中ほど 紙の安売
下谷 ねりべい小路 しるこ
うら 六ばん丁 茶道具
同所 炭まき
い、田丁 もちの木坂下 茶御にうり
下谷おたふく横丁 あげだし 一ぜんめし
くら ゆミ坂下 大だんご
下谷 中おかち丁 きぬ糸屋
ね ごろ組 八百屋
下谷 おかち丁 小間物屋
四ッ谷 中どの町 にまめ
同 左門町 刀屋
牛込わら店坂 盲人茶を立る 茶店
小石川 水道バた 紅梅やき
ゆしま 手代町 ぼたん餅
青山 こうか町 しゅんけん細工
神田 小路 酒あめの穴
ほん郷 ゆミ丁 てつかミそ
下谷 お徒町 むしばの薬
四ッ谷 伝馬二横丁 りやう理
つゞミ橋角 一才亭 居酒
かぐら 坂下 水ぐわし
下谷 かち丁 お 白米安売
い、田丁 ほり留村田 さとう
お玉が池 小橋 茶店
下谷 ねりべい小路 板木屋
同 おかち丁 種々酒屋
ほん郷 ゆミ丁 東おこし
牛込 あげ場 五かんの薬
尾ハり様 長家下 いなり寿し
尾張横 長家下 役者ニて のう 酒
市ヶ谷 本村 あらもの
牛込つくと 平ばし□ 萬漬物

「当世武家地商人」は明治初期の板行と考えられるが、江戸武家地における商人・職人を相撲見立で紹介する。江戸時代の城下町は身分制を都市計画に反映させ、武家屋敷と町屋を明確に区分けしていた。むろん両者に交流がなかったわけではない。武士の生活を存立させるためにも、少なからず商人・職人が武家地に出入りしていたのである。本番付にはこのような商人が70種以上挙げられており、中でも食品に関わるものが最も多い。その他ろうそく、炭まき、紙、女髪結いなど生活雑貨に関わる商人・職人の名も見えている。

料理

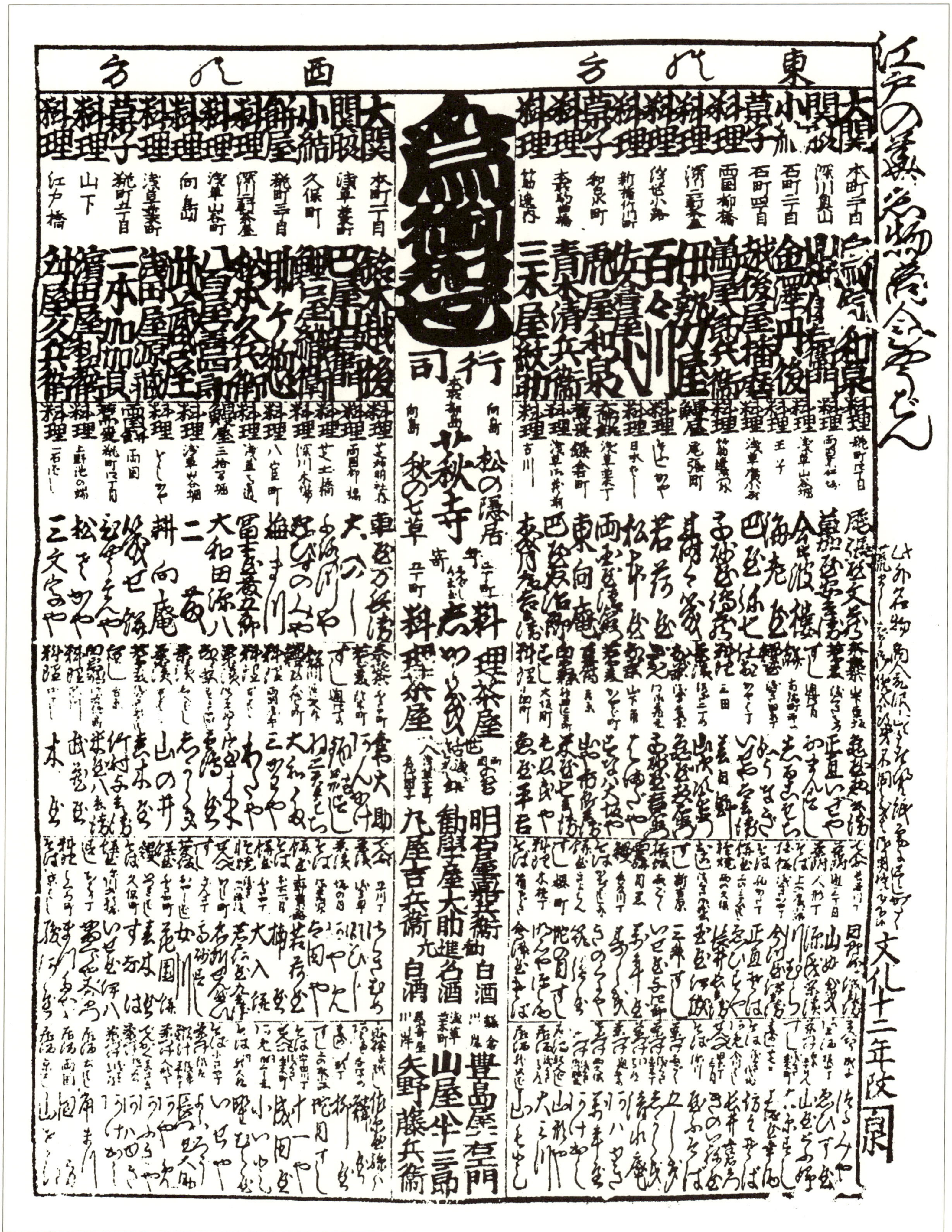

江戸の華名物商人ひやうばん

東の方

西の方

行司

文化十二年改

97　江戸の華名物商人ひやうばん

江戸の華名物商人ひやうばん

此外名物商人衆沢山ニ御座候得共、紙筆に尽しがたく荒まし奉御覧入候、次第不同之義は御用捨可被下候

文化十二年改　泉

東の方

大関　本町二丁目　鳥飼和泉
関脇　深川奥山　山本儀右衛門
小結　石町二丁目　金澤丹後
菓子　石町四丁目　越後屋播磨
料理　両国柳橋　萬屋八郎兵衛
料理　深川二軒茶屋　伊勢屋
料理　浮世小路　百々川
料理　新橋竹川町　佐倉屋小八
菓子　和泉町　虎屋和泉
料理　本所駒留橋　青木清兵衛
料理　筋違内　三木屋紋助

料理　糀町四丁目　尾張屋文蔵
料理　両国薬研堀　草加屋安兵衛
料理　浅草山谷堀　金波楼
料理　王子　海老屋
料理　浅草広小じ　巴屋弥七
料理　筋違御門外　高砂屋傳蔵
鰻屋　尾張町　寿々幾
料理　ぞふしかや　若荷屋
料理　日本ばし　松本屋
大仏餅　浅草並木丁　両国屋清右衛門
蕎麦　鎌倉町　東向庵
料理　浅草御蔵前　巴屋忠治郎
料理　古川　森月庵吉兵衛

奈良茶　山下車坂　亀屋惣兵衛
蕎麦　浅くさ馬道　正直いせや
すし　通四丁目　おまんすし
餅　南鍋町二丁め　しるこもち
鰻屋　浅くさ田原丁　奴うなぎ
仕出シ　かやは丁　いせや太兵衛
料理　三田　春日野
茶漬　銀ざ二丁め　山吹次右衛門
なら茶　浅くさ雷門前　亀屋惣右衛門
ぎおん　同御蔵前　高砂屋吉右衛門
なら茶　山下角　はまだや
蕎麦　かやば町　すな八大坂や
豆腐　吉原　山や市郎兵衛
白雪糖　神田としま町　米屋七兵衛
すし　大坂町　毛ぬきや
料理　小網町　魚屋平吉

でんぶ　長谷川丁　日野屋儀兵衛
茶附　通三丁目　山ふき
茶附　人形丁　源氏茶漬
そば　上の広小路　川むら
柏餅　浅くさかや丁　今川屋伊兵衛
そば　駒かた丁　正直そは
餅屋　上の三まいはし　ゑひすや
軽焼　西の久保　長井長兵衛
おこし　浅くさ御蔵前　玉屋伊織
すし　新吉原　三升すし
膳飯　両ごく　いせ屋与四郎
栗餅　目黒　萬年屋
鰻　長谷川丁　寿々幾
そば　かぢはし外　きいのくにや
餅屋　きよちん　筑後屋
すし　堺町　蛇の目すし
料理　木挽丁　明石や源之助
そば　箱ざき　会津屋そば

まんぢう　成子　つるみや
あま酒　横山町　ゑひすや
茶づけ　吉原五十けん　山屋とふふ
すし　浅くさ並木町　吉原すし
麦めし　芝口　上総屋幸助
そば　浅くさ代地　坊主そば
あめ　今川ばし　長井幸右衛門
せんべい　田原丁三丁目　きのいね屋
そば　深川　やふそば
茶づけ　両ごく　五しき
茶づけ　浅くさ並木丁　しからき
茶づけ　同馬道　清水庵
茶づけ　通三丁め　あハゆき
茶づけ　西久保　萬年屋
茶づけ　浅くさ御門跡前　あけ出し
居酒　親父ばし　山形や
居酒　浅くさ馬道　大三川
居酒　龍閑ばし　山もと

為御知せ

行司
向島　松の隠居
本所柳島　萩寺
向島　秋の七草

年寄
二丁目　料理茶屋　世
しんばし水玉屋　しからき　話
五丁目　料理茶屋　人

両国あハ雪　明石屋嘉兵衛　勧
浅草　浅餅　勧学屋大助　進
浅草茅町　名代団子　丸屋吉兵衛　元

白酒　鎌倉川岸　豊島屋十右エ門
名酒　浅草並木町　山屋牛三郎
白酒　数寄屋川岸　矢野藤兵衛

西の方

大関　本町一丁目　鈴木越後
関脇　浅草並木町　巴屋山右衛門
小結　久保町　鯉屋織衛
餅屋　糀町三丁目　助ケ惣
料理　深川二軒茶屋　松本久兵衛
料理　浅草山谷町　八百屋善四郎
料理　向島　武蔵屋
料理　浅草並木町　浅田屋源蔵
菓子　糀町五丁目　二本加賀
料理　山下　濱田屋利兵衛
料理　江戸橋　舛屋久兵衛

料理　芝神明社内　車屋万兵衛
料理　両国柳橋　大のし
料理　芝土橋　千路川や
料理　深川木場　ゑびすのみや
料理　八官町　梅まつ
料理　浅草馬道　冨士屋藤五郎
鰻屋　三拾間堀　大和田源八
料理　浅草山谷堀　二藤
料理　ぞうしかや　耕向庵
両国　餅　両国きせ餅
蕎麦　糀町四丁目　ひやうたんや
料理　上野池の端　松さかや
料理　一石ばし　三文字や

奈良茶　ふきや町　壺や大助
蕎麦　鈴木町　あんかけ
すし　通四丁め　釣瓶すし
餅　すしかへ外　羽二重もち
鰻屋　大伝馬町　大和多
料理　両国尾上丁　三かわや
料理　中はし　わたや
茶漬　浅草御くらまへ　宝来
なら茶　すきやがし　靏屋
茶漬　しんばし　しがらき
茶漬　京ばし　山の井
蕎麦　浅くさ新大はし　松木屋
くわし　吉原　竹村与兵衛
白雪糖　四谷伝馬町　米屋八兵衛
料理　品川　武蔵屋
料理　中ばし　木屋

でんぶ　平川丁　さらさむめ
茶漬　浅くさ田丁　通ひじ
茶漬　堀の内　あやめ
そば　四谷御門外　太田や
餅屋　上野広小路　若荷屋
そば　本所一ツ目　楠屋
餅屋　ふきや丁　大入餅
軽焼　浅くさ御門跡後　若荷屋九兵衛
せんべい　かうし町　名所せんべい
すし　ぎんざ丁　高砂すし
菜飯　おやじばし　女川
餅屋　ふきや町　花園餅
鰻　いつミばし　春木屋
そば　久保町　すなは
餅屋　深川六軒堀　いせ屋伊八
すし　おはり丁　かまくらや文右衛門
料理　ミくら町　まつたや
そは　京はし　駿河屋

永代餅　永代はし　佐原屋孫八
あま酒　芝口四丁め　鱗屋
麦めし　人形丁　柳屋
すし　上の広小路　蛇目すし
そは　宇田川丁　十一や
せんべい　浅くさ並木町　成田屋
あめ　同御くら前　小いと
そは　同新大橋　野むら屋
そば　北さや丁　いせや
茶づけ　銀座　よふろう
鰕汁　浅草黒舟丁　長門屋大助
茶つけ　人形丁　あやめ
でんがく　真さき　あふきや
茶づけ　四ツ谷　あハゆき
茶づけ　浅草馬道　あけ出し
居酒　土ばし　角まつ
居酒　両国　回方
居酒　京ばし　山さき

文化12年（1815）に板行された「江戸の華名物商人ひやうばん」は、江戸市中の本格的な料理茶屋・菓子・鰻・鮨屋を網羅した番付である。本番付に限らず、当時、江戸の食文化を誇る番付板行が隆盛したが、その背景には文化３年の江戸大火がある。それまで食物商売は屋台形式の振り売りが主体であったが、町人町の大半を焼失するほどの羅災を受け、幕府は商人に対して振り売りを禁止するようになる。以降、店舗を持つ本格的な料理屋が出現・急増し、その数実に7,000軒余りに達した。こうした状況から、この時期にいたってはじめて、江戸の食文化が本格的に開花していったのである。

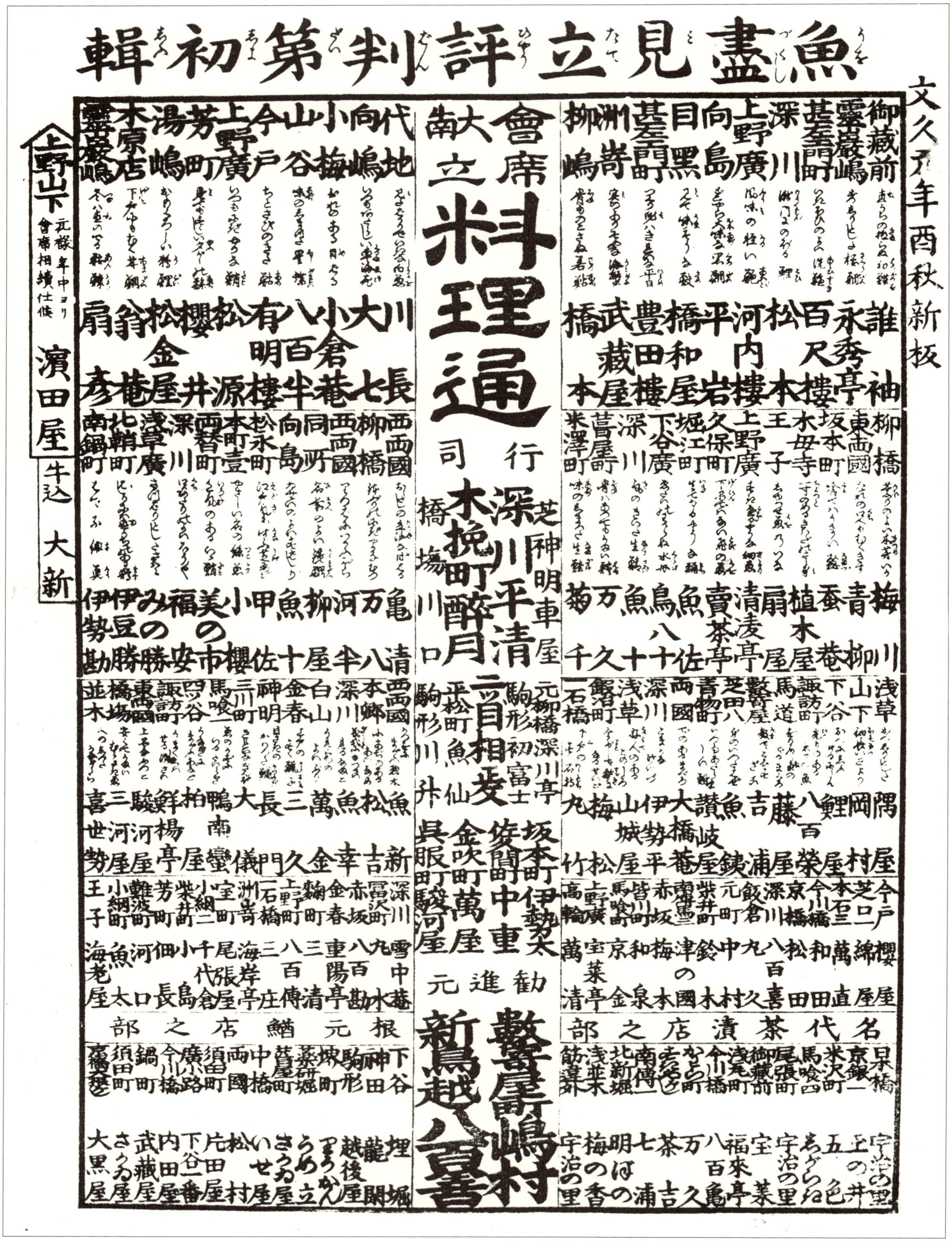

98 魚尽見立評判第初輯 会席献立料理通

魚尽見立評判第初輯

文久元年酉秋新板

会席献立料理通

御蔵前　直うちの極らぬ初鰹　誰袖
霊巌嶋　どつしりとした桜鯛　永秀亭
茅場町　いきほひのよい洗鱸　百尺楼
深川　瀧門にのぼる鯉　松本
上野廣　風味の軽い鮑　河内楼
向島　どこやら大味な黒鯛　平岩
目黒　見て味そうな鮫　橋和屋
茅場町　つくり身ハきれいな平目　豊田楼
洲寄　実のありそふな海蟹　武蔵屋
柳嶋　骨ものこさぬ若鮎　橋本

代地　見たばかりでいきな白魚　川長
向嶋　いつもあたらしい車海老　大七
小梅　ひれのある目ばる　小倉庵
山谷　味のしまつた星鰈　八百半
今戸　ちとさびのきた鮎　有明楼
上野廣　いつもにぎやかな蛸　松源
芳町　見てもすゝしい夕がしの鯵　桜井
湯嶋　おもくるしい鵜鯉　松金屋
木原店　下戸にもむく甘鯛　翁庵
霊巌嶋　冬ハ直のでる鮟鱇　扇彦

柳橋　薫りのよい木芽いか　梅川
東両国　たれの口へもむくきす　青柳
坂本町　喰てハうまい鯰　蚕庵
木母寺　一寸のめるきハだのさし身　植木屋
王子　しゆつせ魚のいな　扇屋
上野廣　すき通るやうな細魚　清凌亭
久保町　下品でハない飛の魚　売茶亭
堀江町　生てゐるやうな鯒　魚佐
下谷廣　ゑたいのわからぬ水母　鳥八十
深川　気のきいた生鯖　魚十
茸屋町　骨ハあつてもうまい鱧　万久
米澤町　味のしまつた生鮭　菊千

西両国　おしたしの立派な目ばる　亀清
柳橋　鉢ぶりのにぎやかなむつ　万八
西両国　りつぱにいかふぼら　河半
同所　名前のよい鏡鯛　柳屋
向島　ゐせいのよいすばしり　魚十
松永町　江戸気に叶ふ芝ゑび　甲佐
本町壱　やさしい名の絲魚　小桜
両替町　色気のあるいゝ蛸　美の市
深川　口あたりのよいほうぐ　福安
浅草廣　さつぱりとしたさはら　みの勝
北鞘町　はしかにハ直うちのある鱒　伊豆勝
南鍋町　はでな緋魚　伊勢勘

浅草　かつしりとした　隅屋
山下　細長いさより　岡村
下谷　おつにしふけるにしん　鯉屋
諏訪町　光りのある太刀の魚　八百栄
馬道　をりふし直のでるまぐろ　藤屋
数寄屋　数でこなすざこ　吉浦
芝田八　身のいつたはぜ　魚銕
青物町　いつもあたらしい鮒　讃岐屋
両国　でのあるまぐろ　大橋庵
深川　こまかなけいづ　伊勢平
浅草　好人のあるとのしろ　山城屋
鍛冶町　今少しで鱸になるせいご　梅松
一石橋　下戸のすく石持　丸竹

西両国　かつをにまがふ惣木　魚新
本郷　小あぢのあるあいなめ　松吉
深川　義式につかハれるなまこ　魚幸
白山　うれくちのよいぶり　万金
金春　上戸のすく鱲子　三久
神明　目さきのかハつた鰄　長門
三川町　きれいなぎんぼ　大儀
馬喰一　魚のかずにいるたいらぎ　鴨南蛮
四ツ谷　うなぎにまがふあなご　柏屋
諏訪町　うまくくハせる汐さい　鮮楊亭
東両国　上品なふつこ　駿河屋
橋場　安くてうまいむらさき魚　三河屋
並木　人のしつたうながしら　喜世勢

今戸　桜屋
芝口一　綿屋
本石三　万直
今川橋　和田
京橋　松田
深川　八百喜
飯倉　丸久
元町　中村
柴井町　鈴木
南伝馬三　津の国
赤坂　梅本
皆川町　和泉
馬喰町　京金
上野廣　宝菜亭
高輪　萬清

深川　雪中庵
冨沢町　丸水
赤坂　八百勘
金春　重陽亭
麹町　三清
上野町　八百傳
一石橋　三庄
洲寄　海岸亭
室町　尾張屋
小網二　千代倉
柴井町　小島
芳町　佃長
難波町　河口
小網町　魚太
王子　海老屋

行司
芝神明　車屋
深川　平清
木挽町　酔月
橋場　川口

元柳橋　深川亭
駒形　初富士
一ツ目　相政
平松町　魚仙
駒形　川升

坂本町　伊勢太
佐久間町　中重
金吹町　萬屋
呉服町　駿河屋

勧進元
数寄屋町　嶋村
新鳥越　八百善

上野山下　濱田屋　元禄年中ヨリ会席相続仕候
牛込　大新

名代茶漬店之部

日本橋　宇治の里
京銀一　玉の井
米沢町　五色
馬喰四　しがらき
尾張町　宇治の里
御蔵前　宝菜
浅瓦町　福来亭
今川橋　八百亀
かわら町　万久
すきやがし　茶吉
南伝一　七浦
北新堀　明ぼの
浅並木　梅の香
筋違外　宇治の里

根元鮪店之部

下谷　埋堀
神田　龍閑
駒形　越後屋
堺町　りうかん
薬研堀　うめ立
茸屋町　さかゐ屋
中橋　いせ屋
両国　松村
須田町　片田屋
廣小路　下谷一番
今川橋　内田屋
鍋町　武蔵屋
須田町　さかゐ屋
京橋大根がし　大黒屋

文久元年（1861）板行の「魚尽見立評判第初輯 会席献立料理通」は、魚貝類を扱った江戸の料亭を、店の謳い文句を添えて紹介する。本番付にはたくさんの食材が並び、しかも「直うちの極らぬ初鰹」「いつもあたらしい車海老」「いきほいのよい洗鱸」など、新鮮さを売りにしているところが多い。これは江戸が豊穣な湾岸を抱え、日本橋ほとりの魚河岸には毎日豊富な釣果が揚がっていたことに由来する。なお、右上段に「目黒　見て味そうな鮫　橋和屋」とあるが、この当時「鮫」が普通に食卓に上っていたことは、我々現代人にはちょっとした驚きである。

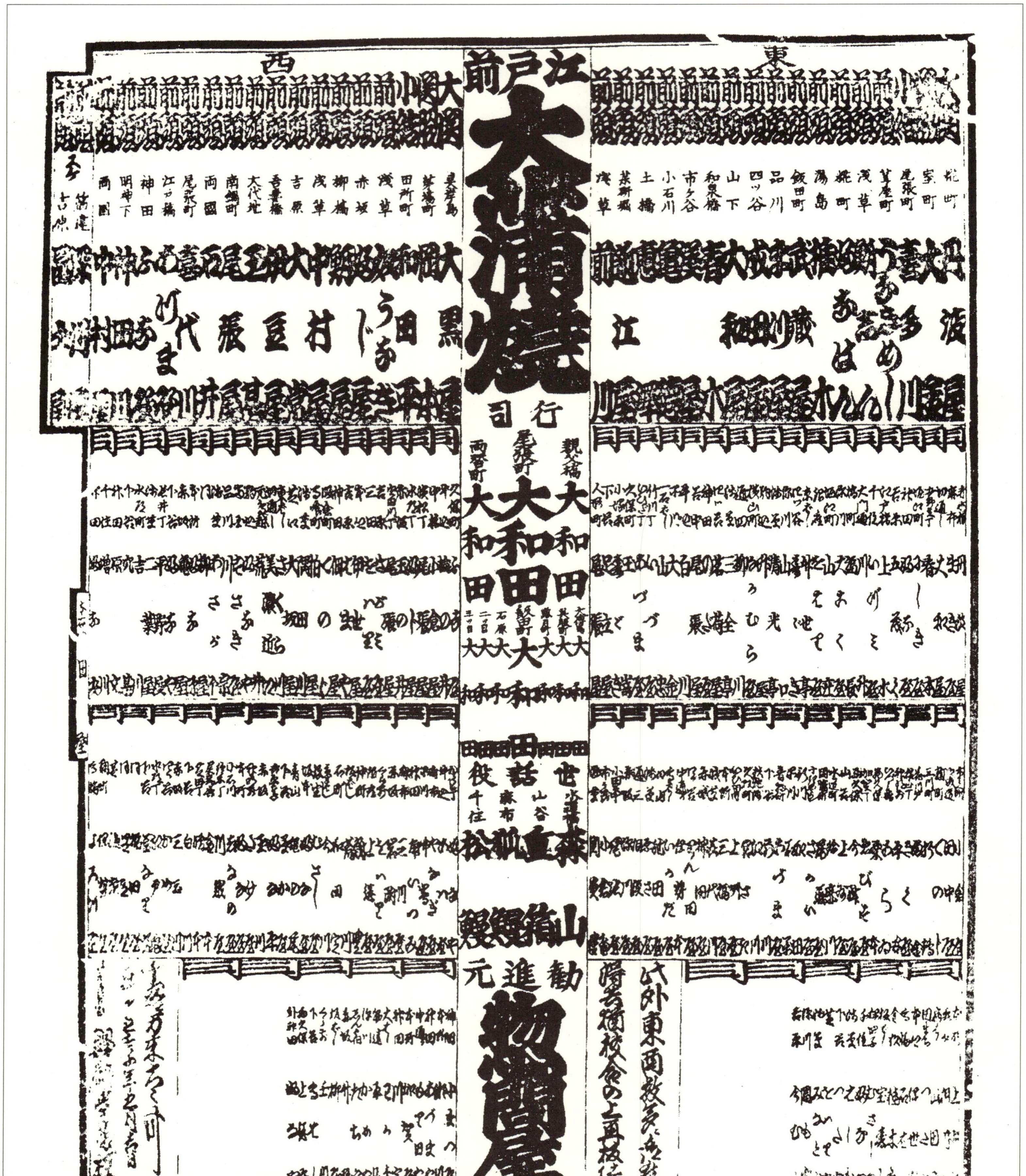

99　江戸前大蒲焼

江戸前
大蒲焼

西

位	所	屋号
大関	霊岸島	大黒屋
関脇	茅場町	岡本
小結	田所町	和田平
前頭	浅草	奴うなぎ
前頭	赤坂	ふじ屋
前頭	柳橋	鮪屋
前頭	浅草	中村屋
前頭	吉原	大常
前頭	吾妻橋	伊豆屋
前頭	大代地	玉甚
前頭	南鍋町	尾張屋
前頭	両国	石井
前頭	尾張町	喜代川
前頭	江戸橋	あづま屋
前頭	神田	ふな屋
前頭	明神下	神田川
前頭	両国	中村屋
前頭	筋違	深川屋
前頭	スケ 吉原	冨士屋

東

位	所	屋号
大関	糀町	丹波屋
関脇	室町	大金
小結	尾張町	喜多川
前頭	葺屋町	うなきめし
前頭	浅草	鮪しん
前頭	糀町	ふなはん
前頭	湯島	椎木
前頭	飯田町	武蔵屋
前頭	品川	まつ屋
前頭	四ツ谷	成田屋
前頭	山下	大和屋
前頭	和泉橋	春木
前頭	市ヶ谷	湊屋
前頭	小石川	亀徳
前頭	土橋	恵澤
前頭	薬研堀	近江屋
前頭	浅草	前川

行司
親父橋 大和田
尾張町 大和田
両替町 大和田

大伝馬町 大和田
呉服町 大和田
露月町 大和田
飯田町 大和田
石原 大和田
二ツ目 大和田
三ツ目 大和田

世話役
水道橋 森山
山谷 重箱
麻布 狐鰻
千住 松鰻

勧進元
惣問屋

千客万来大々叶
嘉永五壬子五月吉日
禁売買 鰻鱣堂蔵板

此外東西数多ニ御座候得共猶校合の上再板仕候

本番付は嘉永５年（1852）に板行された。当時、蒲焼き屋だけの番付が出来るほど、江戸の各町に鰻屋が生まれていたのである。この背景には野田や銚子など江戸の地廻りで上質な醤油が生産され、さらに上方から清酒が毎年100万樽もたらされるなど、調味料が簡単に使えるようになったことが挙げられよう。蒲焼きの濃厚な味付けは江戸の経済発展に支えられていたのである。なお、番付上段の東西に前川（駒形）・神田川が見えるが、両店舗は東京に今も残る老舗鰻料亭である。

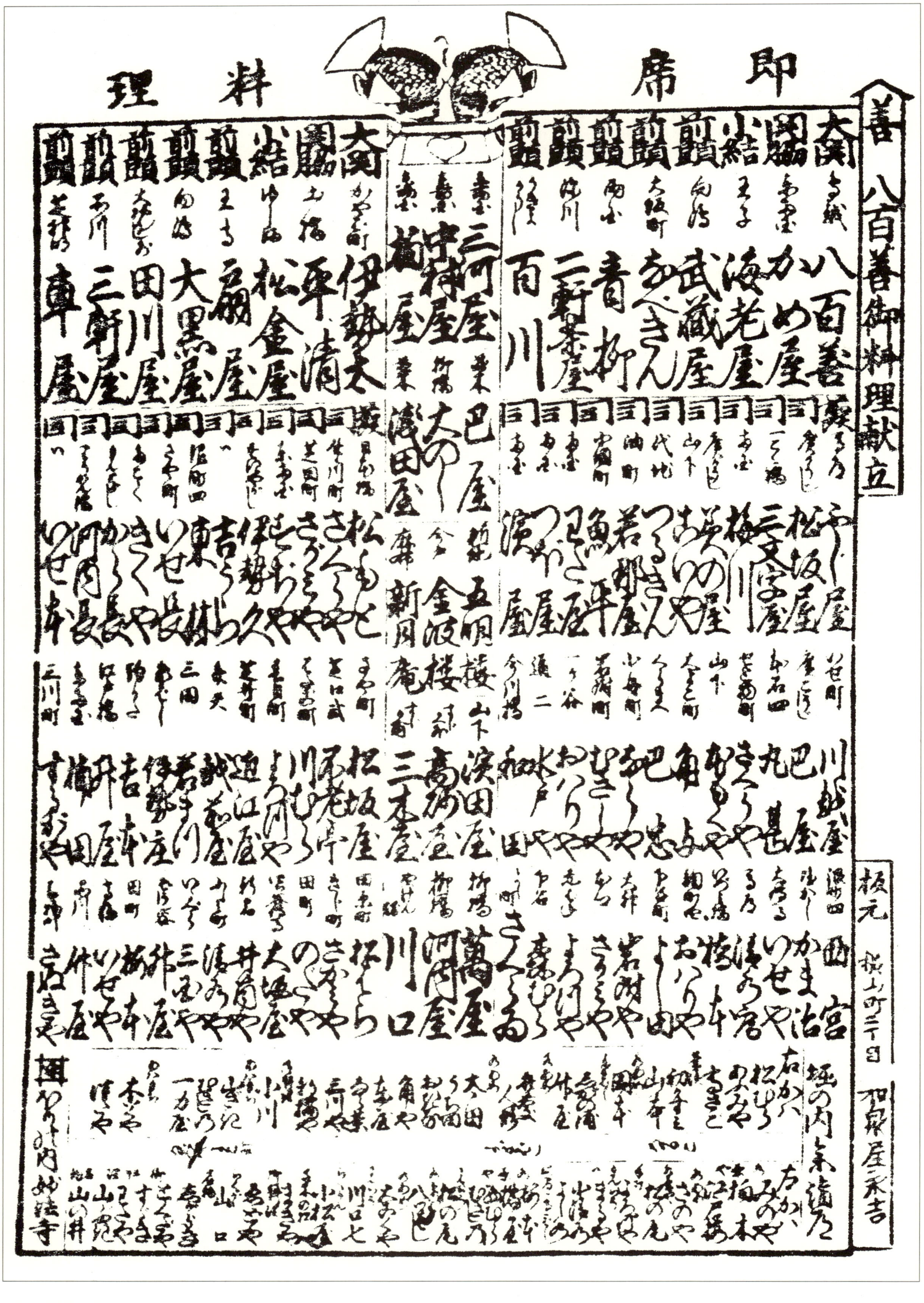

100　八百善御料理献立

善　八百善御料理献立

即席料理

（東）
- 大関　鳥越　八百善
- 関脇　東両国　かめ屋
- 小結　王子　海老屋
- 前頭　向嶋　武蔵屋
- 前頭　大坂町　なべきん
- 前頭　両国　青柳
- 前頭　深川　二軒茶屋
- 前頭　うきよかうし　百川

- 前頭　馬道　ふじ屋
- 同　廣かうじ　松坂屋
- 同　一こく橋　三文字屋
- 同　両国　梅川
- 同　廣かうじ　美の屋
- 同　山下　こいや
- 同　代地　つるきん
- 同　油町　若那屋
- 同　小網町　魚平
- 同　両国　わた屋
- 同　両国　つぼ屋
- 同　両国　濱屋

- いせ町　川越屋
- 廣こうじ　巴屋
- 本石四　丸甚
- せと物町　さくらや
- 山下　本もくや
- 大よこ町　角与
- くらまへ　巴忠
- 小舟町　ならや
- 岩附町　むさしや
- 一ケ谷　おハりや
- 通二　水戸や
- 今川橋　和田

- 銀町四　西宮
- 塩かし　かま治
- 大伝馬　いせや
- 馬道　清水庵
- いづミ橋　橋本
- 麹町四　おハりや
- 下谷町　よし田
- 天神　岩附や
- 本郷　さかミや
- 赤むね　よつ川や
- 下谷　森むら
- よし町　さくらゐ

（中央）
- 東両国　三河屋
- 東両国　中村屋
- 東両国　柏屋
- 並木　巴屋
- 柳橋　大のし屋
- 並木　浅田屋
- 新地　五明楼
- 今戸　金波楼
- 麻布　新月庵
- 山下　濱田屋
- すじかへ外　高砂屋
- すじかへ内　三木屋
- 柳橋　萬屋
- 柳橋　河内屋
- やげん堀　川口

（西）
- 大関　かやば町　伊勢太
- 関脇　土橋　平清
- 小結　ゆしま　松金
- 前頭　王寺　扇屋
- 前頭　向嶋　大黒屋
- 前頭　大おんじ前　田川屋
- 前頭　品川　三軒屋
- 前頭　芝神明　車屋

- 前頭　日本橋　松もと
- 同　竹川町　さくらや
- 同　芝田町　さがミや
- 同　東両国　すぢや
- 同　すきやがし　伊勢久
- 同　同　吉うら
- 同　銀町四　東林
- 同　さや町　いせ長
- 同　両こく　きくや
- 同　もんどがし　から長
- 同　りうめん橋　河内長
- 同　同　いせ本

- さや町　松坂屋
- 芝口弐　不老亭
- はたご町　川むら
- 春日町　よろづや
- 芝井町　近江屋
- 弁天　越前屋
- 三田　若まつ
- 水ばし　伊勢庄
- 駒かた　吉本
- 江戸橋　升屋
- 東両国　楠田
- 三川町　するがや

- 田原町　松はら
- きじ町　さかミや
- 田町　のだや
- 四ッ谷鳶　大坂屋
- 新宿　井筒や
- ふしミ町　清水や
- い、くら　三国や
- ぞうし谷　升屋
- 田町　梅本
- 高輪　いせや
- 品川　竹屋
- 青物町　さぬきや

板元　横山町二丁目　和泉屋永吉

堀の内参詣道

右かハ　松むら　あふみや　高さご　茶漬 初かすミ　山本　水あめ 岡本　□□ばし　しがの浦　竹屋　水あめ　弁慶　人形　水あめ 太田　うち田　おきな　角や　東屋　なら茶　三川や　新橋や　御料理 小川　あハもち 山ざき　むさしの　一力屋　あハもち 大こくや　津たや

なるこ　よ□□ばし　なべやよこ町

左かハ　水茶や みのや　柏木　江戸桜　水あめ さのや　水茶や 松の尾　手打 よろづや　まんぢう まるや　同 小清水　よし水　此間□□ばし　梅本　橋屋　水茶や 西むら　まんぢう むさしの　水茶や 松の尾　八ツはし　水あめ 大こくや　まんぢう 川口七　らくかん 小松屋　多木の松　まきや　御料理 ゑどや　らくがん 山口　名物 しがらき　とくだや　すゞき　わたや　御料理 山ぶき　名物 山の井

堀ほりの内妙法寺

これは江戸における即席料理屋の番付である。即席料理とは、材料を見てから調理法を決める料理屋のことで、のちに客の注文に応じて作るものをいった。東の大関「鳥越　八百善」は19世紀初頭に大繁盛した料理屋で、4代目当主は蜀山人を始め当時一流の文人墨客と交流があり、同じく西の大関「茅場町　伊勢太」は、諸問屋の寄合茶店として名を馳せた。番付下に堀之内妙法寺への参詣道（鍋屋横丁）が書かれているが、これは純粋に宣伝のためだろう。

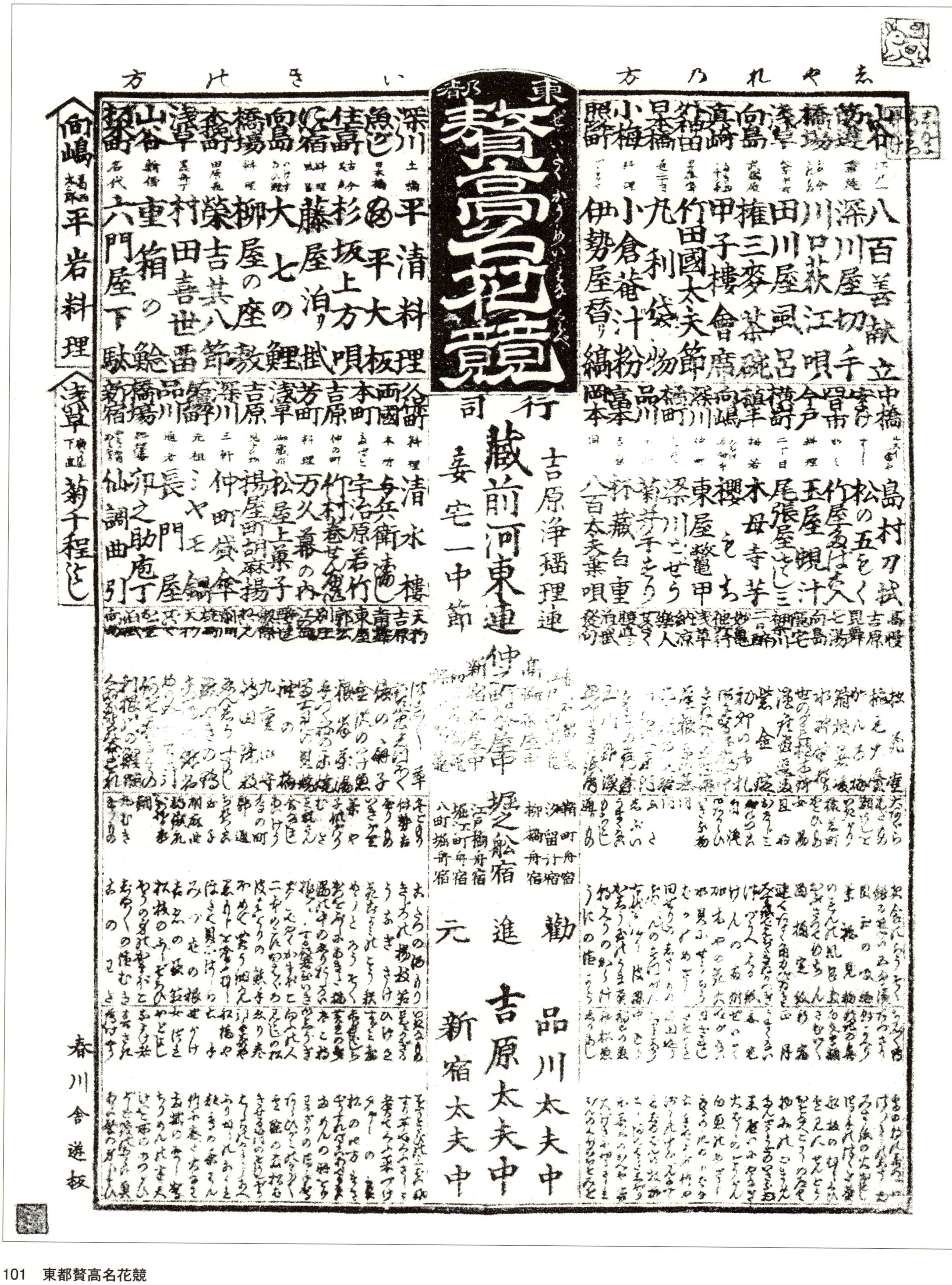

東都
贅高名花競
志やれ乃方
吉原浄瑠璃連
藏前河東連
妾宅一中節
向嶋 平岩料理
堀之船宿
勧進元
品川太夫中
吉原太夫中
新宿太夫中
春川舎遊板

101　東都贅高名花競

東都
贅高名花競（ぜいたくかうめいはなくらべ）

しやれの方

山谷　江戸一　八百善献立
筋違　蒲焼　深川屋切手
橋場　古今まれもの　川口萩江唄
浅草　大音寺前　田川屋風呂
向島　武蔵屋　権三麦茶碗
真崎　たき物うす茶　甲子楼会席
外神田　里藤斎　竹田國太夫節
日本橋　通二丁目　丸利袋物
小梅　料理　小倉菴汁粉
照降町　ゼイタクヤ　伊勢屋替リ縞

中橋　ルスイ茶や　島村刀拭
安さけ　すし　松の五もく
四日市　かミ　竹屋たばこ入
今戸　料理　玉屋蜆汁
横山町　二丁目　尾張屋すし三
植半　梅若　木母寺芋
向嶋　みやげ長命寺　桜もち
深川　仲町　東屋鼈甲
橋町　ほねぬき　梁川どぜう
品川　半七　菊井手すり
富本　吉原　林蔵白重
岡本　同　八百太夫葉唄

高慢　松花堂
吉原　稲毛大台
見舞　かんろ梅
七湯　箱根暑凌
向島　水神蛍狩
隠宅　世のづれ植木鉢
神奈川　濱座敷逗留
二日酔　紫金錠
妙亀　初卯の御礼
他所行　四ツ手賀御殿女中
浅草　手ぬぐひの一筋染
納涼　屋根舟の碁
楽人　こう釈の定客
ぜいたく　としまの一楽筒
腹直シ　もろこしの薄茶
泊り掛　玉川鮎漁
発句　梅やしきの紙屑

大あぐら　夜食のらうそく
あだもの　銀の箸の五分漬
鯛うしを　目玉の吸物
いきがり　葉柏見物
猿若町　のれんの風呂敷
かこひもの　おぶさって行ちん
女湯　留桶定紋
旦那　連てあるく角力びゐき
おなじミ　みす紙でほぢくきぬかつぎ
じれったい　津づうへはる紙
自慢　けんの番附
御あつらひ　加木やの花火
いきな物　水貝にせうちう
同　ばかのめざし
同　田ぜりのしたしもの
ふた　□□のすつぽん
しぶい　古代□□う皮染
うまくない　かしう玉のうま煮
もちこし　朝かへりのかう汁
通りもの　うにの塩から

ちんく鴨　雪の朝の居つゞけ
あづさり　つくしのしたし物
朝かへり　みす紙の火おこし
新地の鼻　四ッ手のつくだ煮
白文字額　船抜のむしくひ
さむいく　雪見のせんどう
新宿　おそなへこわしの道具
正月　物みのごまめ
うまくない　たんざくうどのいきな物
妾宅　黒へいにやなぎ
ぜいたく　火ばしのどうがん
てがない　白魚のめざし
目ざましい　鷹の爪のにばな
たそがれ　土手でよぶ竹や
成田返り　浅うらの中山ごんにやく
目黒参り　長じゆばんの枝柿
中通り　としまのはかたしぼり
稲やの魚　水茶やのおへや客
初松魚　大げさに切たさしミ
ゐりあし　びんのくぼのほそみそ

いきの方

深川　土橋　平清料理
魚がし　日本橋　（印）平大板
住吉町　古今美声　杉板上方唄
にい宿　料理風留　藤屋泊リ掛
向島　いけすあひ鯉　大七の鯉
橋場　料理　柳屋の座敷
木挽町　田原飛　栄吉其八節
浅草　黒舟丁　村田喜世留
山谷　難儀　重箱の鯰
材木町　名代　六門屋下駄

向嶋　葛西太郎　平岩料理

久保町　料理　清水楼
両国　本所　与兵衛すし
本町　たばこ　宇治原若竹
吉原　仲の町　竹村巻せんべい
芳町　料理　万久幕の内
浅草　御蔵前　松屋上菓子
吉原　見まい物　揚屋町胡麻揚
深川　三軒　仲町貸傘
茅場町　元祖　シヤモ鍋
品川　通り者　長門屋
橋場　料理番　卯之助庖丁
新宿　やわたや内かミそり　仙調曲引

浅草　広かうじ下直　菊千程よし

天狗　つれぐ草
吉原　花屋敷しつほく
甫曻　俵の扇子
東屋　金沢のいけ魚
郭公　根岸茶湯
別庄　手づくねの楽焼
江の島　冨士見の貝焼
酔さまし　袖の梅
剱難除　九重御守
ねいはん　嶋田珠数
蘭間　えんしうすかし
焼鳥　鍬やきの鴨
天狗　矢場の緋名
ぜいたく　めりやすも、引
おごり　何ぞ呑るもの
泊掛　利根川の鯉綱
向島　くゐな聞の呑だをれ

冬ごもり　こたつの酒もり
伊勢吉　きじろの楊枝箱
通りもの　うなぎさけ
いきがり　花ごよミのこう釈
茶や　めうとろうろく
子供がハり　かつをぶしにあきた猫
むだ　湯の中のゐりおしろい
芝翫さん　極□□する役者びいき
食なまし　火□でやくかまぼこ
あいけう　二本のこすおはぐろ
鳥の町　皮はをりの熊手
部の通　ほめて買う細見
ぢれったい　黒もじを喰ふむし
玉子　ほたて貝にはしら
胡麻油　みつばの根
羽織衆　吉ゐの長箱
ひねり家　松板のふしぞろひ
鯛　ほうの身のかまぼこ
丸むき　じやくの塩むき
通りもの　このわた

いきなもの　葉わさびの三ばい酢
是ニかぎる　すり芋でくふさしミ
ひけ過　煮てくふ菜づけ
すゞミ台　夕がしの□
赤身ばしら　杉の四方まき
黄色の□　どうすればよいあゞでもない
太こ持　両めんの羽をり
御しうぎ　わかざりの四ッ手駕
向ふの人　あらひがミのかうく
みこしの松　雪除の敷松ば
ゐり巻　きせる筒のそうじぼう
引手茶や　はしらのからしあへ
船橋や　ふり出しのあられ
土手　都鳥の茶わん
野がけ　竹に巻た火なわ
女づれ　両掛の通し駕
ほどよし　ちりめんの半天
なまけ者　けいこ所の御つかひ
春さき　よしご筏のあらひ魚
薄けしやう　あらい髪の身じまひ

行司

吉原浄瑠理連
蔵前河東連
妾宅一中節

赤岩駕籠
江戸勘駕籠
高輪茶屋中
仲之町茶屋中
新宿茶屋中
初音屋駕籠
深川駕籠

鞘町舟宿
汐留舟宿
柳橋舟宿
堀之船宿
江戸橋舟宿
堀江町舟宿
八丁堀舟宿

勧進元

品川太夫中
吉原太夫中
新宿太夫中

春川舎遊板

「東都贅高名花競」は江戸の名物を紹介する番付である。東をしゃれと位置付け、一段目に「山谷　江戸一　八百善献立」「筋違　蒲焼　深川屋切手」などを取り上げる。西をいきの方として「深川　土橋　平清料理」「魚がし　日本橋　（印）平大板」を挙げている。こうしたものが当時の江戸で流行していたのであろう。なかでも「汁粉」「うす茶」「蒲焼」などが上位に位置づけられており、江戸人にとって飲食が重大な関心事であったことが分かる。

資料編　大坂版

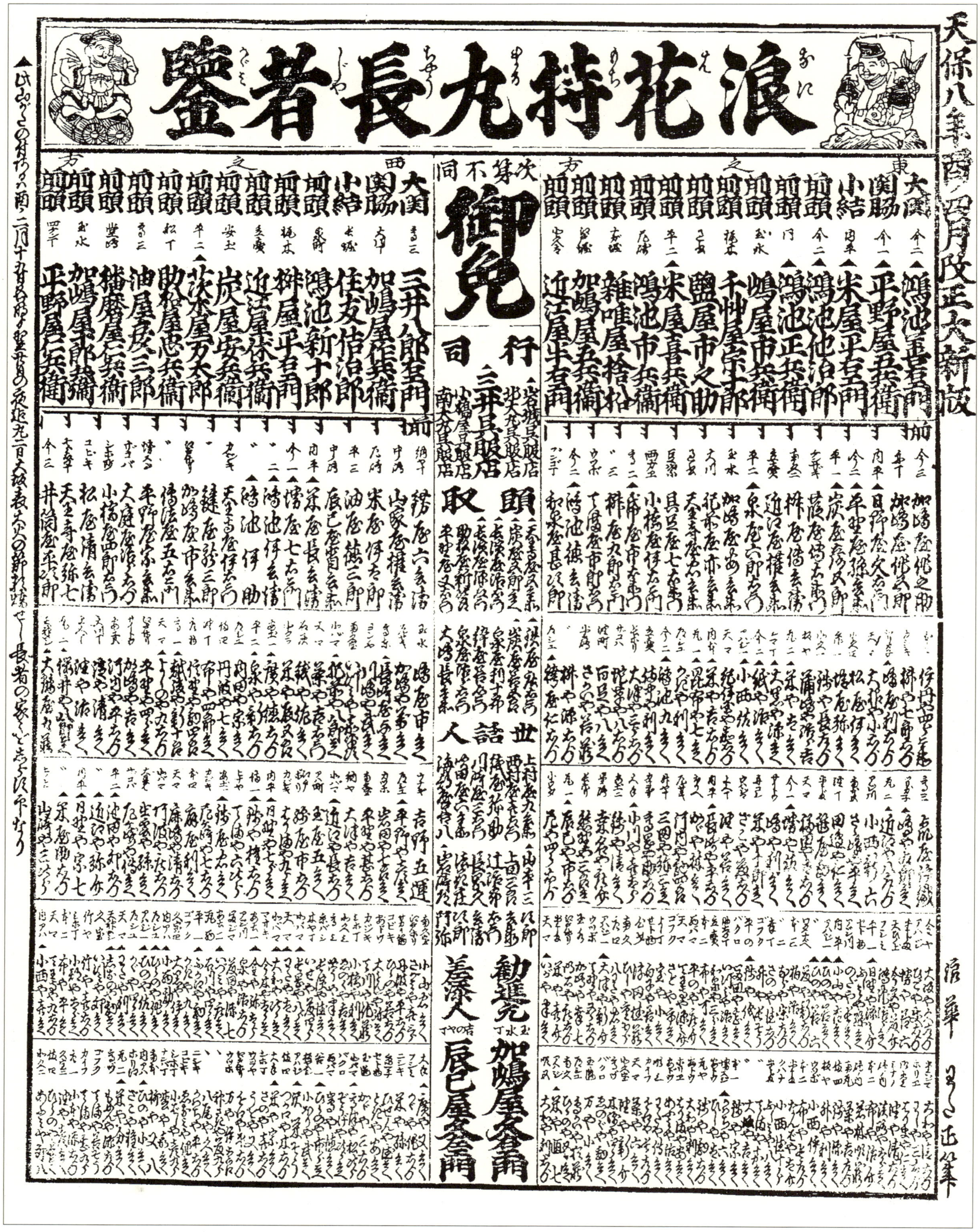
天保八年丁酉四月改正大新版
浪花持丸長者鑑
東之方
大関 鴻池善右衛門
関脇 平野屋五兵衛
小結 米屋平右衛門
前頭 鴻池伊治郎
前頭 鴻池正兵衛
前頭 嶋屋市兵衛
前頭 千草屋宗十郎
前頭 塩屋市之助
前頭 米屋喜兵衛
前頭 鴻池市兵衛
前頭 雑喉屋捨松
前頭 加嶋屋五兵衛
前頭 近江屋半左衛門
次第不同
御免
行司
三井呉服店
岩城呉服店
北大丸呉服店
小橋屋呉服店
南大丸呉服店
頭取
世話人
勧進元 加嶋屋久右衛門
差添人 辰巳屋久左衛門
西之方
大関 三井八郎右衛門
関脇 加嶋屋作兵衛
小結 住友吉治郎
前頭 鴻池新十郎
前頭 枡屋平右衛門
前頭 近江屋休兵衛
前頭 炭屋安兵衛
前頭 茨木屋万太郎
前頭 助松屋忠兵衛
前頭 油屋彦三郎
前頭 播磨屋仁兵衛
前頭 加嶋屋十郎兵衛
前頭 平野屋仁兵衛
浪華 正筆

102　浪花持丸長者鑑

天保八年酉ノ四月改正大新版

浪花持丸長者鑑（なにはもちまるちやうじやかゞミ）

東之方

大関	今二	▲鴻池善右エ門
関脇	今一	▲平野屋五兵衛
小結	内平	▲米屋平右エ門
前頭	今二	▲鴻池他治郎
前頭	同	▲鴻池正兵衛
前頭	玉水	嶋屋市兵衛
前頭	梶木	千艸屋宗十郎
前頭	過書	塩屋市之助
前頭	平二	▲米屋喜兵衛
前頭	尼崎	鴻池市兵衛
前頭	ナガ堀	加嶋屋五兵衛
前頭	北久太	近江屋半右エ門

前	今三	加嶋屋作之助
同	舟丁	加嶋屋作五郎
	内平	▲日野屋久右エ門
同	今二	▲平野屋孫兵衛
同	平一	▲炭屋彦五郎
同	ケンザキ	葭屋伝右衛門
	南久二	桝屋伝兵衛
同	立売	近江屋権兵衛
同	平二	▲泉屋六郎右衛門
同	玉水	加嶋屋安兵衛
	大川	肥前屋亦兵衛
同	過書	天王寺屋忠兵衛
同	豆は	具足屋七右衛門
	両ガヱ	小橋屋伊右衛門
同	高二	▲[illegible]屋市右衛門
同	同三	桝屋九郎右衛門
同	ウツボ	天満屋市郎右衛門
	今二	▲鴻池徳兵衛
同	ブンゴ丁	和泉屋長次郎

本一	伊丹や四郎兵衛
かじき	桝や七郎右衛門
ツリカネ	▲嶋屋利右衛門
天マ	大根や小右衛門
北久太	松屋伊兵へ
糸一	塩屋弥兵へ
北久一	銭や長左衛門
板や	蒲嶋や治郎吉
瓦二	▲米や太兵へ
シマ丁	▲大黒や源兵へ
今二	▲紙や治兵へ
アハジ一	▲小西佐兵へ
天マ	紀伊国や嘉右衛門
内本	▲米や吉右衛門
瓦一	▲昆布や七兵へ
道シユ	かぎや利兵へ
今二	▲鴻池九兵へ
立売	備中や利兵へ
長ホリ	大津や三郎右衛門
ザコハ	蛇草や八右衛門
油町	百足や八兵へ
堂嶋	さかいや善蔵
同	桝や源右衛門
道シユ	袴屋仁右衛門

高三	虎屋伊織
ツリガネ	▲嶋や九郎兵へ
瓦二	▲近江や八左衛門
アジ川	小西新六
南本五	さゝ嶋や平兵へ
油丁	田邊や仁兵へ
堂じま	笹屋勘兵へ
天マ	福田や太右衛門
今一	▲堺や佐兵へ
サイトウ	嶋や利兵へ
舟コシ	米や十郎兵へ
ウハジマ	ざこや藤右衛門
上人丁	油や善兵へ
内平	▲長崎や平右衛門
ほりへ	かゞや林兵へ
尼サキ	河内や勘四郎
升や丁	三田や弥三兵へ
カツラザ	高岡や助右衛門
大手	▲小川や喜右衛門
安土二	銭や清兵へ
堂嶋	桑名や庄介
長ホリ	熊野や三郎兵へ
瓦一	▲辰巳や市右衛門
小ワダ	尼や四郎右衛門

金ヤ	大坂や久左衛門
アハジ	ひごや丈右衛門
堂じま	堺や善六
天ひノ上	今宮や藤介
フシミ	鴻池治郎兵へ
本一	▲日野や源之介
セト物	ふしミや孫兵へ
アジ川	のだや長兵へ
内平	▲小山や吉兵へ
アハジ一	▲ひのや善兵へ
同	▲ひのや善六
ワタナベ	藤や新右衛門
本三	柏や治兵へ
同二	ならや宗左衛門
幸丁	さのや徳右衛門
ゴフク	升や長そう
平の	▲銭や儀兵へ
バクロ	冨田や甚兵へ
助右衛門丁	いづミや治兵へ
立売	和泉や三郎兵へ
本二	布や可兵へ
西バマ	平のや庄介
天マ	天王寺や源之介
ゴフク	さどや市兵へ
よし丁	宝や小兵へ
せと物	白子や善兵へ
心才	浮田や徳蔵
南久	ひしや重五郎
唐四	八わたや忠兵へ
アハジ一	▲大津や新介
ウツボ	天野や五郎右衛門
玉水	加嶋や幸七
江戸ホリ	明石や庄右衛門
堂しま	米や喜介
天マ	▲いがや半兵へ

堂ジマ	大和や清右衛門
ホリヱ	わしや三右衛門
御堂	はりまや仁兵へ
シナノ	油や清右衛門
嶋ノ内	若林順蔵
南瓦	菊や吉左衛門
備四	銭や源兵へ
板や	升や利兵へ
ウツボ	小西伊兵へ
本二	布や長左衛門
堂しま	なんばや太介
クハナ	小西徳十郎
堂しま	ふしミや八兵へ
同	天満や嘉兵へ
同	大坂や吉兵へ
本一	銭や宗兵へ
堺スジ	▲かハちや六兵へ
安トウ	ひしや太兵へ
瓦や	銭や勘右衛門
安トウ	大和や利兵へ
ホリヱ	はりまや安兵へ
安ドウ	あふミや治兵へ
順三	わたや伝兵へ
カイフ	近江や長左衛門
天マ	茶や六兵へ
北久宝	油や新介
高づ	木綿や四郎兵へ
バクロ	ゑのぐや勘兵へ
玉造	万や小兵へ
道シユ	鳥かいや猶蔵
南久	ひらのや五郎兵へ
アハジ	▲米や恒七
順五	大和や利右衛門

次第不同

御免

行司

▲岩城呉服店
北大丸呉服店
▲三井呉服店
小橋屋呉服店
南大丸呉服店

頭取

▲天王寺屋五兵衛
▲炭屋五郎兵へ
▲長濱屋治郎右衛門
▲長濱屋源左衛門
助松屋新次郎
平野屋又右衛門

▲鉄屋庄右衛門
▲炭屋善五郎
泉屋利十郎
綷屋善右衛門
泉屋治郎右衛門
大嶋長兵衛

世話人

上村屋九兵衛
西村屋喜左衛門
銭屋弥助
川崎屋三右衛門
吹田屋六兵衛
海部屋善八

▲山本三次郎
上田三郎兵衛
辻治郎右衛門
長岡久兵衛
法花庄次郎
▲岩崎道阿弥

勧進元

玉水丁 加嶋屋久右エ門

差添人

吉のヤ丁 辰巳屋久左エ門

西之方

大関	高三	三井八郎右エ門
関脇	大川丁	加嶋屋作兵衛
小結	長堀	住友佶治郎
前頭	泉町	鴻池新十郎
前頭	梶木	桝屋平右エ門
前頭	立売	近江屋休兵衛
前頭	安土	炭屋安兵衛
前頭	平二	▲茨木屋万太郎
前頭	船丁	助松屋忠兵衛
前頭	高三	油屋彦三郎
前頭	堂嶋	播磨屋仁兵衛
前頭	玉水	加嶋屋十郎兵衛
前頭	四ケン丁	平野屋仁兵衛

前	納ヤ丁	錺屋六兵衛
同	中ノ嶋	山家屋権兵衛
同	尼崎	米屋伊太郎
	平三	油屋徳三郎
同	中ノ嶋	辰巳屋省兵衛
同	内平	▲米屋長兵衛
同	今一	▲堺屋七右衛門
	同二	▲鴻池伊兵衛
同	同	▲鴻池伊助
同	カジキ	天王寺屋伊右衛門
同	同	鍵屋龍三郎
	江戸ホリ	加嶋屋市兵衛
同	同	伝法屋五右衛門
同	堺スジ	平野屋宗兵衛
同	ザコバ	大庭屋治郎右衛門
	シホ町	小橋屋四郎右衛門
同	コビキ	松屋清兵衛
同	七郎右衛門丁	天王寺屋弥七
	今三	井筒屋平次郎

玉水	嶋屋市兵へ
尼サキ	加嶋や萬兵へ
高東	▲長崎屋与兵へ
ヨノヤ	川嶋や武兵へ
南久宝	いづミや嘉平次
北バマ	▲肥前や八郎兵へ
天マ	茶や吉右衛門
石灰	銭や佐兵へ
小クラ	米や辰五郎
安土一	▲廣や徳右衛門
平二	▲泉や新右衛門
道シユ	内田や宗兵へ
備四	丹波や七兵へ
油丁	布や四郎兵へ
唐物	信野や勘四郎
高一	▲越後や新十郎
天マ	▲よしのや九右衛門
江戸ホリ	平野や四郎兵へ
サイトウ	加嶋や吉兵へ
安土五	河内や平右衛門
大川丁	淀や清兵へ
上人丁	油や治兵へ
瓦二	▲桜井や八郎兵へ
天神ハシ	▲大鶴屋九蔵

ウナギ	吉野五運
道シユ	▲平野や彦兵へ
カツホ	岩田や七郎兵へ
南久宝	平野や甚右衛門
納ヤ	大津や吉兵へ
北バマ	▲近江や長右衛門
アハ町	玉屋五兵へ
江戸ボリ	綿屋市右衛門
カジキ	はりまや九郎兵へ
内平	▲日野や七郎兵へ
備一	▲銭や権右衛門
ヒナや	天満や六次郎
安土二	▲銭屋忠兵へ
カジキ	尼ケ崎や七右衛門
本四	扇屋利兵へ
天マ	鹿嶋や清右衛門
北バマ	阿波や庄右衛門
大豆は	出雲や孫兵へ
ザコバ	尼ケ崎や伝兵へ
平二	▲池田や卯右衛門
同	▲近江や弥介
内平	▲日野や宗七
同	▲米屋助右衛門
ヒノ上	山崎や三次郎

南久宝	小山忠兵へ
江戸ホリ	さがミや喜三郎
サカイ筋	丹波や平右衛門
コビキ	ひらのや善右衛門
安ドウ	大もんしや弥兵へ
カジキ	天川や作蔵
シホ丁	小橋や利兵へ
北久三	ゑのくや吉兵へ
高三	苧や半兵へ
京バシ	長濱や徳兵へ
木ヤ丁	いせや藤四郎
北バマ	▲長岡や八郎兵へ
天マ	▲わたや太兵へ
北バマ	▲大和や次郎兵へ
マサキ	今木や太郎兵へ
安土一	▲金や弥太郎
アジ川	泉や治右衛門
冨ジマ	藤田や源七
安土二	▲いづミや庄兵へ
瓦西	石川や四郎兵へ
平一	▲ふか江や勘兵へ
ゴフク	かぎや九兵へ
久宝四	大黒や伊兵へ
内アハ	▲小西勘兵へ
道シユ	▲ひらのや作兵へ
アハジ一	▲ひのや佐兵へ
道シユ	かゞや四郎兵へ
天マ	▲わたや利兵へ
天神ハシ	▲しなのや勘兵へ
久宝	いつミや卯兵へ
竹ヤ	竹や喜右衛門
シホ丁	小部や太郎兵へ
本二	布や平兵へ
天マ	天王寺や九右衛門
内アハ	▲小西や喜兵へ

大手	▲廣や又兵へ
フシミ	かゞや作右衛門
ニシキ	米や孫兵へ
糸マチ	ひせんや徳兵へ
セト物	とぎや安兵へ
玉造	かゞや三右衛門
北バマ	▲高津や松次郎
バクロ	ぞうげや次郎兵へ
西バマ	嶌や徳兵へ
谷一	▲ひらのや市郎兵へ
板ヤハシ	小ほりや武兵へ
アハジ	▲沢栄そう
備四	つかロや木右衛門
大手	▲米や宗兵へ
シホ丁	さのや喜右衛門
ウヲヤ	うをや又兵へ
江戸ホリ	近江や平右衛門
ウツホ	万や伊太郎
同	神さきや藤九郎
同	八尾や久兵へ
ニシキ	かハちや平右衛門
コビキ	ゑなミや作兵へ
シホ丁	小ばしや彦九郎
ナンバ丁	松や嘉兵へ
南本	柳や又八
内アハ	▲ひのや小兵へ
ホリ江	ざこや権兵へ
瓦二	▲米や分兵へ
高ヅ	もめんや源左衛門
ゴフク	天満や善そう
カイフ	天満や甚九郎
唐一	山本や源右衛門
久宝二	油や彦兵へ
備四	ひらのや長兵へ
北久二	あふミや卯八

浪華 わた正筆

▲此山がたの付あるハ酉ノ二月十九日五ツ時ゟ翌廿日の夜迄丸二日、大坂表大火の節類焼せし長者の家々をしらす印なり

天保８年（1837）板行の「浪花持丸長者鑑」は大坂の富裕者番付であり、中でも東西大関には「鴻池善右エ門」「三井八郎右エ門」が並ぶ。彼らはそれぞれ酒造業および呉服業と端初は別個であるが、やがて両替商に鞍替えし、大名貸などの大規模取引で利益をあげた。実は番付の上位３分の１がこのような大名貸を生業とする金融業である。しかしながら大坂商人というのは金融業者だけで構成されていたわけではない。たとえば番付が下位の方になるにつれ多様な職種が散見され、特に小間物や袋物、筆墨、菓子屋が増える。時代を経て、小売商人の中にも成長著しく、長者と称されるものが出てきたのである。

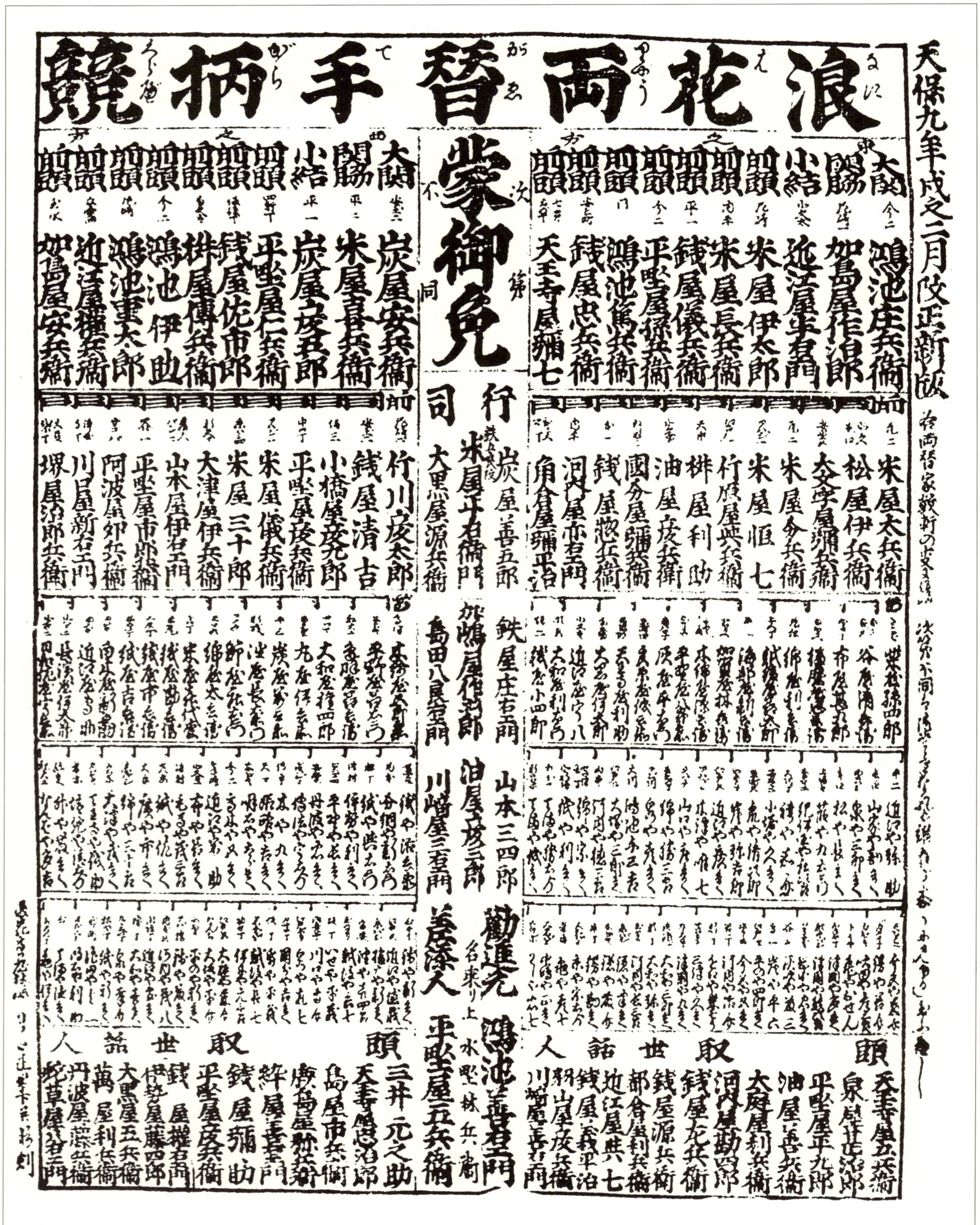

天保九年戌之二月改正新版

浪花両替手柄競

蒙御免

大関 鴻池庄兵衛
関脇 加島屋作次郎
小結 近江屋半右衛門
前頭 米屋伊太郎
前頭 米屋長兵衛
前頭 銭屋儀兵衛
前頭 平野屋孫兵衛
前頭 鴻池篤兵衛
前頭 銭屋忠兵衛
前頭 天王寺屋彌七

大関 炭屋安兵衛
関脇 米屋喜兵衛
小結 炭屋彦五郎
前頭 平野屋仁兵衛
前頭 銭屋佐市郎
前頭 拼屋傳兵衛
前頭 鴻池伊助
前頭 鴻池重太郎
前頭 近江屋權兵衛
前頭 加嶋屋安兵衛

前頭 米屋太兵衛
前頭 松屋伊兵衛
前頭 大文字屋彌兵衛
前頭 米屋分兵衛
前頭 米屋恒七
前頭 竹原屋典兵衛
前頭 拼屋利助
前頭 油屋彦兵衛
前頭 國分屋彌兵衛
前頭 銭屋惣兵衛
前頭 河内屋市右衛門
前頭 角倉屋彌平治

前頭 竹川彦太郎
前頭 銭屋清吉
前頭 小橋屋彦九郎
前頭 平野屋彦兵衛
前頭 米屋儀兵衛
前頭 米屋三十郎
前頭 大津屋伊兵衛
前頭 山家屋伊右衛門
前頭 平野屋市郎兵衛
前頭 阿波屋卯兵衛
前頭 川見屋新右衛門
前頭 堺屋治郎兵衛

行司 炭屋善五郎
米屋平右衛門
大黒屋源兵衛
鉄屋庄右衛門
加嶋屋作次郎
島田八良右衛門
山本三四郎
泊屋彦三郎
川崎屋三右衛門

勧進元 鴻池善右衛門
名乗り上 水野林兵衛
差添人 平野屋五兵衛

頭取世話人
天王寺屋五兵衛
泉屋甚治郎
平野屋平九郎
油屋善兵衛
大和屋利兵衛
河内屋勘四郎
銭屋佐兵衛
銭屋源兵衛
都倉屋利兵衛
近江屋共七
銭屋義平治
銭屋彦兵衛
川崎屋善右衛門

頭取世話人
三井元之助
天王寺屋忠治郎
島屋市兵衛
鹿島屋新兵衛
絣屋善右衛門
銭屋彌助
平野屋彦兵衛
銭屋權右衛門
伊勢屋藤四郎
大黒屋五兵衛
萬屋利兵衛
丹波屋藤兵衛
炭草屋八右衛門

103　浪花両替手柄競

天保九年戊之二月改正新版

右両替家数軒の事に候得者、次第不同は御座候半なれど諸君子大やうに見ゆるし玉ふべし

浪花(なには)両(りやう)替(がゑ)手(て)柄(がら)競(くらべ)

蒙御免　次第不同

東之方

位	所	名
大関	今二	鴻池庄兵衛
関脇	尼崎一	加島屋作治郎
小結	北久太	近江屋半右エ門
前頭	尼崎	米屋伊太郎
前頭	内平	米屋長兵衛
前頭	平一	銭屋儀兵衛
前頭	今二	平野屋孫兵衛
前頭	同	鴻池篤兵衛
前頭	安土町	銭屋忠兵衛
前頭	七郎右衛門丁	天王寺屋弥七

位	所	名
前	瓦二	米屋太兵衛
同	北久太四	松屋伊兵衛
同	安堂五	大文字屋弥兵衛
同	瓦二	米屋分兵衛
同	アハジ一	米屋恒七
同	江戸一	竹原屋與兵衛
同	天市	枡屋利助
同	北久宝	油屋彦兵衛
同	ぬしや	国分屋弥兵衛
同	本一	銭屋惣兵衛
同	内平	河内屋亦右エ門
同	本天マ丁	角倉屋弥平治

位	所	名
前	さこば	柴屋孫四郎
同	南久宝五	谷屋清兵衛
同	西信丁	布屋甚九郎
同	南ほりへ	播磨屋忠兵衛
同	老松	綿屋利兵衛
同	上人丁	越後屋善太郎
同	平一	海部屋新兵衛
同	北ほりへ	加賀屋林兵衛
同	上ふくしま	木綿屋源兵衛
同	カザリヤ	平野屋八郎兵衛
同	南ハマ丁	灰屋平右エ門
同	京町四	宮原屋儀兵衛
同	藤右衛門丁	天王寺屋利助
同	南久宝	大黒屋伊太郎
同	北久太	近江屋宇八
同	順五	大和屋利右エ門
同	塩二	銭屋小四郎

位	所	名
同	平二	近江や弥助
同	長四	山家や勘兵へ
同	西二ハシ	泉や三郎兵へ
同	本四	松や長兵へ
同	上福シマ	葭や九右衛門
同	南本二	紀伊国や庄次郎
同	大川丁	袴や嘉介
同	安堂二	小堀や久兵へ
同	京町五	虎や清次郎
同	北ホリエ	炭や弥吉郎
同	江戸五	近江や彦兵へ
同	アハバシ	木津や唯七
同	クハナ	山口や庄兵へ
同	吉左衛門丁	綿や勝三郎
同	アジ川	泉や彦兵へ
同	大川	鴻池与三吉
同	江戸二	大塚や三郎兵へ
同	山本	河内や徳三郎
同	セツ津国丁	綿や宗兵へ
同	北新地	紙や利兵へ
同	カイフ	天満や勝右衛門
同	新ウツボ	天満や儀兵へ

位	所	名
同	天ヒノ上	今宮や藤介
同	カメイ丁	錺や善介
同	カジキ	吹田や彦三郎
同	トイヤ	亀やおせん
同	ほねヤ丁	津国や多兵へ
同	越中バシ	津国や熊次郎
同	ソねザキ	岡本や忠兵へ
同	谷三	灰吹や藤三
同	高一	炭や平六
同	江戸四	平のや四郎兵へ
同	堂じま	今宮や五兵へ
同	谷丁	河内や治介
同	新丁	近江や栄七郎
同	サツマボリ	三津や久兵へ
同	九郎右衛門丁	津国や九兵へ
同	御池一	大和や三郎兵へ
同	新丁	大和や弥兵へ
同	玉ツクリ	河内や長三郎
同	京バシ	鎌や半兵へ
同	木ビキ	鎌や藤介
同	車丁	錺や勘兵へ
同	大和バシ	京や宗右衛門
同	常安	亀や彦七
同	大黒バシ	中嶋や正兵へ
同	ウツボ	わしや忠七

頭取世話人

天王寺屋五兵衛　泉屋甚治郎　平野屋平九郎　油屋善兵衛　大庭屋利兵衛　河内屋勘四郎　銭屋左兵衛　銭屋源兵衛　都倉屋利兵衛　近江屋与七　銭屋義平治　羽山屋彦兵衛　川崎屋善右エ門

行司

炭屋善五郎　鉄五良改 米屋平右衛門　大黒屋源兵衛

鉄屋庄右エ門　加嶋屋作五郎　島田八良右エ門

山本三四郎　油屋彦三郎　川崎屋三右エ門

勧進元　鴻池善右エ門

名乗リ上　水野林兵衛

差添人　平野屋五兵衛

西之方

位	所	名
大関	安土二	炭屋安兵衛
関脇	平二	米屋喜兵衛
小結	平一	炭屋彦五郎
前頭	四軒丁	平野屋仁兵衛
前頭	備後丁	銭屋佐市郎
前頭	南久太	桝屋伝兵衛
前頭	今二	鴻池伊助
前頭	尼崎一	鴻池重太郎
前頭	立売四	近江屋権兵衛
前頭	玉水	加島屋安兵衛

位	所	名
前	尼崎二	竹川彦太郎
同	安土二	銭屋清吉
同	塩三	小橋屋彦九郎
同	中ツ丁	平野屋彦兵衛
同	アハジ二	米屋儀兵衛
同	京ハシ四	米屋三十郎
同	新天マ	大津屋伊兵衛
同	農人バシ二	山本屋伊右エ門
同	谷一	平野屋市郎兵衛
同	サコバ	阿波屋卯兵衛
同	浄国寺丁	川口屋新右エ門
同	大豆葉町	堺屋治郎兵衛

位	所	名
前	高津	木綿屋五郎兵衛
同	木ビキ	平野屋善右エ門
同	船大工	鳥羽屋善兵衛
同	サツマ	大和屋権四郎
同	南久宝	丸屋伊兵衛
同	平三	炭屋万兵衛
同	新戎	油屋長右衛門
同	コフク	節屋庄右エ門
同	天マ九	綿屋太兵衛
同	近江丁	米屋喜代松
同	南瓦	銭屋勘兵衛
同	石灰丁	銭屋市兵衛
同	惣右衛門丁	紙屋吉兵衛
同	カジキ	白木屋新之助
同	南久太	近江屋専助
同	北バマ二	長濱屋伊太郎
同	北久太二	日和佐屋宇兵衛

位	所	名
同	安堂三	銭や治兵衛
同	内本	分銅や新右エ門
同	船丁	紙や与右エ門
同	津村	伊勢や利兵へ
同	ビンゴ四	平野や長兵へ
同	安堂	丹波や忠兵へ
同	戎ジマ	伝法や宇右衛門
同	伝馬丁	木や九兵へ
同	天マ	姫路や吉兵へ
同	木ビキ	明石や太郎兵へ
同	今二	高木や五兵へ
同	そね崎	近江や万助
同	北久太一	布や善兵へ
同	津村	毛馬や茂三郎
同	常安	紙や佐兵へ
同	大手	廣や市兵へ
同	湊バシ	綿や三十郎
同	ウツボ	大津や武兵へ
同	カジキ	天王寺や儀助
同	常安	塩飽や清右衛門
同	弥兵衛	升や藤兵へ
同	船大工	なんばや多吉

位	所	名
同	心サイ	銭や新兵へ
同	江戸五	近江や徳蔵
同	京バシ	播磨や新兵へ
同	常安	油や喜四郎
同	玉ツクリ	越後や兵七
同	坂丁	いせや平蔵
同	御幸丁	川口や専介
同	江戸ボリ	泉や直七
同	カサヤ丁	国分や吉兵へ
同	坂丁	紙や平蔵
同	黒金バシ	越後や長七
同	初せ丁	伊丹や元三郎
同	江戸五	大庭や栄介
同	なんち	大坂や平介
同	北ほりへ	平のや新兵へ
同	アハ橋	銭や藤兵へ
同	南本三	河内や茂八
同	周防丁	近江や安兵へ
同	堺丁	大和や喜兵へ
同	九郎右衛門丁	泉や幸介
同	松や丁	紙や新兵へ
同	長町	池田や与一
同	日本バシ	明石や利助
同	心サイ	天満や徳兵へ
同	吉左衛門丁	亀や伊兵へ

頭取世話人

三井元之助　天王寺屋忠治郎　島屋市兵衛　鹿島屋弥兵衛　綷屋善右エ門　銭屋弥助　平野屋彦兵衛　銭屋権右エ門　伊勢屋藤四郎　大黒屋五兵衛　万屋利兵衛　丹波屋藤兵衛　蛇草屋八右エ門

浪花高台麓　わた正筆并彫刻

天保９年（1838）に板行された「浪花両替手柄競」は、大坂両替商を繁盛順に名寄せした番付である。江戸時代は金・銀・銭が通用したが、これら三貨交換のほか、預金、貸付、為替など金融業を営んでいたものを両替と呼んだ。中でも大坂は各藩の年貢米や産物の換金の場として両替商が発達した。本番付では、東の大関として鴻池庄兵衛の名が挙がるが、鴻池はそもそも酒造・海運業で身を興し、後に両替商に転じて大富豪になった経緯をもつ。

浪花仕仁勢渡世大見立

天保十一年子ノ十一月大新板

大関	ざこば
関脇	材木問屋
小結	木綿問屋中
前頭	本両替屋中
前頭	塩問屋
前頭	酒屋中
前頭	にだと問屋
前頭	鰹節店
前頭	銅屋
前頭	川魚市
前頭	紙問屋

次第不同 御免

惣後見 薬種屋　青物市　畳表問屋

行司

勧進元 米市場

差添人 両替屋

大関	うけが屋
関脇	炭問屋
小結	紙問屋
前頭	薪問屋
前頭	砂糖問屋
前頭	醤油屋
前頭	墨筆屋
前頭	昆布問屋
前頭	雑問屋
前頭	鳥見世
前頭	石屋中

頭取

道具屋仲　唐物屋　綿問屋仲　鉄問屋　質屋仲　瀬戸物屋　茶問屋仲　穀物問屋　古手屋　廻船問屋　飛脚屋

世話人

104　浪花仕仁勢渡世大見立

天保十一年子ノ十一月大新板

浪花仕仁勢渡世大見立

大関 魚市 ざこば
関脇 堀々 材木問屋
小結 所々 木綿問屋
前頭 心斎ばし 本屋中
前頭 所々 藍問屋
前頭 造り 酒屋中
前頭 所々 たばこ問屋
前頭 かつほざ 鰹店
前頭 所々 釘問屋
前頭 東西 川魚市
前頭 所々 紙屑問屋

前 天満 市之側
同 同 縄筵や中
同 なんば ほねつぎ
同 長町 傘屋中
同 所々 麸屋中
同 なに八橋 丁ちんや中
同 銭長 おしろい屋
同 道修町 丹屋
同 所々 苫問屋
同 江戸堀 相庭店
同 吉野 三臓円
同 てんか茶や ぜさい
同 てんま はらく薬

同 思案ばし やくわんや丁 塩物店
同 御堂前 銅細工
同 同 花の市
同 嶋ノ内 錺り人形屋
同 搗や 夜店
同 北久太 米店
同 住よし 大源みそ
同 よどや橋 なにはや
同 道修丁 宿屋中
同 つしま 順血湯
同 新道 干牛丸
同 高津 ひゑぐすり
同 安堂一 黒ゆきや
同 所々 地蔵きり
同 所々 三十石屋

取 頭

道具屋仲
唐物問屋
綿問屋
鉄問屋
質屋仲
瀬戸物屋仲
茶問屋
穀物問屋
古手屋仲
廻船問屋
飛脚問屋

次第不同 御免

惣後見
道修丁 薬種屋
天満 青物市
所々 畳表問屋

行司
南大丸ごふく店
小ばしやごふく店
三井呉服店
北大丸ごふく店
岩城ごふく店
舟丁 銭や丹後
嶋内 小ぐらや
とらや伊織
新丁 おざゝべに
大手 あづまや

勧進元 堂じま 米市場
差添人 所々 両替屋

大関 塩物 うつぼ
関脇 所々 炭問屋
小結 諸蔵 紙問屋
前頭 所々 薪問屋
前頭 堺筋 砂糖問屋
前頭 造り 醤油屋
前頭 所々 墨筆屋
前頭 松前 昆布問屋
前頭 所々 糠問屋
前頭 鳥や町 鳥見世
前頭 所々 石屋中

前 堺筋 小間物屋
同 北バマ 金相庭
同 中の 一本釘
同 戸や丁 戸屋中
同 所々 竹問屋
同 四つばし きせる屋
同 ぐわんきやうじ堀 釜屋
同 江戸堀 めうばん屋
同 高らい 苧問屋
同 南新やしき 相庭店
同 浮田 五龍円
同 小山 ひぜん薬
同 わたなべ りうこ円

同 ほりへ 青物や中
同 長ホリ あいだまや
同 松ヤ丁 花の市
同 から物丁 具足や
同 順けい 夜店
同 所々 土砂や中
同 あミだ池 さくら味噌
同 網じま ふな卵
同 八けんや 宿屋中
同 小川や 黒ぐわんし
同 北久太 龍かん内円
同 ごふく丁 山田や薬
同 東ほり しぶや
同 てんま つむや
同 所々 金ひら舟

世話

揚や 新町
茶 ほり江
嶋之内
屋 北ノ新地

世話人

天王寺 福屋
同 浮ム瀬
同 西照店
なんち 松の尾
同 大津湯
東 梅屋しき
なんち 仙一方

○是にもれたる分ハ、近日二篇に委しく記し奉御覧入候、已上

天保11年（1840）板行の「浪花仕仁勢渡世大見立」は、大坂で繁盛している商売を名寄せしたもので、東三役には「ざこば魚市」「材木問屋」「木綿問屋」など、「大坂＝天下の台所」にふさわしい全国物産に関する商品問屋がさまざま並んでいる。本番付は「新板」とあることからみてたびたび板行されていたことが知れる。みなが順位を注視しており、だからこそランク外とされた商売人からの抗議も多かった。そこで欄外に「是にもれたる分ハ近日二篇に委しく記し奉御覧入候」と書き添えて種々の文句に備えていたのである。

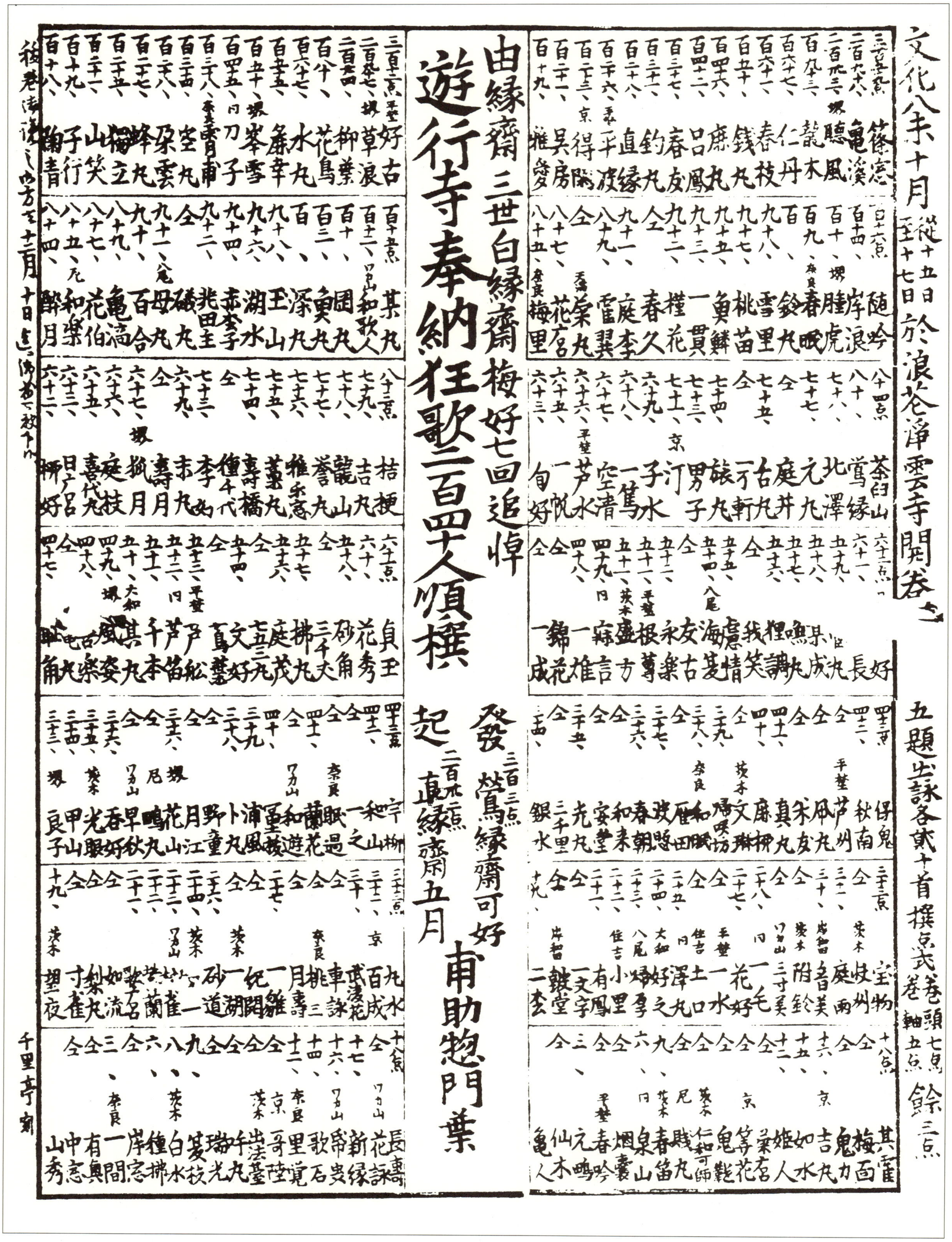

105 遊行寺奉納狂歌二百四十人順撰

文化八未十月従十五日至十七日於浪花浄雲寺開巻

五題出詠各弐十首撰点式巻頭七点巻軸五点余三点

由縁斎三世白縁斎梅好七回追悼

遊行寺奉納狂歌二百四十人順撰

発　三百三点　鶯縁斎可好

起　二百卅二点　直縁斎五月

甫助惣門葉

点	地	名
三百五十九点		篠窓
二百九十八同		亀渓
二百卅三同	堺	聴風
百九十三同		龍木
百六十七同		仁丹
百六十一同		春枝
百五十同		銭丸
百四十六同		鹿丸
百四十二同		呂鳳
百三十七同		春友
百三十一同		釣丸
百二十八同		直縁
百二十六同	平埜	平波
百二十三同	京	得閑
百二十一同		呉房
百十九同		雅愛
百十六点		随吟
百十四同		岸浪
百十同	堺	腫虎
百九同	奈良	春眠
百同		鈴丸
九十八同		雪里
九十七同		桃苗
九十五同		魚鱗
九十三同		一貫
九十二同		槿花
仝		春久
九十一仝		庭季
八十九仝		霍翼
仝	天満	菊丸
八十七同		花麻呂
八十五同	奈良	梅里
八十四点		茶臼山
八十同		鶯縁
七十八同		北澤
七十七同		元丸
仝		庭井
七十五同		舌丸
仝		一万軒
七十四同		旅丸
七十三同		男子
七十一同	京	汀
六十九同		子水
六十八同		一篤
六十七同		空清
六十六同	平埜	芦水
六十五同		一帆
六十三同		旬好
六十二点		□好
六十一同		□長
五十九同		□丸
五十八同		某成
五十七同		嘸丸
五十六同		狸調
仝		我笑
五十五同		慮情
五十四同	八尾	海夏
仝		友古
五十二同		永楽
五十一同	平埜	根尊
五十一同	茨木	盛方
四十九同	同	寝言
四十八同		一焦
仝		錦花
仝		一成
四十三点		保鬼
四十二同		秋南
仝	平埜	芦州
仝		凧丸
仝		米友
四十一同		眞丸
四十同		鹿柳
仝	茨木	文琳
三十九同		帰咲坊
三十八同	奈良	和眠
仝		雁田
三十七同		快照
三十六同		春朝
仝		和来
仝		安堂
三十五同		光丸
仝		三千里
三十四同		銀水
三十三点		宝物
仝	茨木	快州
三十一同		庭雨
三十同	岸和田	音美
仝	茨木	附鈴
仝	ワカ山	三寸美
二十八同	同	一毛
二十七同		花好
仝	平埜	一水
仝	住吉	土口
二十五同	同	澤丸
二十四同	大和	好之
二十三同	八尾	帰厚
二十二同	住吉	小里
二十一同		有鳳
仝		一文字
仝	岸和田	皷堂
十九同		二松
十八点		其霍
仝		梅面
仝		鬼力
十六同	京	吉丸
十五同		如水
十二同		姫人
仝		菊麻呂
仝	京	算花
仝		鬼韃
仝	茨木	仁和可師
仝	尼	賤丸
九同	茨木	春笛
六同	同	泉山
仝		烟嚢
仝	平埜	春吟
三同		元鳴
仝		仙木
		亀人

点	地	名
三百十二点	平埜	好古
二百九十七同	堺	草浪
二百廿四同		柳葉
百八十同		花島
百六十七同		水丸
百五十五同		麁幸
百五十同	堺	峯雪
百四十五同	同	刀子
百三十八同	奈良	霄甫
百三十四同		空丸
百二十八同		朶雲
百二十七同		蜂丸
百二十五同		獨立
百二十一同		山笑
百十九同		子行
百十八同		陶青
百十五点		某丸
百十二同	ワカ山	和歌人
百十同		岡丸
百三同		魚丸
百同		深丸
九十八同		玉山
九十六同		湖水
九十四同		赤松子
九十二同		非田主
仝		礒丸
九十一同	八尾	母丸
九十同		百合
八十九同		亀滴
八十七同		花伯
八十五同	尼	和楽
八十四同		酔月
八十三点		桔梗
七十九同		吉丸
七十八同		龍山
七十七同		誉丸
七十六同		雅楽窓
七十五同		藁丸
七十四同		壽橋
仝		種千代
七十三同		李好
六十九同		末丸
仝		壽月
六十七同	堺	狐月
六十六同		庭枝
六十五同		喜代丸
六十三同		日麻呂
六十二同		柳好
六十一点		貞玉
六十同		花秀
五十八同		砂角
仝		三千丈
五十七同		拂丸
五十六同		庭茂
仝		七五三丸
五十四同		文好
仝		蔦葉
五十三同	平埜	芦舩
五十二同	同	芦笛
五十一同		千本
五十同	大和	其丸
四十九同	堺	風姿
四十八同		喜楽
仝		亀丸
四十七同		耻角
四十三点		宇柳
四十二同		和山
仝		一之
仝	奈良	眠過
四十一同		蘭花
仝	ワカ山	和遊
四十同		冨士抜
三十九		浦風
三十八同		卜丸
仝		野童
仝		月江
三十六同	堺	花山
仝	尼	鳴丸
仝	ワカ山	早秋
三十六同		呑好
三十五同	茨木	光眼
三十四同		甲山
三十三同	堺	良子
三十三点		丸水
三十二同	京	百成
三十同		武淩花
仝		車詠
仝	奈良	桃三
仝		月壽
二十七同		一雛
仝		紀開
仝	茨木	一湖
二十六同		砂道
二十四同	茨木	□一
二十三同	ワカ山	□雀
二十二同		紫蘭
二十一同		歌麻呂
仝		如流
仝		梨丸
仝		寸雀
十九同	茨木	望夜
十八点		長壽
仝	ワカ山	花詠
十七同		新縁
十六同	ワカ山	昏蟲
十四同		歌石
十二同	奈良	里覚
仝	京	哥陸
仝	茨木	出法臺
仝		吽丸
仝		瑞光
九同		夏枝
八同	茨木	白水
六同		種拂
仝		岸窓
三同	奈良	一間
仝		有奥
仝		中窓
		山秀

抜巻御覧之御方は十二月十日迄ニ御出可被下候

千里亭刻

文化８年（1811）板行の本番付は、大坂浄雲寺において奉納された狂歌240点を採点し、高得点順に詠み人を並べたものである。本来狂歌は和歌の形式に卑俗滑稽な内容を盛ったものであり、中央柱の記載のように、何某の僧侶の七回忌のときに奉納するのは不謹慎なようにも思える。しかし「うた」というのは普段の話言葉とは異なるという意味で、見えない神霊とのコミュニケーションを取るための手段であると考えられていたので、とくにめずらしいことではなかった。中でも大坂は、狂歌隆盛の中心であり、各地区で愛好者サークルがいくつも結成されるくらい浸透していたのである。

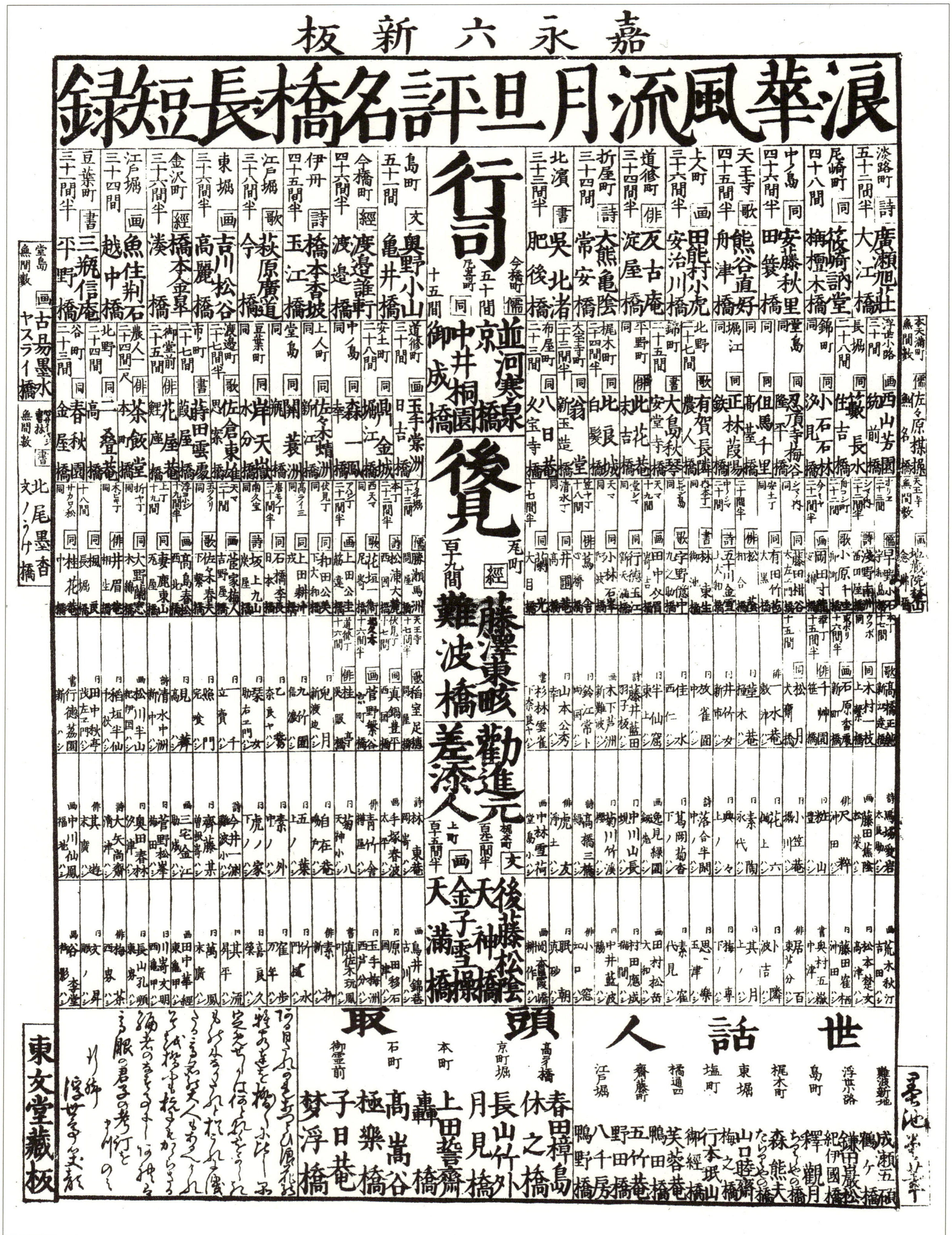

106　浪華風流月旦評名橋長短録

嘉永六新板

浪華風流月旦評名橋長短録

行司
- 今橋町 五十間 儒 並河寒泉 京橋
- 尼嵜町 十五間 同 中井桐園 御成橋

後見
- 瓦町 百十九間 経 藤澤東泉 難波橋

勧進元
- 梶本町 百廿二間半 文 後藤松陰 天神橋

差添人
- 上町 百十五間半 画 金子雪操 天満橋

（右方）

- 淡路町 五十二間半 詩 廣瀬旭荘 大江橋
- 尼崎町 四十八間 同 篠崎訥堂 梅檀木橋
- 中ノ島 四十六間半 同 安藤秋里 田蓑橋
- 天王寺 四十五間半 歌 熊谷直好 舟津橋
- 上人町 三十六間半 画 田能村小虎 安治川橋
- 道修町 三十四間半 俳 反古庵 淀屋橋
- 折屋町 三十四間 詩 大熊亀陰 常安橋
- 北濱 三十三間半 書 呉北渚 肥後橋

- 本天満町 魚間数 儒 佐々原棋操 無名橋
- 浮世小路 三十間 画 西山芳園 筑前橋
- 長堀 二十八間 同 藪長水 住吉橋
- 錦町 同 同 小石石林 汐見橋
- 堂島 同 同 忍頂寺梅谷 隆平橋
- 同 同 但馬千里 高台橋
- 堀江 同 同 正林葭陽 鉄橋
- 北野 二十七間 歌 有賀長隣 農人橋
- 錦町 二十五間 書 大島秋琴 安堂寺橋
- 平野町 同 俳 此花菴 末吉橋
- 梶木町 二十四間半 同 比良城 白髪橋
- 大宝寺 二十三間半 同 翁堂 新玉造橋
- 布屋町 二十三間 同 八日菴 久宝寺橋

- 天王寺 無間数 画 地蔵院楚山 念仏橋
- ホリヱ 二十三間 儒 早野小石 宇和島橋
- シマノ内 二十二間半 詩 浅野南洲 冨田屋橋
- 舟コシ町 二十二間 歌 小原千坐 舟町橋
- 今ミヤ 二十一間半 画 岡田寸龍 安綿橋
- シマノ内 同 藤田柑谷 太左ヱ門橋
- 安土丁 同 有田竹苞 大黒橋
- 二十間半 俳 松蔭 相合橋
- 中ノシマ 二十間 詩 五十川金雪 上大和橋
- 内本丁一 同 書 林東生 御池橋
- ビゼン島 同 歌 宇野億中 久之助橋
- 天マ 十九間 画 田中介眉 嵜吉橋
- 堂シマ 同 同 行徳玉江 新天満橋
- 天マ 同 同 小林石峯 阿波橋
- 笠ヤ丁 十八間 俳 蔦舎 心斎橋
- 清水丁 同 同 井圃菴 髙橋
- 十七間半 同 蘭光 大目橋

- 本丁 十七間 歌 高橋正純 新江達橋
- ウツボ 同 同 木村一枝 上繁橋
- 永ボリ 十六間半 画 石原香震 新町橋
- 幸丁 十五間半 俳 千艸園 笹橋
- 十五間 同 松月 犬斎橋
- 俳 一水菴 敷津ハシ
- 同 菫菴 撞木ハシ
- 同 井竹女 新市ハシ
- 同 放雀園 中ハシ
- 同 佳水 西仁ハシ
- 同 半仙窟 東上ハシ
- 詩 藤井藍田 羽子板ハシ
- 画 木下芦洲 新難波ハシ
- 同 鈴木常ト 両国ハシ
- 同 山本公秀 幸ハシ
- 書 杉林雲雀 下奈良ハシ

- 詩 馬場愛宕 太良助ハシ
- 画 藤田蕉陰 松栄ハシ
- 俳 尺粋 沖田ハシ
- 同 粧山 豊ハシ
- 同 小笠菴 堀川ハシ
- 同 花六 樋上ハシ
- 同 素陶 永代ハシ
- 同 典々 上ノハシ
- 詩 落合半閑 中ノハシ
- 同 葛岡菊香 下ノハシ
- 画 逸見緑園 鍼先ハシ
- 同 中川山長 蜆ハシ
- 同 菊川竹渓 桜ハシ
- 詩 高橋三橋 緑ハシ
- 俳 虎友 浄土ハシ
- 画 中林雪荷 堂島小ハシ

- 画 荒木秋汀 吉田ハシ
- 同 松本楚文 高津ハシ
- 同 藤田鶴栖 沖田ハシ
- 書 奥村五嶽 中津ハシ
- 俳 居百 東芦分ハシ
- 同 卜隣 波吉ハシ
- 同 其月 上ノハシ
- 同 梅専 下ノハシ
- 同 思楽 玉津ハシ
- 同 素鶴 代見ハシ
- 画 田村松岳 大和ハシ
- 同 村田応成 猫間ハシ
- 同 中井藍波 鵲ハシ
- 俳 小窓 江口ハシ
- 同 眠朝 真砂ハシ
- 画 岡本霞嶠 耕作ハシ

（左方）

- 島町 五十一間 文 奥野小山 亀井橋
- 今橋町 四十六間半 経 渡邉誰軒 渡邉橋
- 伊丹 四十五間半 詩 橋本香坡 玉江橋
- 江戸堀 三十八間半 歌 萩原廣道 今橋
- 東堀 三十六間半 画 吉川松谷 高麗橋
- 金沢町 三十六間半 経 橋本金皐 湊橋
- 江戸堀 三十四間 画 魚住荊石 越中橋
- 豆葉町 三十一間半 書 三瓶信庵 平野橋
- 堂島 無間数 画 古易墨水 ヤスライ橋

- 道修町 三十間 画 玉手棠洲 日吉橋
- 安土町 二十八間 同 鼎金城 堀江橋
- 中ノ島 同 同 森一鳳 幸橋
- 上人町 同 同 佐々木蜻洲 新江橋
- 堂島 同 同 関蓑洲 瓶橋
- 豆葉町 同 同 岸天嶽 水分橋
- 渡邉町 二十七間半 歌 佐倉東雄 思案橋
- 市ノ町 二十七間 書 蒔田雲処 葭屋橋
- 御堂前 二十五間 俳 花屋菴 鯉座橋
- 農人一 二十四間一尺 俳 茶飯堂 本町橋
- 北野 二十四間 同 二畳菴 高橋
- 谷町 二十三間 同 春秋園 金屋橋
- 心サイバシ 無間数 書 北尾墨香 文ノかけ橋

- イタチ堀 二十三間 儒 勝瀬馬洲 問屋橋
- 本丁 二十二間半 詩 松浦大麓 西国橋
- 西天マ 同 歌 花垣一衛 尼嵜橋
- アハジ丁 二十一間半 画 上田公圭 筋違橋
- 伏見丁 同 同 和田公美 下大和橋
- 高ライ三 同 同 上田耕冲 戎橋
- 唐モノ丁 二十間半 同 石橋李良 日本橋
- 南久宝 同 詩 坂上九山 炭屋橋
- 天マ 二十間 画 菅家梅人 吉野屋橋
- 玉ヅクリ 同 歌 佐々木春夫 下繁橋
- 浮ヨ小ジ 十九間半 画 高島春松 西北橋
- 上丁 十九間 同 妻鹿東山 瓦屋橋
- 折ヤ丁 同 同 大野蘭窓 木綿橋
- 木ビキ丁 同 俳 井眉菴 相生橋
- 十八間 同 楓良 長堀橋
- サカロノ松 同 同 桂花菴 中橋

- 天王寺 十七間半 歌 稲室足穂 問屋橋
- 伏見丁 十七間 同 真鍋豊平 西国橋
- 北久木 十六間半 画 菅野繁谷 京町橋
- 道修丁 十六間 俳 桂亭 呉服橋
- 同 兎月 新渡辺ハシ
- 同 九竹園 信濃ハシ
- 同 乙鶩 奈良ヤハシ
- 同 菜女 助右ヱ門ハシ
- 同 一千 立売ハシ
- 同 照門 完喰ハシ
- 同 月薺 髙ハシ
- 詩 清水中洲 新中ハシ
- 画 松川半山 紀伊国ハシ
- 同 稲垣半仙 千秋ハシ
- 同 田中秋亭 茂左ヱ門ハシ
- 書 行徳茘園 新ハシ

- 詩 林東菴 岡嵜ハシ
- 画 手塚春波 太平ハシ
- 俳 青竹舎 樽屋ハシ
- 同 菊八 天神小ハシ
- 同 自在菴 鳴戸ハシ
- 同 五葉 上ノハシ
- 同 素外 中ノハシ
- 同 虎家 下ノハシ
- 詩 今井一淵 難波小ハシ
- 同 斉藤某 曾根嵜ハシ
- 画 三宅金江 助成ハシ
- 同 菅野松峯 梅田ハシ
- 同 奥田春林 汐津ハシ
- 詩 大矢尚斎 清津ハシ
- 俳 其遊 末廣ハシ
- 画 中川仙鳳 福地ハシ

- 画 鳥井錦巷 古川ハシ
- 同 原田移石 国津ハシ
- 同 玉手梅洲 西芦分ハシ
- 書 真佐木玩鳳 叶ハシ
- 俳 素柳 新ハシ
- 同 竹水 門樋ハシ
- 同 鶴歩 万年ハシ
- 同 喜久 栄良ハシ
- 同 其流 昇平ハシ
- 同 萬鳳 末廣ハシ
- 画 田中華経 東亀甲ハシ
- 同 川嵜文明 西亀甲ハシ
- 同 長山孔順 東堺ハシ
- 俳 梅茶 西堺ハシ
- 同 文昇 賑ノハシ
- 画 谷李堂 御影ハシ

世話人
- 難波新地 成瀬五碩 鶴ケ橋
- 浮世小路 鎌田巌松 紀伊國橋
- 島町 釋観月 ちりらやの橋
- 梶木町 森熊夫 たらりやの橋
- 東堀 山口睦斎 梅之橋
- 塩町 行本珉山 御経橋
- 橋通四 芙蓉菴 鴨田橋
- 斎藤町 五竹菴 野田橋
- 江戸堀 八千房 鴨野橋

頭取
- 高ライ橋 春田樟島 休之橋
- 京町堀 長山竹外 月見橋
- 本町 上田誓斎 轟橋
- 石町 髙嵩谷 極楽橋
- 御霊前 子日菴 夢浮橋

ある日たれかれ打つとひ、浪花の雅客達を橋々に比し、品定めせしかは、何となくをかしきものになりたれと、猶これに洩たる高名の大人もあるへけれ、そを橋にも杭にもかゝらさる、編者のなす事にしあれは、高眼の君子の考訂をまつのミ

行脚 浮世亭笑顔

墨池堂筆

東女堂蔵板

嘉永６年（1853）板行の「浪華風流月旦評名橋長短録」は大坂における文化人210人の番付である。面白いことに各人を大坂市内の橋にたとえていて、さらに長短の尺を付けて優劣を表現する（ここで言う月旦評とは「批評」の意）。最上位に位置するのは「五十二間半　大江橋」に例えられた大分出身の漢詩人・広瀬旭荘（ひろせぎょくそう）である。このほか漢詩に限らず、文・経・歌・画・俳句・書などの達人を幅広く取り上げており、大坂の文化的成熟を示す好個の資料と言えよう。

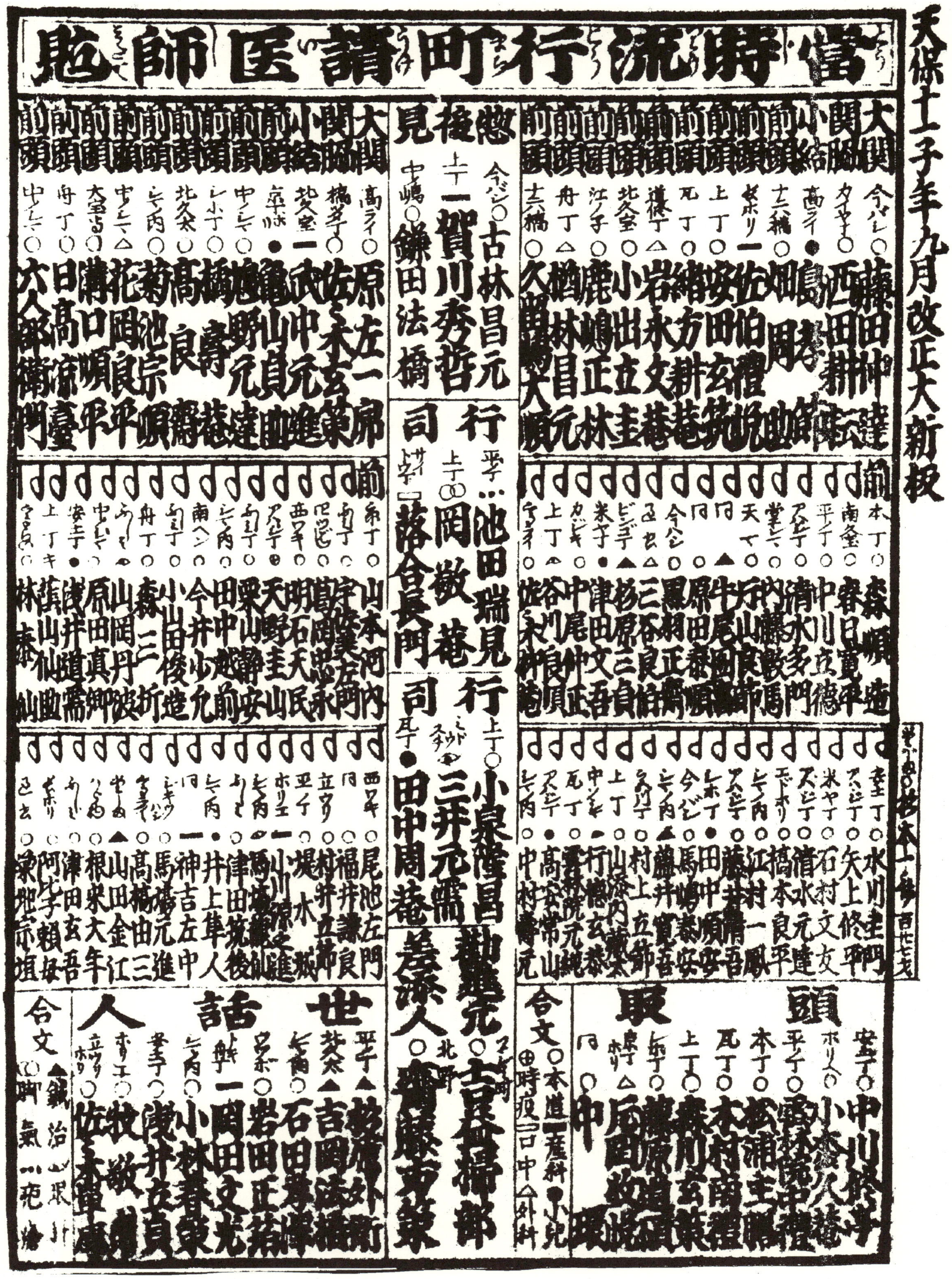

107　当時流行町請医師見立

当時流行町請医師見立

天保十一子年九月改正大新板

東（右方）

位	所	印	名
大関	今バシ	○	藤田仲達
関脇	カイヤ丁	○	西田耕転
小結	高ライ	●	島孝節
前頭	ナニハ橋	○	畑周助
前頭	長ホリ	▬	佐伯禮悦
前頭	上丁	○	安田玄筑
前頭	瓦丁	○	緒方耕菴
前頭	道修丁	△	岩永文菴
前頭	北久宝	○	小出立圭
前頭	江ノ子	○	鹿嶋正林
前頭	舟丁	△	楢林昌元
前頭	十六橋	○	久留嶋大順
前	本丁	○	森順造
同	南久宝	○	春日寛平
同	平ノ丁	○	中川立徳
同	アハジ丁	○	清水多門
同	堂シマ	○	内藤数馬
同	天マ	○	片山良節
同	同	▲	牛尾図書
同	同	○	原田泰順
同	今ハシ	○	黒羽正斎
同	過書	△	三春良脩
同	ビンゴ丁	▲	杉原三貞
同	米ヤ丁	●	津田文吾
同	カジキ	○	中尾仲正
同	上丁	◉	谷川良順
同	高ライ	○	佐々木柳菴
同	安土丁	○	水川圭門
同	アハジ丁	○	矢上修平
同	米ヤ丁	○	石村文友
同	アハジ丁	○	清水元達
同	エドホリ	○	橋本良平
同	シマノ内	○	江村一鳳
同	アハジ丁	○	藤井清吾
同	シホ丁	●	田中順安
同	今バシ	○	馬嶋泰安
同	シマノ内	▲	藤井寛吾
同	宮川丁	○	村上立節
同	上丁	○	山湊内蔵太
同	中ソシ丁	◉	行徳玄泰
同	瓦丁	○	雲林院元純
同	アハジ丁	●	高安常山
同	シマノ内	○	中村壽元

堂じま ○ 杉本一斎 百廿七才

中央

位	所	印	名
惣後見	今バシ	○	古林昌元
	上丁	▬	賀川秀哲
	中ノ嶋	○	鎌田法橋
行司	平ノ丁	…	池田瑞見
	上丁	◎	岡敬菴
	サイトウ丁	□	落合長門
行司	上丁	○	小泉隆昌
	ミドウスヂ	◉	三井元需
	瓦丁	●	田中周菴
勧進元	フシミ町	○	吉益掃部
差添人	北野	○	斎藤方策

西（左方）

位	所	印	名
大関	高ライ	○	原左一郎
関脇	橋ツタ丁	○	佐々木玄策
小結	北久宝	▬	武中元進
前頭	京丁ホリ	●	亀山貞助
前頭	中ノシマ	○	鳩野元達
前頭	シホ丁	○	橋壽菴
前頭	北久太	○	髙良斎
前頭	シマノ内	○	菊池宗順
前頭	中ノシマ	△	花岡良平
前頭	大宝寺	○	溝口順平
前頭	舟丁	○	日髙涼臺
前頭	中ノシマ	○	六人部衛門
前	糸丁	○	山本河内
同	ふしミ丁	○	宇佐美左門
同	四ツばし	○	葛岡忠永
同	西ワキ	○	明石天民
同	アハジ丁	⊕	天野圭山
同	ふしミ丁	○	栗山静安
同	シマノ内	○	田中越前
同	南ヘン	○	今井少允
同	ふしミ丁	○	小山田俊造
同	舟丁	○	森三折
同	ふしミ	◉	山岡丹波
同	中ノシマ	○	原田眞郷
同	安土丁	●	浅井道需
同	上丁キ	○	蔭山仙助
同	高らい	○	林泰仙
同	西ワキ	○	尾池左門
同	同	○	福井謙良
同	立ウリ	○	村井立節
同	■ノ丁	○	堤水城
同	ホリエ	▬	小川源之進
同	シマノ内	◉	馬場龍仙
同	ふしミ	○	津田筑後
同	シマノ内	●	井上隼人
同	同	▬	神吉左中
同	シキツハシ	○	馬場元進
同	高ライ	○	髙橋由三
同	堂しま	▲	山田金江
同	から物	○	根来大年
同	ふしミ	○	津田玄吉
同	長ホリ	○	阿比子頼母
同	過書	○	菊地宗垣

取頭

所	印	名
安土丁	○	中川修平
ホリヘ	○	小松久菴
平ノ丁	○	雲林院中禮
本丁	○	松浦主膳
瓦丁	○	木村南禮
上丁	○	森川玄策
シホ丁	○	藤原道碩
京丁ホリ	△	片岡敬悦
同	○	中環

合文　○本道　⊕時疫　▬産科　□口中　●小児　△外科

世話人

所	印	名
平ノ丁	▲	杉原外衛
北久太	▲	吉岡法橋
シマノ内	○	石田孝澤
ウツボ	○	岩田正箈
トキ舟丁	▬	岡田文光
シマノ内	○	小林春策
安土丁	○	浅井立貞
ホリエ	○	牧敬甫
立ツリホリ	○	佐々木単厚

合文　▲鍼治　◉眼科　◎脚気　…疱瘡

天保11年（1840）に大坂で板行された本番付には、計100名余の医師が紹介されている。その内容はずばり、今一番安心して診察してくれる医者は誰？というものであり、親切にも医師の住所と、専門とする診療科目を記号で記載している（○が漢方医、●は産婦人科など）。医療技術の不安定な江戸時代だからこそ、より正確な医師を選ぼうという患者側の欲求が高かったのであろう。したがってこの種の医師番付は毎年刊行され、版元ではそのたびに記載内容を更新した。なお時代が下るにつれて１枚の番付に記載する医師の数が増える傾向にあり、それに伴って番付自体のサイズも大きくなっていった。

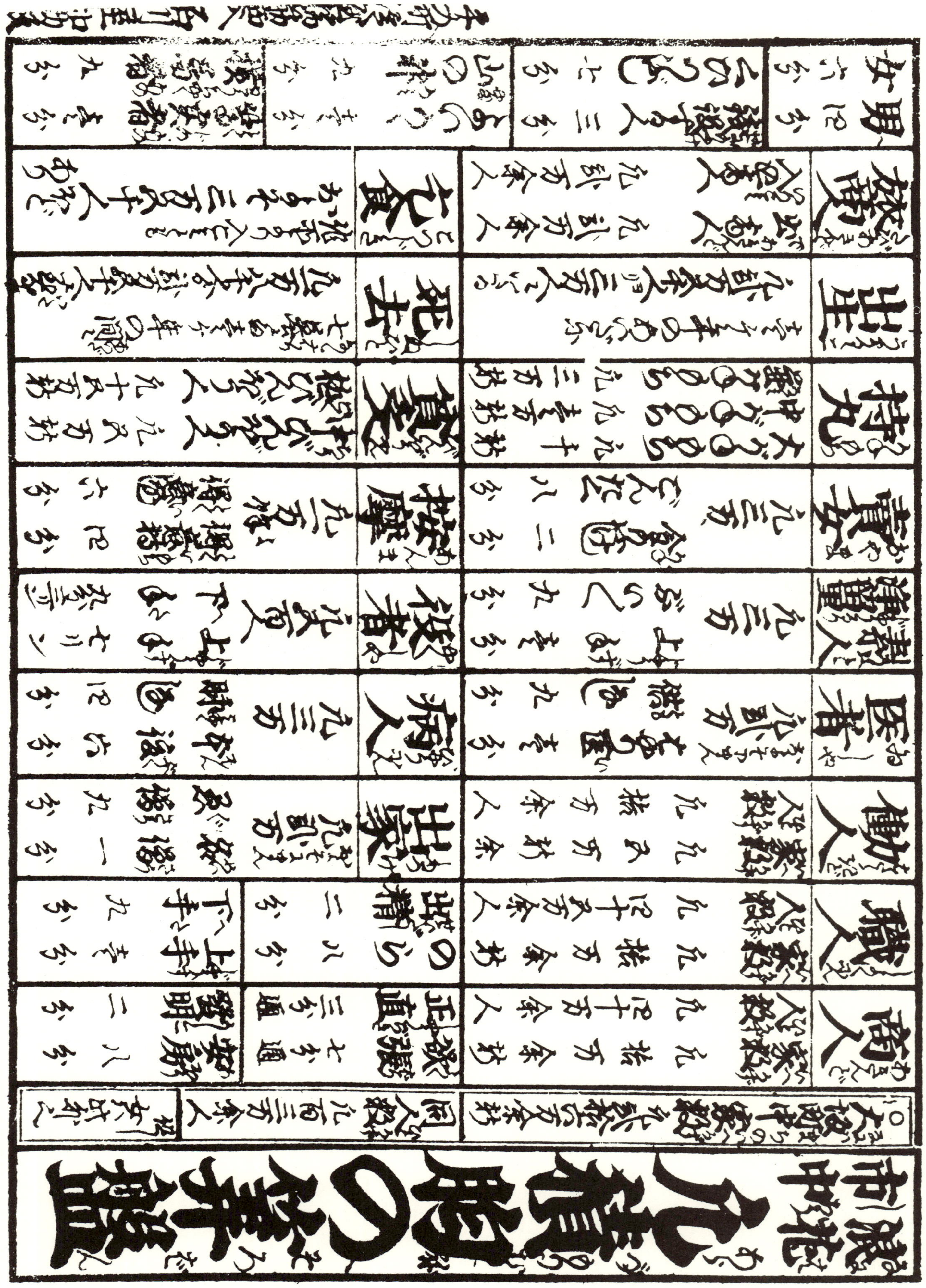

108　浪花市中凡積胸の算盤

浪花市中凡積胸の算盤

○大坂町中家数 凡弐拾六万余軒
同人数 凡百三万余人
但シ女ハ此外也

商人 家数 凡拾万余軒 人数 凡四十万余人
欲張 七分通 正直 三分通
安房 八分 発明 二分

職人 家数 凡拾万余軒 人数 凡四十五万余人
のら 八分 出精 二分
上手 壱分 下手 九分

働人 家数 凡五万軒余 人数 凡拾万余人
出家 凡弐万
名僧 一分 愚僧 九分

医者 凡弐万
はやり医 壱分 供なし 九分
病人 凡三万
本復 六分 脉なし 四分

浄瑠璃素人 凡三万
上手 壱分 ぶいぶい 九分
役者 凡五百人
上手 七リン 下手 九分三リン

売女 凡三万
金もふけし 二分 ごんたく 八分
按摩 凡一万余
得意持 四分 得意なし 六分

持丸 大がねもち 凡十軒 中がねもち 凡壱万軒 並がねもち 凡三万軒
貧乏人 中びんぼう人 凡五万軒 極びんぼう人 凡十五万軒

出生 壱ケ年のあいだに 凡弐万五千人ヨリ三万人にいたる
死去 七墓ニ而壱ケ年の間ニ 凡一万八千人ら弐万五千人ニ至る

旅商人 出商人 凡弐万余人 入込商人 凡弐万余人
乞食 他所より入こミとも およそ三万五千人ほどあり

男 四分 女 六分
銭設する人 三分 くひつぶし 七分
よいかゝ 壱分 山の神 九分
篤実者 壱分 横着者 九分

平の町淀屋橋筋西へ入 石川屋和助板

大坂の賑わいを示すものはかなり多く板行されていて、中でも「浪花市中凡積胸の算盤」はその典型である。大坂町中の家数26万余・人数103万余（女性を除く）など具体的な数値を並べてその繁栄ぶりを宣伝している。変わったところでは、当時隆盛していた芝居の役者につき、およそ500中、上手が7厘・下手が9分3厘となかなかに手厳しい批評を示していて面白い。そのほか持丸（金持ち）・貧乏の段階付をはじめ、区分けの仕方そのものに興味深いものがある。そもそも大坂における当該人口の内訳の実数がなかなか摑みにくく、その意味でも本番付の記載内容は大変貴重であろう。

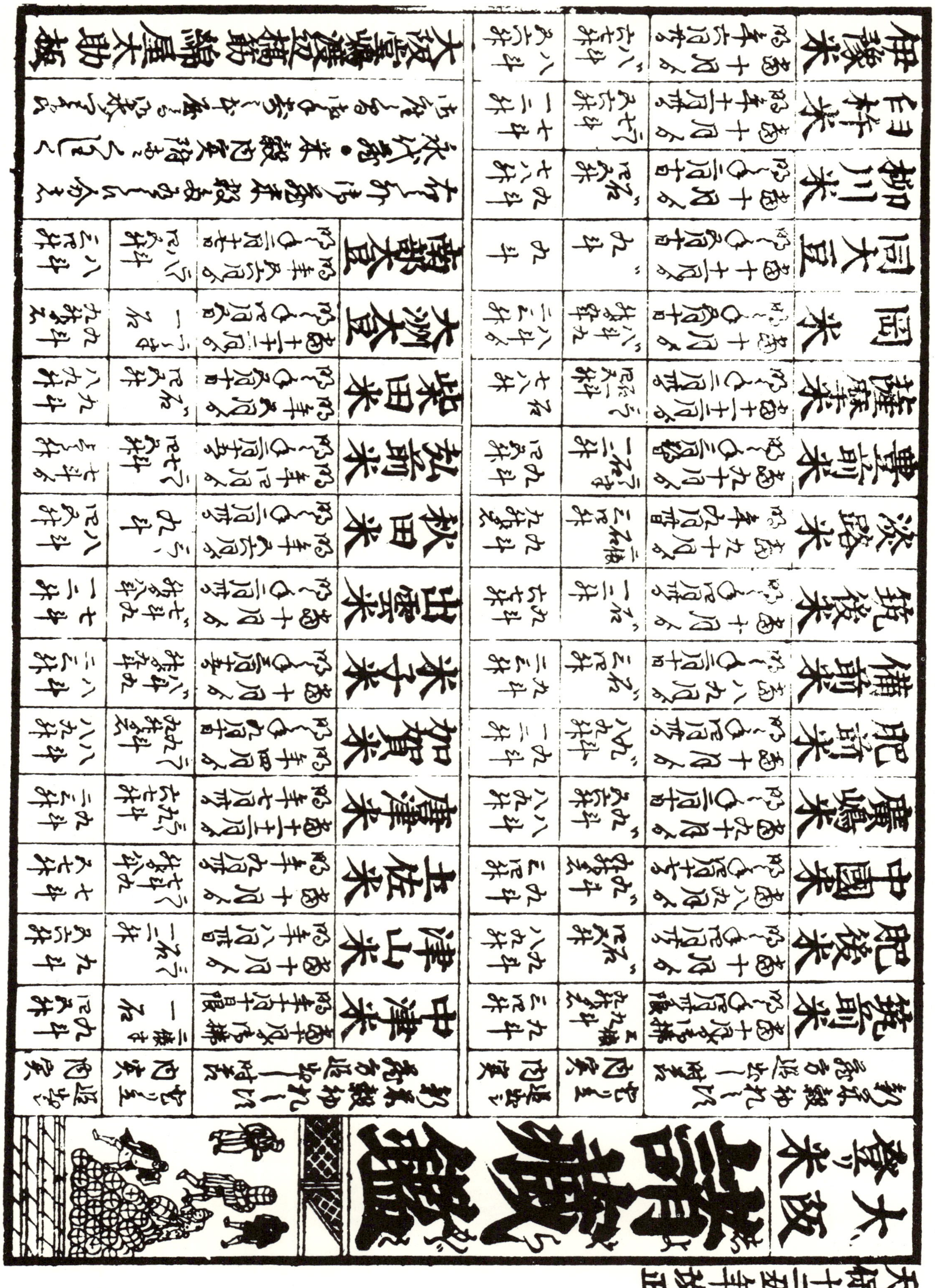

109　大阪登り米諸蔵鑑

天保十二丑年改正

大阪登り米諸蔵鑑

銘柄	新米穀初札之頃 蔵方追出し時節	登り立 内実	追出シ 内実
筑前米	当十月ゟ御払 明々年四月卅日限	三俵九斗九升ゟ石	九斗三四升
肥後米	当十月ゟ 明々年四月廿日	同石四五升	九斗八九升
中国米	当八九月ゟ 明々年四月十七日	同九斗九升ゟ石	九斗三四升
広嶋米	当九十月ゟ 明々年二月十日	同九斗五六升	八斗八九升
肥前米	当十月ゟ 明々年四月卅日	同九斗八九升	九斗一二升
備前米	当八九月ゟ 明々年二月十日	同石三四升	九斗二三升
筑後米	当十月ゟ 明々年四月卅日	同石一二升	九斗六七升
淡路米	当九十月ゟ 明年九月卅日	二俵石三四升	九斗九升ゟ石
豊前米	当九十月ゟ 明々年三月朔日	二同半石一二升	九斗四五升
薩摩米	当十一十二月ゟ 明々年二月卅日	三同石一升四五升	石七八升
岡　米	当十月ゟ 明々年五月十日	同八斗九升ゟ九斗	八斗ゟ二三升
同大豆	当十十一月ゟ 明々年五月十日	同九斗	九斗
柳川米	当十月ゟ 明々年二月十日	同石四五升	九斗七八升
臼杵米	当十月ゟ 明年十一月卅日	二同七斗五六升	七斗一二升
伊予米	当十月ゟ 明年六月廿日	同八斗六七升	八斗五六升

銘柄	新米穀初札之頃 蔵方追出し時節	登り立 内実	追出シ 内実
中津米	当十月ゟ御払 明年十月十日限	二俵半一石	九斗四五升
津山米	当十月ゟ 明年八月卅日	三同石一二升	九斗五六升
土佐米	当十月ゟ 明年九月卅日	二同七斗九升ゟ八斗	七斗五七升
唐津米	当十一十二月ゟ 明年七月卅日	三同九斗六七升	九斗二三升
加賀米	明年四月ゟ 明々年九月十日	二同九斗九升ゟ石	八斗八九升
米子米	当十月ゟ 明々年三月十五日	同八斗九升ゟ九斗	八斗二三升
出雲米	当十月ゟ 明々年二月卅日	同七斗九升ゟ八斗	七斗一二升
秋田米	明年五六月ゟ 明々年二月卅日	三同九斗	八斗四五升
弘前米	明年四月ゟ 明々年二月十五日	二同七斗四五升	七斗ゟ壱升
柴田米	明年五月ゟ 明々年五月十日	同石四五升	九斗八九升
大洲大豆	当十一十二月ゟ 明々年四月五日	二同半一石	九斗九升ゟ石
南部大豆	明年五六月ゟ 明々年二月十七日	二同八斗四五升	八斗三四升

右之外、御蔵米数多有之候分者
永代蔵●米穀内実附等ニくわしく
御座候間、御手寄之本屋ニ而御求メ可被下候

大阪堂嶋渡辺橋筋　綿屋太助　板

天保12年（1841）板行の「大阪登り米諸蔵鑑」には、大坂で取引された全国24種の米および大豆３種の銘柄とその価格が記されている。江戸時代、諸藩や旗本は売却・換金のために、年貢米および特産物を蔵屋敷に廻送した。中でも大坂には200藩を超える蔵屋敷が置かれていたので、大坂は全国最大の米の集積地・米市場として確固たる地位を築いた。なお、判元は「大阪堂嶋渡辺橋筋　綿屋太助」となっている。堂島は享保15年（1730）に公許された米会所で、先物取引の仕組みを高度に備えており、大坂市場の中心地であった。

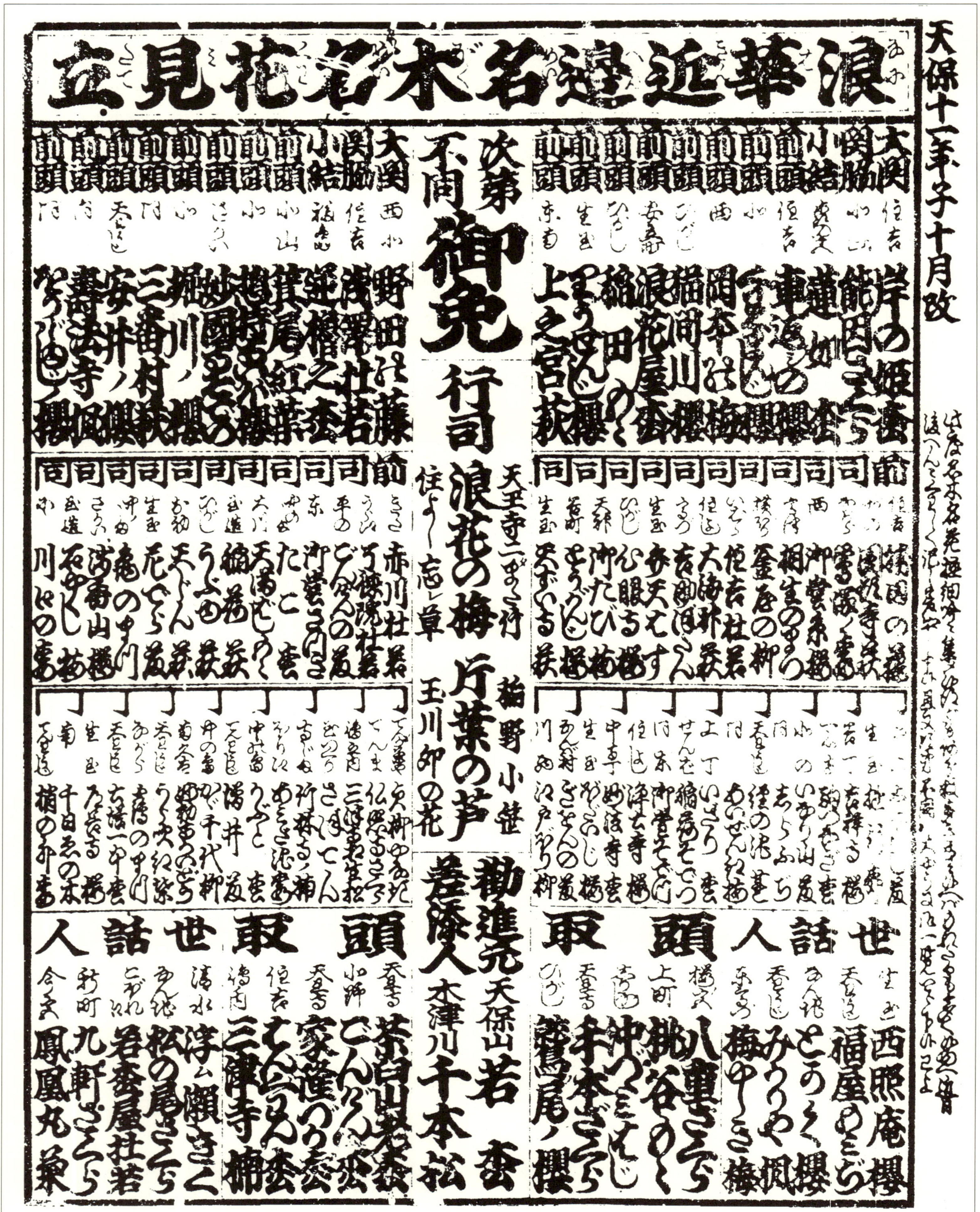

110　浪華近辺名木名花見立

浪華近邊名木名花見立

天保十一年子十月改

此度名木名花極細吟ニ集メ候得ども、何分数多き事ニ候へバもれたるも多く候ゆへ、近日後へんニくわしく記し差出し申候、且又次第不同ハ大やうに御一覧可被下候、已上

次第不同　御免

行司　浪花の梅　片葉の芦
天王寺 二タまた竹
住よし 忘レ草
稲野小笹
玉川卯の花

勧進元　天保山 若松
差添人　木津川 千本松

東

大関 住吉 岸の姫松
関脇 北山 能因さくら
小結 森の宮 蓮如松
前頭 住吉 車返シの桜
前頭 北 くわくまんじ桜
前頭 西 岡本の梅
前頭 ひがし 猫間川桜
前頭 安五町 浪花屋松
前頭 ひがし 稲田もゝ
前頭 生玉 りうせんじ桜
前頭 東南 上之宮萩

前 住吉 勝田の藤
同 北の 団頓寺萩
同 ながら 鶯塚ノ桜
同 西 御堂糸桜
同 高津 相生のまつ
同 横ほり 釜屋の柳
同 いばら 住吉杜若
同 住よし 大海神萩
同 高つ 吉助ぼたん
同 生玉 弁天はす
同 ひがし 心眼寺桜
同 天神 御たび梅
同 谷町 とうがんじ桜
同 生玉 天ずい寺萩

同 北の 太ゆうじ藤
同 生玉 遊行柳
同 谷丁 吉祥寺桜
同 一心寺 駒いなぎ松
同 北の いなり山藤
同 同 しらふぢ
同 天わうじ 経の池台
同 同 あいぜん紅梅
同 上丁 いざり松
同 せんば 稲荷そでつ
同 同東 御堂そでつ
同 住よし 浄土寺桜
同 中寺丁 妙法寺松
同 生玉 ぼだいじ桜
同 なんバ村 ぎをんの藤
同 川西 江戸ぼり柳

世話人
生玉 西照庵桜
天わうじ 福屋もミぢ
なん地 とかく桜
天わうじ みかりや楓
東高つ 梅やしき梅

頭取
桜ノ宮 八重ざくら
上町 桃谷もゝ
しりなし 沖づゝミはじ
天王寺 手本ざくら
ひがし 鶯ノ尾ノ桜

西

大関 西北 野田の藤
関脇 住吉 浅澤杜若
小結 福島 逆櫓之松
前頭 北山 箕尾ノ紅葉
前頭 北 惣持寺いぼ桜
前頭 さかい 妙国寺そてつ
前頭 北 堀川ノ桜
前頭 同 三番村萩
前頭 天わうじ 安井ノ桜
前頭 同 寿法寺楓
前頭 同 をりじゆじノ桜

前 きた 赤川杜若
同 うら江 了徳院杜若
同 平の ごんげんの藤
同 東 御堂さつき
同 中のしま たこ松
同 大川 天満ばしもゝ
同 玉造 稲荷萩
同 ひがし うぶゆ萩
同 お初 天じん萩
同 生玉 尼でら藤
同 中ノしま 亀のまつ
同 さかい 浅香山桜
同 玉造 石やくし梅
同 にし 川江の梅

同 てんが茶や 貞柳やなぎ
同 てんま 仏照寺さくら
同 嶋之内 三津寺相生松
同 玉つくり さぼてん
同 寺じま 竹林寺ノ楠
同 ほり江 あミだ池桜
同 中の島 かぶと松
同 てんわうじ 増井藤
同 中の島 かゞ千代柳
同 菊久太 妙勒寺かいどう
同 天わうじ から吹紅葉
同 ながら 靏のまつ
同 天わうじ 土塔一本松
同 生玉 道善寺桜
同 南 千日ゑの木
同 てんわうじ 梢の外桜

頭取
天王寺 茶臼山老松
北野 ごんげん松
天王寺 家隆づか松
住吉 はんぐわん松
嶋ノ内 三津寺楠

世話人
清水 浮ム瀬きく
なん地 松の尾さくら
こぼれ江 若松屋杜若
新町 九軒さくら
今宮 鳳凰丸菊

天保11年（1840）板行の「浪華近辺名木名花見立」は、大坂110ヵ所の名木・名花案内である。江戸時代も後期になると、庶民の間でも園芸や花見遊覧が娯楽として普及していた。番付には松・桜・梅・藤・紅葉・柳・楠・菊などさまざまな植物が並ぶが、なかでも東大関「住吉　岸の姫松」を筆頭に松の名木が多く出現する。これは正月神を迎えるために門松を立ててきた日本の習慣に象徴されるように、松を古くから神の依り代として、また長寿や慶賀を表すものとして尊んできた日本の伝統に由来するのだろう。

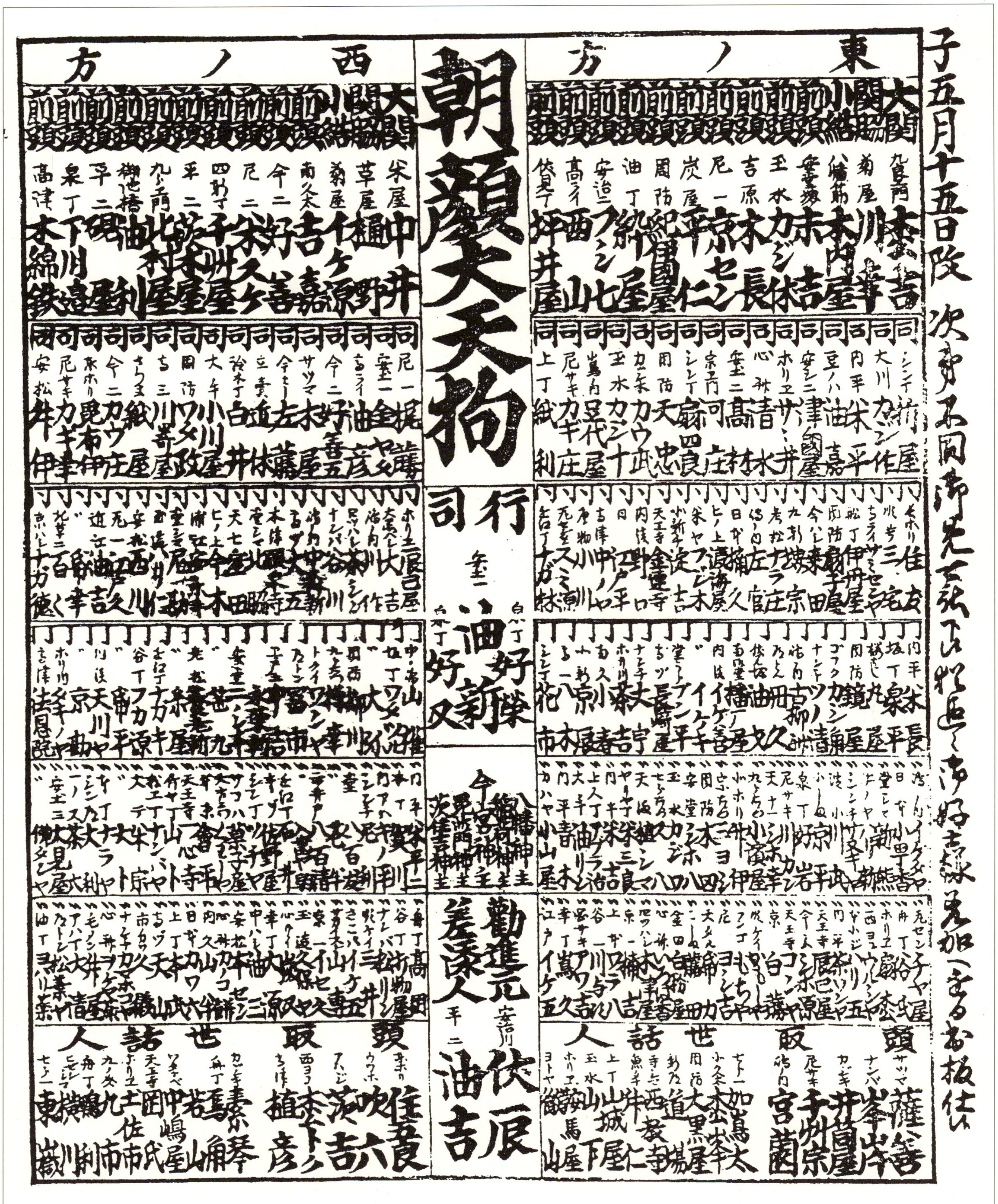

151　朝顔大天狗

子五月十五日改　次第不同御免可被下候猶追々御好士様差加へ近日出板仕候

朝顔大天狗

東ノ方

大関 九良エ門 松吉
関脇 菊屋 川幸
小結 八幡筋 木内屋
前頭 安堂堺 末吉
前頭 玉水 カジ休
前頭 吉原 木長
前頭 尼一 京セン
前頭 炭屋 平仁
前頭 周防 紀伊国屋
前頭 油丁 綷屋
前頭 安治二 フシ七
前頭 高ライ 西山
前頭 伏見丁 坪井屋

同 シン丁 新屋
同 大川 カジ作
同 内平 米平
同 豆ノハ 油嘉
同 安シ二 津ノ国屋
同 ホリヱ サヽ井
同 心斎 清水
同 安土二 高林
同 宗ヱ門 河庄
同 シン丁 扇四良
同 周防 天忠
同 カジ木 カウ武
同 玉水 カジ十
同 嶌ノ内 足代屋
同 尼サキ カギ庄
同 上丁 紙利

同 長ホリ 住友
同 順慶 三宅
同 寺ライ サミセンヤ
同 船丁 伊丹屋
同 周防 扇子屋
同 今ハシ 桑田
同 九軒 堺宗
同 老松 ナラ庄
同 伝ノ内 左官
同 日本 楠久
同 ヒノ上 渡海屋
同 米ヤ フジ木
同 北新チ 淀吉
同 天王寺 金連寺
同 内淡 野口
同 同 江戸平
同 寺津 中ノヤ
同 唐物 小川
同 瓦センタン スミ源
同 近江丁 ナガ林

同 内平 米長
同 坂丁 泉平
同 桜はし 丸屋
同 周防 鏡屋
同 ゴフク カジ角
同 ナンチ ツノ清
同 嶋ノ内 古柳斎
同 道トン 丹久
同 伏見堀 油才
同 南御堂 播磨屋
同 内淡 イケ善
同 同 イケキ
同 堂から ブン平
同 寺ヅ 長崎屋
同 ナンチ 大宇
同 ホリ川 茶吉
同 南久 小春
同 北新 京辰
同 高一 八木
同 シン丁 花市

同 嶋ノ内 イケダヤ
同 日本 小町香
同 堂シマ 新熊
同 □ノヤ 八月新
同 シンチ サヌキヤ
同 淀小 川武
同 小しま 京平
同 泉丁 好岩
同 尼サキ 川カン
同 天十一 シホ幸
同 九郎右衛門 小濱屋
同 北ホリ 升伊
同 宗右衛門 三ヨシ
同 周防 木田
同 安堂 シホ八
同 玉水 カジ口
同 七郎右衛門 久八
同 天満 植シマ
同 ヤリヤ丁 米三良
同 内平 米吉
同 上人丁 アブラ治
同 大手 油リン
同 内平 青木
同 カハヤ 小山屋

同 瓦セン チヤ屋
同 内丁 谷氏
同 ホリヱ 扇松
同 西ヨコ ウルシヤ
同 本小ジ ハリ五
同 内平 茶ワンヤ
同 天王寺 辰巳屋
同 今宮 シホ源
同 京 白藤
同 順ケイ かもしや
同 フンゴ もちや
同 尼 ヨシ吉
同 天タル 昚力
同 こしま 藤田
同 金田 白粉屋
同 心斎 いろは香
同 四ツハシ 木津屋
同 京一 楠吉
同 上本 ワラ八
同 谷一 川与頭
同 岡サキ アワ吉
同 幸丁 嶌久
同 江戸 イケ五

頭取

サツマ 薩善
ナンバ 峯岸
カジキ 井筒屋
尼サキ 千艸宗
嶋ノ内 宮薗

世話人

七分一 加嶌太
北久太 松峯
周防 大黒屋
新道 道場
寺シマ 西教寺
魚タナ 升仁
上丁 山城屋
玉水 山下
ホリヱ 鞍馬屋
ヨトヤ 徹山

中央

行司 泉丁 好栄　安土一 油新　泉丁 好又

八幡神主
稲荷神主
今宮神主
毘沙門神主
茨住吉神主

勧進元 安治川 伏辰
差添人 平二 油吉

西ノ方

大関 米屋 中井
関脇 草屋 樋野
小結 菊屋 イケ源
前頭 南久太 吉嘉
前頭 今二 好善
前頭 尼二 米スケ
前頭 四軒丁 千艸屋
前頭 平二 茨木屋
前頭 九郎エ門 北村屋
前頭 御池橋 油利
前頭 平二 硯屋
前頭 泉丁 下川辺
前頭 高津 木綿鉄

同 尼一 梶藤
同 安土一 金ヤ夕
同 高ライ 油彦
同 今二 好善五
同 サツマ 木屋
同 今はし 左藤
同 立売 近休
同 鈴木丁 白井
同 大手 小川屋
同 周防 ワ夕政
同 寺三 川嵜屋
同 さつま 紙屋
同 今二 カウ庄
同 東ホリ 昆布伊
同 尼サキ カギ幸
同 安松 升伊

同 ホリヱ 辰巳屋
同 大正バシ 大吉
同 嶋ノ内 川作
同 四ツハシ 茶シン
同 ナンバ 谷川
同 嶋ノ内 中森新
同 高ツ 大五
同 木津 願泉寺
同 堂シマ 北脇
同 天七 室田
同 ヒノ上 今木
同 浦江 安楽寺
同 堂シマ 尼勘
同 玉造 八井仁
同 安松 西川
同 瓦一 江戸久
同 近江 油吉
同 同 昚幸
同 北草二 百々
同 京ハシ ナガ徳

同 中ノ嶋 山権
同 坂丁 ワタツル
同 同 大弥
同 周防 柳川
同 九郎右衛門 樽幸
同 トクイ ワンヤ
同 道トン 冨市
同 ヱ戸五 中吉
同 同 永栄斬
同 安堂 二シ本
同 同 笹丸
同 老松 養老斬
同 同 糸屋
同 近江丁 ナガキ
同 谷丁 フカ源
同 同 昚平
同 内淡 天川ヤ
同 同 京勘
同 ホリ川 タキノヤ
同 高津 法恩院

同 内平 米平二
同 本丁 賀川
同 内アハ キノ平
同 シンチ 尼利
同 堂 八百友
同 同 花半
同 二ツ井戸 八百清
同 同 入歯ヤ駒
同 近江丁 石井
同 キヅ 佐野屋
同 シン丁 ツチヤ
同 サコハ 菓子屋
同 大ナニワ くわしや
同 本原 会平
同 天王寺 一心寺
同 竹ヤ 山ト
同 松ヱ丁 ナンバヤ
同 大テ 米宗
同 同 大ト
同 本丁 ナラヤ
同 シン道 大利
同 一ノス 茶六
同 安土三 大見屋
同 同 仏タンヤ

同 舟丁 高岡
同 谷丁 打物屋
同 ナンバ 松リン
同 順ケイ 三井
同 さこバ イケ五
同 サカイスジ 山専
同 京一 イケ久
同 玉造 久保ヤ
同 心サイ 炭五
同 幸丁 大源
同 中ハシ 油三
同 安松 本セン
同 心斎 カノコ餅
同 内久 山半
同 日本 カワ六
同 上丁 本武
同 寺ヅ 天山
同 市ノカワ 久儀
同 ナンチ カマホコヤ
同 心斎 ヲケヤ薬
同 毛タン 升屋
同 アハ丁 大清
同 道トン 松葉ヤ
同 油丁 ヨハリ薬

頭取

東ホリ 住五良
ウツホ 吹六
アハジ 茨吉
西ヨコ 松トク
高津 植彦

世話人

カジキ 素琴
舟丁 雁角
若山
ワタナベ 中嶋屋
天王寺 岡氏
ホリヱ 土佐市
九ノ介 九市
舟丁 鴨利
ヒゼンシマ 横川
七分一 東嶽

この番付は、朝顔の生産者を相撲の番付に見立て、等級付けたものである。番付は七段に区切られ、東は大関・松吉、関脇・川幸、小結・木内屋、前頭は末吉より「イゲ五」までの115、西は大関・中井、関脇・樋野、小結・「イケ源」、前頭は吉嘉以下、115の人名（屋号）とその居住地が記されている。そして中央には、相撲の勧進元に見立てた伏辰および差添人に見立てた油吉をはじめ、行司に見立てた好栄・油新・好又などの名称がある。特色としては、江戸より畿内近国の生産者を対象とし、当時の朝顔の栽培業界においては、無視できない番付であったという点があげられる。

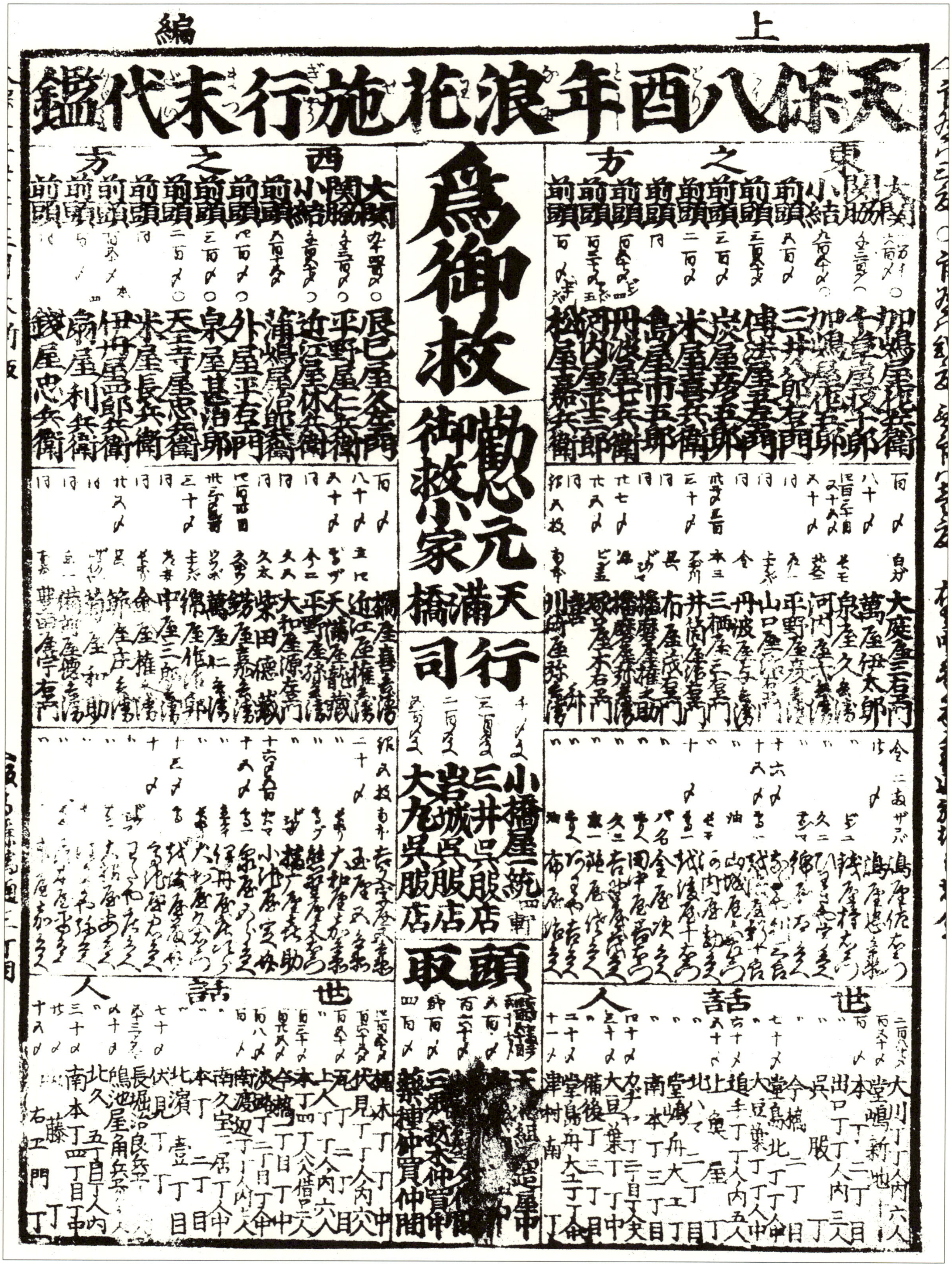

112　天保八酉年浪花施行末代鑑 上編

上編

天（てん）保（ほう）八（はち）酉（とり）年（とし）浪（なに）花（わ）施（せ）行（ぎやう）末（まつ）代（だい）鑑（かゞミ）

△印有ハ三度　○印有ハ弐度　無印ハ壱度　右者申ノ冬ゟ酉ノ春迄施行之都合人

為御救

東之方

大関　一万ト六百貫　○加嶋屋作兵衛
関脇　千三百貫　○千草屋権十郎
小結　九百五十貫　○加嶋屋作五郎
前頭　五百貫　三井八郎右ヱ門
前頭　三百五十貫　傳法屋五左ヱ門
前頭　三百貫　炭屋彦五郎
前頭　二百貫　米屋喜兵衛
前頭　同　島屋市五郎
前頭　百五十貫　ビン四　丹波屋七兵衛
前頭　百三十貫　アンド五　河内屋平三郎
前頭　百貫　上ナンバ　松屋嘉兵衛

百貫　白ガ　大庭屋三右ヱ門
八十貫　萬屋伊太郎
五十五貫四百三十目　長モ　泉屋久兵衛
五十貫　北久二　河内屋六兵衛
同　道一　平野屋彦兵衛
同　上ナンバ　山口屋治右ヱ門
同　金　丹波屋与兵衛
廿一貫三百　本三　三栖屋三右ヱ門
三十貫　アヂ川　井筒屋治右ヱ門
同　呉　布屋茂右ヱ門
同　ドウシマ　播磨屋権之助
廿七貫　源　播磨屋弥兵衛
廿五貫　ビン五　塚口屋木右ヱ門
同　喜　斎
銀五枚　南本　川崎屋弥兵衛

金二両　ザコバ　嶋屋佐右衛門
廿貫　嶋屋忠兵衛
同　ビン二　銭屋権右衛門
同　久二　ひわさや宇兵へ
同　ナシマ　綿屋太兵へ
十六貫　なだや利三郎
十五貫　高一　越後屋新十郎
同　油　山城屋嘉左衛門
同　長モ　河内屋勘兵へ
十貫　高一　越後屋十右衛門
同　バクロ　金屋次兵へ
同　ホリへ　田中屋善右衛門
同　久三　吉野屋茂兵へ
同　京一　施屋佐兵へ
同　ホリへ　あわや吉兵へ
同　油　布屋治兵へ

世話人

二百八十貫　大川丁丁人内六人
百五十貫　堂嶋新地
百貫　本丁二丁目
同　出口丁丁人内三人
同　呉服丁
同　今橋二丁目
七十貫　堂島北丁丁人中
同　大豆葉丁丁人中
六十貫　追手丁丁人ノ内五人
五十貫　上魚屋丁
同　北ハマ二丁目
同　堂嶋舟大工丁
同　南本丁三丁目
四十貫　カヂヤ丁二丁目丁人五人
三十貫　大豆葉丁丁中
同　備後丁三丁目
二十貫　堂島舟大工丁丁人中
十一貫　部津村南丁

勧心元　天満橋御救小家

行司

千貫文　小橋屋一統　四軒
三百貫文　三井呉服店
二百貫文　岩城呉服店
五百貫文　大丸呉服店

頭取

百四十五二　四百五十目　六十七貫　天満組酒造屋中
五百貫　□□□□中
百六十貫　□□□外仲間
弐百貫　三郷材木仲買中
四百貫　薬種仲買仲間

西之方

大関　九千四百貫　○辰巳屋久左ヱ門
関脇　千三百貫　○平野屋仁兵衛
小結　千百五十貫　○近江屋休兵衛
前頭　五百十五貫　蒲嶋屋治郎兵衛
前頭　四百貫　○外屋平右ヱ門
前頭　三百貫　○泉屋甚治郎
前頭　二百貫　○天王寺屋忠兵衛
前頭　同　米屋長兵衛
前頭　百五十貫　本　伊丹屋四郎兵衛
前頭　百貫　四　○扇屋利兵衛
前頭　同　銭屋忠兵衛

百貫　橘屋喜兵衛
八十貫　立四　近江屋権兵衛
五十貫　高ヅ　天満屋龍蔵
同　今二　平野屋孫兵衛
同　久五　大和屋源左ヱ門
同　久太　柴田徳蔵
四百卅目　久ホウ　銹屋嘉兵衛
卅三貫三百　ウツボ　萬屋仁兵衛
三十貫　上ナンバ　綿屋作治郎
同　常安　中屋三郎兵衛
同　長ホリ　金屋権兵衛
廿五貫　呉　節屋庄兵衛
同　ザコクトイヤ　菊屋和助
同　京一　備前屋徳兵衛
同　南本　豊田屋宇右ヱ門

銀五枚　南本　吉文字屋五兵衛
二十貫　玉屋五兵衛
同　長ホリ　大和屋嘉兵衛
同　高ヅ　熊野屋又右衛門
同　ドウシマ　播磨屋喜助
十六貫五百　北ハマ　小池屋定介
十五貫　高一　泉屋五郎兵へ
同　立ケイ　伊丹屋庄次郎
同　長ホリ　大和屋久右衛門
十三貫　高一　越後屋藤介
十貫　高池屋忠兵へ
同　ドウシマ　わたや庄兵へ
同　ナンバ　大根屋安兵へ
同　ホリへ　はりまや弥兵へ
同　長ホリ　茨木屋平兵へ
同　タンハ　升屋嘉兵へ

世話人

四百五十貫　梶木丁丁中
百六十五貫　伏見丁丁人ノ内六人
百五十貫　瓦丁二丁目
同　上人丁丁人ノ内六人
百三十貫　本丁四丁人八人借ヤ二人
百廿五貫　今橋一丁目丁中
百八貫　淡路丁二丁目丁人中
百貫　南渡辺丁丁人内七人
同　南久宝二居丁人中
同　本丁二丁目
同　北濱壱丁目
七十貫　伏見丁丁内
五十三貫五百　長堀治良兵ヱ丁十二人
五十貫　鴻池屋角兵ヱ外十二人
同　北久五丁目丁人内
三十貫　南本丁四丁目丁中
廿貫　斎藤丁
十五貫　与右ヱ門丁

天保十二丑年正月大新板

大坂高麗橋通三丁目　河内□□□□

天保12年（1841）板行の「天保八酉年浪花施行末代鑑」は、天保の大飢饉に見舞われた大坂町人に対してだれがどのくらい貢献したのか、高額施行者順に掲載している。欄外の注記によれば、天保７年の冬から翌８年の春までを計測期間とし、△印はその期間に３回、○印は２回、無印は１回施行したものを指している。これには大坂町人の社会的評価を視覚的に示す効果があり、それを「末代」まで伝えようという意図があった。なお、本番付の上位には鹿嶋屋・辰巳屋・鴻池屋など両替や大名貸などによって巨万の富を得た大坂を代表する豪商たちが並んでいる。

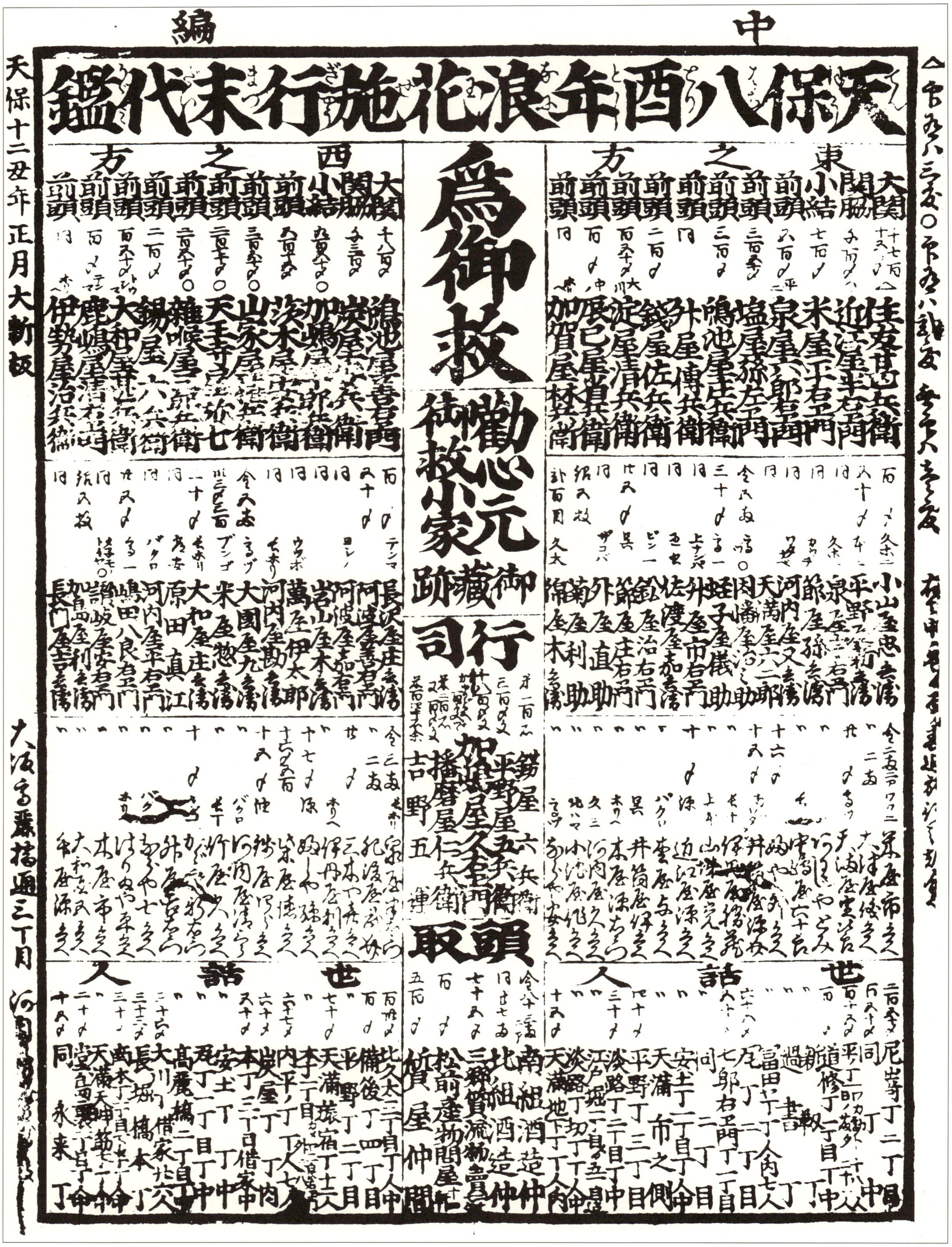

中編

天保八酉年浪花施行末代鑑

東之方

大関 住友甚兵衛
関脇 近江屋半右衛門
小結 米屋平右衛門
前頭 泉屋六郎右衛門
前頭 塩屋孫左衛門
前頭 鴻池屋庄兵衛
前頭 升屋傳兵衛
前頭 銭屋佐兵衛
前頭 淀屋清兵衛
前頭 辰巳屋久兵衛
前頭 加賀屋権兵衛

西之方

大関 鴻池屋善右衛門
関脇 炭屋彦兵衛
小結 加島屋十郎兵衛
前頭 淡木屋
前頭 山家屋
前頭 天王寺屋
前頭 雑喉屋三郎兵衛
前頭 錫屋六兵衛
前頭 大和屋
前頭 鹿嶋屋
前頭 伊勢屋治兵衛

為御救

勧進元 御救小家

御蔵跡

行司

銭屋六兵衛
平野屋五兵衛
加島屋久右衛門
播磨屋仁兵衛
吉野五運

頭取

世話人

天保十二丑年正月大新板

大阪高麗橋通三丁目 河内屋

113 天保八酉年浪花施行末代鑑 中編

中編

天保八酉年浪花施行末代鑑（てんほうはちとりとしなにわせぎやうまつだいかゞみ）

△印有八三度　○印有八弐度　無印ハ壱度　右者申ノ冬ゟ西ノ春迄施行之都合也

為御救

東之方

番付	金額	所	名前
大関	千七百十五貫		△住友甚兵衛
関脇	千百貫		○近江屋半右ヱ門
小結	七百貫		米屋平右ヱ門
前頭	五百貫	平二	泉屋六郎右ヱ門
前頭	三百五十貫		塩屋孫左ヱ門
前頭	三百貫		鴻池屋庄兵衛
前頭	同		升屋伝兵衛
前頭	二百貫		銭屋佐兵衛
前頭	百五十貫	大川	淀屋清兵衛
前頭	百貫	中ノ	辰巳屋省兵衛
前頭	同	ホリへ	加賀屋林兵衛

金額	所	名前
百貫	久ホ二	小山屋忠兵衛
五十貫	本二	平野屋新兵衛
同	久ホ一	泉屋宇右ヱ門
同	カツヲ	節屋孫兵衛
同	ワタナベ	河内屋又兵衛
同		天満屋六二郎
金五両	高ヅ	○因幡屋治之助
三十貫	高一	蛭子屋儀助
同	上ナンバ	升屋市右ヱ門
同	過書	佐渡屋嘉兵衛
同	ビン一	鉛屋治右ヱ門
廿五貫	呉	節屋庄右ヱ門
同	ザコバ	升屋直助
銀五枚		菊屋利助
弐百目	久太	綿屋木兵衛

金額	所	名前
金二両二部	ワタ二	米屋市兵へ
同二両		大津屋儀兵へ
廿貫	高ヅ	天満屋定次郎
同		あわじやとみ
同	長	中嶋屋六十郎
十六貫		ふや卯兵へ
十五貫	南ワタ	井筒屋源介
同	長十	伊丹屋勝蔵
同	上本	山城屋覚兵へ
十貫	源	近江屋源兵へ
同	バクロ	松屋与兵へ
同	呉	井筒屋伊兵へ
同	ホリへ	木屋源右衛門
同	久三	河内屋久兵へ
同	北ハマ	小池屋作兵へ
同	高ヅ	ならや安兵へ

世話人

金額	名前
二百五十貫	尼崎丁二丁目
百五十貫	同　丁中
百十五貫	平ノ丁フカ勘 日ノ藤 外十八人 二十一人
百貫	道修丁一丁目丁中
同	新靱丁
同	過書丁
同	冨田ヤ丁人ノ内七人
六十五貫	瓦丁二丁目
五十貫	七郎右ヱ門丁一丁目
同	同一丁目
同	安土丁一丁目丁人中
同	天満市之側
四十貫	平野丁三丁目
三十貫	淡路丁二丁目丁中
同	江戸堀一丁目ゟ五丁目迄
同	淡路丁切丁丁人中
十五貫	天満地下丁丁人ノ内

勧心元
御救小家
御蔵跡

行司

金額	名前
米二百石	錺屋六兵衛
三百貫文	平野屋五兵衛
千八百貫文 かまどへ百文ヅヽ	加嶋屋久右ヱ門
米二百石 又百貫文	播磨屋仁兵衛
米百四十石余	吉野五運

頭取

金額	名前
金八十三両二部	南組酒造仲
同廿七両	北組酒造仲
七十五貫	三郷質流物売二十七人
百貫	松前産物問屋十四軒
五百貫	質屋仲間

西之方

番付	金額	所	名前
大関	千八百貫		鴻池屋善右ヱ門
関脇	千三百貫		炭屋安兵衛
小結	九百五十貫		○加嶋屋十郎兵衛
前頭	五百十五貫		茨木屋安兵衛
前頭	三百五十貫		○山家屋権兵衛
前頭	二百七十貫		○天王寺屋弥七
前頭	二百五十貫		○雑喉屋三郎兵衛
前頭	二百貫		錫屋六兵衛
前頭	百五十貫	トウシマ	大和屋甚兵衛
前頭	百貫	テンマ	鹿嶋屋清右ヱ門
前頭	同	ホリへ	伊勢屋治兵衛

金額	所	名前
百貫	テンマ	長沢屋庄兵衛
五十貫		阿波屋善右ヱ門
同	ヨシノ	阿波屋嘉右ヱ門
同		岩山屋木兵衛
同	ウツボ	万屋伊太郎
同	長ホリ	河内屋勘兵衛
金五両	高ヅ	大国屋九兵衛
卅三貫三百	ブンゴ	米屋惣兵衛
三十貫	長ホリ	大和屋庄兵衛
同	常安	原田真江
同	バクロ	河内屋平右ヱ門
廿五貫	高一	嶋田八良右ヱ門
同	タネモノトイヤ	○讃岐屋安右ヱ門
銀五枚		加島屋利兵衛
同		長門屋吉兵衛

金額	所	名前
金三両	長ホリ	泉屋半右衛門
同二両		肥後屋武介
廿貫		三木や喜兵へ
同	ホリへ	伊丹屋利兵へ
十七貫	源	ふしや孫兵へ
十六貫五百		柴屋徳兵へ
十五貫	油	銭屋四郎兵へ
同	バクロ	河内屋清三郎
同	長丁	竹屋久兵へ
十貫	高一	かゞ屋新右衛門
同		升屋吉右衛門
同	バクロ	ならや七兵へ
同	ホリへ	はりまや平兵へ
同		木屋市兵へ
同		大和屋五兵へ
同		升屋源兵へ

世話人

金額	名前
百卅貫	北久太三丁目丁人中
百貫	備後丁四丁目
同	平野丁二丁目
七十貫	天満旅宿丁十二人
同	本丁一丁目カメヤ三良右ヱ門外二八人
六十七貫	内平ノ丁丁人七人
六十貫	炭屋丁丁内
五十貫	本丁三丁目借家中
同	安土丁丁中
同	瓦丁一丁目丁中
同	高麗橋二丁目丁中
三十六貫	大川丁借家廿六人
三十三貫	長堀橋本丁
三十貫	南本丁一丁目下半丁人中
同	天満天神筋丁丁人中
二十貫	堂島裏一丁目丁人中
十五貫	同永来丁

天保十二丑年正月大新板

大坂高麗橋通三丁目　河内□□□□

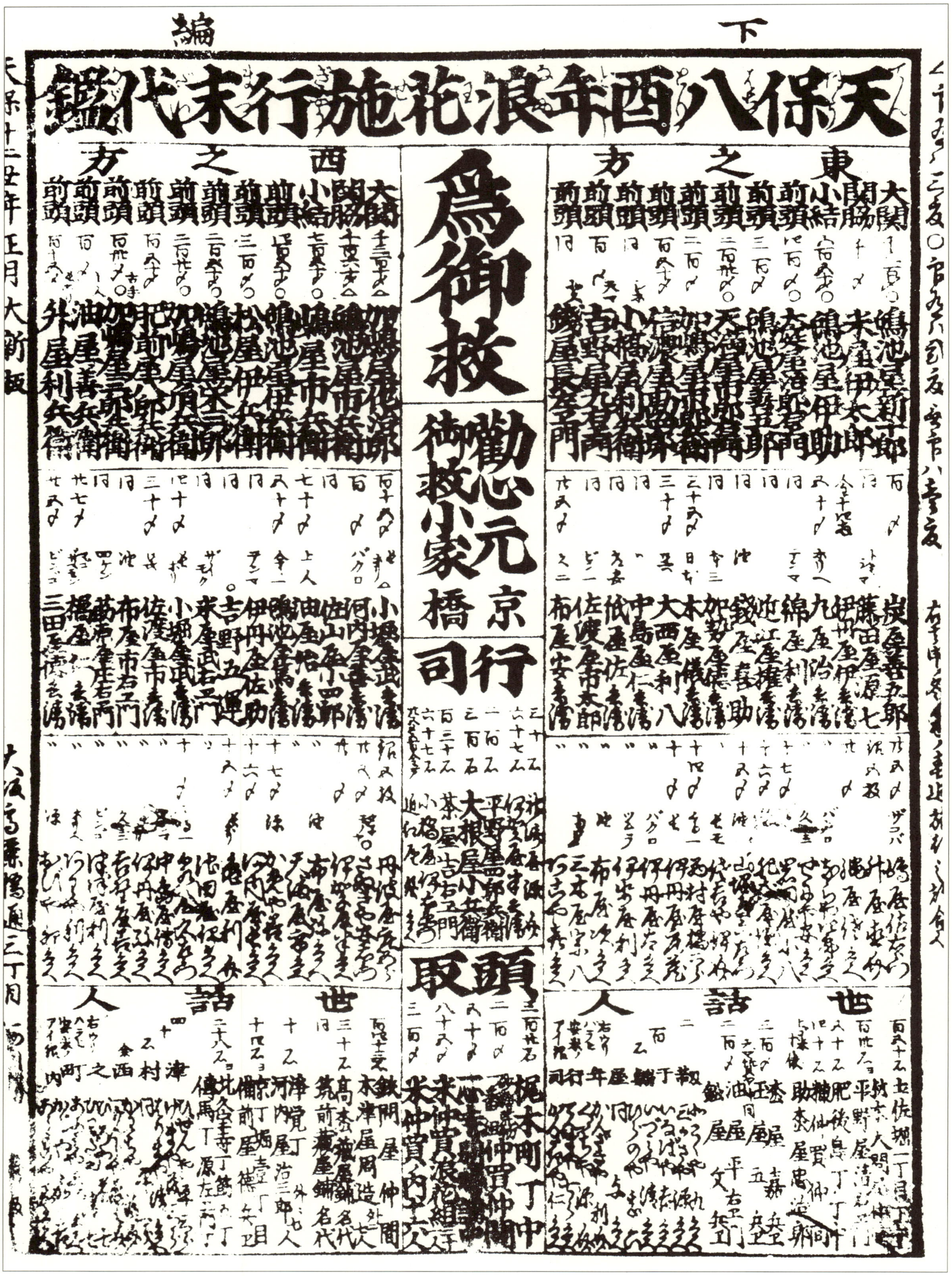
下 編

天保八酉年浪花施行末代鑑

東之方

西之方

為御救

勧進元 京橋 小家 御救

行司

頭取

世話人

世話人

天保十二丑年正月大新板

114 天保八酉年浪花施行末代鑑 下編

下　　編

天(てん)保(ほう)八(はち)酉(とり)年(とし)浪(なに)花(わ)施(せ)行(ぎやう)末(まつ)代(だい)鑑(かゞミ)

△印有八三度　○印有八弐度　無印八壱度　右者申ノ冬ゟ酉ノ春迄施行之都合人

天保十二丑年正月大新板

東之方

大関 千三百貫 ○鴻池屋新十郎
関脇 千貫 米屋伊太郎
小結 五百五十貫 ○鴻池屋伊助
前頭 四百貫 ○大庭屋治郎右ヱ門
前頭 三百貫 鴻池屋善五郎
前頭 二百卅貫 ○天満屋市郎右ヱ門
前頭 二百貫 加嶋屋市郎兵衛
前頭 百五十貫 信濃屋勘四郎
前頭 同 シホ 小橋屋利兵衛
前頭 百 天マ 吉野屋九右ヱ門
前頭 同 北久 銭屋長左ヱ門

百貫 炭屋善五郎
同 トミシマ 藤田屋源七
金十四両 伊丹屋伊兵衛
五十貫 ホリヘ 丸屋治兵衛
同 テンマ 綿屋利兵衛
同 近江屋権兵衛
同 油 銭屋喜助
同 本三 加勢屋徳兵衛
三十五貫 日本 木屋儀兵衛
三十貫 呉 大西屋利八
同 同 中島屋仁兵衛
同 常安 紙屋佐兵衛
同 ビン一 佐渡屋市太郎
同 久二 布屋安兵衛

廿五貫 ザコバ 嶋屋佐右衛門
銀五枚 升屋直介
廿貫 縄屋佐兵へ
同 バクロ ならや四郎兵へ
同 久三 ぜにや安兵へ
十七貫 源 岩田屋小八
十六貫 肥前屋徳兵へ
十五貫 油 山城屋六左衛門
同 長モ 佐吉や伊介
十四貫 高一 西村屋橋二郎
十貫 長 伊丹屋庄蔵
同 バクロ 伊丹屋太兵へ
同 ツムラ 伊勢屋利兵へ
同 油 布屋次兵へ
同 南□ 三木屋宗八
同 あこや喜兵へ

世話人

百五十石 百卅石ヨ 五十石 四十石 ヒゴ米十俵 三百貫 二百貫 二百石 右ウリハラヒ安米ノアイ銀

靱干鰯屋年行司

土佐堀一丁目中
材木大問屋仲間
平野屋清右ヱ門
肥後島丁中
糠仲買仲間
助松屋忠治郎
松屋嘉兵ヱ
玉屋五兵ヱ
天マ質や仲間
油屋平右ヱ門
鉛屋文兵ヱ
北こくや九兵へ
三かさや源兵へ
いなばや吉兵へ
いづミや清兵へ
ひらのや甚六
同 与兵へ
かんざきや利介
くらちや源介
てんまや七郎兵へ
かんざきや仁兵へ

為御救

勧心元京
御救小家橋

行司

三十石 神崎屋源介
六十七石 伊賀屋半兵衛
二百石 平野屋四郎兵衛
三百石 大根屋小兵衛
百三十石 茶屋吉右ヱ門
六十七石 小橋屋伊右衛門
廿五貫五百金一部 近江屋儀兵へ

頭取

三百廿石 梶木町丁中
二百貫 砂糖荒物一番組仲買仲間
五十貫 一心寺別時講中
八十五貫 米仲買浪花組三十一人
三百貫 米仲買ノ内十六人

西之方

大関 千三百十貫 △加嶋屋作治郎
関脇 千百六十貫 △鴻池屋市兵衛
小結 七百五十貫 ○嶋屋市兵衛
前頭 四百五十貫 ○鴻池屋伊兵衛
前頭 三百貫 ○松屋伊兵衛
前頭 二百五十貫 ○鴻池屋栄三郎
前頭 二百廿貫 ○加嶋屋角兵衛
前頭 百五十貫 肥前屋八郎兵衛
前頭 百卅貫 古手 ○加嶋屋三郎兵衛
前頭 百貫 上人 油屋善兵衛
前頭 百十五貫 長ホリ 升屋利兵衛

百十五貫 長ホリ △小堀屋武兵衛
百貫 バクロ 河内屋善兵衛
同 佐山屋小四郎
七十貫 上人 油屋治兵衛
五十貫 今一 鴻池屋篤兵衛
同 テンマ 伊丹屋佐助
同 ○吉野五運
同 ザイモク 米屋武右ヱ門
四十貫 長ホリ 小堀屋武兵衛
三十貫 呉 佐渡屋市兵衛
同 油 布屋市右ヱ門
同 四ケン 莇原屋庄右ヱ門
廿七貫 マゴザヘモン 橘屋仁兵衛
廿五貫 ビンゴ 三田屋徳兵衛

銀五枚 丹波屋庄五郎
廿五貫 タネモノヤ ○さぬきや安右衛門
廿貫 伊賀屋半兵へ
同 油 布屋弥兵へ
同 天満屋市兵へ
十七貫 源 かめや善兵へ
十六貫 河内屋長兵へ
十五貫 長ホリ 亀屋利介
同 池田屋伊兵へ
十貫 高一 泉屋久左衛門
同 テンマ 中島屋傳兵へ
同 長ホリ 伊丹屋弥兵へ
同 久三 吉野屋善兵へ
同 ビンゴ つぼ屋利兵へ
同 ホリヘ あわや利兵へ
同 源 おびや卯兵へ

世話人

百四十三石 三十石 同 十石 十四石ヨ 二十八石ヨ 四十石余 右ウリハラヒ安米ノアイ銀

津村西之町内

鉄問屋仲間
木津屋周造外ニ七人
高松蔵屋鋪名代
筑前蔵屋鋪名代
浄覚丁外ニ七人
河内屋治三郎
京丁堀壱丁目
備前屋徳兵ヱ
北久宝寺丁筋五丁
伝馬丁源左ヱ門丁
ひせんや平三郎
けまや茂三郎
はりまや清兵へ
同 平二郎
かわちや清介
一もんじや亀之介
ひろや藤七
ひわだや清七
あふミや喜兵へ
かゞや嘉吉
あらものや嘉兵へ

大坂高麗橋通三丁目

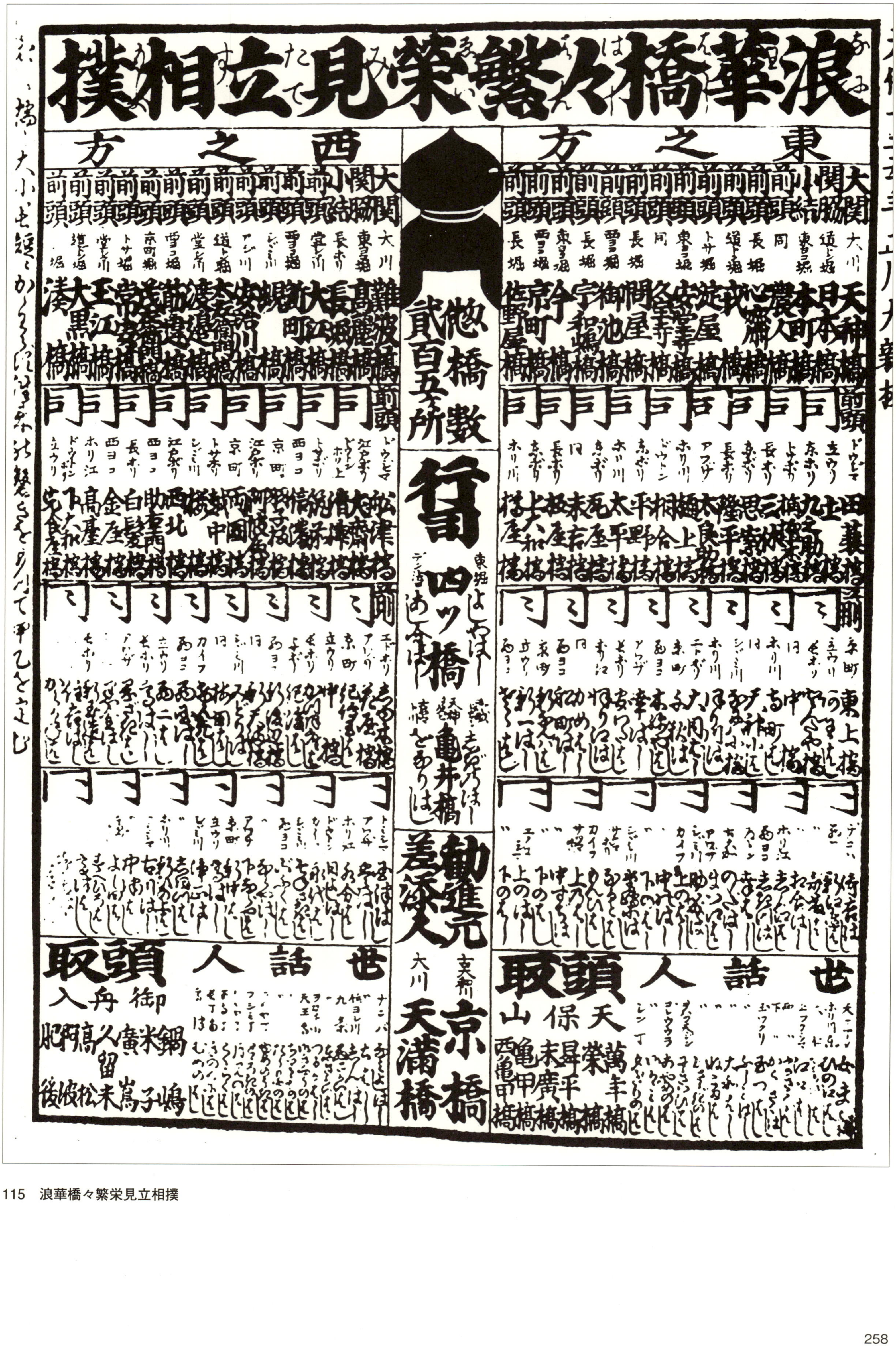

115　浪華橋々繁栄見立相撲

天保十二丑年正月大新板

浪(なに)華(わ)橋(はし)々(ばし)繁(はん)栄(ゑい)見(み)立(たて)相(すも)撲(ふ)

東之方

大関	大川	天神橋
関脇	道トン堀	日本橋
小結	東ヨコ堀	本町橋
前頭	同	農人橋
前頭	長堀	心斎橋
前頭	道トン堀	戎橋
前頭	トサ堀	淀屋橋
前頭	東ヨコ堀	安堂寺橋
前頭	同	久宝寺橋
前頭	長堀	問屋橋
前頭	西ヨコ堀	御池橋
前頭	長堀	宇和嶋橋
前頭	東ヨコ堀	今町橋
前頭	西ヨコ堀	京町橋
前頭	長堀	佐野屋橋

前頭	ドウジマ	田蓑橋
同	立ウリ	土橋
同	東ホリ	九之助橋
同	トサボリ	栴檀木橋
同	長ホリ	三休橋
同	東ボリ	思案橋
同	長ホリ	隆平橋
同	アワザ	太良助橋
同	ホリ川	樋上橋
同	ドウトン	相合橋
同	東ホリ	平野橋
同	ホリ川	太平橋
同	東ボリ	瓦屋橋
同	同	末吉橋
同	長ホリ	板屋橋
同	東ボリ	上大和橋
同	ホリ川	樽屋橋

前	京町	東上橋
同	立ウリ	あわはし
同	長ホリ	とんたや橋
同	同	中橋
同	ホリ川	寺町はし
同	同	天神小はし
同	シゞミ川	なにハ小橋
同	ホリ川	ほり川はし
同	エトボリ	大同はし
同	東町	千秋はし
同	西ヨコ	木綿やはし
同	アワザ	幸はし
同	長ホリ	安いたはし
同	ホリ江	ほり江はし
同	同	かめはし
同	西ヨコ	船町はし
同	京町	新千んバはし
同	立ウリ	新一はし
同	西ヨコ	さゝはし

同	ザコバ	崎吉はし
同	西一	新江達はし
同	同	斎藤はし
同	同	相合はし
同	ホリ江	しん江はし
同	西ヨコ	しきつはし
同	道トン	幸はし
同	古大和	のだはし
同	アワザ	まつ江はし
同	シゞミ川	助成はし
同	カイフ	上のはし
同	同	中のはし
同	同	下のはし
同	シゞミ川	堂嶋小はし
同	サツマホリ	なるとはし
同	カイフ	もんひはし
同	サツマホリ	上のはし
同	同	中すぢはし
同	同	下のはし
同	エノコシマ	上のはし
同	同	下のはし

世話人

天□丁メ	女夫橋
ホリ川東	ひの江はし
大仁	□らげはし
上フクシマ	江口はし
中同	まさこはし
下同	かうさくはし
玉ツクリ	玉つはし
同	ふしミはし
同	大和はし
同	ねこまはし
同	かさらぎのはし
ヲハリ天ジン	にきハひはし
ゴシウウラ	あやめのはし
同	御かゞミはし
シン丁	夕ぎりのはし

頭取

天保山

萬年橋　栄橋　昇平橋　末廣橋　亀甲橋　西亀甲橋

中央

総橋数　弐百五ヶ所

行司

東堀　よしやはし

四ツ橋

デン法口　あし分ヶはし

御城ヒガシ　しぎのはし

天神ヲタビ　亀井橋

古ヤマト川　をなりはし

勧進元

古大和川　京橋

差添人

大川　天満橋

西之方

大関	大川	難波橋
関脇	東ヨコ堀	高麗橋
小結	長ホリ	長堀橋
前頭	堂シマ川	大江橋
前頭	西ヨコ堀	新町橋
前頭	シゞミ川	蜆橋
前頭	アジ川	安治川橋
前頭	道トン堀	太左衛門橋
前頭	堂シマ川	渡邉橋
前頭	西ヨコ堀	筋違橋
前頭	京町堀	茂左衛門橋
前頭	トサ堀	常安橋
前頭	堂シマ川	玉江橋
前頭	道トン堀	大黒橋
前頭	トサ堀	湊橋

前頭	ドウジマ	船津橋
同	江戸ボリ	犬斎橋
同	ドウトン　ヒノ上	清津橋
同	トサボリ	筑前橋
同	西ヨコ	信濃橋
同	京町	羽子板橋
同	江戸ボリ	阿波殿橋
同	京町	両国橋
同	トサホリ	越中橋
同	シゞミ川	桜橋
同	江戸ボリ	西北橋
同	西ヨコ	助右エ門橋
同	長ホリ	白髪橋
同	西ヨコ	金屋橋
同	ホリ江	高台橋
同	ドウトンボリ	下大和橋
同	立ウリ	完食屋橋

前	エドホリ	しゆ木橋
同	アワザ	花屋橋
同	京町	紀伊国はし
同	立ウリ	中橋
同	長ホリ	かつほ座はし
同	トサボリ	肥後はし
同	西ヨコ	新渡辺橋
同	同	新天満橋
同	シゞミ川	みどりはし
同	同	梅田はし
同	カイフ	けん先はし
同	西ヨコ	西国はし
同	立ウリ	西二はし
同	長ホリ	高はし
同	アワザ	岡ざきはし
同	ホリ江	黒金はし
同	長ホリ	新玉造はし
同	道トン	住吉はし
同	同	からかねはし

同	トミシマ	国津はし
同	アワザ	豊はし
同	ホリ江	水分はし
同	ドウトン	日よしはし
同	カイフ	永代はし
同	シゞミ川	そねさきはし
同	西ヨコ	ごふくはし
同	同	ならやはし
同	アワザ	下ならやはし
同	京町	新中はし
同	立ウリ	高はし
同	シゞミ川	浄正はし
同	同	しほつはし
同	ホリ川	新ひの上はし
同	トミシマ	古川はし
同	同	中津はし
同	高ヅシン川	よし田はし
同	同	すへひろはし
同	同	高津はし
同	同	ふくちはし
同	同	をきたはし

世話人

ナンバ	なミよしはし
同	土はし
住ヨシ川	しんはし
九条	西さかいはし
同	東さかいはし
ヲカ千山	つるがはし
天王寺	御きやうのはし
同	ちりらやのはし
同	たらりやのはし
コメヤ丁	ゆめのうきはし
フシミ丁	とゝろきのはし
バクロ丁	月見のはし
下寺丁	ごくらくはし
長丁南	きのくにはし
高津	むめのはし

頭取

御舟入

鍋嶋　米子　廣嶌　久米　高松　阿波　肥後

留

右之橋々大小長短ニかゝわらず往来の繁きをもつて甲乙を定む

天保12年（1841）板行の「浪華橋々繁栄見立相撲」は、大坂市中における橋のランキングで、惣橋数205ヵ所を紹介する。読者には何のランキングかわかりやすく、中央には橋の欄干の擬宝珠が描かれている。一段目、東の三役には「天神橋」「日本橋」「本町橋」、西は「難波橋」「高麗橋」「長堀橋」を挙げており、これら番付は欄外によると、橋の大小・長短にかかわらず、往来の繁きをもって甲乙を定めたと記している。

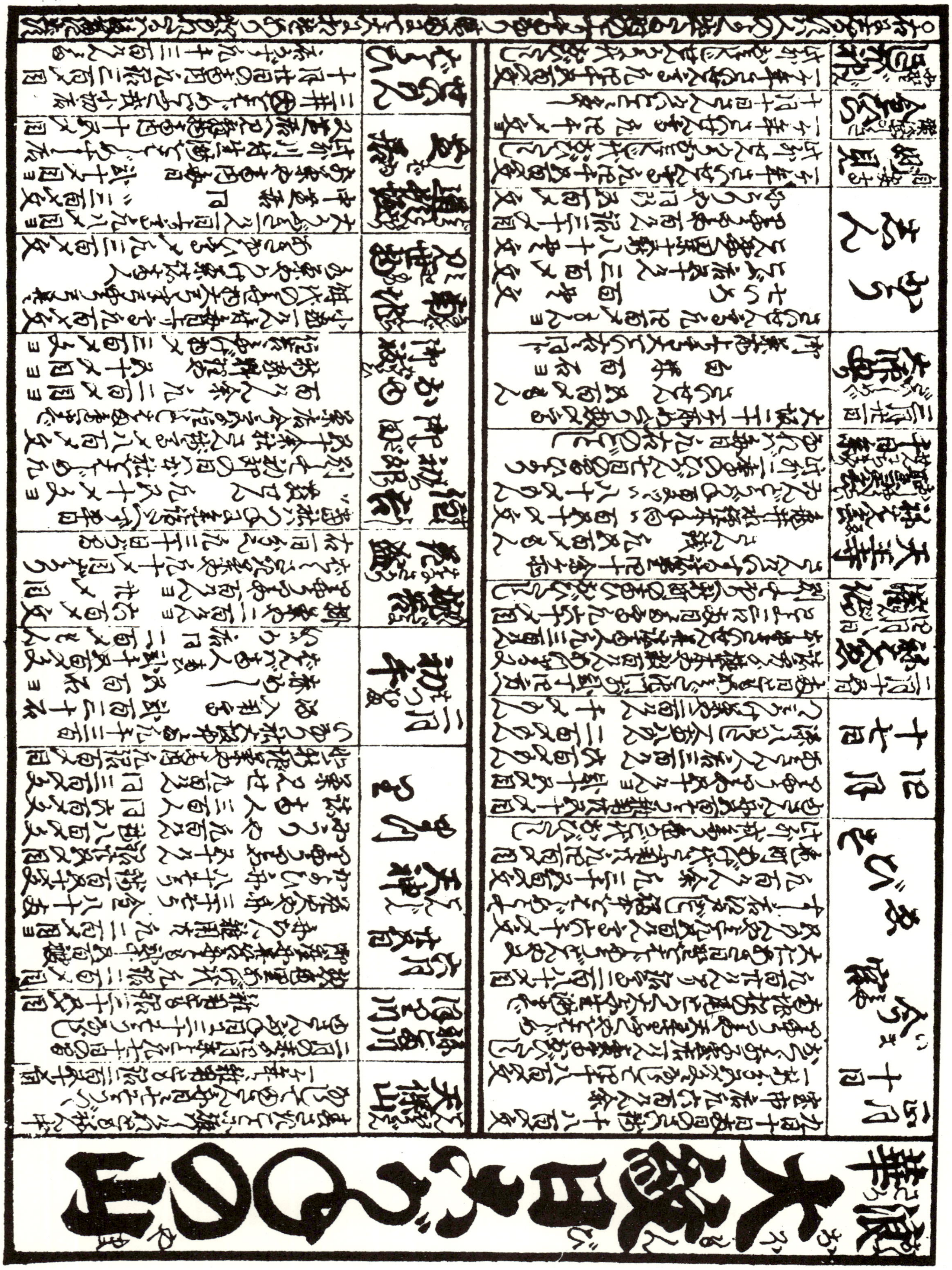

116　浪華大紋日こがねの山

浪華大紋日こがねの山

正月十日　今宮ゑびす
九日十日両日のさい銭千八百〆文
宝市店凡六百けん余
一軒分五〆文ニならして四千八百〆文
おくら前子宝店一けん売高おびたゝし
りやうりや天王寺ふくやをはじめ
南地松の尾とかく大与生瀬まで
凡百廿けんアリ銀高二百八十〆目
大仁あさ日野をはじめうどんや又
五もんや迄凡五百けん高六千〆文
すし店江戸ずし福本をはじめとして
凡百けん余凡三千五百〆文
色町あげ代さふ用共凡四百〆目
此外戎参り色かご代おびたゝし

四月十七日
ゆさん舟五百そう雑用共五十〆目
りやうりや五十けんヨ　弐十五〆目
あきん人店三百けん　六百〆もん
源八わたし一人前八もん　二百〆もん
つミかけ茶や二百けん　千〆もん

二月十五日　ねはんゑ　四月八日　灌仏
両日ともあミだ池門前弐丁四方へ
諸方ゟ植木や数百けんあつまる又
本堂さいせん并諸商人凡三百けん
已上三口両日ニ而高凡六十〆目
別してほかへ新町の商ひおびたゝし

天王寺　ねはん会　聖霊会　千日参
さんけいする諸堂四十余ケ所
さん銭　凡五百〆もん
亀井水経木手向ハ百五十〆文
ゐんどうがね百文ッヽ八八十〆もん
此外二季のひがん七日の間ひより
なれバ毎日凡右のごとし

三月廿一日　大師廻り
大坂二十一ヶ所めぐり惣〆高
さいせん　五百〆もん
白米　百石ヨ
御茶所上り高大てい右ニ同じ

かうしん
さいせん高凡四百〆もんヨ
七いろ　百貫文
こぶ店五十けん　三百〆文
こんにやく田楽十五軒　八十貫文
りやうりや百けん　銀三十〆目
にうりや同断　五百〆文

自安寺　妙見
一ヶ年さいせん高凡四千五百〆文
此外せんかうおミくじ代おびたゝし

讃岐やしき　金ぴら
一ヶ年さいせん高凡四千〆文ヨ
十月十日さんけいことニ多し

北野　きしぼ神
一ヶ年さいせん高凡四千五百〆文
此外おみくじせんかう代おびたゝし

天保山
春さきことに賑ハしけれともねん中
ならしてゆさん舟日ニ七そうづゝ
一ヶ年ニ雑用とも銀二百五十〆目

ねこま川　ほり川
二月の末ゟ四月末迄凡七十日の間
ゆさんぶね日に三十そうならし
雑用とも銀三十五〆目

六月廿五日　天神まつり
惣色里あげ代　凡銀二百〆目
御座舟并筥舟とも二千五百艘
舟ちん雑用共　凡二百〆目ヨ
花火や舟　三十そう　金八十両
かよひ舟　八十そう　銭百五十〆文
りやうりや　五十けん　銀廿五〆目
にうりや　凡百けん　銭八百〆文
諸商人　三百人　同六百〆文
茶見せ　凡百けん　同三百〆文
北ノ新地茶や商内　凡銀百〆目

二月　初午
いなり社大坂中ニ而凡千三百
酒　入用高　弐百三十石
赤めし　五百石ヨ
ばんば商人　商ひ　弐千五百〆文
いか店　同二百〆もん

桃谷　花盛
掛茶や二百けんヨ　六百〆文
りやうりや百けんヨ　廿〆目
ばばさき茶や凡十〆目ばかり
右一日分也　凡三十日が間

住吉　初卯　御田　おゆ　御祓
当社ハつねに参詣たへず平日
散せん　凡五十〆文ヨ
別して初卯の日ハ本社をはじめ凡
五十余社さん銭高〆八百〆文
茶店今宮ゟ住よしはま辺まで
百けん余　凡二百〆目ヨ
新家料理や　五十〆目ヨ
住吉ミやげ物〆三百〆文ヨ

南地　見世物
小家一けんニ付毎日上り高凡百〆文
餌代のミせ物大弓半弓やう弓并ニ
水茶やかけ茶諸商人
あきなひ高　〆凡三百〆文

道頓堀　芝居
大かぶき一けん一日上り高　凡八〆目ヨ
中芝居　同　〃三百〆文
前茶や商内毎日　弐十〆目ヨ
此外川付生瀬をはじめすし店
又芝居へ見舞物商内十五〆目

せいもんばらひ
三井㊅をはじめごふく戎小切店
十月廿日の商内　凡銀三百〆目
店かず凡千三百けんニ而

右にしるす八人のよく出たる時の上り高なり　晴雨にて大に相違あり　猶もれたる八後篇に出す

「100万人突破！満員御礼」などと興業収入を発表して、その繁盛ぶりを宣伝する手法は、現代に限らず江戸時代においても広く採用された。「浪華大紋日こがねの山」は当の大坂におけるさまざまな賑わいを、数字に換算する。たとえば６月25日の天神祭りは現在でも大阪を代表する夏祭りだが、花火やら船渡御・陸渡御の神事を見物する屋形船が2,500槽、当日出店した店舗数が料理屋50軒・煮売屋100軒・茶店100軒と計上し、嘘か本当かその儲け額まで子細に明示して祭礼の賑わうさまを伝えている。

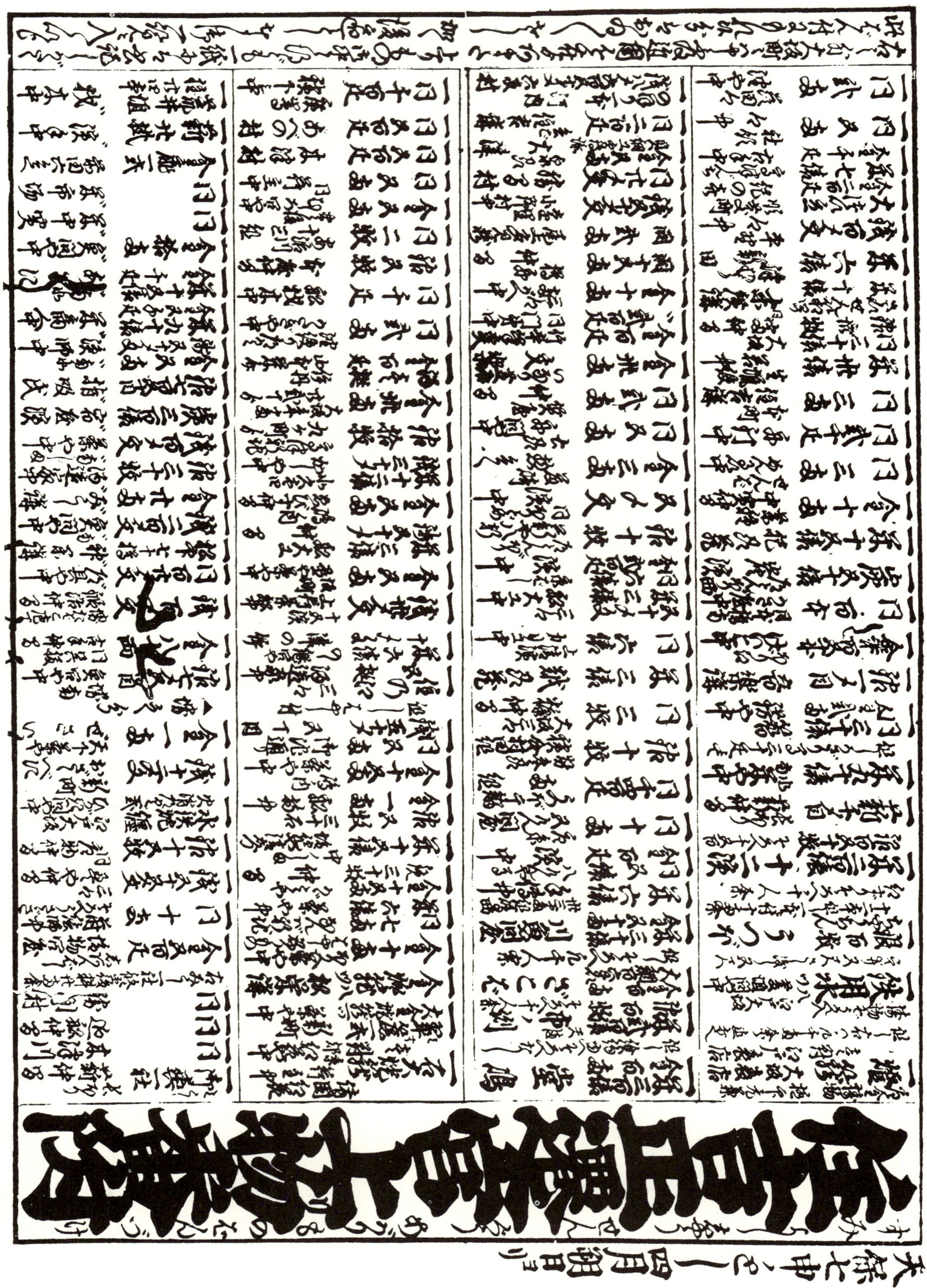

117　住吉正遷宮上り物番附

天保七申ノとし四月朔日ヨリ

住吉正遷宮上り物番附

唐金鋳物
一燈籠 壱対 極印元兼 江戸表店 大坂表店
但し右ハ凡千両余ノ直打也
鋳物ぞうかん入
一鉄用水 八ツ 江戸大坂 菱垣問や中
高サ五尺 さし渡し五尺
一銀百牧 ちやうちん うつぼ
十二本但し一本ニ付十両余
一米二百俵 銀百五十牧 十二浜 そろへ千五百
一薪千貫目 長ほり 薪仲間
一米九十俵 北南 米や中
但しかざり馬三十疋ニて
一同三十俵 金弐両 簪 錺や中
一銀一貫目 音楽講
一傘百五十本 ほり江 げいこ中
一同 百本 日本橋南 かさ屋中
一炭五十俵 道とんぼり西 炭浜
一米十五俵 紀州蔵
一金十両 薬種 中買仲間
一同三両 せんば めんるい中
一同弐千疋 舟釘中
一同三両 本町 住吉講
一米卅俵 生蝋絞 若中
一同三十俵 銀卅牧 大坂 富仲間
一さいせん箱 四ツ 米十俵 同 末廣講
一米六俵 津むら 新田
一銭百貫文 平野 郷中
一大つい立 金二百疋 順慶町 紀の喜
一米七俵 金千疋 高津じんち 古手中
一同五両 社領 郷中
一同弐両 茨田郷 油や中

一米三百俵 金百両 堂嶋
但し倹約ゆへそろへなし
一米弐百俵 銀百牧 天満 市ノ側
そろへ千人余
一金百両 大鯛百六まい ざこば
但しそろへ凡千人余
一米三十俵 金五十両 川魚問屋
一米六俵 卅三番組嶋西 手伝中
一同五俵 金百疋 八けんや尊 浜中
一同十両 唐糸 五けん問屋
一同千四百疋 うつぼ干鰯 両組
一銀十牧 勢参州 積合村田組
一同三牧 大坂三郷 糠仲間
一米三俵 越州蔵
一同六俵 上清浜 カリコ中
一米三俵 五十貫文 三郷 船大工中
一同六俵 金弐百疋 京ばし 浜中
一銀十牧 道とんぼり 薪や八軒
一五貫文 同ほりどめ 浜中
一金三両 藤崎 惣兵へ
一同五両 土州 舟問や中
一同弐両 質屋 仲間
一金卅両 いなり 芝居文楽
一金百疋 同弐百疋 竹本筆太夫 同門弟中
一金十両 三郷 両がへ中
一同十五両 樽舟 仲間
一同弐両 尾上多見蔵
一銭五十貫文 遠里 小野村中
一同廿貫文 勝間村
一金五両 貝細工靏添 泉州 大津
一同二百疋 兵ご 住吉講
一のほり一本 銭八貫六百五十文 河内 六番村

一石大燈籠 壱対 諸国紅花 荷主中 京都紅花や中
一翠簾(みす)一式 大金燈籠一ツ 新町 茶や中
一金燈籠 八ツ 松栄講
一金十両 ほりへ茶や中
一同七両 米六俵 はやしねりもの なんバ新地 茶や中
一金十五両 鏡三十牧 かゞミや 仲間
一米十五俵 中ノしま 塩飽や清右衛門
一銀五牧 金一両 三十石 船持中
一金十五両 嶋ノ内 茶や中
一同五両 銭五十貫 御池通り 五丁目
但しはやし付
一住の江 五挺 三郷 酒造家中
一米六俵 十貫文 の、継問や 津の伊
一銭卅貫文 十五浜 上荷茶船中
一金五両 坂町 置や茶や中
一米三俵 銭五十貫 船大工 仲間
一金五両 嶋ノ内 ゑびす仲間
一米十二俵 銭三十貫 北久太四 かしや中
一銀拾牧 高津新地 九ケ町ゟ
一金卅両 大坂年番 廿弐丁ゟ
一溜壱挺 金百疋 伊丹 山本栄介
一同弐両 油絞り道具 かたぎや中
一同千疋 船材木中
一銀五牧 本屋仲間
一同二牧 安治川 十三組
一金五両 豊後 むしろ問や中
一同五両 同 荷主中
一同五百疋 木津村
一同五百疋 あべの村
一同千百疋 広嶌 積下シ中

一御輿(みこし)一社 長ほり 薪仲間
一同 木津川
一同 廻船仲間
一同 勝間村
右みこし一社修覆料廿両余
一金五百疋 しあんばし 塩物問屋
一同十両 そろへうさぎ 蒔絵師中
一銭五十五貫文 三郷 畳や仲間
一銀十五牧 同 唐物仲間
一水鉄炮纏 火消道具一式 江戸大坂 ひがき問や中
一銭十二貫文 新町 天下茶や おざゝべに
一金一両 ぜさい
▲堺之分
一銀七貫五百目 堺南 魚問や中
一金八十両 同呉服 古手仲間
一銭百貫文 堺たばこ庖丁 鍛治仲間
一同百廿貫文 同 道具や中
一松印七十樽 同 神閑講
一銭二百貫文 同 魚問や中
一金廿両 同 みこし講
一銀三十牧 同 酒造家中
一銭百貫文 同南しま 茶や中
一炭三百俵 同 宿屋浜
一銀七百五十目 同 指吸氏
一金五両 銭五十貫文 同南北 漁師中
一米九十俵 金五千疋 同 米商人中
一米十五俵 金千疋 同南北 あおに
一金拾両 同 魚問や中
一同 同 米中買
一同 同 米市場
一金扉一式 前田六兵へ
一薪廿掛 同 浜手中
一荒井垣 柱廿四本 同 材木中

右之外大坂町々ハ申不及、近国近在ゟあまた上りもの御坐候得ども、一紙には書記しがたく此ばん付にもれ候分は、おゐ〳〵さし加へ、後篇とし奉御一覧ニ入候、以上

「住吉正遷宮上り物番付」は、大坂住吉大社における正遷宮（20年毎に定期的に本殿を修復すること）に当たって、どの位の範囲から、何が献上されているかが明らかにされている。中でも漁業関係者や遊廓などから比較的多く挙げられているのは、前者はそもそも住吉大社の創立が航海の安全祈願に始まること、後者については毎年６月14日に境内で行われる「御田植神事」の担い手が遊女であることに由来すると考えられる。庶民信仰の担い手についての研究が未だ立ち遅れている現状をみると、本番付の内容は大変興味深い。

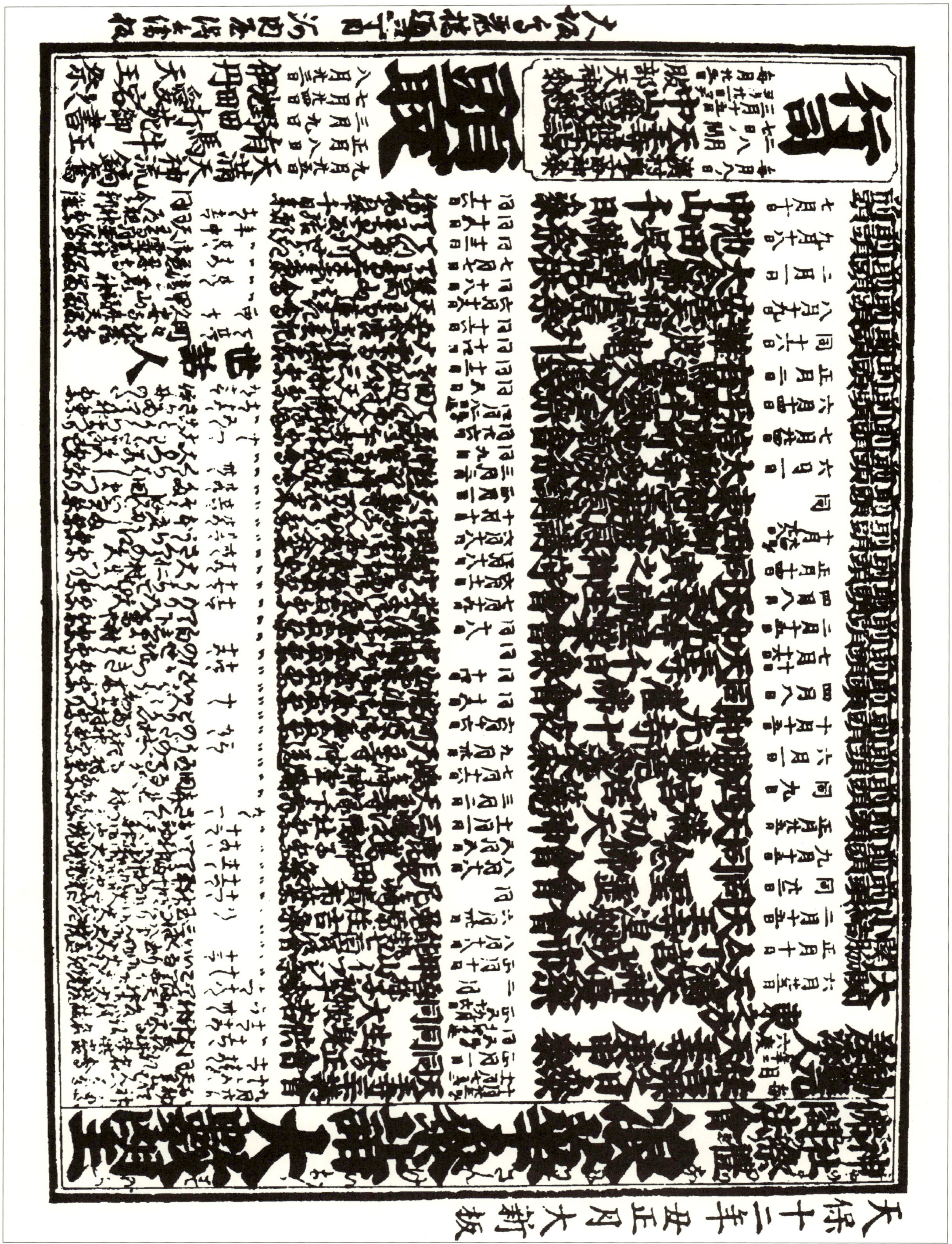

118 神社祭礼仏閣法会 浪華参詣大数望

天保十二年丑正月大新板

仏閣の法会 神社の祭礼 浪華参詣大数望

勧進元 毎月 住吉卯之日参
差添人 年二六度 天王寺庚申参

東之方

大関	六月廿五日	天満天神夏祭
関脇	正月十日	今宮戎市
小結	二月十五日	天王寺涅槃会
前頭	同廿二日	同聖霊会
前頭	九月十五日	同念仏会
前頭	正月廿五日	天満初天神
前頭	同九日	西宮居籠
前頭	六月一日	勝鬘院愛染参
前頭	十月十五日	和光寺十夜
前頭	四月八日	同灌仏会
前頭	七月十六日	天王寺千日参
前頭	二月十五日	和光寺涅槃会
前頭	四月八日	天王寺仏生会
前頭	正月十四日	同寅之御守
前頭	十月廿四日廿八日	西御堂報恩講
前頭	同	東御堂報恩講
前頭	六月一日	太融寺愛染祭
前頭	七月廿四日	信濃町地蔵会
前頭	六月十四日	平野牛頭天皇祭
前頭	正月二日	有馬温泉入初儀式
前頭	同十六日	難波綱引
前頭	八月十九日	安居天神菅原祭
前頭	二月一日	大念仏吉野花供
前頭	九月十八日	池田呉織祭
前頭	七月十日	中山千日参

行司

毎月八ノ日	濱村鬼子母神参
二月八月七日ノ間	天王寺彼岸詣
三月十五日ヨリ廿一日マテ	中山無縁経
毎月廿五日	服部天神参

頭取

九月廿五日	天満天神流鏑馬
正月八日	有馬打牛王
三月九日	野田打死御書
七月廿四日	池田愛宕火
八月廿三日	伊丹天王祭

同（二段目）

十一月廿三日ヨリ	天王寺三十講
正月一日ヨリ	同修正会
正月十四日	同大般若
二月十五日	吾妻
正月十日	甲山孫子
八月十八日	能勢七面
六月廿八日	兎原住吉法会
同	尼ヶ崎貴布ね祭
八月十八日	長田
五月五日	鹿嶋
十一月一日	三嶋江
三月二日	天王寺鳴子
七月廿六日	嶋ヶ崎神ノ社
九月廿六日	天神事下
六月十六日	阿波座御屋敷祭
同十四日	鍋嶋御屋敷祭
同	中国御屋敷祭
同	筑後御屋敷祭
七月十八日	米子御屋敷祭
六月十九日	宇和島御屋敷祭
四月十一日	亀井御屋敷祭
六月十八日	明石御屋敷祭
十月十八日	中ノ嶋こんぴら祭
正月一日	天王寺万石米
三月三日	熊野権現法会
同	平野宮三千 [illegible]
四月廿六日	てつげん [illegible]
同九日	田辺 [illegible]
同十二日	さかい村 [illegible]
同十五日	大雲寺
同十四日	五条宮
同十六日	天王寺
六月十五日	箕面寺山法会
同	天王寺大字堂音楽
七月十七日	てつげん川せがき
同十三日	天王寺一度結願
同十五日	勝尾寺樏千日参

同（三段目）

同 十一月廿三日 天神大念仏 … 同 天王寺初天神祭
同 十二月十三日 … 神明宮 … 夏祭 … 越名 … 養会祭
同 正月十一日 … 天満天神 … 御火焼 … 火焼 … 焼き
同 … 有田 … 喜さ … 初神 … 天御神 … 神旅明
同 九三日 … のうかと … 馬だのり … 天神夜村
同 十五日 十四日 … 天白の … せがば … 地っら

世話人

同 十一月廿八日 … 伊丹 … さこ … 大大くろ … 多そ … 本うさ … 大うも … 天白の
十年中 廿八日 … 年 … 天王霊道寺 … 御慈清 … 甲久町 … 安々 … 荒山寺 … 地蔵
同 正月七日 … 月荒寺神福 … 弁天 … 利神法 … 講祭事富富富富祭

大坂高麗橋通三丁目
河内屋得兵衛板

本番付では、大坂の代表的な祭礼を書き出している。勧進元は「住吉卯の日参」、差添人は「天王寺庚申参」。前者は住吉大社の鎮座したという卯の日にちなむ神事で、後者は庚申信仰に基づく年に６度の天王寺庚申堂への参詣をさす。ともに１年を通じて参詣客を集めるイベントで、あえて序列からはずして別格扱いにしたものであろう。大関には現代でも有名な天満の天神祭、関脇には、これまた現代でも大勢の参詣客を集める今宮戎の正月の祭礼を置く。小結から前頭には、涅槃会、聖霊会、念仏会と３つ続けて天王寺の法会が並んでいる。

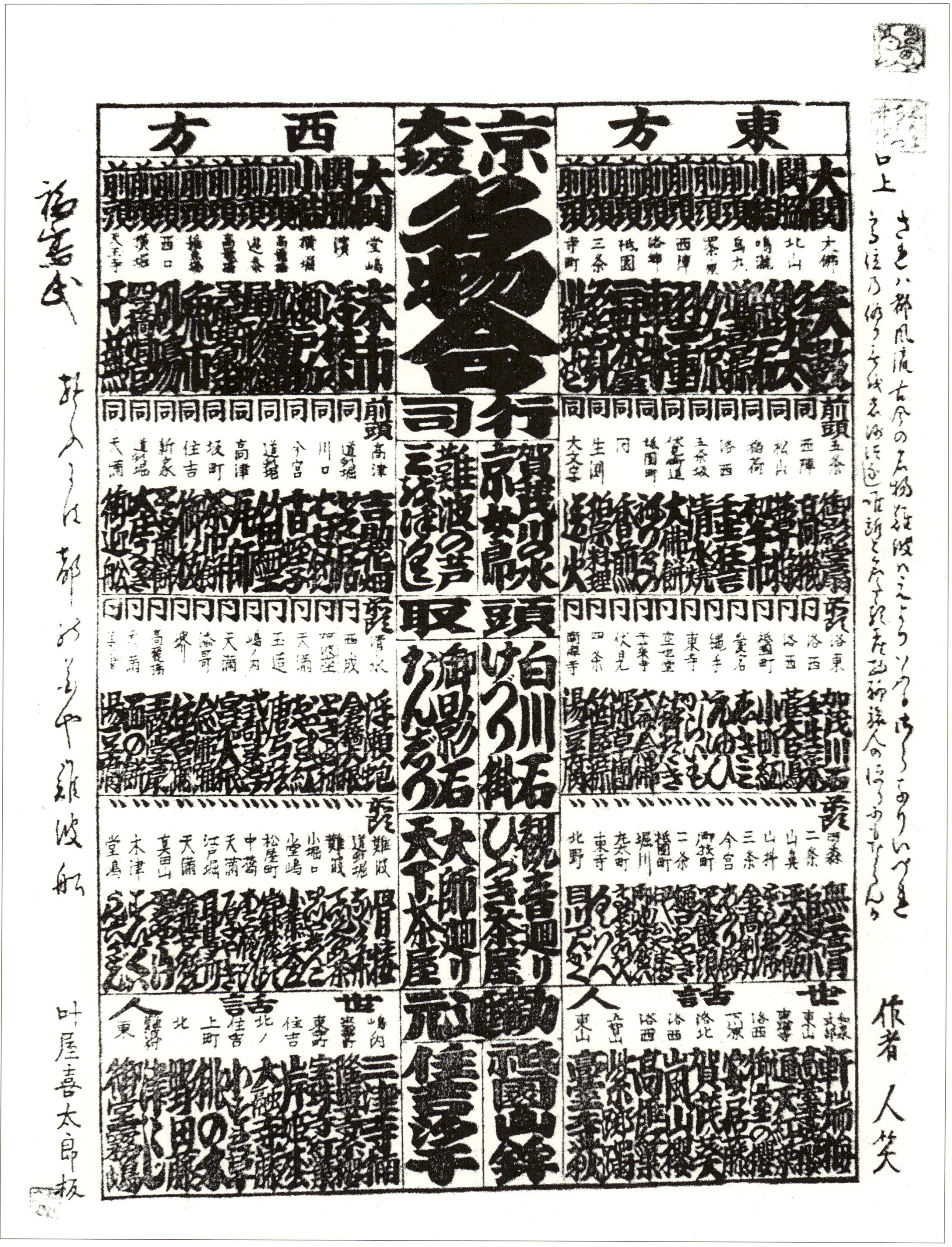

119　京大坂名物合

口上

されハ都風流古今の名物、難波ハ元よりいふもさらなり、いづれ高位の偽り無きの沙汰なし、唯所々名たゝる産物聊旅人の便りにもならんか

作者　人笑

京大坂名物合

東方

大関　大仏　矢数
関脇　北山　杉丸太
小結　鳴瀧　砥石
前頭　烏丸　道喜粽
前頭　四条川原　夕涼
前頭　西陣　羽二重
前頭　洛西　車牛
前頭　祇園　二軒茶屋
前頭　三条　みすや針
前頭　寺町　川端ふしのこ

前頭　五条　御影堂扇
同　西陣　高機
同　松山　蕈狩
同　稲荷　初午市
同　洛西　壬生狂言
同　五条坂　清水焼
同　伏見街道　大仏餅
同　祇園町　ねりもの
同　同　香煎
同　生洲　柏宗料理
同　大文字　送り火

前頭　洛東　加茂川石
同　洛西　壬生菜
同　洛西　菅大臣嶋
同　祇園町　小町紅
同　愛宕　しきミ
同　縄手　元ゆひ
同　東寺　かしらいも
同　空也堂　鉢たゝき
同　千菜寺　六斎念仏
同　伏見　深草団
同　四条　笹屋粽
同　南禅寺　湯豆腐

前頭　雨ノ森　無二膏
同　二条　鳥六
同　山鼻　平八麦飯
同　山科　どうはれ餅
同　三条　金高剃刀
同　今宮　あぶり餅
同　御旅町　米饅頭
同　二条　樋口おやき
同　祇園町　伊八おやま□
同　堀川　御池せんべい
同　丸太町　高長すつほん
同　東寺　ぐハん
同　北野　月川でんかく

世話人

和泉式部　軒端梅
東山　高臺寺姥桜
東福寺　通天紅葉
洛西　御室の桜
下川原　安居藤
洛北　加茂ノ葵
洛西　嵐山桜
洛西　高雄紅葉
五智山　紫躑躅
東山　高臺寺萩

行司

賀茂川の水
京女郎
難波の芦
ミをつくし

頭取

白川石
けづり掛
御影石
だんじり

観音廻り
ひがき茶屋
大師廻り
天下茶屋

勧進元

祇園山鉾
住吉汐干

西方

大関　堂嶋　米市
関脇　濱堀　浮材木
小結　横堀　瀬戸物
前頭　高麗橋　虎屋饅頭
前頭　遊参　屋形船
前頭　高麗橋　呉服現銀店
前頭　雑魚場　魚市
前頭　西口　砂場
前頭　横堀　四ツ橋烟管
前頭　天王寺　干蕪

前頭　高津　吉助花畑
同　道頓堀　芝居
同　川口　はぜ釣
同　今宮　十日蛭子
同　道頓堀　竹田細工
同　高津　瓦師
同　坂町　茶巾餅
同　住吉　御祓
同　新家　とらや煎餅
同　道頓堀　大庄うなぎ
同　天満　御迎船

前頭　清水　浮瀬鮑
同　西成　倉橋大根
同　阿波座　ときふね
同　天満　おやま紅
同　玉造　唐弓弦
同　嶋ノ内　式部まゆはけ
同　天満　宮前大根
同　添哥　念仏踊
同　堺　住吉踊
同　高麗橋　王路堂扇
同　天満　面の餅
同　高津　湯豆腐

前頭　難波　骨接
同　道頓堀　なら茶
同　難波　てつけんなら茶
同　小堀口　まつやしんこ
同　堂嶋　小兵衛矢立
同　松屋町　岸部屋饅頭
同　中橋　あこや饅頭
同　天満　厚やき
同　江戸堀　耳鳥斎
同　天満　金槌せんべい
同　真田山　どじやう汁
同　木津　すいくハ
同　堂嶋　うん六うどん

世話人

嶋ノ内　三津寺楠
生玉寺町　隆専寺糸桜
東寺町　宝珠寺紅葉
住吉　岸姫松
北ノ　大融寺藤
住吉　小すれ草
上町　桃の木
北　野田藤
難波村　つゝじ
東　御堂霧嶋

福嶌氏

遊ふには都の花や難波船

叶屋喜太郎板

「京大坂名物合」は欄外に「唯所々名たゝる産物聊旅人の便りにもならんか」とある通り、旅人への名所案内を目的に板行された。板元は大坂の「叶屋喜太郎」である。内容は東方に京都、西方に大坂を記載し、それぞれに対応する名物をあげて両都を比較しているわけであるが、いささか大坂のほうがこじつけくさい。実は江戸時代も後期になると、「天下の台所」と言いながらも大坂市況は低落していた。作成者の本音を察するところ、そうした沈滞した空気を吹き飛ばすためにも、京都に負けない名物を披露し、我が町を誇ろうとしたのだろう。

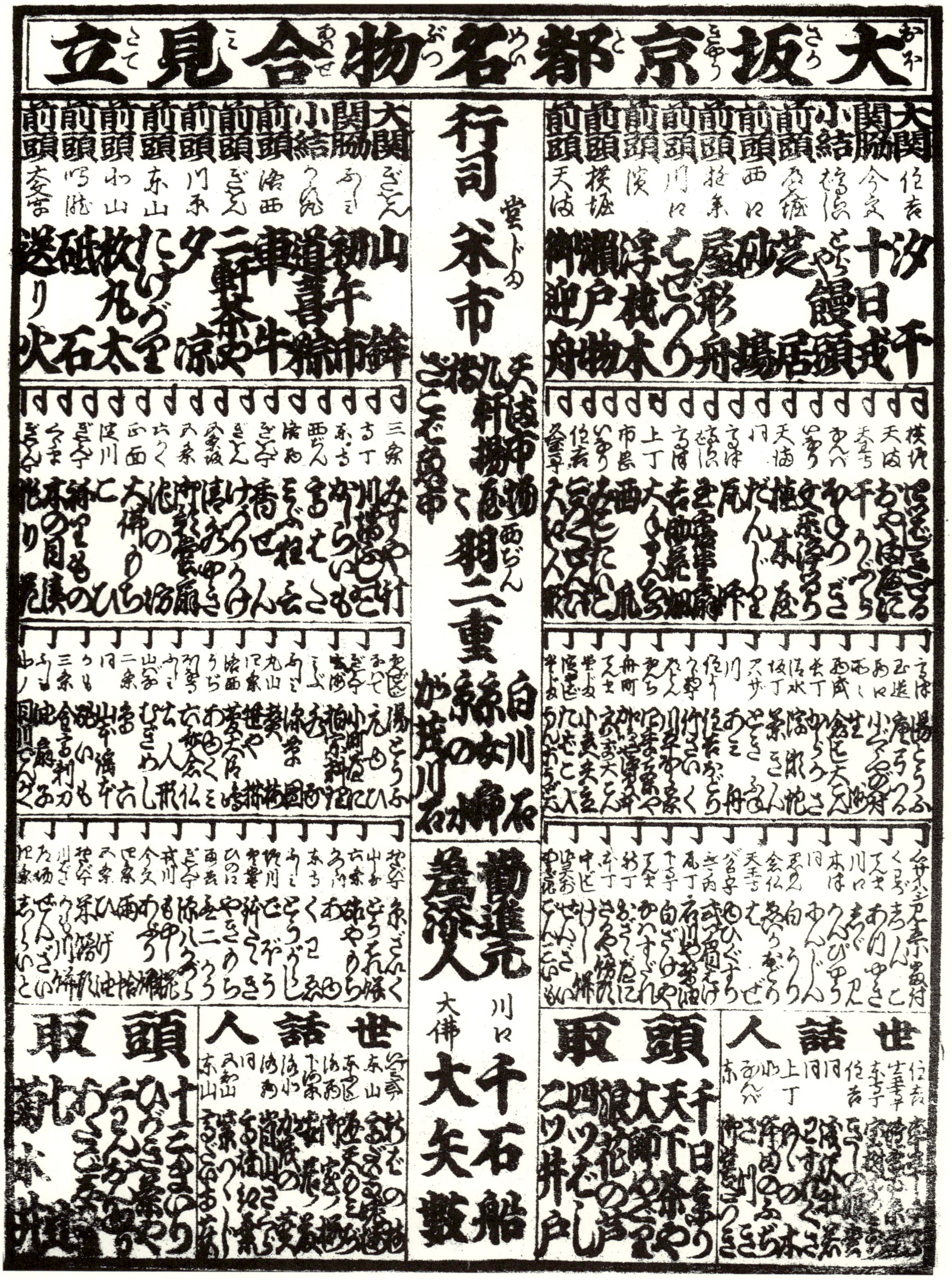

120　大坂京都名物合見立

大坂京都名物合見立

大関	住吉	汐干
関脇	今宮	十日戎
小結	高らいはし	とらや饅頭
前頭	道とん堀	芝居
前頭	西口	砂場
前頭	遊参	屋形舟
前頭	川口	はぜつり
前頭	濱	浮材木
前頭	横堀	瀬戸物
前頭	天満	御迎舟

同	横堀	四ツばしきせる
同	天満	おやまべに
同	天王寺	干かぶら
同	なんハ	ほねつぎ
同	いなり	文楽浄るり
同	天満	植木屋
同	同	だんじり
同	高津	瓦師
同	高らいばし	玉露堂扇
同	上丁	大手まんちう
同	市岡	西瓜
同	いなり	みこしたいこ
同	住吉	ごろくせんべい
同	久宝寺丁	大江人形

同	高津	湯とうふ
同	玉造	唐弓つる
同	西口	小ぐらやびん付
同	所々	生洲
同	西成	倉はし大こん
同	長丁	からかさ
同	清水	浮瀬鮑
同	坂丁	茶きん
同	アハザ	ときふね
同	川	あミ舟
同	住よし	住吉おどり
同	から物丁	竹さいく
同	道とん	川平なら茶
同	なんち	四季茶や
同	舟町	加嶋や浄るり本
同	てんま	宮ノ前大こん
同	堂じま	小兵へ矢立
同	濱やばし	たばこ入
同	堂じま	うんこうどん

同	心サイハシ	見立小番付
同	くわづ	しんこ
同	てんま	あつやき
同	川口	しゞみ
同	木津	かんぴやう
同	同	にんじん
同	黒もん	白うり
同	念仏	ゑいかおどり
同	天王寺	はぜ
同	バクロウ丁	ゆひぐすり
同	シマノ内	式部眉はけ
同	瓦丁	石川や醤油
同	下寺丁	白ざけや
同	てんま	なハすだれ
同	新丁	おざゝべに
同	本丁	さかや饅頭
同	中ばし	けし餅
同	御霊前	ぜんざい
同	あミだ地	ごん三いも

世話人

住吉	車返しさくら
生玉寺丁	隆専寺糸桜
東寺丁	宝樹寺もミぢ
住吉	きしの姫堂
同	浅沢杜若
同	わすれぐさ
上丁	もゝの木
北	野田のふぢ
なんバ	さつき
東	御堂さつき

頭取

千日参り
天下茶や
大師めぐり
浪花の芦
四ツばし
二ツ井戸

大関	ぎをん	山鉾
関脇	ふしミ	初午市
小結	かす丸	道喜粽
前頭	洛西	車牛
前頭	ぎをん	二軒茶や
前頭	川原	夕涼
前頭	東山	たけがり
前頭	北山	杉丸太
前頭	鳴瀧	砥石
前頭	大文字	送り火

同	三条	みすや針
同	寺丁	川端ふしのこ
同	東寺	かしらいも
同	西ぢん	高はた
同	洛西	ミぶ狂言
同	ぎをん丁	香せん
同	きをん	けづりかけ
同	五条坂	清水ゆき
同	五条	御影堂扇
同	六かく	池の坊
同	正面	大仏もち
同	淀川	こひ
同	ぎをん丁	ねりもの
同	くらま	木の目漬
同	ぎをん丁	作り花

同	なんぜんじ	湯とうふ
同	なハて	元ゆひ
同	ぎをん丁	小町べに
同	生洲	柏宗料理
同	ミぶ	水な
同	ふしミ	深草団
同	丸山	煮梅
同	四条	笹や粽
同	洛西	菅大臣嶋
同	うぢ	あゆくミ
同	ほしな寺	六斎念仏
同	ふしミ	土人形
同	山バな	むぎめし
同	二条	鳥六
同	かも	酢いも
同	三条	金高剃刀
同	ふしミ	油扇子
同	北ノ	目川でんがく

同	おたび丁	糸ざいく
同	山しな	どうはれ餅
同	六条	酢やもち
同	かつら川	あゆ
同	東寺	くわゐ
同	ふしミ	とうがらし
同	堀川	ごぼう
同	空也堂	鉢たゝき
同	ひの江	やきもち
同	雨ノ森	無二かう
同	ぎをん丁	源八かづら
同	戎川	もやし糀
同	今宮	あぶり餅
同	四条	雨蛤
同	五条	ひげ油
同	おたび丁	米饅頭
同	川ばた	かも川餅
同	道場	ぜんざい
同	四条	しらいと

世話人

いづミ式部	軒ばの梅
東山	高だい寺姥桜
東ふくじ	通天もミぢ
洛西	御室ノ桜
下河原	安居ノ藤
洛北	加茂の葵
洛西	背山さくら
同	高雄紅葉
五知山	紫つゝじ
東山	高だい寺萩

頭取

十三まつり
ひがき茶や
くわんおん廻り
あたごしきミ
七辻
菊水井

行司

堂じま 米市

天満市場
九軒揚屋
橋々
ざこば魚市

西ぢん 羽二重

白川石
京女郎
京の水
加茂川石

勧進元 川口 千石船

差添人 大仏 大矢数

本番付は大坂と京都の名物を比較しつつ紹介する内容で、現在でも有名な「とらや饅頭（大坂）」「山鉾（京都）」など、人々の嗜好や観光地が分かって面白い番付である。当時、この種の京都・大坂の二都比較番付は需要が多かったようで数多く残されているが、いずれも大坂で作成されたことが分かっている。その背景には、江戸時代後期、諸藩から江戸への直積が行われたことで、天下の台所と言われながら大坂の市況が相対的に低落していたことがあげられる。地元町人たちは、伝統があって知名度で不動の地位を誇る古都京都と並べて説明することで、大坂の復権を企図したのであろう。

121　おかげ参妹背山三段目抜もんく

文政十三寅年大新板

おかげ参妹背山三段目抜もんく

比ハやよひの はしめつかた　おかげ参りはじまる
追付よい とのごもつたら　夫婦つれを うらやむ女中
常住あのやうニ引ついて 居たらうれかろ　ならの大ぶつさんの 御光ぶつ
あのやうに行義に かしこまつて計居て　大仏様
おもひのたへる 間ハあるまいと　性のわるい旦那いせ参宮 あんじといる女房のこと
むかしゟ御中 ふ和のせきとなり　坊主あたまハ いましめ
むすぼれとげぬ わがおもひ　よしあしのはんこ見て ちよつとうわく
此山のあなたにと　あさまへのぼらぬ人
爰までハきたれとも　とちうから戻る人
ものいひかハす ことさへも　下向の人 さんけいの人くんじゆ
今は中々 おもひのたね　一夜のちぎり
お道理で ござります　とうげハわたしさへ こゑあげました
ヲヽめつそうふな　宿屋のたごへ 小便する人
こうしつさまの すいなおさバき　家内中かハり〳〵に さんぐうさすゐんきよ
じきにおねがひ遊バし たらよもやいやよハ　御りやう人すヽめて よる出入の内イ儀
せうじぐハヽりと ゑんばなに　玉つくりの茶屋で 出たちのさかもり
まもらせ たまへと心中に　かしまだちまへの すミよしまいり
手にとるやうに ノフあれ〳〵　三笠山の鹿さる
ものおもハしい おかほもち　人によふた みち下手な女中
早くおそバへ行たい　太夫づきするうつくしい 女中㋺なしの若手
聞へぬつらさ　宿銭のねぎりこぎりニ こまるつんぼ
こちらの思ふ やうにもない　いそべ

口でいわれぬ こゝろのたけ　神前ニておしの人 太神宮をおがむの
女の念の通ぜよと きぐハんをこめて　女中の朝拝
時代のならひ　絹ものゝそろへなし
見ゆる女中が 申〳〵　おとまりでハござりませんか こんどハいいでもよかろ
あの岩角の おりまがりが　おあぶないと きをつける荷持
ふりそでも すそもほら〳〵　相の山 おすぎ お玉
しどけなんじよも いとひなく　でつちづれの ぬけまいり
しのんでかゝふ ことかなわず　二見の女中に ほれても
おかほ見ながら まゝならん　三拾石船の行違ひ
道理〳〵われも こゝろハ飛立ど　どうちうの やうす聞たひ
隣国近辺といへども　おびたゞしく参詣人
命だにあるならバ又 あふこともあるべきぞ　先キのおかげ
心のねがひ 叶ふしらせ　わがやねへふる おはらひ様
あわておどろき とゞむるこしもと　宮川のわたし のりいそぎ
たとへみらいのとゝ様に 御勘当受る共　いせまいりしたいといふ かたもんとのむすこ
おまへハどふせうと おぼしめす　無間の通り二文ヅヽ水引に つなぎ四万五千人へ施す
なふて事かけず　路銀さへあれバ しやくかわいでも
お声のかゝつた 身のさひわひ　出入のないぎも さんぐうのお供
此よふなうれしい 事ハござりませぬ　風呂へ入めしもくひ㋺もらひ とめて迄もらふた道しや
こつちやむいて 見たがよいと　おふて居る子に 見せるあいの山
参るところも 一トツなれど　京海道 あを越 はせごへ
日本国ニ此上のない　伊勢両宮

この番付は、文政13年（1830）3月より始まったおかげ参りについて記したものである。おかげ参りとは、およそ60年周期で発生した庶民の集団的伊勢神宮参詣のことであり、旅人たちは、腰に柄杓を差し、鉦・笛・太鼓などの囃に合わせて伊勢に向かった。そのため、この番付には、歌い踊りながら伊勢に行くための文句が散りばめられている。このことから、この番付は通常の見立番付と違い、参宮する人々の要望に答えて板行された、きわめて即応性の高いものであったといえよう。

文政十三寅年大新板

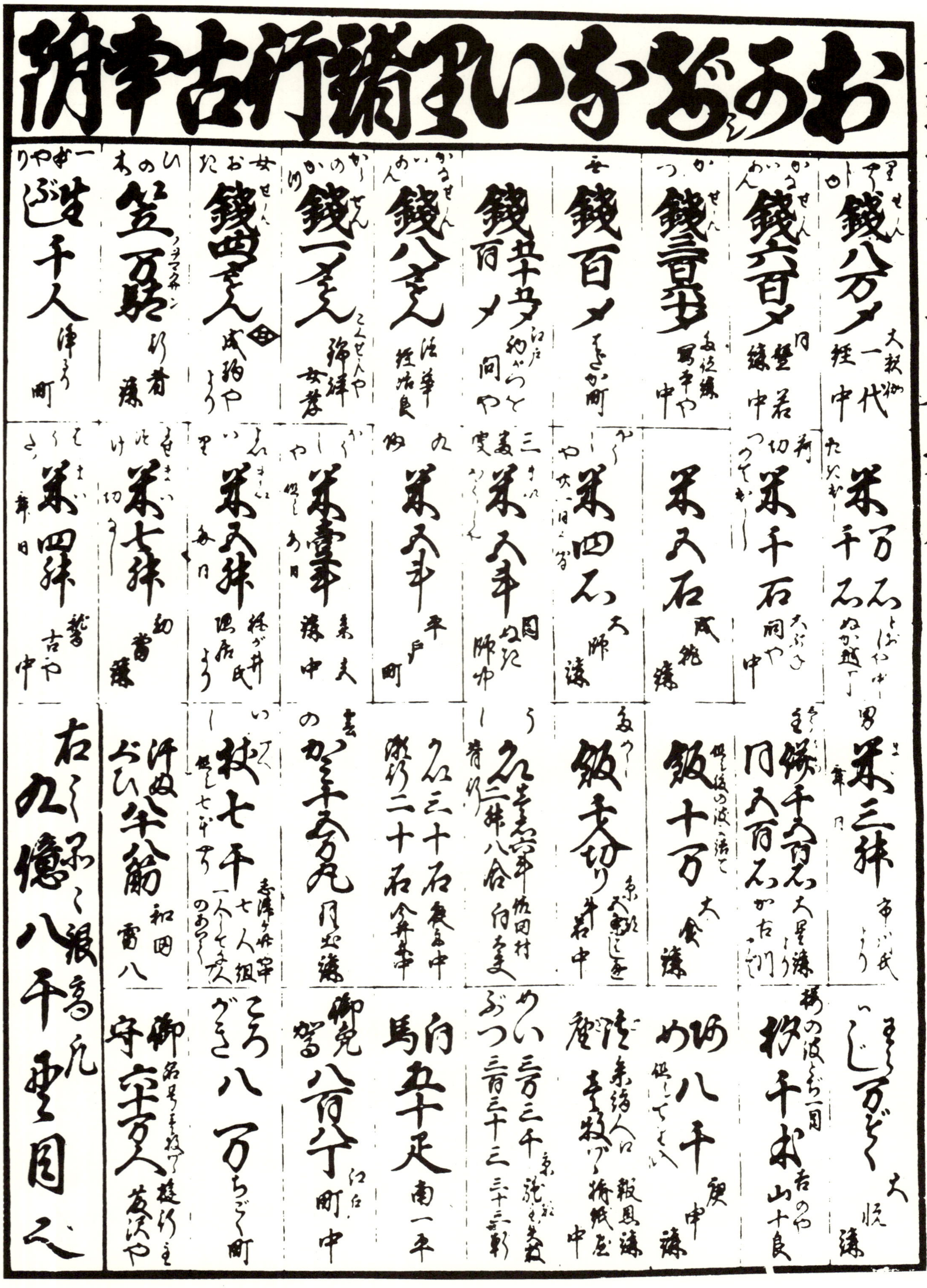

122　おかシげないり諸行古事附

文政十三寅年大新板

おかシげないり諸行古事附

りやうじゆ 銭(せん)八万貫 大釈迦一代経中	かないあん 銭(せん)六百貫 同般若講中	かつ 銭(せん)三百六十貫 多位講写本や中	無 銭百貫 はだか町	銭五十五貫 百貫 江戸西がつを問や	かないあん 銭(せん)八貫もん 法華経治良	かうのかつ 銭(せん)一貫もん こくせんや錦祥女孝	女おき 銭(せん)四貫もん ◈成駒やより	ひの木 笠万駄(ノヲマクサン) 行者講	一本やり 生ぶし千人 浄るり町
たき出し 米万石 千石 とおしや中 ぬか越丁	荷切つめて出し 米千石 大ぶね問や中	米五石 成就講	ほうしや 廿一日之間 米四石 大師講	三番叟 ほうしや 米(まい)五斗 目ぬき師中	九州 米五斗 平戸町	ほうしや 但シ毎日 米壱斗 参宮講中	よいいり 毎日 米(まい)五升 狛が井氏隠居より	よせつけ 切なし 米(まい)七升 勘当講	はうたノ 舞日 米(まい)四升 稽古や中
男 米(まい)三升 舞日 市川氏より	主(しゅう) 餅(もち)千五百石 同五百石 大星講より加古川まで	飯十万 但し腹の波に詰て 大食講	多 飯(めし)千人切り 京都五条はし通牛若中	うし かい壱石六斗 かい二升八合 骨折 佐田村白太夫	かい三十石 瀬行二十石 夜舟中 今井舟中	雲の かミ十五万丸 月出講	いし 杖(づへ)七千 但し七本やり 志津ケ竹や中 七人組 一人して千人ヅヽのあいて	汗ぬぐひ八千八筋 和田雷八	右之品々銀高凡 九億八千貫目也
わらハじ万ぞく 大悦講	桜の波とぢ一目 杓千本 吉のや山十良	あめ八千 但シてり入 庚申講	御(ご)座(ざ) 参詣人江壱牧ヅ、 報恩講指紙屋中	めいぶつ三万三千三百三十三 京都施主ノ矢数三十三軒	白駒五十疋 南一平	御免駕八百八丁 江戸町中	ころがき八万 ちごく町	御守六十万人 名号壱枚ヅ、 遊行主藤沢や	

江戸時代における伊勢神宮への集団参詣をおかげ参りと言い、おおよそ60年周期で発生したとされるが、中でも文政13年（1840）の参詣人数は史上最大で、閏3月から6月までで427万を超す人々が伊勢を目指した。本番付はこの年江戸で出された「おかシげないり諸行古事附」で、施業品目が書きだされている。おかげ参りでは各道中、旅人を支援する組織が置かれていて、炊き出しや金銭の施しを行っていたのである。番付ではその他「ひしゃく」「飴」「お守り」など、さまざまな施し物が挙げられていて興味深い。

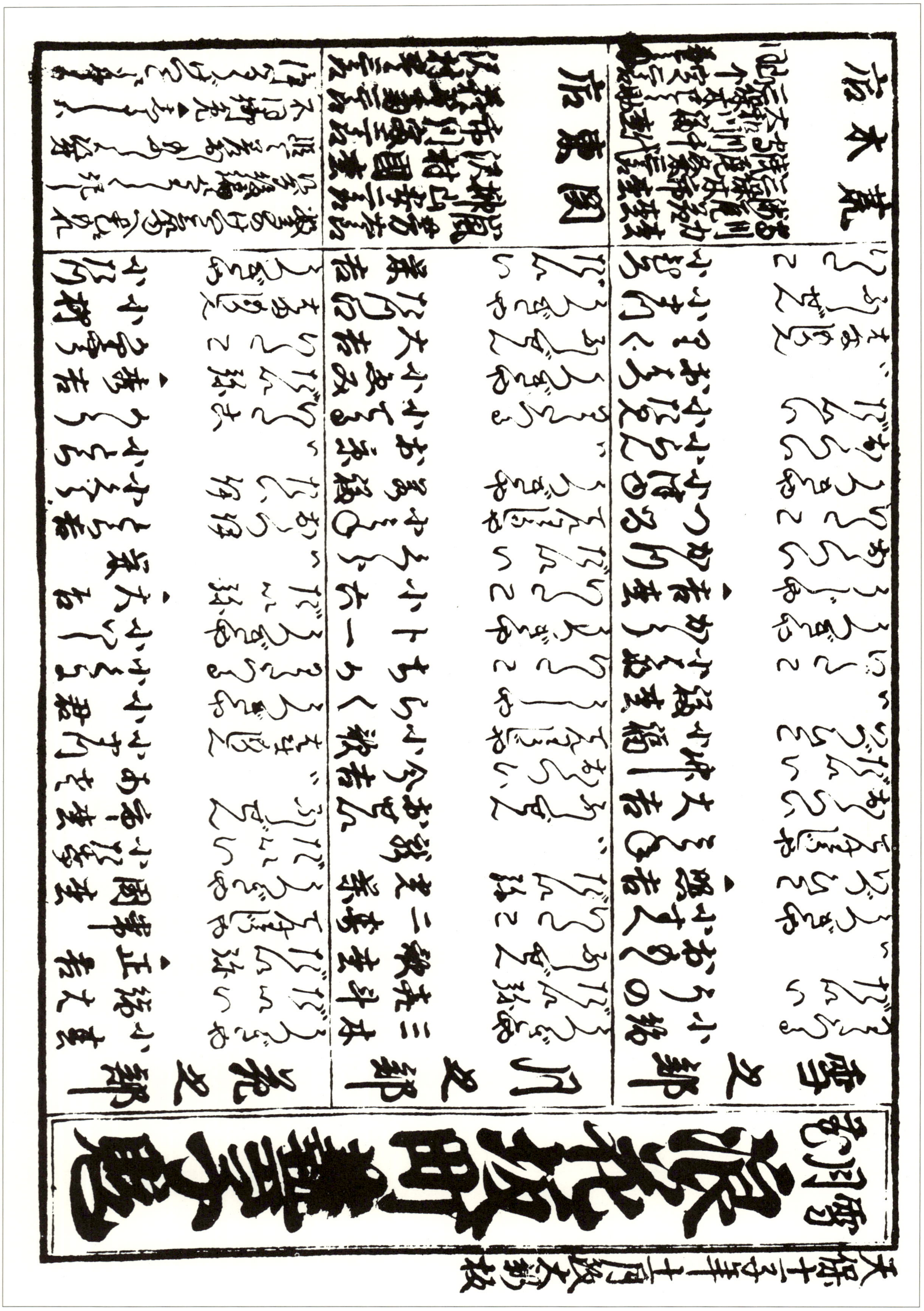

123　雪月花浪花坂町芸子見立

天保十一子年十一月改大新板

雪月花 浪花坂町芸子魁

雪之部

わたつる	小絹
だいい	うの
同	おも、
うつぎや	小すへ
いづひこ	▲照吉
てんわうじや	ミね
お、つい	大吉
だいい	竹
いづひこ	小福
同	福松
いたこ	小はな
うつぎや	かう
うじや	▲吉松
お、つい	かつ
いたこ	つる
かつきや	小つゆ
お、つい	小らん
だいい	小たみ
同	おはつ
はまもりしん	りく
ふしぜん	小まつ
いたこ	小むろ

荒木店

守川力松
浅尾若松
三保木市松
浅尾粂三郎
守川千代
大和川福松
三保木巳之助
山下定二郎
同 巻之助

月之部

うつぎや	三木
だい弥	喜斗
ふしぜん	歌松
いたこ	二寿
だい弥	光栄
同	龍
ふしぜん	おせい
お、つい	今吉
てんわうじや	小歌
うしや	らく
いたこ	ちか
うつぎや	ト一
いたこ	小六
だいい	くら
てんわうじや	小ミね
うつぎや	若福
同	お京
わたつる	小てる
うつぎや	小ゑみ
ふしぜん	大吉
うつぎや	たつ江
だいい	栄吉

関東店

嵐芳太郎
柳山安二郎
沢村国松
市川富三郎
萩野菊三郎
沢村豊三郎

花之部

うつぎや	小春
だいい	絹は
だい弥	▲正吉
てんわうじや	常
うつぎや	国松
だいい	小たけ
ふしぜん	市松
同	あさ
はまもりしん	小まつ
うつぎや	小君
わたつる	小くに
うつぎや	小いし
だい弥	▲大吉
同	栄
お、つい	とら吉
たいい	小くら
同	小とら
いたこ	かう
だい弥	▲秀吉
いたこ	かりやう
はまもりしん	小柳
うつぎや	小たつ

数多のけいこ衆ゆへ是ニもれ候分後編ニくわしく記し追々差出しもふし候次第不同御免▲しるしハ浄るりげいこニ御坐候

天保11年（1840）板行の「雪月花浪花坂町芸子見立」は、全部で80名の芸子とその在籍店舗を紹介する。坂町というのはいわゆる南地五街という大坂の盛り場のひとつである（「宗右衛門町」「櫓町」「難波新地」「九郎右衛門町」「坂町」）。その始まりは古く、寛永3年（1626）、大坂戦火で荒廃した市街地を復興するため南組総年寄の安井九郎兵衛が道頓堀筋に芝居小屋と遊郭の設置を願い出たのが嚆矢と言われている。

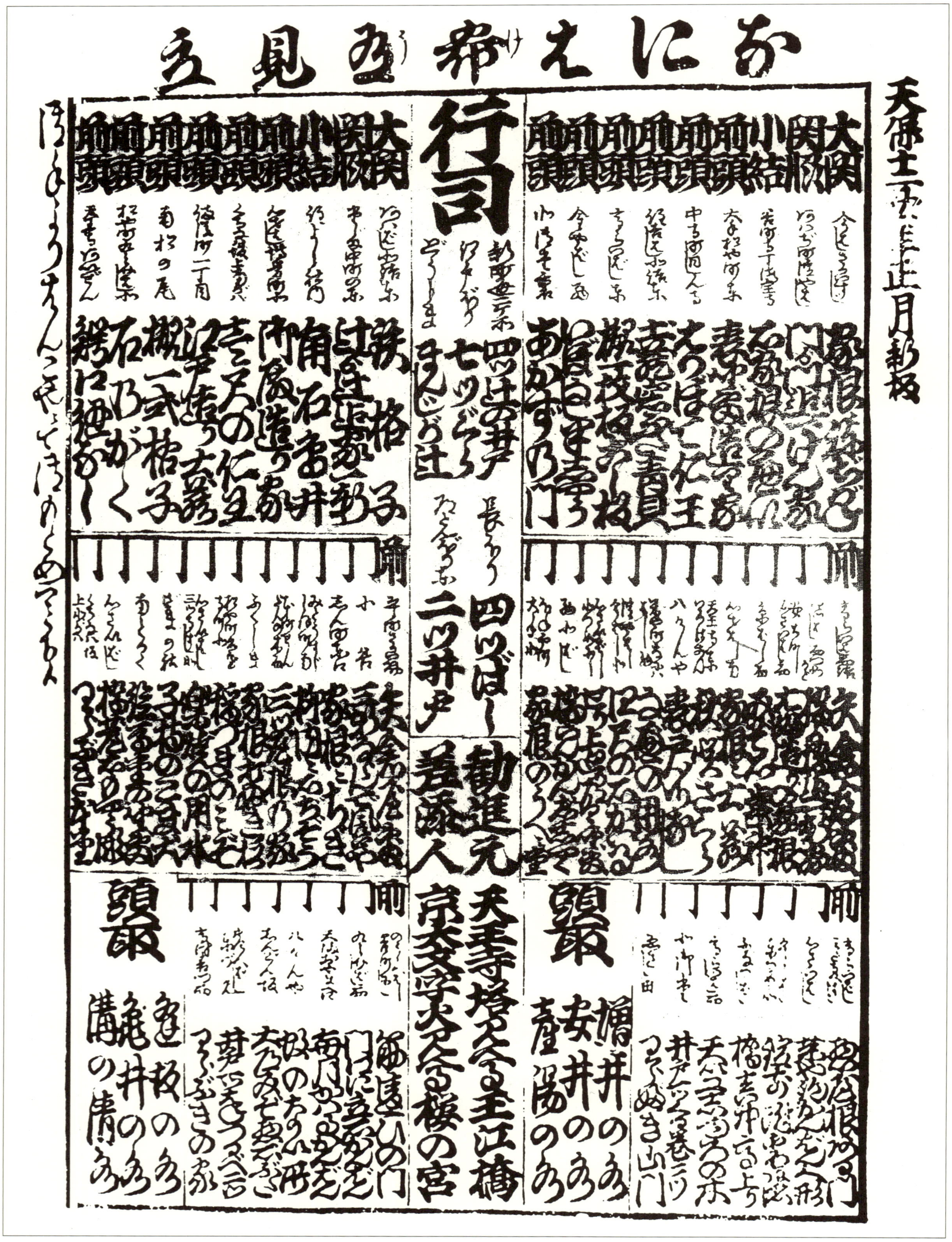

124　なには希有見立

なには希有（けう）見立

天保十二丑年正月新板

大関	今はしさかいすじ	家根ニねぢがね
関脇	あハぢ町淀やはし	門ヶ門迄一けん家
小結	谷町寺丁海宝寺	石家根のへい
前頭	大手松や町東	表坐敷造り家
前頭	中寺町同しん寺	はりぼて仁王
前頭	住吉はし北詰東	土蔵窓ふた青貝
前頭	高らいばし東	槻一枚板こし板
前頭	金やばし西	いぼなし半しやう
前頭	北御堂裏	あかずの門

前	高らいはし西詰	矢倉屋敷
同	四ツはし西つめかど	橋ヶ橋迄一軒家
同	安土町心さいはし西	はふ造りの家根
同	京ばし西	みぞ石歯神
同	心才はし南	家根ニ土蔵
同	天王寺東いろはあん	秋咲さくら
同	八けんや	表戸〆りなし
同	米や町なにハばし西	なべの用水
同	淀やはし今はし北	四尺の石かいる
同	心さいばし北つめにし	せり上廻り道具坐敷
同	西北はし	橋らんかんニししやく
同	ほね戸町大手北	家根のうへニ堂

同	高らいばしわたなへすじ	惣屋根ある門
同	心さいはし	茶や釣かんばん人形
同	平ノばし東つめ北	錠前附雪隠
同	ふなつはし	橋真中高上り
同	高らいはし筋	天笠しゆろの木
同	北御堂	井戸一ツくる巻二ツ
同	ゑさし町	わらぶき山門

頭取　増井の水　安井の水　産湯の水

行司

新町通二ケ所	四ツ辻の井戸
江戸ぼり	七ツぐら
どうじま	まんじが辻
長ほり	四ツばし
道とんぼり東	二ツ井戸

勧進元　天王寺塔見へる玉江橋

差添人　京大文字火見へる桜の宮

大関	あハばし北詰東	鉄格子
関脇	堂じま中町の東	辻ヶ辻迄家一軒
小結	住よし社内	角石鳥井
前頭	心才はし博労町北	御殿造り家
前頭	くちなハ坂上南がハ	壱尺の仁王
前頭	備後町一丁目	江戸造り土蔵
前頭	南松の尾	槻一式格子
前頭	松や町九之介はし北	石のがく
前頭	天王寺あいぜん	鰐口紐なし

前	平町さかい筋	矢倉屋敷
同	小谷	三軒ならんで風呂や
同	しん町東口	家根ニちぎ
同	みとうすじしほ町南	柳内ニ石ぢぞう
同	本町せんたんの木西	三ツ屋根の家
同	ふくしま	家根打ぬき杉
同	松や町久宝寺町北	稲づまのミぞ
同	心さいはし三ツ寺すし北	楽焼の用水
同	さまの社	子持のこま犬
同	南とかく	絵馬堂の坐敷
同	心さいはし	橋台石もやう彫
同	くちなハ坂上北かハ	わらぶき本堂

前	のう人ばし谷町にし	筋違ひの門
同	九之介ひばし西	門口に立石かんばん
同	天満おやまへ口	毎月かハるかんばん
同	八けんや	蚊のない所
同	しんごん坂	大道みぞ惣石ぶた
同	農人ばし東づめ	井戸一ツはねつるべ二ツ
同	高津表門西	わらぶきの家

頭取　逢坂の水　亀井の水　溝の水

御手よりはんこやニて御もとめ可被下候

天保12年（1841）板行の本番付には、大坂であまり見ることの出来ない稀なものとして、「屋根」「門」など土木・建築部位に関わるものが列挙されている（「仁王」「鳥井」「狛犬」の記載から寺社建築を多く指すか）。中には「江戸造り土蔵」が挙がっていて、江戸への対抗意識が強く感じられて面白い。普通、三都を比較する番付には「食べ物」「長者」「古刹名所」などがよく題材とされるのに対して、本番付では意外な角度から大坂を紹介している。

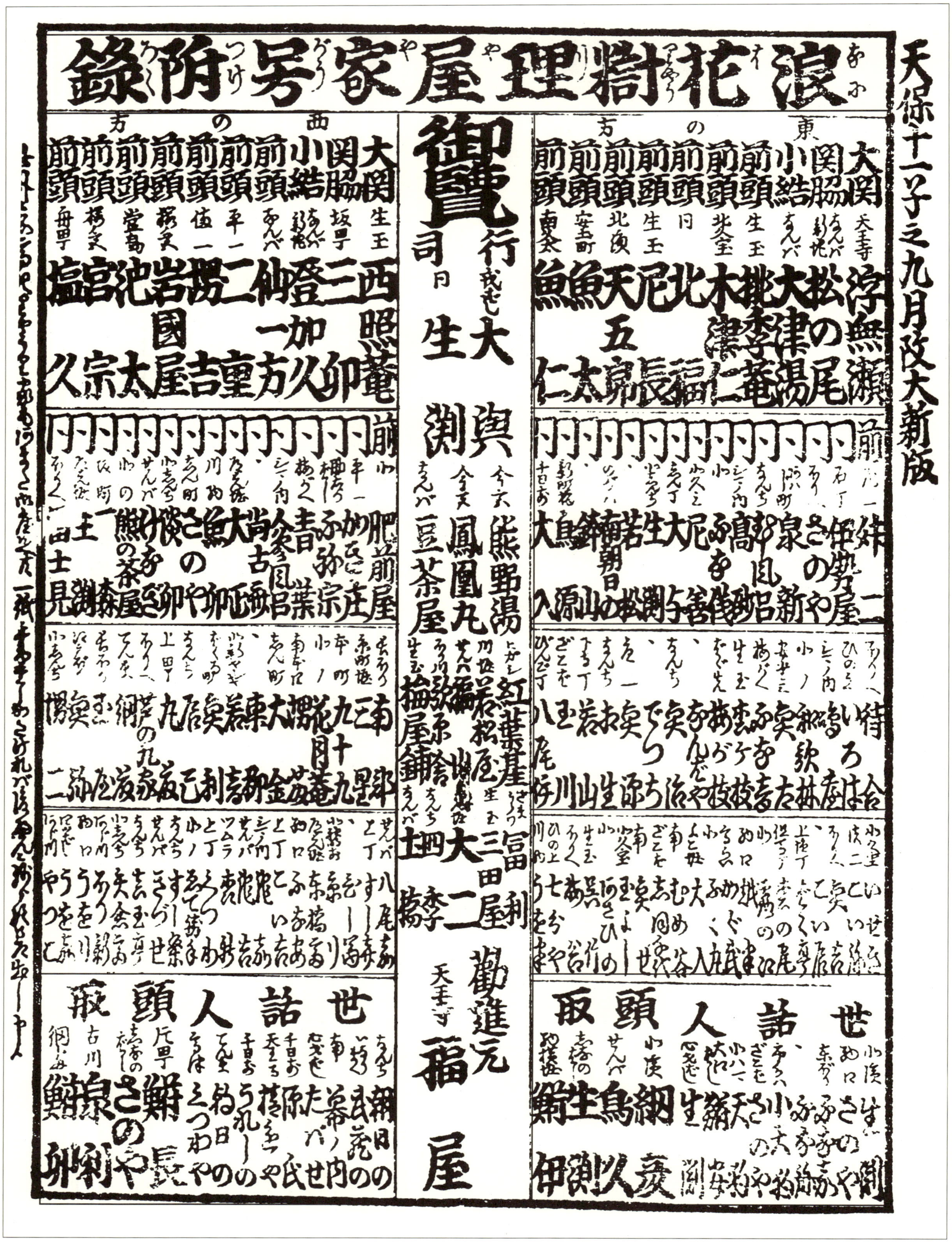

浪花料理屋家号附録

天保十一子之九月改大新版

東の方

西の方

御覧

行司

勧進元

世話人

天保十一子之九月改大新板

浪花料理屋家号附録（なにはりやうりややがうつけろく）

御覧

東の方

大関 天王寺 浮無瀬
関脇 なんバ新地 松の尾
小結 なんバ 大津湯
前頭 生玉 桃李菴
前頭 北久宝 木津仁
前頭 同 北福
前頭 生玉 尼長
前頭 北濱 天五郎
前頭 安土町 魚太
前頭 南久太 魚仁

前頭 □一 舛二
同 石丁 伊勢屋
同 ほりへ さのや
同 あハじ町 泉新
同 なんち むし風呂
同 シマノ内 高砂
同 北 ふな儀
同 北久三 尼善
同 しん丁 大与
同 北しんち 生渕
同 同 若松
同 のがハ 南朝日の
同 同 鉢山
同 新町橋 鳥源
同 千日前 大入

ほりへ 待合
ひのうへ いろは
シマノ内 嶋台
北ノ 和歌林
安堂三 魚太
梅がへ ふな音
生玉 松ケ枝
ばゞ先 梅が枝
同 なんばや
なんち 魚治
同 でつち
唐一 魚源
なんち 相生
下寺丁 若山
ざこば 玉川
びんご丁 八尾伊

北久宝 いせき
淡二 こい弥
ほりへ 魚吉
同 こい辰
上塩丁 ばゝ亭
但馬丁 松の尾
北 露の江
西口 越半
高らい かぐ武
北 ふく丸
よこ形 大入
南 むめ谷
ざこば しほ千代
南 魚せ
北久宝 玉よし
北 あさひの
生玉 呉竹
ほりへ 梅谷
ひの上 七分や
川西 うを半

世話人 頭取

北濱 生渕
西口 さのや
東ぼり ふな嘉
同 ふな弥
市ノかハ 小天狗
ざこば さのや
北ハマ 天狗
大江ばし 鮒安
心才ばし 生渕
北濱 網彦
せんバ 鳥久
しなのばし 生渕
西横堀 鮒伊

中央

行司 戎ばし 大與
同 生渕

今宮 熊野湯
今宮 鳳凰丸
なんバ 豆茶屋

ヒガシ 紅葉台
川堀 若松屋
せんバ 福山
ほり川 歌原舎
生玉 梅屋鋪

ざまうらワ 冨利
生玉 三田屋
道とん堀 大二
なんち 四季
なんバ 土橋

勧進元 天王寺 福屋

西の方

大関 生玉 西照菴
関脇 坂町 三卯
小結 新地 登加久
前頭 なんバ 仙一方
前頭 平一 二重
前頭 備一 甥吉
前頭 桜ノ宮 岩国屋
前頭 堂島 池太
前頭 桜ノ宮 宮宗
前頭 舟町 塩久

前頭 北 肥前屋
同 平一 かき庄
同 助右衛門ばし ふね宗
同 梅がへ 青葉
同 シマノ内 人参風呂
同 同 尚斎
同 道とん堀 大古正
同 川西 魚卯
同 しん町 さのや
同 北しんち 淡卯
同 せんバ けなぎ
同 北の 熊の茶屋
同 坂町 一森
同 道とん堀 生渕
同 ほりへ 冨士見

長ほり 南部
京町堀 三星
本町 九十九
北ノ 花月菴
南本四 甥藤
しん町 大金
同 東柳
北新ヤシキ 若音
ばくろ町 魚利
なんち 辰巳
上町 丸藤
ほりへ 芦の丸家
てんま 網藤
長ほり 玉屋
江戸ぼり 魚弥
北しんち 堺二

せんバ 八尾嘉
上丁 すし喜
同 ひし冨
北神明前 京利
道とん堀 東橋亭
西口 ふな安
上丁 こい吉
シマノ内 池嘉
せんバ 池吉
ツムラ 森新
上丁 くつわ
北ノ ゑて勝手
なんち すし粂
せんバ きづせ
なんち 真玉亭
北しんち 矢倉亭
あじ川 ほり新
西口 うを利
四ツばし うを嘉
あじ川 やつは

世話人 頭取

なんち 朝日の
いなりまへ 武蔵の
南 幕ノ内
心才ばし たバせ
千日前 源氏
天王寺 精進や
千日前 うれしの
てんま 朝日の
高津 くつわや
片町 鮒長
しなのばし さのや
古川 泉利
網じま 鮒卯

此外ニ名高きりやうり家もあまた御座候へ共、一紙ニ書たしかたけれバ後へんニ残らす差出し申候

天保11年（1840）板行の「浪花料理屋家号附録」では、大坂における各町内の有名料理店を紹介している。中央の勧進元には四天王寺門前の「福屋」を据え、筆頭である東西三役には、大関として天王寺の「浮無瀬」と生玉の「西照菴」、関脇に「松の尾」と「三卯」、小結に「大津湯」と「登加久」を挙げていて全体で160軒を超える。このうちの多くは古刹名所に隣接する店舗であり、祭礼行事ごとに参詣客が多く集った。あの弥次さん喜多さんもその道中で「福屋」を話題に出している。

資料編　地域版

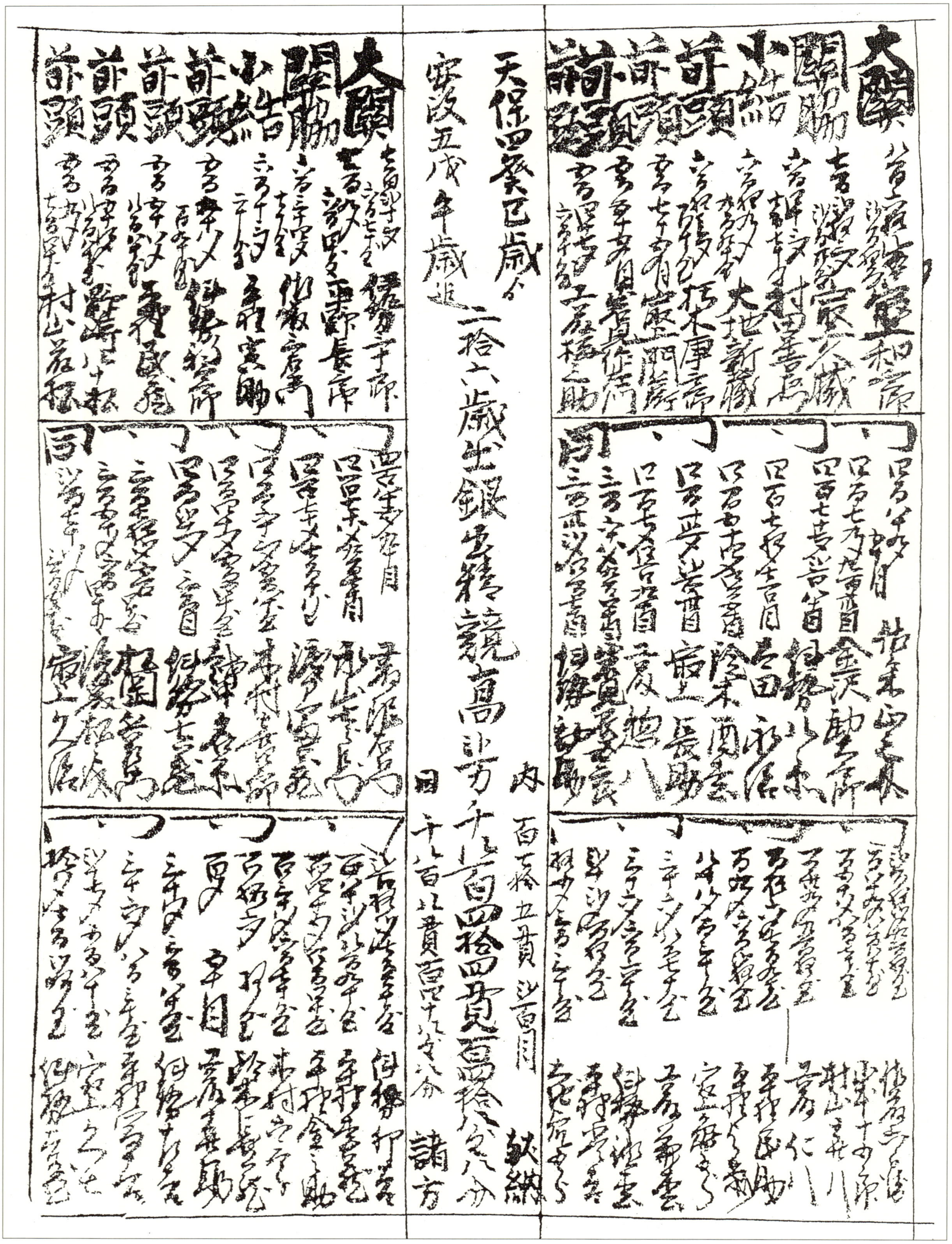
天保四癸巳歳ゟ
安政五戊午歳迄
二拾六歳出銀出精競

126　天保四癸巳歳ゟ安政五戊午歳迄二拾六歳 出銀出精競

天保四癸巳歳ゟ
安政五戊午歳迄
二拾六歳出銀出精競

高 弐万千八百四拾四貫百四拾八匁八分
内 百七拾五貫弐百目 献納
同 千八百八貫百四十八匁八分 諸方

大関 八百六拾八貫弐百拾匁 最上和三郎
関脇 七百弐拾三貫弐百廿匁 最上久蔵
六百四十三貫七百七十匁 村田善左衛門
小結 六百拾九貫九百九十匁 大地新蔵
前頭 六百拾壱貫百十匁 朽木庫三郎
前頭 五百七十五貫目 最上門兵衛
前頭 五百五十五貫目 岩見作左衛門
前頭 五百四十七貫六百十匁 工藤梅之助

同 四百八十九貫五十目 佐々木正之介
同 四百七九貫九百卅目 金沢勘太郎
同 四百七十七貫弐百八十目 伊勢八兵衛
同 四百七拾貫七百目 太田永治
同 四百五十四貫四百五十目 鈴木酉松
同 四百卅一貫弐百卅目 最上長助
同 四百七貫四百九十目 工藤惣八
同 三百六十八貫九百四十目 岩見辰五郎
同 三百卅弐貫四百七十目 伊勢勘助

同 弐百拾弐貫九百拾匁 佐藤六兵衛
同 百八十九貫八百八十匁 山本十五郎
同 百五十八貫八百七十匁 村山喜八
同 百卅九貫九百拾匁 工藤仁八
同 百拾六貫七百九十匁 平野民助
同 百九貫六百弐拾匁 平野与兵衛
同 八十八貫百三十匁 最上亀五郎
同 三十六貫八百七十匁 工藤兼松
同 三十六貫六百六十匁 伊勢徳松
同 弐十弐貫百拾匁 平野常吉
同 拾五貫三百三十匁 大地虎五郎

大関 七百弐十三貫六百七十匁 伊勢三十郎
七百九貫六百四匁 平野長三郎
関脇 六百三十四貫七十匁 佐藤三右衛門
小結 六百十三貫二十匁 平野寅助
前頭 五百九十八貫百九十匁 伊勢新三郎
前頭 五百五十八貫八百八十匁 平野民蔵
前頭 五百五十四貫八百八十匁 野崎八十松
前頭 五百九貫七百四十匁 村山藤松

同 四百八十五貫九十目 工藤銀右衛門
同 四百七十八貫九百七十目 永山七郎左衛門
同 四百七十貫七百十匁 渡部冨蔵
同 四百六十三貫五百八十匁 木村喜四郎
同 四百四十一貫五百四十匁 越中名兵衛
同 四百弐十一貫三百目 伊勢七蔵
同 三百七拾弐貫五百四十匁 松岡兵左衛門
同 三百五十貫六百四十匁 後藤松之介
同 弐百七十八貫三百五十匁 最上久治

同 弐百拾弐貫七百七十匁 伊勢卯吉
同 百八十弐貫八百九十匁 平野松蔵
同 百四十五貫四百四十匁 平野金之助
同 百三十八貫六百七十匁 木村六三郎
同 百三十八貫六百七十匁 鈴木長蔵
同 百貫 五十目 工藤喜助
同 三十八貫三百八十匁 伊勢左吉
同 三十六貫八百三十匁 平野冨吉
同 弐拾七貫五百八十匁 最上久七
同 拾八貫七百弐拾匁 伊勢吉蔵

「出銀出精競」は、天保４年（1833）から安政５年（1858）までの26年間における院内銀山採掘において誰が最も貢献したか、すなわち産出高の多い者（精錬・採掘の担い手である金名子（かなこ））を順に列挙した手書きの番付である。院内銀山は、慶長11年（1606）に発見されて以来、出羽久保田藩最大の鉱山都市として隆盛し、一時は藩都久保田を凌ぐほどの活況を呈した。しかしながら本番付が出された安政年間（1845～60）には、鉱脈の枯渇と採掘量の減少により、その衰退は隠しようのないものとなっていた。こうした状況に対し、院内復興を目指しなんとか金名子達を鼓舞しようと製作されたのが本番付であろう。

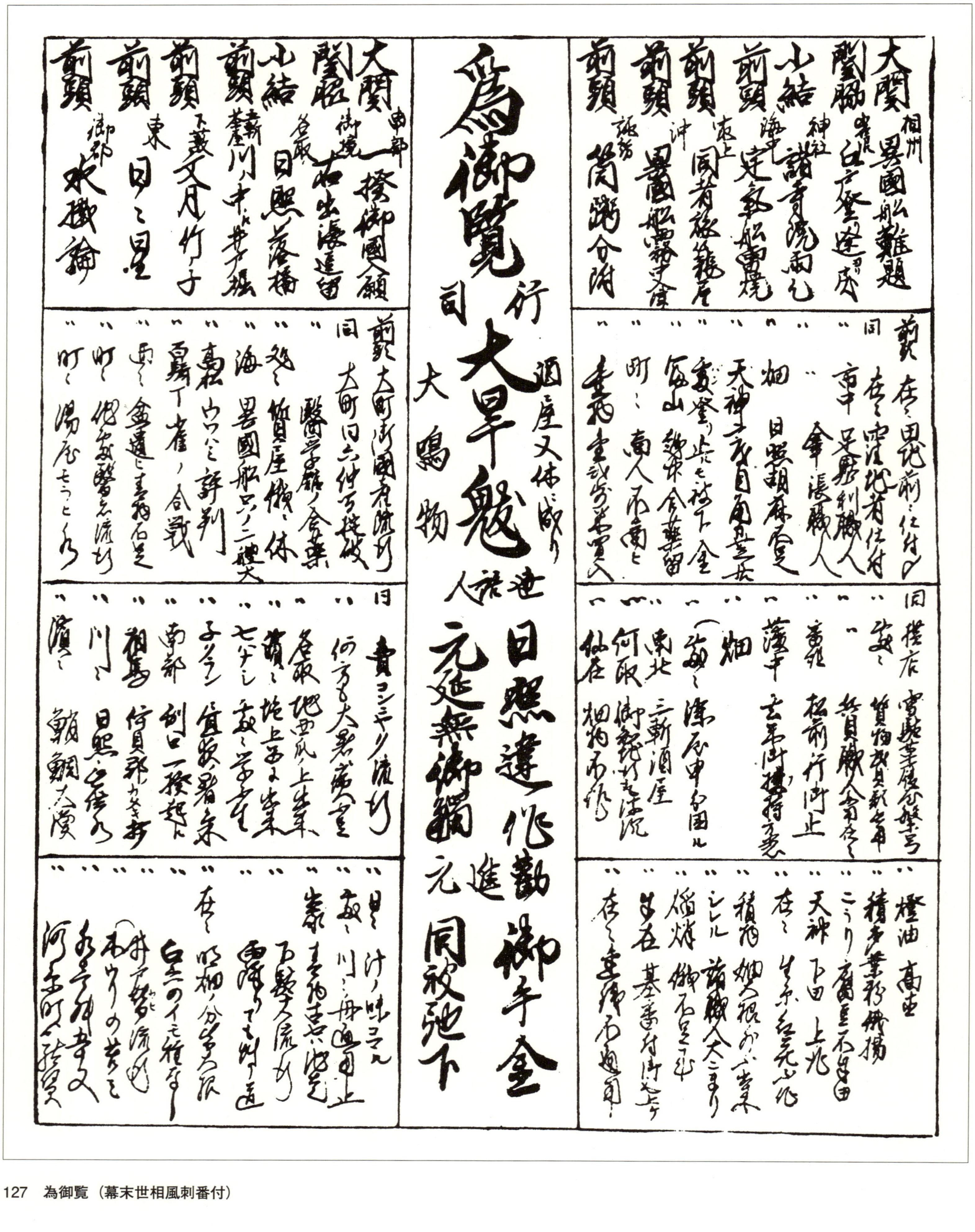

127　為御覧（幕末世相風刺番付）

為御覧　行司

酒屋又休ニ成り　大旱魃

大鳴物

世話人　日照違作　元延無御触

勧進元　御手金　同被弛下

大関　相州　異国船難題
関脇　岩浪　白戸登リ途ヨリ戻
小結　神社　諸寺院雨乞
前頭　海中　定気船雷焼
前頭　最上　同者旅籠屋
前頭　沖　異国船霧中入津
前頭　諏訪　筒粥分附

前頭　在々　田地前ニ仕付〆
同　在々　窪地者仕付
同　市中　足駄利職人
同　同　傘張職人
同　畑　日照胡麻不足
同　天神　一度目角力芝居
同　番登リ（バン）　止ルモ被下金
同　富山　越中合薬留
同　町々　商人不商ヒ
同　金物　金弐歩米買入

同　横店　雪駄草履屋繁昌
同　敷々　質物武具類無用
同　同　兵具職人多用在之
同　番組　松前行御止
同　藩中　玄米御扶（フ）持方悉
同　畑　（同に掛かる）
同　敷々　染屋中分困ル
同　南北　三軒酒屋
同　何取　御知地行取浮沈
同　仙在　畑物不作

同　灯油　高直
同　積　多葉粉俄揚
同　こうり　腐豆不余由
同　天神　下田　上作
同　在々　生糸紅花不作
同　積物　畑大根外不出来
同　シレル　諸職人大こまり
同　焔硝　俄不足成
同　余在　基番付御取上ケ
同　在々　金銭不通用

大関　南部　一揆御国入願
関脇　御境　右出張逗留
小結　名取　日照ノ落播
前頭　五軒茶屋　川ノ中江井戸堀
前頭　下藪　文月ノ竹ノ子
前頭　東　日々星
前頭　御郡　水掛論

前頭　大町　御国産流行
同　大町　同六仲間掟破
同　医学館ノ合薬
同　処々　質屋俄ニ休
同　海　異国船只ノ二艘大
同　高松　ウワハミ評判
同　百騎丁　雀ノ合戦
同　面々　盆遣ヒ青物不足
同　町々　他敷医者流行
同　町々　湯屋モラヒ水

同　売　コンニヤク流行
同　何方も　大暑ニ病人不足
同　名取　地西瓜ノ上出来
同　濱々　塩上色に出来
同　七ハナシ　敷々学不生
同　ネクラン　昼夜ノ暑気
同　南部　刎口一揆起ル
同　相馬　伊貝郡ノカタキ打
同　川々　日照無洪水
同　濱々　鮪鯛大漁

同　日々　汁ノ味コマル
同　敷々　川之舟通用止
同　出家　青物ナマセ八地走
同　下駄大流行
同　雨降リても艸リ道
同　在々　明畑ノ分皆大根
同　白六のイモ種なし
同　井戸替（かヒ）流行
同　木ウリの苦ミ
同　水壱紙五十文
同　河原町ゟ駄賃

これは、幕末の気仙沼地方における政治的な出来事に特化してランク付けした手書きの番付である。東の大関に「相州・異国船難題」（実際には武州）、西の大関には「南部　一揆御国入願」とあって、ペリー来航と、三閉伊一揆による仙台藩越訴事件という、直近の政治性の高い事柄を取り上げている点が注目される。番付には、そもそも幕府政策を直接揶揄するものは少ないので、これほど政治的関心をもって作成された番付も珍しいといえる。むろん、本番付は現実には公刊されることはなかった。もしも板行して売り出していたら、版元は即刻お縄になってしまっていたことであろう。

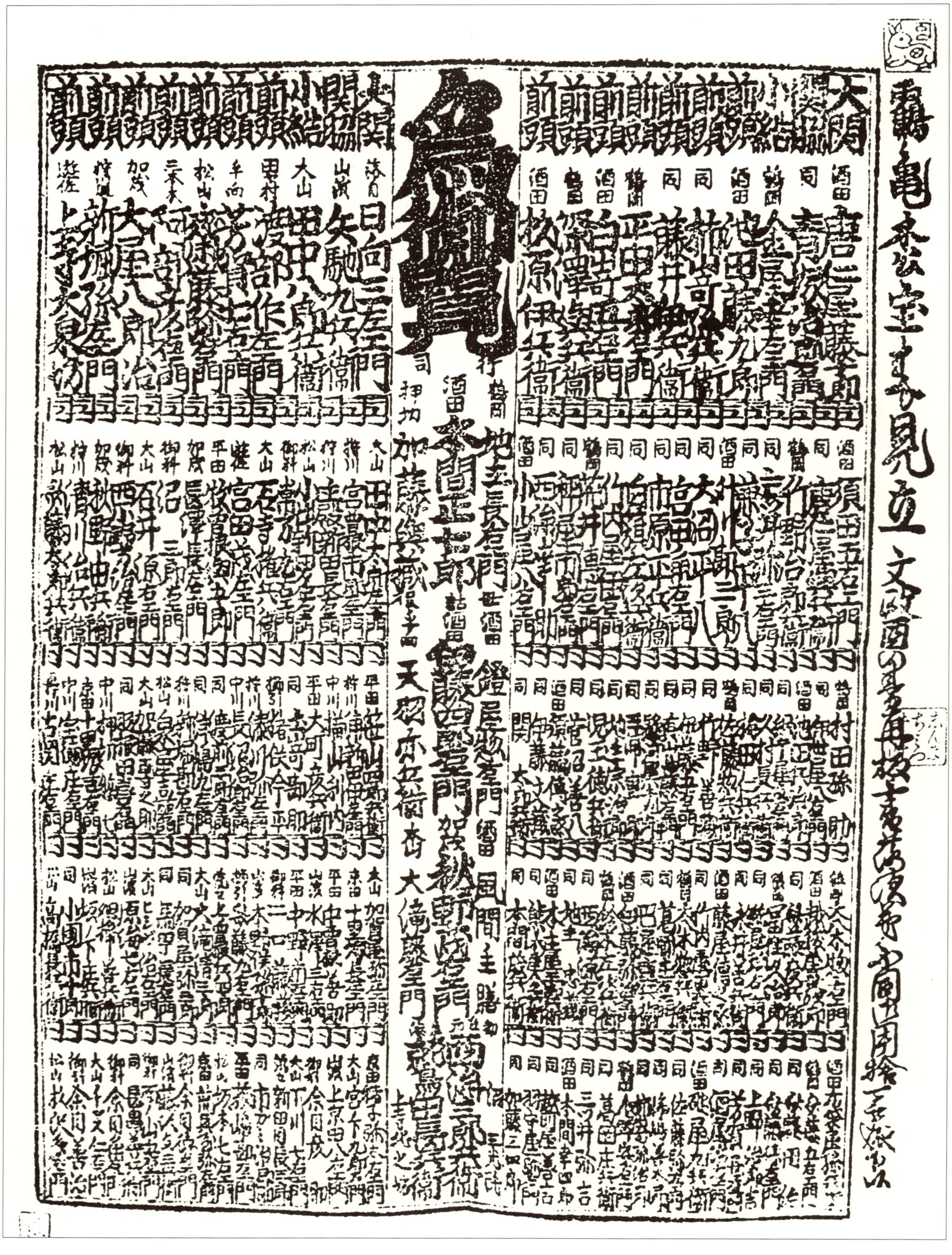

128　鶴亀松宝来見立

鶴亀松宝来見立

文政酉の春再板　書落次第不同御用捨可被成下候

大関	酒田	唐仁屋藤十郎
関脇	同	青塚治郎右エ門
小結	鶴岡	金屋幸右エ門
前頭	酒田	池田藤九郎
前頭	同	柿寄孫兵衛
前頭	同	藤井伊兵衛
前頭	鶴岡	平田太郎右エ門
前頭	酒田	白寄五右エ門
前頭	鶴岡	深澤與兵衛
前頭	酒田	枚原伊兵衛
同	酒田	須田五右エ門
同	同	唐仁屋與兵衛
同	鶴岡	竹野治郎兵衛
同	同	三ツ井弥三右エ門
同	同	兼子平八
同	酒田	升川勘三郎
同	同	大沼平八
同	同	宮田角右エ門
同	同	市原平兵衛
同	同	白籏左次兵衛
同	同	竹内屋伊右エ門
同	鶴岡	荒井傳右エ門
同	同	秤屋市郎右エ門
同	同	西海幸助
同	酒田	小山屋八右エ門
同	鶴岡	村田孫助
同	同	伊世屋八右エ門
同	酒田	池田兵治郎
同	同	網干屋与右エ門
同	同	久村長兵衛
同	同	梅田仁兵衛
同	鶴岡	佐藤惣兵衛
同	同	竹野善蔵
同	同	伊藤五右エ門
同	同	真嶌藤右エ門
同	同	駿河屋平九郎
同	同	三浦□□
同	同	地主宗治郎
同	同	児玉徳兵衛
同	同	菅沼善八
同	酒田	須藤傳之丞
同	同	伊藤丈蔵
同	同	関太郎兵衛
同	鶴岡	大八木惣右エ門
同	酒田	越後屋□次郎
同	同	斎藤□兵衛
同	鶴岡	冨樫久治郎
同	同	□屋□右エ門
同	同	永井善兵衛
同	酒田	藤屋傳之丞
同	同	竹内屋重兵衛
同	鶴岡	大八木惣兵衛
同	同	葛岡庄右エ門
同	同	巴屋重兵衛
同	酒田	伊藤弥治右エ門
同	鶴岡	鈴木左治兵衛
同	同	西海源右エ門
同	同	地主忠蔵
同	酒田	本庄屋三郎兵衛
同	同	熊本屋金兵衛
同	同	本間茂兵衛
同	酒田	布袋屋孫兵衛
同	鶴岡	斎藤五右エ門
同	同	斎藤周治
同	同	斎藤徳右エ門
同	同	上野治郎吉
同	同	芳賀甚右エ門
同	同	酒屋治右エ門
同	酒田	碇屋九兵衛
同	同	佐藤弥左エ門
同	同	輪嶋善太郎
同	同	片寄孫治郎
同	鶴岡	金野安右エ門
同	同	葛岡庄兵衛
同	同	三ツ井弥吉
同	酒田	本間幸四郎
同	同	越前屋善吉
同	同	羽守屋弥右エ門
同	同	加藤三四郎

為御覧

行司
鶴岡 地主長右エ門
酒田 本間正七郎
押切 加藤與蔵

世話役
酒田 鐙屋惣右エ門
酒田 伊藤四郎右エ門
平田 天羽亦兵衛
酒田 風間主膳
加茂 秋野茂右エ門
本山 大滝藤右エ門

勧進元 西海三郎兵衛
差添 鷲田長兵衛
沼 三光院
上寺地之坊

大関	落目	日向三左エ門
関脇	山濱	矢馳九兵衛
小結	大山	田中八郎兵衛
前頭	田ヤ村	渡部作左エ門
前頭	平向	芳賀七右エ門
前頭	松山	斎藤弥右エ門
前頭	三本木	阿部彦右エ門
前頭	加茂	大屋八郎治
前頭	狩川通	新堀孫左エ門
前頭	遊佐	上寺大泉坊
同	大山	田中太郎左エ門
同	狩川	宮曾根市郎左エ門
同	狩川	主殿新田長右エ門
同	松山	小出新田名右エ門
同	御料	常方九右エ門
同	大山	石寺権兵衛
同	遊佐	宮田茂左エ門
同	平田	牧曾根與五郎
同	加茂	長澤長左エ門
同	御料	沼二三郎右エ門
同	大山	石井源右エ門
同	御料	西小野万治左エ門
同	加茂	秋野由兵衛
同	狩川	清川治兵衛
同	松山	斎藤太郎兵衛
同	平田	笹山四郎兵衛
同	狩川	角新田伊左エ門
同	中川	横山利内
同	平田	大町彦兵衛
同	同	土寄勘助
同	櫛引	猪俣今平
同	狩川	湊川弥左エ門
同	中川	長沼治郎右エ門
同	同	渡前三郎左エ門
同	同	津嶋九左エ門
同	狩川	新堀勘右エ門
同	松山	泉屋嘉右エ門
同	大山	加藤専之助
同	同	羽根田喜右エ門
同	中川	押切惣七
同	京田	十里塚吉右エ門
同	中川	宝徳庄右エ門
同	狩川	古関庄右エ門
同	大山	加賀屋弥左エ門
同	京田	十里塚長左エ門
同	平田	中曾根善助
同	山濱	水澤三右エ門
同	平田	中野市左エ門
同	御料	二口藤蔵
同	山濱	木野俣孫十郎
同	櫛引	斎藤九右エ門
同	荒セ	上曾根兵四郎
同	大山	大滝清三郎
同	同	加賀屋弥三郎
同	同	馬町長右エ門
同	大山	ヒシヅ治右エ門
同	山濱	原海七右エ門
同	松山	□□善兵衛
同	山濱	坂ノ下庄兵衛
同	同	小國市十郎
同	松山	髙橋長兵衛
同	京田	猪子弥太右エ門
同	大山	宮ノ下九郎右門
同	山濱	上京田八右エ門
同	御料	余目彦助
同	大山	丁川七右エ門
同	荒セ	新田目長三郎
同	同	市ガミ治郎助
同	平田	萩嶋勘右エ門
同	松山	坂本七右エ門
同	京田	荒奥屋弥左エ門
同	御料	余目徳右エ門
同	山濱	藤沢与三兵衛
同	御料	西ノ山五右エ門
同	同	長畠善兵衛
同	御料	余目角右エ門
同	大山	チヤス仁右エ門
同	御料	余目善治
同	松山	枚沢多右エ門

文政８年（1825）に板行された「鶴亀松宝来見立」は、庄内藩領や酒田、大山領（幕領）を対象とした長者番付である。たとえば東大関に挙がる唐仁屋（藤七郎）は酒造業を生業とし、酒田という日本海側の要港という立地条件に依拠して全国展開に成功し、豪商として名を馳せた。この一族は、明治期に民権運動家として活躍する森藤右衛門を輩出している。

山形・名所名産

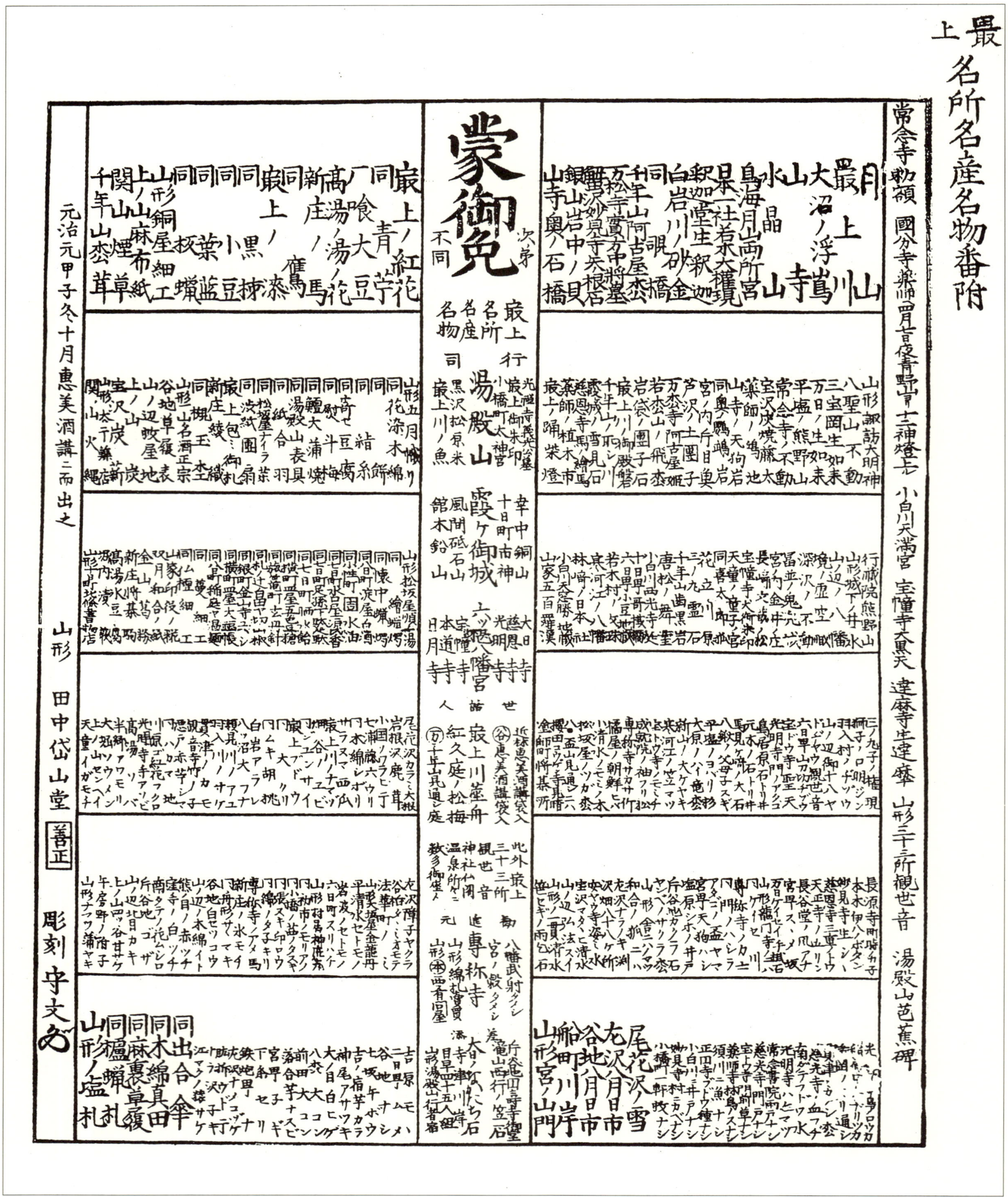

129 最上名所名産名物番附

最上名所名産名物番附

常念寺勅額　国分寺薬師へ四月七日夜青野山ヨリ十二神燈上ル　小白川天満宮　宝幢寺大黒天　達麻寺生達摩　山形三十三所観世音　湯殿山芭蕉碑

月山
最上川
大沼ノ浮嶌
山寺
水晶山
鳥海月山両所宮
日本一社若木大権現
釈迦堂生釈迦
白岩川ノ砂金
同硯橋
千年山阿古屋松
万松寺實方中将墓
蟹沢妙見寺矢ノ根石
銀山岩中ノ貝
山寺奥ノ石橋

山形諏訪大明神
八聖山不動
三宝岡生如来
万日ノ生如来
平塩ノ熊野山
常念寺ノ不動
宝沢炭焼藤太
薬師ノ鴻池
山寺ノ天狗岩
同奥ノ鸚鵡岩
宮ノ内片目魚
芦沢ノ土団子
万松寺阿古屋姫
若松山ノ飛松
岩袋ノ団子石
最上川ノ御殿磐
千年山ノ如シ川
霞ヶ城ノ雪見石
慈恩寺馬ノ絵馬
薬師ノ植木市
最上ノ踊柴燈

行蔵院熊野山
山形城下ノ井戸水
山ノ辺ノ八幡
境ノ虚空蔵
深沢ノ不動
冨並ノ鬼□□
宮ノ内金井ノ庄
長崎文蔵ノ松
宝幢寺大御朱印
天童ノ童子ノ宮
同喜太郎狐
花立川原
三ノ丸霊石
千年山歯黒岩
唐松ノ舞台
小白川西光寺庭
十日町哥掛橋
六日町小豆地蔵
若木村ノ文珠
寒河江ノ八幡
林崎ノ日本社
小白川天窓勝地蔵
山家五百羅漢

三ノ丸子ノ権現
獅子ノ口明ジン
羽入村ノチゾウ
山ノ辺御十八ヤ
ドヂヤウ観世音
六日町岩切ヂゾウ
宝ドウ寺聖天
光明寺門ノアタゴ
鳥居原石トリ井
元木ノ石トリ井
馬見ケ崎ノ大石
八鍬ノ父母子スギ
平塩ノヨバリ杉
大原ノハイ竜松
新山ノ大ケヤキ
寒河江ノ笠マツ
宝トウ寺ノモミチ
成就院ノ袖フリ松
専称寺サカサ竹
橋屋ノ朝鮮ヒバ
小清水ノモミノ木
松坂屋ノツガ松
八盃山見通シニハ
桜田ユウゲン寺見晴
塗師町将棋所

長源寺町時ノカネ
本木伊八ノボタン
妙見寺生シ、
慈恩寺三重ノトウ
天正寺ノ五リン
長谷堂ノ風アナ
宮町ス、メ坂
万日ケイセイ手掛石
山形龍門寺ノ二ハ
同ケイセ川
専称寺ノ力士
同門ノハシラ
アタゴノ盃ヤシマ
宮町天狗ハシ
塩原シホノ井戸
片谷地カクラ石
ヤンベノサクラ松
山形舎ニハノマツ
和合ノ狐ニハ
左沢ナラノキ渕
沢畑八十八ケ所
安ヤウ寺姿ミ水
宝沢マタ、ヒ清水
山ノ辺弘法スイ
山形ノ一貫清水
笹セギノ雨乞石

尾花沢ノ雪
左沢八月日市
谷地八月日市
船町川岸
山形宮ノ山門
光□□□□ロッカ
□□□□□リッカ
□岡ノ□リ通シ
貫津ミカノシ松
慈光寺ノ血フヂ
南ダテフドウ水
光明寺バケマツ
常念書院雨戸ナシ
慈光寺門戸ナシ
宝トウ寺門前草ナシ
薬師寺林鳥ノスナシ
須川ニ魚ナシ
正田寺ブドウ種ナシ
小白川ニ井戸ナシ
妙見寺村ニカベナシ
小橋町一軒蚊ナシ

蒙御免

次第不同

最上名所 名産 名物

行司
光禅寺義光公墓
最上御朱印
小橋町太神宮
湯殿山
黒沢松原米
最上川ノ魚
幸中銅山
十日町市神
霞ヶ御城
風間砥石山
舘木鉛山
大日寺
慈恩寺
光明寺
六ッ椹八幡宮
宝幢寺
本道寺
日月寺

世話人
近林恵美酒購袋入
㊗恵美酒講袋入
最上川薩舟
紅久庭ノ松梅
(万)千年山見通シ庭

此外最上三十三所観世音神社仏閣温泉所々ニ数多御座候

勧進元
八幡武射タメシ
宮ノ穀タメシ
専称寺
山形綿札売買
山形(本)西魚問屋

差添
片谷地円寿寺御堂
滝山西行ノ笠石
大日ノなかたち石
寺津川岸
目早四十五人組
山形湯殿山行者宿

最上ノ紅花
同青苧
雁喰大豆
高湯ノ湯ノ花
新庄ノ馬
同鷹
最上ノ漆
同黒柿
同小豆
同葉藍
同板蠟
山形銅屋細工
上ノ山麻布紙
関山煙草
千年山松茸

山形五月幟り
同花染木綿
同餅
同絹糸
同寄セ豆腐
同熨斗梅
同鱣大蒲焼
同湯殿山表具
同紙合羽
同松坂屋ナイラ薬
同渋紙団扇
最上包ミ御札
新庄綾織
同槻玉杢
山形一山名酒正宗
谷地草履表
山ノ辺蚊屋地
上ノ山炭
宝沢炭薪
山形大干鰈店
関山火縄

山形松坂屋順□湯
同絵蠟燭
同懐中蠟燭
同八日町淀屋白酒
同小性町(吉)水油
同七日町水口屋源氏香
同七日町足孫下駄足駄
同七日町晒水飴
同横町皿屋五色豆糖
同旅篭町玄丹針
同札ノ辻畠ヤ切山椒
同銀町金山寺ユベシ
同横町皿屋大福帳
同八日町稲庭ヤ温麺
同蔓細工
同仏檀細工
山家印役ノ糀
双月和合ノ紙
金山葛粉
新庄将棋駒
高湯氷豆腐
山形十日町北條書物店

尾花沢カラミ大根
岩根沢鹿茸
小国ノワラヒ干
七浦藤六ウリ
同木綿シボリ
サラヌマ西瓜
最上川ノナマヅ
畑谷ノヌビ
同ジユンサイ
最上ブドウ
同大クリ
同ムキ胡桃
白岩アラレ
八ツ沼大フナ
瀬見川ノアユ
羽入川ノサケ
貫津ノカモ
観音寺竹ノ子
悪戸赤苧シマ
同ハカマ地
川原ゴ紅花フクロ
光明寺手アソビ
高湯ソバ
半郷アワモリ
大堀ソウメン
上ノ山センヘイ
天童イガモチ

左沢障子ヤクラ
谷柏タ、ミオモテ
法華町ノミ
山形大坂屋金龍丹
平清水セトモノ
岩波ノセトモノ
六日町スリハネ
山形村□神応丸
同初市ノモリアノ
同小橋ノ茜ノタスキ
同張ヌキ印ロウ
同綿ノタネキリ
専称寺ノアメ馬
新庄ノ氷モチ
同舟形サ、マキ
谷地白セツコウ
山ノ辺ノ木綿イト
熊ノ目ノ赤ツチ
窪寺ノ白ツチ
南タテノ花ムシロ
片谷地ゴザ
山ノ辺背カキ
上ノ山四ッ谷甘サケ
牛房野ノ附子
山形ナマツ蒲ヤキ

吉原モ、
二日町ムメ
谷地ナシ
七坂午ボウ
吉ノ宿芋カラ
神尾アサツキ
大ノ目白ヒゲ
八森大コン
前田大コン
落合芋ナスビ
宮町ネギ
下条セリ
鉄炮町ナ
左沢ナメコツケ
肱折ウド干
トラ沢ネキ
江マクノ猿サケ
同出合傘
同木綿真田
同麻裏草履
同櫨蠟札
山形ノ塩札

元治元年甲子冬十月恵美酒講ニ而出之

山形　田中岱山堂　善正　彫刻守文

元治元年（1864）に板行された「最上名所名産名物番附」には、出羽最上における名所（右）と名産品（左）が数多く紹介されている。名所として出羽三山のうち月山・湯殿山の名が見え、これら芭蕉も訪れたほどの景所地であると誇る。その他132ヵ所の名所・観光地を挙げている。また、特産品には「最上紅花」を筆頭に挙げていて、当時阿波の藍玉と並ぶ全国的な評価を受けていた。さらに奈良晒の原料である青苧（あおそ）・「蠟」「漆」「庄内米」「新庄の馬」など、今現在でも山形県を代表する品が128種並んでいる。

米沢・商人

文久元酉年三月出板

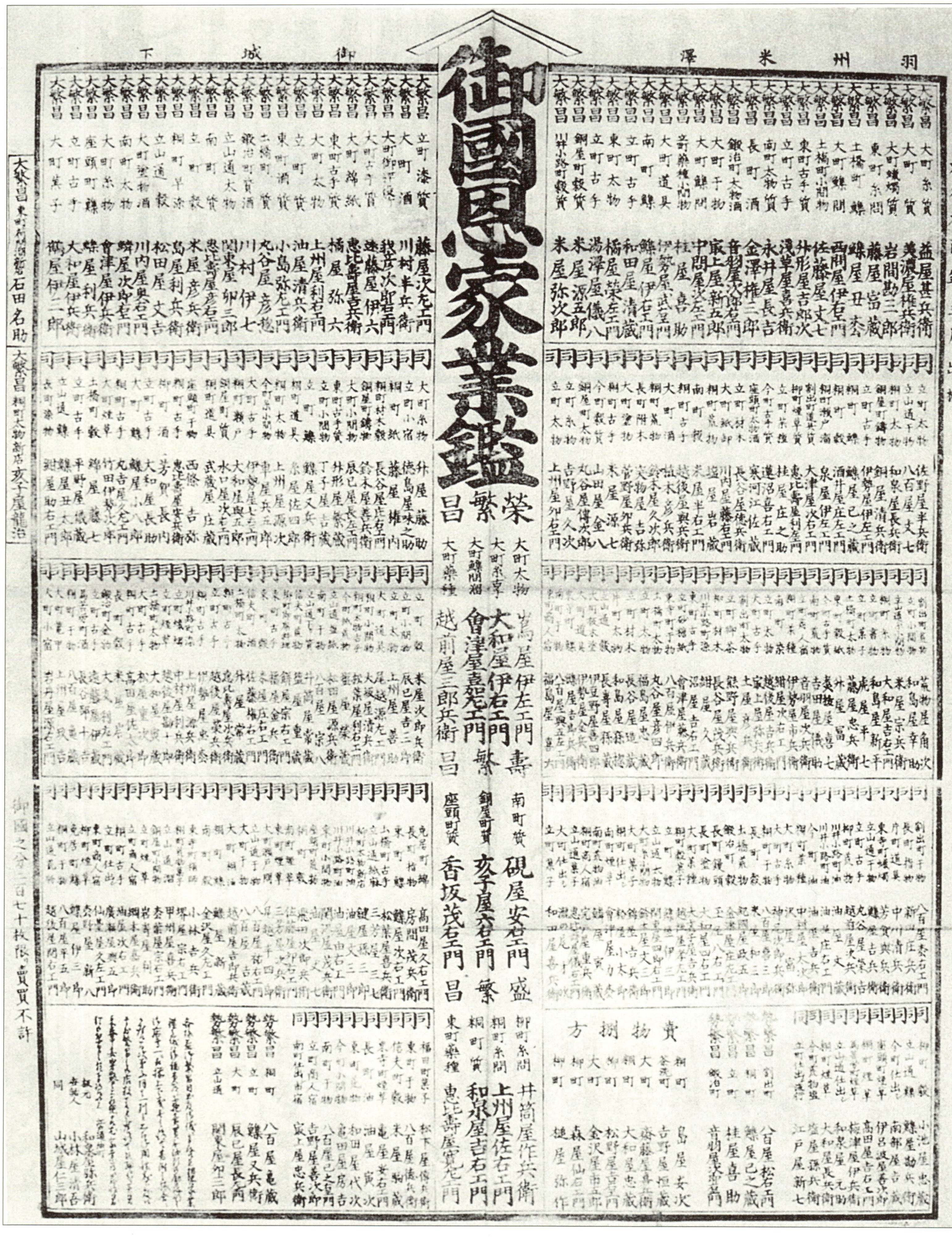
羽州米澤御城下

御國恩家業鑑

榮 繁 昌

壽 繁 昌

盛 繁 昌

御國之分二百七十枚限 賣買不許

130　御国恩家業鑑

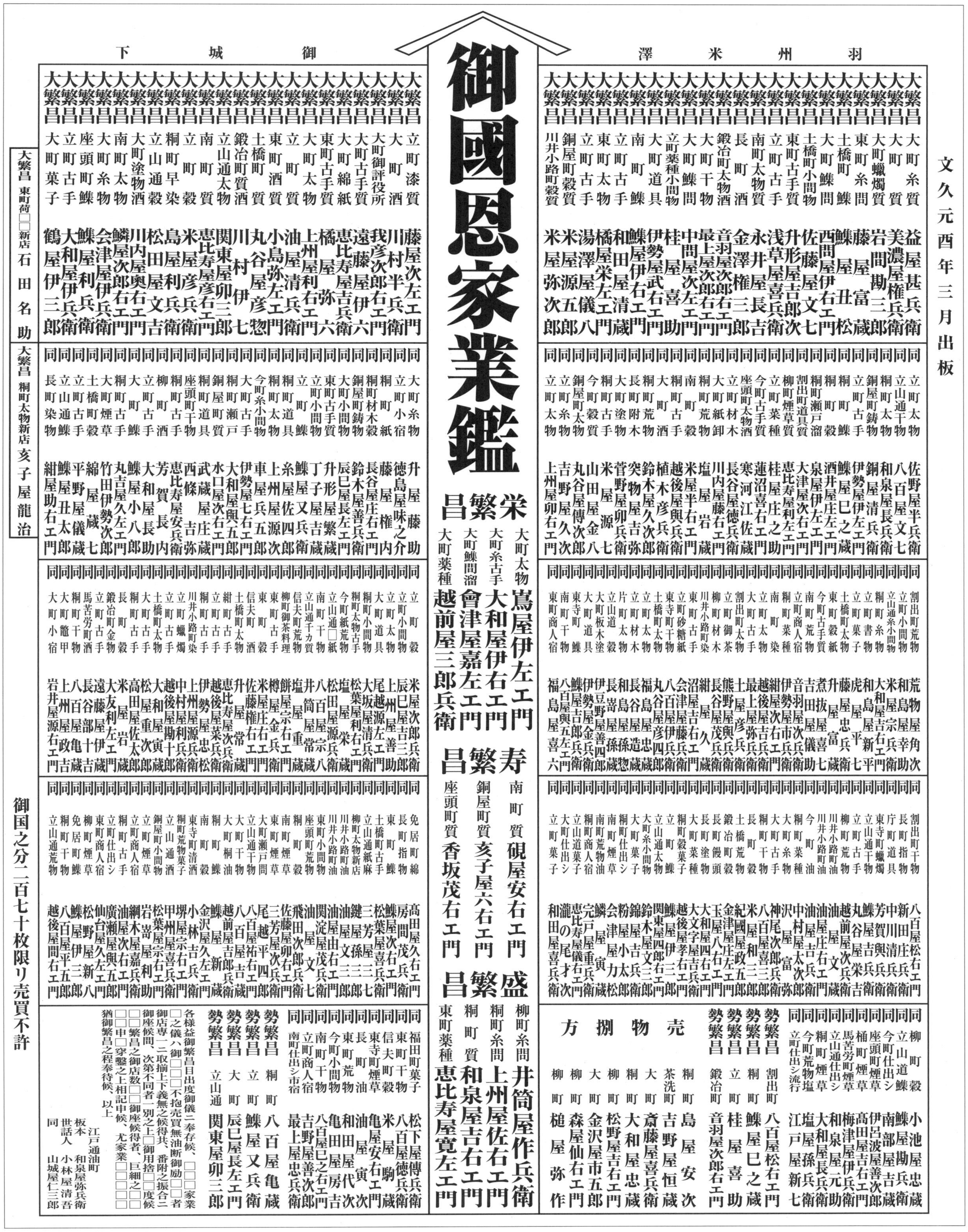

文久元年（1861）3月に板行された本番付は、羽州米沢城下において長年国恩に寄与してきた商人を、総勢281人（内、中央柱に11人）を一覧にまとめたものである。この種の番付を作成・頒布する理由として、江戸時代も末になると、幕府・藩の経済事情が苦しくなり、拠金の供出を町人・商人にしばしば強制するようになる。その際、しぶる商人達に対して国恩に尽くすことは善行であると教諭し、また「大繁昌」などと褒め称えることで徴収に協力させようという意図が込められていたと考えられる。

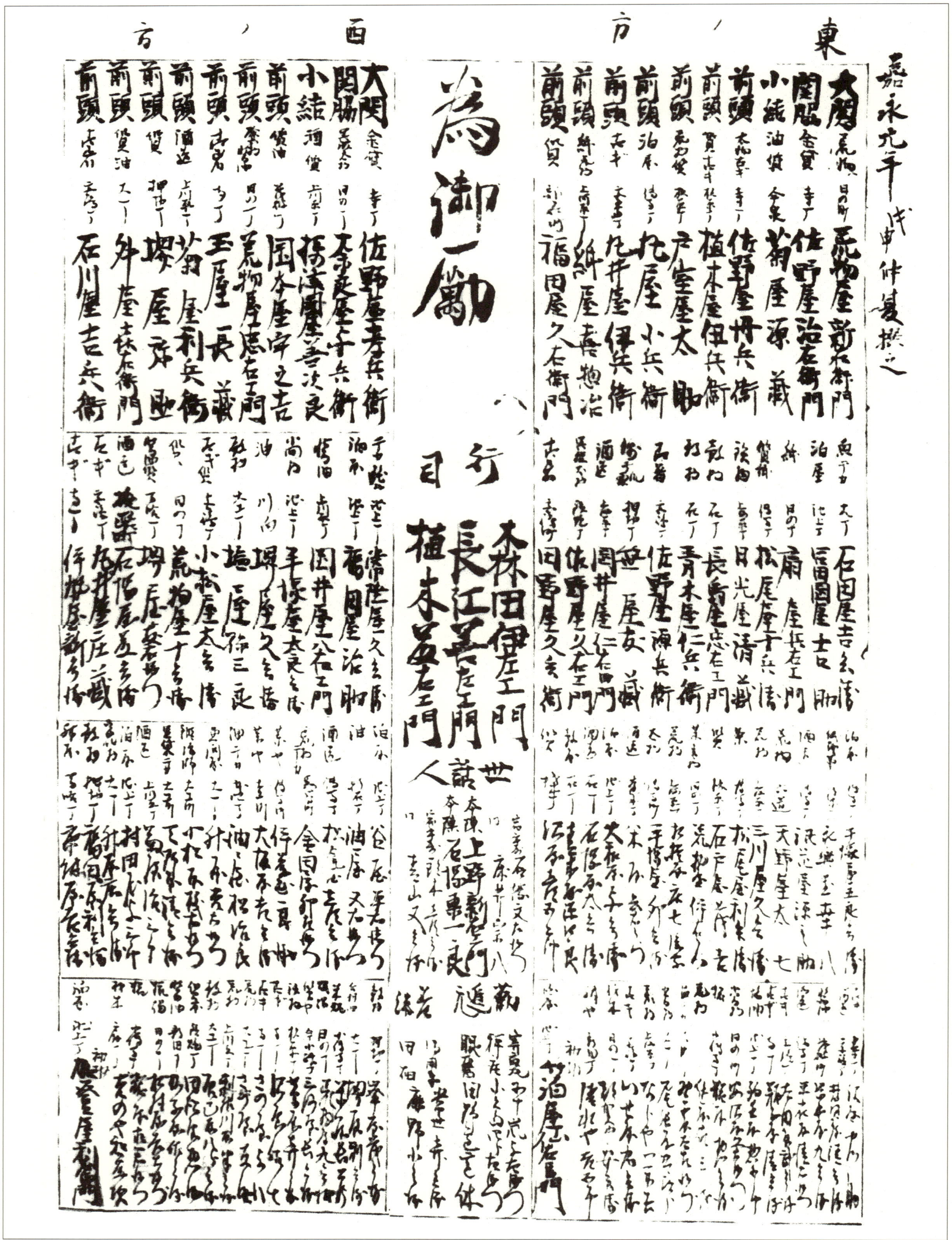

131　為御励（宇都宮商人番付）

嘉永元年戊申仲夏撰之

為御励

東ノ方

大関	荒物	日の町	荒物屋新右衛門
関脇	金貸	寺丁	佐野屋治右衛門
小結	油質	今泉	菊屋源蔵
前頭	太物古ギ	寺丁	佐野屋丹兵衛
前頭	質古ギ	杁原丁	植木屋伊兵衛
前頭	荒物質	杁原丁	戸室屋太助
前頭	泊屋	伝馬丁	丸屋小兵衛
前頭	古ギ	宮島丁	丸井屋伊兵衛
前頭	紙荒物	上河原丁	紙屋喜惣治
前頭	質	新石町	福田屋久右衛門

魚干カ	大丁	石田屋吉兵衛
泊屋	池上丁	冨岡屋吉助
紙	日の丁	扇屋兵右エ門
質紙	伝馬丁	松尾屋十兵衛
鉄物	上の原丁	日光屋清蔵
穀物	石丁	長島屋忠右エ門
穀物	石丁	青木屋仁兵衛
古着	宮嶋丁	佐野屋源兵衛
綿干瓢	押切丁	笹屋友蔵
酒造	上河原丁	岡井屋仁右衛門
呉服太物	鉄炮丁	佐野屋久右エ門
古着	宮嶋町	田野屋久兵衛

泊屋	伝馬丁	手塚屋五良兵衛
紙布革	材木丁	永楽屋幸八
酒造	伝馬丁	浪花屋源之助
荒物	六道	天野屋太七
荒物	上河原丁	三川屋久兵衛
茶	伝馬丁	松尾屋利兵衛
質	杁原丁	石戸屋茂吉
薬書物	日の丁	荒物屋伊右衛門
荒物	上河原丁	相模屋庄七後家
太物	伝馬丁	手塚屋卯兵衛
酒造	蓬来丁	米屋兵右衛門
泊屋	池上丁	大和屋与兵衛
酒造	石丁	石塚屋太兵衛
穀屋	石丁	青木屋源四良
質	材木丁	沢屋彦五郎

	古ギ	寺丁	沢屋忠助
	酒造	宮嶋丁	井筒屋徳兵衛
	醤油	茂破町	岡井屋九兵衛
	酒造	伝馬丁	平石屋清右衛門
	古ギ	宮嶋丁	太田屋武兵衛
	古ギ	寺丁	瓶子屋清兵衛
	塩油	池上丁	駒生屋惣五郎
	小間物	日の町	安沼屋久右衛門
	糀	小伝馬丁	糀屋惣兵衛
	荒物		升屋佐兵衛
	塩干か	大町	野子屋太左衛門
	小間物	大丁	尾張屋豊次郎
	荒物	上河原丁	ならや栄吉
	古ギ	宮嶋丁	いせ屋忠兵衛
	材木	日の丁	都賀や安兵衛
	紙や	新田丁	清水や吉五郎
初切	泊屋	池上丁	箔屋仙右衛門

行司

森田伊左エ門

長江善左エ門

植木藤右エ門

世話人

宿年寄	石塚文左衛門
同	床井宗八
本陣	上野新右エ門
本陣	石塚東一良
宿年寄	鈴木彦兵衛
同	青山又兵衛

勧進元

寄□丸	五十嵐与左衛門
秤座	小島四郎左衛門
眼医	田野邊意休

差添

御用□	常世喜兵衛
田畑	鹿野小兵衛

西ノ方

大関	金貸	寺丁	佐野屋孝兵衛
関脇	荒太物	日の丁	奈良屋与兵衛
小結	酒質	上川原丁	摂津國屋善次良
前頭	質油	茂破丁	岡本屋宇之吉
前頭	塗物醤油	日の丁	荒物屋忠右エ門
前頭	古着	寺丁	玉屋長蔵
前頭	酒造	上川原丁	菊屋利兵衛
前頭	質	押切丁	堺屋弥助
前頭	質油	大丁	舛屋喜右衛門
前頭	古着	宮嶋丁	石川屋吉兵衛

干カ鰭	池上丁	常陸屋久兵衛
泊屋	池上丁	福田屋治助
醤油	上川原丁	岡井屋八右エ門
小間物	池上丁	手塚屋太良兵衛
油	川向	堺屋久兵衛
穀物	大工丁	塩屋弥三良
古ギ質	上之嶋丁	小松屋太兵衛
質	日の丁	荒物屋十兵衛
醤油質	馬喰丁	堺屋友右衛門
酒造	挽路町	石塚屋藤兵衛
古ギ	宮嶋丁	丸井屋庄蔵
古ギ	寺丁	伊勢屋新兵衛

泊屋	池上丁	谷屋平右衛門
油	新石丁	油屋又右衛門
酒造	伝馬丁	松尾屋彦兵衛
荒物干カ	馬労町	金田屋卯左衛門
薬や	伝馬町	伊藤屋良助
薬や	大工町	大坂屋吉兵衛
油干カ	本郷丁	油屋松治良
魚問屋	大丁	升屋吉右衛門
鍛冶師	大工町	小松屋儀右衛門
足袋干カ	大工町	天野屋清兵衛
酒造	上川原丁	菊屋治三郎
泊屋	池上丁	村田屋与三郎
荒物	大丁	升屋庄兵衛
穀物	押切丁	福田屋利兵衛
升屋	馬喰丁	京紺屋吉兵衛

	穀物	押切丁	峯屋茂兵衛
	合羽油	大丁	堺屋利兵衛
	米□	小伝馬丁	米屋長蔵
	蠟燭	日の丁	荒物屋九兵衛
	質や	今小路丁	三州屋長兵衛
	鉄物	杁原丁	嶌屋喜兵衛
	古ギ	寺丁	沢屋佐七
	古キ	寺丁	さの屋与八
	荒物	大工丁	さの屋友七
	荒物	上川原丁	利根川屋半兵衛
	穀物	大工丁	辰巳屋八郎兵衛
	質屋	鉄炮丁	田松屋忠兵衛
	醤油	新田丁	砂子屋佐兵衛
	蠟燭	日の丁	松村屋吉右衛門
	糀	小伝馬丁	糀屋直右衛門
	材木	扇丁	吉のや和藤次
初切	泊屋	池上丁	加登屋利右衛門

近世後期になると、江戸の物資需要に応える経済圏が関東各地に成立し、とりわけ集荷・生産を担う都市において有力な豪農商が出現した。彼ら成金に対する人々の関心はとりわけ高く、版元は各地における成金番付を積極的に作っていった。本番付は嘉永元年（1848）に作成された手書きのもので、宇都宮における総勢122名の豪農商が登場し、「酒造」「油質」「金貸」など雑多な商名が並ぶ。中でも東の大関とされる「荒物屋新右衛門」は荒物屋（雑貨商）と共に金融業も営み、また藩の御用達商人でもあって、宇都宮を代表する富裕者であった。

関東・市町

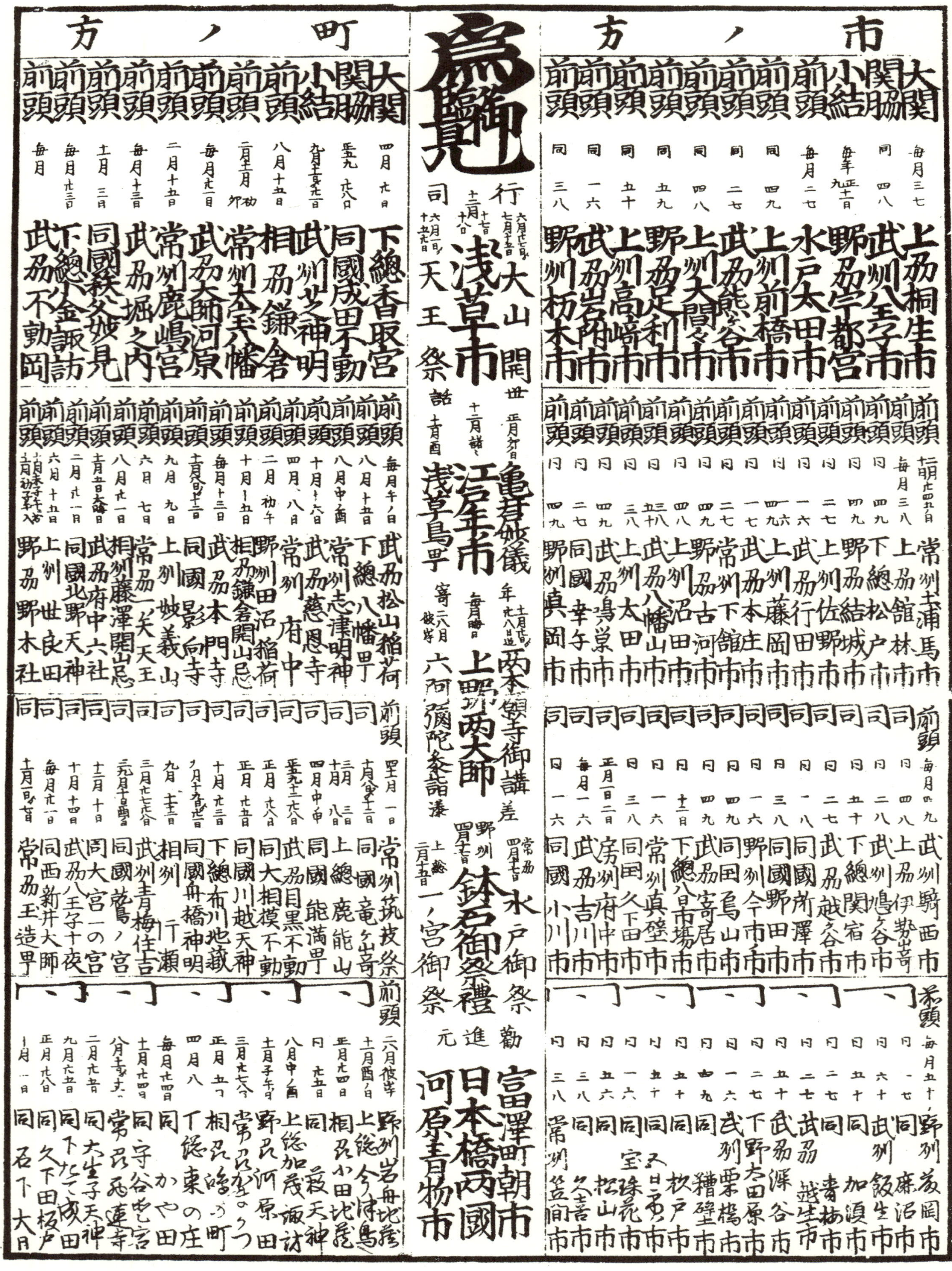

関東市町定日案内

為御覧

市ノ方

大関 毎月三七 上州桐生市
関脇 同 四八 武州八王子市
小結 毎年正九十一月 野州宇都宮
前頭 毎月二七 水戸太田市
前頭 同 四九 上州前橋市
前頭 同 二七 武州熊谷市
前頭 同 四八 上州大間々市
前頭 同 五九 野州足利市
前頭 同 五十 上州高崎市
前頭 同 一六 武州岩附市
前頭 同 三八 野州栃木市

前頭 十二月廿四五日 常州土浦馬市
前頭 毎月三八 上州館林市
前頭 同 四九 下総松戸市
前頭 同 四九 野州結城市
前頭 同 二七 上州佐野市
前頭 同 一六 武州行田市
前頭 同 一六四九 上州藤岡市
前頭 同 一七 武州本庄市
前頭 同 二七 常州下館市
前頭 同 四九 野州古河市
前頭 同 四八 上州沼田市
前頭 同 三八五十 武州八幡山市
前頭 同 三八 上州太田市
前頭 同 四九 武州鴻巣市
前頭 同 二七 同國幸手市
前頭 同 四九 野州真岡市

前頭 毎月四九 武州騎西市
同 同 四八 上州伊勢崎市
同 同 二八 武州鳩ヶ谷市
同 同 五十 下総関宿市
同 同 二七 武州越ヶ谷市
同 同 一八 同國所沢市
同 同 三八 同國野田市
同 同 一六 野州今市市
同 同 四九 同国烏山市
同 同 四九 武州寄居市
同 同 十二日 下総八日市場市
同 同 一六 常州真壁市
同 同 三八 同国久下田市
同 正月一日二日 房州府中市
同 毎月一六 武州吉川市
同 同 一六 同國小川市

前頭 毎月五十 野州蔵岡市
同 同 一七 同 麻沼市
同 同 六十 武州飯生市
同 同 五十 同 加須市
同 同 二七 同 青梅市
同 同 二七 武州越生市
同 同 五十 武州深谷市
同 同 二七 下野太田原市
同 同 一六 武州栗橋市
同 同 四九 同 糟壁市
同 同 五十 同 秋戸市
同 同 五十 同 又日市市
同 同 一六 同 室珠花市
同 同 五六 同 松山市
同 同 三八 同 久喜市
同 同 三八 常州笠間市

中央

行司 六月廿七日より七月十七日 大山開
十二月十七日十八日 浅草市
司 六月十四日十五日 天王祭
正月廿五日 亀井戸妙儀
十二月諸々 江戸年市
詣 十一月酉 浅草鳥甲
年 十一月廿一日より廿八日迄 西本願寺御講
寄 毎月晦日 上野両大師
二八月彼岸 六阿弥陀参詣湊
差 常州 四月十七日 水戸御祭
添 野州 四月十七日 鉢石御祭禮
上総 二月十五日 一ノ宮御祭
勧進元 富沢町朝市
日本橋丙國
河原青物市

町ノ方

大関 四月九日 下総香取宮
関脇 正五九 廿八日 同國成田不動
小結 九月十三日廿一日 武州芝神明
前頭 八月十五日 相州鎌倉
前頭 二月十一月初卯 常州太宰八幡
前頭 毎月廿一日 武州大師河原
前頭 二月十五日 常州鹿嶋宮
前頭 毎月十三日 武州堀之内
前頭 十一月三日 同國秩父妙見
前頭 毎月廿三日 下総小金諏訪
前頭 毎月 武州不動岡

前頭 毎月午ノ日 武州松山稲荷
前頭 八月十五日 下総八幡甲
前頭 八月中酉 常州志津明神
前頭 十月十六日 武州慈恩寺
前頭 四月八日 常州府中
前頭 二月初午 野州田沼稲荷
前頭 十月一五日 相州鎌倉開山忌
前頭 毎月十三日 武州本門寺
前頭 十一月八日十二日 同國影向寺
前頭 九月九日 上州妙義山
前頭 六月七日 常州一矢天王
前頭 八月廿一日 相州藤沢開山忌
前頭 十一月五日太師講日 武州府中六社
前頭 二月廿一日 同國北野天神
前頭 六月十五日 上州世良田
前頭 十一月朔子ノ年より十一月初子ノ年入 野州野木社

前頭 正月一日 常州筑抜祭
同 十一月十三日 同國竜ヶ崎
同 三月十三日 十二月八日 上総鹿能山
同 四月中申 同國能満甲
同 正五九十二 廿八日 武州目黒不動
同 正月廿八日 同國大相模不動
同 正月廿五日 同國川越天神
同 十月廿三日 下総布川地蔵
同 九月十五日廿三日 同國舟橋神明
同 九月十三日 相州一ノ瀬
同 三月廿七日廿八日 武州青梅住吉
同 二月九月十五日 同國鷲ノ宮
同 十二月十日 同大宮一の宮
同 十月十四日 武州八王子十夜
同 毎月廿一日 同西新井大師
同 十一月一日 常州玉造甲

前頭 二八月彼岸 野州岩舟地蔵
同 十一月酉ノ日 上総今津鳥
同 正月廿四日 相州小田地蔵
同 同 廿五日 同 薮天神
同 八月中ノ酉 上総加茂諏訪
同 十一月子午ノ日 野州河原田
同 三月廿七八日 常州笠間のつ
同 正月五ノ日 相州鳴ずる町
同 四月八 下総東の庄
同 毎月廿四日 同 かや田
同 十一月廿四日 同 守谷宮
同 八月十五夜 常州飛蓮寺
同 二月廿五日 同 大生子天神
同 九月廿五日 同 下たて成田
同 正月廿八日 同 久下田桜戸
同 一月一日 同 石下大日

糸をし 仙女香

馬喰町三丁目 吉田屋小吉板

関東市町定日案内

京ばし　仙女香

市ノ方

大関	毎月三七	上州桐生市
関脇	同　四八	武州八王子市
小結	毎年正九十一月	野州宇都宮
前頭	毎月二七	水戸太田市
前頭	同　四九	上州前橋市
前頭	同　二七	武州熊ヶ谷市
前頭	同　四八	上州大間々市
前頭	同　五九	野州足利市
前頭	同　五十	上州高崎市
前頭	同　一六	武州岩附市
前頭	同　三八	野州栃木市

前頭	十二月廿四五ノ日	常州土浦馬市
前頭	毎月三八	上州館林市
前頭	同　四九	下総松戸市
前頭	同　四九	野州結城市
前頭	同　二七	上州佐野市
前頭	同　一六	武州行田市
前頭	同　一六　四九	上州藤岡市
前頭	同　一七	武州本庄市
前頭	同　二七	常州下舘市
前頭	同　四九	野州古河市
前頭	同　四八	上州沼田市
前頭	同　三八　五十	武州八幡山市
前頭	同　四九	武州鴻ノ巣市
前頭	同　二七	同国幸手市
前頭	同　四九	野州真岡市

前頭	毎月四九	武州騎西市
同	同　四八	上州伊勢嵜
同	同　二八	武州鳩ヶ谷市
同	同　五十	下総関宿市
同	同　二七	武州越ヶ谷市
同	同　一八	同国所澤市
同	同　三八	同国野田市
同	同　一六	野州今市ノ市
同	同　四九	同国烏山市
同	同　四九	武州寄居市
同	同　十二日	下総八日市場市
同	同　三八	同国久下田市
同	正月一日二日	房州府中市
同	毎月一六	武州吉川市
同	同　一六	同国小川市

前頭	毎月五十	野州藤岡市
同	同　一七	同　鹿沼市
同	同　六十	武州飯生市
同	同　五十	同　加須市
同	同　二七	同　青梅市
同	同　二七	武州越生市
同	同　五十	武州深谷市
同	同　二七	下野太田原市
同	同　一六	武州栗橋市
同	同　四九	同　糟壁市
同	同　五十	同　杉戸市
同	同　五十	同　五日市ノ市
同	同　一六	同　宝珠花市
同	同　五六	同　松山市
同	同　三八	同　久喜市
同	同　三八	常州笠間市

御覧為

行司	六月廿七日ゟ七月十五日	大山開
行司	十七日 十二月 十八日	浅草市
行司	六月一日ゟ十五廿日	天王祭
世話	正月卯ノ日	亀井戸妙儀
世話	十二月諸々	江戸年ノ市
世話	十一月酉	浅草鳥ノ町
年寄	十一月廿日ゟ廿八日迄	両本願寺御講
年寄	毎月晦日	上野両大師
年寄	二八月彼岸	六阿弥陀参詣
差添	常州 四月十七日	水戸御祭
差添	野州 四月十七日	鉢石御祭礼
差添	上総 二月十五日	一ノ宮御祭
勧進元		富澤町朝市
勧進元		日本橋両国
勧進元		河原青物市

町ノ方

大関	四月廿日	下総香取宮
関脇	正五九　廿八日	同国成田不動
小結	九月十一日ゟ廿一日	武州芝神明
前頭	八月十五日	相州鎌倉
前頭	二月十一月初卯	常州大宝八幡
前頭	毎月廿一日	武州大師河原
前頭	二月十五日	常州鹿嶋宮
前頭	毎月十三日	武州堀之内
前頭	十一月三日	同国秩父妙見
前頭	毎月廿三日	下総小金諏訪
前頭	毎月	武州不動岡

前頭	毎月午ノ日	武州松山稲荷
前頭	八月十五日	下総八幡町
前頭	八月中ノ酉	常州志津明神
前頭	十月十六日	武州慈恩寺
前頭	四月八日	常州府中
前頭	二月初午	野州田沼稲荷
前頭	十月十五日	相州鎌倉開山忌
前頭	毎月十三日	武州本門寺
前頭	十二月八日ゟ十二日	同国影向寺
前頭	九月九日	上州妙義山
前頭	六月七日	常州一ノ矢天王
前頭	八月廿一日	相州藤澤開山忌
前頭	十二月五日大晦日	武州府中六社
前頭	二月廿一日	同国北野天神
前頭	六月十五日	上州世良田
前頭	十月未子午二出　十一月初子午入	野州野木社

前頭	四十一月一日	常州筑波祭
同	十月八日ゟ十二日	同国竜ヶ嵜
同	三月三日　十月八日	上総鹿能山
同	四月中ノ申	同国能満町
同	正五九十二廿八日	武州目黒不動
同	正月廿八日	同大相模不動
同	正月廿五日	同国川越天神
同	十月廿三日	下総布川地蔵
同	九月十九日ゟ廿一日	同国舟橋神明
同	九月十一十二日	相州片瀬
同	三月廿七廿八日	武州青梅住吉
同	三九月十四日酉ノ日	同国鷲ノ宮
同	十二月十日	同大宮一の宮
同	十月十四日	武州八王子十夜
同	毎月廿一日	同西新井大師
同	十一月一日ゟ七日	常州玉造町

前頭	二八月彼岸	野州岩舟地蔵
同	十一月酉ノ日	上総今津島
同	正月廿四日	相州小田地蔵
同	同　廿五日	同　藪天神
同	八月中ノ酉	上総加茂諏訪
同	十一月子午ノ日	野州河原田
同	三月廿七八日	常州かまかつ
同	正月五日	相州嶋の町
同	四月八	下総東の庄
同	毎月廿四日	同　かや田
同	十一月廿四日	同　守谷愛宕
同	八月十一日ゟ十八日	常州西蓮寺
同	二月廿五日	同　大生子天神
同	九月廿五日	同　下たて成田
同	正月廿八日	同　久下田板戸
同	十月一日	同　石下大日

馬喰町三丁目　吉田屋小吉板

「関東市町定日案内」は江戸を含む関東全域の市の開催日を、市方（右）と町方（左）とに分けて紹介している。番付作成の背景には、江戸時代後期における江戸地廻りの勃興がある。地廻り圏の商品は当初「下らないやつ＝下級品」としてあまり評価されなかったが、時を経て生産量が増大してゆくと、人々が日常接することの多い、親しみあるものに変わっていった。その結果、商品生産地にも関心が向くようになったのである。なお、本番付において市・町の区別は明示されていないが、町方にはいずれも神社仏閣が並んでいるので、神事・祭礼に伴って開かれる門前町を主体とするのであろう。

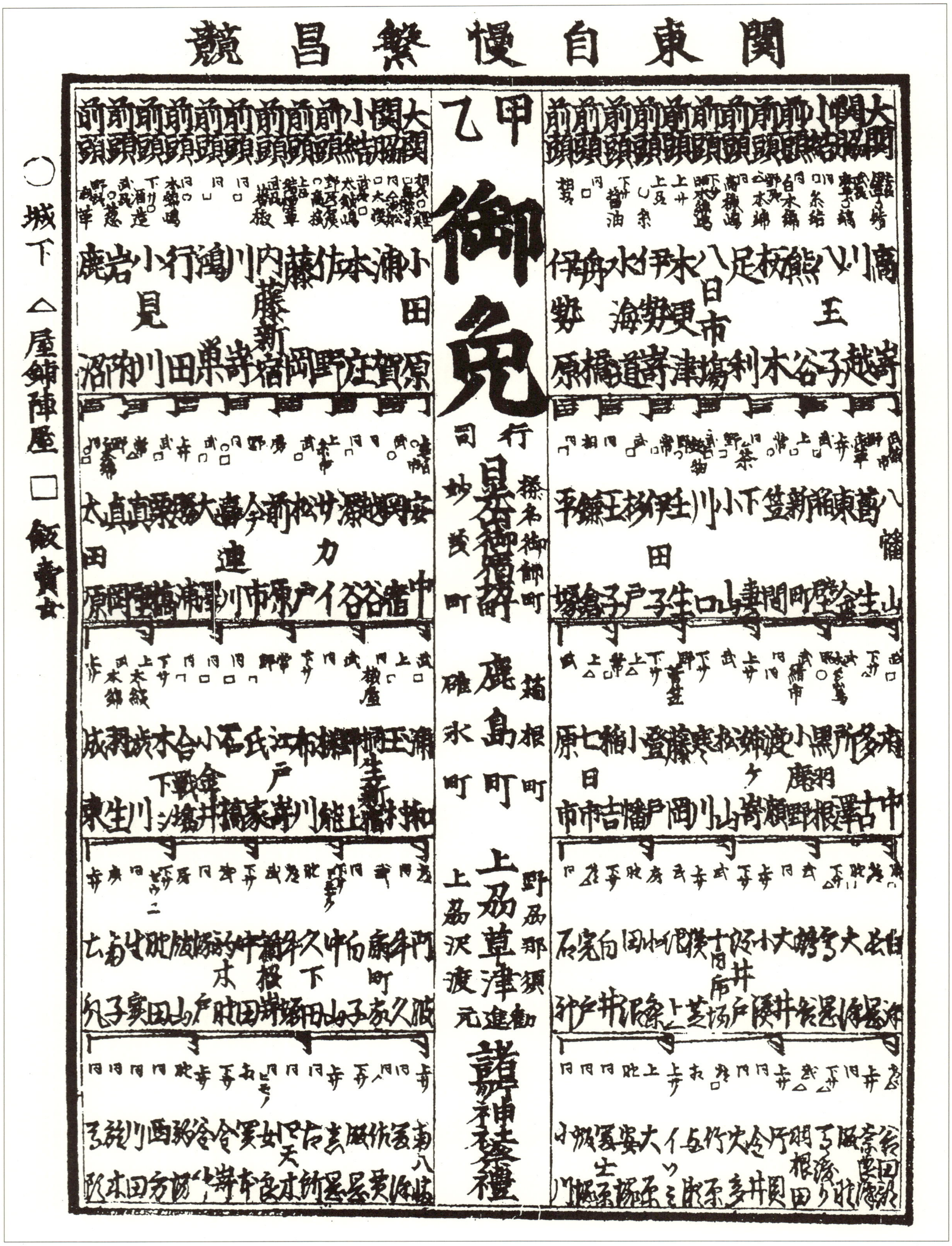

133　関東自慢繁昌競

関東自慢繁昌競

○城下　△屋鋪陣屋　□飯売女

大関	上州□□○絹	高嵜
関脇	武州□□○縞	川越
小結	同□糸絹	八王子
前頭	同白木綿	熊谷
前頭	野州△木綿	栃木
前頭	同高機嶋	足利
前頭	下サ晒木綿嶋	八日市場
前頭	上サ	木更津
前頭	上州○糸	伊勢嵜
前頭	下サ醤油	水海道
前頭	同□	舟橋
前頭	相州	伊勢原
同	武蔵市	八幡山
同	野□□	葛生
同	上サ	東金
同	武□	粕壁
同	上□	新町
同	常○	笠間
同	同△茶	下妻
同	野□	小山
同	武□鋳物	川口
同	野○	壬生
同	常□	伊田子
同	武□	杉戸
同	同	王子
同	相	鎌倉
同	同□	平塚
同	武□	府中
同	下サ△	多古
同	武木メン嶌	所澤
同	野○	黒羽根
同	武絹市	小鹿野
同	同同	渡瀬
同	上サ	姉ケ嵜
同	武	松山
同	下サ	寒川
同	野菅笠	藤岡
同	下サ	登戸
同	上△	小幡
同	常□	稲吉
同	上△	七日市
同	武	原市
同	野□	白澤
同	常	長岡
同	野□	大澤
同	下サ△	高岡
同	武	鳩谷
同	同	大井
同	上サ	小湊
同	下サ	潤井戸
同	武	十日市場
同	上サ	横芝
同	武	□上
同	房	北条
同	野	田沼
同	下サ	白井
同	常△	完戸
同	同	石神
同	常△	谷田部
同	上サ	奈良澤
同	同	飯野
同	下サ△	馬ノ渡り
同	武△	羽根田
同	上サ	片貝
同	同	金井
同	同	火多
同	常□	竹原
同	相	与瀬
同	上サ	イツミ
同	上	大原
同	野	安塚
同	同	冨士原
同	同	飯塚
同	同	小川

甲　乙

御免

行司　榛名御師町　日本山御宿坊町　妙義町

箱根町　鹿島町　碓氷町

野州那須　上州草津　上州沢渡

勧進元　諸所神社祭礼

大関	相州○鯉□烏賊□	小田原
関脇	同△□船□□□	浦賀
小結	武州□太□嶋	本庄
前頭	野州石灰○高機	佐野
前頭	上州絹煙草	藤岡
前頭	武州蕃椒	内藤新宿
前頭	同□	川嵜
前頭	同□	鴻巣
前頭	同○木綿嶋	行田
前頭	下サ○酒造	小見川
前頭	武州○葱	岩附
前頭	野州□革	鹿沼
同	上□□□○市	安中
同	武○	関宿
同	同	越谷
同	同□	深谷
同	上□市	サカイ
同	武□	松戸
同	房	前原
同	野	今市
同	同○□	喜連川
同	武□	大澤
同	上サ	勝浦
同	武□	栗橋
同	常△	真壁
同	野△木綿	真岡
同	同○□	太田原
同	武□	浦和
同	上□	玉村
同	同掛屋	桐生新宿
同	武	野上
同	同	□能
同	下サ	布川
同	常	江戸嵜
同	野□	氏家
同	同□	石橋
同	同□	小金井
同	同□	合戦場
同	下サ	木下シ
同	上太縄	渋川
同	武木綿	羽生
同	上サ	成東
同	常	阿波
同	同	牛久
同	武	扇町家
同	同	白子
同	下サ□□ヤク	中山
同	野	久下田
同	常	牛堀
同	武	箱根岸
同	下サ	中田
同	武	駒木野
同	同	塚戸
同	房	館山
同	下サセウユ	野田
同	同	生実
同	房	南子
同	上サ	土気
同	上サ	南八幡
同	同	冨津
同	同△	佐貫
同	下サ	飯岡
同	上サ	真岡
同	同	古所
同	同	四天木
同	同モノヒ	女良
同	相	関本
同	下サ	金嵜
同	上サ	釜□
同	野	駒塚
同	同	西方
同	同	川田
同	同	於木
同	同	馬頭

安政３年（1856）板行の「関東自慢繁昌競」は、関東における交通の要衝や特産物の集荷地を繁盛順に並べている。欄外には主要産物、城下、屋敷陣屋、飯売女の有無などの情報も記載されている。甲乙の大関には、高崎・小田原が挙げられており、いずれも交通の要衝で城下町である。関脇には川越、前頭には伊勢崎、行田、小見川などの城下町も挙げられているが、実は幕末になると、城下町は人口こそ多いが、その商業は保護されていた特権が崩れて不振を極めた。これに代わって、地方都市を中心とした商品流通が新たに展開し始めていたのである。本番付はこうした状況を如実に映しているのである。

為便覧

おかんまちかいなし

大関 花輪 高梨兵左衛門
関脇 野田 茂木佐平治
小結 非城 加多屋彌七
前頭 銚子 田中玄蕃
前頭 野田 柏屋房五郎
前頭 銚子 釜屋太八郎
前頭 同 廣屋重次郎

同 細倉 稲荷屋富蔵
同 野田 茂木七左衛門
同 銚子 細代長三郎
同 八幡 酒林伊兵衛
同 野田 茂木勇右衛門
同 同 柏屋七郎右衛門
同 銚子 飯田屋半兵衛
同 野田 椙崎市郎兵衛

同 小豪 四方吉兵衛
同 高濱 今泉新吉
同 野田 大塚彌五兵衛
同 野田 飯田市郎兵衛
同 野田 油屋與四郎
同 笹川 多田庄兵衛
同 足川 岩井市右衛門
同 潮来 堀田七郎右衛門
同 野田 茂木佐平治
同 釜屋嘉兵衛

同 房州 阿波屋六右衛門
同 佐原 永澤仁三郎
同 江戸崎 辻田忠兵衛
同 野田 椙崎
同 [illegible] 房吉兵衛
同 野田 白木平兵衛
同 銚子 飯田屋半兵衛
同 成田 和泉屋玉吉
同 銚子 八木屋多八
同 釜屋嘉兵衛

同 野田 茂木與惣治郎
同 銚子 房州屋六三郎
同 羽生 中野政右衛門
同 日野屋治兵衛
同 登戸 大木屋藤右衛門
同 銚子 宮崎喜兵衛
同 同 青野安兵衛

天保十一年
子正月吉

関東醤油屋番付
階級小列もちる
といへども甲乙なき論
するものハ看者
用捨すべきるかれ

行司 廣屋儀兵衛
八木屋太八郎

差添 廣屋正右衛門
大國屋勘兵衛
田中玄蕃

大関 野田 柏屋七郎右衛門
関脇 佐原 鶴屋彌重郎
小結 釼戸 外口與右衛門
前頭 江戸崎 辻田忠兵衛
前頭 銚子 鳥彌三郎
前頭 同 廣屋庄右衛門
前頭 江戸崎 辻田忠兵衛

同 銚子 松下五兵衛
同 水海道 釜屋嘉兵衛
同 花輪 高梨兵左衛門
同 金ヶ崎 慶長半右衛門
同 小見川 太坂屋佐助
同 野田 白木平兵衛
同 千葉 近江屋仁兵衛
同 市川 釜屋喜兵衛

同 小豪 伊勢屋平左衛門
同 安房 竹内竜治
同 野田 茂木佐平治
同 松伏 柳屋仁平治
同 野田 河埜権兵衛
同 小豪 鍵屋半平
同 潮来 澤屋惣吉
同 小豪 田中伊三郎
同 飯沼 大河平兵衛
同 野田 白木彦八

同 川越 横田五兵衛
同 水海道 慶長半兵衛
同 銚子 鶴屋彌三郎
同 岩崎 関口八兵衛
同 野村 夷屋栄治郎
同 鳥崎 椙野台郎兵衛
同 下総 日比野喜右衛門
同 川越 綿屋
同 小見川 八角宇八
同 小田原 神木忠次

同 川越 吉妻屋佐七
同 赤崎 釜屋彌七
同 小川 柳屋治兵衛
同 安房 濱田屋徳兵衛
同 銚子 細代長三郎
同 業 海保喜右衛門
同 岩崎 小堀田定七

勧進元 ［諸］人
造家中

野田 柏屋七郎右衛門

流山 相模屋紋治郎

馬喰町三丁目 誼田屋小吉

134　為便覧（関東醤油屋番付）

流山 相模屋紋治郎
馬喰町三丁目 吉田屋小吉

為便覧

大関 花輪 高梨兵左エ門
関脇 野田 茂木佐平治
小結 井ノ堀 釜屋弥七
前頭 銚子 田中玄蕃
前頭 野田 柏屋房五郎
前頭 銚子 八木屋太八郎
前頭 同 廣屋重次郎

同 細倉 稲荷屋富蔵
同 野田 茂木七左エ門
同 銚子 網代長三郎
同 八日市場 酒林伊兵衛
同 野田 茂木勇右エ門
同 同 柏屋七郎右エ門
同 銚子 飯田屋半兵衛
同 野田 相崎市郎兵衛

同 小名木沢 四方吉兵衛
同 高濱 今泉新吉
同 野田 大塚弥五兵衛
同 野田 飯田市郎兵衛
同 野田 油屋與四郎
同 笹川 多田庄兵衛
同 足川 岩井市右エ門
同 潮来 堀田七郎右エ門
同 野田 茂木佐平治
同 水海道 釜屋嘉兵衛

同 房州 阿波屋六右エ門
同 佐原 永澤仁三郎
同 江戸崎 辻田忠兵衛
同 野田 相崎□□衛
同 □□ 野尻吉兵衛
同 野田 白木平兵衛
同 銚子 飯田屋半兵衛
同 成田 和泉屋玉吉
同 銚子 八木屋多八
同 水海道 釜屋嘉兵衛

同 野田 茂木真治郎
同 銚子 房州屋六三郎
同 羽生 中野茂右エ門
同 □□ 日野屋治兵衛
同 登戸 大木屋藤左エ門
同 銚子 宮崎喜兵衛
同 同 青野安兵衛

天保十一年
子正月吉

関東醤油印訣
階級に列するといへども甲乙を論するにあらす、看る者闘争する事なかれ

行司
廣屋正右エ門
廣屋儀兵衛
八木屋太八郎

差添
大國屋勘兵衛
田中玄蕃

大関 野田 柏屋七郎右エ門
関脇 佐原 鶴屋弥重郎
小結 網戸 外口與右エ門
前頭 江戸崎 辻田忠兵衛
前頭 銚子 鶴屋弥三郎
前頭 同 廣屋庄右エ門
前頭 江戸崎 辻田忠兵衛

同 銚子 松下五兵衛
同 水海道 釜屋嘉兵衛
同 花輪 高梨兵左エ門
同 水海道 慶長半右エ門
同 小見川 大坂屋佐助
同 野田 白木平兵衛
同 千葉 近江屋仁兵衛
同 市川 釜屋喜兵衛

同 小名木沢 伊勢屋平左エ門
同 安喰 竹内竜治
同 野田 茂木佐平治
同 松伏 柳屋仁平治
同 野田 河埜権兵衛
同 小名木沢 鍵屋半平
同 潮来 澤屋惣吉
同 小名木沢 田中伊三郎
同 飯岡 大河平兵衛
同 野田 白木彦八

同 川越 横田五兵衛
同 水海道 慶長半兵衛
同 銚子 鶴屋弥三郎
同 鳩崎 関口八兵衛
同 館林 夷屋栄治郎
同 下柳 田中喜右エ門
同 川越 綿屋□□衛
同 小見川 八角卯八
同 苗間 神木忠次

同 川越 妻屋佐七
同 井ノ堀 釜屋弥七
同 小川 柳屋治兵衛
同 玉造 濱田屋徳兵衛
同 銚子 網代長三郎
同 神名川 海保吉治郎
同 小見川 堀田定七

世話人
勧進元
造家中

野田 柏屋七郎右エ門

「為便覧（関東醤油屋番付）」は、題名通り関東における醤油醸造業者を紹介する番付である。醤油醸造は、18 世紀中葉に江戸の需要に応えて関東各地で急速に発展した。特に下総野田は後発ながらも江戸に近いという地の利を生かして、幕末には関東を代表する醤油醸造地に発展していた。本番付の東大関・関脇に登場する高梨・茂木一族は野田に本拠を置く豪商であり、後に両者合併して現在も続くキッコーマン醤油となった。

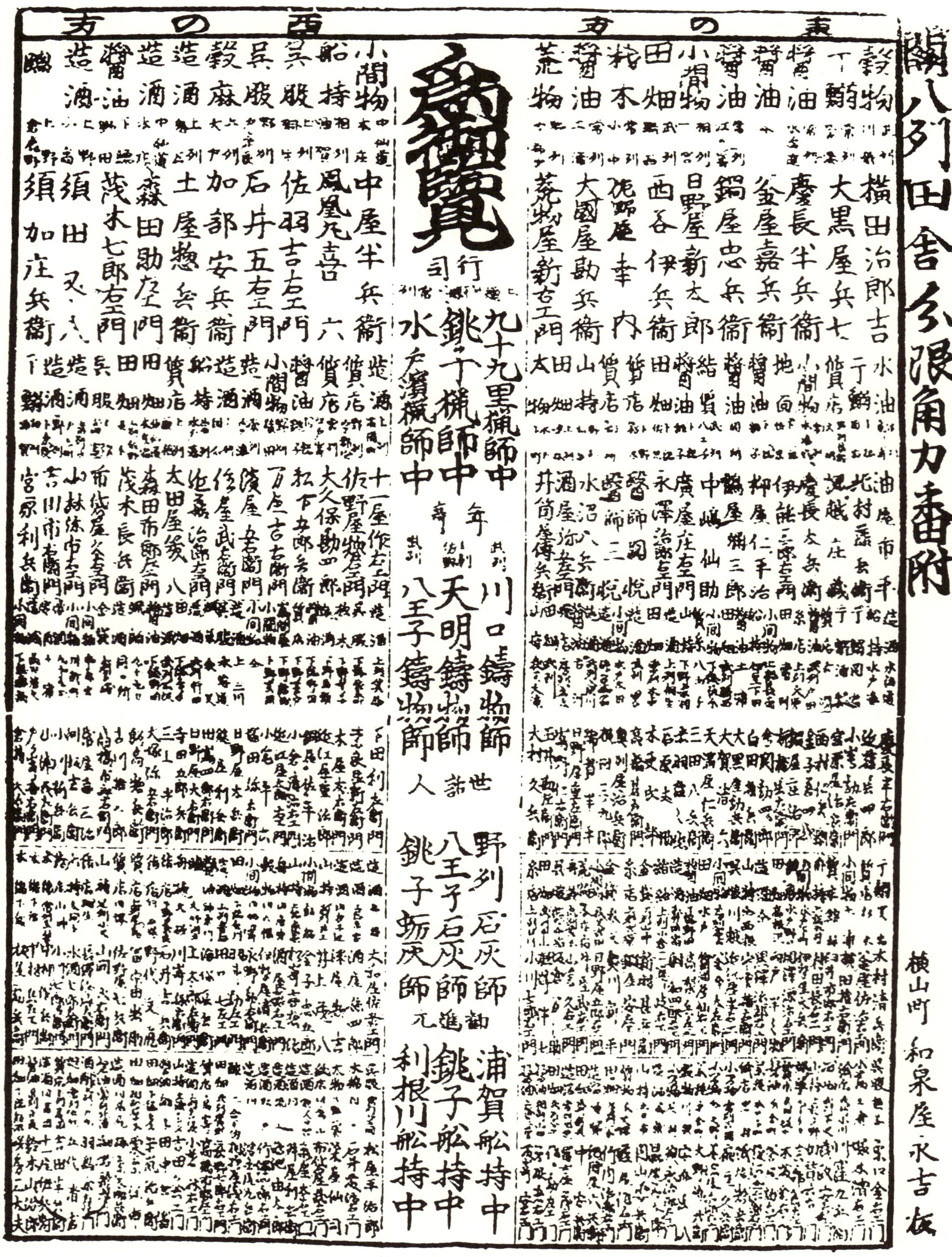

135　関八州田舎分限角力番附

関八州田舎分限角力番附

東の方

業種	所在	名前
穀物	武州川越	横田治郎吉
干鰯	常州水戸湊	大黒屋兵七
醤油	常州水海道	慶長半兵衛
醤油	同	釜屋嘉兵衛
醤油	常州江戸崎	鍋屋忠兵衛
小間物	相州一ノ宮	日野屋新太郎
田畑	武州騎西	西ケ谷伊兵衛
材木	常州小中	佐野屋幸内
醤油	常州土浦	大黒屋勘兵衛
荒物	野州宇都宮	荒物屋新右エ門

業種	所在	名前
水油	常州竜ケ崎	油屋市平
干鰯	下総関宿	北村藤兵衛
質店	野州佐野天明	堀越庄蔵
小間物	常州水海道	慶長太兵衛
地面	下総佐原	伊能三郎右エ門
醤油	下総銚子	柳屋仁平治
醤油	同所	鶴屋弥三郎
絹質	武州八王子	中嶋仙助
醤油	下総銚子	広屋庄右エ門
田畑	下総佐原	永澤治郎右エ門
質店	下野栃木	医師円悦
質店	同所	医師三悦
山持	野州和泉	水沼八兵衛
田畑	上州館林	酒屋弥五左エ門
太物	水戸下町	井筒屋伝兵衛

業種	所在	名前
造酒	水海道	慶長半右衛門
船持	水戸湊	近藤長四郎
干鰯	関宿	小嶌勘左衛門
干鰯	浦賀	宮原屋治兵衛
質店	古河	西村仁兵衛
醤油	武州戸田	金子善四郎
糸店	上州大原	鍋屋庄治郎
田畑	常州	柳橋長左衛門
小間物	上総長南	今関勘四郎
船持	伊豆下田	白田権兵衛
醤油	土浦	大黒屋勘兵衛
田畑	武州騎西	大賀清六
小間物	下総佐原	天満屋仁兵衛
質糸	八王子	三田八兵衛
山持	下野赤羽	赤羽藤之丞
造酒	上州桐生	石原丈助
田畑	常州木更	木更民部
造酒	武州田谷	高橋甚左衛門
小間物	水戸太田	奥州屋治兵衛
造酒	鴻巣宿	横田三九郎
造酒	武州入間川	綿貫半平
醤油	古河	日野屋重左衛門
蠟店	房州名殿	島野仁右衛門
田畑	武州	玉井勘左衛門
山守	秩父大滝	大村久兵衛

業種	所在	名前
干鰯	関宿	木村清兵衛
質店	栃木	釜屋佐治右衛門
小間物	土浦	横田権右衛門
質店	館林	臼井市郎右エ門
舟持	上総五井	村田長右エ門
小間物	水戸下町	伊勢屋太兵衛
紙店	水戸野口	関澤源治右エ門
田畑	高根沢	向戸半之助
造酒	同	黒澤治郎右エ門
山持	同西根	宇津梅右衛門
呉服	川越	近江屋半右エ門
小間物	房州名古	釜屋太左エ門
田畑	水戸	醤油屋仙右エ門
醤油	下総野田	高梨兵左エ門
造酒	松井田宿	射和四郎右エ門
絹紬	上州小倉	二渡り岐右エ門
金貸	上州山中	新羽甚兵衛
糸店	上州大原	鍋屋安左エ門
金貸	秩父	熱川新平
小間物	秩父吉田	日野屋五郎右エ門
荒物	本庄宿	中屋武左エ門
舟持	武州藤本	小暮久右エ門
呉服	熊ケ谷宿	坂倉万之助
田畑	武州甲山	根岸伴七
糸店	上州日川	小川七郎右エ門

業種	所在	名前
呉服	熊谷	原口金右エ門
小間物	土浦	塚本清右エ門
紙店	武州小川	川窪九兵衛
田畑	武州半沢	武政安右エ門
山持	上総立野	切替長右エ門
猟師	九十九り	真□八郎左エ門
質屋	武州坂戸	木藤金右エ門
醤油	原金町	釜屋勘右エ門
薬種	水戸下町	駿河屋治郎右エ門
紙店	黒羽	紙屋惣兵衛
小間物	常州石岡	扇屋久兵衛
小間物	同久野	美濃屋治郎右エ門
薬種	原金町	大野伝兵衛
穀物	川越	安斎長八
小間物	足利	須永治郎右エ門
造酒	藤越	日野屋吉太郎
山持	五日市	内山安兵衛
質屋	木更津	藍屋作右エ門
田畑	房州一分	竹内治郎右エ門
造酒	浦賀	紀国屋六八兵衛
田畑	武州新貝	中安兵衛
造酒	常州玉造	富士屋茂右エ門
田畑	武州王子	作勘左エ門
醤油	相州山田	曾根惣右エ門
醤油	上総久留里	藤崎安右エ門

為御覧

行司
上総 九十九里猟師中
下総 銚子猟師中
常州 水戸濱猟師中

年寄
武州 川口鋳物師
野州佐野 天明鋳物師
武州 八王子鋳物師

世話人
野州石灰師
八王子石灰師
銚子蠣灰師

勧進元
浦賀船持中
銚子船持中
利根川船持中

西の方

業種	所在	名前
小間物	中仙道本庄	中屋半兵衛
船持	相州浦賀	鳳凰丸喜六
呉服	上州桐生	佐羽吉右エ門
呉服	野州戸奈良	石井五右エ門
穀麻	上州大戸	加部安兵衛
造酒	上州鬼石	土屋惣兵衛
造酒	中仙道本庄	森田助左エ門
醤油	下総野田	茂木七郎右エ門
造酒	上野小高	須田又八
塩	上野倉賀野	須加庄兵衛

業種	所在	名前
造酒	上州藤岡町	十一屋作右エ門
質店	野州宇都宮	佐野屋惣右エ門
質店	常州江戸崎	大久保勘四郎
醤油	下総銚子	松下五郎兵衛
小間物	野州野田	万屋吉右衛門
造酒	常州水戸湊	濱屋五右衛門
造酒	上州国分	住屋武右衛門
船持	常州水戸湊	近藤治郎右衛門
質屋	上州厩橋	太田屋幾八
田畑	中仙道本庄宿	森田市郎左エ門
田畑	上州佐野並本	茂木長兵衛
呉服	上州高崎	布袋屋久右エ門
造酒	常州水戸上町	上林弥市右エ門
造酒	野州下奈良	吉田市右衛門
干鰯	相州浦賀	宮原利兵衛

業種	所在	名前
造酒	上州箕輪	下田利左衛門
呉服	下総佐原	奈良屋新左衛門
材木	下野寺ノ子	木屋友右衛門
造酒	下野烏頭	近江屋重治郎
醤油	下総野田	鍋屋佐平治
質店	下野雀宮	小倉清治右エ門
島問屋	下野結城	近江屋太郎右エ門
小間物	下野真岡	小宅平六
小間物	同	塚田弥右衛門
造酒	上三川	日野屋太兵衛
呉服	水海道	鍵屋利兵衛
煙草	秩父	田嶌四郎右衛門
造酒	武州行田	日野屋太郎右衛門
田畑	下総烏手	寺田五郎兵衛
造酒	武州所沢	三上平治郎
醤油	下総野田	大塚弥五右衛門
猟師	九十九り	飯高惣兵衛
造酒	同所	古川権三郎
金貸	上州高崎	高橋市郎右衛門
小間物	宇都宮	帋屋喜三治
小間物	川越町	間坂吉兵衛
造酒	九十九り	小川新兵衛
造酒	土浦	小津茂左衛門
造酒	武州清せ	戸ケ崎喜右衛門
小間物	下総□掛	掛倉持久右衛門

業種	所在	名前
造酒	舟橋	大和屋佐五右エ門
造酒	上総市宿	酒屋孫四郎
造酒	同杓子辻	沢屋惣吉
山持	武州井上	井上茂八
小間物	飯能	金子忠五郎
山持	上総養老	松崎喜惣治
舟持	同府津	酒屋嘉右エ門
穀物	同八幡	伊勢屋清兵衛
小間物	同姉ケ崎	永野勘右衛門
田畑	下総笹川	羽キ勘左エ門
造酒	上州青柳	田口七左エ門
醤油	神奈川	海保長兵衛
塩	大師河原	上太郎左衛門
舟持	大磯	川嵜孫右衛門
絹店	下野戸奈良	石井吉兵衛
絹店	同石塚	野代文蔵
質店	上州尾島	富宇田惣助
質店	同堺	佐野屋七兵衛
山持	足利小又	山間六右衛門
絹店	桐生	長澤治郎左衛門
山持	大間々	水酒七郎左衛門
絹店	山神	小川七郎左衛門
木綿	常州真壁	中村作兵衛
木綿	下館	中村兵左エ門
木綿	下館	板屋勘兵衛

業種	所在	名前
呉服	常州笠間	松屋平治郎
木綿	同	石井藤治右エ門
太物	下野茂木	栄屋仙司
紙店	同烏山	布袋屋武右エ門
造酒	秩父大宮	亀屋太右エ門
造酒	同	升屋利兵衛
造酒	流山	鴻池由太郎
造酒	松戸	竹沢四郎右エ門
造酒	同	津国屋九兵衛
酢	二合半領	相模屋浅右エ門
田畑	武州広瀬	萩野七郎右エ門
質店	高崎	高橋市郎左エ門
造酒	上州高浜	小暮林右エ門
山持	土浦高久	吉田久右エ門
醤油	銚子	田中玄蕃
田畑	下総多古	五十嵐治兵衛
田畑	相州厚木	栗原弥市
造酒	同尾尻	梅原太郎兵衛
醤油	常州北浦	細倉新□エ門
酒酢	上州力丸	羽鳥亦左衛門
田畑	常州五代	五代清吉
質店	上州藤岡	吉田半兵衛
造酒	同富岡	十一屋佐兵衛
醤油	武州正直	鈴木山治郎
田畑	下館飯沼	咲房三太郎

横山町和泉屋永吉板

近世後期になると、江戸地廻り経済圏の発達により各地で有力な豪農商が出現した。こうした状況に合わせて、分限者（金持ち）番付が数多く作られた。「関八州田舎分限角力番附」もその一例であり、200名の分限者が家業と共に書き上げられている。全部で33業種あり、中でも酒造業が最多で39名、次いで醤油業が20名以上いる。分限者順位を見てみると、一段目は東西合わせて醤油問屋５名と最も多く登場する。これに造酒問屋３名が続いており、醸造業の圧倒的な財力が目に付く。醸造業は多額の資本を投入して経営されることから、資本集積度が高く、大きな分限者を出しやすい産業であった。

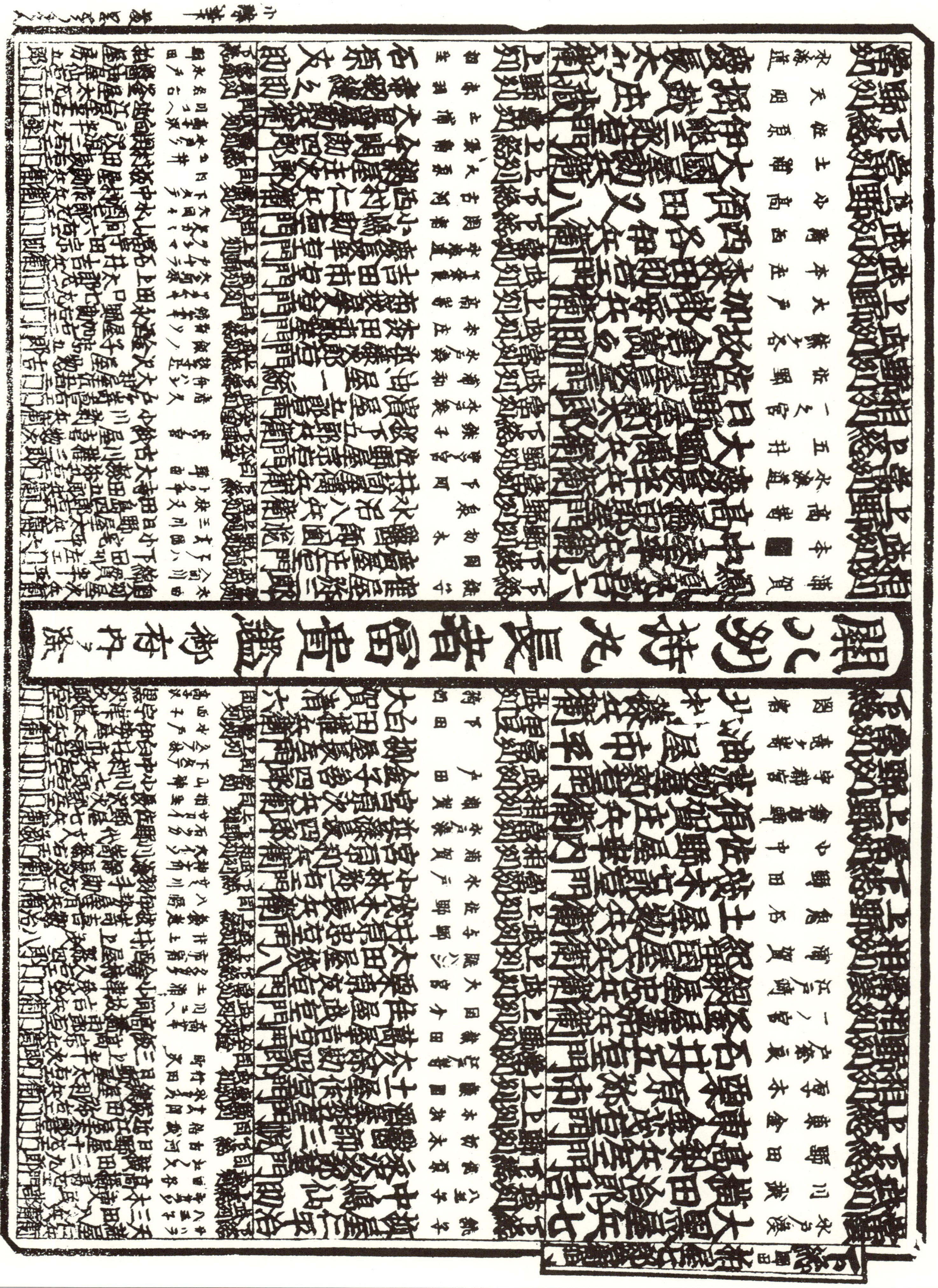

136　関八州持丸長者冨貴鑑 御府内ヲ除

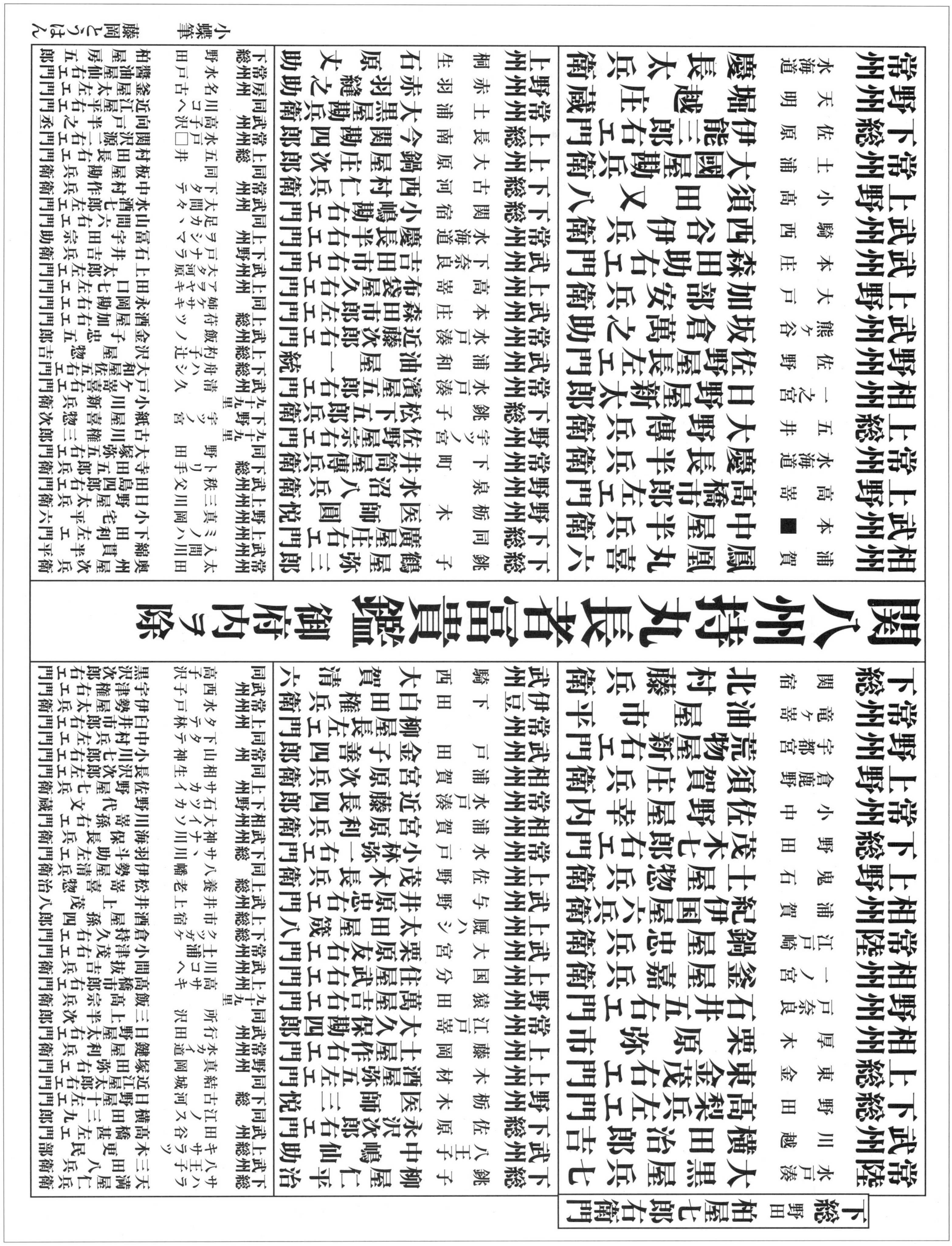

この番付は江戸を除く関東各地の持丸（金持ち）の居所と氏名を挙げたものである。関東地廻りからの江戸向け特産品の出荷増加に伴い、その生産に関わる有力な豪農商が成長、彼らに対する人々の関心の高まりからこうした番付が作られた。東側筆頭の「水戸湊　大黒屋兵七」は水戸藩第一の富豪、続く「川越　横田治郎吉」も天保期に川越藩への出金が総額６万両余に達した豪商で、どちらも手広い商売をしていた。

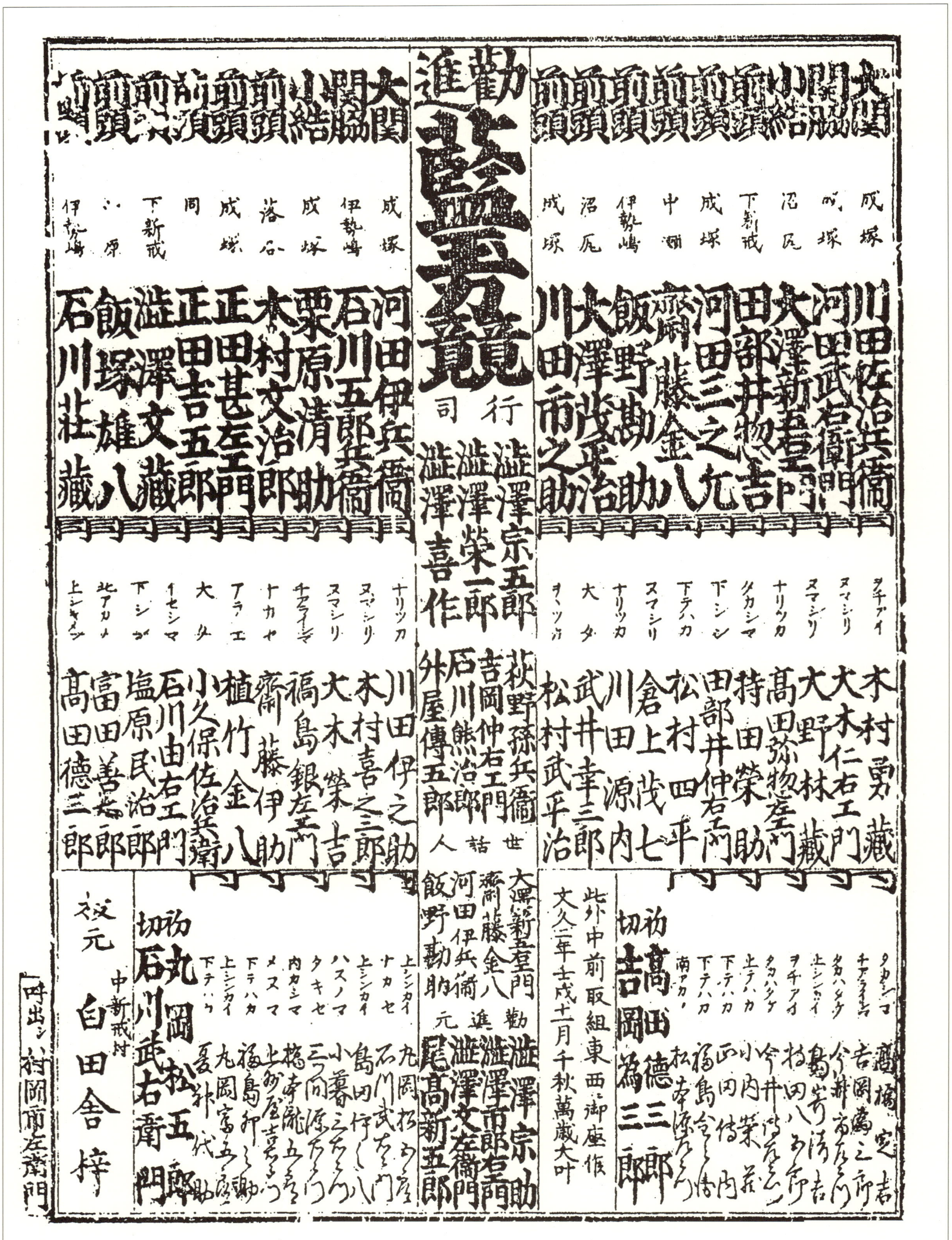

勧進 藍玉力競

行司 澁澤宗五郎 澁澤榮一郎 澁澤喜作

世話人 荻野孫兵衛 吉岡仲右エ門 石川熊治郎 外屋傳五郎

大関 成塚 川田佐治兵衛
関脇 成塚 河田武右衛門
小結 沼尻 大澤新左エ門
前頭 下新戒 田部井惣吉
前頭 成塚 河田三之丞
前頭 中瀬 齋藤金八
前頭 伊勢嶋 飯野勘助
前頭 沼尻 大澤茂平治
前頭 成塚 川田市之助

大関 成塚 河田伊兵衛
関脇 伊勢嶋 石川五郎兵衛
小結 成塚 栗原清助
前頭 落合 木村文治郎
前頭 成塚 正田甚左エ門
前頭 同 正田吉五郎
前頭 下新戒 澁澤文蔵
前頭 小原 飯塚雄八
前頭 伊勢嶋 石川荘蔵

木村勇蔵 大木仁右エ門 大野林蔵 高田弥惣左エ門 持田栄助 田部井伊右エ門 松村四平 倉上茂七 川田源内 武井幸三郎 松村武平治

川田伊之助 木村喜之三郎 大木榮吉 福島銀左エ門 齋藤伊助 植竹金八 小久保佐治兵衛 石川由右エ門 塩原民治郎 富田善右郎 高田徳三郎

大関新五左門 齋藤金八 河田伊兵衛 飯野勘助

勧進元 澁澤宗助 澁澤市郎右衛門 澁澤文左衛門 尾高新五郎

此外中前取組東西ニ御座候
文久二年壬戌十一月 千秋萬歳大叶

板元 中新戒村 白田舎梓

137 勧進藍玉力競

勧進
藍玉力競

行司
渋澤宗五郎
渋澤栄一郎
渋澤喜作

萩野孫兵衛
吉岡仲右エ門
石川熊治郎
升屋傳五郎

世話人
大澤新五右エ門
斎藤金八
河田伊兵衛
飯野勘助

勧進元
渋澤宗助
渋澤市郎右エ門
渋澤文左衛門
尾高新五郎

大関 成塚 川田佐治兵衛
関脇 成塚 河田武右衛門
小結 沼尻 大澤新五右エ門
前頭 下新戒 田部井惣吉
前頭 成塚 河田三之允
前頭 中瀬 斎藤金八
前頭 伊勢嶋 飯野勘助
前頭 沼尻 大澤茂平治
前頭 成塚 川田市之助

同 ヲチアイ 木村勇蔵
同 ヌマシリ 大木仁右エ門
同 ヌマシリ 大野林蔵
同 ナリツカ 髙田弥惣左エ門
同 タカシマ 持田栄助
同 下シシ 田部井仲右エ門
同 ヌマシリ 倉上茂七
同 ナリツカ 川田源内
同 大タ 武井幸三郎
同 ヲ、ツカ 松村武平治

同 タカシマ 髙橋定吉
同 チアライシマ 吉岡為三郎
同 タカハタケ 今井市左衛門
同 上シンカイ 島嵜清吉
同 ヲチアイ 持田八五郎
同 タカハタケ 今井傳左衛門
同 上テハカ 小内栄蔵
同 下テハカ 正田傳内
下テハカ 福島金兵衛
南アカメ 松本源左衛門
初 髙田徳三郎
切 吉岡為三郎

此外中前取組東西御座候
文久二年壬戌十一月千秋萬歳大叶

大関 成塚 河田伊兵衛
関脇 伊勢嶋 石川五郎兵衛
小結 成塚 栗原清助
前頭 落合 木村文治郎
前頭 成塚 正田甚左エ門
前頭 同 正田吉五郎
前頭 下新戒 渋澤文蔵
前頭 □原 飯塚雄八
前頭 伊勢嶋 石川荘蔵

同 ナリツカ 川田伊之助
同 ヌマシリ 木村喜之三郎
同 ヌマシリ 大木栄吉
同 チアライシマ 福島銀左エ門
同 ナカヤ 斎藤伊助
同 アラエ 植竹金八
同 大タ 小久保佐治兵衛
同 イセシマ 石川由右エ門
同 下シゴ 塩原民治郎
同 北アカメ 富田善六郎
同 上シキメン 髙田徳三郎

同 上シンカイ 丸岡松五郎
同 ナカセ 石川武右衛門
同 上シンカイ 島田伊之八
同 ハスノマ 小暮三右衛門
同 タキセ 三ツ間源右衛門
同 内カシマ 橋本瀧五郎
同 メヌマ 上州屋吉右衛門
同 下テハカ 福島卯之助
上シンカイ 丸岡富五郎
下テハカ 夏 神代助
初 岡 松 五 郎
切 石川武右衛門

板元 中新戒村 白田舎梓

呼出シ 村岡市左衛門

文久２年（1862）、血洗島村（埼玉県深谷市）の藍玉商人らが、品質の向上と集荷の拡大を図るべく、藍玉生産農家の番付を企画・板行した。それが「勧進藍玉力競」である。本番付には総勢88名の藍玉農家が記されており、勧進元は渋沢一族である。血洗島村では近世後期から幕末にかけて藍玉仲買商が盛んであり、中でも渋沢一族は藍玉の製造販売及び養蚕を兼営し穀物・野菜生産も手掛ける豪農だった。なお、この一族は明治の実業家として著名な渋沢栄一を輩出している。

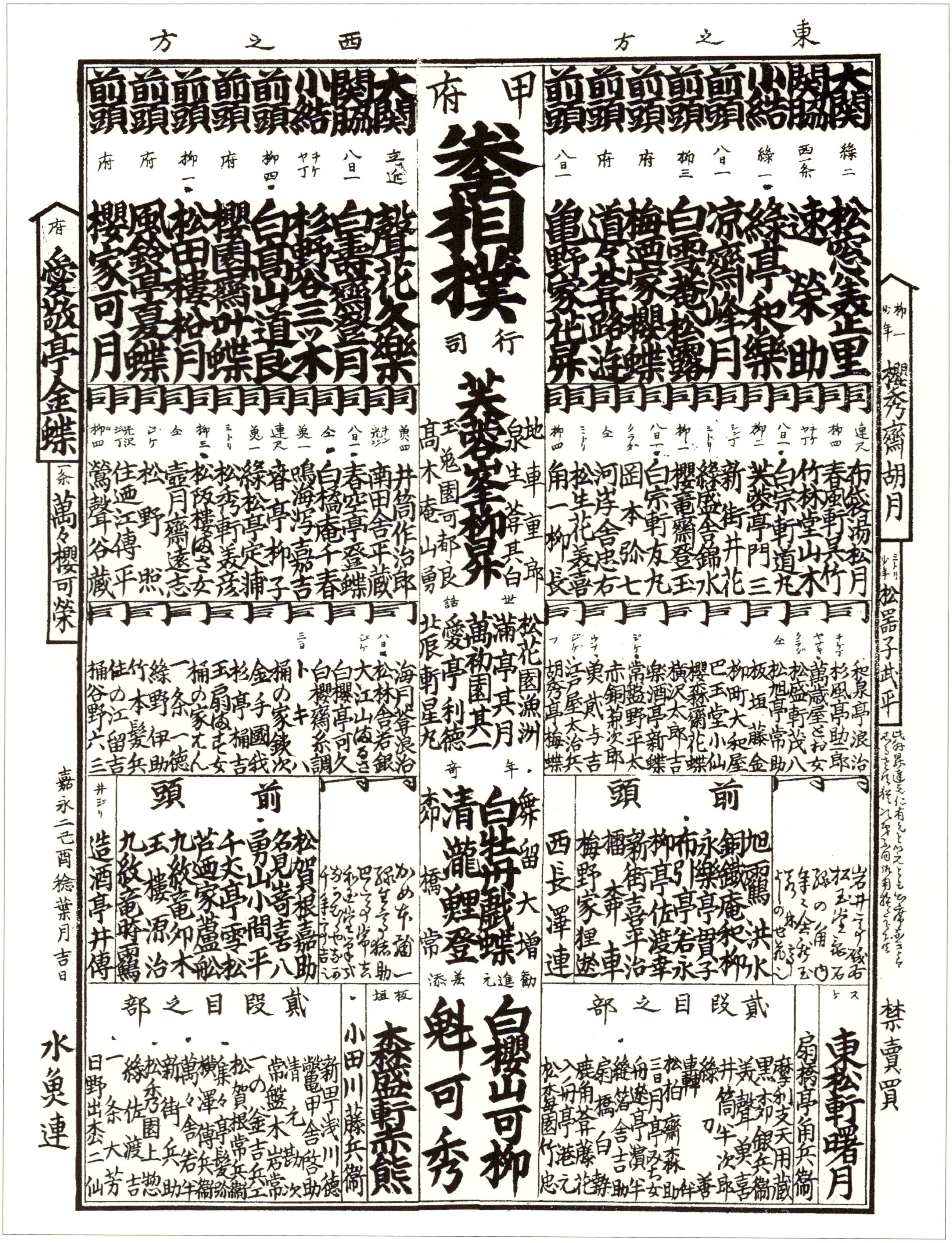
東之方
西之方
甲府
拳相撲
行司
芙蓉亭松昇
大関
関脇
小結
前頭
速栄助
絲亭和楽
涼其峰月
磐花文楽
白菊齋登月
杉野谷三木
風鈴亭夏蝶
櫻家可月
愛敬亭金蝶
萬々櫻可栄
櫻秀齋胡月
松昌子武平
勧進元
白櫻山可柳
差添
魁可秀
森盛軒赤熊
小田川藤兵衛
東松軒曙月
貳段目之部
禁賣買
嘉永二己酉稔葉月吉日
水奥連

138　甲府拳相撲

甲府 拳相撲

行司 芙蓉峯柳昇

地車重郎　泉生菴其白　玉兎園可都良　髙木庵山勇

東之方

- 大関 緑二 松窓美止里
- 関脇 西一条 速栄助
- 小結 緑一 緑亭和楽
- 前頭 八日一 涼斎峰月
- 前頭 柳三 白雪菴松露
- 前頭 府 梅廼家桜蝶
- 前頭 府 道々菴路游
- 前頭 八日一 亀野家花昇

柳一 少年 柳秀斎胡月

ミトリ 少年 松器子武平

- 同 連尺 布袋湯松月
- 同 柳四 春風軒呉竹
- 同 ヲケヤ丁 竹林堂山木
- 同 八日一 白宗軒道丸
- 同 柳二 芙蓉亭門三
- 同 シン丁 新街井花
- 同 ミトリ 緑盛舎錦水
- 同 柳一 桜竜斎登玉
- 同 八日一 白宗軒友丸
- 同 クラダ 岡本弥七
- 同 仝 河岸舎忠右
- 同 ミトリ 松生花美喜
- 同 柳四 角一柳長

- 同 和泉亭浪治
- 同 ヲケ丁 杉風亭助二郎
- 同 ヤナキ 萬歳屋とお女
- 同 クラダ 松盛軒茂八
- 同 仝 松旭亭常助
- 同 板垣藤金
- 同 柳町大和屋
- 同 巴玉堂小仙
- 同 桜森斎花蝶
- 同 横沢太郎吉
- 同 楽酒亭新蝶
- 同 ジケ 常盤野平太
- 同 赤銅兼次郎
- 同 ウヲ 魚武与吉
- 同 ジケ 江戸屋太治兵
- 同 フ 胡秀亭梅蝶

此外昇進之仁有之といえとも出席なきはしるさす、猶次第不同御用捨可被下候

- 同 岩井亭儀吉
- 同 松玉堂亀石
- 同 緑の角内
- 同 年々舎新玉
- 同 若井亭
- 同 よしのや花也

前頭

旭靏洪水　銅鐵庵和柳　永楽亭貫子　布引亭若永　柳亭佐渡幸　新街喜平治　櫺柳車　梅野家狸遊

西長澤連

弐段目之部

ケス 東松軒曙月

扇橋亭角兵衛　摩利支天用蔵　黒柳銀兵衛　美声魚喜　井筒半次郎　緑刀善　轟伴　松柏斎森助　三日月亭みち女　舟遊亭濱半　縫箔舎吉助　扇橋白勢　鹿角菴藤花　入舟亭港元　松梅園竹忠

禁売買

世話

松花園漁洲　満亭其月　萬初園其一　愛亭利徳　北辰軒星丸

年寄

舞留大増　白牡丹戯蝶　清瀧鯉登　柳橋常

勧進元 白桜山可柳

差添 魁可秀

西之方

- 大関 立近 声花久楽
- 関脇 八日一 白寿斎登月
- 小結 ヲケヤ丁 杉野谷三ツ木
- 前頭 柳四 白髙山道良
- 前頭 府 桜園斎叶蝶
- 前頭 柳一 松田楼松月
- 前頭 府 風鈴亭夏蝶
- 前頭 府 桜家可月

府 愛敬亭金蝶

一条 萬々桜可栄

- 同 魚四 井筒作治郎
- 同 ヲ光ジン 南田舎平蔵
- 同 八日一 春空亭登蝶
- 同 仝 白橘庵千春
- 同 魚一 鳴海潟嘉吉
- 同 連尺 春亭柳子
- 同 魚一 緑松亭定輔
- 同 ミトリ 松秀軒美彦
- 同 柳三 松阪楼まさ女
- 同 仝 壺月斎遠志
- 同 ジケ 松野照
- 同 光沢ジ丁 住廼江傳平
- 同 柳四 鶯声谷蔵

- 同 海月菴浪治
- 同 八日 松林舎若銀
- 同 大江山まるさ
- 同 ジケ 白桜亭可久
- 同 白桜斎糸調
- 同 三日 トキハ
- 同 桶の家錬次
- 同 金手國我
- 同 杉亭桶吉
- 同 玉扇ます女
- 同 桶の家はん
- 同 一条一徳
- 同 緑野伊助
- 同 竹本髪兵
- 同 住の江留吉
- 同 桶谷野六三

- 同 かめ本弥一
- 同 緑生亭猪助
- 同 巴亭常吉
- 同 和国堂単哉
- 同 なかむらやなか
- 同 千年亭吉也

前頭

松賀根嘉助　名見嵜喜八　勇山小間平　千丈亭雪松　芦廼家蘆舩　九紋竜卯木　玉楼源治　九紋竜時靏

井ジリ 造酒亭井傳

弐段目之部

板垣 森盛軒赤熊

小田川藤兵衛　新町浅川徳　龍甲舎啓助　清元勘次　常盤木岩常　一の釜吉兵エ　松賀根常兵衛　集々亭髪弥　横澤傳兵衛　萬々舎若半　新街兵助　松秀園上惣　緑佐渡吉　一条大芳　日野出松二仙

嘉永二己酉稔葉月吉日

水魚連

嘉永２年（1849）板行の「甲府拳相撲」は、甲府地方における拳相撲の名人達をその雅号と共に紹介している。中には少年や女性らが数名含まれている。そもそも「拳相撲」とは、古代中世以来の伝統を持つジャンケンにも似た手遊びであり、当時は「将棋」や「碁」にも並ぶ芸能として人々から評価されていた。本格的に勉強しようと思う人のために、全国各地に拳の稽古場もあったし、数多くの指南書も出版されていたのである。

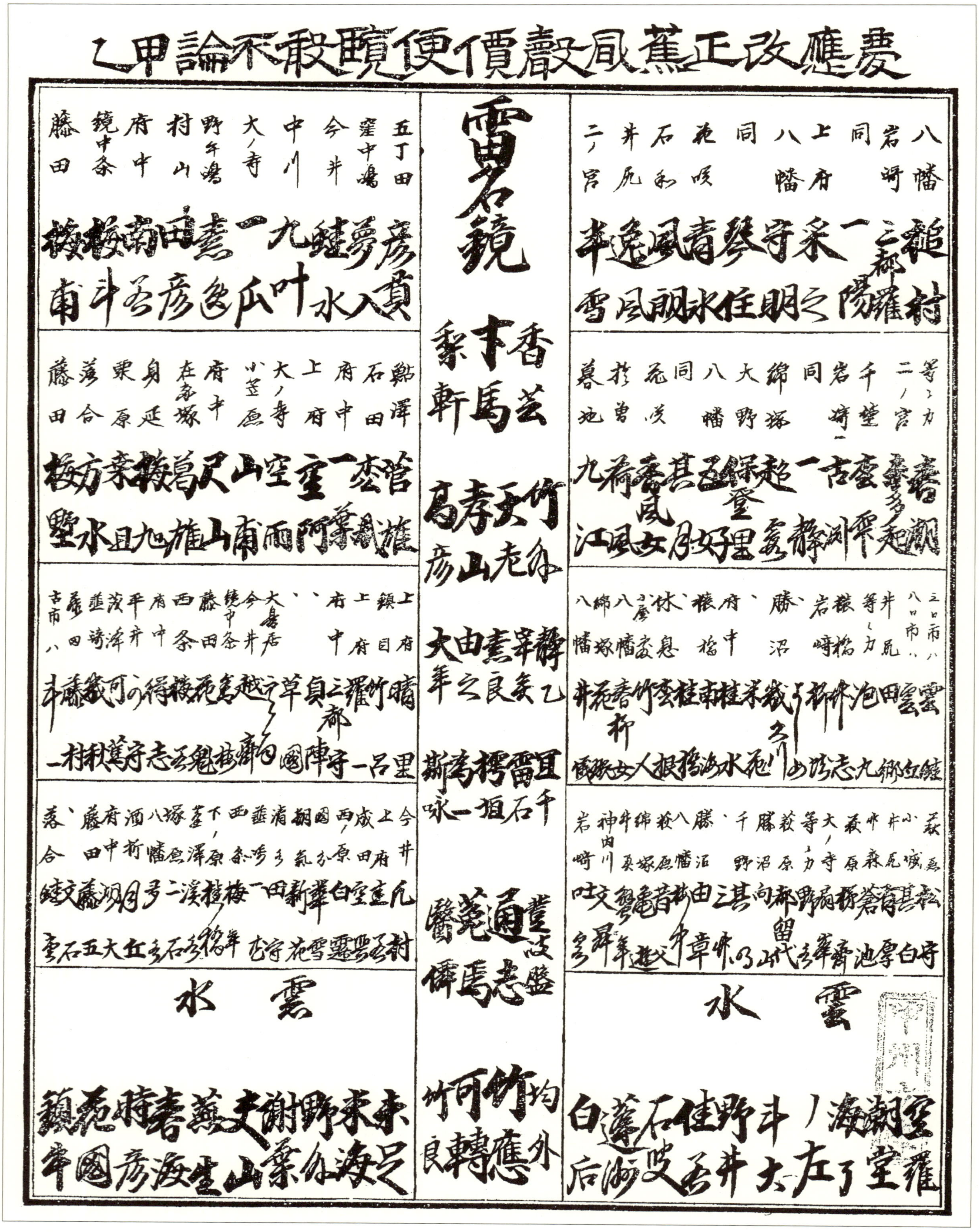
慶應改正蕉風聲價便覽不論甲乙

雷名鏡

水雲

水雲

139　慶応改正蕉風声価便覧 雷名鏡

慶応改正 蕉風声価便覧 不敢論甲乙

八幡 槌村
岩崎 三都羅
同 一陽
上府 釆之
八幡 守明
同 琴住
花咲 青氷
石和 風朗
井尻 逸風
二ノ宮 半雪

等々力 春潮
二ノ宮 未多起
千埜 松雫
岩崎 古渕
同 一静
綿塚 超霞
大野 保登里
八幡 五好
同 其月
花咲 香風女
於曽 荷風
暮地 九江

三日市ハ 雲□
八日市ハ 雲丘
井尻 田郷
等々力 泡丸
猿橋 升志
岩崎 柳衛
同 よしの
勝沼 幾久川
同 米花
府中 桂水
猿橋 南海
同 桂橋
休息 松根
小屋敷 竹人
八幡 春女
綿塚 花柳□
八幡 井儀

萩原 松守
小城 其白
井尻 有厚
竹森 蒼池
萩原 杼斉
大ノ寺 扇峯
等々力 野水
萩原 都留代
勝沼 向山
千野 其明
同 三斎
勝沼 由章
八幡 梅中
萩原 昔父
綿塚 亀遊
牛奥 蟹年
神内川 文昇
岩崎 吐泉

水雲

空羅
潮堂
海了
ノ左
斗大
野井
佳若
石叟
蓬洲
白后

雷名鏡

香芸
十馬
梨軒

竹外
天老
孝山
高彦

静乙
宰矣
素良
由之
大年

宜千
雷石
樗垣
為一
斯咏

登岐盤
通志
菟馬
医儛

均外
竹應
可轉
竹良

五丁田 彦貫
窪中嶋 夢入
今井 蛙水
中川 九叶
大ノ寺 一瓜
野牛嶋 素逸
村山 田彦
府中 南若
鏡中条 梅斗
藤田 梅甫

鮎澤 菅雄
石田 松哉
府中 一葉
上府 空阿
大ノ寺 空雨
小笠原 山甫
府中 尺山
在家塚 葛雄
身延 梅旭
栗原 桑旦
落合 方水
藤田 梅野

上府 晴里
鎮目 竹呂
上府 羅一
府中 三都守
同 貞陣
同 草國
大鳥居 空雨
今井 越斎
鏡中条 香梅
藤田 花魁
西条 梅若
府中 得志
平井 可守
茨澤 可篤
韮崎 幾秋
藤田 藤村
古市八 斗一

今井 凡村
上府 連若
成田 空聖
西ノ原 白露
国分 華雪
朝気 新花
清水 田守
韮崎 一共
西条 梅年
下ノ原 桂橋
蓬澤 渓若
塚原 二石
八幡 多水
酒折 月丘
府中 湖大
藤田 藤五
同 文石
落合 鍵松

水雲

未足
米海
野外
謝葉
夫山
蕪生
春海
時彦
花國
頽牛

本番付は、最幕末期の甲府城下を中心に甲斐国のほぼ全域における蕉風俳人番付である。甲府は江戸から近かったためにさまざまな文化が流入、俳諧も流行し、初期には松尾芭蕉とも交流を持った山口素堂を輩出している。素堂以降も甲州俳諧は隆盛で、後期には辻嵐外を輩出、嵐外十哲と呼ばれる俳人たちが活躍した。西側筆頭の「彦貫」(清水彦貫)は酒造業を営む傍ら、俳諧宗匠として俳諧集『旭露集』を万延元年(1860)に刊行している。

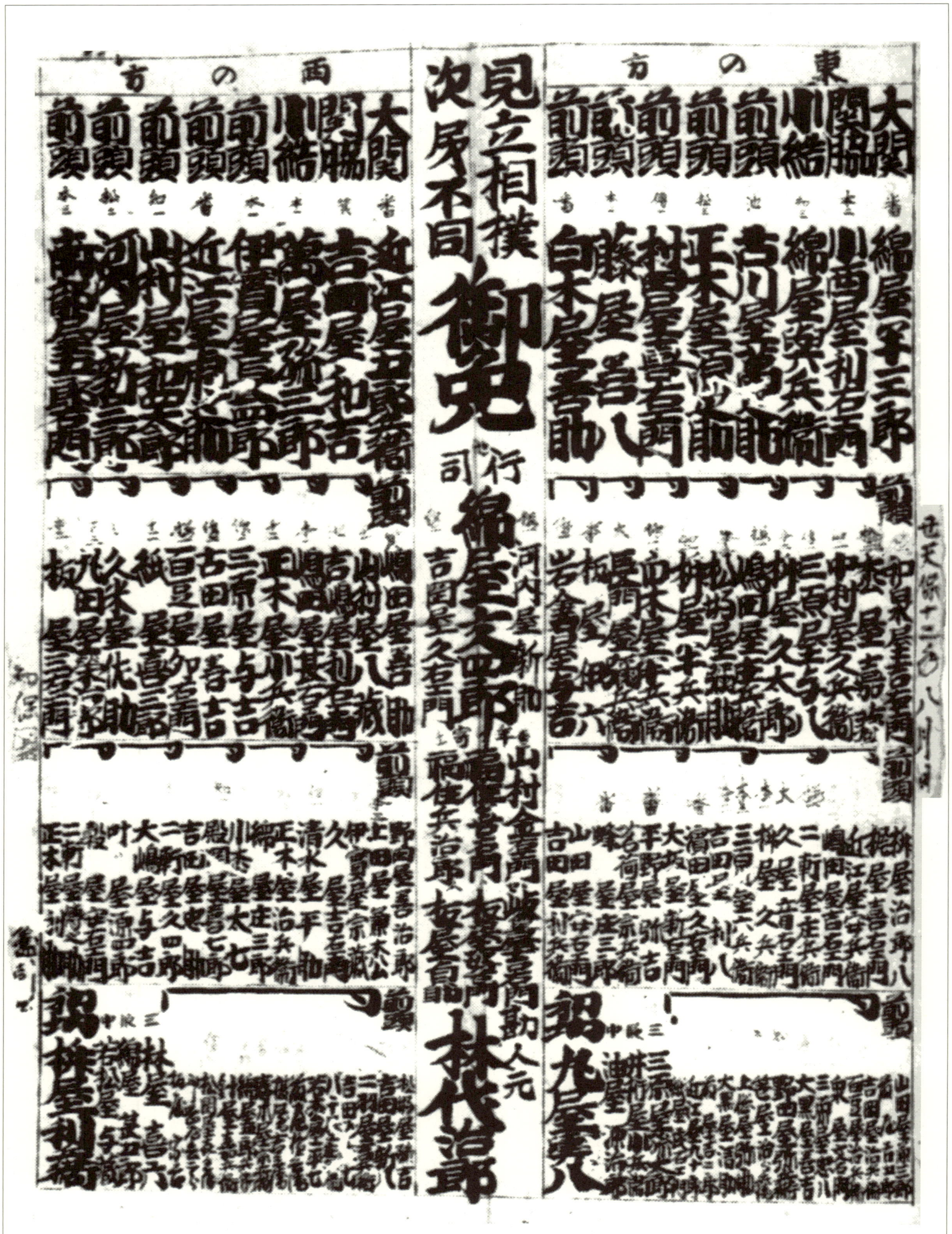
見立相撲
次第不同
御免
東の方
西の方
大関
関脇
小結
前頭

140　見立相撲次第不同御免（信州飯田町人長者番付）

見立相撲
次第不同
御免

東の方

大関 番 綿屋半三郎
関脇 本二 小西屋利右エ門
小結 知三 綿屋與兵衛
前頭 池 古川屋萬之助
前頭 松三 正木屋源之助
前頭 傳一 村田屋喜右エ門
前頭 本一 藤屋善八
前頭 番 白木屋善助

前頭 知二 和泉屋吉右エ門
同 松二 松屋嘉蔵
同 □□ 中村屋久兵衛
同 □□ 三原屋与八
同 本二 桝屋久太郎
同 桜一 嶋田屋庄兵衛
同 本一 松坂屋弥助
同 知二 桝屋半兵衛
同 桜一 白木屋半兵衛
同 大 長門屋弥兵衛
同 本 板屋伊六
同 傳一 岩金屋与吉

前頭 桝屋治郎八
同 梶屋喜右エ門
同 近江屋安兵衛
同 嶋田屋吉右エ門
同 桜一 二軒屋庄兵衛
同 大 久屋音右エ門
同 本一 桝屋久兵衛
同 本二 三原屋六兵衛
同 本二 吉田屋利八
同 番 濱田屋久右エ門
同 大坂屋新右エ門
同 番 平野屋弥吉
同 茗荷屋宗兵衛
同 番 峰屋庄三郎
同 山田屋安右エ門
同 吉田屋利兵衛

前頭 山田屋兼三郎
同 藤屋吉五郎
同 吉田屋治兵衛
同 百豆屋治兵衛
同 泉屋文右エ門
同 三原屋忠八
同 大黒屋善吉
同 野田屋弥兵衛
同 笹屋治郎兵衛
同 上総屋弥助
同 大黒屋清助
同 藤屋吉二郎
同 近江屋九十郎
同 紙屋兵右エ門

三段 三原屋孫太郎
同 井桁屋小兵衛
中 油屋源治郎

初切 丸屋與八

行司

池 綿屋文四郎
桜一 河内屋新助
□ 吉岡屋久右エ門

年寄
番 山村金右エ門
福住善右エ門
チ一 福住兵治郎

年寄
岐□屋吉右エ門
板屋好右エ門
板屋貞助

勘入元 林代治郎

西の方

大関 番 近江屋五郎兵衛
関脇 箕 吉田屋和吉
小結 本一 萬屋孫三郎
前頭 本一 伊實屋長四郎
前頭 番 近江屋虎之助
前頭 知一 山村屋和四太郎
前頭 松二 河内屋新三郎
前頭 本三 南部屋五郎右エ門

前頭 箕 嶋田屋善助
同 □ 山村屋八蔵
同 池 吉嶋屋利右エ門
同 本一 嶋田屋甚右エ門
同 チ二 正木屋小兵衛
同 傳馬 三原屋与吉
同 □二 古田屋善吉
同 桜一 百豆屋卯右エ門
同 チ二 紙屋喜三郎
同 □ 久米屋佐助
同 □二 丸田屋栄治郎
同 本二 板屋三右エ門

前頭 野田屋善治郎
同 本二 上田屋兼松
同 伊實屋宗蔵
同 久屋吉右エ門
同 清水屋平助
同 正木屋治兵衛
同 綿屋庄三郎
同 小松屋太七
同 知一 殿岡屋喜七郎
同 吉田屋忠助
同 二軒屋久四郎
同 大嶋屋与吉
同 叶屋源四郎
同 穀屋安右エ門
同 二軒屋傳之助
同 正木屋利助

前頭 松好屋孫吉
同 吉田屋新八
同 二羽屋吉兵衛
同 吉田屋□七
同 八千屋□□□
同 若松屋平七
同 藤屋権兵衛
同 榎屋吉兵衛
同 春木屋宗兵衛
同 綿屋五郎兵衛
同 針屋嘉兵衛
同 松岡屋喜兵衛
同 ふし岡屋兵二郎
同 板屋宗吉

三段 林屋喜六
同 綿屋甚五郎
中 若松屋与蔵

初切 桝屋利兵衛

丑天保十二年八月日

これは、天保12年(1841)に板行された信州飯田(信濃国最南端の城下町。2万石)における長者番付である。飯田では、元禄頃(1688〜1704)から漆器・元結・生糸の導入をはかり、次いで刻み煙草の製造を始めたことで活況を呈し、町はその取引の中心になるとともに、信濃奥地と東街道筋を結ぶ中馬稼の荷替地としても栄えた。2万石の小藩でありながら、寛政10年(1798)の段階で、商人や職人らが5,816人もいる一大商業都市だった。

富山・算術者

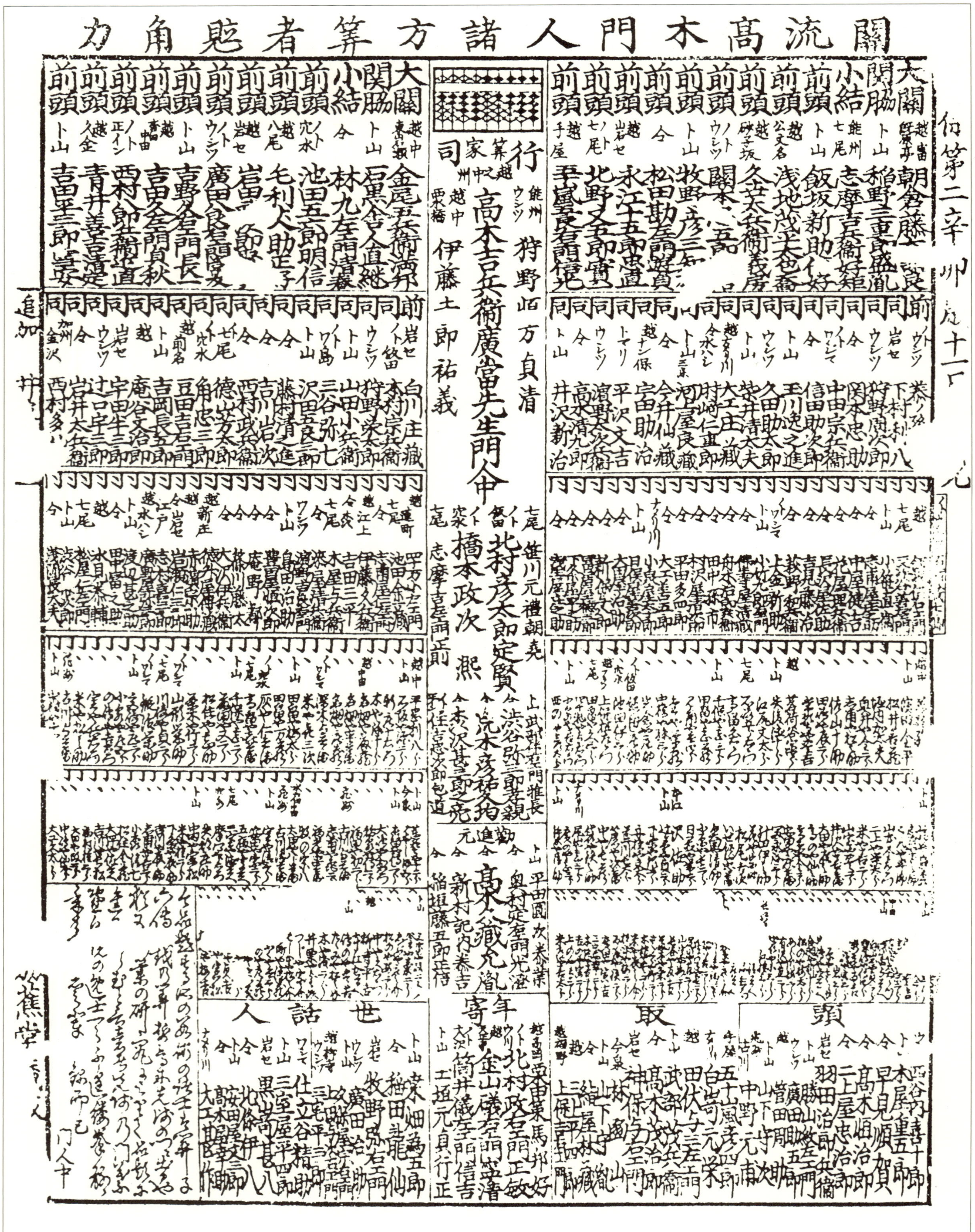

關流高木門人諸方算者見立角力

行司 算家 越中之州
能州ウシツ 狩野百方貞清
越中西水橋 伊藤土郎祐義

高木吉兵衛廣當先生門人中

七尾 笹川元禮朝堯
ノト 北村彦太郎定賢
ノト 橋本政次
七尾 志摩吉左衛門正…

勧進元
ト山 平田國次恭業
今 奥村定右衛門光澄
今 高木…允胤
今 新村記内泰吉
今 稲垣藤五郎正倚

年寄
越高岡 北村政右衛門正敏
ト山 土垣元貞行正

大関 越中東岩瀬 金尾五兵衛…
関脇 ト山 …直継
小結 今 林九左衛門清春
前頭 ノト穴水 池田五郎明信
前頭 越八尾 毛利大助正子

大関 越中富山 朝倉…
関脇 ト山 稲野三重盛胤
小結 能州七尾 志摩吉兵衛好雄
前頭 ト山 飯坂新助…好
前頭 越公文名 浅地茂平…

世話人　取　頭

141　関流高木門人諸方算者見立角力

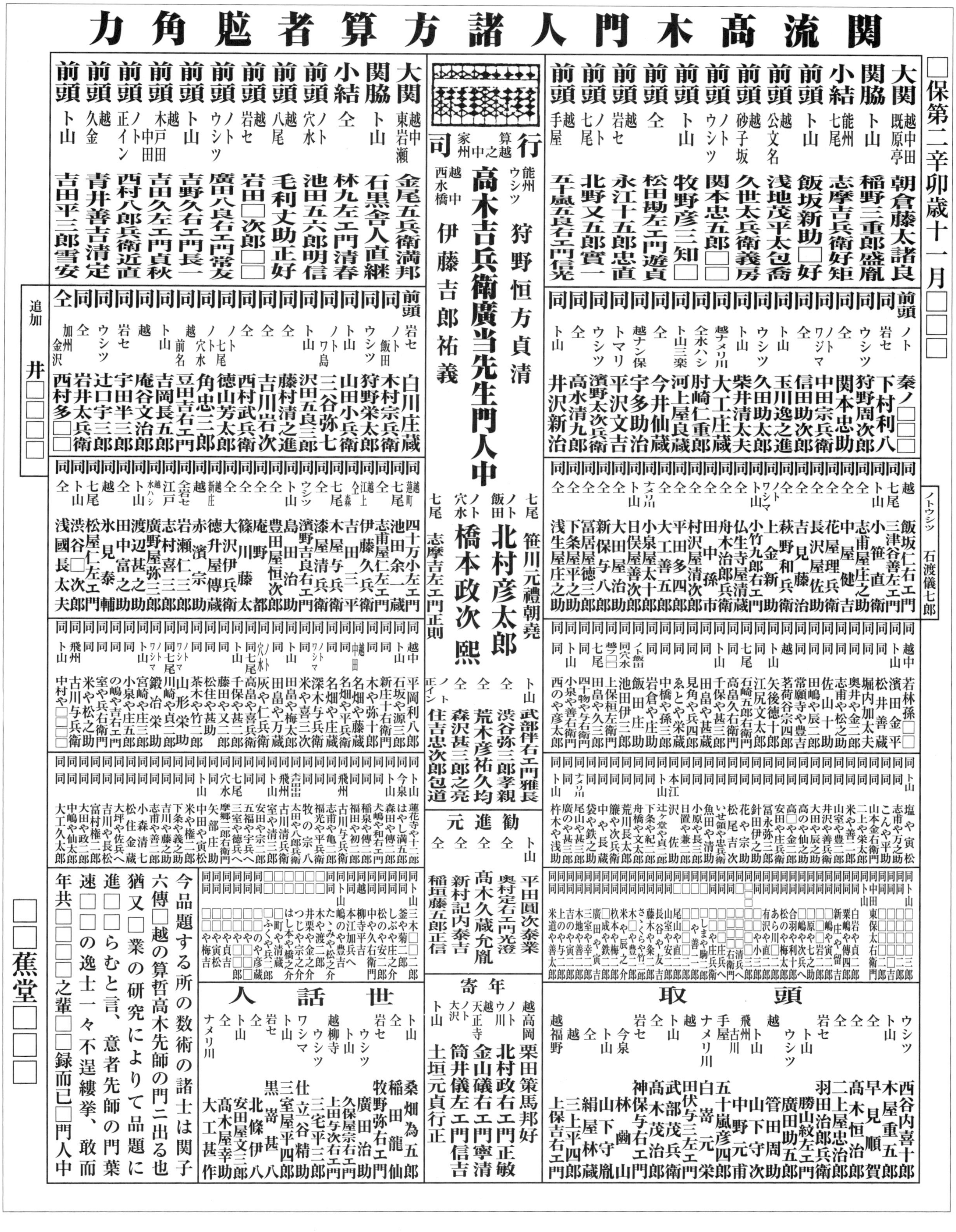
関流高木門人諸方算者見立角力

天保第二辛卯歳十一月□□□

行司 越中之算家 能州ウシツ 狩野恒方貞清

高木吉兵衛廣当先生門人中

司 越中西水橋 伊藤吉郎祐義

大関 越中田既原亭 朝倉藤太諸良
関脇 トヤマ 稲野三重郎盛胤
小結 能州七尾 志摩吉兵衛好矩
前頭 トヤマ 飯坂新助□好
前頭 越公文名 浅地茂平太包裔
前頭 越砂子坂 久世太兵衛義房
前頭 ノトウシツ 関本忠五郎□□
前頭 トヤマ 牧野彦三知□
前頭 仝 松田捌左エ門遊貢
前頭 越岩セ 永江十五郎忠直
前頭 ノト七尾 北野又五郎實一
前頭 越手屋 五十嵐五良右エ門信晃

大関 越中東岩瀬 金尾五兵衛満邦
関脇 トヤマ 石黒舎人直継
小結 仝 林九左エ門清春
前頭 ノト穴水 池田五六郎明信
前頭 越八尾 毛利文助正好
前頭 越岩セ 岩田□次郎□□
前頭 ノトウシツ 廣田八良右エ門常友
前頭 トヤマ 吉野久右エ門長一
前頭 越木戸中田 吉田久左エ門貞秋
前頭 ノト正イン 西村八郎兵衛近直
前頭 越久金 青井善吉清定
前頭 トヤマ 吉田平三郎雪安

追加 井□□□□

勧進元 トヤマ 平田圓次泰業 / 仝 奥村定右エ門光澄 / 仝 高木久蔵充胤 / 仝 新村記内泰吉 / 仝 稲垣藤五郎正信

寄年 越高岡 栗田策馬邦好 / ノトウ川 北村政右エ門正敏 / 越天正寺 金山礒右エ門寧清 / ノト大沢 筒井儀左エ門信吉 / トヤマ 土垣元貞行正

今品題する所の数術の諸士は関子六傳□越の算哲高木先師の門ニ出る也 猶又□業の研究によりて品題に進□□らむと言、意者先師の門葉速□□の逸士一々不遑縷挙、敢而年共□□□□之輩□□録而已□門人中

蕉堂□□□

天保２年（1831）に刊行された「関流高木門人諸方算者見立角力」は、越中富山の高木吉兵衛広当の和算（数学）門人を広く紹介していて、北陸における和算普及の証左である。関流とは寛永年生まれの関孝和が創始者で、西洋の数学者に先んじて高等数学を実践していたことで知られる。彼の活躍により全国的に和算専門の稽古所が開かれ、数多くの数学者を輩出した。富山では特に中田高寛・石黒信由が著名である。彼らは西洋の知識を活用し、天文暦や測量術・航海術に算術を応用して、幕末にかなった研究につとめた。

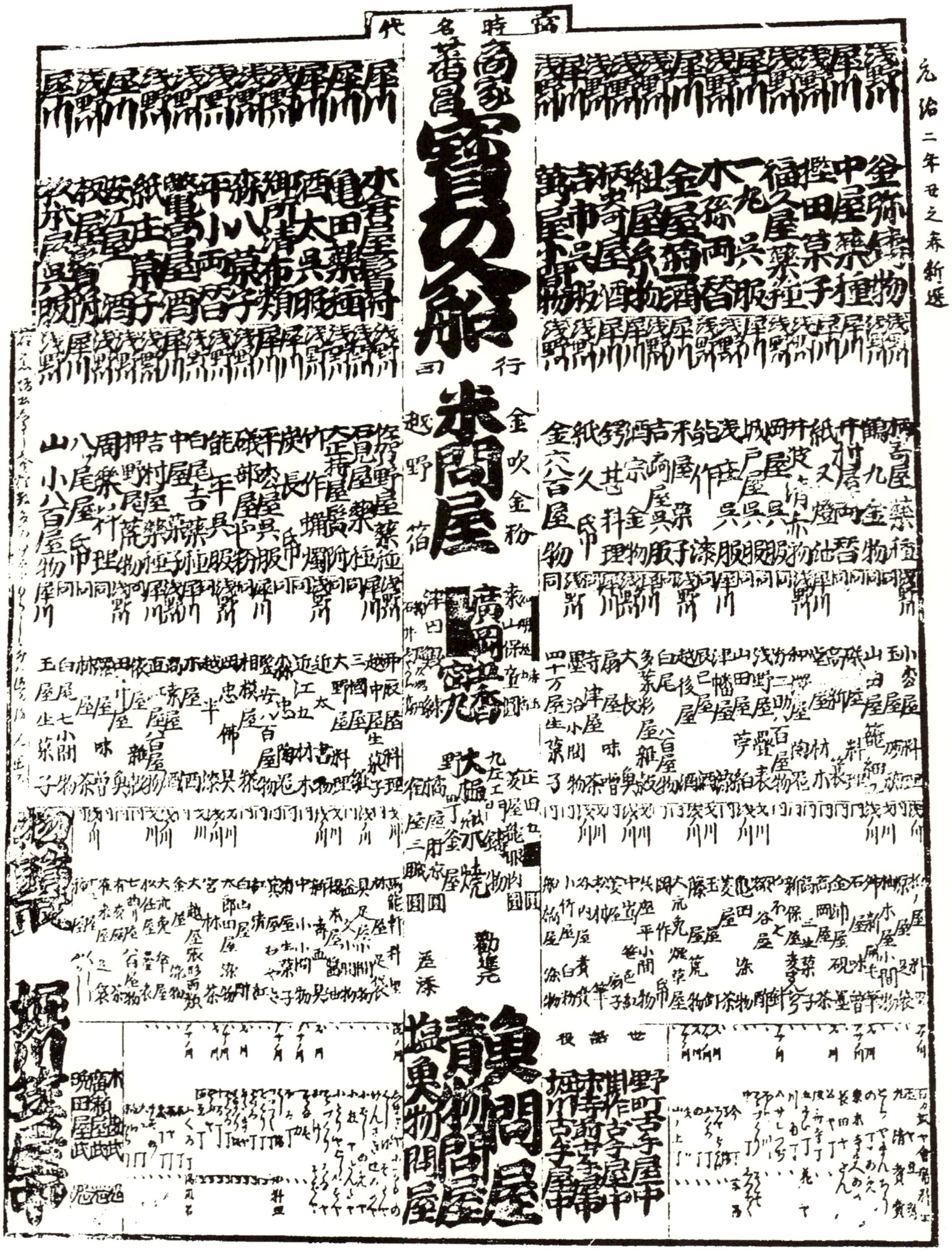

142　商家蕃昌宝の入船

元治二年丑之春新選

当時名代

商家蕃昌 宝の入船

最上段（右）

- 浅野川 釜弥鋳物
- 犀川 中屋薬種
- 浅野川 樫田菓子
- 浅野川 福久屋薬種
- 犀川 一丸呉服
- 浅野川 木孫両替
- 犀川 金屋菊一酒
- 浅野川 組屋糸物
- 浅野川 柄嵜屋酒
- 犀川 吉市呉服
- 浅野川 萬屋小間物

最上段（左）

- 犀川 木倉屋鬢附
- 犀川 亀田薬種
- 犀川 酒太呉服
- 浅野川 御所清布類
- 浅野川 森八菓子
- 浅野川 平小両替
- 浅野川 髗宮屋酒
- 浅野川 紙庄菓子
- 犀川 安江屋酒
- 浅野川 板屋鬢附
- 犀川 杉本屋呉服

二段目（右）

- 浅野川 柄嵜屋薬種
- 浅野川 鶴九金物
- 犀川 井村屋両替
- 犀川 紙又灯油
- 浅野川 井波清赤物
- 浅野川 岡屋呉服
- 犀川 城戸屋呉服
- 浅野川 浅庄呉服
- 浅野川 能作漆
- 犀川 米屋菓子
- 浅野川 吉崎屋呉服
- 浅野川 酒宗金物
- 犀川 鍔甚料理
- 犀川 紙久紙
- 浅野川 金六八百屋物

二段目（左）

- 浅野川 佐賀野屋薬種
- 浅野川 石見屋薬種
- 浅野川 大正持屋鬢附
- 浅野川 竹作蠟燭
- 犀川 炭長紙
- 犀川 平松屋呉服
- 浅野川 礒部屋ふし粉
- 浅野川 能平呉服
- 浅野川 白尾吉薬種
- 犀川 中屋菓子
- 浅野川 吉村屋薬種
- 浅野川 押野屋荒物
- 浅野川 周楽料理
- 犀川 八ツ尾屋紙
- 浅野川 山小八百屋物

三段目（右）

- 浅野川 小松屋料理
- 同 玉屋砂糖
- 同 山田屋籠細工
- 同 礒屋料理
- 同 高新簑
- 犀川 堂屋材木
- 浅野川 和沢屋陶器
- 同 与三助八百屋物
- 同 浅野屋畳表
- 同 山田屋苧絈
- 犀川 津幡屋漆
- 同 辰巳屋酒
- 浅野川 越後屋酒
- 犀川 白尾八百屋物
- 浅野川 多葉粉屋雑穀
- 犀川 大長魚
- 同 扇屋味噌
- 浅野川 寺津屋茶
- 同 墨治小間物
- 同 四十万屋生菓子

三段目（左）

- 浅野川 卯辰屋料理
- 犀川 越中屋生菓子
- 同 三國屋雛
- 同 大野屋料理
- 浅野川 近太書物
- 同 近江五材木
- 同 森忠陶器
- 犀川 竪安八百屋物
- 同 相模屋糀
- 浅野川 岡忠仏具
- 同 越半漆
- 犀川 木屋酒
- 浅野川 高桑屋酒
- 犀川 直江屋八百屋物
- 同 俵屋雑穀
- 浅野川 田井屋魚
- 同 沢屋味曽
- 同 林屋茶
- 同 白尾七小間物
- 犀川 玉屋生菓子

四段目（右）

- 浅ノ川 柏ノ屋料理
- 同 原屋足袋
- 才川 柚木屋小間物
- 浅ノ川 舛新刷毛筆
- 同 石屋味曽
- 同 金浦屋硯墨
- 同 高岡屋茶
- 同 高三生菓子
- 同 新保屋麦まんぢう
- 同 めほそ針
- 才川 額谷屋酢
- 浅ノ川 亀田染物
- 同 菱屋茶
- 才川 玉屋釘
- 浅ノ川 藤屋荒物
- 同 大衆免煙草屋
- 同 岡作紙
- 才川 呉座平小間物
- 浅ノ川 中嶌笹色紅
- 同 菱屋扇子
- 才川 松村筆
- 浅ノ川 谷内屋煮売
- 同 小竹屋白粉
- 同 船橋屋染物

四段目（左）

- 才川 馬龍軒料理
- 同 林屋足袋
- 浅ノ川 具足屋小間物
- 同 釜文小間物
- 才川 橋本屋醤油
- 浅ノ川 新寿画具
- 同 中小小間物
- 同 菊屋生菓子
- 同 箕屋おやき
- 同 紅清紅
- 同 白山屋酢
- 才川 太郎田屋染物
- 浅ノ川 宮林茶
- 才川 大越屋張形面類
- 同 金屋染物
- 浅ノ川 大衆免傘屋
- 才川 松任屋畳表
- 同 七曲り屋八百屋物
- 同 有松屋茶
- 同 鶴来屋足袋
- 浅ノ川 十三屋くし
- 同 種屋ふかし

行司・勧進元・差添（中央）

行司：米問屋　金吹金粉　越野箔

広岡五香　■密丸　津田鰻練　綿屋反魂丹　石井じやうろ膏　桑山保童円　知明屋五香　■赤玉

大樋楽焼　野町釜屋　橘屋肝涼円　鶴屋三臓円　九左エ門鋳物　菱屋龍眼肉円　庄田五■円

勧進元　差添

魚問屋　青物問屋　塩魚物問屋

五段目（右）

世話役：野町古手屋中　掛作古手屋中　末寺前古手屋中　堀川古手屋中

- アサノ川 百カ坂ヤ会席料理
- 、 玉ヤ豆腐
- 、 丸清煮売
- 、 とらやまんちう
- オ川 の丁あめ
- アサノ川 東末寺まへあめ
- 、 長田ヤだんご
- オ川 公ギ丁々
- 、 法舟寺丁々
- 、 五まい丁花ヤ
- 、 川南丁々
- アサノ川 ムサシつじ々
- 、 ほり川々
- 、 懸づくりそは
- 、 中丁しつほく
- 、 今丁薬湯
- 、 馬場薬湯
- オ川 ちやばたけ々
- アサノ川 ふくろ丁々
- オ川 の丁々
- アサノ川 矢口々
- 、 山ノ上丁々

五段目（左）

- 浅ノ川 しまだヤ小間もの
- 、 はしばそはヤ
- 、 けんさき辻あめヤ
- 、 小ばしあめヤ
- 、 小杉ヤだんこヤ
- 、 小とりヤばしかすヤ
- 、 懸づくりはなヤ
- オ川 かけそばヤ
- 、 すなば々
- アサノ川 一力々
- 、 ふる丁々
- アサノ川 はし場小料理
- 、 ヨコツヽミ丁々
- 、 をはり丁々
- 、 ばくろ丁々
- オ川 きたまや々
- 、 はまぐり坂々
- アサノ川 ばくろ丁々
- オ川 十間丁々
- 、 ずぶヤ々
- 、 河原丁々
- アサノ川 ふくろ丁湯風呂
- 、 木丁々
- 、 茶ヤ丁々
- 、 森下丁々
- 、 ます形々
- 、 大工丁々
- 、 近江丁々
- 、 木くら丁々

木勘武器　広瀬屋武器　晩田屋武器

惣頭取　堀川笠屋中

右荒増書しるし候へ共、猶数多の事故書もらし候分ハ追而後へんニ出ス

元治２年（1865）板行の「商家蕃昌宝の入船」は、金沢城下町における人気商店番付で、全部で189店舗を東西５段に分けて紹介している。最上段の22家には、「金屋菊一」「柄嵜屋」など酒造が４家、「中屋」「福久屋」など薬種が３家、「樫田」「森八」など菓子屋が３家、「一丸」「酒太」などの呉服屋が３家が配置されており、幕末期の金沢における人気業種や繁盛店名が一目瞭然である。また、薬種は中央の行司にも数家が名を連ねており、隣国越中の薬に劣らず、金沢でも薬の製造が活発に行なわれていたことがわかる。

加越能古人高名鑑後編

御覧

次才不同

学者 室鳩巣
茶人 高山南方
刀工 鄕則重
学者 服部南郭
免盛 御供田勘七
入唐大工 坂上多門
書 深山壽峯
書 金龍岩括
儒者 市河寛齋
医 小瀬復庵

画 久隅守景
運哥 今宿印齋
具足 蓬萊萌成重
書 佐多柔昭元女
釦術 草深甚四郎
入唐大工 山上仙之助
書画 三熊花顚
書 中村久越
儒者 木下菊潭
詩医 吉田成徳

西方寺 賢宜
開正寺 和尚
澤庵 和尚

在若左衛門
畠山重忠
源爲憲

安政六己未年
初冬新板

心学 田辺喜藏

平井陸奥守

加越能古人高名鑑後編

御覧　次第不同

西方寺賢堂　開正寺宣明　越中泊リ 澤庵和尚　能州 玄翁和尚　立像寺堯山　円満寺霊怪

タキ谷 石割日傳和尚　徹通和尚　蛍山和尚　峨山和尚　タキ谷 心地院日塔和尚

象ガン 郷義弘　宇多国正　同国房　勝木権太夫　□工彫 吉重五郎作　宇多国広　同国森

鑽工桑村弘克　藤原行光　宇多国友　藤原景光　宇多国久　泉清光　鑽工桑村盛勝

在若左衛門　畠山重忠　源為憲

心学 田辺喜蔵

神道講談 平井陸奥守

画 森西園　紙屋李喬

（右方）

学者 室鳩巣　茶人 高山南方　刀工 郷則重　学者 高丘 服部南郭　免盛 御供田勘七　入唐大工 坂上多門　書 深山壺峯　書 大正寺 金龍山了梧　儒者 冨山 市河寛斎　医 小瀬復庵

武勇　鋳物師　文人　刀工　書　俳人　国学　黒物師　琴　文人　文人　扇子師　文人　書　同　唐物師　具足

大正寺　ト山　井波　ト山　ツルキ　元祖　エツ中　高丘

笹井幸介　釜屋彦兵衛　西野高俊　藤原為継　金龍山懶也　瑞泉寺浪化　那谷寺仏陰　浅野五兵衛　住山検校　金子有斐　加波貞右エ門　稲垣碧峯　瑞龍寺閑雲　天徳院大黄　丸屋儀平　蓬莱國久

文人　画　筆法　書　碁　画　鑽工　ハイ人　刀工　文人　鑽工　象ガン　哥人　刀工　詩医　大字　ハイ人　刀工　狂哥　画

エツ中　タカ丘　大正寺　ト山　大正寺

寺中小太郎　吉岡省斎　敬周　岡野黄石　荒木是水　松原南岡　法橋俊乗　水野源六政光　河地厚為　景平　三熊露香女　後藤久清　金城三郎太夫　田中躬之　四方兼若　津田豹阿弥　楠部屋芸圃　嵩平　家忠　沢屋耳彦　村田芝園

学者　画　ハイ人　刀工　劔術　ケンボ染　ハイ人　書　ウタイ　画　碁　具足　画　ハイ人　蒔ヱシ　ウタイ　ハイ人　画　マイ勺　ハイ人　同　キ物シ　石工シ

松トウ　大正寺　大正寺　戸出

三宅橋園　梅田豊種　桃妖　甚太郎兼久　森下屋九良兵ヱ　亀田与助　半日坊　蒔絵師庄兵エ　山本屋傳右エ門　神戸吉兵エ　早川泉流　森山今司郎　明珍宗好　中村黒清　野口鶴臙　城端次五右エ門　徳田太左エ門　梶井貝山　明甑嘉助　田井[illegible]聲　康工　斗卜　示野屋平次　石屋次右エ門

ゴウカ　竹サイク　上ヱ　本艸家　ハイ女　上ルリ　山川シ　シハ居　人形　唄万才　興行師

二斗六兵ヱ　氷見ヤ市兵ヱ　堺ヤ平兵ヱ　エッ中ヤ伊右エ門　サキヤまき　宮古ジ繁大夫　ツルギヤ権八　茶ヤル作右エ門　金太夫　浮ノ用馬　内茶屋権兵エ　千賀浦濱右エ門　荒馬大五郎　黒岩森之介　君ケ嶽助三郎　若柳久松　谷川勘右エ門　劔山谷右エ門

（左方）

画 久隅守景　連哥 今宿印斎　具足 蓬来明珍成重　書 佐々木昭元女　劔術 草深村甚四郎　入唐大工 山上仙之助　書画 三熊花顛　書 松花堂高弟 中村久越　儒者 木下菊潭　詩医 吉田成徳

武勇　九谷　文人　刀工　書　俳人　書　鋳物師　琴　学者　儒　書　書　九谷　具足

大正寺　同　ト山　中居　市太夫長子　大正寺

五十嵐小文治　羽村権左エ門　東方祖山　藤嶌友重　天徳院大應　東山蘭更　市河米菴　北村市右エ門家正　浅江検校　管原智度　蒔絵師藤蔵　渋谷松堂　夢庵仁鳳　傳燈院林澄　後藤才治郎　雲海壽尚

文人　筆法　筆法　書　碁　文人　鑽工　ハイ人　刀工　画　鑽工　同　哥人　刀工　狂哥　文人　ハイ人　刀工　狂哥　画

エツ中　同　ト山　今井　大正寺　北枝兄　ノト　ト山　七尾　シン庄　小マツ　エツ中

小西宗斎　水上蘭堂　中田石蕙　成田梅甫　赤井得水　亀田東作　草鹿連渓　山尾次六侶久　牧童　有平　僧観了　金子吉之丞序允　後藤甚右エ門　黒川那雄　兼巻　服部玄好　蕉雨山人　其谷　信忠　金屋伬世　吉野鶴鳴

画　画　ハイ人　サンエ　馬術　茜ソメ　ハイ人　学者　ウタイ　画　医　具足　画　ハイ人　ウタイ　ハイ人　大字　マイ勺　ハイ人　同　弓シ　板下書

エツ中　ト山　ウ出ツ　北枝友　串　サカイ

折橋雄川　能瀬伯瑛　㫖屋一晶　若林宇兵エ照安　八田屋平右エ門　田中雪斎　卯辰山句空　蒔ヱ師庄次郎　七尾銅次良　池森内兵ヱ　邑川知昌　御長居久七　岩守大助　大辻文龍　砂良　塗師長哉　小嶌清左エ門　仏仙　諸江屋漳水　水落加玉　車大　東方白屋　廣与七郎　川水後房

ゴウカ　草サイエ　草花作　哥女　上ルリ　山シ　サモト　釣人形　ニワカ　咄家

大井佐五右エ門　木地ヤ長九郎　丁金八郎兵ヱ　中保ヤ　鹿シマヤさと　竹本スガ太夫　鳥ヤ忠兵衛　中山新平　サツマ礒之助　笑小堤灯　半笑亭扇花

安政六乙未年　初冬新板

此外古人高名人等多ク御座候得共余者略之

安政6年（1859）板行の「加越能古人高名鑑後編」は題名通り、加賀藩領における文化人をランク付けしている。最上段には学者室鳩巣、茶人高山南方（右近）、刀工郷則重、画家久隅守景、連歌師今宿印斎などを載せており、その他書画・骨董・名工・茶道・漢学達人等の名前が続く。彼らは現代人である我々にとって必ずしも馴染みのある人物たちではないが、幕末に茶道具・骨董収集に血道を挙げていた金沢町人にとって周知の顔ぶれであった。幕末の金沢における文化の成熟度を知るには本番付が好個の史料となろう。

金府繁栄風流選

紙上諸名無甲乙

遺漏許多讓後考

文雅遊客

博識 離屋老翁
宏才 香實居士
宋學 魯庵先生
古學 世壽学士
和漢 蟠桓子
書聖 玩易齋
医學 紫山先生
蘭學 南阜國手
士佐 渡邉清
筆勢 森高雅
管絃 覺正寺主
平曲 中村惣撿
彫物 忠利廣士
銅板 汲古園主
御家 玄教堂
骨肉 紫雲齋

一歎 大皷石矢
専耳 太澂早猪
盤上 伊藤松治
両傑 伊藤子元
細精 井德
工夫 一嘉坊
正風 沙鴎
誹仙 而后
名画 伊藤氏
名器 神戸氏
茶道 自生庵先生
好事 白木屋喜遊
難産 田中國手
昴生 阿初老婆
金銀 周奥樓上
昴滅 駿亭房裏

堅甲 明珍
利刀 政常
茶器 井庄
鑒定 山金
人相 南溟
方位 加藤
信心 杉太居士
佛者 吹九居士
利運 〇イ
浮雲 へ上
音踊 宗觀叟
妙声 哥和
俳優 千雀
連長 松戈
狂詩 孫彦
狂誹 増井

神社 大工藤左門
佛閣 影物早瀬
入歯 東雲堂
入目 備考斎
義太夫 栄蔵
三味線 楽市
網打 團蔵
舟漕 ガンマク
當世 妙貞尼
新内 牧孫
上代 春正
蒔絵 一國斎
酒席 声色耳富
座興 二〇カ三筆太夫
漢猟 海 大黒十
妙手 川 徳力

諸信霊験

金毘羅（アツタ） 観音 秋葉 明王 鬼子母
蛭子（ハマン） 大黒（サクラ） 萱神（サクラ） 七面（立花） 聖天（フクロ）

神威 熱田社
佛力 両御坊
厳重 御神祭
壮観 六月天王

藝能長者

教外 貫道和尚
別傳 鈞玄和尚
皇國 茂岳大人
學司 春蔭大人
詩文 桐園主人
秀才 杏村逸史
和哥 重道大人
與哥 龍屋大人
佛画 梅山
山水 老銭
申楽 覩世望月
腸師 高安両家
細図 哥月庵主
細字 平田玉枕
蔵書 岡田氏
萬巻 問屋某

一家 釣狐家元
無双 瓦落家元
将碁 久米
双六 三和
陶器 九印本業
名誉 豊助
戯作 厚田仙果
狂言 鸚せ之誘
篆刻 東窓先生
彫刻 中村治助
香道 友房
蹴鞠 丈輔
琵琶 福井検校
琴曲 古川検校
皷弓 芳澤検校
三絃 戸松勾當

匕首 政平
斧鉞 水車
古筆 了春
目利 株金
篆勘 宮田氏
精錬 坂氏
智恵 渡新
廣大 車利
揚弓 鷺雀
修錬 桂寿
雪浪 數下
拳将 千切政
滑稽 山月堂
茶番 利左門
本艸 蝸亭主人
識者 雀巣園主

雛殿 源帛九
木偶 仁兵エ
立華 九辰
生花 東仙堂
常盤津 菲柳
三味線 式治
金剛力 伏見喜
伊駄天 長忠
踊師 芳蔵
振付 新七
招画 景山
似顔 豊岡
番附書 和泉久
道具元 道具新
滅法 宮 神戸門蔵
奇妙 經兆つり物

名饗品名

車馬 傳馬町
奔走 門前京町
玄関 三八通所
群集 毎日山多
呉服 伊藤
太物 安田屋
金銀 関戸
湧出 内田
小間物 十一屋
翫物 丸久
銅鉄 笹惣
庭石 白武右
酒造 萱津屋
酢造 丸勘
鼈甲 京吉
嚢物 柏宇
本業 亀屋
新製 平子屋
赤味噌 佐野屋
白味噌 桔梗屋

干物 伏見屋
青物 八百善
紅白 鏡正
粉黛 紅善
海上 時田
運送 桑名伊
飛脚 貝谷
為替 小嶌
文房 大學堂
諸品 揮雲堂
奇麗 駒屋
旅店 柏屋
功能 烏犀一角
如神 紫雪龍膽
極寒 白酒小川
極製 菓子枯又
義酒 深緑り
名代 薄紅葉
料理 河文
精味 河治

無二 江戸三芭
一店 駿河半蔵
別誂 酔雪楼
屋形 喜室丸
僧衣 鍵藤
僧具 音儀
甘酒 三國一
煮売 角八
奉公人 江戸ノ七
口入所 蔦
損益 延米會所
如矢 川長看丁
辻売 酢太
両玉 粟焼
御幸 札ノ辻
吉原 福本屋
一膳 春日野の治
一挽 井飯千ビ太
揚弓 三保
売買 梅本

名家名物

大清 大靈屋
紅毛 萬源
小道具 杉村屋
茶器 上田屋
書林 永楽屋
貸本 ㊅大惣
新塗 青貝屋
古道具 中林
枝木 枝惣
竹叢 龍田屋
水縮 吹原
桟留 菱喜
佛壇 笹重
佛具 錺正
金銭 錢藤
両替 錢清
紺屋 丁子小
練張 亀甲午

温飩 角善
蕎麦 山路屋
茶舗 蔦太
酒楼 美ノ文
豆腐 五貝
精製 弾左門
川鰻 貝九
絶品 宮重
茶飯 蔦半
古舗 稲清
鶏肉 狼屋
鶏卵 手 伊八
漬物 近半
果物 柿林
白玉 若葉屋
互角 笹屋
湯豆腐 万忠
矢大臣 千代倉

拍手 若宮前
唱哥 三軒茶屋
尊板 萱屋町
米饅 御日出度
善哉 伊勢屋
浮焼 蔦新
餡餅 海老屋
名飴 川口屋
文色々 亀屋
一服一銭 青松堂
大福餅 蕎麦屋西側
五文取 宮丁坂口
福々 鍋屋丁鐘
鈍々 押切太蔵
浴湯 風呂新
梳髪 床清
千穐 千代 酒
萬歳 亀の一げ板

金府堂蔵板三千余所進不許翻刻売買

金府繁栄風流選

紙上諸名無甲乙

遺漏許多譲後考

文雅遊客

- 博識　離屋老翁
- 宏才　香実居士
- 宋学　魯庵先生
- 古学　世寿学士
- 和漢　盤桓子
- 書聖　玩易斎
- 医学　紫山先生
- 蘭学　南皐国乎
- 土佐　渡邉清
- 筆勢　森髙雅
- 管絃　覚正寺主
- 平曲　中村惣検
- 彫物　忠利廉士
- 銅板　汲古園主
- 御家　玄教堂
- 骨肉　紫雲斎

- 一皷　大皷石矢
- 轟耳　太皷早猪
- 盤上　伊藤松治
- 両傑　伊藤子元
- 細精　卄徳
- 工夫　一嘉
- 正風　沙鷗
- 誹仙　而后
- 名画　伊藤氏
- 名器　神戸氏
- 茶道　自生庵先生
- 好事　白木屋喜遊
- 難産　田中国手
- 即生　阿初老婆
- 金銀　周魚楼上
- 即滅　駿亭房裏

- 堅甲　明珍
- 利刀　政常
- 茶器　井庄
- 鑑定　山金
- 人相　南溟
- 方位　加藤
- 信心　杉太居士
- 仏者　吹九居士
- 利運　○イ
- 浮雲　へ上
- 音踊　宗観叟
- 妙声　哥和
- 俳優　千鶴
- 連長　松才
- 狂詩　孫彦
- 狂誹　増井

- 神社　大工藤右エ門
- 仏閣　彫物早瀬
- 入歯　東雲堂
- 入目　備考斎
- 義太夫　栄蔵
- 三味線　葉市
- 網打　円蔵
- 舟漕　ガンマク
- 当世　妙貞尼
- 新内　牧孫
- 上代　春正
- 蒔絵　一国斎
- 酒席　声色耳富
- 座興　二〇カ三津太夫
- 漁猟　海大黒千
- 妙手　川徳力

諸信霊験

- アツタ与ヤ金毘羅　八マン蛭子
- □□観音　サクラ大黒
- アツタ秋葉　サクラ菅神
- 大光院明王　立花七面
- 円トンジ鬼子母　フクロ聖天

- 神威　熱田社
- 仏力　両御坊
- 厳重　御神祭
- 柱観　六月天王

芸能長者

- 教外　貫道和尚
- 別伝　鈎玄和尚
- 皇国　茂岳大人
- 学司　春蔭大人
- 詩文　桐園主人
- 秀才　杏村逸史
- 和哥　重道大人
- 興哥　龍屋大人
- 仏画　梅山
- 山水　老銕
- 申楽　観世望月
- 脇師　髙安両家
- 細図　哥月庵主
- 細字　平田玉材
- 蔵書　岡田氏
- 万巻　問屋某

- 一家　釣狐家元
- 無双　瓦落家元
- 将棋　久米
- 双六　三和
- 陶器　九印本業
- 名誉　豊助
- 戯作　厚田仙果
- 狂言　靍芝誘
- 篆刻　東巒先生
- 彫刻　中村治助
- 香道　友房
- 鞦鞠　丈輔
- 琵琶　福井検校
- 琴曲　古川検校
- 皷弓　芳澤検校
- 三絃　戸松匂当

- 匕首　政平
- 斧鉞　水車
- 古筆　了魯
- 目利　楳金
- 算勘　宮田氏
- 精錬　坂氏
- 智恵　渡新
- 広大　車利
- 揚弓　鷺霍
- 修練　桂寿
- 雪浪　藪下
- 拳将　千切政
- 滑稽　山月堂
- 茶番　利右エ門
- 本艸　蝸亭主人
- 識者　萑巣園主

- 雛殿　源郎九
- 木偶　仁兵エ
- 立華　丸辰
- 生花　東仙堂
- 常般津　兼柳
- 三味線　式治
- 金剛力　伏見喜
- 伊駄天　長忠
- 踊師　芳蔵
- 振付　新七
- 招画　景山
- 似顔　豊岡
- 番附書　和泉久
- 道具元　道具新
- 滅法　宮神戸門松
- 奇妙　門前鯉兆ツリ物

名誉名品　名家名物

- 車馬　伝馬本町
- 奔走　門前京町
- 玄関　三八通所
- 群集　毎日山多
- 呉服　伊藤
- 太物　安田屋
- 金銀　関戸
- 湧出　内田
- 小間物　十一屋
- 瓶物　丸久
- 銅銕　笹惣
- 庭石　白武石
- 酒造　萱津屋
- 酢造　丸勘
- 鼈甲　京吉
- 嚢物　柏宇
- 本業　亀屋
- 新製　平子屋
- 赤味噌　佐野屋
- 白味噌　桔梗屋
- 大清　大霍屋
- 紅毛　萬源
- 小道具　杉村屋
- 茶器　上田屋
- 書林　永楽屋
- 貸本　(大)大惣
- 新家具　青貝屋
- 古道具　中林
- 材木　材惣
- 竹叢　龍田屋
- 水綿　吹原
- 桟留　菱喜
- 仏檀　笹重
- 仏具　錺正
- 金銭　銭藤
- 両替　銭清
- 紺屋　丁子小
- 練張　亀甲与

- 干物　伏見屋
- 青物　八百善
- 紅白　鏡正
- 粉黛　紅善
- 海上　時田
- 運送　桑名伊
- 飛脚　貝谷
- 為替　小嶌
- 文房　大学堂
- 諸品　揮雲堂
- 奇麗　駒屋
- 旅店　柏屋
- 功能　烏犀一角
- 知神　紫雪□胆
- 極寒　白酒小川
- 極製　菓子桔又
- 美酒　深緑り
- 名代　薄紅葉
- 料理　河文
- 精味　河治
- 温飩　角善
- 蕎麦　山路屋
- 茶舗　蔦太
- 酒楼　美ノ文
- 豆腐　五貝
- 精製　弾右エ門
- 川鰻　貝九
- 絶品　宮重
- 茶飯　蔦半
- 古舗　稲清
- □肉　狼屋
- 鶏卵　マキノ伊八
- 漬物　近半
- 果物　柿林
- 白玉　若葉屋
- 互角　笹屋
- 湯豆腐　万忠
- 矢大臣　千代倉

- 無二　江戸三すし
- 一店　駿河羊羹
- 別荘　酔雪楼
- 屋形　喜宝丸
- 僧衣　鍵藤
- 僧具　音儀
- 甘酒　三国一
- 煮売　角八
- 奉公人　江戸七
- 口入所　藤□
- 損益　延米会所
- 如失　川長者丁
- 辻売　酢太
- 両玉　栗焼
- 御聿　札ノ辻
- 吉原　福本屋
- 一膳　春日野ツク治
- 一枕　井飯チビ太
- 揚弓　三保
- 売買　梅本
- 拍手　若宮前
- 唱哥　三軒茶屋
- 厚板　萱屋町
- 米饅　御目出度
- 善哉　伊勢屋
- 浮麩　蔦新
- 飴餅　海老屋
- 名飴　川口屋
- 一丈色々　亀屋
- 一服一銭　青松堂
- 大福餅　簱屋西側
- 五文取　宮丁坂口
- 頑々　鍋屋丁鐘
- 鈍々　押切太皷
- 浴場　風呂新
- 梳髪　床清
- 千穐　千代霍酒
- 万歳　亀の一けし板

三都に限らず、名古屋でも数多くの番付が板行されていた。「金府繁栄風流選」は型式面を見ると、熱田社や東西掛所などの寺社が表題下に並び、それ以外の紙面が三分割されていて、上段は「文雅遊客」、「芸能長者」、下段は「名誉名品」と「名家名物」の題名が付けられている。実はこれらの記載型式、板元の名乗りやその他の文言などは、先行する「大江都名物流行競」の型式をそのまま模倣していることが判明している。これは江戸など大都市の影響を受けて名古屋文化が形成されているという証左であり、その具体的過程を考える上で興味深い一例であろう。

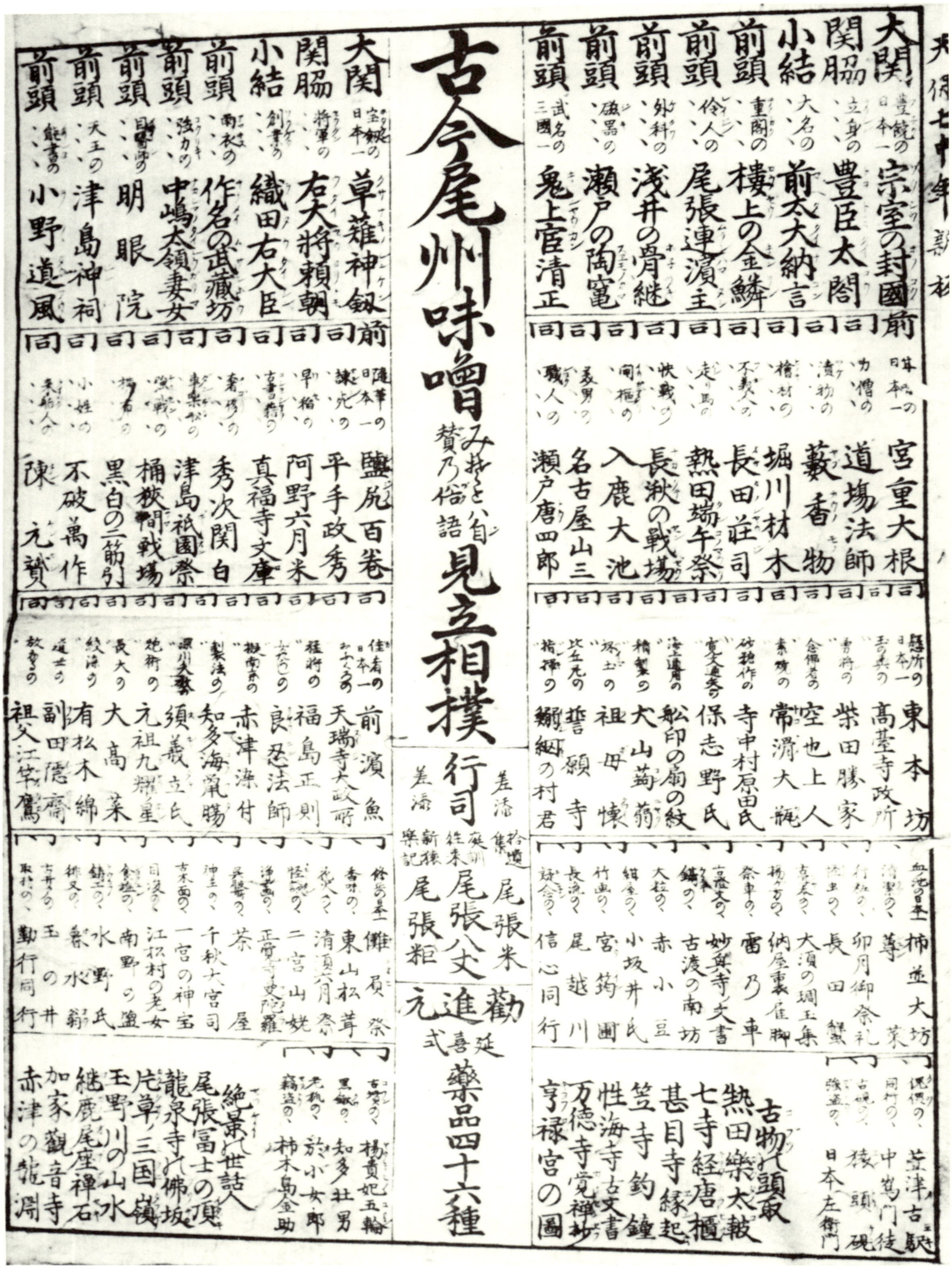

古今尾州味噌見立相撲
賛乃俗語

大関 豊饒の 宗室の封國
関脇 立身の 豊臣太閤
小結 大名の 前太大納言
前頭 重閣の 樓上の金鱗
前頭 伶人の 尾張連濱主
前頭 外科の 浅井の骨継
前頭 磁器の 瀬戸の陶竈
前頭 武名の 鬼上官清正

大関 日本一 草薙神劒
関脇 将軍の 右大将頼朝
小結 創業の 織田右大臣
前頭 雨衣の 作名の武藏坊
前頭 強力の 中嶋太領妻女
前頭 医学の 明眼院
前頭 天王の 津島神祠
前頭 能書の 小野道風

宮重大根　道場法師　藪香物　堀川材木　長田荘司　熱田端午祭　長湫の戦場　入鹿大池　名古屋山三　瀬戸唐四郎

鹽尻百巻　平手政秀　阿野六月米　真福寺文庫　秀次関白　津島祇園祭　桶狭間戦場　黒白の二筋引　不破萬作　陳元贇

東本坊　高基寺政所　柴田勝家　空也上人　常滑大瓶　寺中村原田氏　保志野氏　松印の扇の紋　犬山蒟蒻　祖母懐　誓願寺　鯏網の村君

前濱魚　天瑞寺大政所　福島正則　良丞法師　赤津滌付　知多海鼡腸　須義立氏　元祖九耀星　大高菜　有松木綿　副田徳齋　祖父江笑鷹

柿並大坊　卯月御祭礼　長田　大須の璃玉集　納屋裏雀脚　雷乃車　妙興寺文書　古渡の南坊　赤小豆　小坂井氏　宮筠圃　尾越川　信心同行

東山松茸　清須六月祭　二宮山娩　正覚寺曼陀羅　茶屋　千秋大宮司　一宮の神宝　江松村の老女　南野の塩　水野氏　桑水鍋　玉の井　勤行同行

行司　差添　差添
拾遺集 尾張米
庭訓往来 尾張八丈
新撰楽記 尾張粔
勧進元 延喜式 薬品四十六種

萱津古駅　中嶋門徒　猿頭硯　日本左衛門

古物の頭取
熱田楽太鼓　七寺経唐櫃　甚目寺縁起　笠寺釣鐘　性海寺古文書　万徳寺覚禅抄　亨禄宮の圖

楊貴妃五輪　知多壮男　於小女郎　柿木島金助

絶景の世話人
尾張富士の頂　龍泉寺の佛坂　片草の三国嶺　玉野川の山水　鵜飼尾座禅石　加家観音寺　赤津の龍淵

145　古今尾州味噌見立相撲

天保七申年新板

古今尾州味噌見立相撲

みそとハ自賛の俗語

差添 拾遺集 尾張米
行司 庭訓往来 尾張八丈
差添 新猿楽記 尾張粔

勧進元 延喜式 薬品四十六種

大関 豊饒の日本一 宗室の封国
関脇 立身の、、、 豊臣太閤
小結 大名の、、、 前太大納言
前頭 重閣の、、、 楼上の金鱗
前頭 伶人の、、、 尾張連濱主
前頭 外科の、、、 浅井の骨継
前頭 磁器の、、、 瀬戸の陶竈
前頭 武名の三国一 鬼上官清正

前 甘□の日本一 宮重大根
同 力僧の、、、 道場法師
同 漬物の、、、 藪香物
同 檜材の、、、 堀川材木
同 不義人の、、、 長田荘司
同 走リ馬の、、、 熱田端午祭
同 快戦の、、、 長湫の戦場
同 閘樞の、、、 入鹿大池
同 美男の、、、 名古屋山三
同 職人の、、、 瀬戸唐四郎

同 懸所の日本一 東本坊
同 玉の輿の同 高臺寺政所
同 勇将の同 柴田勝家
同 念仏者の同 空也上人
同 素焼の同 常滑大瓶
同 砂糖作の同 寺中村原田氏
同 寛文通矢の同 保志野氏
同 海上通用の同 船印の扇の紋
同 精製の同 犬山蒟蒻
同 坏土の同 祖母懐
同 比丘尼の同 誓願寺
同 指揮の同 鰯網の村君

同 血ノ池の日本一 柿並大坊
同 清潔の同 蓴菜
同 行粧の同 卯月御祭礼
同 怪虫の同 長田蟹
同 古写本の同 大須の琱玉集
同 揚ケ方の同 納屋裏雁脚
同 祭車の同 雷の車
同 古証文の同 妙興寺ノ文書
同 鑷の同 古渡の南坊
同 大粒の同 赤小豆
同 紺屋の同 小坂井氏
同 竹画の同 宮筠圃
同 長流の同 尾越川
同 疑念の同 信心同行

同 傀儡の同 萱津ノ古駅
同 同行の同 中嶌門徒
同 古硯の同 猿頭硯
同 強盗の同 日本左衛門

古物の頭取
熱田楽太鼓
七寺経唐櫃
甚目寺縁起
笠寺釣鐘
性海寺古文書
万徳寺覚禅抄
亨禄宮の図

大関 宝劔の日本一 草薙神劔
関脇 将軍の、、、 右大将頼朝
小結 創業の、、、 織田右大臣
前頭 雨衣の、、、 作名の武蔵坊
前頭 強力の、、、 中嶋太領妻女
前頭 目医師の、、、 明眼院
前頭 天王の、、、 津島神祠
前頭 能書の、、、 小野道風

前 随筆の日本一 塩尻百巻
同 諫死の、、、 平手政秀
同 早稲の、、、 阿野六月米
同 古書籍の、、、 真福寺文庫
同 奢侈の、、、 秀次関白
同 車楽船の、、、 津島祇園祭
同 強戦の、、、 桶狭間戦場
同 横布の、、、 黒白の二筋引
同 小姓の、、、 不破萬作
同 来舶人の、、、 陳元贇

同 佳肴の日本一 前濱魚
同 おふくろの同 天瑞寺大政所
同 猛将の同 福島正則
同 女たらしの同 良忍法師
同 擬南京の同 赤津染付
同 製法の同 知多海鼠腸
同 深川矢数の同 須義立氏
同 炮術の同 元祖九耀ノ星
同 長大の同 大高菜
同 紋染の同 有松木綿
同 道世の同 副田隠斎
同 放鷹の同 祖父江竿鷹

同 修正の日本一 儺負祭
同 香味の同 東山松茸
同 花火の同 清須六月祭
同 怪談の同 二宮山姥
同 浄土画の同 正覚寺曼陀羅
同 呉服所の同 茶屋
同 神主の同 千秋大宮司
同 古木面の同 一宮の神宝
同 目淡の同 江松村の老女
同 食塩の同 南野の塩
同 鋳工の同 水野氏
同 俳文の同 暮水翁
同 古井戸の同 玉の井
同 取持の同 勤行同行

同 古墳の同 楊貴妃五輪
同 黒鍬の同 知多壮男
同 老狐の同 於小女郎
同 窃盗の同 柿木島金助

絶景の世話人
尾張冨士の頂
龍泉寺の仏坂
片草ノ三国嶺
玉野川の山水
継鹿尾座禅石
加家観音寺
赤津の龍淵

天保７年（1836）板行の「古今尾州味噌見立相撲」は尾張･名古屋の名物番付で､「宮重大根」「瀬戸陶窯」などの特産品のほか、歴史的な人物や事柄も数多く紹介している。中央に「みそとハ自賛乃俗語」とあることから、お国自慢の要素が強い。なかでも「立身の豊臣太閤」「創業の織田右大臣」「将軍の右大将頼朝」は最上段に位置づけられていて、これら天下人の出身地であることは名古屋人には大きな誇りであったようだ。なお、頼朝は必ずしも出生地が明らかではないが、母が熱田神宮宮司の娘であることから、熱田神宮西の誓願寺が誕生地だと信じられていた。

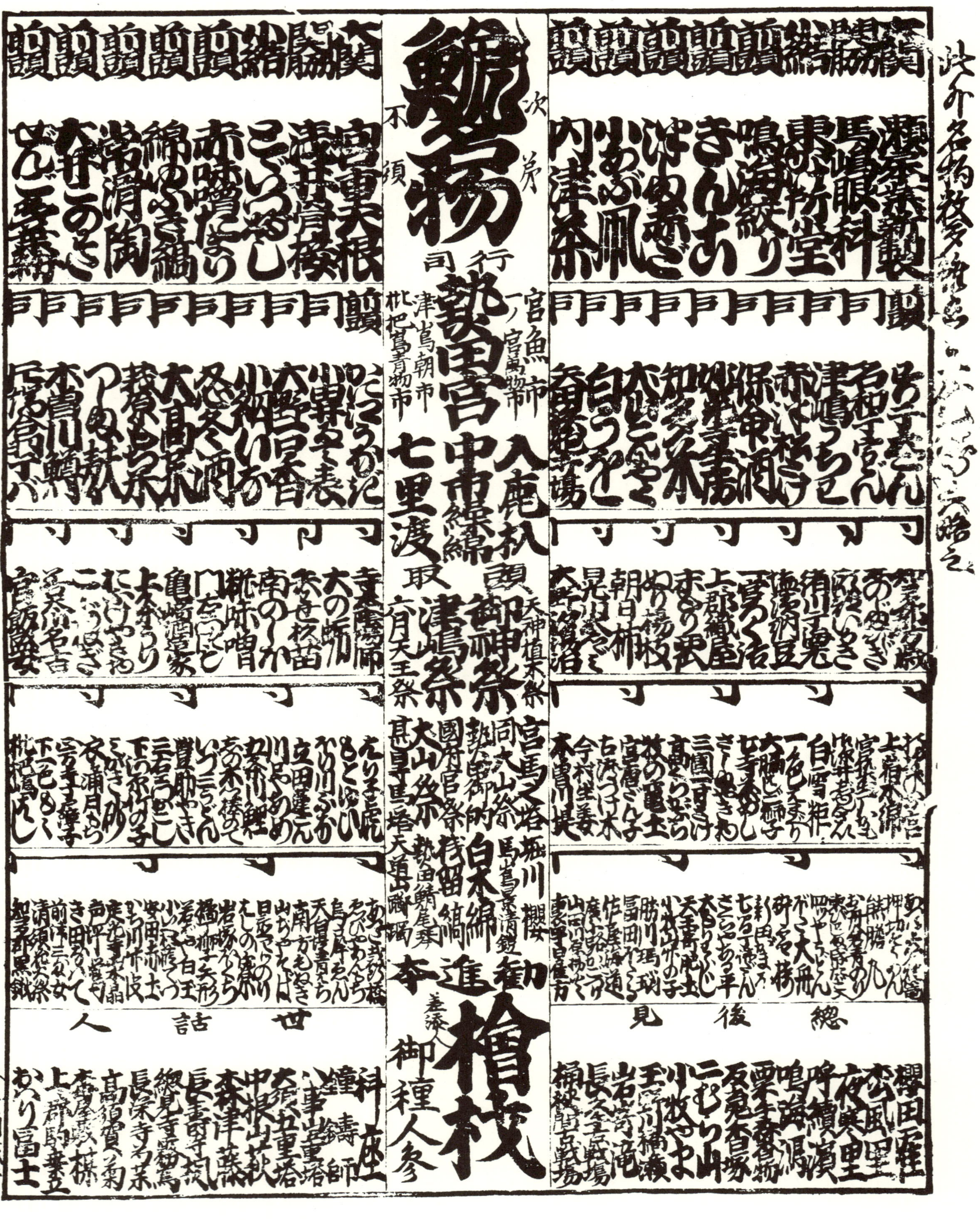

146　鯱名物

此外名物数多雖有之一紙限あれハ略之

大関 瀬戸本薬新製
関脇 馬嶋眼科
小結 東かけ所堂
前頭 鳴海絞り
前頭 きんこ
前頭 津しま赤だ
前頭 小あぶ凧
前頭 内津茶

前頭 わり干大こん
同 名和干うどん
同 津嶋うちわ
同 赤津松たけ
同 保命酒
同 妙光寺牛房
同 知多米
同 犬山こんにやく
同 白うを
同 矢田鉄炮打場

同 知多郡万歳
同 しのじまひじき
同 瀬部いかき
同 緒川干海老
同 塩濱納豆
同 一ノ宮ろくろ
同 上ミ郡織屋
同 末もり西瓜
同 ぬり楊枝
同 朝日柿
同 日光川大しゞミ
同 大野汐湯治

同 持遊びお宮
同 上ミ宿木綿
同 宮築出シ雁かも
同 御深井じゅんさい
同 白雪粔
同 一色はまぐり
同 大脇はしご獅子
同 七寺茶めし
同 さゝしまやき物
同 三国一甘さけ
同 高くらかぶら
同 牧の竈土
同 宮唐だん子
同 古渡つけ木
同 今村生姜
同 木曾川堤

同 あつた大石灯籠
同 押切そうめん
同 熊膽丸
同 お舟倉青のり
同 東びわしま紙たばこ入
同 四ツやうどん
同 ぼた大舟
同 酔雪楼
同 新田がまほ
同 七間丁仏だん
同 さくらやある平
同 大もりわらじ
同 天王崎肥土
同 小牧山竹の子
同 勝川瑪瑙
同 冨田ほたる
同 佐屋海道
同 広小路かごつり
同 山田川原揚火
同 裏町日雇方

総後見
桜田鶴
松風里
夜寒里
呼続浜
鳴海潟
粟手森香ノ物
反魂香塚
二むら山
小牧やま
玉野川橋ヶ瀬
岩崎滝
長久手古戦場
桶狭間古戦場

次弟
鯱名物
不須

行司
宮魚市
一ノ宮万物市
熱田宮中市繰綿
津嶌朝市
枇杷嶌青物市
入鹿杁
七里渡

頭取
天神植木祭
御神祭
津嶋祭
六月天王祭

宮馬之塔
同大山祭
熱田御的
国府宮祭
犬山祭
甚目寺馬ノ塔
堀川桜
馬嶌景清鎧
白木綿
桟留縞
熱田鯖尾琴
天道山躑躅

勧進本
檜材

差添人
御種人参

大関 宮重大根
関脇 浅井骨接
小結 とゞいつぶし
前頭 赤味噌たまり
前頭 綿ゆふき縞
前頭 常滑陶
前頭 大井このわた
前頭 ぜんご多葉粉

前頭 かに江うなぎ
同 小田井畳表
同 大野一口香
同 小網いな
同 忍冬酒
同 大高菜
同 萩原もち米
同 つしま麩
同 木曾川鱒
同 片端合羽干バ

同 寺本陰陽師
同 大の蠣
同 矢わせ杉苗
同 南のしほ
同 糀味噌
同 門右エ門つも
同 亀崎酒造家
同 上条うり
同 おふけやき物
同 こしづねぎ
同 善太川名吉
同 宮飯盛女

同 はり子虎
同 もとゆひ
同 ほり川ふな
同 立田蓮こん
同 川口やあめ
同 五条川鯉
同 しの木郷棒のて
同 いづ三うどん
同 豊助やき
同 三右エ門おこし
同 下河原竹の子
同 ミがき砂
同 衣ヶ浦月もち
同 正万寺丁戸障子
同 下一色もゝ
同 枇杷嶋はし

同 あつた裁断橋
同 ゑびやあんもち
同 鳥犀ゑん
同 天白堤青はち
同 南方毛ぬき
同 山ぢやそば
同 日置四ツのり
同 はしの寮
同 岩塚ほくち
同 橘丁獅子矢形
同 若ばや白玉
同 小いへ村葭てづ
同 安田赤土
同 かち川竹皮
同 定光寺山水晶
同 声坪鶯
同 きたなハて
同 前津三匁女
同 清須花火祭
同 知多郡黒鍬

世話人
秤座
鐘鋳師
八事山五重塔
大須五重塔
中根山萩
森津藤
長寿寺楓
総見寺霧嶌
長栄寺芍薬
高須賀菊
梅屋敷棵
上ミ郡駒桑立
おハり冨士

蒼竜園戯作

「鯱名物」は、天保初年に板行された尾張・名古屋における特産品番付である。東西の大関に「瀬戸本薬新製」「宮重大根」が挙げられている。前者はいわゆる瀬戸物であり、本来は春日井郡瀬戸村周辺で生産された焼き物のことを指した。なお、「本薬」とは中世以来の瀬戸製陶磁器を指し、「新薬」は享和元年（1801）以降に開発された染付焼を指している。後者の大根は全国の産物番付に必ず登場し、尾張藩から将軍や天皇への献上品にも用いられてきた。実は当時尾張名物と言えば、瀬戸物より大根のほうが定着していた。それは幕末の風刺画などをみると、尾張藩や尾張徳川家を表すために大根が描かれていることからも明らかである。

湖東中郡日野八幡在々持余家見立角力

惣後見
金堂 外村与左衛門
八幡 松前屋八郎

頭取
町屋 斤山半兵衛
石馬 中村次兵衛
八幡 扇屋庄右衛門
日野 中井源三郎

世話人
金堂 外村市郎右衛門
枝村 藤野太四郎
八幡 文字屋儀兵衛
日野 正野玄七

行司
石馬 島屋与兵衛
五個荘 山中利右衛門
北庄 藤井忠兵衛
八丁 古川治兵衛
北庄 藤井良八
戎 信濃屋伊八助

勧進元
松居吉右衛門
大橋又兵衛
呑究庵

147　湖東中郡日野八幡在々持余家見立角力

湖東中郡日野八幡在々持余家見立角力

惣後見

- 金堂 外村與左衛門
- 八幡 松前屋小八郎

中郡位田 松居久左衛門
同枝村 藤野四郎兵衛
同能登川 布屋市郎兵衛
同位田 松居久右衛門
同小田苅 小林吟右衛門
同位田 小杉五郎右衛門
同門村 稲本利右衛門
同佐野 須田彦次郎
同町屋 塚本武右衛門
同町屋 市田太郎兵衛

加茂八幡 梅村甚兵衛
同日野 中井源左衛門
同八幡 大文字屋利右衛門
同日野 森野玄三
同八幡 扇屋傳兵衛
同日野 門坂善太郎
同八幡 井箔清五郎
同甲加水口 山村重郎右衛門
加茂八幡 錠 四郎左衛門
同□田 藤嵜宗兵衛

頭取

- 町屋 片山半兵衛
- 石馬 中村次兵衛
- 八幡 扇屋庄右衛門
- 日野 中井源三郎

中郡石馬 塚本勘右衛門
同山本 小泉新助
同位田 松居太七
同町屋 市田源左衛門
同塚本 川島宗兵衛
同伊庭 中村金九郎
同和田 中村四郎兵衛
同川並 紅屋定右ヱ門
同金堂 外村宗兵衛
同町屋 塚本彦兵衛
同ヤナセ 猪田清八
同石馬 中村武右衛門
同市田 市田清右衛門
同ノト川 馬場忠右衛門
同川並 奥井又兵衛

加茂八幡 松前屋傳右衛門
同八幡 井箔八三郎
同八幡 大文字屋庄六
□□□ 一分利左衛門
加茂八幡 市田清兵衛
同八幡 山形屋甚五郎
同浅井 小西九兵衛
同八幡 岡田八十次
同松尾 高井竹右ヱ門
同□□ □□□□□兵衛
□□ □□□□□□助
□□ □□□□□□門
□□ □□□□□□□
□□ □□□□□□□
□□ □□□□□□□

世話人

- 督 金堂 外村市郎兵衛
- 督 枝村 藤野太四郎
- 督 八幡 大文字屋徳蔵
- 督 日野 正野玄七

中郡伊庭 村田七郎右衛門
同北ノ庄 竹中忠右衛門
同金堂 外村卯兵衛
同山路 櫛田九兵衛
同佐野 須田彦九郎
同位田 松居粂右エ門
同石馬 中村次郎兵衛
同須田 深田文治
同町屋 塚本助市
同山本 上田与右ヱ門
同北ノ庄 藤井善助
同町や 市田伴右ヱ門
同市田 熊谷彦兵衛
同北ノ庄 辰巳喜助
同山本 土橋藤兵衛
同石馬 塚本助三郎
同木流 竹中利右ヱ門
同石塚 矢守平兵衛
同石馬 中島庄兵衛
同新堂 久保藤兵衛

加茂日野 辻宗兵衛
同八幡 西谷善九郎
同八幡 柏屋清兵衛
同内池 辻川清兵衛
同八幡 菊屋九兵衛
同仁正寺 飯島利兵衛
同八幡 桝屋宗兵衛
同鳥羽 鳥羽新兵衛
同八幡 近江屋清六
同八幡 内池甚兵衛
同日野 山中兵右ヱ門
同八幡 麻屋長右ヱ門
同日野 山中六兵衛
同八幡 中村清兵

行司

- 玉石馬 島屋与兵衛
- 玉五位田 山中利右衛門
- 玉北ノ庄 藤井忠兵衛
- 玉八丁 古川嘉兵衛
- 玉北ノ庄 藤井良助
- 玉成楽寺 信濃屋伊八

中郡七里 三上安兵衛
同木流 竹中徳兵衛
同川並 塚本市右衛門
同ヤナセ 猪田仁兵衛
同位田 小枚太右衛門
同日吉 辰巳屋松右衛門
同新堂 久保徳兵衛
同町屋 市田作兵衛
同和田 中村嘉兵衛
同佐野 寺居喜右衛門
同伊庭 中村金八郎
同塚本 川嶌源左エ門
同伊庭 丸田屋仙蔵
同日吉 大橋喜兵衛
同七里 平田源次
同北ノ庄 高田善右衛門
同小幡 角屋喜内
同位田 松居亀右衛門
同新堂 神屋利兵衛
同日吉 大橋茂兵衛
同新堂 川村善右衛門
同位田 小枚佐右衛門
同位田 小枚卯右衛門
同川並 川嶌又左衛門
同川並 奥井弥次右衛門

加□弁モレ 竹村伊兵衛
加モ八幡 麻屋清五郎
戊上々地 ぬり屋宗兵衛
加モ八幡 柳屋五左衛門
エチ沓掛 須田五郎兵衛
カモ小田 小田佐太郎
エチ沓掛 河村喜右衛門
カモ江双 木屋三右衛門
同中野 小嶌十蔵
同日野 西田加右衛門
同八まん 畳屋傳左衛門
同十禅寺 橋本市右衛門
同八寺内 小西九郎兵衛
エチイナバ 渡辺清兵衛
加モ太防 外池宇兵衛
甲加寺庄 鍋屋四郎兵衛
カモ江双 江頭但七
同八まん ふミ坂茂兵衛
同中野 小島弥左衛門
エチ□田 松前屋清右衛門
エチ□宿 宮 彦兵衛
加モ小中 信濃屋伊兵衛

裏宝・土俵宝・勧進元

- 裏宝 松居吉右衛門
- 土俵宝 大橋又兵衛
- 勧進元 呑穴菴

同中郡□□ 大橋嘉兵衛
同山本 上田藤兵衛
同新堂 久保庄右衛門
同川並 川島太兵衛
同川並 桜井茂左衛門
同山本 古川伊右衛門
同金堂 西村七左衛門
同金堂 外村武兵衛
同石馬 塚本和助
同山本 小家清六
同日よし 古川左近
同石ツカ 矢守喜八
同ヤナセ 猪田清平
同□村 腐油や利左衛門
同北ノ庄 藤井仁兵衛
同北ノ庄 北村九郎右衛門
同金堂 塚本久右衛門
同山本 小家彦兵衛
同石馬 塚本治右衛門
同川並 奥井新左衛門
同ツカ本 川嶌与左衛門
同位田 松居庄右衛門
同川並 奥井権兵衛
同川並 塚本久右衛門
同金堂 辻市左衛門
同宮前 中村庄左衛門
同ツカ本 川島与右衛門
同川ナミ 塚本茂右衛門
同金堂 塚本兵右衛門
同石馬 川嶌久右衛門
同七里 三上六兵衛
同日吉 大橋勘兵衛

カモ□□ 森□金兵衛
カモ中在寺 矢□喜兵衛
ヱチ八丁 古川宗鉄
カモ平林 多井長兵衛
□□スタ 小嶌新兵衛
中郡スタ 深田武兵衛
カモ日ノ 谷長右衛門
カモ増田 増田文治
カモ日ノ 外池市右衛門
カモ山ノ上 山之上八郎右衛門
戊上地オチ 丹瀬五郎四郎
エチノ、メ 酒屋忠左衛門
戊上一円 一圓杢太夫
カモ上田 木本利兵衛
エチシミツ 松井久兵衛
エチ石ハタ 紙屋喜兵衛
エチ中サト 中里清右衛門
エチ中里 渡邊清十郎
カモ岡本 堀井彦四郎
カモ大ツカ 盆屋半兵衛
エチ□□ 八日喜三郎
カモ津田 表や長右衛門
中郡河内 河島重助
エチ八鳥 羽島五郎兵衛
カモ立木 岡田半次
戊上地オチ 北落惣右衛門
カモ鳥居 鳥井圓蔵
エチ中宿 小嶌嘉兵衛
同中ハテ 布や伊兵衛
同エチ川 小沢□兵衛
□□□ □□□□□□□

これは、近江のうちとくに八幡・日野在住の豪商をランク付けしたものである。東西日本をつないでいるという地理的要因もあって、近江商人は全国各地に商業圏を持ち、江戸時代の商人の代名詞といっていいほど名を馳せた。中でも八幡・日野の両商人は、往復とともに商品の販売・仕入れを行う「産物廻し」という手法で利益をあげていた。たとえば日野商人の中井源左衛門は、上方で古手・木綿・繰綿などを集荷して東北へ廻送し、東北では生糸・紅花を集荷して江戸・上方に送り、生糸は機業地へ、紅花は染色業者といったように、それぞれの需要地に売りさばいて儲け、全国十数店舗を持つまでに至った。

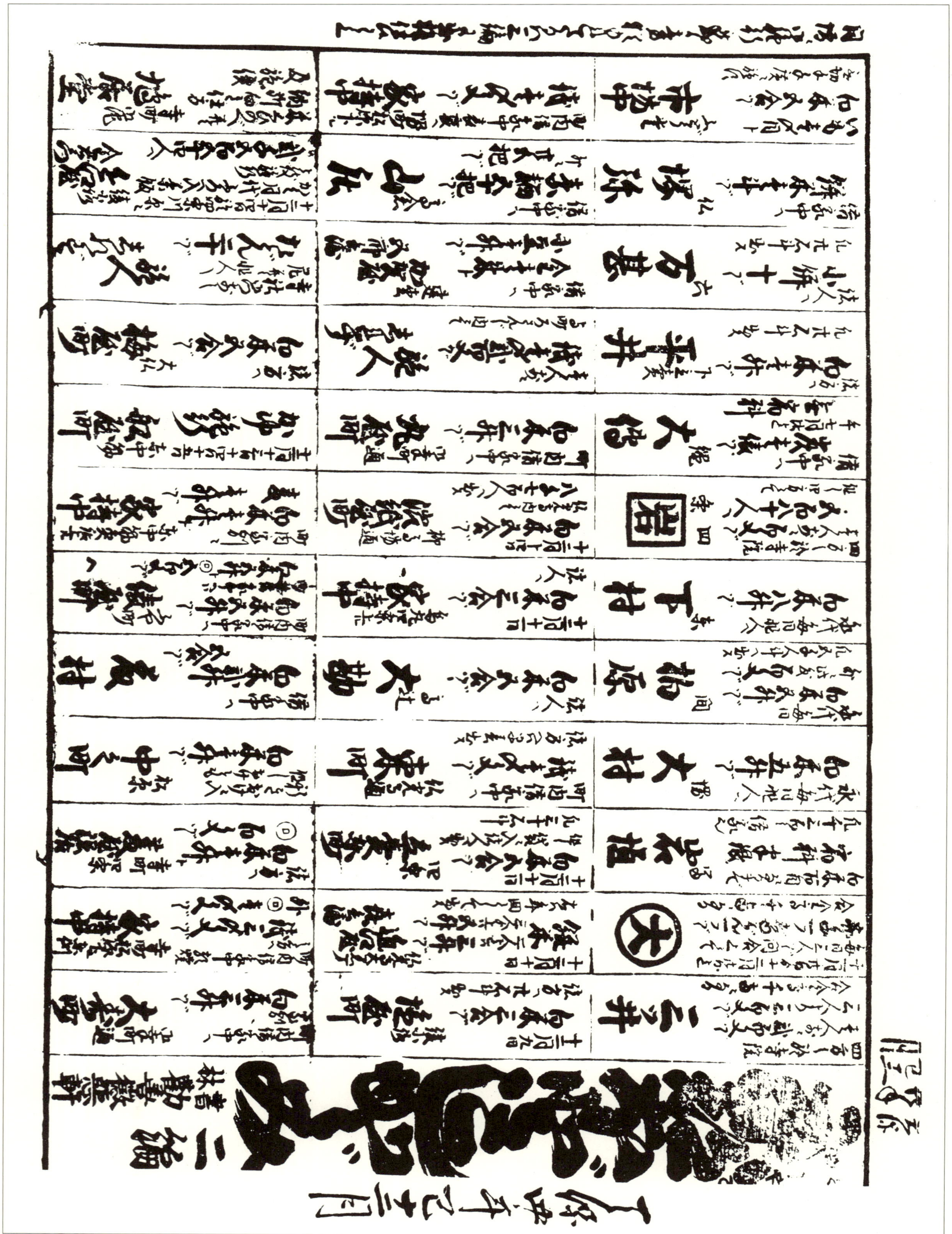

148　京都ほどこしかゞみ 二編

天保四年巳十二月

京都ほどこしかゞみ　二編

書林　勧善懲悪軒

四方之於寺院 壱人前ニ弐百文ツヽ 三人より三百文ツヽ 合金高千両ニなる　**三ツ井**	十二月九日 白米三合ツヽ 諸方へ廿石斗出ス　綾小路 **塩屋町**	町内借家中へ 家別ニ 白米三升ツヽ　御幸町通 **大寿町**
十一月廿日ゟ十二月廿日迄 毎日二八ツ、間合上ニて □子一ツヽ じゅばん一ツヽ 合金高千両ニなる　**(大)**	十二月十日 餅米二人迄ハ三升ツヽ 三人ゟ上ハ五升ツヽ 右ハ年ニ回として出ス　仏光寺大黒丁 **近江屋喜兵衛**	町内借家中類焼之方へ 銭三貫文ツヽ 外◎壱貫文ツヽ　寺町松原下ル東側 **家持中**
白米百日ニなるまで 宿料半銀 凡千三百之借家也　富 **岩垣**	十二月十一日 白米五合ツヽ 但し袋ニ入諸人へ出ス 凡三十石斗　四条 **立売東町**	諸方へ 白米壱升ト ◎百文ツヽ　寺町四条 **菱屋隠居**
永代毎日非人へ 白米五升ツヽ　堺 **大村**	町内借家中へ 銭壱貫文ツヽ 諸方へハ早春出ス　仏光寺通 **東町**	新きおけニ入 但しおけとも 白米壱升ツヽ　松原 **中之町**
永代毎日 外ニ白米五升ツヽ 此度百文ツヽ 凡五千人計へ出ス　間 **柏原**	諸人へ 白米五合ツヽ　高辻 **大勘**	借家中へ 白米弐升五合ツヽ　**藤村**
永代毎日非人へ 白米八升ツヽ　東 **下村**	十二月十一日 諸人へ 白米三合ツヽ　烏丸四条上ル **家持中**	町内借家中へ 町□白米五升ツヽ 借家中へハ 白米五升ト◎五百文ツヽ　ふや町 **俵屋町へ**
四方之於寺院 壱人前ニ百文ツヽ 但し五百八十人へ 四方ニて　四条 **〔岩〕**	十二月十四日 白米五合ツヽ 仏光寺内ニて 八千七百人へ出ス　柳馬場通 **渋紙屋町**	町内家別ニ 白米壱升ト 麦壱升ツヽ　東中筋魚店上ル **家持中**
借家中へ 炭壱俵ツヽ 午七月比迄 無宿料　綿 **大傳**	町内借家中へ 白米三升ツヽ　御幸町通 **丸屋町**	十二月十三日十四日十五日 かゆ施行　東中筋 **船屋町**
諸方へ 白米壱升ツヽ 凡廿石斗出ス　下立売 **平井**	壱人前ニ 銭壱貫弐百文ツヽ 寺町ろさんじ内ニて　**施人しらず**	諸方へ 白米五合ツヽ　大仏 **梅屋町**
諸人へ 小餅十ツヽ 凡廿石斗出ス　六 **万甚**	借家中へ 金壱朱ト 小豆壱升ツヽ　建松 **加賀屋五郎兵衛**	寺社御門前之 尼非人へ たどん二十ツヽ　**施人しらず**
借家中へ 餅米壱斗ツヽ　仏 **堺弥**	借家中へ 素麺五十把ツヽ 外ニ廿五把ツヽ　高倉 **山庄**	十二月十四日於四条川原ニ かゆ三日代ふろへ入茶飯 被致施行 弐千五百五十四人へ　綾小路 **近江屋金右衛門**
いも壱貫目ト 白米五合ツヽ 無切手ニ手広ニ施す　ふどう堂 **市場中**	町内借家中表裏へ 銭壱貫文ツヽ　松原下ル堺町 **家持中**	米くひのべ并ニ 納所向き仕方 及施価　寺町御池 **鳩居堂**

日増ニ御施行被成候、旁猶もれたるハ三編に出板仕候、已上

天保四年巳十二月

天保4年（1833）から日本は冷害による大凶作に見舞われた。天保の大飢饉である。当時米価が急騰して餓死者が続出、各地で一揆や打ちこわしが頻発した。こうした状況に、町の富裕層は「借家中」や「非人」らへ施行することを余儀なくされた。「京都ほどこしかがみ 二編」には、三井や大丸などの大商人や、そのほか町の旦那衆・家持などが出した施行の実態が詳細に記されている。施し物の中に食料品はもちろん、冬季であることから、「たどん」（炭団）などの暖房燃料も拠出されていたことが分かる。

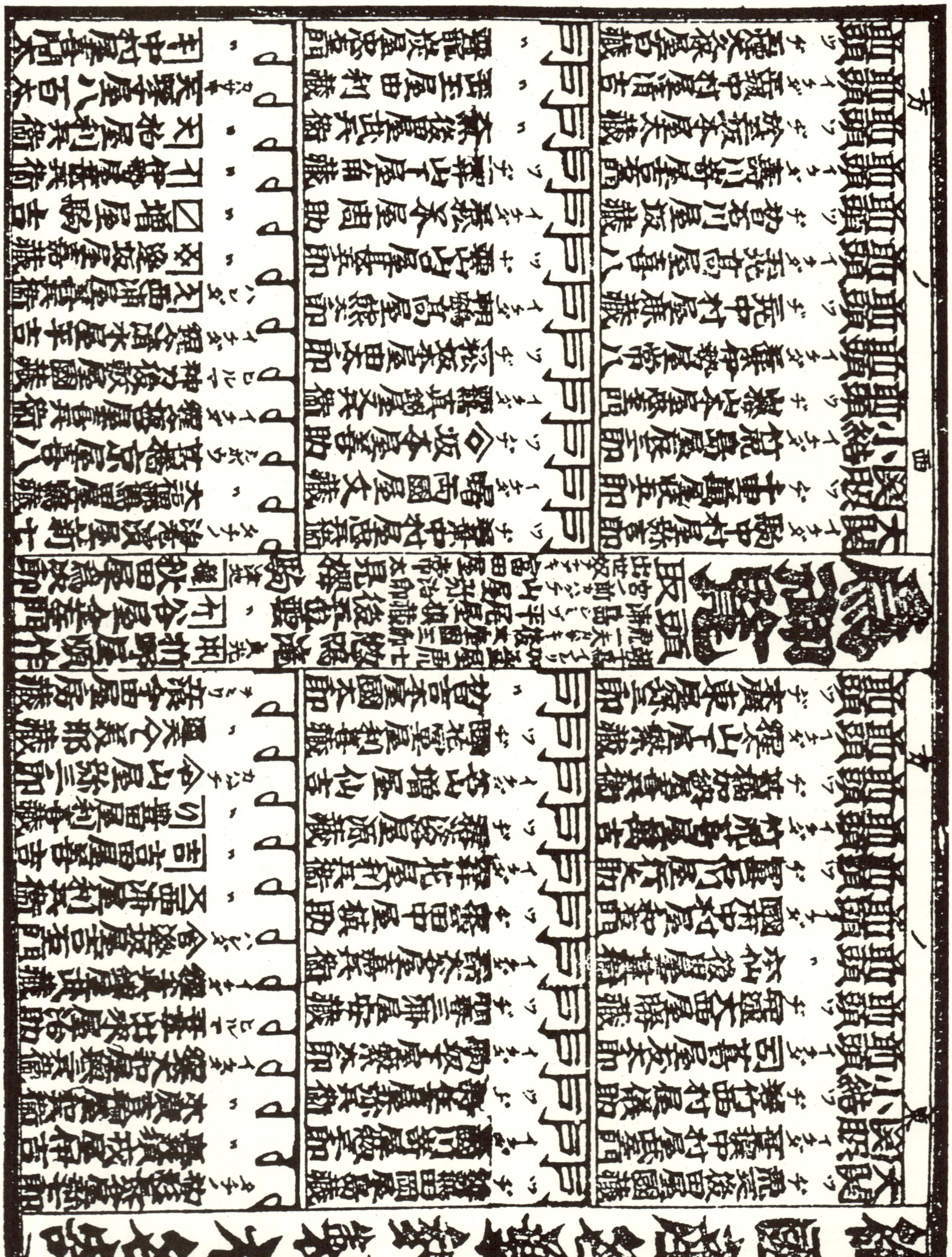

149　御国産名葉刻製元名寄（阿波名産煙草番付）

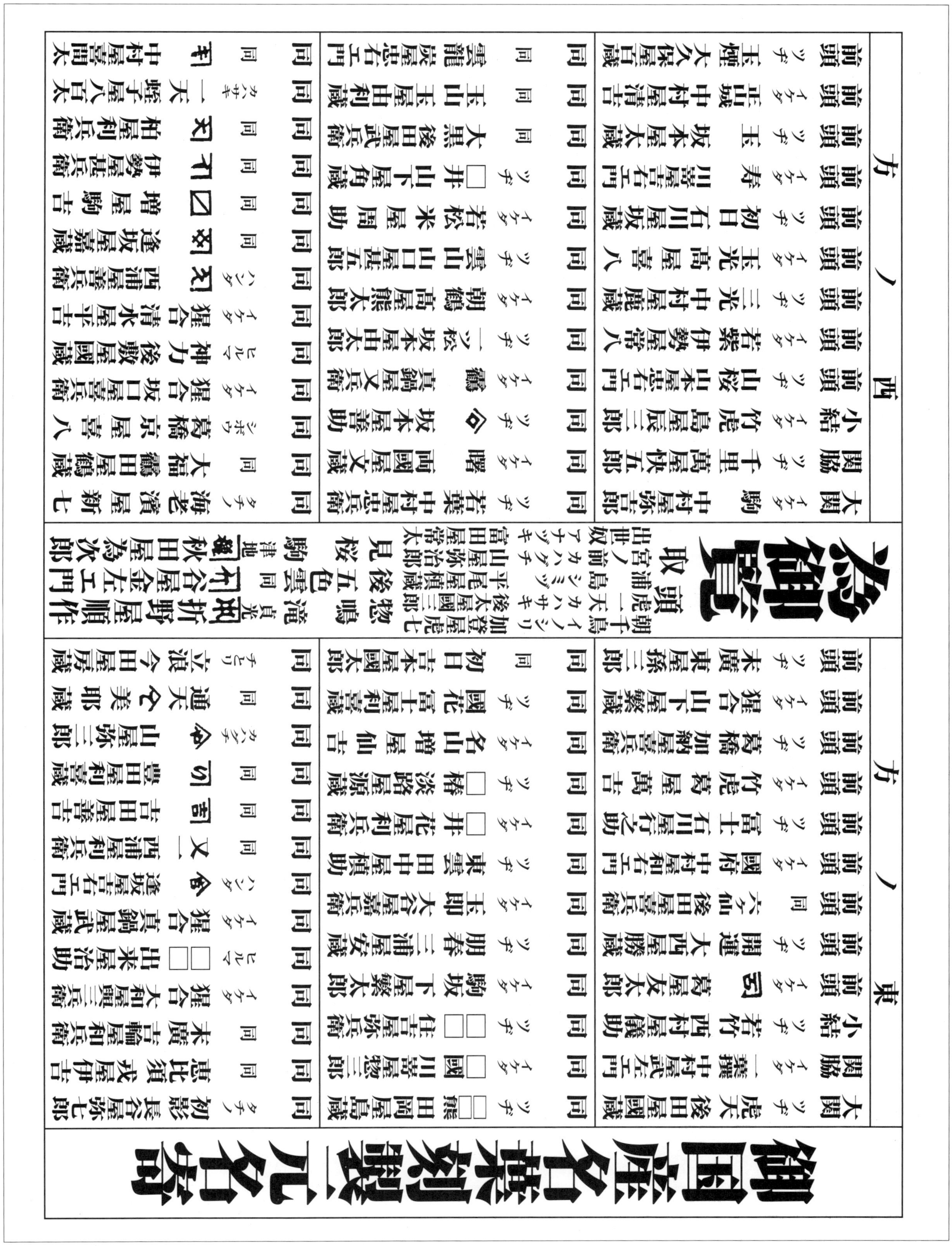

御国産名葉刻製元名寄

東ノ方

位	産地	銘柄	製元
大関	ツチ	虎天	後田屋國蔵
関脇	イケタ	一嚢	中村屋武左エ門
小結	ツチ	若竹	西村屋儀助
前頭	イケタ	司	葛屋友太郎
前頭	ツチ	開運	大西屋勝蔵
前頭	同	六ヶ仙	後田屋喜兵衛
前頭	イケタ	國府	中村屋利右エ門
前頭	ツチ	富士	石川屋竹之助
前頭	イケタ	竹虎	葛屋萬吉
前頭	ツチ	葛橋	加納屋喜兵衛
前頭	イケタ	猩合	山下屋繁蔵
前頭	ツチ	末廣	東屋孫三郎
同	ツチ	□熊	田岡屋島蔵
同	イケタ	□國	川嵜屋惣三郎
同	ツチ	□□	住吉屋弥兵衛
同	イケタ	駒坂	下屋繁太郎
同	ツチ	明春	三浦屋安蔵
同	イケタ	玉即	大谷屋嘉兵衛
同	ツチ	東雲	田中屋槙助
同	イケタ	□井	花屋利兵衛
同	ツチ	□椿	淡路屋源蔵
同	イケタ	名山	増屋仙吉
同	ツチ	國花	富士屋利喜蔵
同	同	初日	吉本屋國太郎
同	タチノ	初影	長谷屋弥七郎
同	同	恵比須	戎屋伊吉
同	同	末廣	吉輪屋和兵衛
同	イケタ	猩合	大和屋與三兵衛
同	ヒルマ	□□	出来屋治助
同	イケタ	猩合	真鍋屋武蔵
同	ハンダ	仐	逢坂屋吉右エ門
同	同	文一	西浦屋利兵衛
同	同	吉	吉田屋善吉
同	同	[illegible]	豊田屋利喜蔵
同	カンダ	[illegible]	山屋弥三郎
同	同	通天	仐美耶蔵
同	チとり	立浪	今田屋房蔵

為御覧

頭取

銘柄	産地	製元
朝千鳥	イノシリ	加登屋虎七
虎一天	カハサキ	後太屋國三郎
浦島	シミヅ	平尾屋槙蔵
宮ノ前	カハグチ	山屋弥治郎
出世奴	アナブキ	富田屋常太郎

後見 惣鳴 五色 桜

滝雲 駒 貞光 同 津地 折谷屋為次郎 野屋金左エ門 順作

西ノ方

位	産地	銘柄	製元
大関	イケタ	駒	中村屋弥吉郎
関脇	ツチ	千里	萬屋快五郎
小結	イケタ	竹虎	島屋辰三郎
前頭	ツチ	山桜	山本屋忠右エ門
前頭	イケタ	若紫	伊勢屋常八
前頭	ツチ	三光	中村屋鹿蔵
前頭	イケタ	玉光	高屋喜八
前頭	ツチ	初日	石川屋坂蔵
前頭	イケタ	寿	川嵜屋吉右エ門
前頭	ツチ	玉	坂本屋太蔵
前頭	イケタ	玉城	中村屋清吉
前頭	ツチ	玉煙	大久保屋百蔵
同	ツチ	若葉	中村屋忠兵衛
同	イケタ	曙	両國屋文蔵
同	ツチ	令	坂本屋善助
同	イケタ	鶴	真鍋屋又兵衛
同	ツチ	一ツ松	坂本屋由太郎
同	イケタ	朝鶴	高屋熊太郎
同	ツチ	雲山	山口屋甚五郎
同	イケタ	若松	米屋周助
同	ツチ	□井	山下屋角蔵
同	同	大黒	後田屋武兵衛
同	同	玉山	玉屋由利蔵
同	同	雲龍	炭屋忠右エ門
同	タチノ	海老	濱屋新七
同	同	大福	鶴田屋鶴蔵
同	シボウ	葛橋	京屋喜八
同	イケタ	猩合	坂口屋喜兵衛
同	ヒルマ	神力	後數屋國蔵
同	イケタ	猩合	清水屋平吉
同	ハンダ	[illegible]	西浦屋善兵衛
同	同	[illegible]	逢坂屋嘉蔵
同	同	[illegible]	増屋駒吉
同	同	[illegible]	伊勢屋甚兵衛
同	同	[illegible]	柏屋利兵衛
同	カンサキ	一天	蜂子屋八百太
同	同	利	中村屋喜間太

本番付は阿波国の煙草商を繁盛順にランク付したものである。江戸時代、特に阿波吉野川上流の山なみは、稲作に代わる作物として煙草を生産しており、阿波民の経済を支えていた。東関脇に位置する煙草商中村屋武右衛門（番付では「武左エ門」）は、寛政12年（1800）それまで手作業であった煙草加工を、昆布切り機械から煙草の刻み機械を考案して大量生産を可能にし、さらには北海道方面など、海路を用いた販促路の拡大につとめ阿波の商品発展に尽力したことで有名である。

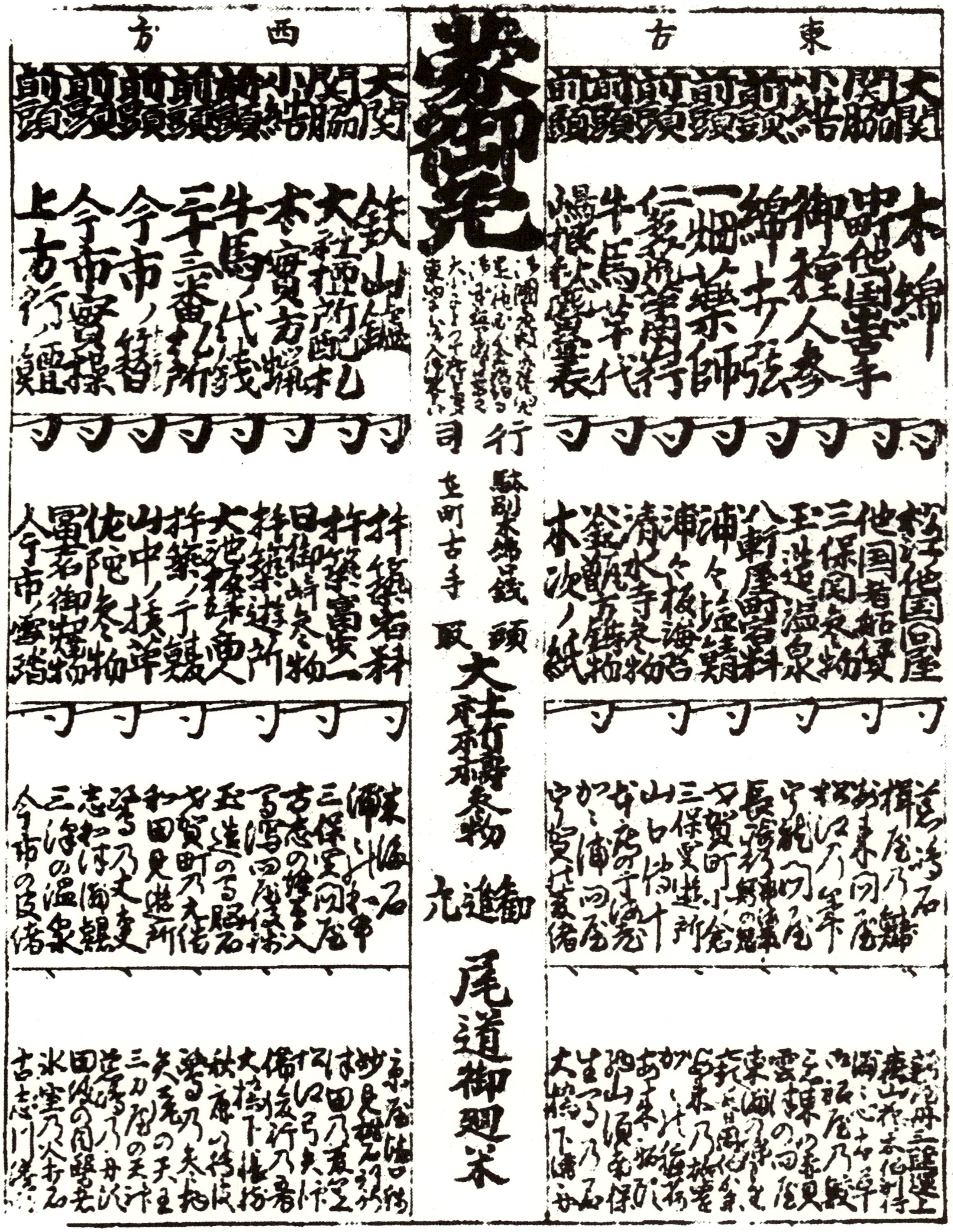

150　蒙御免（出雲国益角力見立番付）

蒙御免

御国産数々御座候得共
是ハ他国ゟ金銭納る
御国益申成リ候所之
大小によつて席を定メ
東西に分ケ入御覧申候

行司 駄別木綿口銭
在町古手

頭取 大社祈禱参物

勧進元 尾道御廻米

東方

大関	木綿
関脇	中町他国出古手
小結	御種人参
前頭	綿打弦
前頭	一畑薬師
前頭	仁多荒芋岡山行
前頭	牛馬草代
前頭	嶋根秋鹿畳表
同	松江ノ他国問屋
同	他国者船賃
同	三保関参物
同	玉造温泉
同	八軒屋町宿料
同	浦々塩鯖
同	浦々板海苔
同	清水寺参物
同	瓶甑方鋳物
同	木次ノ紙
同	荒嶋石
同	楫屋の鰊
同	安来問屋
同	松江の筆
同	宇龍問屋
同	長崎行串海鼠 鰐の鰭
同	才賀町小倉
同	三保関遊所
同	山口傳十
同	本庄の干海老
同	加々浦問屋
同	宇賀の菅緒
同	新屋丹三塩運上
同	森山花ノ木伯州行
同	浦々心太草
同	御船屋の鮫
同	意東の赤貝
同	雲津の問屋
同	東浦の綿もり
同	七類ノ大日因伯ゟ参
同	安来の□□
同	加々の稲荷
同	安来船頭
同	西山頂南保
同	生馬の石
同	大橋下漕舟

西方

大関	鉄山鑪
関脇	大社檀所配札
小結	木實方蠟
前頭	牛馬ノ代銭
前頭	三十三番札所
前頭	今市簪
前頭	今市實操
前頭	上方行ノ鱈
同	杵築宿料
同	杵築冨歩一
同	日御崎参物
同	杵築遊所
同	大池板津ノ商人
同	杵築ノ干鰒
同	山中ノ積草
同	佐陀参物
同	冨士名御山焼物
同	今市ノ雪踏
同	東海石
同	浦々の和布
同	三保関問屋
同	古志の煙草入
同	馬潟問屋役銭
同	玉造の馬脳石
同	才賀町の元結
同	和田見遊所
同	鷺の丈太夫
同	志和津浦鰆
同	三津の温泉
同	今市の皮緒
同	京屋塩口銭
同	妙見桃石州行
同	津田の菅笠
同	松江弓矢師
同	備後行の者
同	大橋下帳持
同	秋鹿の□皮
同	鷺の参物
同	矢尾の天王
同	三刀屋の天神
同	荒嶋の舟頭
同	田儀の目医者
同	氷室の火打石
同	古志川□□

本番付は、「他国より金銭納る御国益申成り候所の大小によって席を定め」たとして、出雲国の各地特産物や寺社などの観光地を順に挙げたものである。作製年代は天保年間とされる。東一段目には大関に木綿、関脇が古手（古着）、小結として人参が、対する西方三役には大関に鉄、関脇に出雲大社の守札、そして小結に蠟が挙がる。これらは出雲を代表する物産だが、勧進元の尾道廻米をはじめ、いずれも松江藩が専売統制していたものばかりである。また、当然ながら参詣客がどこよりも見込めるので出雲大社の関連施設が多く記載されている。

収録資料出典一覧（所蔵機関名を五十音順）

飯田市立図書館
140 見立相撲次第不同御免（信州飯田町人長者番付）

石川県立歴史博物館
142 商家蕃昌宝の入船

上田市立博物館
10 正風俳諧名家角力組
29 為御覧（都市番付）

大阪大学文学部（難波家史料）
102 浪花持丸長者鑑
103 浪花両替手柄競

大阪府立中之島図書館
16 忠孝仇討鏡
20 諸職働人家業見立相撲
21 諸国大豊作米穀石数競鑑
43 諸国産物大数望
48 天保改江戸積銘酒大寄大新板
49 東海道五十三駅名物合
51 まけずおとらず三ヶ津自慢競
55 諸国遊所見立角力并ニ値段附
71 重言見立大相撲
77 森羅万象雑混見立 五色合
104 浪花仕仁勢渡世大見立
105 遊行寺奉納狂歌二百四十人順撰
106 浪華風流月旦評名橋長短録
107 当時流行町請医師見立
108 浪花市中凡積胸の算盤
109 大阪登リ米諸蔵鑑
110 浪華近辺名木名花見立
111 朝顔大天狗
112 天保八酉年浪花施行末代鑑 上編
113 天保八酉年浪花施行末代鑑 中編
114 天保八酉年浪花施行末代鑑 下編
115 浪華橋々繁栄見立相撲
116 浪華大紋日こかねの山
117 住吉正遷宮上リ物番附
118 神社祭礼仏閣法会 浪華参詣大数望
120 大坂京都名物合見立
121 おかげ参妹背山三段目抜もんく
122 おかシげないり諸行古事附
123 雪月花浪花坂町芸子見立
124 なには希有見立
125 浪華料理屋家号附録
148 京都ほどこしかゞみ二編

紙の博物館
45 諸国産物見立相撲

五個荘歴史民俗資料館
147 湖東中郡日野八幡在々持余家見立角力

国文学研究資料館
1 三ヶ津分限帳・諸国大福帳
12 例の戯
28 国々湊くらべ
33 泰平夢踊二編成
46 くにくに名物つくし
57 全盛郭濃花
135 関八州田舎分限角力番附

国立国会図書館
27 名木競
62 為教訓（白黒小僧番付）
82 大江戸繁昌町尽
96 当世武家地商人
133 関東自慢繁昌競

埼玉県立文書館（小室家文書）
60 何四書（亭主善悪番付）
92 当時善悪競
93 泰平善悪鏡

東京大学史料編纂所
68 有ルやうでも無イ物無イやうでも有ル物見立相撲

東京都江戸東京博物館
32 諸色見立
59 聖代要廼磐寿恵（慶長以来日本災害番付）
74 馬鹿の番附
88 時世時節（当時もちいる物・当時をあいだな物）
95 地震出火武者見立
132 関東市町定日案内

東京都立中央図書館（加賀文庫）
9 高名時花三幅対
15 和漢軍書集覧
31 凸凹諸色高下競
41 諸国親玉尽角力評判
47 かつほぶし位評判
58 古今奇事一覧　泰平無彊
63 当世下女乃評判
72 かねもちになる伝授
98 魚尽見立評判第初輯 会席献立料理通
99 江戸前大蒲焼

徳川林政史研究所
5 本朝近世画工鑑
19 為御覧（職人番付）
23 諸国御祭礼番附
25 諸国芝居繁栄数望
37 大日本寺院独案内記
66 当世あるよふでないもの
67 当世なさそうであるもの
69 浮世人物性根競
70 新世帯一諸道具見立相撲
144 金府繁栄風流選
145 古今尾州味噌見立相撲
146 鯱名物

富山県立図書館
141 関流高木門人諸方算者見立角力

三井文庫
11 正風段附無懸直
13 武術鑑
34 泰平夢物語
42 日本国中天満宮鎮座・札所にもれたる観世音霊場
61 女大学（白黒女房番付）
65 大小競
78 江戸じまん
79 江戸自慢持丸地面競
81 江戸呉服太物大商人名集番附
83 江戸名所旧跡繁花の地取組番附
94 大悦大変競・盛衰競
101 東都贅高名花競
119 京大坂名物合
128 鶴亀松宝来見立
134 為便覧（関東醤油屋番付）

山梨県立博物館
138 甲府拳相撲
139 慶応改正蕉風声価便覧 雷名鏡

横浜開港資料館
90 当時盛衰競

早稲田大学中央図書館
8 蒙御余沢（蘭学者相撲番付）

個人蔵
3 大日本持○長者鑑 初編 三ヶ津除
4 古今名画競
6 日本当時書家競
7 中興漢学名家録
14 古今貞女美人鑑
17 本朝水滸伝豪傑鑑
18 高名功名手柄鏡
22 諸国豊稔附
24 芝居男達見立角力
26 常盤樹花王見競角力
30 諸国温泉功能鑑
35 大日本国々名高大川角力
36 大日本国々繁花見立相撲
38 大日本神社仏閣参詣所角力
39 大日本名山高山見立相撲
40 大日本名所旧跡見立相撲
44 諸国産物競
50 庖丁里山海見立角力
52 世話仕立こわけなし三都自慢競
53 江戸道中名所名物見立角力
54 丸散丹圓名方鑑
56 改正大新板諸国遊所見立直段附
64 日本国中見渡勘定七分三分の見立
73 どう楽者ぶしやう者の見立
75 あほうとかしこの番附
76 びんぼう人のばん附
80 大商八百万両諸商人
84 江戸じまん名代名物ひとり案内
85 ふたつないもの江都名産
86 新吉原灯篭番附
87 当時のはやり物くらべ大都会流行競
89 行廃一覧
91 当世見立盛衰競
97 江戸の華名物商人ひやうばん
100 八百善御料理献立
126 天保四癸巳歳ゟ安政五戊午歳迄出銀出精競
127 為御覧（幕末世相風刺番付）
129 最上名所名産名物番附
130 御国恩家業鑑
131 為御励（宇都宮商人番付）
136 関八州持丸長者冨貴鑑　御府内ヲ除
137 勧進藍玉力競
143 加越能古人高名鑑後編
149 御国産名葉刻製元名寄（阿波名産煙草番付）
150 蒙御免（出雲国益角力見立番付）

編者紹介
青木美智男（あおき・みちお）
1936年、福島県生まれ。
東北大学大学院文学研究科修士課程修了。
日本福祉大学教授、専修大学教授を経て、
現在、専修大学史編集主幹。専門は日本近世史。
著書に
『一茶の時代』（校倉書房、1988年）
『大系日本の歴史11　近代の予兆』（小学館、1989年）
『百姓一揆の時代』（校倉書房、1999年）
『深読み浮世風呂』（小学館、2003年）
『全集 日本の歴史 別巻　日本文化の原型』（小学館、2009年）
『藤沢周平が描ききれなかった歴史』（柏書房、2009年）など。
編著書に
『一揆　1～5』（東京大学出版会、1981年）
『幕末維新と民衆社会』（高志書院、1998年）
『しらべる江戸時代』（柏書房、2001年）
『番付で読む江戸時代』（柏書房、2003年）など。

決定版 番付集成（けっていばん ばんづけしゅうせい）

2009年11月10日　第1刷発行

編　者　青木美智男

発行者　富澤凡子
発行所　柏書房株式会社
東京都文京区本駒込1-13-14（〒113-0021）
電話（03）3947-8251［営業］
（03）3947-8254［編集］

装丁者　森　裕昌
ＤＴＰ　i-media　市村繁和
編集協力　ハッシィ
印刷所　萩原印刷株式会社
製本所　小高製本工業株式会社

2009, Printed in Japan
ISBN978-4-7601-3554-7